Leonhard Rabus

Logik und Metaphysik

Leonhard Rabus

Logik und Metaphysik

ISBN/EAN: 9783743301931

Hergestellt in Europa, USA, Kanada, Australien, Japan

Cover: Foto ©berggeist007 / pixelio.de

Manufactured and distributed by brebook publishing software
(www.brebook.com)

Leonhard Rabus

Logik und Metaphysik

Logik und Metaphysik.

Von

Dr. Leonhard Rabus,

Professor der Philosophie am kgl. bayr. Lyceum in Speyer.

Erster Theil.

Erkenntnisslehre, Geschichte der Logik, System der Logik,

nebst einer chronologisch gehaltenen Uebersicht über die logische Literatur und einem alphabetischen Sachregister.

Erlangen,

Verlag von Andreas Deichert.

1868.

Druck der Universitäts-Buchdruckerei von E. Th. Jacob in Erlangen.

Vorrede.

Die neuere Philosophie ist angelegentlichst bestrebt, die Wissenschaft vom Erkennen und in Verbindung mit derselben die Wissenschaft vom Denken in das Reine zu bringen. Namentlich seit Kant sind hierauf die Untersuchungen gerichtet und sind hievon die Lehrgebäude durchdrungen. Einseitigkeit irgend welcher von den betreffenden Leistungen darf nicht Anlass werden, die Lösung der Aufgabe selbst von der Hand zu weisen. Nichts geringeres als die Wahrheit stellt für sich der Menschengeist in Frage.

Der Wissenschaft vom Denken insbesondere wird leicht von den Meisten ihre Wichtigkeit zugestanden. Dabei erfreut sich dieselbe einer solch sorgsamen, nunmehr zwei Jahrtausende hindurch fortgesetzten Pflege und einer solch reichen Literatur wie kaum eine von jenen Wissenschaften, die sich auf einem gleich engen Gebiete bewegen. Trotzdem machen sich noch heute unabweisliche Anforderungen geltend, welche, von dem Denken selbst angeregt, um dessen Wissenschaft es sich handelt, auf ihre Erfüllung warten.

So pflegt man zu wenig zu unterscheiden zwischen Denken und zwischen dem, was nicht Denken oder nicht blos Denken ist. Dieser Mangel gibt sich kund z. B. aus der herrschenden Unsicherheit in Bestimmung des Verhältnisses, welches die Denkwissenschaft zur Philosophie und zu den Einzelwissenschaften beansprucht; er gibt sich ferner kund aus der häufigen Vermischung der Wissenschaft vom Denken mit Grammatischem und Rhetorischem; er gibt sich kund aus der Vermengung des Denkens mit der bildenden Thätigkeit; er gibt sich kund aus der Verwechslung des Denkens mit dem Wissen und mit dem Geiste selbst — der Vergötterung des Denkens ganz zu geschweigen. Dass aber eine Wissenschaft, die nicht ihres ausschliesslichen Gegenstandes habhaft ist, zu eigenem und fremdem Schaden mit anderen Wissenschaften trübe zusammenfliessen muss, wird Niemand in Abrede stellen wollen.

Mit dem angeführten Gebrechen ist verwachsen die ungenügende Unterscheidung des Denkens in sich selber. Einst hat Aristoteles auf die Sonderung des Apodictischen und Nichtapodictischen gedrungen. Allein bis auf die Gegenwart schwimmt in der Regel sorglos das Gebiet des vorstellenden und das Gebiet des urtheilenden Denkens, hinwieder das Gebiet des letzteren und das der Categorien d. i. des genetischen Denkens in einander, nicht zu erwähnen die Vereinerleiung des Wahrnehmens mit der Sinnenthätigkeit. Dem Uebel ist nicht dadurch abgeholfen, dass man etwa die Categorien oder auch das Vorstellen und Wahrnehmen für etwas Anderes ansieht und für etwas Anderes ausgeben will als für Denken. Es wird vielmehr die Wissenschaft vom Denken den Vorwurf eines chaotischen Zustandes schwerlich widerlegen können, es sey denn, dass sie die immanenten Unterschiede des von allem Anderen unterschiedenen und auf sich bezogenen Denkens vorzeige.

Gegenüber der sonst überwiegenden Methode, die Formen des Denkens aus der Sprache aufzulesen, ward besonders durch Fichte der Wissenschaft vom Denken die Pflicht nahe gelegt, das Denken auch aus seinem eigenen Grunde und durch seine eigene That sich manifestiren zu lassen. Allerdings ist auch den Alten nicht unbekannt gewesen, dass Denken eine Thätigkeit sey; dazu ist leicht einzusehen, dass weder die Formen des Denkens aus der Sprache auch nur aufgelesen werden konnten', noch das im Laufe der Jahrhunderte überlieferte Material der Denkwissenschaft von den jeweiligen Erben anerkannt zu werden vermochte, ohne dass von Innen her das Denken dem von Aussen dargebotenen Spiegelbilde eigenkräftig entgegengekommen wäre. Doch hat erst Ulrici, des Denkens Bedeutung als des Sichunterscheidens nachdrücklich hervorhebend, die Forschung auf die ächte Spur hingeleitet. Mit der Bestimmung des Denkens als Sichunterscheidens ist nicht nur die Nothwendigkeit der eigenen That, sondern zugleich das Wie und Was der Thätigkeit gegeben: die Wissenschaft vom

Denken ist andurch in das Vermögen ihres Gegenstandes gelangt. Aber weil dieselbe nicht blos Denken, sondern die Wissenschaft vom Denken ist, hat sie natürlich auch nach der anderen Seite hin sich zu orientiren an der Sprache als an dem vorliegenden Abbilde des Denkens und muss, wie alle Wissenschaft, an ihre Geschichte sich anschliessen und wird sichtend von dieser sich aneignen was zu brauchen ist.

Es ist die Idee organischer Form, welche die Operationen gerade der neueren Philosophie und hiedurch der einzelnen Wissenschaften mehr oder weniger beherrscht, eine Idee, welche, dem Umkreis des genetischen Denkens oder der Categorien entsprungen, zugleich mit dem eben von der neueren Philosophie frisch unternommenen Betriebe der Categorienlehre ihre Macht und ihr Ansehen gewonnen hat. So versuchte man, auch die Wissenschaft vom Denken in Behandlung und Darstellung ihres Gegenstandes durch sogenannte organische Auffassung und Gestaltung zu fördern. Zwar ist weder zu verbergen, dass das Gelingen solchen Unternehmens mitabhängt von einem Categoriensysteme, welches an seiner eigenen Formfülle und Formvollendung die dem Wesen entsprechende Form erkennen lasse, noch wird geleugnet werden können, dass trotz der Exempel, welche für die in Rede stehende Idee sich von der gesammten Erscheinungswelt her darbieten, und trotz aller der Momente, mit denen man jene Idee bereits zu umschreiben und zu fassen sich bemüht hat, bis jetzt die schwierige Aufgabe nicht befriedigend gelöst ward. Aber das Verlangen, die Wissenschaft vom Denken solle ihren Gegenstand als ein organisches Ganzes und nicht minder dessen organische Stelle im Gesammtreiche des Wissens aufzeigen, dieses Verlangen kann nicht mehr abgewiesen werden.

Derartige Anforderungen sprechen zur Denkwissenschaft aus deren eigenem Gewissen. Welche Arbeit vonnöthen, um die Anforderungen zu erfüllen, wird am Gründlichsten immer Jeder inne werden, welcher, anstatt Veraltetes nur mit modernen Zierrathen zu wiederholen oder mit dem Schein des Besserkönnens wohlfeile Rathschläge und Urtheile abzugeben, sich der Aufgabe im Ernste unterzieht, ist aber auch für Andere hinlänglich daraus zu entnehmen, dass die Denkwissenschaft darbilden nichts Leichteres heisst, als das einwohnende, in innigster Wechsel- und Mitwirkung mit dem Ganzen lebende Centralorgan der Philosophie selber nach allen seinen Functionen aus der Tiefe hervorzurufen und offenbar werden zu lassen. In dieser Richtung hat der Verfasser des vorliegenden Werkes vor Jahren einen wenn auch ganz geringen Versuch machen wollen, als er unter dem Namen einer Logik einen Plan zur Wissenschaft vorerst blos vom Urtheil, insofern also nicht von den Categorien und nicht von der Vorstellung noch von der Wahrnehmung und nicht vom Denken überhaupt, entwarf und den Entwurf zunächst als einen Leitfaden zu seinen damaligen Vorlesungen an der Universität Heidelberg veröffentlichte (Erlangen bei A. Deichert, 1863). Durchdrungen jedoch von der Wichtigkeit des Gegenstandes und von der Unzulänglichkeit des gemachten Versuches war er seitdem fort und fort bemüht, hauptsächlich auf die Wissenschaft des Erkennens und Denkens seine obschon schwachen Kräfte zu richten; ein Ergebniss solchen Strebens erlaubt er sich hiemit vorzulegen als ein Scherflein zur gemeinsamen Arbeit.

Dieses Werk will unter dem Titel Logik und Metaphysik die Denkwissenschaft behandeln.

Der gegenwärtige erste Theil desselben, der Logik zugewendet, enthält 1) einen Grundriss der Erkenntniss- oder Wissenschaftslehre, 2) eine Geschichte der Logik, 3) ein System der Logik.

Die Erkenntnisslehre ist vorangestellt als erster Abschnitt des Buches, um darnach aus ihrem Bereiche die Denkwissenschaft hervortreten zu lassen. Letztere gehört zum Umkreise von jener. In Beziehung zu den philosophischen Systemen der neueren Zeit geht aber besagte Erkenntnisslehre darauf aus, zu zeugen wider den gottleeren, gewaltthätigen, das Organ durchweg mit dem Princip verwechselnden, selbstsüchtigen, trost- und friedlosen Rationalismus der bislang gepriesenen Philosopheme und hiemit auch zu treffen den vulgären sogenannten Gegensatz von Glauben und Wissen, welcher schlüsslich und von Haus aus der Einspruch sich selbst verkennender und sich überhebender menschlicher Freiheit gegen die göttliche Offenbarung ist.

Was ferner die Logik insbesondere anlangt, so nennt hier mit diesem Namen der Verfasser nicht die Wissenschaft vom Denken überhaupt, sondern die Wissenschaft von der dem Denken einwohnenden richterlichen Instanz, d. i. vom Urtheile in welchem der Begriff (ὅρος, terminus) sich actualisirt.

Die Logik hat aber ihre Geschichte zu beachten. Im Ver-

laufe solcher Geschichte zeigt sich von Alters her das specifisch
logische Denken vielfach vermengt mit den übrigen Formen des
Denkens und mit fremdartigen oder fernliegenden Dingen: die
Darstellung der Geschichte der Logik kann daher sich alledem
nicht völlig entschlagen, mag sie den Inhalt der betreffenden Literatur beschreiben und der Tradition und Aufnahme des bearbeiteten Materials im Raum- und Zeitlaufe folgen, oder mag sie auch,
wie es nicht zu vermeiden, kritisch zum Gegenstande sich verhalten. Wohl fehlt der Forschung und Kritik noch ein Grosses, so
lange sie nicht zu Oberst geleitet und ausgeübt wird von dem zur
Selbsterkenntniss gelangten, in der Mannigfaltigkeit jener Geschichte von Anfang an einwohnenden und sich weiterhin auswir-
kenden Einen Systeme der Logik. Unterdessen jedoch war es
dem Verfasser bei Behandlung der Geschichte der Logik, welche
im zweiten Abschnitt dieses Buches enthalten ist, zuvörderst um
eine möglichst quellenmässige Darstellung zu thun; hiebei schöpfte
er unmittelbar aus den überlieferten Schriften selbst, zu einer Zeit,
in welcher für solche Richtung die bekannten anregenden und be-
lehrenden Leistungen Prantl's eine neue Epoche eröffnet haben; in
Verwendung der unzähligen Excerpte und Notizen, die ihm erwachsen waren, musste er sich insofern beschränken als die Geschichte der Logik darzustellen nicht der ganze Zweck des vorliegenden Buches ist, der letztere vielmehr nur die eingreifenden
sowie auch an und für sich merkwürdige Erscheinungen aus der
Vergangenheit hervorzuheben erlaubt; für einen Ueberblick über
die logische Literatur und ihre Autoren ist am Ende des Buches
ein chronologisch geordnetes, freilich immer nur annähernd vollständiges Verzeichniss anhangsweise beigefügt.

Der dritte Abschnitt beschäftigt sich mit dem System der
Logik. Die Anforderungen, wie sie an die Wissenschaft vom Denken überhaupt zu stellen sind, wiederholen sich entsprechendermassen für die Logik insbesondere. In erster Reihe wichtig ist
die Unterscheidung des logischen Denkens von dem anderen Denken; aufhorchend ferner auf das Factische, welches sich in der
Sprache birgt, belehrt von der Geschichte und sie verarbeitend,
hat dazu die Logik ihren Gegenstand aus seinem eigenen Grunde
sich in das Werk setzen zu lassen; das logische Denken hat seine
einfachsten und von allem Andersartigen gereinigten Formen vor-
zuzeigen; die logischen Formen müssen ihre Lebenseinheit unter

einander und mit dem ganzen Denken bekunden. Seinen nächsten
Gegenstand und Inhalt aber hat und bekommt das logische Denken an der mit ihm häufig vereinerleiten, einerseits an die
Idee andrerseits an die Wahrnehmung sich anschliessenden
und zwischen beiden hin und her webenden Vorstellung, welche
zum logischen Denken sich verhält wie das Bild (die Anschauung)
zum Denken überhaupt. Diese Vorstellung findet ihre Behandlung in den Prolegomena, dem ersten Capitel des dritten Abschnittes; im zweiten Capitel des nämlichen Abschnittes wird der
Organismus des logischen Denkens selbst entwickelt.

Der zweite Theil des Werkes wird unter dem Titel Metaphysik die Geschichte und das System der Categorienlehre, kurz
das Gebiet des genetischen Denkens behandeln und dabei, wie die
Logik in den Prolegomena auf die Vorstellung als auf den nächsten Gegenstand und Inhalt des logischen Denkens achtet, so auf
die Wahrnehmung besonders Rücksicht nehmen als auf das Gegenstück und Widerspiel zum genetischen Denken.

Es ist des Verfassers Stellung zur Philosophie J. J. Wagner's
mehrfach in den letzten Jahren zu öffentlicher Sprache gekommen;
er hat hiezu kurz Folgendes zu bemerken.

Wagner's Bestrebungen stehen im engsten Zusammenhange
mit jenen von Kant und Fichte frisch angeregten Versuchen,
welche um die Erkenntnisslehre und um die Denkwissenschaft sich
bewegen. Besonderen Nachdruck hat derselbe auf seine Categorienlehre gelegt. In letzterer ist thatsächlich des Mannes eigentliche historische Bedeutung enthalten, wie denn ohne diesen Gesichtspunct eine gerechte Würdigung Wagner's von vorneherein ebenso unmöglich ist, als ohne Verständniss für das Verlangen nach einem
ausgebildeten Categoriensysteme ein Verständniss für die Leistungen
und Ausschreitungen der neueren Philosophie stattfinden kann. Nun
leiden zwar gemäss dem bekannten Brauche der mit ihrer Entwicklung beschäftigten menschlichen Dinge wie bei manchen Anderen so
auch bei Wagner die Categorien an nicht geringer Ueberhebung;
dazu wird von ihm oft genug als Categorie aufgeführt was nicht Categorie ist, und nicht minder geschieht es, dass das, was wirklich
eine Categorie ist, nicht hervorgehoben wird; die Categorien sind
abgelauscht der Sprache und theilweise hervorgeholt aus der Geschichte der betreffenden Wissenschaft, aber nicht auch aus ihrem
eigenen Princip offenbart und nicht als denknothwendig dargethan;

anstatt eine lebendige Einheit darzustellen vielmehr einem Gerippe gleichend, welches aus umherliegenden Gebeinen künstlich aber unvollständig zusammengefügt wird, ist das Ganze ein wenn auch aus nachweisbar langer Arbeit entstandener doch immer nur vorläufiger Entwurf, durchgreifender Verbesserung bedürftig, ein Entwurf, dessen Richtigkeit auf die Probe zu stellen der Philosoph selbst fort und fort seine wirklichen und vermeintlichen Categorien durch die verschiedenen Gebiete des Wissens hindurchzuführen unternahm und bei solcher Gelegenheit seiner Lehre nicht selten das Gepräge formalistischer Gewaltthat aufdrückte. Hinwieder aber ist es auch Wagner, welcher aus seinem Categoriensystem und aus seinem constructiven Verfahren, trotz aller Fehlerhaftigkeit desselben, die darin treibende Idee der wesentlichen Form und zwar der wesentlichen Form zunächst des Categorienganzen entschiedener wie Andere zu erkennen geben dürfte einem Jeden, der es der Mühe nicht unwerth hält darauf zu achten.

Der Verfasser des gegenwärtigen Buches nun, durch die Geschichte der Philosophie wie durch seinen eigenen Entwicklungsgang hingetrieben zuletzt auf die Erkenntniss- und Denkwissenschaft als auf das Organon der Philosophie, lernte durch eingehendes Studium auch Wagner's Leistungen und Absichten werth schätzen, ohne sich dadurch das Auge gegen die vorhandenen Irrungen zu verschliessen; ein Zeugniss dess mag vielleicht schon ausser seiner Habilitationsschrift „Grundriss der philosophischen Lehre J. J. Wagner's" (Heidelberg 1861) das Büchlein seyn „J. J. Wagner's Leben, Lehre und Bedeutung, ein Beitrag zur Geschichte des deutschen Geistes" (Nürnberg bei A. Recknagel 1862). Ferner aber glaubte er für seine eigenen Arbeiten hinsichtlich der Categorienlehre von eben jenem Wagner'schen Entwurf den möglichen positiven Gewinn ziehen zu sollen; selbstverständlich liess er nicht minder von den Lehren auch der anderen Philosophen sich weisen; dazu musste er, immer sich anschliessend an die Geschichte, bei dem Zusammenhange alles Einzelnen mit dem Ganzen die Categorienlehre durchweg in Verbindung mit der Wissenschaft vom ganzen Denken und die Denkwissenschaft in Verbindung mit der ganzen Philosophie auszubilden streben. In das Stadium solcher vorbereitenden Thätigkeit fällt, ausser einzelnen Aufsätzen über verschiedene Gegenstände in verschiedenen Zeitschriften, seine staatswissenschaftliche Abhandlung über „Das monarchische Prin-

cip" (Nürnberg bei A. Recknagel 1862), worin er ein von der
Partei des hochfahrenden Hasses und des Umsturzes damals aus
bekannten Vorgängen wieder aufgeworfenes Thema sich erwählte
und solcher Partei gegenüber das Wesen des Staates und die
Würde des Königthums in conservativem Sinne auslegte, hinsichtlich der Behandlungsart aber an dem ihm geläufigen historischen
Stoffe die Verwendung genetischen Denkens als eines methodologischen, mit den übrigen Stufen des Denkens vereinten Ferments
durch die That selber für sich prüfen wollte; dorthin ist auch jener oben erwähnte Plan für eine Neugestaltung der Logik (Erlangen bei A. Deichert 1863) zu zählen. Aus alledem ergibt sich für
die Frage nach der Stellung zu Wagner die einfache Antwort,
dass der Versuch auch dieses Philosophen hinsichtlich der Categorienlehre und zwar die darin nach ihrem gebührenden Ausdruck
und nach ihrer Befreiung verlangende Idee der wesentlichen d. h.
dem Wesen entsprechenden und das Wesen wiedergebenden Form
einer von den historisch dargebotenen Anknüpfungspuncten an die
Aufgaben und Leistungen der neueren Philosophie für des Verfassers eigene weitere Versuche gewesen ist.

    Die bekannten „unbefangenen" Systeme der letzten Jahr-
hunderte haben, das Credo verweigernd, sich ihrerseits nach einander creditlos gemacht. Welches Mittel aber zur Erhebung des
niederliegenden und zur Erfüllung des entleerten Selbstbewusstseyns unerlässlich ist, hat von den neueren Philosophen schwerlich einer richtiger als Franz von Baader angegeben: wie dem
Reiche der Natur sich der erkennende Mensch zu öffnen hat und
zu achten auf Werk und Wort von Seinesgleichen, so muss er
gläubig auch aufschliessen sein Gemüth dem Wunder Gottes, welches das Jenseits offenbarend einführt in das Diesseits und das
Diesseits für das Jenseits erzieht; erst hiedurch wird der Geist
verständig für die ewige Weisheit. Oder wird das alte Wort des
Römers „nec remedia pati possumus", wird dieses Wort auch jetzt
und hier noch gelten? Wenn nicht, wohlan, die Philosophie soll
christlich seyn und zeugen von dem, der da allein der Weg ist
und die Wahrheit und das Leben: so hält es wenigstens und wird
es halten

Heidelberg, im Sommer 1867.

                                    Der Verfasser.

Inhalt.

Erste Abtheilung.

Das Wissen.

Erstes Capitel.

Ueber die Philosophie.

Seite
§. 1. Von der Fremde in die Heimath 3
§. 2. Der Organismus der Philosophie 6
§. 3. Die Philosophie und das Zeitleben 15

Zweites Capitel.

Das Denken.

§. 4. Freiheit und Erkennen 18
§. 5. Das Denken im Unterschiede von der bildenden Thätigkeit . 23
§. 6. Wahrnehmen 26
§. 7. Vorstellen 33
§. 8. Urtheilen 41
§. 9. Begreifen 50
§. 10. Das Eine und ganze Denken 57
Empirismus 60. Scepticismus 61. Criticismus 61. Constructiver Schematismus 62. Dialectik 63. Das sog. reine Denken 64.

Drittes Capitel.

Das Criterium der Wahrheit.

§. 11. Anforderungen 65

§. 12. Uneigentliche Criterien   67
        Sinne 67. Ueberlieferung 68. Persönliche Autorität 69. In-
        neres Schauen 70. Denken 71. Gewissen 72. Religiöser
        Glaube 72. Ueberirdische Macht 75.
§. 13. Das concrete Selbstbewusstseyn als Criterium   .   .   76

Viertes Capitel.

Abhängigkeit und Freiheit des Selbstbewusstseyns.

§. 14. Anthropologischer Grundriss . . . , . . .   84
§. 15. Das Wissen und sein Gegenstand   87
        A. Das Wissen von der Natur. Exactheit .   .   .   88
        B. Das Wissen von der Offenbarung. Inspiration   .   .   92
        C. Das Wissen vom Menschen. Congenialität   .   .   97
        D. Das Wissen vom Jenseits. Speculation   103
§. 16. Die Sphären des Wissens im Zusammenhange   .   .   .   107
§. 17. Das Wissen an und für sich   111
        Persönliche Ueberzeugung 112. Zweifel 113. Wissen von der
        Unmöglichkeit des Andersseyns 114. Allgemein gültiges und
        geltendes Wissen 115. Zusammenhang dieser Momente des
        Wissens 116. Wissen und Seyn, Wissenstrieb 117. Begriff
        von Wissen, Erkennen, Denken 118. Wahrheit, Wissen-
        schaft 120.

Zweite Abtheilung.

Geschichte der Logik.

Erste Periode.

Das älteste System der Logik.

§. 18. Aristoteles   123

Zweite Periode.

Scholastischer Betrieb und Verlauf der Logik.

Erster Abschnitt.

§. 19. Die älteren Peripatetiker 129
§. 20. Die späteren Peripatetiker und die Stoiker   .   .   ,   . 130
§. 21. Rhetorische Logik bei den Römern   136
§. 22. Bestrebungen des Galenus   138
§. 23. Appulejus 139
§. 24. Die Quinque Voces. Porphyrius   141

Seite

§. 25. Martianus Capella. Augustinus 143
§. 26. Boethius 145
§. 27. Cassiodorus. Die unmittelbaren historischen Quellen der mittelalterlichen Logik . . . . . , . . . 148
§. 28. Isidorus Hispal. und Alcuin. Joh. Scotus Erigena . . 149
§. 29. Der Streit über die Universalien 150
§. 30. Eifer der Logiker. Kunde vom Organon 151

Zweiter Abschnitt.

§. 31. Arabische Gelehrte 152
§. 32. Griechische Gelehrsamkeit. Die Summulae des Petrus Hispanus 153
§. 33. Parva Logicalia 158
§. 34. Mnemonische Zurichtung der Logik 164
§. 35. Das Studium aristotel. Schriften 166
§. 36. Behandlung der Universalien 167
§. 37. Die Summulistik . . . . ' . . . 170
§. 38. Eintheilungen der Logik 170
§. 39. Die Logik in Bildern 173

Dritter Abschnitt.

§. 40. Humanistenlogik 174
§. 41. Petrus Ramus 176
§. 42. Philipp Melanchthon. Mischlingslogik 177
§. 43. Die Aristoteliker. Jacob Zabarella 179
§. 44. Das System Campanella's 183

Vierter Abschnitt.

§. 45. Franz Bacon 185
§. 46. Gassendi. Hobbes 186
§. 47. Locke 188
§. 48. Cartesius und seine Schule 190
§. 49. L'Art de penser 192
§. 50. Leibniz 194
§. 51. Hauptrichtungen in Behandlung der Logik . . . 195
§. 52. Die Logik unter Obhut von Grundsätzen . . . 199
§. 53. Eine neue Schulmanier und ein veralteter Standpunct . . 201

Dritte Periode.

Ontologische oder metaphysische Logik. Anderweitige
Bestrebungen.

§. 54. Kant 204
§. 55. Fichte 209
§. 56. Schelling 215

XIV Inhalt.

		Seite
§. 57.	Hegel	217
§. 58.	Fernere Betrachtung der Hegel'schen Logik	222
§. 59.	Anderweitige Leistungen	225
§. 60.	Organisatorische Bestrebungen. Schaden's Logik	228
§. 61.	Fortsetzung	231
§. 62.	Schlussbetrachtung von Schaden's Logik	234
§. 63.	Joh. Jac. Wagner	237
§. 64.	Blick auf die Gegenwart	240

Dritte Abtheilung.

System der Logik.

Erstes Capitel.

Prolegomena.

		Seite
§. 65.	Begriff des logischen Denkens	245
§. 66.	Die Vorstellung. Einzelvorstellung. Exposition	248
§. 67.	Uebergang von der Einzelvorstellung zur Gesammtvorstellung. Induction	249
§. 68.	Uebergang von der Gesammtvorstellung zur Einzelvorstellung. Division	257
§. 69.	Ergänzung der Einzelvorstellung an der Einzelvorstellung. Combination, Analogie	270
§. 70.	Die Einzelvorstelluug als Gesammtvorstellung und umgekehrt. Das Exempel	279
§. 71.	Der Zusammenhang der Vorstellungsformen unter sich und mit dem Denken überhaupt. Die Hypothese	283
§. 72.	Die Grundsätze des logischen Denkens	288
§. 73.	Begriff der Logik	294

Zweites Capitel.

Organismus des logischen Denkens.

Erster Artikel.

Die modalen Urtheile.

		Seite
§. 74.	Sprachliches	301
§. 75.	Historisches	303
§. 76.	Die fernere Aufgabe	308
§. 77.	Entwicklung der Modalitätsformen. Erste Hälfte	311
§. 78.	Entwicklung der Modalitätsformen. Zweite Hälfte	316

Seite

§. 79. Name und Begriff der modalen Urtheile 321

§. 80. Verhältniss der modalen Urtheile zu einander . . . 325

§. 81. Vorbemerkungen zur Stellung der modalen Urtheile im Organismus des Denkens 333

§. 82. Die Stellung der modalen Urtheile im Organismus des Denkens 337

Zweiter Artikel.

Die relativen Urtheile.

§. 83. Die bisherige Lehre 344

§. 84. Unsere Aufgabe 351

§. 85. Die Relationsformen. Erster Abschnitt 355

§. 86. Die Relationsformen. Zweiter Abschnitt 360

§. 87. Characteristik der einzelnen relativen Urtheile . . . 363

§. 88. Zusammenhang der relativen Urtheile unter sich . . . 371

§. 89. Die relativen Urtheile und das andere Denken . . . 378

Dritter Artikel.

Die exclusiven Urtheile.

§. 90. Ansichten der Schule 384

§. 91. Critisches 392

§. 92. Fortsetzung 401

§. 93. Die Urtheilsformen der Exclusion in negativer Richtung . 407

§. 94. Die Urtheilsformen der Exclusion mit affirmativem Streben . 410

§. 95. Die einzelnen Urtheile der Exclusion 414

§. 96. Der Organismus der exclusiven Urtheile im Organismus des Denkens 418

Vierter Artikel.

Die conclusiven Urtheile.

§. 97. Die üblichen Lehren. Syllogistik 422

§. 98. Lehre vom Beweis und von der Definition 428

§. 99. Die Sophismen der Schule 431

§. 100. Untersuchungen 435

§. 101. Fortsetzung 444

§. 102. Die conclusiven Urtheile, entwickelt aus dem Grundsatze der Conclusion und mit Beziehung auf den Organismus des Denkens überhaupt 447

Seite

Anhang.

A. Logische Literatur .   ·   453
    I. Bis zum Bekanntwerden der byzant. und arab. Logik im
    Abendlande. S. 453. II. Von dem Bekanntwerden der byzaut.
    und arab. Logik bis in das 16. Jahrh. S. 459. III. Vom Auf-
    kommen des Protestantismus bis 1600. S. 468. IV. 1600 bis 1700.
    S. 478. V. Circa 1700 bis in die Kant'sche Epoche. S. 490. VI.
    Seit der Kant'schen Epoche bis in die Gegenwart. a. Deutsch-
    land. S. 497. b. Ausland. S. 508. VII. Hülfsmittel zum Studium
    der Geschichte der Logik. S. 514.
B. Alphabetisches Sachregister   519

Das Wissen.

Das Wissen.

Ueber die Philosophie.

§. 1.

Von der Fremde in die Heimath.

Der Mensch kann es sich nicht verhehlen, dass er ein Fremdling ist im Land der Sichtbarkeit. Die Sonne, die zum Tagewerk ihm aufgeht, fraget: Siehe doch, wer bin ich? Ergründe mich, so spricht die Erde, welche Trank und Speise, Kleidung auch und Wohnung mütterlich darbietet. Am Gewölb des Sternenhimmels weilt mein Blick, hernieder taucht er in das bunte Treiben; ich gedenke dess, was gestern war und heute nicht mehr ist: an mich tausend Fragen, von mir keine Antwort. Da durchzieht die Seele brennend Heimweh, hin nach einer Stätte, wo ihr des Auges Dunkel schwände; vereinsamt fühlt sie sich gleich einem Wanderer, welchen ferne vom gewohnten Herde düstre Nacht ereilt hat.

Suche, du wirst finden! Mache dich auf zur Heimath, nach der es dich verlangt!

Im Reize des Geheimnisses steht vor dem Menschen die Natur, eine verhüllte Göttin, wehrend jetzt und drohend, jetzt wieder ermunternd und winkend. Den Schleier möcht' er lüften, der die Wahrheit birgt; schauen will er das Wesen, von dem die Erscheinung zeuget. Aber unbändig entwindet und gestaltet es sich in immer neuer Erscheinung zu immer neuer Enttäuschung.

Leicht verzweifelt der Suchende ermattet am Gelingen. Gleissender Schein ist nach Aussen das Wesen, das ich mir eingebildet, eitel Dunst ist es in sich. Thor, der ich dem Blendwerk vertraute!

1 *

Was Wunder auch? Bin ich ja gleichen Geschlechtes. Also spottet seines Standes der Sterbliche, sich vorredend, er hätte denselben begriffen.

Aber des Fundes kann er sich nimmer erfreuen. In des Lebens unendliches Mühsal verflochten, das seinen Stachel tief in das Mark ihm eindrückt, wendet er sich verwünschend zurück zur vermeinten Allmutter, die an das Licht ihn gesetzt ihm zur Qual und zum herzlosen Spiele ihr selber. Wohlan, ruft er, hast du von dumpfer Begierde trunken mir zum lastvollen Daseyn verholfen, so ist es besser dem Nüchternen, dass der Tod seine Geburt vertilge und auslösche das frühere Versehen.

Ermanne dich, suche und du wirst finden, tönt fort und fort von Aussen und Innen die Stimme. Vor dir liegt ausgebreitet, sich nach Jahrtausenden messend, der Menschheit Geschichte. Merkst du nicht allda das Walten des Gottes, welcher zum Besten führt den Wandel der Völker, verehrt und angebetet von ihnen, und einem Jeden, auch dir, zur Hülfe bereit ist?

Doch erstarkt in des eigenen Sinnes Schwachheit entgegnet der Mensch: Wo ist der Herr, auf dass ich ihn sehe und spüre? Die Schaaren der Völker quellen hervor wie das Grün der Wiesen im Lenze, sie welken verdrängt dahin wie im Spätjahr das Laubwerk der Bäume. Die von heute sind nicht im Guten voran vor den alten und sind nicht zurück hinter diesen im Bösen. Hoch bauet ein Volk sein Haus und zieret schön seine Zinne, aber ein anderes eilt, den Schmuck zu entstellen und das Gefäss zu zerbrechen. Für weise gilt eins vor dem andern, aber zu Falle kommen sie beide. Angstvoll streiten sie sich im Garten der Erde wie Wölfe des Waldes um blutige Nahrung. Gezückt ist das Schwert der Gottlosen und gespannt von den Starken der Bogen, um den Armen zu stürzen und den Frommen zu schlachten. Sag' an, wo ist der Herr, auf dass ich ihn sehe und spüre?

Acht' auf dich selber, wende dich in dich!

Ich suche und finde das Herz gequält von eingeborener, leidiger Zwietracht feindlicher Gegner. Ich ist die eine Partei, die andere gleich einem Nichtich, mein eigenes Daseyn für die in einander verwachsenen Ringer der Kampfplatz. Friedlich ruhen jetzt des Borgsees stille Wasser, freundlich in die Tiefe taucht sein Bild das Ufer, und es lacht der Aether aus des Spiegels Klarheit; sorglos treibt im leichten Kahn dahin der Schiffer. Ungeahnet aber beugt sich düsteres Gewölk auf die bewegte Fläche, es beginnt ein Wehen wilder Stürme aus den Schluchten, die erzürnten Wogen peitschen das Gestade, finstre Mächte spielen mit der Angst des

Fährmanns wie der grimme Tiger mit der bald errungenen Beute. Wollen habe ich, das Vollbringen fehlt mir.

Und wenn nach des Tages Hitze über des Westens ferne Höhen die Sonne allmählich sich hinablässt und des Himmels weissflockiges Gewölk erglüht und die belaubten Berge röthet und die bläulichen Gewässer, stille sich die goldnen Saaten wiegen und die beblümten Auen auf Wiedersehen von der Gespielin Abschied nehmen; da schaut ein Eden aus dem Angesicht der Erde. Bald doch schwinden scheu die Träume vor den abendlichen Schatten, und aus dem dunkelnden Gebüsch erklingt und im Gemüthe wiederklingt der Nachtigall wehmüthige Klage als gälte sie verlorner Schöne. Lust am verklärten Bilde, Abscheu vor wüster Entstellung, wie ein verborgner Zug zieht es in mir: woher? wohin? ich weiss es nicht.

Ich möchte aber wissen. Was ich erschaue mit dem Auge, was ich vernehme mit dem Ohre, das befriediget mich nicht; ein Anderes ist es, was die Sinne treffend und den Sinnen sich entrückend mein Streben nach Erkenntniss reizt und aufruft. Wohl suche ich durch Denken mich seiner zu bemächtigen und die Dinge bis in den letzten Grund ihres Entstehens und Erscheinens zu verfolgen; allein das Reich der Natur hat mit mir sein Spiel, und der Menschen Treiben und Geschick gibt mir keinen Aufschluss, und des Räthsels Lösung sollt' ich in der nächt'gen Tiefe des eignen Selbsts erholen, wo des Todes Wogen und des Lebens wider einander branden, wo ich meiner vollends als eines armen Wesens inne werde?

Denn das hat zur Genüge sich mir kund gethan: die Ohnmacht meines Ich, das gleich dem Rohr im Winde zwischen dem Guten schwankt, das es will, und dem Bösen, von dem es angelockt wird, zwischen Verwesung, vor der ihm schaudert, und Ausgestaltung, die es nicht erreicht, zwischen Wahrheit, wornach es hascht, und Falschheit, von der es umstrickt ist.

Aber ich will stille sein und lauschend Raum geben dem Worte, das mir aus dem Busen tönt. Es spricht: Deine Schwachheit für Stärke haltend meintest du mit ihr die Welt zu erobern; deiner Hoffart Schuld ist es, dass du gar zu Schanden worden. Ein Entmannter hast du abgesperrt deine Seele vor der Macht, welche allzumal bewegt den Himmel und die Erde; ein Unweiser hast du dein Ohr zugeschlossen vor der Weisheit, welche den Völkern offenbaret ist zu ihrem Heile, welche auch dir gesagt ward in der Jugend und dir immerdar gesagt wird wenn du nur sie hören willst. Du hast abseits dich gemacht von der Bahn, auf welcher Alle mit einander ihrem Erbe entgegengehen sollen, hast dich, einspinnend in den Sarg deines einsamen Ich, entgottet und vergöttert. Wohlan, eröffne dich erst wieder! versuche, Mensch zu seyn: glaube!

Es lehrt die Weisheit von dem Menschen als dem Ebenbilde Gottes, das zu Grunde gegangen sey durch verkehrtes Trachten; da liege es in Schwachheit wenn nicht aufgerichtet von dem, dessen Bild in Wirklichkeit es sein soll. Sie meldet mir die Liebesthaten Gottes. Sie prediget von einer andren Welt, für welche das gegenwärtige Daseyn nur eine Vorbereitung wäre und ein Durchgang.

Und siehe, der Weisheit Lehre zündet und zündet im zerschlagnen Geiste. Mit Ja und Amen treibt aus dem Schoose des Gewissens ein frisch Gemüth hervor: es strebt zum Himmel auf den Himmel in sich tragend.

Da hat begonnen die heisse, der Hülfe wie des Zieles sichre Arbeit eines neuen Erkennens und eines neuen Geistes. Und schreitet auch nur durch den Tod des Leibes die Vollendung, so wird doch dann aufhören alles Stückwerk, alle Schwachheit, und das Wissen sich erfüllen an dem Leben, das die endlich daheim angelangte Seele lebt von Angesicht zu Angesicht.

§. 2.

Der Organismus der Philosophie.

Die Philosophie ist die Wissenschaft des Menschen von sich, und zwar hinsichtlich seines natürlichen, seines geschichtlichen, seines göttlichen Seyns. Die Wissenschaft vom geschichtlichen Seyn hinwieder zerfällt A) in die Wissenschaft vom übernatürlichen und B) in die Wissenschaft vom selbstischen Seyn.

Das natürliche Seyn, von dem die Rede, wird gefasst als Wohnung der Seele. Das übernatürliche Seyn ist verstanden als Offenbarung Gottes in der eben dadurch geheiligten Natur, Wegbereitung für die Seele, mit rechtem Worte: Wunder. Das selbstische Seyn sodann, von dem Wunder getragen und gehegt, ist Freiheit überhaupt, in normaler Entwicklung werkthätige Gemeinschaft des Menschen mit seinem Gott, das allgemeine Priesterthum, oder in entgegengesetzter Neigung Revolution zur Sünde und zum Tode. Das göttliche Seyn endlich für sich will gedacht werden als das Leben der vollendeten Seelen im Reiche Gottes, nicht aber ohne das entsprechende Leben ihrer auch vollendeten Natur: beide sind sich Gleichniss und im Bunde Organ der Ehre des Höchsten. Solch göttliches Seyn, das für uns im Jenseits sich ganz und gar verwirklicht, ist eingerollt als treibende Bestimmung in unsere Seele und ist eingerollt in die diesseitige Natur; aufgerollt wird es vom Wunder und von der Arbeit einer jeden gottergebenen Seele.

I.

Physiologie im allgemeinen Sinne oder Naturwissenschaft. Ihr Gegenstand ist der Seele Wohnung. Von der dermaligen Herberge schauen wir hinaus in die weiten Räume des umspannenden Himmels als vermöchten wir dort zu finden was wir suchen, und hinwieder blicken wir zurück auf die gegenwärtige Behausung, als könnte sie uns Aufschluss geben über die Sprache des Alls.

Zuvörderst ist die Naturwissenschaft Naturbeschreibung. Dieser gehört einmal das irdische Reich der Elemente, das im Allgemeinen die Gliederung seiner Mannigfalt als Materie, als Warmes, Feueriges und Lichtes ausspricht; für sich ist die Materie zwar die Todtenklage des durch das Warme und Feuerige ab- und einwärts gebrannten Lichten, das Lichte hingegen ist die Lebensfreude der durch das Warme und Feuerige erlösten und neugeborenen Materie. Zu besagtem Reich der Elemente ist aber der ergänzende Gegenhalt das Periechon oder die meteore Sphäre. Beide, diese Sphäre und jener mütterliche Schoos, stehen mit einander in Wechselwirkung durch ausdrückliche Vermittlung. Der Vermittlung eines zu Weg gebrachtes Glied ist der Körper der Erde, an welchem die Naturbeschreibung das quellende Geschiebe der irdischen Masse unterscheidet und die Fläche mit Gewässer und Land und die wuchernde Vegetation und den Opferduft der aufstrebt als der Erde Odem und von Oben neu zurückgehaucht wird. Das andere Glied ist dargestellt von der animalischen Sippe, die ihr gewonnenes Centrum dem Centrum der Erde entgegenzusetzen lebenslang versucht. Ein Centrum erweckt sich das andere; wie die Centrirung der Erde selbst, des dritten im engeren Bunde der vier sonnennächsten Planeten, sich beruft auf die Begründung und Verfassung des Sonnensystems, so datirt vom Sonnenstand der Erde mit ihrem Mond die Animalisirung, beginnend mit den Eithieren aus dem Becken der Gewässer, fortschreitend zu den Geburtsthieren des Landes bis dahin, wo die Erdnatur bereitet ist für die Empfängniss einer Sonne, die nicht Natur ist, für die Empfängniss der Menschenseele. Zu Deutsch aber heisst animal empfindend, und Empfinden ist des Thieres Begriff.

Die Elemente demnach, der Erdkörper, das animalische

Leben, die meteore Sphäre, sie werden es sein, welche Titel und Text der Hauptcapitel dem Buche der Naturbeschreibung liefern.

Die Naturwissenschaft ist jedoch nicht blos Naturbeschreibung. Sich vertiefend vielmehr in die Verwandlung der Dinge durch Spannung und Abspannung, Strahlung und Brechung, Paarung und Scheidung, Organisation und Verwesung beschreitet sie die Bahnen der Magie.

Den Proteus aber zu binden lauscht der Natur die Wissenschaft das eingeborne Organon ab und wird mit ihm zur Mathematik, das ist zur Wissenschaft von der Kraft, die sich ein- und auswirkt als Ganzes von Raum, Zeit, Schwere und Bewegung.

Durch die Gunst dieses Organons vermag sich endlich die Naturwissenschaft auch zu orientiren im Reiche der Gestirne, wo die Fixsterne und die Genossenschaft der Planeten am Meisten sich entfremdet sind, letztere vorbereitet zur Restitution mit ihrer tragenden und läuternden Sonne, während die cometarischen Gebilde als Mischlingsform von planetarischer und von Fixstern-Natur zwischen dem Diesseits der planetarischen Region und dem Jenseits der Fixsternenwelt vegetiren.

So besteht die Physiologie oder Naturwissenschaft aus der Naturbeschreibung, aus der Wissenschaft von der Dinge Verwandlung, aus der Wissenschaft vom Naturgesetze, aus der Wissenschaft von den Gestirnen.

II.

Wissenschaft von der Geschichte. Die Geschichte besondert sich A) in das Wunder Gottes und B) in die menschliche Freiheit, welche letztere von jenem ausgeboren und erzogen wird wie das Kind von seiner Mutter. Vorerst ist demnach die Wissenschaft vom Wunder Gottes in Betracht zu nehmen. Ihr gangbarer Name ist Theologie.

Auf dem durch Gottes Spruch geweihten Boden, dem Beth El der Menschheit, ist naturgemäss die Zeit zur Himmelsleiter aufgerichtet, nicht blos der Tag, der seinen Halt am Sonnenfeuer findet, sondern eine Zeit, welche als in einander webende Vergangenheit und Zukunft ihren Schwerpunct an des Menschen Freiheit hat und im Umfang der letzteren zur Gegenwart wird, bis Alles eingeht in die Ewigkeit. Hiernach bemisst sich im Grossen das Wunder oder die heilende und heiligende Offenbarung Gottes in der Natur einmal als das Wunder der Vergangenheit, dann als das Wunder der Gegenwart und endlich als das Wunder der Zukunft.

Die Theologie ist zunächst die Wissenschaft vom Wunder der Vergangenheit. Dasselbe beginnt mit dem Tagewerke Gottes, das ist mit Herstellung der durch Satans Empörung und · durch den Fall der Verführten in Verwesung gekommenen Natur zur Wohnung des begnadeten Menschen, auf dass er da für sich und in der Brüder Interesse sich entscheide zur ewigen Gemeinschaft mit Gott. Es reiht sich hieran die barmherzige Erhaltung des abtrünnigen Geschlechts und die Herrschaft des Gesetzeswillens und die Menschwerdung des verheissenen Erlösers. Und aus dem Wunder der Vergangenheit wächst fort und fort heraus das Wunder der Zukunft; umgekehrt gesellt sich dieses alsbald zu dem Vergangenen. Die Theologie aber, die mit dem Wunder der Vergangenheit sich beschäftigt, wird im eigentlichen Sinne als historische Theologie bezeichnet werden können.

Das Wunder der Vergangenheit und das der Zukunft ist vermittelt und vereinigt im Wunder der Gegenwart, welches beharrt bis alle Zeit erfüllt ist. Dasselbe hat sich gefasst als Kirche. Die Kirche wieder ist zu betrachten nach ihrer Doppelstellung, sofern sie A) an Christus ihr Haupt hat und sein Leib ist und B) in freiem Verhältnisse mit Christus steht. So wird die Theologie, welche zum Gegenstand die Kirche hat, zwiefach sein.

Die Kirche nämlich, welcher Christus einverleibt ist, übt einmal priesterliche Function im permanenten Opfer des neuen Bundes; zweitens verwaltet sie die Sacramente; drittens spricht sie das ihr anvertraute Wort; endlich leitet sie in hierarchischer Abstufung vermöge des Hirtenamtes die Gemeinde. All' das eignet der so zu nennenden praktischen Theologie.

Aber die Kirche steht auch in freiem Verhältniss mit ihrem Herrn. Solches ist ermöglicht vom Geiste, welchen der Erlöser gibt; durch dessen Kraft bringt die Kirche ihren Reichthum sich zum Selbstbewusstseyn und hat an diesem inhaltsreichen Selbstbewusstseyn ihren eigenen Geist. Wie in einem lichten Brennpunkt ist da gesammelt alle Offenbarung Gottes, nicht nur die der Gegenwart, sondern mittelbar auch die der Vergangenheit und der Zukunft; hievon zeugt der Geist der Kirche als von seiner Lebensfülle und behauptet sie und sich gegen menschliche Willkür und menschlichen Irrthum und erstarkt immer mehr durch sein Bekenntniss. Die üblich gewordene Bezeichnung aber für den ausgesprochenen Geist der Kirche ist Dogma; die Wissenschaft von ihm ist die dogmatische Theologie. An dieser hat die gesammte Theologie ein ihr innewohnendes, massgebendes Organon auf ähnliche Weise wie an der Mathematik die Naturwissenschaft.

Endlich ist die Theologie Wissenschaft vom Wunder der Zukunft. Fliessend zwar ist seine Gränze in der Richtung auf das Wunder der Vergangenheit: es tritt hervor aus dem Schoos des letzteren, wie nicht minder das Vergangene aus dem Schoos der Zukunft gequollen war. Dagegen ist besagtem Wunder seine feste Gränze gesteckt nach der andern Richtung, während das Wunder der Vergangenheit am Tagwerk Gottes ebenfalls einen bestimmten Anfang hat. Denn es ist der lautere Begriff des Wunders der Zukunft kein anderer als der des göttlichen Gerichts: selbiges hat sich vollzogen und vollzieht sich im Grossen und im Kleinen, bis es schlüsslich im jüngsten Gerichte des Sohnes Gottes sich zeigt als das was es im Grunde und vorbildlich immer schon gewesen ist. Die Theologie aber, welche je und je vom Wunder der Zukunft gesprochen hat und fürderhin spricht, ist die prophetische Theologie.

So erklärt sich die Theologie oder die Wissenschaft von der Offenbarung Gottes in der dadurch geheiligten Natur rücksichtlich ihrer in einander greifenden Glieder als historische, als praktische, als dogmatische und als prophetische Theologie.

III.

Das göttliche Wunder ist nur erst die eine Seite der Geschichte. Ihre andere Seite ist die Freiheit des Menschen, welche eben dem Wunder sich verdankt und, es aufnehmend in die Seele, hiedurch einen neuen Wirkungskreis ihm eröffnet. Hinwieder setzt der Mensch, der die Seele vor jener ihrer Lebensquelle abschliesst, zum gottscheuen Thoren sich herab, gegen welchen schon die Natur allein sich empört als ob sie ihn nicht ertragen könnte. Die Wissenschaft aber vom selbstischen Seyn des Menschen oder von der Freiheit wollen wir Anthropologie betiteln.

Im Anschluss an das göttliche Wunder tritt der Mensch auf als Person, das ist als Seele, welche zur eigenen Vollendung die gottgeweihte Natur bewohnt. Aber durch die Sünde ward und wird der Mensch verkehrt, also dass auch das persönliche Seyn, als das Fundament jeder weiteren Bewährung, eines Aufbaus bedurfte und bedarf. Solcher Aufbau der Persönlichkeit hat im Allgemeinen folgende Züge. Dasjenige persönliche Seyn, welches auf Grund der geschlechtlich verschiedenen Individualität vermittelst der Familie und kraft der Arbeit und den hierdurch bedingten Ständen oder Arbeitsclassen zur Gesellschaft sich zusammenschliesst, ist die Sitte. Solch persönliches Seyn setzt sich fort im Staate; er ist das persönliche Seyn, welches aufwachsend aus der Gemeinde

die Entwicklung der physisch-seelischen Fülle veranstaltet, dieselbe
durch die ihm eigenen Organe, die Aemter, regelt und von seinem
Haupte aus sich beherrscht. An staatlichem Leben hat das, was
Rechtens ist, seine nächste Voraussetzung; Recht ist auch per-
söuliches Seyn, aber dasjenige, welches in Folge von Ansprüchen
auf Geltung und von daher entstandener Parteiung vermöge des
ausgleichenden Gesetzes Befugniss findet und Verbindlichkeit auf
sich nimmt. Das höchste persönliche Seyn ist endlich die Sittlichkeit, in welcher pflichtgemäss durch inneren Kampf und mit Selbst-
überwindung der Mensch seiner Bestimmung für die Ewigkeit hienieden nachzukommen strebt.

Sitte, Staat, Recht, Sittlichkeit bezeichnen den Organismus
des persönlichen Seyns. Das immanente Prius der Sitte ist die
Sittlichkeit, das empirische Prius der Sittlichkeit ist die Sitte;
zwischen beide treten, von der Sitte her der Explication der Sittlichkeit und umgekehrt von der Sittlichkeit her der Erhebung der
Sitte dienend, die Sphären des Staates und des Rechts, wobei das
Recht an staatliches Leben sich immer anreiht. Während also in
der einen Richtung aus der Sitte, mit der Tendenz zur Sittlichkeit,
der Staat und an dem staatlichen Leben das Recht und kraft des
letzteren die Sittlichkeit eigens hervortreibt und jede vorangehende
Stufe durch die folgende, von der sie hereingenommen wird, ihre
Erhöhung findet, vermag umgewendet die Sittlichkeit das staatliche
Leben zu fördern, hiedurch das Recht zu durchdringen und mittelst solchen Rechts die Sitte immer reiner zu gestalten, so dass
aus dem Boden der geläuterten Sitte mit neuer Macht durch Staat
und Recht die Sittlichkeit zu sich zurückkehrt und in kreissen-
dem Wandel das gesammte persönliche Seyn sich darbildet. Solch
Gebiet der Wissenschaft von des Menschen persönlichem Seyn
heissen wir Ethik.

Im Ethischen ist aber ein weiteres wichtiges Moment verborgen, welches zu einer eigenen Sphäre menschlicher Thätigkeit
sich entwickelt. Die Seele gibt nämlich, so viel an ihr liegt, dem
natürlichen Seyn die Form seelischen Wesens, mit anderen Worten:
die Seele idealisirt die Natur und macht sie sich zum Gleichniss.
Dadurch richtet sie nach der einen Seite hin abwärts die Natur,
an der sie als an ihrem Gleichniss Gefallen findet, für sich zur
Personirung erst zu, während sie nach der anderen Seite aufwärts
sich vielmehr den Weg bricht, um am Spiegelbild erbaut zu naturfreier Selbstständigkeit zu gelangen. Dieses bildende Moment
ist am Bekanntesten weil am Augenfälligsten in dem, was von
den Leuten als schöne Kunst gerühmt zu werden pflegt. Letztere

ist zu Innerst Kunst im Gebiete des Schattens, schreibende Kunst,
und entwirft Grundriss, Umriss, Articulation und Färbung; sie ist
Kunst im Reich der haltungslosen Masse, Plastik, zur Säule, zum
Gefässe oder Gehäuse, zum Relief, zur Statue das ungeschlachte
Material fortbildend; sie ist ferner Kunst im Reich der Stille und
lässt sich vernehmen als instrumentale Musik, als Gesang, als
Rede, als Gedicht; sie ist endlich Kunst in Personirung des Körpers von Seite der Seele, die denselben in Besitz nimmt, und nennt
sich Mimik, Gymnastik, Orchestik und Dramatik. Für das Wissen von dem allen mag der geläufige Ausdruck Aesthetik heran-
genommen werden.

Es führt die Idealisirung des natürlichen Seyns abwärts und
einerseits zur Personirung desselben, aufwärts und andrerseits zum
Gewinne naturfreier Selbstständigkeit der Seele, immer jedoch nur
vermöge einer Actualität, wodurch die Seele sich die idealisirte
Natur erst anleibt. Dieses dritte Moment, das Organon des selbstischen Seyns oder der Freiheit des Menschen, ist das Erkennen;
die Seele vereint die idealisirte Natur mit dem eignen Wesen und
erfüllt dagegen mit dem eignen Wesen diese Form. An und für
sich aber das Erkennen betrachtend finden wir darin die Wahrnehmung zu Unterst und die einheitliche Idee zu Oberst; zwischen
beiden schwebt aus beiden sich constituirend die Vorstellung, welche
theils aus der Idee kommend durch den entscheidenden Urtheils-
spruch des Begriffes zur Wahrnehmung treibt, theils umgekehrt
aus der Wahrnehmung stammend kraft des Begriffes die Idee sich
entfalten lässt. Die Wissenschaft übrigens vom Erkennen heissen
wir nicht Logik, diese Bezeichnung für die Wissenschaft vom
speciellen Organon des Erkennens selbst, für die Wissenschaft vom
begrifflichen Urtheile, aufbewahrend; müsste ein griechisches Wort
genommen sein, welches die Wissenschaft vom Erkennen bedeute,
so möchte das Wort Theoretik sich darbieten.

Endlich ist noch übrig, auf das immanente selbstische Princip der ethischen, ästhetischen und theoretischen Thätigkeit, auf
die Seele, zu achten.

Die unterste Stufe, wohin dieselbe ihre Lebensfülle zusam-
menziehen kann, nennen wir Gewissen und verstehen andurch die
Seele, welche ihr Gottesbild dahingegeben hat an die umfangen-
den Schatten des Todes, vergebens aus eigener Kraft das verlorene
Gut zu ersetzen sich bemühend und schuldbewusst ihre Blösse zu
verdecken suchend, Quell göttlichen Seyns in überschütteter Tiefe
rauschend, Fötus neuen Lebens, der Seele ethische Potenz. Und
ist weder ausgeschlossen, dass durch besondre Offenbarung Gottes

und Ueberlieferung der Mensch den rechten Weg sammt dem Ziele gezeigt erhalte noch auch, dass er erlöst werden könne von dem Banne. Theilhaftig gemacht der göttlichen Gnade entfaltet sich vielmehr aus dem Gewissen heraus das Gemüth zum Paradiesesstand der Seele, voll Glauben, Wundern, Lieben, Hoffen, der ächte künstlerische Genius, das Seitenstück zum äussern Wunder Gottes. Immer jedoch ist das Gemüthsleben erst versuchende Frage an die Seele, ob sie auf das Gewissen sich zurückführen oder zum wirklichen Ebenbilde Gottes sich entscheiden wolle. Und gehegt vom Gemüthe und assistirt vom Geiste Gottes arbeitet der Geist des Menschen sich heraus, die theoretische Potenz, das concrete Selbstbewusstseyn. Was aber noch im Geiste liegt und durch des Geistes That sich auswirken will, ist die Seele als vollendetes Gottesbild, in welches Gewissen, Gemüth und Geist als in ihre höchste Einheit aufgenommen sind, das explicite Seyn der Seele, während durch das entheiligte Gemüth und den zerrissenen Geist die Gottbildlichkeit darniedersinkt in die verdunkelte Tiefe des Gewissens.

Dies nun sind für die Anthropologie die in einander verwachsenen und hinwieder einander befreienden Momente, das ethische, das ästhetische, das theoretische und das psychische Moment, als Ganzes das pulsirende Hauptorgan im Gesammtorganismus der Philosophie.

IV.

Es hat der Ueberblick über den Organismus der Philosophie oben begonnen mit der Naturwissenschaft; zum Schlusse hat er jetzt noch in das Auge zu fassen das unmittelbar aus dem geöffneten Kelch des concreten Selbstbewusstseyns zu entnehmende Wissen des göttlichen Seyns.

Für das Reich Gottes weiss sich die Seele frei von der Natur, jedoch mit ihr in solchem Vereine, dass sie dieselbe sich zum Bilde fängt und anleibt, eine Spiegelung, die in sich schliesst, dass die empfindliche Natur auch ihrerseits als der Seele Spiegel sich des Bildes von dieser zu erfreuen hat: in die Seele scheint sich hinein was Natur ist, und umgekehrt scheint in die Natur sich hinein was Seele ist, und was hineinscheint in Natur und Seele wird ergriffen von einer jeden nach ihrer Weise und von Innen her zum Leibe des Wesens an- und ausgestaltet. Dergleichen Wechselleben von Gesicht zu Gesicht spricht noch und schon aus der wirren Sucht und Flucht, in welcher sie gegenwärtig einander begehren und sich vor einander retten.

Allein so wäre die Imagination noch weit entfernt vom Jauchzen der Morgensterne und vom Rühmen der Kinder Gottes.

Traun, die Seele muss aus tieferem Verlangen trachten nach dem Bild des Alls. Wie die Sonne niederglänzt auf die bethauten Blumen, so lässt am All sich schauen die umfassende Herrlichkeit des Herrn, nicht aber ohne dass der Höchste auch im Innern der Lebendigen eine Stätte sich bereite und fände und als Ich zu Jedem spräche Du und Mein und von ihm das Du und Mein zurückbekäme. Siehe, darum wird die Seele — und wie mächtig schon hienieden — geizen nach dem Bild des Alls, weil sie, in sich Gottes inne, Gottes Herrlichkeit auch von Aussen fassend und sich anleibend mit jeglichem Vermögen aus und an sich den Herrn bezeugen möchte. Das will die Seele: Ebenbild Gottes seyn, durch Gottes Geist und ihm zu Ehren. Und ähnliche Begierde muss die Seele zugestehen ihrem mitwirkenden Gleichniss, der Natur: Gefässe der Kraft und Ehre des Höchsten zu seyn, wenn auch nach Weise der Natur.

Durch den aber Alles geschaffen, lebt, webt und ist, das ist die ungeschaffene Natur und die ungeschaffene Seele in ihrer manifesten Einheit, das göttliche Wunder der Ewigkeit, Gott der Sohn.

Es wohnt in der Gottnatur oder im vollkommenen Lichte die Gottseele oder der vollkommene Geist, und im vollkommenen Geiste wohnt das vollkommene Licht: Gott der Vater ist die eine Person, Gott der Geist die andre. Und der Vater zeugt ewig aus sich den Sohn, und aus dem Sohne geht ewig hervor der Geist, und durch den Sohn gibt sich dem Geiste immerdar der Vater. Der Sohn aber seinerseits erstattet opfernd was er ist und hat dem Vater und dem Geist durch seiner Geschöpfe priesterlich Geschlecht.

Vater, Sohn und Geist, dazu die nie gefallenen und die aus dem Falle erhobenen Creaturen, die mit ihrem ganzen Seyn den Gott bezeugen, der durch den Sohn sich ihnen offenbart: das ist letztlich die Umzeichnung dessen, was das concrete Selbstbewusstseyn für das Wissen des göttlichen Seyns auszusagen hat, Umzeichnung der Theosophie.

———

Hiemit endet nach Oben die Betrachtung des Organismus der Philosophie. Bei der Wissenschaft vom natürlichen Seyn hat sie angefangen und findet mittelst der Wissenschaft vom göttlichen Wunder kraft der Wissenschaft vom selbstischen Seyn oder von der Freiheit im Wissen des göttlichen Seyns Alles aufgehoben, während in des Kreislaufes Umkehrung die Wissenschaft des

Wunders wiederum unmittelbar vom Wissen des göttlichen Seyns schöpfen muss und dann vermittelst der Wissenschaft vom selbstischen Seyn die Wissenschaft von der Natur bereinigt.

§. 3.

Die Philosophie und das Zeitleben.

Der Philosophie gehört Alles zumal was zu wissen dem Menschen vergönnt ist; dagegen beschäftigen sich die Einzelwissenschaften, die ausser der Philosophie Existenz suchen, jede mit einem Abschnitt von dem weiten Gebiete. Jene ist durch des Philosophirenden Standpunkt, nämlich durch das concrete Selbstbewusstseyn, ausgezeichnet vor den Einzelwissenschaften; bei den letzteren tritt das Selbstbewusstseyn mehr hinter den Gegenstand zurück. Jene hat zu ihrem Inhalt auch die Wissenschaft des Erkennens; die Einzelwissenschaften, die Nichts mit Philosophie zu schaffen haben wollen oder nicht sich überhebend an deren Stelle sich zu setzen versuchen, überlassen ihr die Wissenschaft des Erkennens als specifisches Eigenthum. Vermöge des centrirenden Selbstbewusstseyns ist die Philosophie die Wissenschaft der andern Wissenschaften; diese sind eingegliedert im Organismus der Philosophie und damit, die ihnen eingeborene Bestimmung erfüllend, heimgegangen.

Die Philosophie erfährt einen Ausbau, hineingesetzt in den Erdenwandel der Menschheit. In Anbetracht der hiedurch gegebenen Geschichte wird sie unterschieden nach den Perioden des Alterthums, des Mittelalters und der neuen Zeit. Die Völker des Alterthums im Allgemeinen, mehr und mehr entfremdet dem lebendigen Gott, sind Gefangene der Natur und Gefangene des eigenen Gewissens. In dessen Schatten treibt insbesondere bei dem Mittelvolk der Griechen die Kunst und die Wissenschaft ihre Blüthen: jene, sich gefallend in Nachahmung der Natur, zehrt von mythischer Erinnerung und wird gehegt wie von der Lust des Einzelnen so von dem socialen und politischen Treiben; diese, die Wissenschaft und überhaupt die Philosophie, findet am Kosmos ihren eigentlichen Vorwurf und an der Mathematik ihr Organon, und ob sie schon innerhalb solchen Rahmens die praktische (ethische) und künstlerische, auch die theoretische Thätigkeit in Betracht zieht und der Seele selber und des Jenseits gedenkt, bleibt ihr doch das Wesen des Menschen ein ungelöstes Räthsel und somit auch des Menschen ganze Welt. Das Mittelalter aber, in den

neuen Bund mit Gott den Menschen hebend, characterisirt sich
durch Darbildung der Kirche, welche weihend alles Leben in ihren
Bereich zieht; die dem Mittelalter eigenthümliche Philosophie,
gemüthvoll ihr Problem am Wunder nehmend, ist Theologie und
ihre Norm das Dogma.   Die Geburt jedoch, von der die Kirche
entbunden ward und um derentwillen sie in weitere mütterliche
Functionen einzutreten hatte, ist die Freiheit: durch Evolution,
wenn schon auch durch Revolution der Freiheit kennzeichnet sich
die neue und letzte Zeit, die Zeit der grossen Entscheidung; ihre
Philosophie, deren Stolz das anthropologische Wissen ist, will sich
aussprechen als das vom Wunder erfüllte und in tief innerlicher
Arbeit erwachsene christliche Selbstbewusstseyn und von solchem
Standpunkt das gesammte Gebiet der Freiheit durchdringend
vollenden.

Dem christlichen Geist der neuen Zeit ist der alte diabolische
Geist mit neuen Listen entgegengetreten, ein verkehrtes Selbstbewusstseyn, der theoretische und praktische Materialismus mit
seiner zahlreichen, weitverzweigten, überall und doch nirgends
heimischen, hinter tausend Masken verkrochnen Magschaft. Denn
diess ist die Last von heute.   Die Natur ist der erkorne Götze.
Des Herrn Dom wird abgebrochen, Stein um Stein, und es steht
sein Waizenfeld voll Unkraut. Sieh', es hilft das Menschlein sich
aus eigenem Vermögen. Zum Weibe wird der Mann und in Man-
nesart geberdet sich das Weib. Der Gatte wendet sich vom Gat-
ten, es lachen die Kinder ihrer Eltern, das Herz der Geschwister
ist zu Erz geworden, am Mark des Hauses weidet ungebundenes
Gesinde. Wie des Meeres Wellen durcheinanderschlagen, getroffen
von dem Stosse der erschrocknen Erde und des brausenden Stur-
mes, so wogen auf und nieder die Arbeitsclassen und werfen ver-
endenden Schaum auf das sandge Ufer.   Helden in gleissenden
Worten koppeln die Leute sich zusammen, den Nächsten zu stürzen.   Zu vielen Fertigkeiten wird die Jugend abgerichtet, aber
verborgen bleibt die Kunst, den Himmel zu gewinnen. Mit Buchstaben nährt man Geist und Gemüth, und die Buchstaben sind
getaucht in tödtliches Gift.   Freiheit und Gleichheit Aller haben
die Redner des Volks im eifernden Munde, und im lüsternen Auge
haben sie die eigne Herrschaft.   Für Melkkühe sind die Aemter
erachtet.   Gleich dem Steppenrosse bäumt sich der Frevelmuth
gegen die zügelnde Regierung. Ueber Recht geht die Gewalt, der
Schwache sitzt im Unrecht. Luxus ist das Gute, das Böse ist
nothwendig. Schamlos ist schön, das Hässliche ist Mode. Schaum
ist die Wahrheit, Falschheit aber Geist. Einfältigen ist Gottes-

furcht zum Erbe hinterlassen; es weiss der Aufgeklärte, dass Fabel
ist und Gaukelei das Heiligthum der Christen.

Es findet aber solcher Grimm seinen Widerpart an der miss-
handelten Natur, findet ihn am Fels, auf dem die Kirche fest gegründet ist, findet seinen Widerpart an tief in Menschenart gewur-
zelter Sitte, am Staate, welcher eingedenk ist seines hohen Berufes
im Dienste menschheitlicher Entwicklung, am Rechte, das den
Herrn des Unrechts schlägt, findet seinen Widerpart an der Sittlichkeit, die nicht gar auszutilgen ist, an der Idealität der Kunst,
an der Gründlichkeit der Forschung, am ruhelosen Gewissen, am
gottbedürftigen und gotterfüllten Gemüthe, an der Weisheit, die
da klaget draussen, an des Menschen ewiger Bestimmung, am
Wink des Weltenlenkers.

Der Materialismus in allen seinen verführerischen Formen
und der christliche Geist sind heute sich die eigentlichsten Gegner,
hier das concrete Selbstbewusstseyn des Ebenbildes Gottes, dort
das gottentfremdete, entleerte, materialisirte, abimirte Ich. Wem
von beiden der letzte Sieg beschieden ist, unterliegt keinem Zweifel.

Im Anschluss an die Offenbarung Gottes den Menschen frei
zu machen kraft des concreten Selbstbewusstseyns, das ist die welt-
historische Aufgabe der neuen Zeit. Dies concrete Selbstbewusstseyn ist aber gleich mit dem Geist der ächten Philosophie. Letztre
ist daher zu jener That nicht mehr blos berufen, sondern heute
auch erwählet.

Zweites Capitel.

Das Denken.

§. 4.

Freiheit und Erkennen.

Das Erkennen wird gewöhnlich bezeichnet als ein Denken, das mit seinem Gegenstande übereinstimmt. Hiemit ist gesetzt 1) das Denken selbst, 2) ein Gegenstand des Denkens, 3) eine Uebereinstimmung des Denkens mit seinem Gegenstande. Verschwiegen aber ist das Criterium der Wahrheit und die Möglichkeit der Uebereinstimmung. Die Antworten auf die Fragen: Woher und wie der Gegenstand zum Denken kommt, in welchen Formen das Denken sich explicirt, was als Criterium der Uebereinstimmung zu achten, worin die Uebereinstimmung besteht — die Antworten auf diese und damit verwandte Fragen haben treibende Bewegung und mannigfache Zerklüftung in die Lehre vom Erkennen gebracht. Wir nun versuchen, jene übliche Erklärung nicht unbeachtet lassend, von unserem Standpunkt aus zur Lösung des Problems, was das Erkennen ist, beizutragen.

Gemäss dem Organismus der Philosophie, den wir in §. 2 entworfen, ist das Erkennen eingetragen in die Sphäre der Freiheit. In Folge dieser Zugehörigkeit steht es in Verbindung mit dem Bereich des Wunders und fällt sammt diesem in das Gebiet der Geschichte, wie denn das Schema, worin dermalen alles Leben und Wissen kreist, sich also darstellt:

1 (4).

Reich Gottes.

2.   3.

Wunder. (Geschichte) Freiheit.

4 (1).

Natur.

Nicht jedoch die Freiheit überhaupt, sondern eine Art nur und ein Moment darin ist das Erkennen; die Freiheit offenbart sich im Ethos und in Idealisirung der Natur und im Erkennen und in der Gottbildlichkeit der Seele.

Im vorliegenden Paragraphen nun sey das Erkennen zunächst in seinem Zusammenhange mit den genannten übrigen Momenten der Freiheit vergegenwärtigt.

Dass ein Zusammenhang unter denselben vorhanden ist, dies bezeugen jene Zumuthungen, die im täglichen Leben der Mensch dem Menschen macht. So hörst du, das ethische Thun sei Erweisung der Ebenbildlichkeit mit Gott und die Gottähnlichkeit sei Ziel und Wirkung des ethischen Strebens. Hinwieder wirst du die Ebenbildlichkeit mit Gott nicht wohl gedacht finden und dir selbst nicht wohl denken ohne dass auch der Besitz einer klaren und tief greifenden Erkenntniss beigefüget werde. Ferner siehst du, wie man die Arbeit des Erkennens durch Wort und Schrift und Bild und dergleichen erleichtert und daran als ein Vehikel knüpft; in anderem Betracht weiss man dir rücksichtlich der Kunstübung von blinden Genies zu erzählen, blind desshalb genannt, weil sie schaffen und Staunenswerthes schaffen ohne wie Andere vorher viel nach Regeln des Schaffens zu fragen und um Theorie sich zu kümmern. Endlich wird dir unschwer zugestanden werden, dass ästhetische Leistung aus der Persönlichkeit quelle, aber man wird dir zugleich bedeuten, dass ein göttlicher Funke im Künstler sprühe.

Doch fordert die Sache näheres Eingehen. Dies zwar erst noch anführen zu wollen, dass alle ästhetische Thätigkeit und darum auch die Uebung sogenannter Kunst auf der Basis persönlichen Seyns überhaupt sich vollzieht, hiesse einen Gemeinplatz urgiren. Gleichwohl möchte darauf hinzuweisen nicht überflüssig seyn, dass die Uebung der Kunst geweckt, modificirt und ihrer Bestimmung zugeleitet werde durch das von der Sitte umschlossene Lebensgebiet, hiemit durch den sexuell verschiedenen Character der Menschen, durch Abstammung und häusliche Umgebung, durch vor sich gegangene Theilung irdischer Arbeit, durch geselliges Vereinleben; ferner aber durch den Staat, der seinem Zwecke gemäss die menschheitlichen Anlagen und Aufgaben der Bürger sich entwickeln lässt und durch darauf bezügliche Anstalten unterstützt; weiterhin durch das Recht, das die Sphäre künstlerischer Thätigkeit sichert; endlich durch die Sittlichkeit, welche so sehr Brunn der Kunst ist, dass die Kunst von daher als die einseitig auf Idealisirung der Natur oder auf Darstellung des Schönen Sittlichkeit erscheint, und, wenn sie dieser ihrer He gässe, verächtlich wird und aufhört, schöne Kunst in zu sein. So ist persönliches Seyn die Mutter der K kindlichen und rohen Anfängen bis hin zu den

bilden. Ersichtlich ist, dass dem Erkennen und der Erkenntniss
von Seite des gesammten persönlichen Seyns Aehnliches als der
Kunst widerfährt. Doch nicht genug ist zu betonen, dass das
Erkennen immer an ästhetische Thätigkeit, die freilich nicht blos
auf das äusserliche Bilden beschränkt werden darf, gewiesen ist
und nur mittelbar durch jene von der Gunst des persönlichen Seyns
sich nährt; denn was erkannt wird ist zuvor jedenfalls im Erkennenden als irgend ein Bild und es ist Bild nicht ohne die bildende
oder ästhetische Thätigkeit. Allein hiemit sind die Ströme, welche
vom persönlichen Seyn her fliessen, noch nicht erschöpft; jenes
Alles dient vielmehr zur Vollendung der Seele selber. Von Sitte,
von staatlichem Leben, von Recht und von sittlichem Kampfe,
kurz von persönlichem Seyn wird vorweg das Gewissen aufgesta-
chelt und wach erhalten; durch ästhetische Thätigkeit wird das
Gemüth entzündet und gelockt, das Diesseits mit dem Jenseits und
das Jenseits mit dem Diesseits in sich zu vermählen; das Selbstbewusstseyn aber, das nicht blos in der armen Behauptung sich
hin und her zu werfen hat, dass es Ich und nicht Nichtich ist,
sondern wissen will was es alles nicht ist und was es alles ja ist,
gelangt hiezu nicht ohne die Arbeit des Erkennens; und durch das
Selbstbewusstseyn, dem das Gemüth sich unterwirft, weiss sich
die Seele endlich als das Gottesbild, zu welchem sie geschaffen ist.

Es wäre aber Unrecht, über Beachtung dieser einen Richtung von der Persönlichkeit her, die andre Richtung zu vergessen,
welche von der Seele zum persönlichen Seyn hin tendirt. Denn
die Seele wirkt als immanenter Grund der ästhetischen und theoretischen Thätigkeit und des persönlichen Seyns. Als Gemüth ist
sie der Born bildender Thätigkeit, natürliches Seyn idealisirend
und seelisches Wesen naturalisirend; es steigen auf und nieder in
meinem Innern die Gebilde und dem Gehege meines Körpers ent-
rinnend schaffen sie sich ein in den reichen Stoff, den die har-
rende Natur darbietet. Nicht nur um Nachbilden dessen, was von
ausserhalb mir zugekommen ist, handelt es sich da; eine neue
Welt zaubert sich hervor, weckend den Eifer des Erkennens und
neckend. Es lebt aber und webt in des Erkennens Actualität das
Selbstbewusstseyn, so sehr es sich verbergen mag, und Nichts wird
beurtheilt als falsch oder wahr, ohne dass es am Mass des Selbstbewusstseyns gemessen werde. Vom Erkennen aber und seinem
Ergebniss wird durchleuchtet das persönliche Seyn, dem schon das
tastende Gewissen vorsteht wie ein regierendes Gestirn des nächt-
lichen Himmels; nimmer vermag ich, aller und jeder Erkenntniss
baar, meinen Körper und darüber hinaus noch die übrige Natur

zu bewohnen, und das Gebiet der Sitte wird mehr und mehr gehoben durch Erkenntniss dessen was menschenwürdig ist und was
nicht, und das staatliche Leben vollführt sich mit Hülfe der Erkenntniss dessen, was den Bürgern noth thut, und das Recht klärt
sich durch Erkenntniss von Befugniss und Verbindlichkeit, und
der sittliche Kampf wird erhöht durch Erkenntniss des Guten und
des Bösen. Was die Seele für sich gewonnen hat in ihrem zeitlichen Wandel und alle Schöne und jegliche Wahrheit kommt
durch Bilden und Erkennen dem persönlichen Seyn zu Gute, während der Seele Impotenz und die Zügellosigkeit des schweifenden
Gemüths und die Entzweiung des Geistes das persönliche Seyn dem
Menschen verwüstet.

Ja, diese nämliche Richtung der Seele auf Persönlichkeit
vermittelst des Bildens und kraft des Erkennens scheint sich con-
centrirt zu wiederholen im Mysterium der menschlichen Zeugung.
Denn menschliches Zeugen ist Begründung eines persönlichen Seyns
dadurch, dass der Mann das Weib zu Gunsten einer dritten Seele
bewohnt. Der Zeugung Grund ist die Seele des Kindes, welche
nach persönlichem Seyn verlangt; die stellvertretenden Mittler sind
die Eltern. Und während die besondere und dauernde Aufgabe,
die darin der Mutter zufällt, hauptsächlich als ein Bilden bezeichnet
werden muss, ist die Actualität des Mannes im Unterschied vom
Weibe, welches er bewohnt, als ein Erkennen in den alten Sprachen begriffen worden und wird auch nicht zu begreifen seyn wenn
nicht als ein ekstatisches oder metastatisches Erkennen zu Gunsten
der Kindesseele, welche eintretend in die Erkenntniss des Vaters
als in sein Vermächtniss und Erbe und hiedurch Besitz vom be-
samten Mutterleibe erhaltend und nehmend ihr persönliches Seyn
unter Assistenz der Mutter versucht *).

Allein es kann keine der bezeichneten Richtungen losgerissen
von der anderen bestehen, so wenig als der Baum sein Geschäft
blos nach Oben oder blos nach Unten treibt; vielmehr wächst derselbe an allen Theilen, mag er immer seine Früchte nur im er-
sehnten Sonnenlichte reifen lassen. So liegt auch in des Menschen
Bestimmung zwar die Herrschaft des Zuges nach Oben; aber dieser
Zug und seine Herrschaft ist dermalen doch nur eine Umwendung
aus der Herrschaft des entgegengesetzten Zuges nach Unten.

Die Seele kann ihrer Erziehung nicht obliegen ohne Erkenntniss der Wahrheit, noch kann das Erkennen sich vollführen
ohne die Arbeit des Gestaltens und Bildens, noch kann diese

---

*) Die Definition des Erkennens überhaupt s. in §. 17.

erblühen, ohne dass das persönliche Seyn seinen Reichthum aus
einander lege; umgekehrt geht letzteres nicht von Statten, ohne
die Hülfe des Erkennens, das seinerseits auf bildende Thätigkeit
sich stützt, während diese hinwieder von der Energie und Fülle
der Seele bedingt ist; eines bedarf des andern und jedes ist durch
das andere und alle sind nur besondere Weisen ein und desselben,
nämlich des selbstischen Seyns oder der Freiheit des Menschen.

Der Mensch hat sich hienieden zu entwickeln gemäss seinem
Berufe, das lautre Ebenbild Gottes zu seyn. Mit Persönlichkeit
angethan tritt er herein in die Welt, mit Persönlichkeit, die nicht
zu fassen ist als das ausgegossene Wesen der Seele selber so wie
der Pflanze Stengel, Blatt und Blüthe wohl als der flammende
Same betrachtet werden möchte; vielmehr ist immer die Natur,
welche personirt wird von der Seele, ein der Seele nur geliehenes
Pfund. Ebensowenig ist anderntheils die Vollendung, zu der die
Seele auf Basis des persönlichen Seyns gelangen will, in dem Sinne
zu nehmen als gienge in ihr das persönliche Seyn gänzlich auf;
denn es bleibt dem Wesen nach Natur und kehrt zu sich zurück,
was am persönlichen Seyn wesentlich Natur ist. Es bedingen aber
die Vollendung der Seele und des persönlichen Seyns Ausgestaltung
sich wechselseitig. Diese Wechselwirkung ist in Bahn gebracht
durch besondere Vermittlung. Der Vermittlung eines Glied ist die
dem Wesen der Seele entsprechende Formirung oder Idealisirung
der Natur, sey es dass die Seele durch Bereitung der Natur entweder ihre Wohnung sich erst zurichte oder die Natur zum er-
bauenden Spiegelbild sich aufrichte. Jedoch ist solche Formirung
der Natur nur das eine Glied der Vermittlung; es ist noch ein
anderes Glied, ohne welches nicht das persönliche Seyn zu Stand
und Entfaltung kommt und auch nicht die Seele das wahre Gleichniss ihres bewunderten Gleichnisses zu seyn vermag. Dieses andere
Glied ist das Erkennen, das an jenem Vor- und Gegenbild der
Seele sich entzündet, nach der einen Seite hin das Organon der
Seele zur Besitznahme und Bewohnung der Natur, nach der anderen Seite das Organon der Seele zur Gewinnung der naturfreien
Selbstständigkeit. Der Art ist der Zusammenhang der Momente
des selbstischen Seyns unter einander, und durch fortgesetzten Kreislauf des Lebens erfährt jedes der webenden Momente in sich Bereicherung und Erhöhung. Nur die Zerfahrenheit des Menschen
und der mannigfachen Verhältnisse, in die er sich gesetzt hat und
sich gesetzt findet, erschweren und verwehren dem Einzelnen und
den Völkern die fortschreitende und die allseitig harmonische Entwicklung. Da muss denn immer der Eine vom reichen Anderen

leiben, was er nicht hat, und dem entbehrenden Anderen mit-
theilen von dem, was er besitzt. So handelt wenigstens wer nicht
ein zerrissener Mensch in einer zerrissenen Welt zu bleiben, sondern ein ganzer Mensch zu seyn und auch dem Anderen dahin zu
verhelfen begehrt.

§. 5.
Das Denken im Unterschiede von der bildenden Thätigkeit.

Wenden wir uns dem Erkennen und Denken insbesondere zu.

Man erkennt Etwas: so sagt nicht nur das gewöhnlichste
Bewusstseyn, das Erkennen mit einem Etwas, das erkannt wird,
in Verbindung bringend, sondern auch die tiefer dringende Forschung, will sie sich nicht widersprechen, kann nicht anders als
gestehen, dass das Erkennen sich nur an und mit einem Gegenstande actualisire. Mein Erkennen richtet sich auf den gestirnten
Himmel, auf die bunte Erde, auf menschliches Werk, in mein
eigenes Inneres, auch auf das Erkennen selbst: immer hat das
Erkennen einen Gegenstand, an dem es sich bethätigt; vermöchtest
du ihm allen Gegenstand zu entziehen, so würde es in ein Nichts
verschwinden oder würde träumen gleich dem Funken, der im
Steine schläft bis du ihn mit dem Stahl hervorrufst, und gleich
dem Tone, der im Metalle todt liegt bis du berührend ihn erweckst.
In Unterscheidung aber von dem Gegenstande, der zu erkennen
ist, wird gemeinhin das darauf bezogene Erkennen ein Denken
genannt.

Wodurch ist nun Etwas Gegenstand des Denkens? Das was
gedacht wird ist ein Anderes als das damit beschäftigte Denken;
das Mineral z. B., das ich hier vor mir habe und dessen Bestandtheile ich erkunden will, ist nicht das Denken, das ich darauf
verwende, und das Denken selbst, das ich durchdenke, ist nicht
das denkende Denken. Ohne Unterscheidung vermag ich ganz und
gar nicht, Etwas in's Geleise des Denkens zu bringen; ohne Unterscheidung hat mein Denken keinen Gegenstand. Das Unterscheiden geschieht aber durch das Denken, und das Denken ist
das Unterscheiden selbst. Durch Denken also, welches Unterscheiden ist, ist Etwas Gegenstand des Denkens.

Etwas, das vom Denken zum Gegenstand gemacht wird, ist
bereits vor solchem Denken und wäre es nur in der Einbildung.
Der Planet, von welchem gestern noch Niemand wusste und der
heute entdeckt und benannt wird, ist schwerlich heute erst erstanden; und wäre er auch heute erst erstanden, dann musste er

doch jedenfalls zuvor existiren, um entdeckt und benannt werden
zu können. Was nicht irgendwie eher ist, kann vom Denken
auch nicht zum Gegenstande genommen werden. Nun muss aber
Alles, das an den Bereich des Denkens überhaupt herantritt und
als Beute da ergriffen wird, an sich selbst die Möglichkeit tragen
gedacht zu werden; Undenkbares wird nicht gedacht. So ist Etwas auf Grund seiner eignen Denkbarkeit Gegenstand des Denkens.

Dies, dass ich Etwas setze, was gedacht werden soll, ist
nicht schon selbst ein wirkliches Denken, sondern eine vorberei-
tende, dem Denken vorausgehende Thätigkeit, eine Thätigkeit um
des Denkens willen. Ich sehe z. B. einen Mann die Strasse her-
abgehen: ich denke, es ist mein Freund; das aber, was ich erwäge und vergleiche, ist das Bild des sich nähernden Mannes,
welches ich mir entwerfe und um so mehr vervollständige, je näher
er mir kommt. Dort haben heimkehrende Kinder mit Frühlings-
blumen sich geschmückt; die gelben Blümchen halte ich für Poten-
tillen: das, was ich dafür halte, ist das Bild, welches ich mir von
jenen gelben Blümchen der Kinder mache. Und solcher bildenden
Thätigkeit muss ich mich immer unterziehen zu Gunsten des Denkens. Nicht den Stein, nicht das Haus, nicht den Himmel denkt
der Mensch, sondern das Bild des Steines, des Hauses und des
Himmels. Insofern ist Etwas denkbar dadurch, dass es Bild ist,
und es ist Bild dadurch, dass ich es dazu mache.

Nicht aber beschäftigt das Bild schlechthin mein Denken;
denn eine Thätigkeit, der es um Nichts zu thun ist als um das
Bild, wäre bildende Thätigkeit und nicht Denken. Vielmehr verlangt mein Denken nach dem Was des Bildes; es fragt, was ist
das Bild, und unterscheidet hiemit vom Bilde das, wovon oder
wofür das Bild ist. Ich habe z. B. jetzt in mir das Bild des Baumes, der da drüben steht; aber mein Denken wendet sich dem
Bilde zu nur sofern es Was darstellt, einen Baum und zwar den
blühenden Baum und zwar den Pfirsichbaum und zwar den jungen
Pfirsichbaum, der in diesem Jahr zum ersten Male Früchte zu
tragen sich anschickt. All dieses liefert mir das Bild, und ich
werde davon um so mehr abheben, je mehr ich mir das Bild in's
Einzelne ausarbeite. Ich denke aber all dieses und Weiteres nur
indem ich es vom Bilde unterscheide. Oder ich lese da in einem
Buche. Buchstaben sind es, welche ich in mir nachbilde. Aber
zu solchem Zwecke lese ich nicht, sondern ich unterscheide von
den Buchstaben die Bedeutung, welche ihnen einwohnt, ich unterscheide das Bild und das Was des Bildes. Kurz, ohne diese Unterscheidung ist mir das Denken nicht verstattet; das Denken

nimmt vielmehr das Bild beim Was. Selbst der Kranke, der vor den Phantasien seines empörten Gemüthes sich fürchtet oder sich gegen sie entrüstet oder an ihnen sich ergötzt, unterscheidet Bild und Was; thäte er es nicht, so würde er sich gleichgültig dagegen verhalten. Alles <u>Denken unterscheidet Bild</u> und Was. Hiernach wird erst vermittelst solcher Unterscheidung <u>Etwas gedacht</u>.

Das Denken richtet sich auf das Was, um es im Unterschiede vom Bilde durchzudenken; Bild bleibt Unterlage bis das Was aus- und durchgedacht ist, nicht um dann zu verblassen, sondern um als erkanntes Bild gewusst zu werden. Mag ich der Erdendinge eines oder mag ich meine Seele denken oder mag die Idee Gottes mich versuchen, immer folgt das Bild, das ich zuvor mir gemacht, meinem Denken wie das Opfer der Flamme folgt; hier steigt augenscheinlich Odem auf und bleibt Asche zurück, doch gewinnt das Bild seine Wahrheit.

Indem aber das Denken, Bild und Was unterscheidend, sich auf den Plan bringt, unterscheidet es sich selbst von jener meiner Thätigkeit, die das Bild gesetzt hat und im Bilden aufgeht. Ich schaffe mir das Bild einer Landschaft: links trotzige, bemooste Felsen, aus denen da und dort ein seltner Fichtenstamm hervorbricht, Ausläufer der Kette von hohen Bergen, welche, mit weissen Wölkchen bekränzt, den Hintergrund beherrschen und in ihre Wurzeln den spiegelnden See einbetten; rechts einzelne Hütten im purpurnen Schatten schirmender Buchen; vornen am Gestade der gelandete Nachen des heimgekehrten Jagdmanns: drüben über dem See hat er die flüchtige Beute sich geholt und wird nun empfangen vom geängsteten Weib und den wundernden Kindern; und friedvoll schaut herein der abendliche Himmel — ich schaffe mir so das Bild einer Landschaft, aber ich frage mich, ob ich etwa der Landschaft Bild mit meinem äusseren Auge schon irgendwo in Wirklichkeit erfasst oder dem Werke eines Künstlers entnommen, ich denke und an Stelle meiner bildenden Thätigkeit tritt oder über dieselbe erhebt sich mein Denken, sich selbst von jener unterscheidend: so tritt die Blüthe aus der schwellenden Knospe. Nicht denke ich, wenn mein Denken sich nicht von meiner bildenden Thätigkeit unterscheidet, wie denn die Blüthe nicht zum Vorschein kommt, wenn sie nicht die Knospe überwindet. Demnach bekundet sich mein Denken durch seine Unterscheidung von meiner bildenden Thätigkeit als Denken und bezieht sich kraft solcher Unterscheidung auf sich selber.

Das Denken bezieht sich auf sich selber, indem es sich unterscheidet von der bildenden Thätigkeit. Auf sich bezogen aber hat es nichts Anderes zu denken als sich selber. Nun ist vordem gezeigt, dass das Denken das Was des Bildes denkt. Es lässt sich hiernach gegenüberstellen: das Denken denkt sich selbst und das Denken denkt das Was des Bildes. Aber dieses Gegenüberstellen kann nicht geschehen in der Absicht, vorhandenen Widerspruch aufzuzeigen. Ein Widerspruch ist nicht möglich. Denn ist das Was des Bildes der Gegenstand des Denkens, so ist nicht abzusehen, wie es dem Denken dessen Gegenstand es ist widersprechen sollte, noch auch, wenn es dem Denken widerspräche, wie es dessen Gegenstand zu seyn vermöchte. Steht vielmehr fest, dass das Denken sich nur mit dem Was des Bildes beschäftigt; steht ferner fest, dass das Denken mit nichts Anderem zu thun hat als mit sich, so bleibt nichts übrig als anzunehmen, dass das Was des Bildes das sich gegenständliche Denken oder der Gedanke ist: indem das Denken das Was des Bildes zum Gegenstande hat, hat es sich selbst zum Gegenstande.

Der Gegenstand des Denkens ist das Denken selbst.

Wir sind hier angelangt an der Gränze des Reiches, wo der Idealismus sich seinen Thron errichtet hat, meinend, es sey nichts als Denken. Wir erinnern uns dagegen, dass der Mensch nicht allein vom Denken lebt, sondern dass das Denken vom ganzen Menschen lebt; namentlich fassen wir in das Auge, dass das Denken, welches sich auf sich bezieht, immer vom Bilde sich unterscheidet und dass es hinwieder sich von sich selbst unterscheidet mit Beziehung auf das Bild. Unsern Weg indess verfolgend zum Ziele merken wir jetzt auf das Denken, das behauptet hat, nichts anderes als nur sich zum Gegenstand zu haben.

§. 6.

Wahrnehmen.

Das Denken hat bis jetzt sich ausgesprochen als Unterscheiden und näher als Sichunterscheiden. Durch die That unterscheidet es sich von sich selber. Mittelst fortgesetzten Unterscheidens wird es je nach seiner Fülle sich als mehrfach unterschieden offenbaren, wenn schon es im Grunde immer ein und dasselbe Denken ist.

So hört und liest man Vielerlei von einem Wahrnehmen, einem Vorstellen, einem Urtheilen, einem Begreifen und dergleichen. Bald wird all dieses mit dem gemeinsamen Namen Denken belegt oder vorzugsweise eine oder die andere Art, bald mit dem Ausdruck Erkennen. Hier vernimmst du, wie vor allen Dingen

auf Wahrnehmung und Vorstellung gedrungen wird; dort betont
man dir die Schärfe logischen Denkens; anderwärts hörst du genetisches oder constructives Denken anempfehlen, oder man preist
dir das dialectische Denken, welches das Denken schlechtweg oder
doch die höchste Stufe des Denkens seyn soll. Die einzelnen Wissenschaften rufen, um ihren Gegenstand zu erfassen, eine oder
die andere Weise am Liebsten zu Hülfe; Menschen neigen oft zur
einen oder zur andern, sey es von Natur, sey es in Folge von Beruf und Bildung.

Das Denken bezieht sich auf sich selbst, um sich von sich
zu unterscheiden. Indem es sich aber von sich unterscheidet mit
Beziehung auf sich, setzt es sich, so dass in diesem Acte enthalten ist: 1) das Setzende, 2) das Gesetzte, 3) die vermittelnde Beziehung beider auf einander, 4) der Unterschied beider von einander. Hiedurch erhält das Denken sich zum Gegenstande und hat,
weil wie oben gezeigt, das Denken keinen anderen Gegenstand
haben kann als sich, überhaupt erst einen Gegenstand für sich.
Demnach spricht solches Denken das Wort: Daseyn. Vom Denken
aber, welches so spricht, Daseyn und nichts Anderes denkend, sagen wir: es nimmt wahr.

Ohne Wahrnehmen hat kein ferneres Denken statt, welches
auf dem Gedanken des Daseyns fusst. Denn da all jenes fernere
Denken bereits ein Denken voraussetzt, welches das Daseyn gewonnen hat, Daseyn aber und nur Daseyn im Wahrnehmen und
nur im Wahrnehmen gefunden wird, so setzt das fernere Denken
das Wahrnehmen voraus. Wenn ich z. B. ein Geräusch wahrnehme und nachdenke, woher das Geräusch stamme, so ist dieses
Nachdenken nach dem Grund des Geräusches kein Wahrnehmen;
aber ich würde dem Nachdenken nicht obliegen, wenn nicht das
Wahrnehmen vorhergegangen wäre. Umgekehrt ist es möglich,
dass ein Wahrnehmen auf anderes Denken folge. Denn um nicht
zu erwähnen, dass das Wahrnehmen für sich nicht Denken schlechtweg ist, sondern nur eine Stufe, auf welche das Denken tritt, das
Wahrnehmen also das Denken überhaupt hinter sich hat — solches nicht zu erwähnen, ist leicht zu finden, dass oft das Denken
sich auf anderen Stufen bewegt, bevor es noch zu einem Wahrnehmen gekommen ist, und dass es erst durch jene Stufen zum
Wahrnehmen gelangt: ich mag mir Etwas vorstellen ohne eben-
dasselbe schon wahrgenommen zu haben, ja ich kann, ohne die
Wahrnehmung gemacht zu haben, die Nothwendigkeit des Daseyns
denken. So schloss Leverrier aus den Störungen bekannter Planeten, dass der Grund der Störungen in einem noch unbekannten

Planeten liegen müsse, und bestimmte durch Rechnung den Ort
desselben so genau, dass er mittelst des dahin gerichteten Fern-
rohrs den Neptun entdeckte; bevor er sprechen durfte: ich nehme
einen bisher unbekannten Planeten wahr, ging ein Denken voraus, das in solchem Betracht noch nicht Wahrnehmen war, aber
zum Wahrnehmen geleitet hat.

Das Wahrnehmen und die Thätigkeit der Sinne darf mit
einander nicht verwechselt werden, so wenig als letztere mit der
bildenden Thätigkeit.

Mein Gefühl, Geschmack und Geruch, Gehör, Gesicht eröffnen mir die Aussenwelt und eröffnen ihr mich, so dass ich in
reges Wechselleben mit derselben trete; aber die Function der
Sinne ist weder ein Bilden noch ein Denken. So steht hier vor
mir ein Würfel. Ich sehe ihn, wenn auch nur die zwei Seiten-
flächen, die mir eben zugekehrt sind, eine vordere und eine obere.
Verdecke ich den Würfel mit diesem Blatt Papier, so sehe ich
ihn nicht mehr. Trotzdem aber, dass ich ihn nicht mehr sehe
und solche meine Sinnenthätigkeit aufhört, habe ich in mir ein
Bild des Würfels. Wäre Sehen gleich Bilden, so würde ich, da
ich den Würfel nicht sehe, auch kein Bild des Würfels in mir
haben. In Betreff des Bildes aber, das ich habe, denke ich weiter, dass der Würfel da ist und vom Blatt Papier verborgen seyn
muss und dass es ein Würfel ist mit seinen sechs Flächen und
dergleichen. Aehnlich ist es mit den übrigen Sinnen. Würde die
Thätigkeit der Sinne alles Bilden schlechthin sein, so hätte ich,
was doch nicht der Fall ist, nie irgend welche Bilder in mir ohne
die Thätigkeit der Sinne. Würde sie aber für eine besondere Art
des Bildens gehalten und zwar für ein unmittelbares oder erstes
Nachbilden dessen, was Aussenwelt heisst, so müsste ich mit meinen Sinnen nachbilden das Gefühlte, Geschmeckte, Gerochene,
Gehörte und Gesehene: allein nun ist die Thätigkeit meiner Sinne
das Fühlen, Schmecken, Riechen, Hören, Sehen selbst, voraus-
gehend allem Nachbilden; sie kann demnach nicht für ein erstes
Nachbilden des Gefühlten, Geschmeckten, Gerochenen, Gehörten,
Gesehenen gelten noch überhaupt für ein Nachbilden und Bilden.

Und wäre die Sinnenthätigkeit ein Denken und namentlich
ein Wahrnehmen, so müsste sie jedenfalls ein Unterscheiden seyn.
Allein die Sinne unterscheiden Nichts für sich allein, so sehr es
auch den Anschein hat. Man sagt zwar: es fühlt sich Etwas
weich oder hart an, es riecht lieblich oder widrig, es schmeckt
süss oder bitter, es tönt laut oder leise, es sieht so oder so aus.
Und ohne Zweifel ist der Sinn unterschiedlich gereizt und verhält

sich unterschiedlich dagegen, ähnlich der Spiralfeder, die auch dem stärkeren oder schwächeren Drucke weicht und dawider reagirt: der Sinn ist auf bestimmte Weise thätig. Aber die bestimmte Weise der Thätigkeit des Sinnes ist kein Unterscheiden. Wäre sie ein Unterscheiden, so müsste z. B. der Wein, den ich auf der Zunge habe und von dem ich urtheile, dass er sauer ist, sauer und nicht sauer zugleich sein. Denn mein Geschmackssinn, wenn er unterscheiden sollte, könnte doch nur unterscheiden was noch ununterschieden aber unterscheidbar mit ihm in Berührung kommt; nun kommt der noch ununterschiedene Wein mit ihm in Berührung; also müsste der nämliche Wein, den mein Geschmackssinn unterscheiden soll, sauer und nicht sauer zugleich seyn, auf dass das Sauere vom Nichtsauren unterschieden werden könnte. Oder es müsste der Geschmackssinn, wenn er vielleicht von sich selbst den Wein als etwas Saueres unterscheiden sollte, seinerseits etwas Süsses und hingegen ein andermal, wenn ein Wein als süss gefunden wird, etwas Saueres sein. Dergleichen Ungereimtheiten treten hervor auch bei Betrachtung der übrigen Sinne sofern denselben unterscheidende Thätigkeit zugeschrieben werden will. Vielmehr ist das Unterscheiden eine andere Thätigkeit als die der Sinne, eine Thätigkeit, die über den Sinnen waltet und, wenn sie durch die Sinne waltet, darum noch nicht die Thätigkeit der Sinne selber ist. Unterscheiden ist Denken. Da die Sinne für sich nicht unterscheiden, so ist ihnen nicht Denken und desshalb auch nicht Wahrnehmen als Eigenschaft zuzutheilen.

Dagegen ist die eigene Thätigkeit der Sinne Empfinden. Wäre die Thätigkeit der Sinne nicht Empfinden, wodurch sonst als mittelst der Sinne möchten wir empfinden? Bereitet zur Empfindung ist jedes Naturwesen, dem eigene Beweglichkeit, Zeitlichkeit, Centricität und Räumlichkeit zukommt. Hervorgerufen aber wird sie dadurch, dass ein berührender Gegensatz das Centrum erregt. Da mag der Organismus sein Empfinden in einem besonderen Sinnensysteme centriren wie der Erdplanet in der Thierwelt und wie das Thier hinwieder und des Menschen irdischer Theil in der Sinnlichkeit und die Sinnlichkeit in jedem einzelnen Sinne, während noch im Gliedersysteme die Räumlichkeit, im vegetativen Systeme die Zeitlichkeit, im Nervensysteme die Beweglichkeit weiterer Entfaltung sich erfreut: das Sinnensystem ist der empfindende Organismus.

Wahrnehmung ist nicht gleich mit Entdeckung. Eine Entdeckung, die ich ohne oder mit Absicht mache, schliesst allerdings Wahrnehmung ein. Wenn ich einen Cometen oder einen

Planeten, eine Pflanze, einen Grundstoff entdecke, muss ich un-
abweislich das Daseyn von alledem denken: ohne Wahrnehmung keine Entdeckung. Aber die Entdeckung ist mehr als Wahrnehmung, welche letztere auf den Gedanken des Daseyns beschränkt ist; entdecke ich z. B. einen Planeten, so ist es eben
ein Planet, um den es sich handelt, ein Bürger unseres Sonnensystems in bestimmter Conjunction mit den anderen Planeten und
mit der Sonne, und ist nicht ein Comet oder Fixstern. Eine Wahrnehmung ferner wird öfter gemacht, ohne dass sie darum aufhört,
Wahrnehmung zu seyn; die einmal vorhandene Entdeckung lässt
sich nicht als Entdeckung wiederholen. Ob eine Entdeckung Entdeckung ist, misst sich an meinem bisherigen Wissen nicht nur,
sondern auch am bisherigen Wissen Anderer: sie ist Entdeckung,
wenn man vorher Nichts von dem jetzt Entdeckten gewusst hat;
ob ich eine Wahrnehmung gemacht, darüber muss ich lediglich
selbst entscheiden.

Die Beobachtung, welche in Bereicherung des Wissens eine
so wichtige Rolle spielt, ist nicht mit der Wahrnehmung zu identificiren. Die Beobachtung wird absichtlich unternommen; nicht
jede Wahrnehmung wird mit ausdrücklichem Vorsatz gemacht.
Zur Beobachtung sind mancherlei Vorkenntnisse und Vorarbeiten
erforderlich; eine Wahrnehmung kann auch ohne diese statt finden. Die Beobachtung muss andauernd seyn; der Wahrnehmung
kommt solche Eigenschaft nicht nothwendig zu. Die Beobachtung
verlangt nach vielerlei Wahrnehmung, nicht um der Wahrnehmung willen, sondern überhaupt um der Erkenntniss willen; die
Wahrnehmung ist nur ein Moment der Beobachtung. Beobachtung
ist fortgesetzte Richtung des gesammten Erkenntnissvermögens
auf thunlichst viele Wahrnehmungen zu Gunsten eines vertieften
und zu vertiefenden Erkennens.

Das Experiment wird bezeichnet als ein Hervorrufen von
Erscheinungen unter gewissen Bedingungen nach solchen leitenden
Hypothesen, die entweder nur auf bald grössere, bald geringere
Wahrscheinlichkeit Anspruch machen können oder auf Einsicht
in die Nothwendigkeit sich stützen. Nun wird zwar durch das
Experiment zweifelsohne die Möglichkeit gegeben, Wahrnehmung
zu machen. Aber Wahrnehmung ist weder der ganze Zweck noch
der ganze Erfolg des Experimentes. Vielmehr bestrebt, das Leben
in seiner Geburtsstätte zu überraschen, eröffnet es durch Gelingen
nicht nur, sondern sogar durch Misslingen einen Blick in den
wirkenden Grund, von dessen Gedanken schon geleitet es die ver-
schlungenen Bahnen zu entwirren und zu betreten wagte.

Wahrnehmung wird zuweilen mit Erfahrung vermengt, nicht sowohl dadurch, dass man vom Begriffe Erfahrung das wegnimmt, was in ihm liegt, sondern dadurch, dass man den Begriff Wahrnehmung erweitert und das als Wahrnehmung setzt, was nicht blos Wahrnehmung ist. So verlautet zum Beispiel: Man hat die Wahrnehmung gemacht, dass der Mond keinen Einfluss auf das Wetter übt. Allein die Behauptung will so verstanden seyn: Man hat bis jetzt nicht die Wahrnehmung gemacht, dass der Mond Einfluss auf das Wetter übt, sondern man hat auf Grund langer Beobachtung des Mondes einerseits und des Wetters andererseits und durch Zusammenhalten der beiderseitigen Veränderungen die Erfahrung gemacht, dass der Mond keinen Einfluss übt auf das Wetter. Wahrnehmung ist nicht Erfahrung. Wäre die Wahrnehmung Erfahrung, so würde sie auch Vorstellung, auch Begriff, auch genetisches Denken seyn; denn alles dieses in sich zu tragen ist die Erfahrung fähig; die Wahrnehmung wäre also, da Vorstellung, Begriff u. s. f. nicht Wahrnehmung ist, nicht Wahrnehmung.

Man spricht von äusserer und innerer Wahrnehmung. Solcher Unterschied ist nicht nur dadurch getrübt worden, dass man Sinnesempfindung und Wahrnehmung vermischt hat, sondern es hängt ihm noch weitere Unklarheit an; die Einen reden von äusserer Wahrnehmung insofern als dem Gegenstand, den man wahrnimmt, eine Existenz ausserhalb der Seele zugeschrieben wird, und von innerer Wahrnehmung sofern der Gegenstand der Wahrnehmung in der Seele zu Hause seyn soll, während hinwieder Andere von äusserer und innerer Wahrnehmung lehren als meinten sie nicht den Gegenstand, sondern die Thätigkeit des Wahrnehmens, die entweder in den Körper (äusserer Sinn) oder in die Seele (innerer Sinn) verlegt wird. Wie man jedoch den Unterschied zu fassen suchen mag: die Wahrnehmung wird von derlei Unterscheidungen in ihrem Wesen nicht getroffen. Was das ist, dessen Daseyn ich denke, ob Seele, ob Natur, ob ein vorüberrauschendes Phantasiegebilde, ob ein reelles Ding, um darüber Auskunft geben zu können, müsste Wahrnehmen mehr seyn als Wahrnehmen.

Wahrnehmen ist Daseyn Denken. Ist aber jedes Denken, welches Daseyn denkt, Wahrnehmen? Wenn ich z. B. denke, dass 100 Thaler da sind, nehme ich darum die 100 Thaler wahr? Ich kann mir ja denken, dass 100 Thaler da sind, während doch 100 Th. nicht da sind. Verweilen wir einen Augenblick bei der letzteren Aussage: Ich kann mir denken, dass 100 Th. da sind, während doch 100 Th. nicht da sind. Es ist hieran zu unterscheiden: 1) ein Denken, dass 100 Th. da sind, 2) ein Denken, dass

100 Th. nicht da sind. In jenem Denken aber, dass 100 Th. da
sind, liegt: a) ich mache mir ein Bild von 100 Th.; b) ich denke
das Daseyn der eingebildeten 100 Th.; c) ich denke, dass das,
dessen Daseyn ich denke, aus 100 Th. besteht; aber d) ich denke
nicht, dass mein Denken an bloser Einbildung haftet. Allein es
tritt ein anderes Denken auf; ich denke nämlich, dass jenes Denken mit einer blosen Einbildung sich abgegeben hat, mit einem
Bilde, das ich erzeugt und das ich gedacht ohne damals, wie ich
jetzt thue, den Augenschein und die sonstige Sinnesempfindung in
ihr Amt gerufen zu haben. Daher der Ausspruch: Ich kann mir
denken, dass 100 Th. da sind, während doch 100 Th. nicht da
sind. Das Denken des Daseyns der 100 Th. ist allerdings ein
Wahrnehmen; dass aber das Daseyn einer blosen Einbildung gedacht war, wird erst weiterhin festgestellt. Und so ist jedes Denken, sofern es Daseyn denkt, ein Wahrnehmen, mag das, dessen
Daseyn ich denke, nur in der Einbildung existiren oder nicht nur
in dieser. Wäre aber nicht jedes Denken, welches Daseyn denkt,
ein Wahrnehmen, welches andere Denken ausser dem Wahrnehmen vermöchte es zu seyn?

Daseyn denken heisst nicht: denken was da ist, oder denken
woher das, was da ist, stammt u. dgl. Das Wahrnehmen müsste,
Anderes noch ausser Daseyn denkend, über sich hinausschreiten
können. Daseyn denken will ferner nicht besagen: die Möglichkeit, die Wahrscheinlichkeit, die Nothwendigkeit, die Wirklichkeit
des Daseyns von Etwas denken; solches Urtheilen über das Daseyn ist ein Denken, das über dem Wahrnehmen steht. Ebensowenig ist das Nichtdaseyn Denken ein Wahrnehmen, sondern ein
Denken, welches entweder nicht das Daseyn, sondern etwas Anderes als Daseyn denkt, also nicht Wahrnehmen ist, oder welches
das Nichtdaseyn an Stelle des Daseyns und hiemit sich selbst an
Stelle des Wahrnehmens setzt; während hinwieder das Daseyn
Nichtdenken überhaupt kein Denken ist, weil Daseyn nur durch
Denken Daseyn ist.

Wenn ich Daseyn als Daseyn denken muss und nicht als
Nichtdaseyn denken darf, so wird dieses Muss keineswegs unmittelbar vom Wahrnehmen selbst gesprochen: das ausschliessende
Urtheil, dass Daseyn Daseyn und nicht Nichtdaseyn ist, wird vielmehr gefällt von logischer Auffassung. Das Nämliche findet statt,
wenn ich die Wahrnehmung als Wahrnehmung zu denken habe:
letztere Nöthigung quillt aus dem Begriffe der Wahrnehmung,
welcher nicht zulässt, die Wahrnehmung als Nichtwahrnehmung
zu denken. Eine davon verschiedene Nöthigung ist aber jene,

welche zum Wahrnehmen antreibt. Der Grund solcher Nöthigung
wird, wie bis jetzt die Sachen liegen, im Denken zu suchen seyn
und zwar in dem Denken, welches nicht selbst schon Wahrnehmen
ist, sondern der Wahrnehmung bedarf, sey es um mit ihr sich ab-
zuschliessen oder sey es um aus ihr sich aufzubauen, und ohne
Wahrnehmung das eine oder das andere nicht vermag. Wieder etwas
Anderes ist es, wenn bei dem thatsächlichen Wahrnehmen Bild und
Denken so sich begegnen, dass ich Daseyn zu denken nicht umhin kann. Noch eine andere Nöthigung ist die, des Wahrnehmens
Selbstgewissheit anerkennen zu müssen. Denn das Wahrnehmen
sagt, sich selbst bezeugend und wiederholend: Ich nehme wahr.
Mein anderes Denken aber, welches nicht Wahrnehmen ist, kann
nicht von sich sagen: Ich nehme wahr; es wird vielmehr von sich
sagen: Ich nehme nicht wahr. Ebenso kann es zum wahrnehmenden Denken nicht sprechen: Du nimmst nicht wahr, sondern muss
gläubig erklären: Du nimmst wahr. Wollte es trotzdem dem wahrnehmenden Denken, welches sagt: Ich nehme wahr, übermüthig
entgegnen: Du nimmst nicht wahr, so würde es das Wahrnehmen
als Nichtwahrnehmen und das Nichtwahrnehmen als Wahrnehmen
setzen.

Wahrnehmen ist Daseyn Denken. Das Wahrgenommene als
solches ist das gedachte Daseyn.

§. 7.
Vorstellen.

Das sich unterscheidende Denken hat sich ergeben als Wahrnehmen. Das Denken aber unterscheidet sich weiter; dadurch, dass
es sich von sich weiter unterscheidet mit Beziehung auf sich, setzt
es sich fort als ein Anderes. Würde es sich nicht fortsetzen als
ein Anderes, so würde es auf der Stufe des Wahrnehmens verhar-
rend in dunkles Daseyn versunken bleiben. In jenem Acte aber,
wodurch das Denken sich fortsetzt als ein Anderes, liegt: 1) es
setzt sich als Etwas, 2) es setzt auf Grund des Etwas sich als Anderes, 3) es setzt sich als Anderes in Vergleich mit dem Etwas als
dem Einen, 4) es setzt das Eine als Anderes. Da nun das auf sich
bezogene Denken es immer mit sich selbst zu thun hat, so spricht
es kurzweg: Ich denke Eines als Anderes. Und solches Denken
bezeichnen wir als Vorstellen.

Dem Gebiet des Vorstellens gehört es zunächst an, wenn ich
z. B. den Baum als Pflanze und die Pflanze als Baum, den Chrysoberyll als spargelgrün, durchsichtig, stark glänzend, von muschli-
lichem Bruch u. s. f. und hinwieder ein dergleichen Mineral als

einen Chrysoberyll denke; oder wenn ich Gold, Silber, Blei, Eisen
als dehnbare Metalle und die ·Metalle überhaupt als dehnbar fasse;
oder wenn ich die Thätigkeit der Erde, vegetativen Reichthum zu
entwickeln, auch auf die anderen Planeten übertrage; oder wenn
ich Grün, Blau, Gelb, Roth als die Repräsentanten des Farbigen
betrachte.

Vorstellen ist nicht gleich dem: ein Bild sich machen. Wenn
Jemand mich auffordert, mir ein Quadrat vorzustellen, so werde
ich gehorsam allerdings das Bild eines Quadrats in mir entwerfen,
und ich kann mir das Bild eines Quadrats leicht entwerfen, weil
ich bereits weiss, dass ein Quadrat nur rechte Winkel und vier
gleiche Seiten hat; aber dies, dass ich mir das Bild eines Quadrats
entwerfe, ist nicht das lautere Vorstellen, sondern ich stelle erst
vor, sofern ich das entworfene Bild als Quadrat mir denke. Oder
man sagt: Ich stelle mir in diesem Augenblick lebhaft die Rheingegend vor, wie sie dem Beschauer sich bietet, der auf Schloss Stolzenfels sich befindet. Allein sofern du das Bild jener Gegend, die
du früher einmal gesehen, in dir erneuerst, stellst du nicht vor; es
geschieht solches erst dadurch, dass du das Bild dir denkst als die
Rheingegend um Schloss Stolzenfels. Bilden ist nicht Denken, daher auch nicht Vorstellen. Dies aber, dass Bilden nicht Denken
ist, schliesst natürlich den Zusammenhang zwischen beiden nicht aus.

Vorstellen ist nicht Wahrnehmen. Ich nehme nicht wahr,
sofern ich mir z. B. eine Art Pferd mit ragendem Horn auf der
Stirne als Einhorn vorstelle; ich würde wahrnehmen nur sofern
und sobald ich von dem Bilde, das ich in mir habe, Daseyn dächte.
Aber Daseyn Denken und Eines als Anderes Denken ist nicht dasselbe. Vorstellen ist ein anderes Denken als Wahrnehmen.

Es gibt einen vermittelnden Uebergang vom Vorstellen zum
Wahrnehmen. Ich stelle mir z. B. Vergissmeinnichtblumen vor.
Denke ich nun ferner, dass auf jener bewässerten Wiese höchst
wahrscheinlich solche Blumen zu finden sind, so eröffne ich einer
zu machenden Wahrnehmung den Weg; aber das vermittelnde Urtheil, dass auf jener bewässerten Wiese höchst wahrscheinlich solche
Blumen wachsen, ist nicht blose Vorstellung, ist auch nicht Wahrnehmung, sondern ein Urtheil über die Vorstellung, in welcher die
zu machende Wahrnehmung vorausgenommen ist. Aehnliches findet
statt, wenn ich dächte, dass eine Wasserquelle nothwendig an dieser Stelle unter dem Boden verborgen seyn muss. Der Begriff des
Vorgestellten ist es, welcher vom Vorstellen zum Wahrnehmen
hinüberleitet, und nichts anderes als der Begriff vermag einen Uebergang zu schaffen von jenem zu diesem: indem ich mich gedrungen

finde, zum Vorstellen auch das Wahrnehmen zu gewinnen, webt zwischen meinem Vorstellen und dem zu erwartenden Wahrnehmen der Gedanke, dass das Vorgestellte nicht nicht daseyn kann; solch ausschliessender Gedanke ist weder die Vorstellung selbst, welche als Vorstellung nicht ausschliesst sondern gerade Eines als Anderes denkt, noch auch die Wahrnehmung, welche als Wahrnehmung dem Daseyn bereits hingegeben ist: erst durch den Begriff des Vorgestellten hindurch taucht das Vorstellen in das Wahrnehmen unter.

Hiemit wird nicht ausgesprochen, dass mit dem Begriffe schon die Wahrnehmung gemacht ist: denn wenn letztere statthat, macht sie sich von selbst, d. h. um wahrzunehmen, muss ich wahrnehmen. Nicht minder ist ersichtlich, dass nicht jede Wahrnehmung, ob sie schon später erfolgt als meine Vorstellung, von begrifflicher Nothwendigkeit im Voraus angekündigt wird, sondern dass manche in dieser Rücksicht ohne Uebergang unerwartet auftritt. Ich stelle mir z. B. einen gewissen Cometen vor, ohne zu behaupten, dass der Comet, den ich mir vorstelle, zu der und der Zeit am Horizont wieder erscheinen kann oder gewiss erscheinen wird; nun richte ich eines Abends, an den Cometen nicht mehr denkend, mein Auge zum gestirnten Himmel und erblicke einen Cometen, welchen ich bei näherem Betracht als den erkenne, den ich jüngst mir vorgestellt: ich habe demnach wahrgenommen ohne dass die Wahrnehmung mittelbar durch den Begriff an die Vorstellung sich angereiht hätte, aber auch ohne dass sie, was überhaupt unmöglich ist, unmittelbar aus der Vorstellung heraus erfolgt wäre. Vielmehr schliesst sich umgekehrt an die jetzt gemachte Wahrnehmung das weitere Denken, dass es der Comet ist, den ich neulich schon mir vorgestellt, und dass ich sein Erscheinen hätte ausrechnen können, und dergleichen.

Kein Mittelglied dagegen hat und bedarf umgekehrt der Uebergang vom Wahrnehmen zum Vorstellen. Kaum habe ich wahrgenommen, so stelle ich mir alsbald Etwas vor. Daher pflegt man auch zu sagen, Wahrnehmen und Vorstellen zusammenfassend wie Einen Act: Ich nehme Etwas wahr — während doch das Wahrnehmen für sich nur Daseyn denkt, das Denken des Etwas aber, das zum Wahrnehmen hinzukommt, dem Vorstellen eigen ist. Man spricht: Ich nehme wahr das ferne Rollen des Donners, ich nehme dort unter der wogenden Menschenmasse meinen Freund wahr u. s. f. Es heisst dies im Grunde: das, dessen Daseyn ich denke, stelle ich mir vor als des Donners Rollen; den dort stelle ich mir vor als meinen Freund. Nicht erst begriffliche Erwägung ist es, was dazwischentretend mein Denken vom Daseyn zu dem überhaupt hin-

treibt, was da ist; denn wollte ich hervorheben, dass Daseyn nicht
ohne Etwas, welches da ist, sich weiter denken lässt, so würde ich
damit nur anerkennen das Factum, welches ohne den Begriff statthat, dies nämlich, dass das Wahrnehmen unmittelbar zum Vorstellen ausschlägt.

Der angegebene Zusammenhang von Vorstellung und Wahrnehmung kann kurz so ausgedrückt werden: Nicht schon weil ich
vorstelle, gehe ich auf Wahrnehmung des Vorgestellten aus, sondern weil ich das Daseyn des Vorgestellten wenigstens als möglich
denke, suche ich die Wahrnehmung des Vorgestellten zu machen;
umgekehrt: Nicht weil ich es für unmöglich erachte, dass Daseyn
ohne Etwas weiter zu denken ist, erhebe ich mich vom Wahrnehmen zum Vorstellen, sondern weil ich das Daseyn weiter denkend
in der That nicht anders kann als mir Etwas vorstellen das da ist,
erachte ich es mich besinnend für unmöglich, das Dasein ohne das
Etwas weiter zu denken.

Vorstellen ist nicht das genetische Denken. Entweder denke
ich der Genesis von Etwas nach, so dass die Vorstellung solchem
Nachdenken vorausgeht, oder ich denke der Art eine Genesis, dass
ich frage, was es wohl ist, das auf die und die Weise zu Stande
kommt, die Vorstellung also dem genetischen Denken nachfolgt.
So stelle ich mir z. B. eine Ebene vor, die von einer einzigen Linie
umschlossen ist, und wünsche darnach zu wissen, wie denn eine
solche Figur entsteht, oder ich denke mir umgekehrt zuerst, wie
eine Linie dadurch, dass sie in einer Ebene um einen festen Punkt
in immer gleicher Entfernung sich bewegt, in ihren Anfang zurückläuft, und gewinne in Folge davon die Vorstellung einer Raumfigur, die sich mir weiterhin als Kreis bestimmt. Oder ich stelle
mir die sogenannte Priestley'sche Masse vor als ein vegetatives und
animalisches Chaos und überdenke erst nach solcher Vorstellung
die Genesis der grünlichen, beweglichen Materie, oder ich mache
mir umgekehrt, nachdem ich der Genesis nachgeforscht, eine eben-
dadurch vielleicht andere Vorstellung von der Sache. Wäre das
Vorstellen gleich dem genetischen Denken oder wäre das Vorstellen auch genetisches Denken, so würde Vorstellen nicht Vorstellen
seyn. Da aber Vorstellen nicht nicht Vorstellen ist, ist es auch
nicht genetisches Denken.

Hiebei zeigt sich zwischen Vorstellen und genetischem Den-
ein ähnliches Verhältniss wie zwischen Vorstellen und Wahrnehmen. Denn wie aus dem Wahrnehmen das Vorstellen unmittelbar
aufschiesst, dagegen der Uebergang vom Vorstellen zum Wahrnehmen, wenn ein solcher stattthat, durch den Begriff vermittelt

wird, so folgt auch dem genetischen Denken unmittelbar das Vorstellen, während zum genetischen Denken nur durch des Begriffes Hülfe das Vorstellen sich umsetzt. Wenn ich z. B. denke, dass ein Mechanismus aus Holz oder Metall kraft eines bewegten Räderwerkes mir auf einem Zifferblatte die Schritte der abrollenden Erdenzeit messend anzeigt, so gebe ich zunächst von Seite des genetischen Denkens dem Vorstellen ein Räthsel auf, dem Vorstellen, welches, solch Räthsel lösend, rundweg erklärt, dass jener Mechanismus eine Uhr ist. Das Vorstellen gibt in diesem Falle dem Kinde seinen Namen mit Beziehung auf die Herkunft. Wenn ich dagegen umgekehrt der Genesis dessen nachdenken will, was ich als Uhr mir vorstelle, so kann ich jenes nicht, es sey denn, dass ich mich vorher in den ausschliessenden Begriff von Uhr zu setzen suche: denn um der Genesis der Uhr nachzudenken, darf ich allerwenigstens nicht nachdenken der Genesis von irgend einer Sache, welche nicht Uhr ist, und um eine Räderuhr in ihre Genesis zu verfolgen, muss ich die Räderuhr vorher unterschieden haben von der Sanduhr, der Wasseruhr, der Sonnenuhr und allen anderen Arten von Uhr, muss also schlechterdings irgend einen Begriff von dem vorgestellten Dinge haben. Ein anderes Beispiel. Wenn ich mit meinem Denken eine Linie setze, die um einen festen Punct in einer Ebene bei immer gleicher Entfernung allmählich und so lange sich bewegt bis sie in ihren Anfang zurückläuft, dann ergibt sich mir die Vorstellung einer in sich abgeschlossenen runden Figur, die ich erst durch weiteres herzugerufenes Denken von dem absondere, was nicht Kreis ist. Will ich hingegen auf Grund davon, dass ich mir eine in sich abgeschlossene runde Figur vorstelle, deren Genesis nachgehen, so muss ich mich entscheiden für das was Kreis ist oder für das was Anderes als Kreis ist, eine Entscheidung, welche durch den Begriff sich machend in Bezug auf den Kreis mich belehrt, dass die einschliessende Linie in allen ihren Theilen gleichweit von einem Puncte, dem Mittelpuncte, entfernt ist: ich habe dann zu erkunden, wie es denn kommt, dass die Linie in allen ihren Theilen gleichweit von einem Puncte entfernt ist. Ohne den Begriff vermag ich nicht, von der blossen Vorstellung unmittelbar zum genetischen Denken des Vorgestellten aufzusteigen; dagegen kann ich nicht umhin, das, dessen Genesis ich gedacht, sobald ich noch anderes als die Genesis zu denken mich anschicke, unmittelbar als Etwas mir vorzustellen. Das Verhältniss zwischen Vorstellen und genetischem Denken ist also ähnlich dem Verhältniss zwischen Vorstellen und Wahrnehmen.

Vorstellen ist nicht das logische oder begriffliche Denken.

Wenn ich die Pflanze als ein Gefässsystem mir vorstelle, so wird
das logische Denken Nichts hiegegen einzuwenden haben, vielmehr
die Richtigkeit der Vorstellung bestätigen und alle anderen Systeme
ausschliessen, welche von der Pflanze nicht praedicirt werden können. Wenn ich aber die Berberitze, deren Staubfaden vor der Nadel
zuckt, mir als empfindendes Wesen vorstellen wollte, so tritt das
logische Denken herbei und gibt zu erwägen, dass die Pflanze ein
Sinnensystem weder ist noch hat, dass also die Berberitze nicht
empfindet. Vorstellen kann ich auch das, was gemäss logischem
Denken sich widerspricht. Falls ich den Affen mir als Menschen
oder den Menschen als Affen vorstelle, so ist das Sache der Vorstellung, aber logisches Denken duldet nicht, den einen dem anderen gleichzusetzen. Eines als Anderes denken 'und das Eine als
nicht das Andere denken, ist nicht dasselbe; so ist auch Vorstellen
nicht das logische Denken.

Das Bisherige will nicht nur darthun, dass Vorstellen weder
Wahrnehmen noch das logische noch das genetische Denken ist,
sondern will zugleich als nothwendig hervorheben auch dieses, dass
das Vorstellen aus dem Wahrnehmen oder aus dem genetischen
Denken unmittelbar herausbricht und hinwieder nur mittelst des
logischen Denkens zum Wahrnehmen oder zum genetischen Denken sich entfaltet. Doch ist durch letztere Behauptung noch nicht
ausgesprochen, dass das Vorstellen nicht auch aus dem logischen
Denken unmittelbar erfolge; es ist ferner nicht ausgesprochen, dass
das Vorstellen nicht auch aus irgend welchen anderen Stufen des
des Denkens als den bis jetzt genannten sich ergebe; es ist drittens nicht ausgesprochen, dass das Vorstellen ein anderes Denken
zur Voraussetzung haben müsse oder manchmal ohne Voraussetzung
irgend eines besonderen Denkens, das nicht Vorstellen ist, stattfinden könne. Die Frage nun, ob das Vorstellen auch aus dem logischen Denken ähnlich wie aus dem Wahrnehmen oder dem genetischen Denken unmittelbar entspringt, soll beantwortet werden
sobald das logische Denken selbst in näheren Betracht gezogen
wird; die zweite Frage, ob das Vorstellen auch anderen Stufen des
Denkens als den genannten sich verdanke, ist erst gänzlich zu er-
ledigen, wenn erwiesen worden, dass es keine anderen Stufen als
die genannten gebe. Aber jene Frage, ob das Vorstellen ein anderes Denken zur Voraussetzung haben müsse, lässt hier schon sich
abmachen. Factum ist, dass jede Vorstellung, die ich habe, entweder wieder an eine Vorstellung oder an ein anderes Denken,
welches nicht Vorstellen ist, sich anreiht, während es sowohl Wahrnehmungen gibt, die nicht auf Grund anderweitigen Denkens ge-

macht sind, vielmehr das anderweitige Denken erst auf die Bahn bringen, als auch das Denken mancher Genesis wie z. B. dasjenige, welches Erfindungen zur Folge hat, von sich selbst in der Art beginnt, das ein ferneres Denken nur ein Weiterdenken des zuvor genetisch Gedachten ist. Ich mag mir vorstellen einen Gegenstand des Himmels oder der Erde, einen Universalstaat, ein Gespenst, kurz was ich nur will: ich finde, dass dem Vorstellen ein Wahrnehmen oder ein anderes Denken, was nicht Vorstellen ist, vorangegangen ist. Und es kann nicht anders seyn. Ist Vorstellen Eines als Anderes Denken, dann muss wenigstens Eines, auf dass ich es als Anderes denke, meinem Vorstellen schon in irgend einer Fom gegeben seyn; wäre es nicht gegeben, so würde mein Vorstellen, jeglicher Basis entbehrend, unterbleiben. Es kann aber nur gegeben seyn durch ein darauf bezügliches Denken, welches dem Vorstellen den Weg bereitet. Hiernach ist es unmöglich anzunehmen, dass kein anderes Denken dem Vorstellen vorausgehe.

Angenommen, dass das Vorstellen hin und her webt vom Wahrnehmen zum genetischen Denken und von diesem zu jenem als den äussersten Stufen des Denkens überhaupt — und es wird sich diese Annahme bestätigen — so ist zu folgern, dass von den Bestandtheilen der Vorstellung der eine immer näher ist dem Wahrnehmen, der andere näher dem genetischen Denken. Wenn ich mir z. B. das Wohnhaus vorstelle als Gefäss des Familienlebens, so ist der eine Bestandtheil dieser Vorstellung, Wohnhaus, dem wahrnehmenden Denken verwandter, der andere Bestandtheil, Gefäss des Familienlebens, verwandter dem genetischen Denken: das Familienleben, welches sich zu fassen sucht, verlangt nach dem Wohnhaus. Aber sofern ich das Wohnhaus als Gefäss des Familienlebens mir vorstelle und nichts anders thue als vorstellen, denke ich weder das blose Daseyn von Wohnhaus noch auch dies, dass das Familienleben der effective Grund des Wohnhauses, dass Gefäss des Familienlebens zu seyn das Wesen des Wohnhauses, dass das Wohnhaus und das Familienleben in gegenseitigem Verhältniss begriffen, dass dem Familienleben zu dienen der Zweck des Wohnhauses ist, — welcherlei für sich zu erwägen dem genetischen Denken zukommt.

Die Vorstellung ist, wie bemerkt, für sich selbst der logischen Nothwendigkeit baar; denn vorzustellen vermag ich mir auch Etwas, das am Forum des logischen Denkens für einen Widerspruch erklärt wird. Gleichwohl dürfte es scheinen, als ob manche Vorstellung sich selbst als nothwendig ausspreche. Wenn ich z. B. das Menschenleben mir als eine Wallfahrt vorstelle, so mag diese Vorstellung zugleich die Ueberzeugung, dass unser irdisches Leben nicht besser zu kennzeichnen ist ausser als Wallfahrt, und hiemit eine gewisse Nothwendigkeit der Vergleichung von irdischem Leben und von Wallfahrt mit sich führen: weil das irdische Leben so und so ist und eine Wallfahrt dieses und diesec, daher ist das irdische Leben nothwendig eine Wallfahrt. Allein es ist zu beachten, dass das Vorstellen für sich über die Angemessenheit und Unangemessenheit der Beziehung des Einen auf das Andere zu urtheilen nimmermehr im Stande ist; das Vorstellen stellt vor unbekümmert um irgend welche Richtigkeit seines Thuns; Vorstellen ist es, des Menschen Leben als Wallfahrt zu denken, Vorstellen ist es nicht minder, das Menschenleben zu denken als einen bacchantischen Taumeltanz der schäumenden Materie; ob diese, ob jene Vorstellung die richtige ist, wie soll das blose Vorstellen es entscheiden? Tritt trotzdem eine Vorstellung auf als wüsste sie sich selbst zu würdigen, so stammt das Urtheil, mit dessen Stempel sie gezeichnet ist, nicht von ihr selbst, sondern von einem Denken, das als Richter die Vorstellung vor seinen Stuhl gerufen und geprüft hat.

Es wird vielleicht gefragt, warum doch unser Vorstellen nicht jedes Eine auf jedes Andere, sondern dieses Eine auf dieses Andere bezöge und so bezöge, dass die herantretende Kritik eine Vorstellung nicht nur mit den Prädicaten Möglich und Wahrscheinlich, sondern sogar mit den Prädicaten der Nothwendigkeit zu ehren sich nicht enthalten kann; warum z. B. das Vorstellen sich sträube, den Baum als Erdscholle, das Thier als Pflanze zu denken. Du darfst jedoch dem Vorstellen kein hohes Mass freiwilliger Beschränkung zutrauen und zumuthen; denn alsbald wird es, an deine drängende Frage anknüpfend, gleich einem Zauberer dir sagen, dass es allerdings den Baum als eine Erdscholle, nämlich als eine vegetirende Erdscholle, und das Thier als brennende Pflanze sich denke. Und dich dazu erinnernd, dass Ungebildete oft Vorstellungen haben, die den Gebildeten als unsinnig erscheinen, und dass Gebildete oft Vorstellungen pflegen, die Anderen als wahnwitzig gelten, möchtest du ausrufen, dass das Vorstellen für sich aus Allem Alles zu machen vermöge. Aber unser Denken ist nicht blos Vorstellen, sondern auch noch anderes Denken, von welchem das Vorstellen veranlasst, hervorgelockt, in das Geleise gebracht, bearbeitet, gezügelt, geleitet und gewöhnt wird; daher schon geschieht es und nicht fliesst es aus dem alleinigen Vorstellen, dass wir nicht jedes Eine auf jedes Andere, sondern dieses Eine auf dieses Andere beziehen und, wie das weitere Nachdenken beweist, oft richtig bezogen haben.

Das Vorstellen denkt Eines als Anderes und kann Eines nicht penken ohne es als Anderes zu denken. Das ist das wuchernde

Eigenleben des Vorstellens, worin kein anderes Denken es ihm
nachzuthun vermag. Hieraus aber entspringt seine Bedeutung für
das Denken überhaupt. Letzteres würde ohne das Vorstellen einem
Samenkorne gleichen, das seine Hülle noch nicht durchkeimt hat
um in die Höhe zu wachsen.

Vorstellen ist <u>Eines als Anderes Denken</u>. Das Vorgestellte
ist das als Anderes gedachte Eine.

§. 8.
Urtheilen.

Das Denken hat sich gesetzt und Daseyn gedacht; es hat sich
fortgesetzt und sich gedacht als Eines, das Anderes ist. Aber vom
Vorstellen sich unterscheidend unterscheidet es nunmehr das Eine
vom Anderen mit Beziehung auf einander. Somit setzt es sich dem
schrankenlosen Andersseyn entgegen. Das Denken spricht nämlich:
1) Das Eine ist das Andere nicht schlechthin, sondern 2) das Eine
ist dasjenige Andere, welches das Eine ist. Sonach ist 3) das Andere, welches das Eine ist, nicht jenes Andere, welches nicht das
Eine ist, während 4) das Eine Eins ist mit seinem Anderen. Hiemit gibt das Denken seinem Andersseyn sich selbst als Gränze:
bis hieher geht mein Andersseyn und nicht weiter! Da nun das
auf sich bezogene Denken es nur mit Denken zu thun hat, so ist
überhaupt zu sagen: das Denken setzt dem Andersseyn die Gränze.
Weil endlich nur für Andersseyn es eine Gränze gibt, so wird das
Denken kurzum von sich erklären: Ich begränze. Wir aber nennen das begränzende Denken logisches oder begriffliches Denken,
mit Einem Worte: Urtheilen. Das einwohnende Vermögen des Urtheilens ist der Begriff: der actuelle Begriff ist das Urtheil.

Ich urtheile, wenn ich z. B. sage: Es ist möglich, dass es
regnet; oder: Es ist wahrscheinlich, dass es regnet; oder: Es ist
nothwendig anzunehmen, dass es regnet; oder: Es regnet wirklich.
Ich urtheile ferner, indem ich sage: Wenn der Sommer naht, kehren die Schwalben zurück; oder indem ich folgere: Das Salz ist
ein Mineral, also gibt es ein Mineral, welches Salz ist; oder indem
ich behaupte: Kein Mensch ist frei von Sünde.

Das logische Denken ist nicht das Vorstellen. Das Vorstellen für sich ist wie ein stürzender Strom, der seine Wellen sendet
so lange und wohin er es vermag; das logische Denken ist das
stromzügelnde Ufer. Der Vorstellung geschieht es wie dem Körper, der das Gesetz der Schwere erfüllend und in dem der Trägheit
schwelgend die schiefe Ebene herabrollt; das logische Denken ist
wie die Friction und der Stützpunct. Das vorstellende Denken

macht es wie die gebärsüchtige Erdnatur, die in unzählige Formen ihr Vermögen zu ergiessen sich befleisst; das logische Denken gleicht der Kraft, welche das Geblüt der mütterlichen Natur zu individualisiren versteht. Das vorstellende Denken ist wie der Mensch, der immerfort an Andere sich hängen muss, bedürftig der Gesellschaft und sollte er mit ihr zur Hölle fahren; das logische Denken ist wie der Mann, der Andere durch seinen Geist beherrscht.

Aber das logische Denken knüpft immer und nur an die Vorstellung an. Ohne eine Vorstellung kann ich ebensowenig urtheilen als der Richter ohne Rechtsfall eine Sentenz zu fällen im Stande ist oder sowenig als der Baumeister ohne Baumaterial ein Haus aufzuführen vermag. Ist das logische Denken begränzendes Denken, so muss Etwas vorhanden seyn, was zu begränzen ist; dieses noch unbegränzte Etwas ist eben die Vorstellung. Das logische Denken begränzt das, was vorgestellt ist, und ohne letzteres hat es Nichts zu begränzen.

Dagegen ergibt sich das Vorstellen nicht unmittelbar aus dem logischen Denken. Wenn z. B. der Landmann, sich wohlbewusst der Arbeit, die er seinem Acker zugewendet, eine künftige reiche Ernte als wahrscheinlich denkt, so stellt er sich die reiche Ernte nicht desshalb erst vor, weil er das Eintreten derselben für wahrscheinlich hält, sondern er stellt sich die reiche Ernte vor theils in Erwägung seiner Arbeit und anderer Momente, die eine reiche Ernte wirken, theils sich stützend auf mehrfache Wahrnehmungen, und urtheilt dann von seiner Vorstellung das Wahrscheinlich. Geäusserter Zweifel gegen sein Urtheil der Wahrscheinlichkeit treibt ihn zurück zur Quelle seiner Vorstellung: er geht auf's Neue seine Wahrnehmungen und die Momente durch, von denen eine reiche Ernte abhängt, und urtheilt jetzt von seiner Vorstellung vielleicht nur das Möglich, oder macht sich die Vorstellung einer mittelmässigen Ernte und urtheilt von dieser das Nothwendig. Nicht aber ergibt sich eine Vorstellung unmittelbar aus dem logischen Denken. Ein anderes Beispiel. Ich stelle mir die Voltaische Säule vor als einen physicalischen Apparat, und der begränzende Begriff, den ich von ihr habe, reicht vollkommen aus, sie von jedem verwandten Apparate zu unterscheiden. Nun ist es nicht der Begriff der Voltaischen Säule, der unmittelbar eine neue Vorstellung von der Sache mir zu geben vermag: vielmehr ist der Begriff ein Begriff für die Vorstellung, die ich bereits habe. Jedoch erlaubt mir der Begriff, etwa weiterhin zu überlegen, was Alles sich erreichen lasse mit einem Apparate, der den magnetischen, electrischen und chemischen Process in sich vereine, und solch genetisches Denken veranlasst mich nun-

mehr, die Säule als den endlich gefundenen Zauberstab der Naturwissenschaft mir vorzustellen und zu preisen: mein logisches
Denken aber, das hieran sich anschliesst, wird mir sagen, inwieweit ich die Säule als den Zauberstab der Naturwissenschaft betrachten darf und muss, und wird, mir solches sagend, nicht eine
neue Vorstellung von sich aus mir erregen, sondern die gegenwärtige Vorstellung nur beurtheilen. Ist das logische Denken ein
Denken, welches das noch unbegränzte Denken begränzt und hierin
seinen Lebenszweck erfüllt, wie kann das unmittelbare Erzeugniss
des logischen Denkens das noch unbegränzte Denken, also das
Vorstellen seyn? Wird vom Begränzten die zweischneidige Gränze
weggenommen, dann steht das frühere Unbegränzte da; soll aber
aus dem Begränzenden sich Unbegränztes ergeben, so muss das
Begränzende erst durch ein neues Moment in Fluss gebracht worden seyn.

Die alte und oft sehr angemessene Schulmethode pflegt beim
Vortrag einer Wissenschaft mit der Definition, die als solche in
das Gebiet des logischen Denkens gehört, zu beginnen und darauf
die Division des Materials zu entfalten, welche — übrigens nicht
zu verwechseln mit genetischer Construction als solcher — in der
Sphäre des Vorstellens, wie später sich zeigen wird, ihre eigentliche Heimath hat: es scheint hier demnach ein unmittelbarer Uebergang vom logischen Denken zum Vorstellen sich zu vollführen,
entgegen der eben aufgestellten Behauptung, dass aus jenem dieses
nicht unmittelbar hervorgehen kann. In der That aber wird durch
besagte Methode die Behauptung nicht im Geringsten erschüttert.
Denn einmal setzt das Zustandekommen der Definition mit ihrem
genus proximum und der differentia specifica irgendwelche Division
bereits voraus, während umgekehrt eine Division, um überhaupt
nur Division zu seyn, der Definition nicht bedarf. Zweitens präsumirt der Lehrer, welcher die Definition an die Spitze seines Vor-
trages stellt, bei den Schülern eine wenn auch noch so vage Vorstellung von dem Gegenstand der Wissenschaft, eine Vorstellung,
die er mit Einem Schlage durch die Definition wie durch einen
Richtpunct für den übrigen Vortrag zu begränzen sucht; die hieran
sich reihende Division aber, die bei dem Lehrer selbst schon jede
ihm mögliche Probe bestanden haben wird, will den Schülern einen
vorläufigen Ueberblick über das Detail oder eine Vorstellung vom
Detail des Gebiets verschaffen, das durch die Definition umschlossen worden und nun im Vortrage zu bearbeiten ist. Das Aufstellen
der Division nach der Definition ist somit ein Recurs an die Vorstellung, welche der vorangeschickten Definition zu Grunde liegt

und dem weiteren Vortrage zu Grunde liegen bleiben soll. Solche Methode ist demnach der Behauptung nicht entgegen, dass nicht unmittelbar aus dem logischen Denken das Vorstellen hervorgeht, sondern beruht auf der Annahme, dass umgekehrt das logische Denken am Vorstellen seine Basis hat.

Das logische Denken ist nicht genetisches Denken. Wenn ich z. B. denke, unter welchen Bedingungen eine Linie in ihren Anfang zurückläuft, so werfe ich mich auf genetisches Denken, und was ich so gedacht, mag ich als eine runde Figur mir vorstellen und näher noch als Kreis bestimmen. Oder ich kann mir die Genesis des Kreises denken ähnlich wie die Ringbildung auf der vom Steine getroffenen Wasserfläche, indem vermöge der Bewegung und vermittelst der Gleichzeitigkeit der Punct sich seinen Raum setzt, einen Raum, den ich dann als Kreis bezeichne; ich denke die Genesis des Kreises. Dem logischen Denken dagegen ist es nicht um den Wandel der Dinge zu thun; es ist vielmehr bestrebt, das Andersseyn abzuweisen. Die genetischen Gründe, deren es hiezu bedarf, nimmt es nicht von sich. Es spricht mit Bezug auf das eben angeführte Beispiel das logische Denken etwa so: Ein Kreis ist eine von einer einzigen Linie eingeschlossene Ebene, deren einzelne Theile von einem gewissen Puncte aus alle gleichweit entfernt sind; oder es spricht: Ein Kreis ist diejenige geometrische Figur, welche entsteht, wenn vermöge der Bewegung und vermittelst der Gleichzeitigkeit der Punct sich seinen Raum setzt; es spricht so, ausschliessend vom Kreise Alles, was nicht Kreis ist. Dieses aber, dass ein Kreis durch Evolution des Punctes entstanden ist oder entstehen kann, weiss das logische Denken von sich aus nicht, sondern muss es von anderem Denken entlehnen. Das logische Denken ist begränzend, das genetische Denken führt Etwas, das erst weiterhin zu begränzen ist, aus seinem Grund heraus oder das, was schon begränzt ist, in seinen Grund zurück; logisches und genetisches Denken kann daher nicht gleich seyn. Das logische Denken erklärt zunächst: Der Kreis ist nicht Punct und der Punct ist nicht Kreis; das genetische Denken aber mag Punct und Kreis als Momente einer Entwicklung fassen, und erst so vom genetischen Denken unterrichtet wird das logische Denken neuerdings behaupten: Wenn durch Evolution des Punctes der Kreis entsteht, so ist der Kreis der evolvirte Punct und der Punct der involvirte Kreis. Das logische und genetische Denken ist demnach nicht mit einander zu verwechseln.

Da, wie bereits erwähnt, das logische Denken zur nächsten Voraussetzung die Vorstellung und nur die Vorstellung hat, so kann es nicht unmittelbar aus dem genetischen Denken sich ergeben; vielmehr muss das genetische Denken, will es zur Beurtheilung kommen, immer zuvor in Vorstellung eingehen. Dasselbe gilt von der Wahrnehmung; denn nur zur Vorstellung geworden erfährt sie die Gunst des logischen Denkens. Aber umgekehrt, wie ebenfalls schon oben bei Betrachtung des Vorstellens hervorgehoben ist, geleitet das logische Denken unmittelbar einerseits zum genetischen Denken andrerseits zum Wahrnehmen, während aus dem Schoose der Vorstellung heraus weder das eine noch das andere geboren werden kann ohne die lösende Hülfe des Begriffs.

Wie es in der Regel etwas zwar oft nicht zu Vermeidendes ist, aber für scharfe Bestimmung immer etwas Missliches bleibt, das Eine durch das Andere erklären zu wollen während jedes einer entlegenen Sphäre angehört, so ist es ergangen mit der Unterscheidung von Satz und Urtheil. Würde man z. B. den Satz gegenüber dem Urtheil als die ausgesprochene Vorstellung nehmen, so ist zu entgegnen, das punctum saliens sey nicht dies, dass die Vorstellung ausgesprochen ist, sondern sey die Vorstellung selbst; es wäre sonst wie wenn man sprechen würde: Die in das Wasserglas gesetzte Blüthe ist nicht die Frucht — da doch die Blüthe von der Frucht verschieden ist auch ohne dass sie in das Wasserglas gesetzt wird. Fässt man hinwieder Satz als das mit Worten ausgedrückte Urtheil, so dass zwar nicht jedes Urtheil ein Satz, aber jeder Satz ein Urtheil wäre, dann wird entweder Satz gegen den Sprachgebrauch und gegen Bedürfniss und Recht in viel zu enger Bedeutung oder Urtheil in viel zu weitem Sinne genommen. Das Nämliche geschieht in noch höherem Grade, wenn man den Satz als eine Art und als eine höhere Entwicklungsstufe des Urtheils selber denkt. Vielmehr gehört der Satz dem Gebiete der Rede und das Urtheil dem Gebiete des Denkens an; daher muss für specifische Erkenntniss des Urtheils, welches ja nicht alles Denken ist, von erster Wichtigkeit die Unterscheidung desselben von den übrigen Denkformen und namentlich von der Vorstellung seyn.

Was vom begränzenden Urtheil eingeschlossen wird, ist überhaupt die Vorstellung, das als Anderes gedachte Eine. Sofern aber das eingeschlossene Eine und Andere von dem darauf gerichteten Denken als ein Einzelnes und als ein Allgemeines bemessen wird, kann auch gesagt werden, im Urtheile werde Einzelnes unter Allgemeines subsumirt. Aber hieraus folgt nicht die Berechtigung, sondern es folgt die Nichtberechtigung, die wesentliche Function des Urtheilens darein zu setzen, dass das Einzelne unter das All-

gemeine subsumirt werde. Denen, welche das Urtheil als Subsumtion des Einzelnen unter das Allgemeine zu erklären pflegen,
möchtest du vielleicht schon die eine Frage vorlegen, ob Subject
oder Prädicat das Einzelne oder Allgemeine wäre; denn wenn du
z. B. urtheilst: Diese Blume ist roth, so wird Roth für ein Allgemeines gelten, da es nicht blos dieser Blume, sondern noch vielen anderen Blumen und anderen Naturgebilden ausserhalb des
Pflanzenreiches und ausserhalb der Erde eigen ist, hinwieder kann
auch diese Blume für ein Allgemeines gelten, sofern sie nicht blos
roth ist, sondern noch viele andere Merkmale in sich vereint. Allein man wird dir entgegenhalten, dass ja trotzdem immer Eines
und Anderes im Verhältniss des Einzelnen und Allgemeinen zu
einander stehen. Die Sache ist daher genauer zu betrachten. In
die Augen springt zunächst, dass durch solche Einschränkung dem
Gebiete des Urtheils Vieles entzogen wird an Stoff und Kraft, was
dort seine Heimath und seinen Wirkungskreis seit lange gehabt
hat und nirgends sonst finden kann. So würde es vorweg keine
logische Modalität mehr geben. Das Urtheil z. B.: Das Einzelne
ist nothwendig ein Allgemeines, wäre kein Urtheil hinsichtlich der
hervorgehobenen Nothwendigkeit der Subsumtion. Denn was geht
es diesen Denkakt an, wenn ich ihn für nothwendig erkläre? Allein es dürfte ihm denn doch nicht so gleichgültig seyn, was ich
von ihm halte. Wenn ich behaupten wollte, das Einzelne sey
nicht nothwendig ein Allgemeines, so würde er mir ohne Zweifel
entgegnen, das Einzelne sey allerdings nothwendig ein Allgemeines,
und bekennen, es sey ihm unmöglich, das Einzelne nicht unter
das Allgemeine zu subsumiren. Er würde also eingestehen, dass
die Nothwendigkeit, das Einzelne unter das Allgemeine zu subsumiren, seine Art sey, von der er nicht lassen könne; er würde
eingestehen, dass er Urtheil sey sofern er mit Nothwendigkeit sich
vollziehe. So ist das Urtheil mehr als schlechthin Subsumtion des
Einzelnen unter ein Allgemeines und wird die Modalität nicht über
Bord werfen dürfen ohne sich an sich selbst zu vergreifen. Oder
es würde das negative Urtheil wegfallen; denn im negativen Urtheil wird nicht subsumirt. Wollte man jedoch das negative Urtheil für nichtssagend ausgeben, so würde auch dieses nichtssagend
seyn: Das Einzelne ist nicht nicht ein Allgemeines; aber dieses ist
nicht nichtssagend, sondern es besagt, dass das Einzelne ein Allgemeines ist. Es wäre also mit Verläugnung jenes Urtheils verläugnet, dass das Urtheil Urtheil ist. Und wollte man das negative
Urtheil als ein Urtheil zwar gelten lassen, aber als ein unvollständiges und unreifes, so ist dagegen einzuwenden, dass vielmehr das

affirmative Urtheil ein unreifes und unvollständiges wäre, wenn es
nicht den Widerspruch von sich abzuweisen, also wenn es nicht
negativ zu sein vermöchte. Oder es würde weiterhin auch das
identische Urtheil vernichtet; das Einzelne ist das Einzelne, wäre
kein Urtheil. Doch leicht ist zu ersehen, dass das Urtheil der
Subsumtion sich selbst nicht behaupten kann gegen den Widerspruch, wenn es nicht ebenfalls sich als mit sich identisch setzt.
Dazu bietet die Behauptung, dass das Urtheil lediglich Subsumtion
des Einzelnen unter das Allgemeine sey, dem Bedenken noch eine
andere Seite dar. Angenommen, es wohne unserem Urtheilen jene
oberste Regel inne, das Einzelne sey ein Allgemeines, so ist nicht
einzusehen, wie nach solchem Grundsatze in Wirklichkeit ein Urtheil zu Stande gebracht werde. Sollte der Grundsatz aussprechen:
Jedes Einzelne ist jedes Allgemeine, so würde z. B. das Urtheil:
Der Baum ist eine Pflanze, auch dem Inhalte nach dasselbe Urtheil
seyn wie: Der Baum ist ein Thier. Dies ist nun nicht möglich.
Soll er angeben, dass dieses Einzelne unter dieses Allgemeine zu
subsumiren sey, so muss er mir das Einzelne und das ihm zukommende Allgemeine zeigen, auf dass ich nicht ein beliebiges Einzelnes unter ein beliebiges Allgemeines subsumire. Dies thut er
jedoch nicht. Soll er besagen, jedes Einzelne sey unter sein Allgemeines zu subsumiren, so würde er lehren, dass Urtheilen nicht
blos Subsumiren des Einzelnen unter ein Allgemeines, sondern wenigstens dazu auch ein Ausschliessen desjenigen Allgemeinen ist,
was dem Einzelnen nicht zukommt. Dies will er aber nicht. Soll
er ausdrücken, jedes Einzelne sey irgend ein Allgemeines, so würde
er mir immer das Prädicat des Subjects vorenthalten und mich zu
keiner Subsumtion in der That kommen lassen. Allein trotz aller
dieser und anderer Bedenken kann nicht in Abrede gestellt werden,
dass bei Betrachtung manchen Urtheils Subject und Prädicat als
Einzelnes und Allgemeines zu erkennen sind, und dies wollen auch
wir nicht verneinen. Sondern wir können nur damit nicht einverstanden seyn, dass das Urtheil schlechtweg für eine Subsumtion des
Einzelnen unter ein Allgemeines ausgegeben und festgehalten werde;
wir können schon desshalb nicht damit einverstanden seyn, weil
uns das Urtheilen vielmehr ein begränzendes Denken ist, in dessen
Bereich immerhin neben anderen Formen auch die Subsumtion des
Einzelnen unter das Allgemeine zu Hause seyn mag.

Das logische Denken ist begriffliches Denken. Unter Begriff
überhaupt aber verstehen wir die Dynamis des Urtheils, nicht also
die Vorstellung oder hinwieder die sogenannte Categorie. Die
Vorstellung ist das als Anderes gedachte Eine; der Begriff findet

sieh nur im und als Urtheil zurecht; die Categorien sind die Momente, in denen sich die Idee auseinanderlegt: letztere können in die Vorstellung und in das Urtheil eingehen; aber als Categorien sind sie weder Vorstellung noch Begriff.

Es dürfte gefragt werden, was denn das Denken überhaupt bewege, gerade als logisches Denken aufzutreten und es nicht bei der Vorstellung bewendet seyn zu lassen. Darauf ist zu antworten: Es ist dem Denken im Interesse seiner Entwicklung nicht möglich, das Unbegränzte nicht zu begränzen. Indem ich vorstelle, denke ich Eines als Anderes; wenn ich aber immer nur Eines als Anderes denke, kommt mein Denken vor lauter Anderem zu Keinem und am Wenigsten zu sich selber. Darum muss es unterscheiden zwischen dem Einen und dem Anderen, und mit solcher Unterscheidung beginnt das begränzende Denken in sein Recht sich einzusetzen. Es ist das letztere daher eine Arbeit, durch welche das Denken sich aus der Alteration, die es im Vorstellen erfahren, zu restituiren sucht.

Muss das Urtheil als Urtheil wahr seyn? ist es für ein Urtheil zu erachten, wenn es nicht wahr ist?

Es ist festzuhalten, dass das Urtheil nicht dadurch erst Urtheil ist, wenn es Wahres besagt, sondern darum, dass es begränzendes Denken ist. Dies zum Beispiel, dass es nicht mehr als sieben Planeten gibt, ist seiner Zeit ein Urtheil gewesen; nunmehr hat es aufgehört, Urtheil zu seyn, nur weil die dort gesteckte Gränze gefallen ist und Niemand daran denkt, die verschwundene Gränze wieder aufzufrischen, es sei denn unter neuen Bestimmungen wie etwa: Es gibt sieben Planeten, welche die und die Eigenschaften mit einander gemein haben, Eigenschaften, die den anderen Planeten nicht zukommen. Wäre das Urtheil kraft der Wahrheit, die es besagt, ein Urtheil, so würde der Unterschied erlöschen zwischen Urtheil und jeder anderen Denkform, die Wahres besagt. Oder wollte man nur meinen, das Urtheil denke allerdings die Wahrheit, aber in einer besonderen Form, durch welche es sich unterscheide von den anderen Denkformen, so würde man gerade hiemit gestehen, dass der specifische Character des Urtheils in der besonderen Form zu suchen sey.

Hinwieder ist das Urtheil nicht abzutrennen von der Wahrheit. Wenn der Cretenser behauptet, dass alle Cretenser lügen, so will er doch mit dieser seiner Behauptung für sich eine Ausnahme machen; und wenn der Skeptiker lehrt, das Wahre sey nicht zu erkennen, so will er doch zu Gunsten seiner Lehre nicht auf die Wahrheit verzichten. Hätte das Urtheil nichts mit der

Wahrheit zu thun, so gäbe es überhaupt kein Urtheil mehr, weder ein wahres noch ein falsches. Vielmehr macht jedes Urtheil Anspruch auf irgend welche Geltung.

Welche Beziehung hat nun das Urtheil zur Wahrheit?

Die Wahrheit ist auf Seite des Menschen im Grunde das zur Concretheit sich entwickelnde und erfüllende Selbstbewusstseyn, wie weiter unten näher wird besprochen werden. Das Mittel hiezu ist aber das Erkennen und, sofern das Erkennen Denken ist, das Denken und, soweit das Denken Urtheilen ist, das Urtheilen. Das Urtheilen steht in Beziehung zur Wahrheit sofern es das Organon der Wahrheit ist.

Hieraus ergibt sich erstlich, dass das Urtheil wahr ist in formaler Rücksicht oder als Function. Denn diejenigen Functionen, die dem Organon der Wahrheit eigen sind, können nicht als nicht wahr gedacht werden: das Denken müsste sich damit selbst aufgeben. Nun ist das Urtheil auch eine solche Function. Also kann nach dieser Seite das Urtheil nicht als nicht wahr gedacht werden. Hiebei ist aber klar, dass die besagte formale Wahrheit nicht nur dem Urtheil, sondern auch einer jeden der übrigen Denkfunctionen zugestanden werden muss.

Zweitens ist Folgendes zu erwägen. Wenn und da die einzelnen Functionen oder Denkformen untereinander organisch verbunden sind, so wird die geringere oder höhere Actualität der einen oder der anderen störend oder hebend auf die übrigen wirken. Es wird z. B. bei einem Kinde noch das gesammte Denkvermögen zurückgedrängt seyn, oder es kann weiterhin das Denkvermögen mit Entwicklung seiner einzelnen Stufen sich abkämpfen, oder es kann bei einer dritten Person durch mancherlei Einflüsse eine Function wie etwa das Vorstellen oder wie das logische Denken die anderen Functionen einseitig überwiegen, oder es können alle Functionen gleichmässig sich ausgebildet haben und für die einzelnen vorkommenden Fälle des Lebens in Thätigkeit seyn. All dieses nun macht die formale Wahrheit nicht zur Unwahrheit, aber es ist von Belang für die materiale Wahrheit oder Unwahrheit, für den Inhalt des Denkens und speciell des Urtheils. Denn da ferner die einzelnen Denkfunctionen unter sich in Wechselwirkung begriffen sind nicht als leere Functionen, sondern auch bezüglich des Inhalts, den sie gegenseitig sich zurichten und zuführen, so folgt, dass ein Inhalt, der mangelhaft von einer Function erfasst ist, mangelhaft an die nächste übergeht, während das, was das eine Glied gut macht, auch dem anderen Gliede zu Gute kommt. Es ist z. B. dies, dass die Sonne sich um die Erde dreht, auf

Grund früherer Anschauung ein Urtheil gewesen, das sich lange
behauptet hat; es konnte nicht umgestossen werden, bis durch
Hülfe anderweitigen Denkens eine neue Vorstellung von der Sache
erweckt ward, im Anschluss woran gesagt werden durfte, es sey
unmöglich, dass die Sonne um die Erde läuft. So vermag durch
den Inhalt eine Function die andere in Mitleidenschaft zu ziehen
oder auch in ihrem Amt zu fördern. Aber noch mehr. Die Actualität des Denkens überhaupt und jeder einzelnen Function insbesondere setzt schlechterdings einen Inhalt voraus, welcher der
Bearbeitung bedarf und insofern für den Denkenden mit einem
Mangel der Wahrheit behaftet ist. So hat das Wahrgenommene
selbst etwas Mangelhaftes an sich für das noch übrige Vorstellen,
und das Vorgestellte hat etwas Mangelhaftes an sich für das noch
übrige Urtheil, und das Beurtheilte etwas Mangelhaftes an sich
für das noch übrige genetische Denken: jede einzelne Function
kann im Verhältniss zur anderen immer nur von Einer Seite den
Inhalt umfangen, welcher im fortgesetzten Umlaufe sich bereinigt und ergänzt für das Wissen. Ueberhaupt aber denke ich dies
und das und durchdenke es, weil es für mich, den Denkenden,
noch nicht wahr genug ist. Ist einmal alle Wahrheit gewonnen,
dann ist das Denken nicht weiter nöthig. Nun sind wir Menschen
aber weit davon entfernt, schon alle Wahrheit erkannt zu haben.
Daher ist es nicht etwa nur möglich oder wahrscheinlich, sondern
es ist nothwendig anzunehmen, dass unser Denken im Ganzen und
unser Urtheilen insbesondere gar manches noch nicht Wahre in
seinem Schoose trägt. Allein die Function geht darauf aus, kraft
ihrer eigenen formalen Wahrheit die materiale Wahrheit herzu-
stellen. Um letztere ist es zu thun und die Unwahrheit ist abzu-
streifen. Wenn nicht, dann wäre das Denken nicht Denken. So
aber ist dasselbe und mit ihm das Urtheil beseelt von dem Streben, von seinem Inhalt wahr zu sagen, während der nachträgliche
Befund eines unwahren Inhalts nicht ausreicht, das Urtheil für
ein Nichturtheil zu erklären.

Für jetzt so viel vom logischen Denken.

§. 9.

Begreifen.

Das auf sich bezogene Denken hatte angefangen, sich von
sich zu unterscheiden mit Beziehung auf sich. Es hat sich dadurch vorerst gesetzt und Daseyn gedacht; es hat sich dann fort-

gesetzt und sich gedacht als Eines, das Anderes ist; und ferner
hat es nicht umhin gekonnt, sich entgegenzusetzen, sich denkend
als das Eine, welches das Andere nur soweit ist als dieses ihm
nicht widerspricht, sondern mit ihm Eins ist. Mit anderen Worten: Das Denken hat sich von sich unterschieden als Wahrnehmen; es hat sich vom Wahrnehmen unterschieden als Vorstellen;
es hat sich vom Vorstellen als logisches Denken unterschieden.
Aber das Denken hat sich auch zu unterscheiden vom logischen
Denken, und ist thatsächlich unterschieden dadurch, dass es sich
durchsetzt als die Einheit seiner mit sich selbst; es setzt sich
nämlich 1) als die sich unterscheidende Einheit, 2) als einheitliche
Unterschiede, 3) als unterschiedliche Einheiten, 4) als die aus,
durch, von und in sich unterschiedene Einheit. Das Denken spricht:
Ich bin die Einheit meiner Unterschiede. Und das Denken, welches aus der Einheit als dem Grunde die Unterschiede einen durch
den anderen entwickelt, sie in ihrem Verhältniss zu einander fässt
und mit einander verbindet, und umgekehrt anknüpfend an ein
Ganzes von Unterschieden einen durch den anderen hervortreten
lässt, sie in ihrem Verhältniss zu einander nimmt und in ihre zu
Grunde liegende Einheit zurückführt — dieses Denken nennen wir
genetisches Denken.

Wenn ich z. B. die Blutgefässe theils als Arterien, theils als
Venen denke, so stelle ich zunächst vor; das logische Denken seinerseits wird sagen, dass die Arterie nicht Vene und die Vene
nicht Arterie ist, dass aber beide nicht Lymphgefässe und nicht
Gedärm, sondern Blutgefässe sind und hinwieder, dass die Blutgefässe nur als Arterien und Venen auftreten; das genetische
Denken aber mag in vorliegendem Falle sich beschäftigen mit Lösung der Frage, wie es denn kommt, dass die Blutgefässe Arterien
und Venen sind, und mag sich an den Inhalt der Gefässe heften
und das Blut in seinen Kreislauf verfolgen, und finden, dass es
an der Luft sich sonnt und um dieselbe sich drehend jenes Schicksal seiner Tagzeit und Nachtzeit erfährt. Oder wenn ich behaupte,
dass der Granit aus Quarz, Glimmer, Feldspat besteht und nicht
aus anderen Theilen, oder dass ein Stein, der aus Quarz, Glimmer
und Feldspat besteht, nichts anderes als Granit ist, so ist mein
logisches Denken in Actualität; wenn ich aber den Granit als das
geologische Product aus Quarz, Glimmer, Feldspat erwäge, so
kann ich dies nicht ohne auf dem Gebiete des genetischen Denkens
mich zu bewegen. Oder ich mag den Staat als einen Menschen
im Grossen mir vorstellen; das logische Denken wird, damit nicht
zufrieden, das genus proximum hervorheben und die specifische

Differenz herbeirufen, welche dem Staate vor jedem anderen persönlichen Seyn eigen ist: das genetische Denken aber beachtet,
wie das, was Staat heisst und als solcher definirt wird, zu Stande
kommt und sich erhält, nämlich dadurch, dass es gemeindliches
Vereinleben zur Grundlage nimmt und seinen physisch-seelischen
Fonds zu entfalten trachtet und verwaltende Behörden sich erweckt
und von seinem Haupte aus sich beherrscht; auch wird das genetische Denken, über den Staat hinausgreifend, das Verhältniss desselben zu seinen nächsten Verwandten, als da sind Sitte, Recht
und Sittlichkeit, sich angelegen seyn lassen: was in seiner Genesis
gedacht ist, mag dann immer, nachdem es vom Vorstellen zum
Wenigsten seinen Namen bekommen, bereichernd eingehen in die
Definition, welche ihm das logische Denken besorgt.

Das genetische Denken ist, an und für sich betrachtet, nichts
anderes als das Denken in den Categorien: die Categorien sind
das in sich unterschiedene genetische Denken selbst, obschon sie
oft in der Praxis nicht ausdrücklich auftreten, in der Sprache namentlich hinter den Zeitwörtern sich verbergend. Im Ganzen aber
ist das genetische Denken das Denken in seiner Einheit mit sich;
da nun die Einheit als solche aus den Unterschieden sich heraus-
holt und hinwieder ihnen zu Grunde liegt, so folgt, dass das genetische Denken oder das Denken in den Categorien nicht zu sich
kommt ohne das vom genetischen Denken unterschiedene Denken;
wenn umgekehrt die Unterschiede als solche sich nicht ergeben, es
sey denn, dass sie ihre Einheit brechen, so folgt, dass das vom
genetischen Denken unterschiedene Denken sich nicht actualisirt
ohne zu ihrer Voraussetzung die Categorien zu haben. Ohne die
Categorien vermag nicht das übrige Denken, ohne das übrige
Denken vermögen nicht die Categorien sich zu entwickeln. In
ersterer Beziehung, sofern nämlich ohne die Categorie das übrige
Denken sich nicht zu entwickeln vermag, sind in neuerer Zeit dieselben bezeichnet und bewiesen worden als die leitenden allgemeinen Normen der unterscheidenden Thätigkeit überhaupt; aber die
Anerkennung solcher Bedeutung darf nicht verleiten, den eigenthümlichen Character des übrigen Denkens auszulöschen. Die andere Beziehung, sofern die Categorien sich nicht ohne das übrige
Denken zu entwickeln vermögen, würde zu anderer Einseitigkeit
führen falls man die Categorien lediglich als Producte des übrigen
Denkens fassen und ihnen ihre Priorität rauben wollte. So würde
auch das Wesen der Categorien derjenige nicht treffen, der sie
schlechtweg für sogenannte Gattungsbegriffe ausgeben zu können
vermeinte. Denn verhalten sich die Categorien unter sich selbst

wie Gattung und Art, so sind sie insofern nicht blos Gattungsbegriffe; oder sind sie mit einander alle coordinirt, so sind sie insofern lauter Artbegriffe, deren Genus unbekannt bleibt; oder
behauptet man, dass sie sowohl unter sich selbst im Verhältniss
der Unter- und Ueberordnung stehen als auch zur Subsumtion
alles Anderen dienen, so ist an der Einen Pyramide, die sich auf-
thürmt, nicht zu erkennen, wo die Categorien aufhören und das
Subsumirte anfängt oder wo dieses endigt und jene beginnen.
Ferner wird die Eigenthümlichkeit der Categorien verfehlt oder
andererseits die Eigenthümlichkeit des logischen Denkens geopfert,
wenn Categorien und logisches Denken zusammengeworfen werden:
dem genetischen Denken ist es nicht um Begränzung zu thun, das
logische Denken als solches befleisst sich nicht der Genesis; doch
hindert dieser Unterschied selbstverständlich nimmermehr, dass die
Categorien vermittelst der Vorstellung als Subject oder Prädicat
in ein Urtheil eingehen oder dem im Urtheil lebendigen Begriffe
innewohnen. Die Frage endlich, ob und inwiefern die Categorien
nicht blos dem Denken angehören, sondern auch Anderem, was
nicht Denken ist, hängt mit der wichtigen Frage zusammen, ob
und inwiefern das Denken überhaupt Eins zu seyn vermag mit
Anderem, das nicht Denken ist, und wird erst im weiteren Verlaufe Erledigung finden. Dies aber sey hier noch hervorgehoben,
dass die Categorien in ihrer Totalität nicht gedacht werden können ohne eine zu Grunde liegende Stamm- oder Urcategorie, nicht
ohne dass sie aus einander sich entwickeln, nicht ohne dass sie
mit einander in Verhältniss stünden, nicht ohne dass sie zusammen eine gegliederte Einheit bilden; falls man speciell aus dem
Gebiet der Mathematik Bestimmungen entlehnen wollte, wäre von
einem ausgebildeten Categoriensysteme zu sagen, dass dasselbe
auch einer Bewegung sich erfreue, seine Zahl habe, von seinem
Schwerpunct getragen werde, eine Figur oder ein Schema darstelle.
    Genetisches Denken kann unmittelbar an logisches Denken
anknüpfen und muss es thun, wenn es sich darum handelt, das,
was vom logischen Denken behauptet wurde, zu ergründen; umgekehrt wird genetisches Denken von sich selbst beginnen, kann
aber nur mittelbar durch die Vorstellung in logisches Denken sich
umsetzen. Wenn ich z. B. urtheile, die Rechtswissenschaft gehöre
in den Bereich der ethischen Wissenschaften, so werde ich zwar
die effectiven Gründe hiefür sammt ihrer Folge ebenfalls in Urtheilsform aussprechen, etwa als causales Urtheil oder als Syllogismus oder als Sorites und dergleichen, aber die Gründe selbst
schöpfe ich nicht aus dem logischen Denken, sondern ich gewinne

sie aus einem Denken, welches die Individualisirung des ethischen Princips zum Rechtsprincip verfolgt, kurz durch genetisches Denken. Hinwieder empfängt mein logisches Denken jene Gründe nicht unmittelbar vom genetischen Denken, sondern durch die Hand des Vorstellens, welches mir die Momente der Genesis an leibhaftigen Gestalten zeigt. Da das logische Denken nichts zu verarbeiten vermag, was nicht Vorstellung ist, so kann das logische Denken auch vom genetischen Denken nichts übernehmen, was nicht zuvor in die Vorstellung eingegangen; die Vorstellung aber reiht sich, wie schon früher bemerkt, unmittelbar nicht nur an die Wahrnehmung, sondern nicht minder an das genetische Denken. Könnte dagegen seinerseits das genetische Denken nicht unmittelbar aus dem logischen Denken heraustreten, dann wäre es nicht möglich, der Genesis eines bestimmten Etwas absichtlich nachzugehen. Dies endlich angeben zu wollen, dass das genetische Denken von sich selbst in keiner Weise zu beginnen vermöge, sondern immer und schlechthin Folge des anderen Denkens sey, würde nicht nur das genetische Denken, sondern auch die Genesis des Denkens und jede Genesis in widersprechende Einseitigkeit verkehren: vermöchte das genetische Denken nicht von sich selbst anzufangen, dann würde das Denken überhaupt, weil des immanenten Prius entbehrend, gänzlich unterbleiben. Das genetische Denken befindet sich demnach zum Vorstellen und zum logischen Denken in verwandtem Verhältniss wie hiezu das Wahrnehmen steht.

Unter dem genetischen Denken verstehen wir nicht das dialectische Denken oder die Dialectik. Vielmehr ist das genetische Denken nur ein Theil der Dialectik. Denn die letztere sucht, wie alsbald noch weiter darzuthun, ihren Gegenstand durch möglichst alle einzelnen Stufen des Denkens hindurchzuführen und bekundet sich insofern als die wissenschaftliche Methode schlechthin, während das genetische Denken nur eine von den Stufen des Denkens ist. Daher ist das genetische Denken nicht gleich der Dialectik, aber letztere wäre unvollständig ohne jenes. Auch ist das genetische Denken nicht gleich der historischen Entwicklung der Denkobjecte: die historische Entwicklung ist ein Theil des genetischen Denkens. Denn das genetische Denken steigt auch hinab in die Werkstätte der historischen Entwicklung und beachtet nicht minder das Verhältniss dessen, was bereits mehr oder minder entwickelt ist, zu anderem Entwickelten und Vorhandenen und hat den Zweck der Dinge im Auge. Die historische Entwicklung deckt sich daher nicht mit dem genetischen Denken, aber sie gehört zu letzterem und letzteres kann der ersteren nicht entrathen: wie das genetische Denken nur eine Stufe der Dialectik ist, so ist die historische Entwicklung nur eine Stufe des genetischen Denkens. Das genetische Denken ist auch nicht blos analytisch oder blos synthetisch, nicht blos regressiv oder blos progressiv. Wenn es sich in die eine Richtung wirft, so geschieht es nie ohne Voraussetzung und Mithülfe der anderen Richtung; die Analysis ist ohne eine Synthesis und die Synthesis ohne eine Analysis nicht möglich. Daher darf dem genetischen Denken nicht dergleichen ausschliessende Einseitigkeit zugemutet und aufgebürdet werden, so wenig als irgend einer anderen Stufe des Denkens und dem Denken überhaupt.

Die Bearbeitung des genetischen Denkens hat schon in alter Zeit begonnen und von da sich fortgepflanzt unter dem Titel der Categorien oder Prädicamente oder als Ontologie, auch als Topik zum Theil und als Heuristik, oder im Bereich und mit dem Namen der Metaphysik oder im Gebiete der Psychologie; doch wurde das Werk im Zusammenhang mit dem Bestreben, eine Erkenntnisstheorie herauszubilden, gründlicher erst von der neueren Philosophie seit der Kant'schen Epoche in Angriff genommen. Zu ignoriren ist heutzutage die Sache nicht mehr. Wenn die bisherigen Categoriensysteme nicht völlig befriedigen, so folgt daraus nicht, dass es mit den Categorien überhaupt nichts Besonderes auf sich habe. Wer aber behaupten wollte, dass unser Denken ohne die Categorien sich zu entwickeln und zurecht zu kommen vermöge, würde der Geschichte der Philosophie und seinem eigenen Denken in das Antlitz schlagen.

Weil das genetische Denken Denken ist, so fällt seine Behandlung derjenigen Wissenschaft als Aufgabe zu, welche sich mit dem Denken beschäftigt. Wird nun die Categorienlehre versetzt in den Umkreis der Anthropologie oder der Psychologie, so könnte dies nur geschehen insofern, als das Denken überhaupt dorthin versetzt werden darf. Wenn aber die Wissenschaft, welche dem Denken obliegt, in sich selbst gemäss den einzelnen Stufen des Denkens unterschieden wird, so kann auch die Categorienlehre als eine einzelne Wissenschaft herausgehoben werden.

Dem, dass wir das Denken in Categorien und das genetische Denken identificiren, möchte vielleicht entgegengehalten werden, dass es Categorien gibt, die mit Genesis unmittelbar Nichts zu schaffen haben, wie die angebliche Categorie Seyn, die angeblichen Categorien Begriff, Urtheil, Schluss und manche andere mehr. Allein wenn man für Categorie hält und so nennt, was wir nicht als Categorie anerkennen, so ist das in der einen Beziehung nicht unsere Schuld. Durch Vermischung dessen, was wesentlich Denken ist, mit dem, was nicht blos Denken oder Anderes als Denken ist, sowie durch eine Vermischung einzelner Stufen des Denkens unter einander ist es geschehen, dass heute Manches noch als Categorie gilt, was in einem abgeschlossenen Categoriensysteme seine Stelle nicht behaupten kann und dafür anderwärts seinen Platz einnehmen wird. Wir unsererseits sind nicht gewillt, für Categorie auszugeben, was nicht wesentlich Denken und zwar genetisches Denken ist.

Wenn Jemand einen Gegenstand genetisch denkt, so ist damit noch nicht gesagt, dass er ihn durch alle Categorien explicit hindurchführt; hinwieder ist von daher nicht vorzubringen, dass jener nicht genetisch denke. Es kann Einer z. B. das Nervensystem des Rückenmarks, das System des Sympathicus und das System der Hirnfasern hauptsächlich in der Categorie Wechselwirkung durchdenken, die anderen Categorien ausserhalb der Categorie Wechselwirkung bei Seite lassend; trotz des letzteren Umstandes darf er behaupten, dass er genetisch denke. Denn so wenig ich nicht logisch denke, wenn ich nur in Form eines Syllogismus oder nur in Form eines allgemein bejahenden Urtheils denke, so wenig denke ich nicht genetisch, wenn ich einen Begriff nur in einzelnen gewissen Categorien und nicht in allen explicit durchdenke. In jeder Urtheilsform sind im Grunde die anderen Urtheilsformen involvirt, so auch in jeder Categorie die übrigen: jenes wird aus der Logik, dieses aus der Categorienlehre erhellen.

Es könnte vorschnell Einer meinen, das genetische Denken, welches Alles als Eins setze, führe nothwendig zum Pantheismus, dagegen sey das logische Denken zu rühmen, welches das Eine als nicht das Andere zu vertheidigen wisse. Allein das logische Denken sagt nicht minder, das Eine sey nicht nicht das Andere, und behauptet, dass alles, was Eins ist, Eins sey, sich in den Dienst des Pantheismus stellend; das genetische Denken aber sagt keineswegs, Alles sey in jeder Beziehung Eins, sondern es lehrt, dass Dieses mit Diesem nur in gewisser Beziehung Eins sey. Man hat in alten und neueren Zeiten einen Pantheismus erlebt, der vom genetischen Denken Anlass nahm; es hat einen Pantheismus gegeben, der lediglich auf logisches Denken sich zu steifen suchte; man findet einen Pantheismus bei der Menge, der in der schillernden Vorstellung sich gefällt; es ward sogar ein Pantheismus auch darum ausgeboren, weil der Mensch nach seines Geistes Verkehrung und Trägheit, im blosen Wahrnehmen den wahren Gott nicht fassen könnend, für wahr nur das halten will, was als Wahrnehmung sich ihm aufdrängt. Nicht aber dem Denken als solchem, daher auch nicht dem genetischen Denken, ist die Schuld des Pantheismus zuzurechnen, sondern dem Geiste, der sein Denken übel verwendet.

Im Urtheil actualisirt sich der Begriff, im genetischen Denken die Categorie überhaupt oder, wie wir sagen wollen, die Idee. Die Bethätigung der Idee oder das genetische Denken selbst wird mit Bezug auf den Begriff, der lediglich im Urtheil sich actualisirt, und im Unterschiede vom Urtheilen als Begreifen bezeichnet werden dürfen.

Als genetisches Denken nun oder als Begreifen hat das sich von sich unterscheidende Denken sich zu Ende oder, wenn man will, zu seinem Anfang gebracht. Ueber seine Einheit kann das Denken nicht hinaus und umgekehrt hat es nur auf Grund seiner Einheit sich selbst zu unterscheiden vermocht.

§. 10.

Das Eine und ganze Denken.

Das Denken hat sich bestimmt als Wahrnehmen, Vorstellen, logisches Denken oder Urtheilen und genetisches Denken oder Begreifen. Wird mit dem Wahrnehmen begonnen, so reiht sich unmittelbar daran das Vorstellen, an dieses schliesst sich unmittelbar das logische Denken, aus diesem wieder ergibt sich unmittelbar das genetische Denken, d. h. wenn ich das Wahrgenommene weiter denke, so kann ich nicht umhin, es mir als Etwas vorzustellen, und will ich es nicht bei dem Vorstellen bewendet seyn lassen, so muss ich das Vorgestellte logisch denken, und durch dieses eröffnet sich mir das zu Grunde liegende genetische Denken. Umgekehrt habe ich mir das genetisch Gedachte als Etwas vorzustellen und dringe dann mittelst des logischen Denkens zum Wahrnehmen fort.

Alles, was nicht Denken ist, ist auch von den Genannten keines; nicht weniger gilt, dass alles, was von den Genannten keines ist, nicht Denken ist. Es gibt kein anderes Denken als das, welches sich in Wahrnehmen, Vorstellen, Urtheilen und Begreifen ausspricht. Denn gäbe es noch ein anderes Denken, so wäre es entweder ein noch nicht hervorgehobenes Mittelglied in der Reihe, oder es bewegte sich ausserhalb derselben. Allein ein Mittelglied ist nicht denkbar, weil von den Gliedern jedes unmit-

telbar sich an ein anderes anschliesst; ein Denken ausserhalb ist
nicht denkbar, weil die Endpuncte der Reihe, Wahrnehmen einerseits und Begreifen andrerseits, zugleich die Anfangspuncte alles
Denkens überhaupt sind.

Wenn man, wie im Vorausgegangenen hauptsächlich geschehen, das Denken in die einzelnen Functionen zu sondern und eine
jede derselben von der anderen möglichst zu unterscheiden sucht,
so ist über dem anatomischen Thun nicht zu vergessen der lebendige Zusammenhang, in welchem die einzelnen Functionen als das
Eine und selbe Denken mit einander stehen. Jede wird zur Grundlage einer anderen und mittelbar auch der übrigen, an jede knüpft
unmittelbar eine andere an, alle dienen mit einander einem Kreislauf, der zwischen Wahrnehmen und Begreifen hin und her webt
durch Vorstellen und logisches Denken, wobei letzteres, das logische
Denken, die Kritik übt für das Ganze.

Von der Actualität der Functionen ist aber nicht zu trennen
ein Inhalt, den sie bearbeiten. Derselbe wird entweder durch die
Functionen im Allgemeinen hindurch geführt und von ihnen sämmtlich erfasst, wie wenn ich z. B. den blendenden Lichtschein, den
ich eben wahrgenommen, als Blitz mir vorstelle und das Blitzen
als möglich beurtheile, da Gewitterwolken Blitz zeugend am ver-
finsterten Himmel sich begegneten. Oder aber ein Inhalt ist in
gewisser Beziehung nur von einzelnen Functionen ergriffen, sey es
dass ich ihn nicht weiter verfolgen will oder dazu keine Veranlassung habe, oder sey es dass ich ihn vorjetzt wenigstens nicht weiter verfolgen kann. Wenn ich z. B. das Erdstäubchen als Pflanze
mir vorstelle, so ist es möglich, dass ich es bei dieser dem genetischen Denken entsprungenen Vorstellung beruht seyn lasse, was
ich jedoch nicht thun würde, sobald mir Jemand entgegenhielte,
dass dergleichen ganz undenkbar sey: denn in diesem Falle würde
ich meine Ansicht auch durch die Mittel, welche logisches Denken
mir an die Hand gibt, vertheidigen; allein ich müsste meinem Gegner doch zugeben, dass ich solche Entwicklung des Erdstäubchens
zur Pflanze noch nie wahrgenommen; denn obschon er seinerseits
mir einräumen würde, dass eine Entwicklung als solche überhaupt
nicht wahrzunehmen, sondern genetisch zu denken sey, so könnte
ich gleichwohl nicht umhin zu bekennen, dass weder die Natur
mich unmittelbar das Daseyn jener Entwicklung denken lässt, weil
ich dieselbe vielmehr als dagewesen und insofern als dem Wahrnehmen entrückt zu denken habe, noch dass ein Experiment unmittelbar das Daseyn jener Entwicklung zu denken mir erlaubt und
mich zwingt, sondern in diesem Betracht das Wahrnehmen im

Schoose der Zukunft zu suchen ist. Der Art kann ein Inhalt in gewisser Beziehung nur von einzelnen Functionen ergriffen seyn. Hierdurch ist aber nimmermehr ausgeschlossen, dass ein Inhalt, der in gewisser Beziehung nicht in alle Functionen eingeht, in anderer Beziehung von allen Functionen behandelt ist; wenn ich z. B. rücksichtlich der Entwicklung des Erdstäubchens zur Pflanze mich nicht der Wahrnehmung rühmen kann, so habe ich doch Erdstäubchen und Pflanzen wahrgenommen und jedes von diesen Wahrgenommenen weiter bearbeitet.

Ebensowenig ist zu leugnen, dass der nämliche Inhalt zu wiederholten Malen durch alle Functionen wandle und ihnen immer von Neuem zu schaffen gebe, nicht zwar in Hinsicht auf das schon Gedachte sondern in Hinsicht auf das an ihm, was noch nicht gedacht ist; es verhält sich mit solchem Inhalte ähnlich wie mit einem Buche, das ich öfter und immer zu neuer Belehrung durchlese. Und wer könnte von irgend einem Gegenstande, von dieser Feder, von diesem Strohhalme, sagen, er habe ihn so durchdacht, dass Nichts mehr zu denken übrig bleibe? Ist nicht jeder Gegenstand, auch der unscheinbarste, mit tausend und tausend Fäden in das Universum eingewirkt? Doch auch abgesehen von Diesem ist so viel klar, dass ein Gegenstand, je gründlicher und allseitiger ich ihn erkennen will, um so öfter von meinem gesammten Denken hin und her gewendet werden muss.

Dagegen ermattet es das Denken, immer den nämlichen Inhalt zu wiederholen ohne Neues von ihm zu denken; und es widerspricht ihm geradezu, das unterschiedslose Eins oder unterschiedslose Seyn oder wie man es heissen mag ihm vorzulegen: es widerspricht ihm insofern, als die Functionen, in denen sich das Denken actualisirt, eine Mehrheit von Unterschieden fordert, und das Denken überhaupt, das da Unterscheiden ist, am unterschiedslosen Eins nichts zu fassen findet.

Hinwieder bringt es der Wandel des Inhalts durch die einzelnen Functionen mit sich, dass derselbe innerhalb einer Function zugleich das Gepräge der anderen Functionen, deren Thätigkeit er bereits erfahren, an sich trägt: es ist dies ein Factum, welches für den, der die Denkfunctionen nur empirisch auffasst und am bearbeiteten Stoffe abnehmen zu dürfen glaubt, die Eigenthümlichkeit der Functionen selbst unter einander verschwimmen macht. Besonders leicht ereignet sich dieses in Bezug auf die Vorstellung. Hat man doch bislang z. B. die Analogie, die Induction, die Division vom specifischen Gebiet der Logik nicht zu unterscheiden vermocht, weil man sich nicht denken konnte, wie denn bei einer Analogie oder

bei einer Induction ein syllogistisches Verfahren oder bei einer
Division das negative und gegensätzliche Moment, welches die coordinirten Glieder voneinanderhält, zum Vorschein käme wenn nicht
Analogie, Induction, Division selbst in den Bereich der Logik gehörten! Allein die Sache wird offenbar, sobald nicht nur die Eigenthümlichkeit jeder Function, sondern auch die Wechselwirkung der
Functionen mit einander erkannt ist.

Wenn die Functionen, die in Gemeinschaft ihren Denkinhalt
bearbeiten, sich gegenseitig in ihrer Actualität bedingen, so folgt,
dass auch der Reichthum jener Formen, in welche die eine und die
andere Function ihr Vermögen schüttet, dem organischen Ineinan-
andergreifen seine Entfaltung verdankt; wie um des übrigen Denkens willen das Wahrnehmen dort und jetzt und hier und immerfort nach Daseyn streben muss, so wird auch das Vorstellen alle
die Weisen zu erbringen veranlasst in denen Eines als Anderes zu
denken ist, und das logische Denken wird gelockt, alle Urtheilsformen in den Kampf zu führen, und das genetische Denken, die
Fülle der Idee auseinanderzulegen. Ohne den Zusammenhang, in
welchem die einzelnen Functionen als das Eine Denken mit einander stehen und sich erwecken, ist die Mannigfaltigkeit ihrer Formen nicht zu erklären und nicht hervorzubringen: so aber wird
der Einblick in deren Entstehung eröffnet.

Die Vereinseitigung des Denkens hat zu mancherlei Ismen
geführt, wobei jedoch selbstverständlich die Schuld der Vereinseitigung keineswegs dem Denken selbst und allein aufgebürdet werden soll.

Zuvörderst gehört dahin der Empirismus. Unter Empirismus aber verstehen wir hier weder den Sensualismus noch den Materialismus und Naturalismus: wir ziehen also jetzt nicht in Betracht die Berufung auf die Sinne und wir richten die Aufmerksamkeit jetzt nicht auf jene Verkehrung des Selbstbewusstseyns,
das im Materialismus sich vergräbt und im Naturalismus wie ein
Schatten in Pluton's Reich umherirrt; wir sprechen vielmehr vom
Empirismus sofern er Vereinseitigung des Denkens selbst ist. Als
solcher hat er die Function des Wahrnehmens zum Liebling sich
erkoren: was nicht wahrgenommen wird, das gibt es überhaupt
nicht für ihn. Würde er sprechen: Was ich wahrnehme, das ist da,
und was ich nicht wahrnehme, das ist nicht da — so wäre Nichts
dagegen einzuwenden; denn er hätte damit im Grunde nur erklärt,
dass Wahrnehmen Wahrnehmen ist. So aber fährt er fort: Was
ich wahrnehme, das ist, und was ich nicht wahrnehme, das ist nicht.
Hiedurch erhebt er das Wahrnehmen zum eigentlichen Organ des

Selbstbewusstseyns, ignorirend die Bedeutung des übrigen Denkens, dessen er sich gleichwohl unter der Hand bedient und dessen er nicht entrathen kann will er die Wahrnehmung weiter denken oder umgekehrt eine Wahrnehmung erst erbringen. Mit seiner eigenen Praxis sich widerlegend ist er consequent in verstockter Behauptung seines einmal eingenommenen Standpuncts.

Dagegen ist es der Skepticismus, welchem die Isolirung und Ueberhebung des Vorstellens eignet. Das Vorstellen denkt Eines als Anderes, jetzt als dieses und hernach als jenes; es vermag zu denken was vor dem Richterstuhl der Logik als Widerspruch sich answeist; wir denken insofern Widersprechendes. Dieses heisst aber nicht, dass das Vorstellen selbst sich widerspricht, sondern dass gegen eine gewisse Vorstellung das logische Denken Widerspruch einlegt. Der Skeptiker nun beschaut seine Vorstellungen im Spiegel des logischen Denkens, ohne jedoch in den Grund oder ernstlich auch nur auf den Standpunct des logischen Denkens sich zu stellen; sein Vorstellen über Alles setzend urtheilt er, dass ein Urtheil nicht möglich. Befände er sich auf dem Standpunkt des logischen Denkens, dann würde er merken, dass er in der That urtheilt und selbst seine Einseitigkeit widerlegt, wenn sie Allseitigkeit seyn will. Allein anstatt die präsumirte Absolutheit des Vorstellens aufzugeben, worein er immer wieder gleich einem Fallsüchtigen zurücksinkt, leugnet er lieber die Macht und Besonderheit des übrigen, und namentlich des logischen Denkens.

Wenn man von Criticismus spricht, hat man in der Regel die Kant'sche Philosophie im Auge insofern, als sie in Erforschung und Feststellung der Bedingungen des Wissens aufgeht. Aber man gesteht noch weiter, dass eben diese Erforschung ungenügend gewesen sey, und setzt das Ungenügende darein, dass der Criticismus die Wahrheit auf die subjective Einheit des Denkens mit sich reducire. Allein auch dies ist näher zu bestimmen. Denn dasjenige Denken, auf dessen subjective Einheit mit sich der Criticismus die Wahrheit zurückführt und das er voraussetzt, ist das logische Denken, und wenn er darüber hinauszugehen sucht zum genetischen Denken oder zu den Categorien, so geschieht dies am Leitfaden des logischen Denkens, und die entdeckten Categorien ergeben sich nur als Functionen des logischen Denkens. Die Ueberhebung des logischen Denkens ist eine Eigenthümlichkeit des Kant'schen Criticismus und unterscheidet ihn vom Standpunct anderer erkenntnisstheoretischer Untersuchungen; zugleich hat aber diesen Character der Kant'sche Criticismus gemein mit allen jenen Theorien, welche nicht das Erkennen, sondern irgend ein anderes Gebiet zum Gegen-

stande haben und bei Behandlung desselben von einem anderen
Denken als dem logischen Denken Nichts wissen wollen. In dem
Sinne nun, wornach das logische Denken als das Denken schlecht-
hin´betrachtet wird, sprechen wir hier von Criticismus, ihn als
diese Vereinseitigung des Denkens fassend. Er steift sich auf des
Urtheils Consequenz und Schärfe und auf des Grundsatzes Feste;
über das Urtheil selbst aber ist er sich nicht klar und sein Grundsatz ist ohne das genetische Denken eitel trotz all seiner unmittelbaren Evidenz und zwingenden Gewissheit. So wenig er das Verhältniss des Urtheils zur Vorstellung kennt, so wenig kennt er das
Verhältniss des genetischen Denkens oder auch nur einzelner Categorien und des Wahrnehmens zum Urtheile. Zwar vermag er
nicht des Gebrauches der Categorien und vermag nicht des Vorstellens und Wahrnehmens zur Bethätigung seiner selbst zu entrathen. Aber der Alleinigkeit des logischen Denkens zu Liebe wirft
er Categorien und logisches Denken zusammen oder er wirft Wahrnehmung und Vorstellung und Categorien gar hinaus aus dem
Gebiete des Denkens als Dinge, welche nicht Denken sind.

Endlich gibt es noch eine Vereinseitigung des Denkens: es
ist dies der constructive Schematismus. Wir verstehen aber
darunter nicht das genetische Denken sofern es aus dem anderen
Denken sich hervorbringt und dasselbe schuldigerweise in sich verarbeitend auf eine neue Stufe hebt oder umgekehrt sich zu Grunde
legt dem weiteren Denken, um von demselben sich bezeugen zu
lassen: denn so ist es nicht gelöst aus dem Zusammenhange des
Denkens mit sich und ist darum unangreifbar in seinem Rechte
und seiner Macht. Sondern wir meinen das genetische Denken,
wenn es sich als das Denken schlechthin geberdet. Zwar kann es
auch so zu seinem Werk unmöglich verzichten auf die Hülfe des
Wahrnehmens, des Vorstellens und des logischen Denkens: aber es
thut, als hätte es sich nicht daran zu kehren, und sprüht seine
Funken in der genialen Zuversichtlichkeit, einer Correctur und Läuterung und Stütze durch das übrige Denken nicht zu bedürfen;
letzteres scheint ihm, falls es dasselbe überhaupt für ein Denken
gelten lässt, ein nur unvollkommenes Denken im Vergleich mit ihm,
dem allein vollkommenen Denken. Aber es soll kein Glied das
andere verachten, wenn schon dem einen umfassendere Aufgabe
und höherer Rang zugetheilt seyn sollte vor dem andern: denn alle
zusammen machen im gegenseitigen Dienen erst das Ganze.

Die Einseitigkeiten werden durch einander aufgehoben und
zur Einheit gebracht von der Dialectik. Die Dialectik ist prak-
tisch das Eine Denken in seinen unterschiedlichen Functionen, den

Inhalt vom Wahrnehmen durch die Vorstellung und durch das Urtheil zur Lebendigkeit der Idee emporführend und umgekehrt ihn
von der Idee durch die Vorstellung und durch das Urtheil zum
Wahrnehmen geleitend: nicht also blos genetisches Denken oder
irgend ein anderes vereinzeltes Denken soll für dieselbe ausgegeben
werden. Theoretisch aufgefasst ist sie die Wissenschaft von dem
Einen Denken in den unterschiedlichen Functionen, kurz: Denkwissenschaft und als solche ein Theil der Erkenntnisswissenschaft
oder Wissenschaftslehre. Das Suchen nach ihr geht von der alten
Zeit herein bis in unsere Tage: es muss unerfüllt bleiben, solange
nicht das Eine Denken in alle seine Functionen eingewiesen und
und hinwieder aller Functionen Einheit gewonnen ist. Dann aber
ist die Dialectik die erkannte wissenschaftliche Methode selbst,
welche einen Gegenstand allseitig gemäss dem menschlichen Denkvermögen durchzuführen hat.

Das auf sich bezogene Denken hat sich unterschieden als
Wahrnehmen, Vorstellen, Urtheilen und Begreifen. Es unterschied
sich aber das Denken gleich am Anfang von der bildenden Thätigkeit, um zu sich zu kommen, und all jenes weitere Sichunterscheiden ist zugleich ein fortgesetztes Sichunterscheiden von der bildenden Thätigkeit gewesen. Es war sonach bei der Unterscheidung
des Denkens als Wahrnehmen, Vorstellen, Urtheilen, Begreifen die
bildende Thätigkeit mit im Spiele, nicht als ob das Denken etwas
Anderes wäre als Denken, sondern sofern das Denken nicht denken kann es wäre denn immer auf Grundlage der bildenden Thätigkeit. Denn niemals ist das Denken eine leere Form; es hat
vielmehr zum Inhalte das gedachte Bild und ist Form im Unterschiede davon und mit Bezug darauf. Ein reines Denken in dem
Sinne, als ob es leere Form wäre ohne alles Bild, ist undenkbar:
es hätte weder für sich selbst Etwas zu denken und wäre demnach
überhaupt nicht Denken, noch würde es uns Etwas an ihm zu denken geben. Der Widerspruch hebt sich nicht dadurch, dass man
sagt, die Form hat oder macht sich selbst zum Inhalte für sich:
der Inhalt bliebe ja immer die leere und darum undenkbare Form.
Und wollte man auch das Undenkbare zugeben, dass das Denken
leere Form zu seyn vermöchte, so wäre das angeblich reine Denken als solches doch nicht darstellbar und ebendesshalb auch in
keiner Weise lehrbar: denn Darstellen ist Bilden; wie aber soll
das reine, leere Denken sich mit dem Bilde, z. B. mit dem Wort
und der Schrift vermählen, ohne aufzuhören, reines Denken zu seyn?
wie könnte überhaupt das reine Denken, das Nichts mit dem Bilde
zu schaffen hat, kein Bedürfniss nach ihm und kein Vermögen

dazu besitzt, in oder an das Bild auch nur übergehen? Und abermals zugegeben, es sey dieses möglich, so könnte doch keiner, der
das dargestellte reine Denken denken wollte, das reine Denken
denken, sondern müsste es, dasselbe vom Bilde unterscheidend, zugleich mit dem Bilde denken und müsste, wäre er fertig mit dem
Unterscheiden, auch aufhören, das angeblich reine Denken zu denken. Summa: das sogenannte reine Denken kann sich vom Bilde
gar nicht unterscheiden ohne auf Bildliches sich zu beziehen und
ist insofern nicht reines Denken. Gleichwohl setzt sich der Formalismus über derartige Bedenken hinweg, den Inhalt trennend von
der Form, und überträgt auf letztere eine fertige Selbstständigkeit,
auf Grund deren er, sich oder Andere betrügend, beliebigen Inhalt
willkürlich behandelt; die Dialectik selbst, von formalistischer Ver-
irrung ergriffen wird dann zum Dialecticismus, eventuell zur ab-
sichtlichen Sophistik. Dagegen liesse von einem reinen Denken
sich insofern sprechen als man das Denken von der bildenden Thätigkeit überhaupt unterscheidet, aber nicht vergisst, dass das von
der bildenden Thätigkeit unterschiedene Denken immer Bildliches
zu seinem Inhalte hat, von dem es sich nicht abtrennen kann ohne
sich selbst aufzugeben. Wie keine einzelne Denkfunction der anderen völlig entbehren kann, so vermag das Denken im Ganzen
weder der bildenden Thätigkeit als seiner Voraussetzung noch auch
des bildlichen Inhalts, den es durch alle Functionen hindurchführt,
sich völlig zu entschlagen.

Drittes Capitel.

Das Criterium der Wahrheit.

Denken ist Sichunterscheiden und hat sich gezeigt als die Einheit von Wahrnehmen, Vorstellen, Urtheilen und Begreifen. Dazu kann wohl gesprochen werden von Inhalt und Form des Denkens, jedoch sind beide nicht von einander abzutrennen; diesen Inhalt, ohne welchen das Denken nicht ist, überkommt es zunächst von der bildenden Thätigkeit.

Allein es erheben sich sofort neue schwierige Fragen. Vor allen wird, auf den Brennpunkt der Erkenntnisslehre gerichtet, die Frage laut nach dem Criterium der Wahrheit. Wir suchen demzufolge das Criterium der Wahrheit in das Reine zu bringen.

Ein Criterium der Wahrheit muss es geben. Von jeher bis heute strebt der Mensch in unbändigem Drange nach der Wahrheit Erkenntniss; er weiss, dass er sie noch nicht errungen, er weiss auch oder glaubt zu wissen, dass er ihrer nicht völlig entbehrt. Um aber sagen zu können, dieses ist wahr und jenes ist nicht wahr, bedarf er einer entscheidenden Norm und handhabt dergleichen in der That, sobald er nach dahin oder dorthin ein Urtheil zu fällen sich erlaubt. Gibt es kein Criterium der Wahrheit, so ist unser Streben nicht nur blind, sondern erstirbt in sich selbst, ja ist gar nie möglich gewesen; wer wollte ausgehen nach einem Ziele ohne sich je sagen zu können, ob er vorwärts komme? wer trägt überhaupt nach einem Ziele Verlangen, das ihm gänzlich unbekannt ist? Und doch ist das Streben nach Wahrheit so sehr Eins mit dem Menschen, dass er nimmer davon lassen kann; und wer behauptet, dass der Mensch Nichts von Wahrheit wisse, bekundet wider Willen, dass auch er vom Zuge der Wahrheit bewegt ist, für seine Behauptung wenigstens Wahrheit beanspruchend.

Was ist aber das Criterium der Wahrheit?

Das Criterium der Wahrheit können wir uns nicht anders denken, als dass es im Vermögen eines jeden Menschen stehe. Hiemit aber soll nicht nur gesagt seyn, dass jeder Mensch sich eines Criteriums der Wahrheit zu rühmen habe, sondern auch, dass alle Menschen im Grunde auf ein und dasselbe Criterium sich stützen. Wäre das Criterium nur einzelnen Auserwählten zugetheilt, so wären die Anderen dazu verdammt, von Wahrheit überhaupt Nichts zu wissen; es könnten die Letzteren nicht einmal hinnehmen, was jene Glücklichen von ihrer Fülle ihnen etwa bieten, weil sie für das Gut von Haus aus unempfänglich sind. Allein jeder Mensch versucht über Wahr und Unwahr zu entscheiden, und thut er es nicht in vielen Dingen, so thut er es doch auch nicht in keinem. Und wären die Criterien im Grunde von einander verschieden, so wäre abermals von Wahrheit nicht zu reden; der Eine müsste jeden Anderen im Irrthum sehen, und Alle würden an sich selbst verzweifeln. Hiernach ist anzunehmen, dass das Criterium im Vermögen eines jeden Menschen stehe.

Das Criterium der Wahrheit können wir uns nicht anders denken als dass es einer Entwicklung fähig ist. Hiemit ist nicht nur gegeben, dass es bei diesem Menschen in Vergleich mit jenem Menschen, ja bei ein und derselben Person im Verlauf der Zeit durch Entwicklung differirt, sondern es ist auch nicht ausgeschlossen die Möglichkeit eines Stehenbleibens auf einer gewissen Stufe, ebensowenig ist ausgeschlossen die Möglichkeit des Zurücksinkens und Verderbens; zugleich wird nicht geleugnet, dass es unter dem hemmenden oder fördernden Einfluss irgend welcher Mächte ausser ihm stehe. Ohne jene Annahme würde schon die Thatsache sich nicht genügend erklären lassen, dass die Einen ein Nämliches zur nämlichen Zeit für wahr und die Anderen für unwahr erachten, oder dass die Nämlichen ein Nämliches in verschiedenen Zeiten verschieden beurtheilen; wird die Verschiedenheit nicht auf eine Entwicklung des Criteriums zurückgeführt und dadurch begriffen, so muss die Forderung der Einen Wahrheit verstummen.

Das Criterium der Wahrheit können wir uns nicht denken wenn nicht als eine Macht, die das Wahre vom Nichtwahren unterscheidet. Die Ausübung der Macht wird eine gewisse innere Erstarkung voraussetzen und hinwieder durch die Ausübung selber erstarken; je mehr das Wahre in das Nichtwahre vermischt ist, desto schwerer zwar wird das Geschäft seyn und desto grösser der Triumph; aber die Macht wird nicht ablassen, die Wahrheit an das Licht zu ziehen. Könnte das Criterium nicht Herr werden

über das Nichtwahre, dann wäre es schier nichts nütze. So aber
sind wir genöthigt, das Criterium der Wahrheit zu fassen als eine
Macht, welche das Wahre vom Nichtwahren unterscheidet.

Das Criterium der Wahrheit können wir uns nicht denken
wenn nicht als ein Wissen vom Wahren und Nichtwahren. Offenbar wird dasselbe im Menschen von Anfang an das Vermögen zu
weiterem Wissen seyn; es wird sich entwickeln im Zusammenhang
mit dem übrigen Leben; es wird sich bethätigen in Unterscheidung des Wahren vom Nichtwahren; ja wir werden es für die
siegreiche Wahrheit selbst zu halten haben. Wäre aber das Criterium der Wahrheit nicht ein Wissen vom Wahren und Nichtwahren, so kämen wir überhaupt zu keinem Wissen. Wir würden
nicht einmal zum Unterscheiden des Wahren und Nichtwahren
gelangen, wenn wir nicht wüssten, dass das eine nicht das andere
ist. Darum können wir nicht umhin, vom Criterium der Wahrheit auszusagen, dass es ein Wissen ist vom Wahren und Nichtwahren.

§. 12.
Uneigentliche Criterien.

Die Sinne können nicht für das gesuchte Criterium ausgegeben werden. Der Sinne Function ist Empfinden, und ohne Sinnlichkeit empfinden wir nicht. Zwar mag man die Sinnlichkeit
als ein gemeinsames Vermögen der Menschen bezeichnen und mag
sagen, es seyen bei allen Menschen die Sinne von Natur im Wesentlichen übereinstimmend construirt, so dass jeder Gesunde
gleiche Empfindung haben könne wie der andere in Bezug auf den
nämlichen Gegenstand. Aber die Sinnlichkeit ist hinwieder etwas
so sehr Individuelles, dass nicht blos die Empfindung, die ich habe,
meine Empfindung ist und nicht die eines Anderen, ich müsste
denn zugleich der Andere seyn, sondern dass auch ein Jeder keiner anderen Empfindung sich bewusst wird als eben derjenigen,
die er selbst hat; hiedurch ist eine Kluft eröffnet, die Keiner zu
überspringen vermag, um zum Anderen zu gelangen. Wäre die
Sinnlichkeit Criterium der Wahrheit, dann würde sie Criterium
immer nur für den Einzelnen seyn, nicht aber ein Criterium, das
auf allgemeine Geltung Anspruch machen dürfte. Man mag ferner
von der Sinnlichkeit lehren, dass sie auch einer Entwicklung sich
erfreue durch mancherlei Uebung und dass sie mit Hülfe von
künstlichen Vorrichtungen in ihrer Thätigkeit sich steigern lasse;
allein die Thiere, welche vorzugsweise Sinn sind, geniessen auf

diesem Felde vielfache und gewaltige Ueberlegenheit über den Herrn der Schöpfung. Wären die Sinne das Criterium der Wahrheit, so müsste behauptet werden, die Thiere seyen vor dem Menschen dazu angethan, das Geschäft des Erkennens in das Reine zu bringen, und die Greise mit ihren abgebrauchten Sinnen, sonst hoch angesehen im Rathe, hätten gegenüber der frischblütigen Jugend fürderhin zu schweigen als die da Unsinn plaudern. Dazu sind die Sinne keinerlei Macht, das Wahre vom Nichtwahren zu unterscheiden; anstatt selbst zu unterscheiden, stehen sie vielmehr in der Hörigkeit einer Macht, welche nicht nur das Empfundene, sondern auch sich von der Sinnlichkeit unterscheidet. Endlich wissen die Sinne für sich selbst Nichts vom Wahren oder Nichtwahren; sie wissen gar nicht, sondern werden gewusst von Einem, der sie nicht sind. Doch sey es bei alledem ferne, die Sinne herabzusetzen unter ihre Würde und zu verkennen das Verdienst, welches sie um des Menschen Streben nach Wahrheit haben: vermögen wir uns ja nicht zu denken, wie das Criterium der Wahrheit in uns sich entfachen sollte, wenn nicht auf Anregung gerade der Sinnlichkeit und durch Wechselwirkung mit derselben. Aber das soll geleugnet werden, dass die Sinne das Criterium der Wahrheit sind und dass der Sensualismus sein Bestreben verfechten kann, wenn er mehr oder weniger die Sinne als Richter zu preisen geneigt ist.

Die Tradition ist nicht das jetzt begehrte Criterium der Wahrheit, mag man Tradition im Sinne von mündlicher oder auch schriftlicher Ueberlieferung göttlicher Offenbarung fassen oder ganz allgemein als Ueberlieferung eines Wissens überhaupt *). Die Tradition steht im Vermögen nur derer, von welchen und an welche sie kommt; wäre sie das Criterium der Wahrheit, so würden alle Uebrigen von Wahrheit absolut Nichts wissen können. Dazu lässt sich nicht eigentlich von einer Entwicklung der Tradition sprechen. Die Tradition will vielmehr im Zeit- und Raumlaufe ihren Inhalt bewahren und rein erhalten. Ferner aber ist die Tradition für

---

*) Was die kirchliche Tradition betrifft, so hat man neuerdings angefangen, sie als das Selbstbewusstseyn der Kirche zu erklären, hiemit den Ton nicht auf das Moment der Ueberlieferung sondern auf das Wissen legend. Wir stimmen dem bei, halten aber für nöthig ausdrücklich zu bemerken, dass vom Selbstbewusstseyn der Kirche als solchem (vergl. §. 2. Theologie) im obigen Texte nicht gehandelt wird; auf das Verhältniss des kirchl. Selbstbewusstseyns zum Wissen des Einzelnen werden wir in §. 15. B. zu sprechen kommen.

sich selbst noch keine Macht, welche das Wahre und Nichtwahre
von einander unterscheidet; zwar kann zu ihrem Inhalt auch gehören, dass sie sagt: Dies und dies ist wahr, und dies und dies
ist nicht wahr, aber nicht die Tradition ist es, welche also urtheilt,
sondern das in ihr enthaltene Wissen. Somit kann allerdings ein
Wissen vom Wahren und Nichtwahren in ihr liegen und aufbewahrt seyn, doch wäre auch dieses vergeblich, wenn es nicht aufgenommen würde von und zusammenstimmen könnte mit einem
Wissen ausser ihr. Die Tradition ist daher nicht im Stande, als
das gesuchte Criterium der Wahrheit zu fungiren. Nie aber soll
in Abrede gestellt seyn ihre hohe und thatsächliche Bedeutung für
Entfaltung unseres Wissens in Tiefe und Fülle; denn unser Wissen
wäre kläglich, wenn es nicht durch Vermittlung der Tradition
Nahrung gewänne.

Die Autorität irgend einer Person kann auf dem Gebiete
des Strebens nach Wahrheit nicht für dasjenige Criterium gelten,
wornach wir jetzt verlangen. Sie ist Vorbild, belehrt und erzieht,
richtet, regiert, kurz: imponirt. Indess vermöchte sie nicht zu
imponiren, wenn ihr nicht von Seite dessen, dem sie imponirt,
irgend ein Urtheil bereits entgegenkäme. Ja, so sehr hängt die
Anerkennung der Autorität nicht nur von ihr selbst, sondern von
einer Entscheidung des Einzelnen ab, dass man den Einen diese,
den Anderen jene Autorität sich erwählen sieht; wäre Autorität
einer Person das Criterium der Wahrheit, so würde ihm thatsächlich die Gemeinsamkeit fehlen. Und könnte man vorbringen, dass
eine gewisse Autorität ganz dazu angethan sey, für alle Menschen
und in allen Dingen zu gelten, so ist doch die Erreichung des
Zieles anderntheils dadurch bedingt, dass bei Allen das Criterium,
welches sie der besagten Autorität entgegenbringen, zu überein-
stimmender Entwicklung gelange: dieses zu entwickelnde Criterium
aber ist es, das wir beim Namen zu rufen trachten, nicht irgend
eine persönliche Autorität. Und ist die persönliche Autorität eine
Macht, welche das Wahre aus der Umschlingung des Nichtwahren
löst, dann ist sie zwar Autorität für die Anderen soweit und solange als sie diesen in Unterscheidung des Wahren und Nichtwahren voraus ist, nicht aber ist sie unterscheidende Macht auf
Grund davon, dass sie Autorität ist. Und weiss die persönliche
Autorität, was wahr ist und was nicht, so weiss sie es nicht desshalb, weil sie als Autorität gilt, sondern weil sie vom Wahren
und Nichtwahren weiss und als solche gewusst wird, wird sie als
Autorität für jene gelten, die nach Wahrheit streben. Die Autorität irgend einer Person ist darum nicht das postulirte Criterium

der Wahrheit. Aber unwidersprechlich ist gerade sie es, welche
bei aller Ueberlegenheit oder vielmehr desshalb den einzelnen Geist
der auf sie hört frei zu machen im Stande ist, gar nicht weiter
zu erwähnen, wie für das Individuum sowohl als für die Menschheit ein Fortschritt zu besserem Wissen nicht hätte stattfinden
können und noch stattfinden könnte ohne jene Stütze, die den Grund
legt und den Weg bereitet, dem Lernenden zur Seite steht, ihn
vor Verirrungen warnt und das Ziel ihm vorhält.

    Das Criterium der Wahrheit ist nicht ein inneres Schauen.
Unter innerem Schauen verstehen wir die bildende Thätigkeit der
Seele. Es ruft die Seele Bilder der Vergangenheit und der Zukunft in die Gegenwart; hinwieder drängen ohne dass sie es besonders sich vornimmt, ja zuweilen gegen ihr Streben, so dass sie
schauen muss, mag sie wollen oder nicht, Bilder ihr sich auf nicht
nur wie im Traume und in anderen Fällen, welche als krankhafte
oder ausserordentliche Zustände bekannt sind, sondern auch ausserdem im Anschluss an die Sinnesempfindung: denn nicht das sinn-
lich Empfundene als solches ist es, das wahrgenommen, vorgestellt,
beurtheilt, begriffen wird, sondern immer ein Bild desselben in
uns. Kein Mensch ist dieses Vermögens baar; aber die durchgängige Abhängigkeit von dem, was da zum Schauen sich bietet,
mag nun die Seele letzteres entweder aus eigener Tiefe produciren
und sich vorhalten, oder von anderwärts empfangen sey es durch
Vermittlung der Sinne und aus der physischen Existenzweise überhaupt oder sey es durch einen übersinnlichen Rapport, bestimmt
das Vermögen selbst als etwas so sehr Individuelles, dass es zu
einem allgemeingültigen Criterium der Wahrheit nicht taugen
würde. Indessen liesse sich vielleicht von einer Entwicklung des
Vermögens sprechen, sofern der Eine Mehreres als der Andere
und deutlicher als der Andere oder auch eine und die nämliche
Person in verschiedener Zeit jetzt weniger, jetzt mehr, jetzt un-
deutlicher, jetzt deutlicher schaut, von einer Entwicklung, welche
bald gebunden und verkehrt oder dagegen befördert wird von dem
Sinnensysteme und dem übrigen Körper sammt seiner Umgebung,
bald von einer Leerheit der Seele gehemmt oder von ihrem Reichthum in Bewegung gesetzt, bald durch Verrückung der Seele ver-
fälscht oder durch Entrückung und Entzückung frei gemacht ist.
Allein das Schauen ist und wird für sich keine Macht, das Wahre
vom Nichtwahren zu unterscheiden: nach dergleichen fragt das
Schauen nicht; erst das, was geschaut ist, wird vor den Richterstuhl einer Macht gezogen, welche wissen will, was es mit dem
Geschauten auf sich hat. Und ebensowenig ist es ein Wissen vom

Wahren und Nichtwahren; ist ein Schauen vom Wissen begleitet
und kann kein Wissen ohne ein Schauen sich hervorthun, so ist
doch das Geschaute, wenn es gewusst wird, aus dem Schauen erst
in das Wissen erhoben und das Gewusste, wenn es geschaut wird,
in das Schauen versetzt: Schauen und Wissen ist zweierlei. Nach
dem allen kann das innere Schauen nicht als Criterium der Wahrheit angegeben werden.   Aber in der Regel hat man allzuwenig
bisher darauf geachtet, dass ohne besagtes Schauen kein Erkennen
zu Stande kommt, ein Erkennen des Sinnlichen sowenig als ein
Erkennen des Uebersinnlichen; dass vielmehr alles was erkannt
werden will zuvor im Spiegel der Seele gefangen d. h. geschaut
werden muss.·

    Auch das blose D e n k e n ist nicht das Criterium der Wahr-
heit. Das Denken unterscheidet sich, wie wir gesehen haben, von
der bildenden Thätigkeit und unterscheidet sich von sich selber;
Sichunterscheiden ist sein Leben.   Nun ist es zwar unstreitig als
ein gemeinsames Vermögen der Menschen zu ehren; und obschon
mein Denken nicht das deinige ist und nicht das eines Dritten, so
muss ich doch mein und dein und sein Denken als das menschliche Denken setzen: würde ich es nicht thun und das Denken nicht
als gemeinsames Vermögen anerkennen, dann dürfte ich nicht, wie
es von meiner Seite und von Seite eines Jeden mit gutem, dem
Selbstbewusstseyn entnommenen Grunde geschieht, Anderen zumuthen sowohl zu denken als auch das Nämliche auf nämliche
Weise zu denken. Dazu ist es ferner zweifellos einer Entwicklung
fähig, nicht nur in Bezug auf seines Inhaltes Fülle und Reichthum, sondern auch mit Rücksicht· auf das Hervortreten seiner
einzelnen Functionen und Formen und auf seine Stärke und Ge-
wandtheit: es ergeht insofern dem Denken ähnlich wie jeder anderen physischen oder seelischen Begabung und Thätigkeit des
Menschen.   Weiterhin ist das Denken nicht zu denken ohne die
ihm wenigstens übertragene Macht, das Wahre vom Nichtwahren
zu unterscheiden: es wäre geradezu beruflos, wenn es nicht der
Enthüllung der Wahrheit diente. Aber das Denken ist nicht selbst
das Criterium der Wahrheit, wie es denn auch nicht ein Wissen
ist, sondern Wissen einerseits zum Resultate, andrerseits zur Voraussetzung hat.   Mag man immer vom Denken und namentlich
vom logischen Denken sagen, dass es Critik übt an seinem Gegenstande und Inhalt, so muss dennoch schlechterdings diese Thätigkeit gedacht werden mit Bezug auf ein Subject, das in ihm
sich actualisirt oder für das es Mittel zum Zweck ist, d. h. mit Bezug auf ein Criterium, in dessen Dienst es steht.   Wir werden

darum das Denken nicht mit dem Criterium der Wahrheit identificiren dürfen, wie es denn auch nicht erlaubt seyn wird, beide
von einander abzutrennen.

Das Gewissen kann nicht das Criterium der Wahrheit abgeben. Jenes ist vorwiegend ethische Potenz; in ihm liegt und
regt sich verhüllt und verschlossen als Zukunft und Vergangenheit
das gesammte übrige Seelenleben wie die Frucht im Samen. Nun
entbehrt zwar kein Mensch dasselbige, es müsste denn Mensch
gleich Nichtmensch seyn; zugleich erfährt es in sich Erkräftigung
und Bereicherung, unbestreitbar nicht ohne von Aussen gekommene
Anregung und von daher verliehene Richtung und Gesetzgebung.
Nicht jedoch mit Unterscheidung des Wahren und Nichtwahren
hat das Gewissen als solches zu schaffen, sondern mit dem Wollen
oder Nichtwollen und dem Sollen oder Nichtsollen dessen, was
erst vom Geiste erkannt wird als Gutes oder als Böses, als poli-
tische Nothwendigkeit oder als widerstaatliches Treiben, als Recht
oder Unrecht, als Sitte oder Unsitte. Ebendarum ist es selbst nicht
als ein Wissen vom Wahren und Nichtwahren zu erachten, wenn
schon dieses in ihm verhalten ist. Wollte man nach üblicher Weise
die Vermögen des Menschen zweiseitig trennen in theoretische und
practische, so würde das Gewissen auf die Seite der letzteren fallen: richtiger wäre es, dasselbe anzuerkennen als das practische
d. i. ethische Vermögen schlechthin, welches sammt seiner Bethätigung und Wirkungssphäre vermittelst des ästhetischen Vermögens
vom theoretischen begriffen und hinwiederum durchleuchtet und
gefördert wird. Somit darf man das Gewissen nicht als das Criterium der Wahrheit aufstellen.

Aehnliches ist zu urtheilen vom religiösen Glauben und
der mit ihm innigst verbundenen, ihn belebenden und von ihm
belebten Bewunderung, Liebe und Hoffnung. Dass der religiöse
Glaube sammt seinen eben genannten, ihm einverleibten und ihn
sich einverleibenden Genossen nicht nur als ein Vermögen überhaupt, sondern als tiefes Bedürfniss gerade nach der den Hunger
und Durst des Gemüthes stillenden Einen Fülle im Grunde allen
Menschen gemeinsam ist, kann nicht geleugnet werden, mag immer Dieser und Jener thatsächlich in Verblendung sich absperren
und verkehren gegen den Gott, von dem, durch den, zu und in
dem Alles ist was ist und der ein Befreier seyn will Allen, die
gefesselt liegen; wer je Einschau gehalten in die menschliche Seele,
könnte er zweifeln, dass die Gemüther Aller nach dem gleichen
Schatze Verlangen tragen? wer je Gottes und seines Reiches inne
geworden, könnte er in Abrede stellen, dass Keiner von Haus nicht

befähigt ist, dem Einen Herrn des Herzens Kammer aufzuthun
damit er drinnen wohne? Wohl ist der Glaube und was damit
zusammenhängt nicht Jedermanns Ding; nicht aber vom Glauben
als Vermögen gilt solches Wort, sondern vom actuellen, wirklichen
Glauben einerseits, andrerseits in Bezug auf den infernalen Starrsinn der Seelen, die in tantalischem Streben von sich stossen was
sie begehren und das, was sie erfangen, nicht zu schätzen wissen;
dann wird ein abstracter Begriff, sogenannte Weltseele auch, Welt-
vernunft, Naturkraft, Naturgesetz, Stoff, Creatur, todtes Götzen-
bild zu Gott gemacht; haltlose Illusion und zerfahrenes Raisonnement will sich setzen an Stelle des lebendigen Glaubens, die Bewunderung des offenbarten Gottes und seines Reiches wird vertreten
von stupidem Angaffen seiner Werke und verstandlosem Betrachten
irdischer Grösse, die Liebe zum liebenden Gotte wird zur Hurerei
mit dem Geschöpfe, die Hoffnung auf das bewahrte Erbe zu trost-
loser Sclavenfurcht und verzagtem Sclaventrotze. Der Art verzerrt
und verbaut der Mensch sich sein Vermögen, zum Himmel aufzusteigen mit dem Gotte, der sich zum Menschen herablässt um ihn
emporzuheben. Nicht aber nur in dem dass er gemeinsames Vermögen ist gleicht der religiöse Glaube und die ihm verwachsene
Bewunderung, Liebe, Hoffnung dem Criterium der Wahrheit, sondern er ist auch fähig und theilhaft einer reichen Entwicklung.
Verwebt in die Natur, eingetaucht in die göttlichen Wunder, verflochten in die Gemeinschaft der Menschen mit den Menschen und
der Menschen mit Gott, überschienen und belenchtet vom Jenseits,
da ist es, dass mit Entfaltung der ganzen Persönlichkeit das religiöse Gemüth erblüht, bezeugt vom Selbstbewusstseyn und allseitig
hervorbringend des Menschen Bestimmung für die Ewigkeit; und
nicht. blos so erwächst das religiöse Gemüth, dass es keimend vom
Glauben an sich auseinanderlegt in Bewunderung des Gottes, der
seine Herrlichkeit ihm kund gibt, und in Liebe dessen, der zuvor
geliebt, und in Hoffnung der Dinge, die theilweise der Bewunderung und der Liebe schon gegenwärtig und im Glauben eingeschlossen sind, sondern wechselseitig einander hebend wird Glaube,
Bewunderung, Liebe, Hoffnung, jedes in sich selbst zumal und
zugleich das Ganze unter äusseren und inneren Kämpfen immer
voller, wärmer, klarer. Umgekehrt fährt durch Gefallen an verführerischen Vorspiegelungen und durch verbrecherisches Erkennen
des Geistes das gottsche gewordene Gemüth in Begleitung des
entleerten und zum schattenhaften Ich gewordenen Selbstbewusstseyns in den Abgrund des Gewissens, wo rastlos der Wurm des
untergegangenen Gemüthes nagt und das Feuer des gottentfrem-

deten Ich gährend brennt und das Licht göttlicher Ebenbildlichkeit
von Finsterniss verdrängt ist: Elend wuchert an der Stätte der
seligen Gemeinschaft.

Aber der Glaube mit seinen Blutsverwandten betreibt nicht
das Geschäft der Unterscheidung des Wahren und Nichtwahren
als solchen. Das religiöse Gemüth für sich ist in der Menschenseele der Lebensbaum, der das Hüben und Drüben in sich vereinigt, während eine andere, dem Gemüthe beistehende Potenz der
unterscheidenden Thätigkeit obliegt. Auch ist das religiöse Gemüth nicht das Wissen vom Wahren und Nichtwahren; zwar wird
öfters im Gegenhalt zu einem unbestreitbaren Wissen die subjective Meinung und Vermuthung, die wissenschaftliche Hypothese
und mancherlei Ansicht mit dem Namen Glaube umfasst, allein
der religiöse Glaube mit der ihm vergesellten Bewunderung, Liebe,
Hoffnung ist von solcherlei und von jedem Wissen zu unterscheiden, wenn schon Glaube und Wissen, in Einer Seele beisammen,
Eine Wurzel haben und Ein Ziel verfolgen. Nicht aber ist der
Unterschied von beiden darein zu verlegen, als ob nur der Glaube
die ganze Persönlichkeit des Menschen durchdränge und letztere
in ihm aufginge, während dies vom Wissen nicht zu sagen wäre;
denn wie es einen Glauben gibt, dem die Werke fehlen, so dagegen ein Wissen, das den ganzen Menschen durchwaltet und dem
zu Liebe Einer Alles opfert was er hat. Der Unterschied des
Glaubens und Wissens ist vielmehr der des Gemüthes und des
Geistes oder Selbstbewusstseyns, Entzweiung des Glaubens und
Wissens ist Entzweiung von Gemüth und Geist. Das Gemüth
weiss nicht, sondern im Nehmen sich hingebend und im Hingeben
nehmend besitzt es und ist von seinem Besitzthum besessen, der
Geist aber weiss entweder zum freien Mitgenossen seines Befreiers
erhoben oder im Gegentheil zum unfreien Consorten seines Ver-
führers herabgesetzt. Ob wahr ist oder nicht wahr, was ich glaube,
bewundere, liebe, hoffe, das zu expliciren oder nur anzuzweifeln
und zu fragen ist nicht des Gemüthes Sache. Dasselbe und mit
ihm der Glaube darf also nicht für das Criterium der Wahrheit
angesehen werden. Ist aber der Glaube nicht als das Criterium der
Wahrheit zu bezeichnen, so ist damit keineswegs verneint, dass
derselbe Voraussetzung sey für ein höheres Wissen: ohne den
Glauben kann ein bestimmtes Wissen vom lebendigen Gott und
von ebendaher ein Verständniss der Menschen und der Welt unmöglich zu Stande kommen. Ebensowenig ist ausgeschlossen, dass
wir unseres Glaubens theoretisch gewiss zu seyn vermögen und
zwar nicht etwa nur in Bezug auf die Thatsache, dass wir glauben

und dass wir dies und jenes glauben, sondern in Bezug auf die
Wahrheit dessen, was wir glauben; doch nicht der Glaube selbst
ist es, welcher die theoretische Gewissheit von sich ausspricht:
das Selbstbewusstseyn thut es, mit dem er sich und das mit ihm
sich vermählt hat, und von ebendaher erfährt er Läuterung und
Festigung, wie er denn nicht minder von einem verschnittenen
Chamitengeist zu Grab befördert wird.

Das Criterium der Wahrheit, dem wir nachgehen, ist nicht
die überirdische Macht, von welcher manche Seele kundbar
ergriffen in eine Region höherer Ordnung eingerückt wird, sey es
dass in Folge davon das Gemüth neu sich entzündet in Hoffnung,
Bewunderung, Liebe, Glaube und prophetische Gesichte hat und
der Geist von Geheimnissen des Himmels zu wissen bekommt und
dadurch sein anderweitiges Wissen verbessert, oder sey es dass
ebenfalls von dorther aber ohne solche Verdeutlichung der Mensch
sich innerlich angeregt findet zu denken, zu reden und zu thun.
Dergleichen Thatsachen kann allerdings nicht leugnen noch entstellen wollen wer immer ein Auge hat für das Triebwerk menschlichen Lebens, so wenig als jenen anderen Vorgang, wodurch eine
menschen- und gottfeindliche, lügnerische Macht mit der Seele
buhlend sich in sie hineinzuschleichen sucht; doch der letzteren
Erwägung bleibt hier ausgeschlossen, weil das Reich der Finsterniss wider die Wahrheit anstrebend schon in diesem Betracht das
nöthige Criterium dem Menschen nicht abgeben kann. Jenes Er-
fasstwerdens von Oben, das wir besprechen, ist unstreitig kein
Mensch gänzlich unfähig; geborenes Organ dafür ist Jeder sofern
er die Bestimmung hat, als Gottes Ebenbild mit dem Urbild und
dem Jenseits in Verbindung zu stehen und in Gemeinschaft zu
seyn. Auch kann eingeräumt werden eine Entwicklung des bezeichneten Einflusses und des davon abhängigen Zustandes: alle
äussere Offenbarung Gottes und seines Reiches und alle Lebens-
führung zielt dahin, den inneren Rapport zu eröffnen. Ist der
Verkehr einmal angeknüpft, dann webt hin und her ein reges
Wechselleben, in welchem die Seele mehr und mehr vertraut wird
mit ihrem dortigen Heim und im Diesseits das Jenseits erschaut;
den göttlichen Beistand in sich gewinnend gewinnt sie Kraft, zu
übernehmen die Arbeit und zu bestehen die Kämpfe des irdischen
Lebens; friedvoll harrt sie klar und stille der Stunde, wo die Hütte
bricht und der Himmel, für den sie bereitet ward, ohne Räthsel-
wort gänzlich sich ihr aufthut — so wird der Mensch von Oben
her ergriffen, durchgriffen, begriffen und umgriffen, und ohne
dieses Wachsthum bleibt er das todtlebendige Samenkorn im Mu-

miensarcophage. Ferner kann die über uns und durch Eingehen
ihrerseits und Hingabe unsrerseits in uns findliche Macht betrachtet
werden als thätig in Unterscheidung des Wahren und Nichtwahren, nicht nur sofern sie uns den Gegenstand überhaupt vorhält
sondern ihn auch als das, was er ist, erkennen hilft. Allein bei
alledem und Aehnlichem, was von ihr gepriesen werden möchte,
berufen wir uns immer auf ein Criterium, das unser eigen und
nicht identisch ist mit der erleuchtenden und hebenden Macht, auf
ein Criterium, welches auch dem, der gegen die Anerkennung
solch übermenschlicher Erkenntnissquelle und Erkenntnisshülfe sich
sträuben wollte, nicht abgesprochen werden darf wenn je eine
Verständigung mit solchem und eine Ueberführung desselben erzielt werden soll. Nach diesem Criterium aber haben wir uns
umzusehen.

§. 13.

Das concrete Selbstbewusstseyn als Criterium.

Das Criterium der Wahrheit ist kein anderes als das Selbstbewusstseyn.

Legen wir die Idee des Selbstbewusstseyns aus einander, so
ergeben sich folgende besondere Momente: 1) Seyn, 2) Seyn, welches Wissen ist, und Wissen, welches Seyn ist, 3) Ich, welches
sich und Anderes wissend ist und seyend sich und Anderes weiss,
4) das seiner sich bewusste Seyn. Von hoher Wichtigkeit ist es,
diese constituirenden Momente in Acht zu nehmen, namentlich
jenes in das Wissen eingehende und durch das Ich sich als seiner
sich bewusst herausstellende Grundmoment Seyn, das Seyn, welches
gewöhnlich schlechtweg als eine Categorie im Denken angesehen
wird, in der That aber so wenig als das Wissen oder das Ich eine
Categorie ist. Indessen bezeichnen bei aller nicht zu verkennen-
den Bedeutung die hervorgehobenen Momente doch nur das allgemeinste Schema des Selbstbewusstseyns und verschweigen, welcherlei
das kraft des Ich seiner sich bewusste Seyn ist. Es ist daher eine
nähere Bestimmung des Selbstbewusstseyns zu verlangen. Dieser
Forderung werden wir für jetzt insoweit genügen, als es sich darum
handelt einzusehen, dass das Criterium der Wahrheit kein anderes
ist als das Selbstbewusstseyn.

Demzufolge prüfen wir zunächst, ob das Selbstbewusstseyn
jenen Zumuthungen entspricht, welche wir oben an ein Criterium
der Wahrheit machen mussten.

Das Selbstbewusstsein ist ein gemeinsames Vermögen der Menschen. Es liegt in der Seele des Menschen ähnlich, wie das Vermögen zur Empfindung wenn auch schlummernd in Allem liegt was wesentlich Natur ist. Wollte Jemand behaupten, das Selbstbewusstseyn sey kein Vermögen des Menschen, so müsste er, um solche Behauptung zu beweisen, sich schlüsslich doch nur auf sein eigenes Selbstbewusstseyn berufen, wozu er das Vermögen dem Menschen eben abgesprochen hat. Oder wollte er sagen, es sey kein gemeinsames Vermögen, sondern das Vermögen nur Einiger, so würde er das Selbstbewusstseyn, sofern es das Vermögen nur Einiger seyn soll, entweder fassen als ein durch eigenthümliche vorausgegangene Entwicklung der Einzelnen dargelegtes Vermögen, es aber in diesem Falle gleichwohl als ein gemeinsames Vermögen anerkennen müssen, weil vermittelst der gleichen Entwicklung Jeder dahin gelangen würde, oder er müsste es als ein von Aussen an die Erwählten gekommenes und geschenktes Gut ausgeben, welches indess, wenn es überhaupt als ein Wissen zu denken wäre, wohl als das Wissen eines Nichtich gefasst aber nicht als das Wissen des Menschen von sich oder als Selbstbewusstseyn begriffen werden könnte. Oder wollte man vorbringen, das Kind in den ersten Monaten seines Lebens oder der Schlafende oder der von Schmerz überwältigte oder der von Leidenschaft Dahingerissene sey ohne Selbstbewusstseyn, so würde man das actuelle, nicht aber das potentielle Selbstbewusstseyn im Auge haben und somit nicht im Geringsten leugnen, dass das Selbstbewusstseyn ein Vermögen der Menschen sey, sondern den Mangel der Actualität auffallend finden gerade nur unter der Voraussetzung einer vorhandenen Potenz. So sehr ist das Selbstbewusstseyn Eins mit des Menschen Seele, dass nur von dem bereits entseelten Körper oder von dem Leichname gesagt werden dürfte, er sey ohne alles Selbstbewusstseyn und damit auch ohne das Vermögen des Selbstbewusstseyns.

Das Selbstbewusstseyn erfährt eine Entwicklung. Nicht wollen wir zur Exemplification für solche Behauptung anrufen das Hervorgehen des Selbstbewusstseyns aus dem Zustand des sog. Unbewusstseyns, ein Hervorgehen, das allerdings, näher betrachtet, sich erkennen liesse als die auf Grund anderweitiger physischer und seelischer Facultäten und unter gewissen äusseren Anregungen sich vollführende Entwicklung des Selbsbewusstseyns aus seinem depotenzirten oder überhaupt potentiellen Zustand, sondern wir beziehen uns auf die offenkundige Erweiterung und Erstarkung des Selbstbewusstseyns als solchen. Es weiss der Mensch sich nicht nur gegenüber einer Welt überhaupt, er weiss sich auch als

empfindend und weiterhin als abhängig von Mächten ausser ihm
und über ihm, und weiss sich ferner als Thaten übend in der ihn
umgebenden Wirklichkeit, und weiss sich darüber hinaus als im
Innern beschäftigt mit Bildern, und weiss sich als erkennend, und
weiss sich als geistiges Wesen; und jedes besondere dergleichen
Wissen gewinnt wieder aus der Wechselwirkung mit dem gesammt-
ten übrigen Leben in sich Vertiefung und Ausbildung. Und ist
das Selbstbewusstseyn vereinseitigt und revolutionirt durch Hem-
mung, Zurückdrängung, Beschränkung und Fixirung seiner Evolution, so lässt es doch immer auch durch seine Verzerrung jetzt
eine bereits vorhandene, wenngleich gebunden wordene Entwicklung,
jetzt die Möglichkeit und Nothwendigkeit einer künftigen Fortbildung und Ergänzung des schon bis zu einem gewissen Grade Entwickelten hindurchblicken. Eine Entwicklung des Selbstbewusstseyns können selbst jene nicht verneinen, welche das Selbstbewusstseyn lediglich für ein Resultat anderer Vorgänge, insbesondere des Denkens ansehen möchten; denn je energischer und in-
haltsreicher diese Vorgänge seyn werden, um so Mehreres wird
von daher dem Resultate, dem Selbstbewusstseyn, zuwachsen müssen und um so mehr wird dieses seinerseits anwachsen. Ein Leug-
nungsversuch möchte nur gemacht werden können auf Grund des
Irrthums, dass das Selbstbewusstseyn etwas Abstractes, Inhaltsloses
wäre und vielleicht nichts Anderes besage als den nackten Gedanken: Ich bin Ich. Allein dergleichen Auffassung widerspricht
dem menschlichen Selbstbewusstseyn, welches schlechterdings mehr
weiss als: Ich bin Ich, und jedenfalls anzugeben sich herbeilässt,
was denn alles das mit sich identische Ich sey. Immer weitere
Kreise ziehen sich um das sich entwickelnde Selbstbewusstseyn,
immer neue Fülle empfängt dasselbe und eignet sie sich an, fügend
Gut zu Gut, und durchdringt das Ganze mit beherrschender
Gewalt.

Das Selbstbewusstseyn ist ferner der apriorische Grund der
unterscheidenden Thätigkeit. Wenn ich z. B. diesen Baum von
diesem Strauch unterscheide und am Baum hinwieder den Stamm
und die Zweige, so mag es vorerst scheinen, als habe das Selbstbewusstseyn mit solcher Unterscheidung Nichts zu schaffen. Ein
näheres Aufmerken aber lehrt nicht etwa nur, dass ich diesen
Baum von diesem Strauch unterschied weil ich vielleicht im Allgemeinen von früher her wusste, was ein Baum und was ein Strauch
ist, dass ich demnach auf Grund des in meinem Selbstbewusstseyn
schon verwahrten Wissens jene specielle Unterscheidung vornahm,
sondern ein näheres Aufmerken lehrt jedenfalls, dass ich Baum

und Strauch von einander nicht unterschied ohne beide vorher von
mir selbst unterschieden zu haben; habe ich sie aber von mir unterschieden, so ist solches Unterscheiden unmöglich anders als auf
Grund meines Selbstbewusstseyns und von meinem Selbstbewusstseyn aus vor sich gegangen.   Jeder Act des Unterscheidens weist
zurück auf das Selbstbewusstseyn.   Wäre das Selbstbewusstseyn
nicht, so fände überhaupt kein Unterscheiden statt: denn alles
Unterscheiden ist wesentlich Sichunterscheiden, das Sichunterscheiden aber führt sich nothwendig auf das Selbstbewusstseyn zurück.
Dagegen könnte zwar eingeworfen werden, dass das Selbstbewusstseyn später sey als das Unterscheiden und erst durch das Unterscheiden erstehe; aber dieser Einwurf ist nur theilweise wahr.
Freilich muss zugegeben werden, dass durch den Erfolg der unterscheidenden Thätigkeit das Selbstbewusstseyn neuen Gehalt gewinnt und insofern immer neu ersteht aus dem Bad der Arbeit,
wie denn auch insbesondere Niemand in Abrede stellen wird, dass
wir das Selbstbewusstseyn nicht denken und erkennen wenn nicht
vermittelst des Unterscheidens; allein durch solches Zugeständniss
wird nicht ausgeschlossen, sondern vielmehr mittelbar eingeräumt,
dass umgekehrt dem Unterscheiden das Selbstbewusstseyn schon
vorausgeht als das Subject jener Thätigkeit.   Und letzteres ist es,
was der beregte Einwurf übersieht.   Für einen Widerspruch aber
wird kein Vernünftiger es halten, wenn gesagt wird, das Selbstbewusstseyn sey sowohl später als auch früher denn die unterscheidende Thätigkeit, sowenig als es für einen Widerspruch anzusehen ist wenn man angibt, der Geist des Lernenden sey Geist
vor und nach dem Lernen, oder wenn man für das Gebiet der
Natur behauptet, die Atmosphäre der Erde sey Atmosphäre sowohl
vor als auch nach dem Gewitter.   Indem wir also hier hervorheben, dass das Selbstbewusstseyn der apriorische Grund der unterscheidenden Thätigkeit ist, liegt es uns fern zu leugnen, dass das
Selbstbewusstseyn, nämlich ein geklärtes und bereichertes Selbstbewusstseyn, der Erfolg und der Zweck der unterscheidenden Thätigkeit ist; zugleich denken wir ersichtlichermassen nicht daran,
Selbstbewusstseyn und unterscheidende Thätigkeit entweder ganz
und gar zu identificiren oder dagegen von einander abzutrennen;
die unterscheidende Thätigkeit ist uns nach der einen Seite hin
im Selbstbewusstseyn involvirt zum Behuf der Evolution oder aus
der Evolution in das Selbstbewusstseyn zurückgenommen und darin
aufgehoben, also dem Selbstbewusstseyn immanent gleichwie die
Kraft und ihr Gesetz dem Gestirne immanent ist, während nach
der anderen Seite hin das Selbstbewusstseyn in der actuell heraus-

tretenden unterscheidenden Thätigkeit involvirt ist: hieraus erhellt, warum sich uns früher das Denken als ein Sichunterscheiden bestimmen konnte.

Das Selbstbewusstseyn als den apriorischen Grund der unterscheidenden Thätigkeit setzend können wir auch nicht umhin, es als die Macht anzuerkennen, welche das Wahre und Nichtwahre unterscheidet. Hiemit aber reden wir das Wort nicht dem Irrgedanken eines absoluten Wissens für den Menschen noch von einer Macht des Menschen, zu dergleichen Wissen emporzusteigen, sondern wir reden von einem Wissen und einer Macht wie sie der vernünftigen Creatur zustehen; und indem wir das Selbstbewusstseyn als diese Macht bezeichnen, verneinen wir keineswegs, dass alle Facultäten und die ganze Welt des Menschen dienend mithelfen müssen, und schliessen nimmermehr aus, dass des Menschen Geist gerade an der Offenbarung Gottes die unerschöpfliche und lauterste Quelle der Erkenntniss und am Geiste Gottes den rechten Lehrer habe. Wäre aber besagte Macht nicht im Menschen, so würde er, der nach Wahrheit Verlangende, schlechterdings verdammt seyn zur tantalischen Qual, nie zu erreichen wornach er so innig strebt, eine Qual, die sich wohl erklären lässt bei dem Einzelnen, welcher die ihm angebotenen Mittel zum Ziele unsinnig bei Seite wirft, gleichend dem Thoren, der schwimmen will ohne sich dem Wasser anzuvertrauen, aber eine Qual, die als nothwendiges, auferlegtes Loos der Menschheit überhaupt gedacht, der menschlichen Freiheit völlig widerstreitet und mit ihr unvereinbar ist; und dass das Selbstbewusstseyn jene Macht ist, folgt schon daraus, dass alles Unterscheiden, also auch das Unterscheiden des Wahren und Nichtwahren auf dem Selbstbewusstseyn als auf dem apriorischen Grunde beruht. So werden wir nicht vermeiden können, das Selbstbewusstseyn für die Macht zu halten, welche das Wahre und Nichtwahre unterscheidet.

Endlich ist das Selbstbewusstseyn das Wissen vom Wahren und Nichtwahren, und zwar meinen wir mit solchem Selbstbewusstseyn sowohl dasjenige, welches der unterscheidenden Thätigkeit zu Grunde liegt, als auch dasjenige, welches vermittelst und aus der unterscheidenden Thätigkeit sich herstellt. Dass aber das Wissen vom Wahren und Nichtwahren als Selbstbewusstseyn gedacht werden muss und dieses als jenes, ergibt sich aus folgender Erwägung. Im Selbstbewusstseyn liegt alles Wissen und ohne das Selbstbewusstseyn gibt es kein Wissen; ist nun ein Wissen vom Wahren und Nichtwahren vorhanden, so ist es offenbar das Wissen, welches im Selbstbewusstseyn enthalten ist. Oder wird gefragt, ob das Wissen, dessen der Mensch sich berühmt, wahr ist, so wird man nur antworten können, das Wissen vom Wahren und Nichtwahren sey wahr, sofern dessen Wahrheit sich selbst weiss: man wird somit das Wissen und dessen Wahrheit auf Selbstbewusstseyn und zwar, da wir von menschlichem Wissen und menschlicher Wahrheit reden, auf das menschliche Selbstbewusstseyn zurückleiten müssen und dieses als die sich selbst wissende Wahrheit oder, weil die Wahrheit schlüsslich nur zu denken ist als sich wissend, als die Wahrheit überhaupt zu bekennen haben, welche aus dem Stand der Kindschaft und Verhüllung sich herauskämpft. Wohl wird hiegegen sich der vermeintliche Einwurf hervorthun, dass wir, das Selbstbewusstseyn nicht blos als das Resultat anderer Vorgänge betrachtend, sondern auch als apriorischen Grund der unterscheidenden Thätigkeit anerkennend, andurch ein ursprüngliches Wissen des Menschen vom Wahren und Nichtwahren behaupten. Und wir thun dies allerdings, behauptend ein ursprüngliches, in der Seele ruhendes, potentielles Wissen vom Wahren und Nichtwahren. Der Behauptung jedoch dieses ursprünglichen, in der Seele ruhenden Wissens wird Niemand sich entziehen können, welcher einmal zugegeben hat, dass das Selbstbewusstseyn ein Vermögen der menschlichen Seele ist.

Das Selbstbewusstseyn erfüllt alle die Forderungen, welche wir von vornherein an ein Criterium der Wahrheit stellen zu müssen glaubten; dabei ist nicht schwer einzusehen und nicht zu verhehlen, dass wir jene Forderungen nicht gestellt haben und nicht stellen konnten, ohne dass in ihnen vorläufig das Criterium bereits sich selbst bezeugt und in ihm sein Selbstbewusstseyn ausgesprochen hätte. Es ist aber das Criterium der Wahrheit nicht nur ein seiner selbst bewusstes, sondern das Selbstbewusstseyn und nichts Anderes ist das Criterium der Wahrheit. Denn angenommen, etwas Anderes als das Selbstbewusstseyn sey das Criterium, so könnte ich solche Annahme mit Grund doch nur behaupten, wenn ich wüsste, dass nicht das Selbstbewusstseyn das Criterium sey: ich würde also gleichwohl an mein Selbstbewusstseyn appelliren müssen, falls ich leugnen wollte, das Selbstbewusstseyn sey nicht das Criterium, und würde, mir widersprechend, bestätigen was ich zu leugnen versuchte. Und wollte ein Zweifelnder erklären, er sey sich dessen nicht bewusst, dass das Selbstbewusstseyn das Criterium der Wahrheit sey, so würde auch er, indem er sich bewusst seyn will, dieses bestimmte Selbstbewusstseyn nicht zu haben, eben das Selbstbewusstseyn thatsächlich als

Criterium anerkennen. Das Selbstbewusstseyn macht sich allenthalben als das Criterium der Wahrheit geltend.

Das Selbstbewusstseyn ist aber durchaus als concretes zu fassen. In Wechselwirkung mit allen anderen Facultäten des Menschen und mit des Menschen ganzer Welt gewinnt und entfaltet es immer grösseren Reichthum und läutert und reinigt solche Fülle und verarbeitet alle Mannigfaltigkeit mehr und mehr zur Einheit. Und kein passenderes Wort dürfte sich für solche Gestaltung des Geistes bieten als das Wort Leib, womit wir demgemäss nicht den verweslichen Körper verstehen, sondern den geistigen Leib, so dass wir das concrete Selbstbewusstseyn auch den leibhaften Geist nennen dürfen. Ohne solche Leibhaftigkeit ist nicht zu denken wie das Selbstbewusstseyn als Criterium zu walten vermöchte.

Ferner ist zu beachten, dass das Selbstbewusstseyn um seiner selbst willen nicht umhin kann, auch sich zum Gegenstande der unterscheidenden Thätigkeit oder des Denkens zu haben. Denn das Selbstbewusstseyn wächst nicht von der Nahrung der Aussenwelt allein, sondern auch von eigenem Fonds; es könnte letzteres aber nicht und würde nie über sich in das Klare kommen, wenn es nicht, so zu sagen, von seinem Sitze herabsteigen und sich der unterscheidenden Thätigkeit unterziehen würde. Zwar scheint diese Forderung einen nicht geringen Widerspruch zu involviren: das Selbstbewusstseyn soll Subject der unterscheidenden Thätigkeit seyn und zugleich das Object; müsste sich nicht das Selbstbewusstseyn zertrennen, so dass dort ein Theil desselben das Subject und hier ein anderer Theil von ihm das Object wäre, oder würde nicht ausserdem, wenn das ganze oder nämliche Selbstbewusstseyn sich zum Object der unterscheidenden Thätigkeit machte, eben damit die unterscheidende Thätigkeit ledig seyn ihres Subjects und desshalb ersterbend im Object verschwinden? Solchen Problems Lösung wird völlig im nächsten Capitel erhellen, ist aber hier insoweit schon anzugeben, als wir von früher wissen, dass die unterscheidende Thätigkeit immer zunächst an ein Bild in uns sich anschliesst, das Selbstbewusstseyn daher, welches durch die unterscheidende Thätigkeit sich erneuern und bereichern will, vorerst von der bildenden Thätigkeit der Seele erfasst und im Bilde dem Auge der unterscheidenden Thätigkeit vorgeführt werden muss. So ist das Selbstbewusstseyn Gegenstand und zugleich Criterium seiner selbst.

Aber das Selbstbewusstseyn des einen Menschen ist auch Criterium für das Selbstbewusstseyn des Anderen. Ist das Selbstbewusstseyn von A entwickelter, kräftiger, klarer als das von B, so ist jenes für dieses befreiend, während dieses, sich als das

niedrigere und jenes als das höhere anerkennend, von ihm sich
befreien lässt; oder stünde das Selbstbewusstseyn von A und B
auf gleicher Stufe, so würden sie sich als die Ebenbürtigen Einer
den Andern bestätigen, immer aber, ihre Individualität einander
eröffnend und mittheilend, auch so sich gegenseitig fördern. Dabei
verhält sich das Selbstbewusstseyn des Einen zum Selbstbewusstseyn des Andern ähnlich wie ein und das nämliche Selbstbewusstseyn, das über sich in das Reine kommt, sich zu sich selbst verhält; wie ich für mich mein Selbstbewusstseyn einführen und
finden muss im Bilde, auf dass ich es durch unterscheidende Thätigkeit neu gewinne, so muss derjenige, welcher sein Selbstbewusstseyn hingibt dem Anderen zum Befreien oder zum Befreit-
werden, vor allen Dingen dasselbe irgendwie darstellen oder darbilden, auf dass es der Andere erkenne.

Endlich wird noch bemerkt werden dürfen, dass sich erst
aus des Selbstbewusstseyns Concretheit oder dem pneumatischen
Leibe das ächt menschliche Gedächtniss erklärt sammt der Erinnerung, welche letztere aus dem Gedächtniss das darin Verhaltene
herausführt vermittelst der bildenden Thätigkeit und wieder dahin
zurückführt vermittelst der unterscheidenden Thätigkeit. Wir
verstehen aber mit Gedächtniss nicht den Geist schlechthin noch
den Leib des Geistes noch auch dessen Wachsthum und Vollendung, obschon ohne Zweifel mit ihm auch des Gedächtnisses
Reichthum wächst und sich vollendet, sondern wir verstehen mit
dem specifisch menschlichen Gedächtniss die Reproductionsfähigkeit
des pneumatischen Leibes und verstehen mit Erinnerung solch
actuelle Reproduction. Ohne das Moment des Gedächtnisses ist
hinwieder seinerseits das Criterium der Wahrheit nicht auszuden-
ken; vielmehr offenbart letzteres hiedurch eine neue vertiefte Bedeutung, welche in die Ringe der Vorzeit und des Jenseits ein-
gekettet ist.

Wer aber das bisher Gesagte zugegeben hat, dürfte mit dem
Ansehen der Berechtigung jetzt einen harten Einwurf erheben,
den Einwurf, dass wir durch solche Theorie Thür und Thor eröffnen der Einseitigkeit des Subjectivismus. Und in der That haben
wir noch nicht auseinandergesetzt die Lösung jenes Problems,
von welchem die alte Definition des Erkennens weiss, sagend,
das Erkennen sei dasjenige Denken, welches mit dem Gegenstande übereinstimmt. Hieher haben wir noch unsere Aufmerksamkeit zu richten, die Gefahr des Idealismus, des Formalismus,
des Subjectivismus völlig überwindend und in das Gewölbe der
Erkenntnisslehre den Schlussstein einfügend.

6 *

Abhängigkeit und Freiheit des Selbstbewusstseyns.

§. 14.

Anthropologischer Grundriss.

Die Uebereinstimmung, welche in der üblichen Definition des Erkennens als eine Uebereinstimmung des Denkens mit dem Gegenstande bezeichnet wird, haben wir jetzt noch zu betrachten. Die Forderung aber, solche Uebereinstimmung darzulegen, ist hier gerichtet gegen vermuthete Willkür des Selbstbewusstseyns: wenn das Criterium der Wahrheit das Selbstbewusstseyn ist, ist es dann nicht aller Controle entzogen? wird menschliche Freiheit nicht über die gesetzten Schranken leichtfertig und zügellos sich schwingen? Doch ist es klar von vorneherein, dass solche Berufung von der Willkür an die Gebundenheit ebenfalls dem Selbstbewusstseyn entstammt; und in der That können wir, um die vorliegende Frage zu beantworten, nicht umhin, gerade aus dem Selbstbewusstseyn zu schöpfen: wer dies auffallend finden wollte, müsste auch jenes auffallend finden, dass man, um zu denken, denken müsse. Nicht also gegen das Selbstbewusstseyn als das Criterium der Wahrheit wird ein Vorwurf ausgesprochen seyn wollen, sondern gegen eine vermuthete Ueberhebung und Vereinseitigung des Criteriums. Die Möglichkeit solchen Uebels wie der rechte Stand soll aus dem Folgenden erhellen; die Aufgabe aber werden wir ihrem Inhalte nach bestimmen dürfen als das Verhältniss von Freiheit und Abhängigkeit des Selbstbewusstseyns.

Zunächst wird es nicht undienlich seyn nachzuweisen, dass und wie schon innerhalb der menschlichen Persönlichkeit durch deren Anlage Abhängigkeit und Freiheit des Selbstbewusstseyns sich wechselseitig begegnen und bedingen.

Hiebei gehen wir zurück auf das, was schon zum Oefteren hervorgehoben wurde, nämlich darauf, dass das Denken immer

an ein Bild in uns sich anschliesst; am Bild in uns entzündet sich
das Denken, und ohne dergleichen Bild zur Grundlage zu haben
findet ein Denken nicht statt: das Bild hinwieder wird vom Denken, das an ihm sich entzündet hat, ergriffen und einverleibt dem
Selbstbewusstseyn.

Es ist aber jenes in uns schwebende Bild ein Mittleres unserer körperlichen Natur und unserer Seele und als solches ein
noch ununterschiedenes Ganzes; erst durch das Denken wird
solches Ganzes unterschieden, durch das Denken, welches das
Was des Bildes ausfindig macht und des Bildes sich bemächtigt.
Mit dem inneren Bilde ist es ähnlich wie mit dem Kunstwerk,
welches der Künstler von Aussen uns bietet; sein Kunstwerk ist
nicht blose Natur noch blose Idee, sondern beides auf Einmal in
völligster Durchdringung; erst durch das Denken setzen wir uns
das auseinander, was das Kunstwerk darstellt. Ein Bild in uns,
das blos Natur wäre oder nur Seele oder nichts von beiden, ist
nicht denkbar, sowenig als umgekehrt die Natur gedacht werden
kann oder die Seele es sey denn, dass die eine und die andere
zuvor zum Bilde werde. Es wird desshalb mit Recht das Bild bezeichnet werden dürfen als idealisirte Natur oder als naturali-
sirte Seele.

Hiedurch ist aber dem Bilde eine Art Heimathschein mit-
gegeben, durch welchen die Bilder selbst sich in zwei Classen
besondern. Denn wenn schon das Bild durch die bildende Thätigkeit in uns zu Wege gebracht ist, so fragt es sich doch immer,
ob wir dieses und jenes Bild zunächst unserer körperlichen Natur
oder zunächst unserer Seele verdanken. Dass es beiderlei Bilder
gibt, besagt Jedem schon seine eigene Erfahrung; nicht zu gedenken inwieweit das Nervensystem und vornehmlich das Hirn,
ja das Gefässsystem und das Gliedersystem Antheil haben an des
Bildes Production, sey nur daran gemahnt, welch' unerschöpflichen
Stoff an unsere bildende Thätigkeit die Empfindung der Sinne
liefert, und in der anderen Beziehung sey darauf hingedeutet, dass
z. B. in der Erinnerung oder in mancher künstlerischen Conception
das Bild aus der Seele sich hervorbewegt und Gestalt gewinnt.
Erhielten wir keine Bilder durch des Körpers und namentlich der
Sinne Gunst, so wäre es unmöglich, dass das, was irgend Natur
ist an uns und ausser uns, Gegenstand für unser Denken werde:
wir könnten höchstens nur dasjenige denken, was in der Seele
liegt und von da hervortretend dem inneren Auge sich bietet; und
empfingen wir hinwieder keine Bilder aus der Seelentiefe, so wären
wir nicht in der Lage, das, was unserer Seele eignet, zum Gegen-

stand unseres Denkens zu haben. So lassen sich die Bilder in uns in zwei Classen unterscheiden, je nachdem zunächst entweder unsere körperliche Natur oder unsere Seele der Quell ist; dabei werden wir die Seele, sofern sie der bildenden Thätigkeit vorsteht, als das Gemüth erkennen, aber nicht übersehen, dass das Gemüth selbst und hiedurch jene vom Gemüth ausgehende bildende Thätigkeit zu Innerst bestimmt ist vom Grunde der Seele d. h. vom Gottesbilde und dessen Verkommenheit oder Energie.

Allein über diese besagten Classen hinaus, welche auf den nächsten Ursprung des Bildes in der menschlichen Persönlichkeit sich gründen, lassen die Bilder noch eine weitere wichtige Unterscheidung zu, sofern dieselben nämlich mit unserer Absicht oder ohne unsere Absicht in uns vegetiren und hiemit nicht nur für das Selbstbewusstseyn, dem sie zur Beute werden, sondern auch von dem Selbstbewusstseyn geweckt sind. Wie wir ohne, ja zuweilen gegen unseren Willen Bilder haben sowohl vom Körper her als vom Gemüthe aus, so können wir dagegen einerseits mit Vorbedacht unsere körperliche Natur aufregen und besonders unsere Sinne in ihr Amt rufen, um dadurch Bilder zu zeugen, andererseits absichtlich z. B. aus dem Schatze unseres Gedächtnisses das, was vielleicht schon lange darin bestattet lag, im Bilde auferstehen machen. Ohne das Vermögen, selbstbewusst die Schöpfung des Bildes zu übernehmen, wären wir unserer selbst nicht mächtig; das Selbstbewusstseyn wäre der jämmerliche Sclave tyrannisirender Einbildung und müsste seine Nahrung erwarten bald vom Zufall der Empfindung und vom Schicksal körperlicher Verfassung bald vom kärglichen oder reichlichen Geschenke des Gemüthes, auf welches wir keinerlei Einfluss üben würden; ja wir könnten auch unser Selbstbewusstseyn nicht zum Object des Erneuerns, Erweiterns, Erforschens und Vertiefens machen, weil wir ausser Stande wären, dasselbe in die Region der bildenden Thätigkeit zu versetzen und hiedurch der unterscheidenden Thätigkeit anheimzugeben.

Das Selbstbewusstseyn nun ist bedingt von der unterscheidenden Thätigkeit, die unterscheidende Thätigkeit von dem Bilde, das Bild theils und einerseits von des Menschen körperlicher Natur theils und andrerseits vom Gemüthe und dadurch auch vom gottbildlichen Grunde der Seele. Nicht minder wird mittelbar vom Selbstbewusstseyn aus das Gemüth in Bewegung gesetzt und dadurch die bildende Thätigkeit und das Denken, von wo aus dann die Richtung entweder sofort wieder aufwärts geht in das Selbstbewusstseyn oder zuvor abwärts zum Körper und insbesondere zu den Sinnen, also dass aus einer vor sich gegangenen Empfindung entbunden das neue Bild durch das Denken zum Selbstbewusstseyn erhoben wird.

Schon im Hinblick auf diese unleugbare Ordnung innerhalb der Persönlichkeit des Menschen wäre es wenig gerecht, das Selbstbewusstseyn schlechtweg der Schrankenlosigkeit zu zeihen und zu meinen, gerade dieses müsse, als Criterium der Wahrheit anerkannt, die Willkür auf den Thron erheben. Im Gegentheil ist des Menschen körperliche Natur einmal und zweitens sein Urwesen oder das Gottesbild in ihm jene das äusserste diese das innerste Moment welche beide von allem Anfang an und dauernd zwischen sich das innere Triebwerk und Treiben und mittelst dieses sich wieder gegenseitig anfachen und im Feuer erhalten, wobei der Körper mehr und mehr sich abbraucht und dahinwelkt, während das Gottesbild die vermittelnden Momente, somit auch das Selbstbewusstseyn, in sich hereinnehmend mehr und mehr befreit wird, falls nicht das Leben eines Menschen seiner Bestimmung zuwider vergebliche Lust gewesen ist und vergebliches Leid.

Für leichtere Uebersicht indessen über solchen organischen Verlauf wird es erlaubt sein, denselben hier schematisch so zu fixiren:

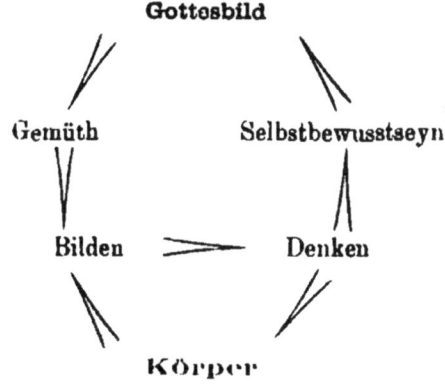

§. 15.

Das Wissen und sein Gegenstand.

Das Verhältniss von Freiheit und Abhängigkeit des innerhalb der menschlichen Persönlichkeit athmenden und pulsirenden Selbstbewusstseyns ist so jedoch zu wenig bestimmt im Interesse der Lösung des gegenwärtigen Problems. Wir müssen unseren Blick auch wenden zu den Regionen des Lebens, in welche wir gesetzt, und für welche wir geöffnet sind.

A.
Das Wissen von der Natur.
Exactheit.

Achten wir auf unser Wissen von der Natur. Dasselbe stützt sich zu Unterst unleugbar auf Empfindung oder, was wir dem gleichsetzen, auf unsere Sinnlichkeit. In den Sinnen haben wir bald absichtlich bald ohne unsere Absicht Empfindung sowohl von unserer eigenen Körperlichkeit als auch von der übrigen Natur, die mit uns in Berührung kommt; dabei können wir nicht anders empfinden als so wie unsere Sinne eingerichtet sind oder wie es der Sinne Gesetz ist, und wollen wir die Thätigkeit der Sinne unterstützen und steigern, dann müssen wir dies gemäss der Natur der Sinne; und sowenig ist die Empfindung unser ausschliesslich eignes Thun, dass es vielmehr allen Anschein hat, als ob ihrerseits die mit uns in Berührung kommende Natur sich einzeuge unserer Sinnlichkeit, sie anstecke, in ihr Bestand suche und auch fände, soweit sie nicht nach Aussen wieder abgeleitet und zurückgegeben oder nach Innen hin über die Empfindung empor verarbeitet würde.

Letzteres nun, das Verarbeiten nach Innen hin, geschieht sofort in der bildenden Thätigkeit. Das Bild, welches unmittelbar an die Empfindung sich anschliesst, können wir zwar absichtlich zusammenstellen mit einem anderen Bilde oder verdrängen und ersetzen durch ein anderes Bild, das wir aus dem Gemüth hervorrufen; auch kann jenes Bild verdeckt werden von einem Bilde oder vereint und vermischt werden mit einem Bilde, das ohne unsere Absicht aus der dunklen Tiefe der Seele oder des Körpers sich losreisst, und in den Vordergrund sich hebt. Doch müssen wir, wenn es sich darum handelt, ein Bild von dem, was wir empfunden haben, zu besitzen, uns allen Eingriffes begeben und vor jedem Zwischenspiel uns hüten; dazu ist es schon der Inhalt der Empfindung selbst, welcher meist ohne Weiteres und, bevor wir es uns erst noch überlegen, in uns zum Bilde wird: wir haben insofern zu gestehen, dass seinerseits das Empfundene sich in uns, die wir ihm unsere bildende Thätigkeit überlassen, zum Bilde einwirkt; und dass wir, wenn solches Bild zu undeutlich ist, als dass es erkannt zu werden vermöchte, eben die Empfindung erneuern

und die Sinne anstrengen oder, falls das eine und das andere nicht
in unserer Macht liegt, wenigstens warten müssen bis die Empfindung uns wieder zu Theil wird.

Soll ferner das Bild gedacht werden, so unterscheiden wir
an ihm das Was und führen es durch alle oder durch nicht alle
Stufen des Denkens hindurch; aber wir können schlechterdings
nichts vom Bilde denken als das, wozu das Bild uns Veranlassung
gibt: so sehr das Denken unsere eigene Thätigkeit ist, so sehr
ist es jenem Bilde verhaftet. Durch das Denken trägt sich
der Gewinn in das Selbstbewusstseyn ein, und zwar um so klarer
und vollständiger, je entsprechender die Sinne sich zu bewegen
vermochten, je getreuer das Bild, je schärfer das Denken, je entwickelter bereits das Selbstbewusstseyn war, dessen vorhandener
und durchgearbeiteter Fonds dem neuen Zuwachs entgegenkommen
und ihn sich eingliedern konnte.

An das Empfundene bleibt bis zu dessen Einverleibung das
Selbstbewusstseyn gebunden. Ist nun das Empfundene Natur
und, weil Natur, nicht geistigen Geschlechts, so ergibt sich,
dass wir den Grund der Natur und seine Entwicklung nicht so
zu wissen im Stande sind wie wir von unserer Seele und deren
Bethätigungen wissen. Nicht weniger folgt aus der Verschiedenheit der Natur von unserer Seele, dass die Natur das ihr eigene
Gesetz nicht nimmt von unserem Denken, sondern dass wir vielmehr in unser Denken das Gesetz erst aufzunehmen haben um
durch dasselbe die Natur, die unter dem Gesetze ist, zu denken.
Dagegen wird die Natur und unser eigenes Wesen in gewisser
Hinsicht auch übereinstimmen müssen, da sonst die Natur unmöglich auch nur Gegenstand unseres Denkens werden könnte.

Für das eben Gesagte liefern im Grossen die Naturwissenschaften hinlängliche Belege. Das Streben, in den Grund der
Natur zu wollen, hat bei ihnen in alter Zeit und heute mit haltlosen Phantasiegebilden geendet. Es ist weiters offenkundig, dass
z. B. die Physik zwar dankenswerth eine Menge von sog. Erscheinungen und Thatsachen festgestellt und mit einander in Verbindung gebracht oder in ihrer Verbindung erkannt hat, aber vergeblich sich anstrengt zu erklären, was eigentlich Wärme, Licht,
Electricität, Magnetismus u. s. w. ist; oder dass die Chemie bei
allen ihren hoch anzuschlagenden Resultaten in ihrem Fundamente,
der Wahlverwandtschaft, ein ähnliches Dunkel verbirgt wie in der
Anziehungskraft und überhaupt in der Bewegung der Gestirne die
Astronomie; oder können alle einzelnen Naturwissenschaften, wie sie
immer sich benennen mögen, ob sie nun die elementaren und zu

sammengesetzten Gestaltungen des Irdischen aufzählen und im Connex mit einander befassen oder ob sie der Verwandlung der Dinge nachgehen oder mit dem Gesetz der Natur sich beschäftigen oder in die Gestirnwelt das geschärfte Auge richten — können sie leugnen, dass ihre Göttin je anderes als die Form proteusartig ihnen gezeigt, den Grund derselben aber immer aufs Neue verdeckt gelassen hat? Mit Recht ist die Mathematik der Stolz natürlichen Wissens: ihr Gegenstand, ob sie es schon dermalen selbst kaum weiss, ist nichts Geringeres als das Gesetz der Natur; aber gerade an ihr erhellt die Macht der Natur über das Denken. Bewegung nämlich, Zeit, Schwere, Raum sind nimmermehr Categorien, sofern Categorie im strengen Sinne Denken ist; sie sind so wenig Categorien als die Natur selbst eine Categorie ist, sie sind ihrer Herkunft nach überhaupt nichts Subjectives, was selbstverständlich nicht hindert, dass wir ein Bild der Bewegung u. s. f. in uns haben und dass wir solches Bild weiter denken: die Linie, der Bruch oder die Zahl, der Punct, die Figur, sie in all ihrer Mannigfaltigkeit sind Bilder, welche uns die Bewegung, die Zeit, die Schwere und der Raum von sich aufdrängt, und das dahin gerichtete Denken ist so sehr davon angezogen, dass unser Selbstbewusstseyn erklärt, wir können nicht anders und müssen so denken, und aus 2×2 so wenig 5 zu machen erlaubt als die Winkel des Dreiecks für nicht 2 R auszugeben. Wäre die Zuversicht, welche die Mathematik von sich hegt, im logischen Denken oder gar in Categorien gegründet, dann würden alle anderen Wissenschaften, die doch auch des Denkens nicht baar sind, gleiche Zuversicht an den Tag legen dürfen und am Meisten und mehr noch als Mathematik müsste die Wissenschaft vom logischen Denken und die Categorienlehre sich zu rühmen haben. So aber geht die Sicherheit der Mathematik zurück auf das Vasallenthum, in welchem unser Denken zu dem Gesetze der Natur sich befindet. Was endlich jenen vorhin berührten Satz anlangt, dass die Natur einerseits und unser eigenes Wesen andererseits bei aller Verschiedenheit in gewisser Beziehung übereinstimmen müssen, so ist auch die Naturwissenschaft immerdar von ihm getragen worden und hat Zeugniss hiefür abgelegt nicht nur durch ihre eigene blosse Existenz, da eine Wissenschaft der Natur ohne irgend eine Uebereinstimmung von Natur und Geist nicht statthaben könnte, sondern auch durch die Verirrungen des Materialismus und des Naturalismus, welche die Uebereinstimmung treiben bis zur Identificirung unseres Wesens mit dem vermeintlichen Wesen der Natur. Sprechen nun aber die angeführten Exempel dafür, dass unser Wissen von der

Natur sich nicht in den Grund der Natur zu stellen vermag, um von hier aus die Natur zu durchschauen, sondern dass wir es immer mit Naturformen zu thun haben und dass wir das Gesetz der Natur nicht zu meistern vermögen und dass wir von einer gewissen Uebereinstimmung der Natur und unseres eigenen Wesens unterstützt sind, so wollen wir damit keineswegs vorstellig machen als ob die Naturwissenschaft nicht Höheres erreichen könne als was sie bis jetzt erreicht hat; vielmehr räumen wir gerne ein, dass dieselbe noch viel vor sich habe in Weite und Tiefe und namentlich durch die Association mit den andern Wissenschaften fröhlich fortgedeihen werde, räumen dies jedoch ein unter dem Vorbehalt, dass des Menschen Geist in der Natur geheimen Grund nimmer eindringt. Indessen hat es sich uns hier nur darum gehandelt, um der Einsicht willen in das Verhältniss von Abhängigkeit und Freiheit des Selbstbewusstseyns, wie es im Wissen von der Natur sich kundgibt, beispielshalber auf die vorhandenen Naturwisssenschaften zu verweisen.'

Für die Eigenthümlichkeit, durch welche sich das Wissen der Natur von jedem anderen Wissen unterscheidet, ist die Bezeichnung Exact in Gang gekommen. Mit diesem Worte kann nicht ausgedrückt werden wollen, dass das Wissen von der Natur nach allen möglichen Seiten hin bis zur höchsten Evidenz erhoben und durchgängig gegen Zweifel und Widerspruch gefeit sey: dergleichen gilt selbstredend von keinem Wissensgebiete, das seiner Vollendung erst noch harrt. Auch kann nicht gemeint seyn die Evidenz und erhärtete Gewissheit einzelner Partien: denn solcher erfreut sich auch anderes Wissen ausser dem Wissen von der Natur und würde sich daher mit gleichem Rechte exact nennen dürfen. Vielmehr enthält der Ruhm des Exacten das Geständniss derjenigen Abhängigkeit, in welcher unser Wissen gegenüber der Natur sich befindet; eben weil begründet in dem absonderlichen Verhältniss unseres Wissens zur Natur, ist die Exactheit von keiner anderen Wissenschaft auszusagen. Für ein Missverständniss muss es daher gehalten werden, wenn einerseits an die übrigen Wissenschaften das Ansinnen gestellt wird, auch exact zu seyn — es hiesse dies in der That, jene anderen Wissenschaften auf das Wissen der Natur zu reduciren — und wenn andrerseits irgendwelche Wissenschaften sich von sich selbst geberden als könnten sie es nachthun der Wissenschaft von der Natur: das Wahre ist nur, dass die anderen Wissenschaften ausser der Naturwissenschaft lehnsweise insoweit an der Exactheit Theil bekommen als sie an der Naturwissenschaft sich zu ergänzen haben.

Die Abhängigkeit, in welcher unser Wissen von der Natur sich befindet, schliesst die Freiheit so wenig aus, dass vielmehr die Stellung des Geistes gegenüber der Natur um so freier wird je mehr der Reichthum des betreffenden Wissens zunimmt, und dass hinwieder das Wissen in dem Masse gedeiht als der Geist zu seinem Rechte kommt. Solches ist zu ersehen aus der auf das Wissen gestützten erfolgreichen und zweckmässigen Behandlung der Natur; es ist aber auch abzunehmen aus dem Erkenntnissprocesse selbst: denn einen je grösseren Schatz des Wissens ich bereits in mir trage und dem Neuen, was die Natur mir zu erkennen gibt, entgegenbringe, um so leichter wird es mir, den frischen Zuwachs, der für den Standpunct meines bisherigen Wissens nichts absolut Unbekanntes, sondern ein bis zu gewissem Grade schon Bekanntes ist, bei seinem Namen zu rufen und mir anzueignen. Jene Abhängigkeit gewährt mir sicheren Boden, den ich als freien Eigenthums freier Herr bebaue und fördere; ohne die Abhängigkeit entbehre ich des festen Fundaments, ähnlich dem Manne, der sein Haus auf dem Sand errichtet. Umgekehrt ist nicht zu denken an Erweiterung und Cultur des Gebietes ohne das eindringende Walten des Geistes. Nicht Zügellosigkeit ist daher des Geistes Freiheit, sondern theils Resultat der Abhängigkeit theils der immanente Grund, welcher durch das erziehende Mittel der Abhängigkeit sich herausbildet und verwirklicht: es gilt auch hier wie anderwärts, dass der Gehorsam zur Herrschaft führt und der wahre Herrscher zu gehorchen versteht.

B.
Das Wissen von der Offenbarung.

Inspiration.

Unser Wissen ist nicht ein Wissen blos von der Natur. Es gibt auch ein Wissen vom Wunder d. i. von der Offenbarung Gottes im Reiche der natürlichen Dinge. Wer davon der sprechendsten Exempel eines schauen will, mag die Briefe der Apostel lesen und forschen in den heiligen Schriften allenthalben obschon dieselben für uns Lernende, die wir darin das Leben suchen, nicht nur ein Wissen vom Wunder enthalten, sondern ein Wunder selbst repräsentiren. Dazu ist die ächte Theologie überhaupt nichts Anderes als Wissen vom Wunder. Der aber, der ein Wissen vom Wunder leugnen wollte, auf gemüthlichen Wahn vielleicht es zurückführend, würde damit dem Kundigen nichts Weiteres verrathen als dies, dass er nur für seine individuelle Person weder vom Wunder als solchen noch vom Wissen des Wunders etwas weiss oder wissen will und dem Blindgebornen gleicht, der alle anderen Menschen ebenfalls für Blinde oder, wenn sie von Licht und Farbe reden, für Narren achten möchte.

In Bezug auf unser Wissen hat das Wunder mit der Natur dieses gemein, dass es durch die Sinne und von den Sinnen aus ein Wissen erzeugt und in das Wissen eingeht. Aber bei diesem ähnlichen Geschick von Wunder und Natur bleibt es nicht bewendet: wir würden sonst nothwendig das sogenannte Wunder, anstatt das Göttliche in ihm zu finden, für lautere Natur zu halten haben oder doch das Wunder als solches für unerreichbar unserem Geiste halten müssen. Es fragt sich demnach: Wie kommen wir dazu, das Wunder nicht als die blosse Natur, sondern als Offenbarung Gottes zu erkennen und zu wissen? Möchte es nicht scheinen, als ob die Erkenntniss des sich offenbarenden Gottes ein Wissen dessen schon voraussetze, wie Gott über der Offenbarung ist, also dass er in seiner Offenbarung nur wieder erkannt zu werden braucht und wieder erkannt wird? Und dennoch ist unleugbar, dass wir kein wirkliches Wissen vom wahren Gott erlangen, es sey denn gerade vermittelst seiner Offenbarung.

Wohl hat der Mensch ein bestimmtes Vermögen in sich, Gott zu wissen, ein Vermögen, welches nicht etwa das sog. Causalitätsgesetz ist, sondern der Seele göttliches Seyn oder Gottbildlichkeit; allein dieses Vermögen erstarkt erst und das Wissen von ihm erblüht erst durch das Wissen von Gottes Offenbarung. Unterdessen wird die göttliche Offenbarung selbst, welche nach ihrer Naturseite meine Sinne trifft und mir so zum Wissen kommt, nach ihrem anderen göttlichen Theile, der, ein noch unbekanntes rückständiges x, mein Wissen belastet, nimmer verstanden es sey denn, dass ich mich entschliesse, meine Seele zu öffnen dem selber, der äusserlich sich offenbart hat. Die Seelenpforte, das Seelenauge, Ohr, sensorium Dei oder wie man es benennen möchte, ist das Gottesbild im Menschen; durch dieses zieht Gott ein in das Gemüth und wird empfangen in Hoffnung, in Bewunderung, Liebe, Glauben: das ist das innere Gleichniss zu dem äusseren miraculum naturae. Aus dem so geweihten Gemüthe erst ergänzt sich und erfüllt sich das Schattenbild, das zuvor die Sinne mir geliefert hatten. Aber ich würde auch so vergebens streben, mir das Bild zu deuten, wenn nicht der, der im Gemüthe lebt, seinen Geist meinem suchenden Geiste eingebe, den göttlichen Geist, also dass ich jetzt wissend aus diesem in mir und mit mir wirkenden Centrum vermittelst meines Denkens jenes Bild der göttlichen Offen-

barung meinem Geiste anzuerkennen oder anzuleiben vermag. So
gewinnt aus Gottes Geist und nur aus Gottes Geist der von ihm
getragene Geist des Menschen lebendiges Wissen von der Erscheinung göttlichen Wesens; Finsterniss, wenn nicht eitel Thorheit
ist daher nothwendig das Wunder einem Jedem, der Gott weder
im Geiste hat noch auch erst im Gemüthe, sondern ihm von Anfang an einen Riegel vorschiebt, sich selbst dadurch gefangen
haltend und verstockend in der Nacht des Gewissens.

In dem Gesagten liegt, dass das lebendige Wissen vom Wunder den lebendigen Glauben zur Voraussetzung hat; aber es liegt
darin auch, dass jenem lebendigen Glauben das Wissen von der
Thatsache oder von irgend welch sinnlicher Erscheinung des
Wunders vorangeht. Wohl gelangt der Rationalismus zu letzterem
Wissen, aber sich zurückwendend setzt er das Wunder herab zu
blos natürlichem Vorgange. Der Orthodoxismus dagegen sucht
zwar das Wunder als solches festzuhalten, der sinnlichen Erscheinung das göttliche x supponirend, doch ermangelt er des inneren
Criteriums für dasselbe: daher ist er, bei all seinem conservativen
Streben sich einer selbstständigen Regung des Menschengeistes
nicht entschlagen könnend, in Gefahr einerseits in Rationalismus
zu versinken andrerseits für Wunder anzusehen, was nicht Wunder
ist; aber er kann auch die Staffel werden, von der aus sich erhebend der Menschengeist dem göttlichen Geist die Einkehr bereitet.
Des Pietismus Standpunct hinwieder ist das gotterfüllte Gemüth,
erhaben ohne Zweifel über die Buchstabenangst des Orthodoxismus,
aber durch des Gemüthes Isolirung wird ihm die sinnliche Erscheinung des Wunders ebenso gleichgültig und nichtssagend als
das Wissen von dessen Göttlichkeit, auf welches als auf ein Wissen
er sich nicht einlässt. Die ächte Theologie endlich ist es, welche
mit der Hülfe des göttlichen Geistes alle diese Einseitigkeiten ver-
meidet oder überwindet. Es gilt für das Wissen vom Wunder das
alte Wort: credo ut intelligam; nur ist nicht zu vergessen, dass
dem credo, nämlich dem Glauben des gotterfüllten Gemüthes, ein
theilweises intelligere schon vorhergeht, das an des Wunders sinnliche Erscheinung anknüpft, und das erst weiterhin durch den
Glauben und mit dem göttlichen Geist zum Wissen von der Offenbarung Gottes ausschlägt. Dieses Wissen aber, das am Glauben
und überhaupt an des Gemüthes Fülle seine Unterlage hat, wird
unleugbar in des Kreislaufes Umkehr auch dem Glauben zur Stär-
kung und hält die Seele nach Oben offen, also dass von eben
solchem Wissen nicht minder gesagt werden dürfte: intelligo ut
credam.

Die Eigenthümlichkeit des theologischen Wissens ist in Ein Wort zusammengefasst I n s p i r a t i o n, auf diesem Gebiete das Analogon zur Exactheit des Wissens von der Natur. Unter Inspiration verstehen wir, wie aus dem Bisherigen billigerweise zu erkennen ist, nicht eine apokalyptische Ekstase, in dergleichen Johannes die himmlischen Geheimnisse vernahm oder von dergleichen als von einer Verzückung in den dritten Himmel der Apostel Paulus erzählt. Sondern wir verstehen darunter das vermittelst des lebendigen Glaubens erfolgte wirksame Wohnen des göttlichen Geistes im bedürftigen Geiste des Menschen, so dass dieser nun aus Gottes Kraft ein Wissen gewinnt vom göttlichen Wunder; und wennschon mancherlei sind der Gaben des Einen Geistes, so sprechen wir doch hier von Inspiration nur in Bezug auf das Wissen und zwar in Bezug auf das Wissen vom göttlichen Wunder.

Nicht kann uns eingewendet werden, es sey hiemit ein Wissen gesetzt, dessen sich nur einzelne Auserwählte zu getrösten hätten. Denn zu besagtem Wissen ist Jeder angethan von Haus aus, und die Wunder selbst, die für Alle Bedeutung haben, sind nicht geschehen im Winkel oder sind dort nicht versteckt geblieben; und ob es auch bei Gott steht, dieses oder jenes Mittel Einem darzubieten, auf dass derselbe zur Erkenntniss komme, und diesen oder jenen Weg Einen zu führen, auf dass der Starrsinn sich breche, so ist doch insbesondere das Wunder der Gegenwart oder die Kirche es geworden, welches nicht nur den Menschen, der nicht widerstrebt, zum Geistmenschen weiht, sondern noch im Dogma ein bereites Wissen vom Wunder jedem Wissenwollenden zur Aneignung bietet. Darum sage man nicht, das Wissen vom Wunder sey nur einzelnen Auserwählten ermöglicht; man sage es um so weniger, als gerade das nur einigermassen vertiefte Wissen von der Natur auch nicht bei der Menge zu suchen ist, ja selbst bei Manchen nicht, die für Naturgelehrte sich halten.

Ingleichen bringe man nicht vor, dass durch grundsätzliche Anerkennung der Inspiration für das Wissen vom Wunder der Einzelne leicht dahin geführt werde, seine Einfälle für Wahrheit zu halten oder absichtlich, sich keck auf höhere Eingebung berufend, Andere zu betrügen. Selbsttäuschung des Einzelnen ist ja von keinem Gebiete ausgeschlossen, und die Lüge hat da wie dort ein Nest gefunden. Ferner aber muss auch das Wunder, um zum Wissen zu gelangen, durch das bearbeitende Denken hindurchgehen, und Niemand wird behaupten wollen, dass das Denken, dessen Gegenstand das Wunder ist, formaliter ein anderes sey als etwa das Denken, welches der Natur sich zuwendet. Ueberdies

wird schon die Unmöglichkeit, das was Wunder ist blos als Natur
oder auch als etwas rein Menschliches zu verstehen, es verrathen,
dass noch etwas Anderes, eben die Inspiration unseres Geistes,
hinzutreten muss auf dass wir uns des Wunders versichern, wie
denn hinwieder eigentlich erst vor dem Forum der Inspiration der
Einfall bezüglich des Wunders, wenn er Einfall ist, in seiner Haltlosigkeit aufgezeigt und die Lüge, wenn sie Lüge ist, entlarvt
werden kann. Weiter ist in Erklärung des Wunders die Uebereinstimmung Mehrerer, sofern diese überhaupt ein Zeichen der
Wahrheit seyn kann, von besonderem Belang: da der göttliche
Geist Einer ist, so folgt, dass diejenigen, welche von ihm bewegt
werden und bewegt sind, auch im Wissen des Wunders Eins werden unter sich und Eins sind. Endlich ist noch Folgendes zu
erwägen. Die Sphäre des Wunders umschliesst in sich selbst
schon vielfach ein Wissen vom Wunder und eine Selbstbezeugung:
so enthält z. B. die heilige Schrift ein Wissen vom Wunder und
so ist mit der Kirche ein umfassendes, zum Dogma herausgebilde-
tes Wissen vom Wunder erwachsen und verwachsen; hiedurch
steht eine Gränze aufgerichtet für jedes etwaige Gelüsten nach
Ausschreitung, eine Gränze, mit welcher sich bei der Einheit des
göttlichen Geistes Keiner in Widerspruch setzen darf, der auch
seinerseits aus Gottes Geist vom Wunder zu wissen begehrt oder
vorgibt, mag es ihm immerhin gelingen, über das durch gläubige
Aufnahme vermittelte Lernen hinaus neue Bezüge des Wunders
hervorzuheben und dasselbe zu noch grösserer Bestimmtheit zu
bringen. Dem allen zu Folge kann man nicht auf der Anklage
beharren, dass durch grundsätzliche Anerkennung der Inspiration
für das Wissen vom Wunder die Willkür losgelassen werde.

Schlüsslich dürfte noch hervorgehoben werden, dass das auf
Seite des Menschen sich entwickelnde Wissen vom Wunder zu
einem äusseren Wunder selbst um — und ausgestaltet zu werden
vermag. Eines der dahin gehörigen Exempel ist die heilige Schrift.
Die Männer Gottes haben geredet und geschrieben aus Kraft des
göttlichen Geistes; sie waren erwählt zu den wissenden Zeugen
von dem geoffenbarten Gott und von seinem Reich; Andere haben
das Ueberkommene bewahrt und das Zerstreute gesammelt; das
fertige Ergebniss aber, nachdem die vermittelnden Glieder zurück-
getreten sind, ist das Buch der Bücher, göttlichen Wesens Erscheinung im verzeichneten menschlichen Worte: ein Wunder.

Die Abhängigkeit unseres Wissens vom Wunder beruht auf
des Wunders Doppelgesicht, auf der sinnlichen Erscheinung des
göttlichen Wesens und auf dem göttlichen Wesen der sinnlichen

Erscheinung. Sie setzt sich fort und paart sich mit der Freiheit durch des Wunders Erkenntniss: in der einen Beziehung handelt es sich darum, vor Allem mir die sinnliche Erscheinung zum Wissen zu bringen, in der anderen Beziehung, dem göttlichen Wesen Eingang in die Seele zu verschaffen, in beiderlei Beziehung, das Eine und ganze Wunder zum Wissen zu erheben. Auf wel-. chem Wege und durch welche Mittel dies geschieht, haben wir gezeigt. Eine Vergleichung aber des Wissens von der Natur, welches nicht über die Form hinauskommt, mit dem in die Er- scheinung göttlichen Wesens getauchten Wissen vom Wunder er- gibt, dass bei letzterem die Abhängigkeit vermehrt ist, aber auch um so höhere Ansprüche an die Freiheit ergehen: denn an mir liegt es, mir nicht genügen zu lassen an der unverstandenen sinn- lichen Erscheinung, sondern die Seele aufzuthun und offen zu erhalten dem Zuge von Oben und den Wunderthäter aufzunehmen in das Gemüth und von seinem Geiste zu lernen und aus dessen Wissen das von ihm beschienene Wunder in mein Wissen aufzu- lösen; Abhängigkeit und Freiheit sind damit auf eine neue Stufe gekommen, und auch das Wissen von der Natur, welches dahin mitfolgt, wird zum Wissen vom Namen Gottes verklärt. Wer da- gegen es verschmäht, einzugehen auf die Abhängigkeit und sich aufzuschwingen zu der Freiheit, wie sie das Wissen vom Wunder fordert und mit sich bringt, sollte, weil unfähig ein Urtheil über das Wunder abzugeben, des Urtheils sich enthalten; dazu wird er, das Wunder bald für die Natur bald für menschliche Kunst und hinwieder für menschliche Einbildung nehmend, sein trübes und vermeintliches Wissen von Natur und Mensch durch seine Unwis- senheit bezüglich des Wunders noch mehr verstören. Die Abhän- gigkeit übrigens, in welche sich das Wissen gegenüber dem Wun- der gesetzt findet von Anfang an und im weiteren Verlaufe, verwandelt sich um so mehr in Freiheit je treuer das Wunder erkannt und dem Geiste des Menschen vermählt ist.

C.
Das Wissen vom Menschen.

Congenialität.

Wieder etwas Anderes als mit dem Wissen von der Natur und vom Wunder ist es mit dem Wissen vom Menschen und von den menschlichen Dingen.

Hier steht Menschliches Menschlichem gegenüber; vermittelst der Erscheinung gibt sich und kommt Eines dem Anderen zum Wissen und Jedes sich selber. Was nun immer Menschliches sich mir darbietet, verstehe ich im Grunde blos soweit, als ich es aus mir heraus ergänzen kann: der Erscheinung bringe ich mein eigenes Wesen zu; je ärmer ich in mir selbst bin, ein um so grösseres Räthsel wird mir der Mensch vorlegen. Die möglichste Ergänzung all des Aeusseren mit meinem Inneren setzt voraus und fordert, dass möglichst alle menschlichen Facultäten in mir nicht nur liegen, sondern auch geweckt sind; umgekehrt erwachen und erstarken die in mir vorhandenen Facultäten an der Mannigfaltigkeit der äusseren Erscheinung. Aber hiemit ist die Sache nicht abgethan. Vielmehr gibt es Fälle, wo mein Wesen, zu der Erscheinung nicht passend, sich mehr oder weniger klar ihr entgegensetzt und um seiner selbst willen entgegensetzen muss; abgesehen jetzt von blos individueller Abneigung, welche leicht auch gegen Löbliches sich sperrt, geschieht jenes z. B. in Bezug auf das Böse, Hässliche, Falsche, überhaupt in Bezug auf alle, die menschliche Erscheinung beschwerende Verkehrtheit. Hiezu ist denn unerlässlich eine Selbstständigkeit, welche nicht nur instinctartig mich merken lässt, dass diese und jene Erscheinung nicht meines Wesens ist, sondern zu Oberst mich auch befähigt, der Erscheinung das ächte Wesen das ihr abgeht vorzurücken: eine Selbstständigkeit, deren Klugheit und Macht nicht nothwendig erkauft wird mit eigenem Verbrechen und mit eigenem Schaden, die aber jedenfalls nicht gedeiht ohne Kampf mit der versuchenden und herausfordernden Erscheinung schlechten Wesens. Nach Alledem wird offenbar den Menschen und sein Treiben am Umfassendsten und Eindringendsten wissen wer erst selbst zu einem ganzen Manne geworden ist, zu einem ganzen Manne, der das Vermögen alles Menschlichen in sich trägt, aber dazu auch in sich entschieden ist gegen das Verkehrte und für das Gute, Schöne, Wahre, Menschenwürdige, mit des Characters Gediegenheit Universalität verbindend.

Nicht nur menschliches Wesen schlechthin ist es aber, was sich mir darlegt in der Erscheinung, sondern menschliches Selbstbewusstseyn insbesondere: Selbstbewusstseyn steht dem Selbstbewusstseyn gegenüber und gibt sich einander vermittelst der äusseren Erscheinung zu erkennen, namentlich vermittelst dessen, was Sprache im engeren und weiteren Sinne heisst. Aehnlich wie ich mir meines Selbstbewusstseyns Inhalt nicht nur innerlich sondern auch äusserlich vorführen kann, indem ich es etwa in Worte fasse und diese Worte niederschreibe und das Niedergeschriebene sichtend neu in mich zurücknehme, so bahnt sich durch die Erscheinung und hauptsächlich durch die Sprache ein Umgang an zwischen meinem Selbstbewusstseyn und dem Selbstbewusstseyn des Anderen zum Behufe wechselseitiger Erfüllung. Zwar ist der Erfolg bedingt nicht nur dadurch, dass ich meiner eigenen Mangelhaftigkeit und der Ueberlegenheit des Anderen inne werde oder umgekehrt meine Ueberlegenheit und die zu hebende Mangelhaftigkeit des Anderen wisse, sondern er ist bedingt vor Allem durch offenes Vertrauen beider Theile zu einander, so dass weder die Furcht, sich zu entdecken, dem Schwächeren den Mund verschliesst und gar feindlicher Hass in seinem Herzen sich ansetzt, noch der Stärkere es der Mühe unwerth erachtet, sich jenem einzugeben. Aber auch derlei Hemmniss wird zuletzt durchbrochen von der Noth des Selbstbewusstseyns, das nicht Ruhe findet, bis es sowohl gewusst wird vom Anderen als auch den Andern weiss, sich mehr und mehr herausarbeitend zu einem Spiegel, in welchem alles Menschliche sein wahres Bild erblicken könnte.

Uebrigens ist leicht zu ersehen, dass hierin Niemand sich rühmen dürfe, ausgelernt zu haben oder auslernen zu können. Verhältnissmässig sehr wenige Erscheinungen menschlichen Wesens sind es ja, welche, von der Gegenwart vorgezeigt und der Vergangenheit entrissen, in den Horizont des Einzelnen fallen. Dazu ringen die menschlichen Dinge, innerhalb der Geschichte stehend, erst mit der Darbildung ihrer selbst und haben noch nicht all ihr Vermögen ergossen; auch ist nicht zu übersehen, dass Vieles, was der Mensch zu leisten vermöchte in Schändlichkeit und Frevel kraft der in eines Jeden Brust schlummernden wilden Mächte, zurückgedrängt und überwunden werden muss und glücklicherweise gar nicht zur Geburt kommt; des lauteren und reinen Wesens Erscheinung verbirgt sich annoch im Schoosse der Zukunft. Ferner ist das Wissen vom Menschen fort und fort auf Seite des Wissenden behaftet mit jener individuellen Beschränktheit, welche, begründet aus den inneren Anlagen und von der äusseren Umgebung, sich zwar bricht an der Entwicklung der ganzen Persönlichkeit, aber nie völlig abgestreift wird, also dass der Beste nicht nur ein Kind seiner Zeit ist und seiner Nation, sondern auch Herr geworden seiner Nation und Zeit und als ein grosser Mann gepriesen die Eischalen seiner Originalität an sich herumträgt und mit sich zu Grabe nimmt. Weiter wird hervorzuheben seyn, dass sowohl die Selbsterkenntniss immerdar einen dunklen Rest in der Seele findet, der da besteht theils aus den zurückgeworfenen und

7 *

in die Tiefe gebannten Vermögen des Unheils theils 'aus der zu
künftiger Actualität berufenen, noch nicht ausgewirkten Lebensfülle, als auch das Wissen in Bezug auf Andere an deren Selbstheit
eine bald erweiterte bald verengte, zuletzt aber doch unübersteig-
liché Gränze hat. Endlich ist festzuhalten, dass das Wissen vom
Menschen und von den menschlichen Dingen immerdar aus der
Voraussetzung zehrt, dass alles Menschliche im Grunde gleichen
Wesens ist, aus einer Voraussetzung, deren Wahrheit nur durch
die fortschreitende Entwicklung des Wissens vom Menschen selbst
sich mehr und mehr bestätigen kann. Hin und her bewegt sich
dieses Wissen in der Wechselwirkung von Menschlichem und Menschlichem und gelangt über die Wechselwirkung nicht hinaus.

Kein anderes Wissen als das Wissen vom Menschen und von
den menschlichen Dingen hat solche Mannigfaltigkeit vorgängiger
Meinungen zugleich mit der mehr oder weniger gerechten Anforderung der Zustimmung aufzuweisen. Ist es doch als ob der Eine
in das Herz getroffen würde von dem Urtheil des Anderen, auch
wenn dasselbe sich zunächst gar nicht auf ihn bezieht, vielleicht
nur auf eine auswärtige Staatsverfassung, auf das Kunstwerk eines
Dritten und dergleichen. Es handelt sich um Menschliches, an
dem Jeder auf irgend eine Weise theilnimmt. Um so erbitterter
und vielköpfiger der Streit. Die einzelnen Wissenschaften, welche
des anthropologischen Gebietes Parcellen bebauen und nicht blos
Historisches äusserlich nachbilden und zusammenstellen wollen,
sind in sich selbst wieder vielfach zerklüftet mit Berufung jetzt
auf dieses jetzt auf jenes Princip: man betrachte die Gesellschafts-
wissenschaft, soweit sie überhaupt schon zu Worte gekommen ist,
die Staatswissenschaft, die Rechtswissenschaft, die Moral, die Wissenschaft vom Schönen, die Erkenntnisslehre, die Psychologie und
wie sie immer sich benennen. So ist es nicht bei den Naturwissenschaften und der in ihrer Exactheit liegenden Zucht; so ist es
nicht bei der Theologie, es wäre denn, dass da Göttliches zum
Menschlichen und Theologie zur Anthropologie gemacht würde.
Noch mehr als in jenen anthropologischen Wissenschaften tritt
die Zersplitterung und Verschobenheit des Wissens vom Menschen
hervor im täglichen Leben allüberall wo menschliche Verhältnisse
zur Sprache kommen. Dagegen liegt freilich vor Augen, dass hier
wie dort Annäherung und Verständigung erzielt wird; dass es
Grundsätze gibt, die allgemeine Anerkennung von jeher genossen
haben oder sich erwarben und keinen Widerspruch aufkommen
lassen; dass durch das Ganze ein unerbittlicher Zug der Einheit
waltet. Was im Practischen grause Verheerung anstiftet, verwü-

stet ingleichen das Wissen vom Menschen: es ist der schlechte Egoismus, der nur das eine Ich wie es geht und steht zur Geltung bringen will und lauter Nichtich gegen sich hat. Der rechte Egoismus, dessen Ich an jedem andern Ich sein Gleichniss findet, ist der Engel des Friedens im Kriege der Menschen; in seinem Lichte wird auch das Wissen vom Menschen sich verklären.

Das Verhältniss des Wissens vom Menschen und von den menschlichen Dingen zu diesem seinen Gegenstand dürfte bezeichnet werden als Congenialität des Wissenden mit dem Gewussten. Wir verstehen darunter die bald nähere bald weitere Wesensverwandtschaft von Menschlichem und Menschlichem, eine Wesensverwandtschaft, welche erklärlicherweise bei ein und dem nämlichen Selbstbewusstseyn, das sich vergegenständlicht, bei dem Schriftsteller etwa, der in seiner Schrift sich verleiblicht, oder bei dem Künstler, der dem Kunstwerk die eigene Seele einhaucht, im Grunde Wesenseinheit ist. Gemäss besagter Verwandtschaft ist es, dass z. B. ein Staat am Leichtesten beherrscht wird von dem, der sowohl par excellence ein ζῷον πολιτικόν ist, ein Regent von Haus aus, als auch mit der Eigenthümlichkeit des Staates, mit dessen Nationalität, Geschichte u. s. w. conspirirt.

Indessen könnte man vielleicht einen gewichtigen Einwurf zu erheben meinen, wenn man vorbrächte, aus unserer Behauptung folge zum Beispiel, dass ein Verbrecher nur vom Verbrecher gehörig gewürdigt werde; weil wir aber voraussichtlich letzteres nicht zugeben würden, indem dann entweder Verbrecher über Verbrecher zu Gericht sitzen müsste oder ausserdem ein schiefes Urtheil zu erwarten wäre, so sey es Nichts mit jener Congenialität im Interesse des Wissens vom Menschen. Allein hierauf entgegnen wir Folgendes. Das aus dem Rechts-Processe sich ergebende Urtheil über einen Verbrecher stützt sich gebührendermassen auf Ermittlung des Thatbestandes, ferner auf die Einsicht in den Antheil, welchen das Individuum an dem betreffenden Falle hat, weiter auf die Subsumtion der That unter den Begriff, welchen das Gesetzbuch an die Hand gibt, endlich auf Erkenntniss der Strafbarkeit des Angeklagten. Zu solchem Behufe reicht es nicht aus, ein Factum sammt einem Angeklagten mit den Indicien, die gegen ihn sprechen, vor sich zu haben und des Gesetzbuches Paragraphen zu wissen, vielmehr gilt es, die ganze That, welche in die zuerkannte Strafe schlüsslich ausläuft, in ihrer Genesis auch aus der Seele des Verbrechers heraus zu begreifen. Daher hat man von jeher dem Richter einen Blick in das Innere des Uebelthäters zugemuthet. Solcher Blick findet seinen äusseren Anhalt am Leumund

des Angeklagten, an seinem Schicksal, an dem kundgewordenen
Zustand, in welchem die That verübt ward, an der ganzen Persönlichkeit des Beschuldigten. Derlei Data sind nun auf Seite des
Richters zu ergänzen durch das, was man gewöhnlich Menschenkenntniss heisst, nicht aber eine Menschenkenntniss, welche etwa
nur vermittelst der Analogie und Induction von anderen schon
vorgekommenen Fällen auf den gegenwärtigen schliesst. Es muss
noch eine tiefere, innigere und, so zu sagen, sittlichere Menschenkenntniss hinzutreten, ein Wissen aus der eigenen Seele, nämlich
einmal das Wissen vom menschlichen Vermögen, ein Verbrechen
unter gewissen Umständen zu verüben, und zweitens das Wissen
vom menschlichen Vermögen, das Verbrechen schlechterdings zu
unterlassen: erst solches Wissen gibt eine Einsicht in das innere
Triebwerk des Verbrechens, in die inneren Kämpfe, in des Herzens Lust und Leid, und solches Wissen kann und muss Jeder
zuletzt aus sich selber schöpfen, ohne darum auch seinerseits ein
wirklicher Verbrecher zu seyn. Nicht der blose Verbrecher ist es,
sondern im Verbrecher der Mensch, der ausgespürt werden muss.
Hie waltet die Congenialität, welche zur Erkenntniss des Verbrechers dem Richter vonnöthen ist, eine Congenialität, welche
auch dem vorschauenden Gesetzgeber die Gesetze dictirt, eine
Congenialität, welche der Verbrecher in sich selbst mit sich wiederherstellt, wenn er, wie man sagt, zur Selbsterkenntniss gekommen oder, mit anderen Worten, aus dem Verbrecher wieder als
Mensch hervorgegangen ist. So kann weder vom Verbrechen noch
von irgend einer anderen Verkehrung menschlichen Wesens her ein
Einwurf erhoben werden gegen die Behauptung, dass Congenialität es ist, welche auf dem Gebiete menschlichen Seyns den Wissenden mit dem Gewussten verbindet: wohl wird durch Verkehrung menschlichen Wesens die Congenialität entzweit, aber es ist
auch die in der Verkehrung untergegangene und die über der
Verkehrung stehende Congenialität, die sich die Hände reichen.

An der Congenialität hat das Wissen vom Menschen und von
den menschlichen Dingen eine Eigenthümkeit, welche der Exactheit
des Wissens von der Natur und welche der Inspiration bei dem
Wissen von den göttlichen Wundern entspricht.

Das Wissen vom Menschen ist eine Frucht, die sich herausbildet inmitten der Wechselwirkung von Menschlichem und
Menschlichem oder, sofern da menschliches Wesen und menschliche Erscheinung einander gegenübertritt und sich einander darbietet, inmitten der Wechselwirkung von dergleichen Wesen und
Erscheinung. Abhängig ist daher mein Wissen sowohl von der

mir zugängigen Erscheinung, worin menschliches Wesen sich
ausprägt, als auch innerlich von den ursprünglichen Vermögen
und dem Bildungsstande meines eigenen ganzen Wesens; mit solcher Abhängigkeit ist verflochten die Freiheit, durch welche ich
die Erscheinung mir zum Wesen und Wissen bringe und mein
eigenes Wissen und Wesen auf die Erscheinung übertrage, ihr
unterstelle oder, soweit es thunlich, in ihr ausdrücke. Im Anschluss an die Erscheinungen menschlichen Wesens entwickelt ein
Jeder sein eigenes Wesen und kommt zum Wissen desselben;
umgekehrt versucht ein Jeder nach dem, was er selbst wesentlich
ist und weiss, die Erscheinungen die ihn umgeben zu messen,
wobei die Willkür, die in die Praxis sich zu übersetzen gedenkt,
schon von den Erscheinungen insofern eludirt wird, als diese nicht
ihrem eingeborenen Wesen zuwider sich behandeln lassen. Dazu
findet das Wissen des Einen auch ein Wissen auf Seiten des Anderen vor; vermittelst der Erscheinung theilt Wissen sich an
Wissen mit, nimmt auf und wird aufgenommen, prüft und wird
geprüft, eignet an und wird angeeignet: das Eigenthum Vieler
kommt in den Besitz und in die Herrschaft des Einzelnen, und
die Errungenschaft des Einzelnen wird zum Gemeingut. Es ist
die Menschheit, welche über das Wissen vom Menschen zu Gericht
sitzt und das Urtheil am Ende nur fällen kann vermöge des Wissens
von sich selber: als freier Meister jenes Wissens wird daher zu
rühmen seyn, wem es gelungen ist, aus menschheitlichem Geiste
mit dem Geiste eines Jeden zu sprechen.

D.

Das Wissen vom Jenseits.

Speculation.

Es wohnt endlich auch ein Wissen vom Jenseits bei den
Menschenkindern, Theosophie. Das ist ein Wissen, zu dem der
Christ sich bekennt schon in den Anfangsworten des Gebetes:
Vater unser, der du bist im Himmel; ein Wissen, welches in der
heiligen Schrift vielfach und nicht blos in der johanneischen Apo-
calypsis ausgesprochen ist; ein Wissen, welches überhaupt in der
Theologie seine Herberge erhalten hat, sey es dass diese bei der
historisch vorliegenden Offenbarung verharrt und deren Fülle aus-
legt, oder sey es auch dass sie darüber hinaus von dem Schatze,
den sie der Theosophie dargeliehen, die fälligen Zinsen für sich
einzieht. Wenn es Nacht wird auf der Erde, dann beginnt das
Sternenheer seine Predigt vom Jenseits; für eben dort hofft ein

Wiedersehen das Gemüth, das die verwesliche Hütte in das war-
tende Grab einbettet, und ebendorthin wendet es Blick und Hand
und Wort im andächtigen Gebete, Blick und Hand und Wort
zurückerhaltend; aber auch der Geist richtet sich nach Oben, strebend, sein Wissen vom Zeitlichen durch das Wissen vom Ewigen zu
vollenden und zu begründen. Gäbe es kein solches Wissen, so
müsste all anderes Wissen, dessen der Mensch sich berühmt, haltlos
auf dem Bauche kriegen und vom Staube zehren. Was der Apostel sagt von Christi Auferstehung, ohne welche unser Leben im
Tod verschlungen wäre, das gilt ähnlich von dem Wissen des Jenseits für das ganze Wissen. Soll aber dasselbe nicht nur Glaube
und Hoffnung seyn, auch nicht Phantasiegebilde, sondern Wissen,
und nicht ein Wissen vom Wunder als solchen, sondern ein Wissen
von dem, was über dem Wunder ist, wie wäre es zu erlangen?

Es haben die Sterblichen immerdar geredet und geschrieben
von ihrer eigenen Unsterblichkeit, von einem Ort der Seligen, vom
überweltlichen Gott und seinem Reich; sie sind und waren ohne
die Hülfe der göttlichen Offenbarung Träumenden ähnlicher als
Wissenden, so dass Andere, selbst vergleichbar den Gespenstern des
Hades, ein leicht Geschäft sich daraus machen konnten, zwar
nicht die Träumenden dem Traume völlig zu entreissen, doch den
beglückenden Traum derselben als eitlen Schaum zu deuteln. Die
Offenbarung nun bietet unter Anderem auch die Lehre von einem
lebensvollen Jenseits und seiner Verwebung mit dem Diesseits dar.
Aber man wird nicht eigentlich als das Wissen vom Jenseits es
bezeichnen dürfen, wenn die auf das Jenseits bezügliche Lehre
der Offenbarung gewusst wird: denn solches Wissen fällt noch
mit dem Wissen von der Offenbarung selbst zusammen. Durch
das Wissen von der Offenbarung ferner gelangt der Mensch zum
Bewusstseyn seiner eigenen Jenseitigkeit: er weiss, was er im
Grunde ist und was er seyn soll, er weiss sich als das Gottesbild,
das mit Gottes Beistand seine Verwirklichung erstrebt. Allein
auch solches Wissen ist noch nicht das Wissen vom Jenseits,
sondern ist dem Wissen vom Menschen verhaftet, so wie anderseits das Verständniss von dem Frieden, der in der Natur sich
durchkämpft, zum Wissen von der Natur gehört. Das Wissen
vom Jenseits als solchen oder die Theosophie ist ein besonderes
Wissen, unterschieden von allem übrigen Wissen, in diesem eingeschlossen liegend und aus ihm sich erhebend, letzteres in sich
aufnehmend und da zur Erfüllung bringend.

Es tritt aber besagtes Wissen in seiner Besonderheit hervor
kraft des Wissens vom Menschen. Denn im Wissen vom Menschen

vermögen wir dessen Wesen organisch, nicht gewaltsam, abzulösen und zu entbinden von der sinnlichen Erscheinung, und vermögen es um so leichter je mehr das Wesen selbst sich in uns dargebildet hat: ein intellectueller Vorgang, der analog ist dem natürlichen Tode wo die gesättigte Seele von ihrem Körper Abschied nimmt. Wir vermögen aber jenes nicht nur, sondern müssen es thun, je deutlicher uns wird, dass die dermalige sinnliche Erscheinung der Seele, das tragende und fördernde Mittel für die reifende Frucht, nimmer zureicht zu derjenigen Erfüllung und Vollendung, deren unser Wesen noch fähig ist und bedarf. Aus solcher nothwendigen Verselbstständigung menschlichen Wesens gegenüber seiner sinnlichen Erscheinung erblüht unser Wissen vom Jenseits als ein besonderes, von allem anderen unterschiedenes Wissen: das Geheimniss der ächten Theosophie wird seyn, aus dem im zeitlichen Wandel erwachsenen Selbstbewusstseyn der keineswegs leiblosen sondern gerade vermittelst ihres pneumatischen Leibes in freies Verhältniss zur Natur berufenen Seele, aus dem Gesicht der Seele Zeugniss abzulegen vom Heim der Creaturen. So beruht das Wissen vom Jenseits zunächst auf dem Wissen der Seele von dem, was sie geworden ist hienieden, himmelwärts gezogen und belehrt schon von den Wundern und ihre eigene Bestimmung mit Gottes Beistand aus allen Kräften zu verwirklichen bemüht. Vorzüglich von diesem Wissen und seinem Gegenstande ist es, dass gesagt wird: jetzt erkenne ich's stückweise, dann aber werde ich's erkennen gleichwie ich erkannt bin.

Die Missbildung der Theosophie, der Theosophismus nämlich oder der Mysticismus des Orients und des Occidents, der älteren und der späteren Zeit, verschmäht die allmähliche Entwicklung des Geistes für das Wissen vom Jenseits. Er verschliesst sich vor der Natur oder fällt in dieselbe, misshandelt oder kennt nicht die historische Offenbarung, verzichtet auf das Geschäft der Sinne, auf das prüfende Denken, auf das Selbstbewusstseyn, will ohne Weiteres mit Gott und der Idealwelt verkehren, schwärmt nicht sowohl in als von den höheren Regionen. So aber gelangt der Mensch nicht zum Wissen; vermöchte sich der Theosophismus zu erholen vom salto mortale, er müsste sich gestehen, dass er dem Geiste Gewalt angethan und voreilig zu entwerfen versucht hat, was nur in dauernder und fortschreitender Arbeit errungen wird. Ein höchstes Wissen, wie das Wissen vom Jenseits zu seyn behauptet, muss sich entfalten aus dem übrigen Wissen als dessen eigener Zweck und so sich kundgeben als den Grund, der von Anfang an in jenem anderen Wissen seine Verwirklichung gesucht hat und durch die Vermittlung desselben auch findet.

Das characteristische Verhältniss dieses Wissens zu seinem Gegenstande wird zu bezeichnen seyn als Speculation. Beibehaltend das in solchem Worte liegende Gleichniss vom Spiegel verstehen wir hier unter Speculation nicht ein bloses Schauen im Spiegel, sondern das Erkennen des im Spiegel Geschauten, ein Erkennen, das, formal genommen, nicht etwa nur für das sog. analogische Verfahren, sondern für das ganze Denken und, wenn eine von den bekannten Stufen des Denkens besonders namhaft zu machen wäre, für das Denken auf der höchsten Stufe, für das genetische Denken, zu halten ist. Dabei aber dürfen wir nicht vergessen, dass der in Rede stehende Spiegel die Seele im Diesseits ist, die Speculation daher insofern mangelhaft bleibt, als die Seele noch nicht eingerückt ist in das Jenseits, schauend von Angesicht zu Angesicht, sondern ihr Wissen vom Jenseits aus dem Fonds schöpft, der während des Zeitlebens sich in die Seele hinein- und aus ihr herausgebildet hat. Anders ist es, wenn mit vorübergehender Lösung der dermaligen Verbindung von Körper und Seele diese, in Anticipation des irdischen Todes und des zukünftigen Lebens, wirklich erhoben wird zur göttlichen Region: dann mag das Dort unmittelbar sich in die Seele scheinen. Einen derartig ekstatischen Zustand jedoch wird ein Wissen, das auf allgemeine Geltung Anspruch macht, nicht als Vorbedingung fordern dürfen; in solcher Rücksicht ist vielmehr das allgemeine, freilich regulinische Wesen des Menschen anzurufen, das Wesen, das im Spiegel seiner selbst das Reich Gottes zu erblicken vermag. Hiebei soll aber keineswegs geleugnet werden, dass der speculirende Geist nothwendig in einer thatsächlichen Gemeinschaft zu stehen habe mit Gott und seinem Reich: denn wie schon das Wissen vom Wunder bedingt ist durch das Wohnen des göttlichen Geistes im Menschengeiste, wohin er durch das gläubige Gemüth eingezogen, und wie weiterhin ohne den göttlichen Geist der Mensch nicht als Gottesbild sich zu erkennen im Stande ist, so würde auch die Speculation, wenn nicht getragen vom Geiste Gottes, eitles Imaginiren seyn und müssige Construction.

Das Wissen vom Jenseits ist durchaus abhängig von dem, was die Seele ihrem ganzen Vermögen nach sowohl ursprünglich ist als auch im Zeitleben gewonnen hat; die Freiheit aber des Wissens bethätigt sich im Zeugniss von jener Fülle. Auch kann es zu dem übrigen Wissen, aus welchem es sich zu erbauen hat, nimmermehr in unlöslichen Widerspruch sich versetzen wollen; vielmehr bleiben die Natur, die Offenbarung, die menschlichen Dinge und das Wissen von dem Allen unvermeidliche Instanzen.

Solches hindert jedoch nicht und schliesst nicht aus, dass umgekehrt vom Wissen des Jenseits allem anderen Wissen Erhöhung
und oberste Begründung zu Theil wird. Es kann darum der etwaige
Einwurf, dass das von uns hervorgerufene Wissen vom Jenseits
auf Willkür beruhe und hierauf zurückzuführen sey, sich nicht
halten. Vielmehr ist unschwer zu ersehen, dass kein anderes
Wissen so sehr gebunden ist wie das Wissen vom Jenseits, schon
daher allein, weil es von allem anderweitigen Wissen bedingt
wird; und wenn hinwieder unsrerseits eingeräumt werden muss,
dass das Wissen vom Jenseits das andere Wissen an Freiheit über-
ragt, so ist der Rechtstitel für das Ueberragen darin zu suchen,
dass die Seele eben im Wissen vom Jenseits am Meisten bei sich
zu Hause ist.

§. 16.

Die Sphären des Wissens im Zusammenhange.

Der Abhängigkeit und Freiheit des Selbstbewusstseyns nachgehend haben wir betreten das Gebiet des Wissens von der Natur,
das Gebiet des Wissens vom Wunder, das des Wissens vom Menschen und das des Wissens vom Jenseits. All dieses Wissen nun
ist selbst von einander abhängig und dient einander zur Befreiung.

Bereits bei dem Wissen vom Jenseits, das wir eben in Betracht gezogen haben, mussten wir hervorheben, dass es am übri-
gen Wissen das zeitliche Prius, $\tau\grave{o}$ $\pi\varrho\grave{o}\varsigma$ $\mathring{\eta}\mu\tilde{\alpha}\varsigma$ $\pi\varrho\acute{o}\tau\varepsilon\varrho o\nu$ $\varkappa\alpha\grave{\imath}$ $\gamma\nu\omega$-
$\varrho\iota\mu\acute{o}\tau\varepsilon\varrho o\nu,$ hat und daran gebunden bleibt, während es umgekehrt
seinerseits als das $\mathring{\alpha}\pi\lambda\tilde{\omega}\varsigma$ $\pi\varrho\acute{o}\tau\varepsilon\varrho o\nu$ $\varkappa\alpha\grave{\imath}$ $\gamma\nu\omega\varrho\iota\mu\acute{o}\tau\varepsilon\varrho o\nu$ jenes begründet. Namentlich muss vom Wissen der Natur gesagt werden,
dass es den gemeinsamen gesicherten Boden abgibt, auf welchem
alles andere Wissen fusst, aber es ist auch zu beachten, dass wir
erst durch das Wissen vom Jenseits sowohl zu der negativen Einsicht gelangen, die Natur der diesseitigen Region sey nicht res
integra, als auch positiv das in solche Natur verwebte und sich
nach Erlösung sehnende Jenseits zu finden vermögen; dabei ist
gleichfalls nicht zu vergessen, dass zunächst das vermittelnde Wissen vom Wunder uns belehrt über die geschehene Aufrichtung
der Natur und über das winkende Ziel; endlich ist klar, dass erst
im Gegenhalte zum Wesen des Menschen, also vermittelst des
Wissens vom Menschen, das Wissen von der Natur diesen seinen
Gegenstand in seiner Eigenthümlichkeit erfassen kann. Ferner
ist nicht zu leugnen, dass wir ohne die Kunde von der im Wun-

der sich manifestirenden Gnade Gottes den Ursprung, den Fortgang, den Gehalt und das Ende der menschlichen Dinge nimmer
verstehen, dass demnach vom Wissen des Wunders das Wissen
des Menschen getragen wird; hinwieder entwickelt sich das Wissen vom Wunder selbst nicht ohne dass es einerseits das Wissen
von der blosen Natur überwinde, andrerseits aus dem Wissen vom
Jenseits schöpfe. Das Wissen vom Menschen endlich würde sowohl mit dem Wissen von der Natur in trüber Vermischung bleiben, wenn nicht das Wissen vom Wunder dazwischenträte und
den Menschen zu seines eigenen und ewigen Wesens Erkenntniss
brächte, als auch in Apotheose des Menschlichen verfliessen, wenn
nicht vermittelst des Wissens vom Wunder dem Menschen seine
creatürliche Stellung erschlossen würde; in umgekehrter Richtung
ist es aber, dass sowohl das Wissen vom Jenseits, von Gott und
seinem Reich, aus dem concreten Selbstbewusstseyn des Menschen
sich erhellt als auch von eben diesem Selbstbewusstseyn her das
Wissen der Natur sich bereinigt und verklärt.

Wenn es gestattet ist, ein Analogon zu wählen aus dem
Kreise der Denklehre, so lässt sich angeben, dass das Wissen von
der Natur, vom Wunder, vom Menschen, vom Jenseits sich zu
einander ähnlich verhält wie Wahrnehmen, Vorstellen, Urtheilen,
Begreifen; oder dürfte der Mensch überhaupt als Analogon genommen werden, so wäre zu sagen, dass jene Sphären des Wissens
sich zu einander verhalten wie Persönlichkeit, bildende Thätigkeit,
Erkennen und Seele; oder wollte man zu gleichem Behufe die
Seele selbst in Anspruch nehmen, so müsste behauptet werden,
jene Sphären des Wissens verhalten sich unter sich wie Gewissen,
Gemüth, Geist und lautres Gottesbild sich zu einander verhalten.

Ein anderweitiges Wissen ausser dem Wissen von Natur,
Wunder, Mensch, Jenseits gibt es nicht für uns. Die Natur ist
die eine Gränze, über welche unser Wissen nicht hinunter zu steigen vermag; die andere Gränze ist das Jenseits, über welches
unser Wissen sich nicht emporheben kann; Natur und Jenseits
aber sind mit einander vermittelt einmal durch das sich herab-
lassende und erziehende Wunder und zweitens durch die vom
Wunder getragene Selbstbethätigung des Menschen, welche letztere wieder nach Oben hin in das Jenseits, nach Unten hin in
die Natur verläuft: in derselben Weise wie der Gegenstand hängt
das Wissen von ihm unter sich zusammen.

Die gewöhnliche Meinung, welche das Gebiet des Wissens
auf Natur, Mensch und Gott einschränken zu können glaubt, lässt
das Wunder völlig weg oder wirft das Wissen vom Wunder mit

dem Wissen von Gott und vom Jenseits zusammen; im ersteren
Falle scheitert sie an dem Unvermögen, von Gott und dem Jenseits
wie auch von der Natur und vom Menschen Befriedigenderes sagen
zu können als was immer schon der natürliche Mensch und die
sog. reine Vernunft gestottert hat; im zweiten Falle ist zwar weder das Wissen vom Wunder noch das Wissen vom Jenseits verneint, aber es harrt und verlangt ein jedes nach seiner Unterscheidung und Befreiung, um seinerseits lebendig in das ganze
Wissen einzugreifen.

Wollte man indessen fragen, ob es denn nicht auch ein
Wissen von Satan und seinem Treiben gebe, der weder als die
Natur noch als der Mensch noch als Bürger des göttlichen Reiches
oder gar als Gott noch als eine Offenbarung göttlichen Wesens
zu denken sey und demnach das Gebiet eines besonderen Wissens
ausmachen müsste, so ist zu entgegnen, dass ein Wissen von Satan und Genossen allerdings eingeschlossen und verhüllt ist theils
im Wissen von der Natur, theils im Wissen von der Offenbarung,
theils im Wissen vom Menschen, theils im Wissen vom Jenseits,
sofern derselbe dort und da entweder Zeugniss von sich gibt oder
dagegen Zeugniss findet, aber ein besonderes Wissen von ihm ist
für den Menschen nicht möglich, es sey denn dass dieser, sein
Wissen von sich als Menschen opfernd, selbst des Teufels werde.

All unser Wissen gliedert sich vielmehr in das Wissen von
der Natur, vom Wunder, vom Menschen und vom Jenseits, ein
Organismus, in welchem auf dem Fundamente des Wissens von
der Natur im Anschluss an das Wissen vom Wunder das Wissen
vom Menschen als Organon fungirt, in das begründende Wissen
vom Jenseits alles andere Wissen einzutragen strebend.

Das Wissen vom Jenseits ist im Organismus des Wissens
das Ziel aller anderen Erkenntniss, und alles andere Wissen wird
von jenem begründet. Hierin liegt, dass auch das Wissen vom
Wissen oder, wenn man so will, die Wissenschaftslehre ebendort
die oberste Begründung zu suchen hat und findet.

Die Natur, welche vermittelst der Sinne, der bildenden Thätigkeit und des Denkens in das Wissen eingeht, ist von unserer
Seele wesentlich verschieden. Solche Verschiedenheit kann aber
nicht in jeder Beziehung gelten: ausserdem wäre es unmöglich,
die Natur zu erkennen; dazu ist eine absolute Verschiedenheit
überhaupt nirgends denkbar. Es fragt sich daher zunächst im
Interesse des Wissens von der Natur, was Natur und Seele bei
aller wesentlichen Verschiedenheit gemein haben mit einander.
Die Theosophie nun lehrt, die freie Seele sey der Spiegel der

Natur und die reine Natur sey der Spiegel der Seele, so dass beide, als Spiegel für einander von Anfang an geschaffen, sich in einander scheinen und einer jeden Bild von der anderen gefangen und zum Leibe an- und ausgestaltet wird. Abgesehen, welches Licht von hier aus fällt auf das Tagewerk Gottes als auf die Wiederaufrichtung der geblendeten, des Angesichts beraubten Natur zum Seelenspiegel, abgesehen auch, welche besondere Bedeutung all künstlerische Darstellung und bildende Thätigkeit gewinnt als menschliche Fortsetzung des göttlichen Tagewerks, sey nur die Folgerung betont, dass wir die Natur um so weniger erkennen je weniger dieselbe unser seelisches Wesen zurückscheint, und dass wir die Natur gar nicht erkennen wenn sie, selbst blind uns zu Blinden machend, überhaupt nicht seelische Form, demnach auch nicht unser Denken als Form zuvor an sich hat. Dies erst, dass die Natur die Form seelischen Wesens an sich hat, macht sie für unser Erkennen geschickt. Im Erkennen nehmen wir die seelische Form der Natur, den Widerschein unsers eigenen Wesens, in uns zurück und erhalten mit derselben das ihr vermählte Bild natürlichen Wesens zu unsers Geistes nunmehriger Form oder zu unsers Geistes Leibe. Aehnlich ist es mit dem Verständniss des übrigen Wissens. So wird hinsichtlich des Wissens vom Wunder und der damit verbundenen Inspiration von der Theosophie uns eröffnet, dass für die Creaturen wie der Aufgang des Lebens so die alleinige Lebensspeise immerdar das Wunder des Jenseits ist, der Logos, der sich mittheilt den Einen und den Anderen, den Geistern den Geist Gottes spendend zu beseligendem Zeugniss. Nicht minder bestätigt sich für das Wissen vom Menschen aus der Theosophie, welche einen Jeden weiss als das Gottesbild, die Uebereinstimmung menschlichen Wesens. Es ist das grosse Axiom, aus welchem die Theosophie selbst und mittelbar durch sie alles übrige Wissen schöpft, das Axiom von der Ebenbildlichkeit der wesentlich gleichen Naturen unter sich und von der Ebenbildlichkeit der wesentlich gleichen Seelen unter sich, von der Gegenbildlichkeit der wesentlich von einander verschiedenen Natur und Seele, von der göttlichen Nachbildlichkeit und Zubildlichkeit der durch Christum zu Gottes Zeugen bestimmten Creaturen insgesammt, ein Axiom, dessen Wirklichkeit das ganze Leben und dessen Wahrheit das ganze Wissen darzuthun und herauszustellen sich befleisst.

§. 17.

Das Wissen an und für sich.

Nicht befriedigt aber von dem bisher Gesagten, nicht befriedigt von Aufzeigung der allgemeinen anthropologischen Grundlage, in welche das Wissen verflochten ist, nicht befriedigt vom Nachweis des Verhältnisses, in welchem das Wissen zu seinem Gegenstande sich befindet, nicht befriedigt von dem organischen Zusammenhang, in welchem sich das mit seinem Inhalte nach besonderen Sphären sich gliedernde Wissen auswebt, nicht befriedigt von dem Allen möchte vielleicht Jemand uns vorhalten, wir hätten gerade die Idee des Wissens ohne nähere Bestimmung gelassen, während offenbar zwischen Wissen und Wissen ein Unterschied bestehe: es gebe ein Wissen, das wohl auf Wahrheit Anspruch mache, also dass Einer Alles, was er ist und hat, dafür einzusetzen sich getraute, das aber im Grunde doch nur für eine lediglich individuelle Ueberzeugung gelten könne; es gebe ferner ein Wissen, welches sich selbst einer Verbesserung und Vertiefung für bedürftig halte und darnach begehre; es gebe ein Wissen, das, jedes andere vermeintliche Wissen als Nichtwissen ausschliessend oder nur als Wissen im weiteren Sinne zulassend, für seine eigne Wahrheit auf unumstössliche Nothwendigkeit sich berufe; es gebe ein Wissen, das, wenn auch zunächst nur das Wissen eines Einzelnen und dem Wissen der Anderen voraus, bei den Letzteren von Anfang an oder doch allmählich entgegenkommende Anerkennung finde und ein allgemeines Wissen repräsentire. Weit entfernt nun, solche Unterschiede des Wissens in Abrede zu stellen, gedenken wir dieselben sofort in das Auge zu fassen, um so bereitwilliger, als sie dem Thema des gegenwärtigen Abschnittes entsprechen, ja ohne sie dieses Thema's Behandlung gar nicht abgeschlossen werden kann. Denn die beregten Unterschiede sind dem Selbstbewusstseyn immanent, sie thun sich bei Entwicklung des Selbstbewusstseyns innerhalb desselben hervor, sie bezeichnen die Abhängigkeit und Freiheit, in welche das Selbstbewusstseyn mit sich selbst verflochten ist, sie führen so unsere vorliegenden Betrachtungen über Freiheit und Abhängigkeit des Selbstbewusstseyns in ihren Grund zurück und in ihren Zweck heraus.

Ein seyn wollendes Wissen, entweder aus der ganzen Persönlichkeit herangewachsen oder nur vom Uebergewicht eines einzelnen Vermögens, einer Neigung, eines Interesses, eines Erlebnisses gezeugt und hiedurch den übrigen Menschen in Besitz neh-

mend, ein Wissen, von welchem demzufolge Einer nicht lassen
zu können meint ohne dass er sich selbst aufgebe oder doch einer
bald mehr bald weniger schwer fallenden Entsagung sich unterziehe, ein solches Wissen pflegt man persönliche Ueberzeugung zu nennen. Dieselbe mag in einem eng begränzten Hori-
zonte sich bewegen, sie mag eine ganze Weltanschauung umspan-
nen. Sie mag ihren Gegenstand nur oberflächlich mit dem Denken
berührt, sie mag ihn sorgfältig durchdacht haben. Sie kann verkehrt und äusserlich haltlos sein, gleich der Illusion und der Hal-
lucination des Geisteskranken, sie kann hinwieder bei näherer
Untersuchung eine allgemeine Bedeutung offenbaren. Doch nimmt
sie immer ihre Entscheidung über Wahr und Falsch aus der Eigenthümlichkeit des Wissenden her. Es kann solche Eigenthümlichkeit in einem Vorzug bestehen und in geistiger Grösse; aber
das, wodurch die persönliche Ueberzeugung vor jedem anderen
Wissen sich kennzeichnet, ist die Haftung der Person für ihr
Wissen und die hierauf sich gründende Versicherung, dass dies
und dies so und so ist. Nicht zu leugnen ist, dass ohne persönliche Ueberzeugung alles vorgebliche Wissen und mittelbar hiedurch der ganze Mensch im Winde flattert; dass ohne das Fundament der persönlichen Ueberzeugung von einem Gedeihen des
Wissens nicht gesprochen werden kann; dass ohne persönliche
Ueberzeugung das sogenannte Wissen characterlos und des Mannes
unwürdig ist. Ebensowenig hätte ohne die persönliche Ueberzeugung in der Geschichte die Menschheit auf dem Gebiete des Wissens vorwärts zu schreiten vermocht: was die grossen Lehrer unseres Geschlechts in neue Bahnen trieb, was sie ausdauern liess
im bitteren Gange, was sie todesmuthig machte und was ihnen
zum Siege verhalf, es war die persönliche Ueberzeugung — nicht
zu erwähnen jene welterschütternden, von der persönlichen Ueberzeugung getragenen Thaten vielgepriesener Helden im übrigen
Leben der Völker. Selbst der Irrthum verlöre seine anregende
Macht gegenüber der Wahrheit, wenn er nicht die persönliche
Ueberzeugung in die Wagschale werfen könnte. Ja, es ist ein
menschliches Wissen überhaupt nicht denkbar, das nicht in per-
sönlicher Ueberzeugung seine Wurzeln treibe, dem Baume gleich,
der in der nährenden Erde sich festhält. Alles Wissen ist mit
dem Selbstbewusstseyn verwachsen und das Selbstbewusstseyn
wieder mit dem ganzen Menschen; das Wissen des Einzelnen
aber, worin das, was lediglich er selbst ist, widerscheint, ist
die persönliche Ueberzeugung: je universeller der Mann, desto
universeller seine persönliche Ueberzeugung.

Es hält sich die persönliche Ueberzeugung ihrer Wahrheit versichert; gleichwohl kann sie nachträglich als falsch erkannt werden. Ob sie wahr oder falsch ist, hat sich immer erst herauszustellen. Solches Sichherausstellen nun wird zu allernächst vermittelt durch den Zweifel an der Wahrheit der persönlichen Ueberzeugung, und diese ihrerseits hört auf, persönliche Ueberzeugung zu seyn, sobald sie beginnt sich zweifelhaft zu werden: hiebei ist es freilich nicht eigentlich sie selbst, die sich bezweifelt, sondern der in ihr verborgen gewesene und verhaltene Zweifel ist es, welcher hervortretend über sie jetzt Herr wird. Allein es ist zu fragen, wodurch denn der verhaltene Zweifel geweckt wird und gelockt, die persönliche Ueberzeugung zu durchbrechen. Nicht kann man hierauf antworten: Deine bisherige Erfahrung, gemäss welcher du schon oft geirrt hast, bestimmt dich, an deiner persönlichen Ueberzeugung irre zu werden. Meine persönliche Ueberzeugung behauptet eben, dass ich im gegenwärtigen Falle mich nicht täusche. Auch kann man nicht ohne Weiteres vorbringen, die gegentheilige Ueberzeugung Anderer bewege mich, meine eigene Ueberzeugung aufzugeben: versichert nicht meine persönliche Ueberzeugung, dass alle Anderen Unrecht haben? Vielmehr wird die Entstehung des Zweifels gründlich nicht erklärt werden können wenn nicht mit Beachtung des im Selbstbewusstseyn des Einzelnen involvirten, Erfüllung suchenden allgemeinen Moments.

Dieses nun ist es, was auf die Einzelheit der persönlichen Ueberzeugung lösend wirkt und zu wirken vermag — wobei keineswegs geleugnet werden soll, dass es angefacht wird von Aussen her sey es durch eine Mehrheit von Fällen, mit denen ein vorliegender besonderer Fall verglichen seyn will, sey es durch die meiner Ueberzeugung gegenüberstehende Ueberzeugung Anderer. Doch sey nicht vergessen, dass auch umgekehrt der Zweifel vorhergehen kann der persönlichen Ueberzeugung und in letzterer erlischt: in diesem Fall wird jenes allgemeine Moment von dem der Einzelheit in Zweifel gezogen, was immer geschieht und geschehen muss, wenn ein auf allgemeine Geltung Anspruch machendes Wissen sich erst in die persönliche Ueberzeugung einleben soll. Ohne den Zweifel überhaupt ist aber an eine Entwicklung des Wissens nicht zu denken. Ja, er ist das mit seiner Entwicklung beschäftigte Wissen selber. In ihm geht von der einen Seite her unvermeidlich die persönliche Ueberzeugung als solche unter, und es dämmert in ihm die Morgenröthe eines allgemeingültigen Wissens auf; dafür muss hinwieder von der anderen Seite her ein Wissen, das für allgemeingültig sich ausgibt, die Aequa-

torlinie des Zweifels passiren um in die persönliche Ueberzeugung
sich einzugestalten. Ein wirkliches Wissen jedoch ist der Zweifel
so wenig als er ein pures Nichtwissen ist. Auch nicht als Wissen
vom Nichtwissen wird er bestimmt werden dürfen; er ist weder
das eine noch das andere schlechtweg, als die genannte Verflechtung der beiden aber gedacht, als das Wissen vom Nichtwissen,
würde er nicht hinlänglich unterschieden seyn von anderen Stufen
des Wissens, da das Wissen vom Nichtwissen auch persönliche
Ueberzeugung oder über den Zweifel hinaus recht wohl ein solches
Wissen seyn kann, das sich auf Denknothwendigkeit beruft. Wie
dem Einblick in die innere Werkstätte des Selbstbewusstseyns die
persönliche Ueberzeugung sich kund gibt als das Wissen, in welchem sich das eigene Seyn des Einzelnen reflectirt, so zeigt sich
der Zweifel theils als das Wissen, das mit dem Andersseyn noch nicht
zurechtkommt, theils als das Seyn, das vom Anderswissen in Ver-
legenheit gebracht ist, mit Einem Worte: als die Alteration des
Selbstbewusstseyns. ·

Wie unerlässlich auch besagte Alteration für des Wissens
Vervollkommnung ist, so kann doch in ihr das Selbstbewusstseyn,
hin und her geworfen, keine Ruhe finden. Eine Flucht zum status ante wäre eine Revolution, aus welcher immer wieder von
Neuem der zurückgedrängte Zweifel auftaucht. Vielmehr muss
derselbe durch Evolution überwunden werden. In der That ruft
er aus dem eigenen Busen sich seinen künftigen Gebieter hervor:
das Ich des Selbstbewusstseyns ist es, das im Zweifel wehrhaft
wird und sich zur Wehre setzt gegen den Versuch der Entzweiung.
Hereingenommen wird Alles, was das Ich zu seiner Erfüllung bedarf, ausgeschlossen wird was mit ihm unvereinbar ist; ausglei-
chend Seyn und Wissen in Kraft des Ich behauptet sich das Selbstbewusstseyn gegen die Möglichkeit eines Andersseyns und Anders-
wissens. Das Wissen aber, das in solchem Selbstbewusstseyn
liegt, werden wir als das Wissen vom Nichtandersseynkönnen oder von der Unmöglichkeit des Andersseyns
zu bezeichnen haben.

Hiefür den neuerdings mit Recht so sehr betonten Terminus
Denknothwendigkeit zu gebrauchen scheuen wir uns nur darum,
weil derselbe allzuvieler Missdeutung fähig ist; so gibt er Anlass
bald zur Vereinerleiung des Wissens mit dem Denken und speciell
mit dem logischen Denken, wennschon gerade dieses unleugbar
im Dienste des Wissens von der Unmöglichkeit des Andersseyns
steht, bald zur Verkennung der Freiheit des Selbstbewusstseyns,
die keineswegs Willkür ist sondern in der Nothwendigkeit selber

sich bethätigt und verjüngt aus ihr aufersteht, bald auch wird die
Denknothwendigkeit nur bezogen auf das Pflichtverhältniss, in
welchem Denken und Wissen zum Gegenstande und dieser zu jenem
sich findet.

Wir unsrerseits das Wissen hineinverfolgend in seine Idee,
in das Selbstbewusstseyn, sind bei einem Wissen angelangt, welches
den Zweifel bemeisternd in Kraft des Ich und um dessenwillen die
Möglichkeit des Andersseyns zu verneinen und die eigene Nothwendigkeit zu bejahen im Stande ist. Gäbe es dieses Wissen nicht,
so kämen wir nicht über den Zweifel hinaus oder müssten, einmal in den Zweifel geworfen, schlüsslich an aller Wahrheit verzweifeln. Nicht jedoch ist dasselbe mit der persönlichen Ueberzeugung zu verwechseln. In der persönlichen Ueberzeugung ist
das Wissen der Widerschein dessen, was der Einzelne von Haus
ist oder was er auch durch des Lebens Schule geworden; bei dem
Wissen aber von der Unmöglichkeit des Andersseyns gleicht Seyn
und Wissen sich wechselseitig aus, unterworfen dem Ich, das im
Selbstbewusstsein eines jeden Menschen waltet. Ferner hat das
Aufkommen des Wissens von der Unmöglichkeit des Andersseyns
zu seiner nächsten Voraussetzung und Bedingung den Zweifel; die
persönliche Ueberzeugung bedarf des Zweifels nicht, um persönliche Ueberzeugung zu seyn. Das Wissen von der Unmöglichkeit
des Andersseyns ist des Zweifels Ueberwinder; die persönliche
Ueberzeugung aber wird selbst in Zweifel gezogen, oder hat sie
vielleicht den Zweifel durchgemacht, ihn bestanden und aus ihm
sich hergestellt, so konnte dies nur geschehen mit Hülfe des da-
zwischentretenden Wissens von der Unmöglichkeit des Andersseyns;
dagegen widerfährt es hiebei dem letzteren, dass es, obschon an
und für sich über den Zweifel erhaben, dennoch mit in den Zweifel gezogen werden kann sobald es in die persönliche Ueberzeugung eingegangen und mit ihr sich vermischend in der Form per-
sönlicher Ueberzeugung auftritt. Die persönliche Ueberzeugung
endlich kann wahr seyn oder falsch; erst durch das Wissen von
der Unmöglichkeit des Andersseyns wird die Wahrheit und Falschheit entschieden. Mit Recht wird daher zu sagen seyn, dass ohne
das Wissen von der Unmöglichkeit des Andersseyns sich Keiner
eines eigentlichen Wissens berühmen darf.

Allein das Wissen von der Unmöglichkeit des Andersseyns
ist als solches noch nicht ein allgemeingültiges und noch
weniger ein allgemeingeltendes Wissen: es hat seine Gültigkeit
und seine Geltung zunächst nur für das Ich, wenn schon dieses
nicht umhin kann, sich als wesentlich gleich mit jedem anderen

8 *

Ich zu denken; ein allgemeingültiges Wissen muss von der Art seyn, dass es entspricht dem Vermögen eines Jeden, und ein allgemein geltendes Wissen beruht auf der factischen Verständigung Aller. Nun ist zwar nicht zu verkennen, dass dass Wissen von der Unmöglichkeit des Andersseyns aus sich selbst hintreibt zu einem Wissen von allgemeiner Gültigkeit und Geltung, sofern es, alles entgegenstehende Wissen für Nichtwissen erklärend, die Nothwendigkeit des Gleichseyns alles Wissens in sich trägt; doch ist auch das nicht zu leugnen, dass es innerhalb des Wissens von der Unmöglichkeit des Andersseyns bei der eben genannten Nothwendigkeit sein Bewenden hat und letztere nicht erfüllt wird, es sey denn, dass das Wissen seinen eigenen Inhalt aufschliesse, nämlich das allgemeine Seyn, welches theils im Wissen von der Unmöglichkeit des Andersseyns wie in einem Blüthenkelche sich ansammelt und auf Befreiung sinnt theils in der Tiefe des Selbstbewusstseyns harrend das noch Gebundene befreit und mit sich vereint. Vermöge dieses allgemeinen-Seyns, der universellen gleichheitlichen Potenz im Selbstbewusstseyn, kann das Wissen Anspruch machen auf allgemeine Gültigkeit; dieses allgemeine Seyn ist es, welches mehr und mehr heranwächst durch den ihm zuwachsenden Reichthum des vereinzelten Wissens; dieses allgemeine Seyn ist es, kraft dessen das Wissen des Einen sich hinüberzeugt in das Wissen des Anderen; dieses allgemeine Seyn ist es, welches dem Wissen des Einzelnen allgemeine Geltung verschafft. Gäbe es kein allgemeingültiges und käme es zu keinem allgemeingeltenden Wissen, dann wäre nicht abzusehen, wie inmitten des sich entflammenden, grund- und zwecklosen bellum omnium contra omnes von einem Wissen überhaupt noch gesprochen werden sollte. So aber ist jenes der geheime Anfang und das manifeste Ende, der Same und die Frucht des Wissens. Während bei der persönlichen Ueberzeugung das Seyn des Einzelnen hereingenommen ist in sein Wissen, wird dagegen bei dem allgemeingültigen und allgemeingeltenden Wissen das Wissen eines Jeden aufgehoben in das allgemeine Seyn.

Die persönliche Ueberzeugung, der Zweifel, das Wissen von der Unmöglichkeit des Andersseyns, das allgemeingültige und allgemeingeltende Wissen sind sich gegenseitig verpflichtet. Der Zweifel, welchem die persönliche Ueberzeugung unterzogen ist, wird entschieden im Wissen von der Unmöglichkeit des Andersseyns und durch des letzteren Vermittelung stellt sich ein allgemeingültiges Wissen her, das den Zweifel an der persönlichen Ueberzeugung heimlich angestiftet hat; umgekehrt kann ein Wis-

sen, das auf allgemeine Geltung Anspruch macht, solche Geltung
nicht erreichen ohne der persönlichen Ueberzeugung der Einzelnen
sich einzuverleiben, muss aber ehedem sich gefallen lassen, dass
es bezweifelt und zum Forum des Wissens von der Unmöglichkeit
des Andersseyns geladen werde. Letzteres, das Wissen von der
Unmöglichkeit des Andersseyns, übt nach jeder Seite hin das Amt
des entscheidenden Richters. Das Ziel des ganzen Processes aber
ist die Herausbildung eines entschiedenen, allgemein geltenden
Wissens auf der Grundlage der persönlichen Ueberzeugung vermittelst des Zweifels und kraft des Wissens vom Nichtandersseynkönnen.

Das Wissen gehört zum Selbstbewusstseyn oder Geiste. Es
wird aber 1) im Wissen das Seyn des Geistes aufgehoben, 2) geht
Wissen und Seyn in einander über, 3) wird Wissen und Seyn mit
einander ausgeglichen im Ich, 4) wird das Wissen aufgehoben im
Seyn. Im gegenseitigen Wechselleben der persönlichen Ueberzeugung, des Zweifels, des Wissens von der Unmöglichkeit des Andersseyns, des allgemeingültigen Wissens kommt dieser Vorgang
zur Erscheinung. Er beruht auf des Geistes nothwendiger Entwicklung. Das im Grunde treibende Ferment, der sogenannte
Wissenstrieb, bleibt das Seyn des Geistes, welches nach Erfüllung trachtend seine inwendige Potenz, nämlich das Wissen,
nach Aussen kehrt und nach Aussen hält, damit dasselbe dort sich
bereichernd dem mütterlichen Seyn die gewonnene Speise zuwende.
Doch wird der Hunger hienieden nicht gestillt: er wächst mit dem
Genusse. Um so mehr sehnt und bereitet sich der Geist zu einer
Welt, die dem Mangel abhelfe und den gesuchten Frieden spende,
zu einer Welt, die mit ihm und mit welcher er übereinstimme in
dem Einen Beruf und Namen, Gottes Bild zu seyn.

Soll nun aber das Wissen definirt werden gemäss den Regeln
der Schule, so bietet nach dem Bisherigen leicht zwar als genus
proximum der Geist sich dar, von welchem als von ihrer Einheit
Seyn und Wissen umschlossen sind, allein die Schwierigkeit entsteht sobald es sich darum handelt, die specifische Differenz beizu-
fügen. Denn wird gefragt, wodurch sich das Wissen vom Seyn
unterscheidet, so ist zu bemerken: Dadurch, dass es hervorgeht
aus dem Seyn und wieder in dasselbe übergeht, während das Seyn
eingeht in das Wissen und aus ihm sich herstellt. Und wird gefragt, worin das Wissen vom Seyn sich unterscheidet, so ist zu
antworten: Im Ich, welches sich als seyend weiss und sich wissend
ist, in dem Ich, an welchem das Seyn zugleich mit dem Wissen
Theil hat. Und wird gefragt, wozu das Wissen sich vom Seyn

unterscheidet, so ist zu berichten: Um das Seyn in sich und sich im Seyn aufzuheben. Offenbar ruht alles dieses bereits auf der Voraussetzung, dass das Wissen sich vom Seyn unterscheidet, nicht aber ist die Voraussetzung selbst, der Unterschied des Wissens vom Seyn, erreicht. Und in der That ist solcher Unterschied gar nicht zu fassen wenn nicht schlechthin als das Sichinsichunterscheiden des Geistes, während dagegen das Seyn des Geistes nicht zu begreifen ist es sey denn als die Einheit des Geistes mit sich. Wir werden daher das Wissen bestimmen müssen als Geist, der sich in sich unterscheidet.

Vom Wissen ist das Seyn des Geistes umfangen und vom Seyn das Wissen; das Wissen wäre nicht Wissen, wenn es nicht das Seyn sich unterwürfe, und das Seyn wäre nicht Seyn, wenn es nicht das Wissen beherrschte; das Seyn würde nicht gewusst und das Wissen wäre nicht, wenn nicht beide sich wechselseitig dienten; das Wissen wäre grundlos ohne das Seyn und es hätte keinen Zweck, wenn nicht das Seyn des Geistes sich selbst dadurch gewänne: so wiederholt sich Abhängigkeit und Freiheit des Selbstbewusstseyns in dessen eigenem Schoose.

Das Selbstbewusstseyn und mit ihm das Wissen ist theils das Perfectum des Erkennens (οἶδα, novi) theils dessen Prius. Es besteht nämlich das Erkennen darin, dass das Selbstbewusstseyn einmal sich von sich unterscheidend auf das Bild, das im Menschen ist, und durch das Bild auf des Bildes Original sich bezieht, zweitens aber sich unterscheidend vom Bilde dieses und mittelbar das Original auf sich d. i. auf das Selbstbewusstseyn bezieht. Nach der ersten Richtung hin möchte man das Erkennen ein Ausgehen des verlangenden Selbstbewusstseyns von sich und ein Herablangen zum Bilde, nach der anderen Richtung ein Aufheben des Bildes in das Selbstbewusstseyn und eine Rückkehr des Selbstbewusstseyns zu sich benennen. Es erhellt so zugleich die Möglichkeit einer Entzweiung des Erkennens und hiemit ein Anlass von Entrückung wie von Verrückung des Geistes selbst: anstatt sich zu unterscheiden vom Bilde und mit seiner Beute sich zu sich zurückzuwenden kann er in jener anderen Richtung des Erkennens beharrend am Bilde sich vergessen und mit dem Bilde schlafend gezogen werden in die Region, woher das Bild gekommen. Das wache Erkennen dagegen bewegt sich von Geist zu Bild und von Bild zu Geist, wobei die eine Richtung des Geistes auf das Bild, allerdings die andere Richtung involvirend, abwärts ausschlägt zu einem Erkennen, welches das practische geheissen werden dürfte sofern vermöge desselben der Geist sich in die Wirklichkeit der Dinge ver-

senkend einlebt — das Erkennen, von welchem schon früher gesagt ward, dass mittelst seiner die Seele die Natur personirt —
während durch die überwiegende andere Richtung der Geist aufwärts sich aus der vorhandenen Wirklichkeit heraus und diese in
sich hinein lebt. In einem ganzen Menschen ergänzen beiderlei
Richtungen des Erkennens sich wechselseitig für die Bestimmung,
welche der Geist hienieden zu erfüllen hat.

Was indessen die Definition des Erkennens betrifft, so kann
uns jene übliche Erklärung, das Erkennen sey das mit seinem
Gegenstande übereinstimmende Denken, fürderhin nicht mehr genügen. Denken ist nicht das genus proximum von Erkennen;
vielmehr ist das Denken das sich von sich unterscheidende und auf
sich beziehende Erkennen selbst. Die Uebereinstimmung mit dem
Gegenstande hinwieder, welche das specifische Merkmal des Erkennens seyn soll, enthält nur eine Forderung, welche noch dazu
von allzugrosser Vieldeutigkeit gedrückt ist. Sondern die specifische
Differenz wird den doppelten Unterschied ausdrücken müssen, in
welchem zunächst und thatsächlich das Erkennen versirt, den Unterschied vom Bilde sowohl als auch vom Selbstbewusstseyn; hinwieder wird das genus proximum weit genug sein müssen, um
Alles das, wovon das Erkennen artweise unterschieden ist, zu umfassen. In letzterem Betracht ist die Idee des selbstischen Seyns
oder der Freiheit des Menschen an ihrem Platze, so dass wir das
Erkennen bestimmen als diejenige Bethätigung der menschlichen Freiheit, worin das Selbstbewusstseyn sich von
sich unterscheidend auf das Bild sich bezieht und hinwieder vom Bild sich unterscheidend dieses bezieht
auf das Selbstbewusstseyn. Im Uebrigen wird es kaum nöthig seyn noch zu erinnern, dass die Freiheit des Menschen und
hiemit das Erkennen zugleich mit dem göttlichen Wunder, von
dem die Freiheit getragen wird, in den Bereich der Geschichte
gehört, innerhalb des Bereiches der Freiheit aber sich das Erkennen darstellt als ein Sichinsichunterscheiden nicht des Selbstbewusstseyns — denn Sichinsichunterseheiden des Selbstbewusstseyns
ist Wissen — sondern als ein Sichinsichunterscheiden des natür-
lich-seelischen, des ganzen Menschen, also dass die Seele einerseits
im Anschluss an das Bild sich der Natur vermählend die Natur
bewohnt, andrerseits und aufwärts frei wird gegenüber der Natur:
nach dieser Hinsicht ist das Erkennen das dem Menschen immanente Organon für Verwirklichung seiner Freiheit.

Das Selbstbewusstseyn ist die im Menschen liegende, mit ihm
und seiner Welt sich entwickelnde, ihn beherrschende und durch-

dringende Wahrheit. Solche Wahrheit ist mit ihrer Ausbildung beschäftigt, ohne sie und sich hienieden vollenden zu können: es bleibt immer ein später erst zu verwirklichender und dagegen zu löschender Rückstand übrig. Das Erkennen ist der Wahrheit eigenes Gesetz, dem sie, die Geberin des Gesetzes, sich und Alles unterwirft was zur Wahrheit kommen und werden soll. Aber es darf des Menschen Geist seine eigene Wahrheit nicht mit der absoluten Wahrheit verwechseln; seine Wahrheit ist immer eine creatürliche. Die absolute Wahrheit ist der absolute Geist und dieser die absolute Wahrheit: an ihr hat der geschaffene Geist nur Antheil insoweit als er Antheil hat am Geiste Gottes.

Alle Wissenschaft ist Wissen, aber nicht jedes Wissen ist Wissenschaft. Wissenschaft ist menschliches Wissen; nur gleichnissweise wäre es zu nehmen, wenn Gott Wissenschaft zugeschrieben würde. Hinwieder ist nicht jedes menschliche Wissen Wissenschaft. Die Eigenthümlichkeit von Wissenschaft wird aber nicht getroffen, wenn man letztere schlechtweg als ein allgemeingeltendes oder wenigstens allgemeingültiges Wissen bezeichnen wollte; es erleidet nicht nur die allgemeine Geltung und die allgemeine Gültigkeit der Wissenschaft mancherlei Einschränkung, sondern es gibt ein allgemeingültiges und allgemeingeltendes Wissen, welches Niemand als Wissenschaft zu bezeichnen gedenkt. Auch nicht die Unmöglichkeit des Andersseyns macht das Wissen zur Wissenschaft; im Gegentheil kann die Wissenschaft weder die persönliche Ueberzeugung noch den Zweifel als ihre Lebenselemente verleugnen. Vielmehr dürfte das Absonderliche von Wissenschaft zu suchen seyn in der Pflege und hiemit auch in der erkenntnissmässigen Darstellung, welche dem Wissen mittelst der Schule widerfährt. Dann aber wird sich Wissenschaft bestimmen als das geschulte und schulende Wissen der Menschen, in beiderlei Beziehung als das gelehrte Wissen.

Geschichte der Logik.

Geschichte der Logik.

Erste Periode.

Das älteste System der Logik.

§. 18.

Aristoteles.

Aristoteles (384—322) ist durch seine eingehenden und umfassenden, von früheren Philosophen theilweise veranlassten Untersuchungen des Denkens und Erkennens zum Urheber der später sogenannten Logik geworden.

Schriften von ihm, welche diesen Gegenstand zu behandeln und zu enthalten schienen, hat man unter dem Namen Ὄργανον zusammengefasst; die einzelnen derselben sind folgendermassen betitelt und aneinander gereiht: 1) Κατηγορίαι. 2) Περὶ Ἑρμηνείας v. de Interpretatione. 3) Ἀναλυτικὰ Πρότερα v. Analytica Priora, in zwei Büchern. 4) Ἀναλυτικὰ Ὕστερα v. Analytica Posteriora, in zwei Büchern. 5) Τόπικα, in acht Büchern. 6) Σοφιστικοὶ Ἔλεγχοι. Die Schrift Κατηγορίαι betrachtet eine Anzahl allgemeiner Unterscheidungsnormen, denen die οὐσία unterliegt; als solche Unterscheidungsnormen werden angeführt ποιόν, ποσόν, ποῦ, ποτέ, ποιεῖν, πάσχειν, ἔχειν, κεῖσθαι, πρός τι. Sie sammt der οὐσία heissen κατηγορίαι, κατηγορούμενα, sofern sie als Prädicate dienen. Die Schrift Περὶ Ἑρμηνείας beschäftigt sich mit dem, was man gewöhnlich als Urtheil bezeichnet; es rühmten von ihr als einem subtilissimum opus spätere Jahrhunderte: Aristoteles, quando perihermenias scriptitabat, calamum in mente tingebat. Die beiden Ἀναλυτικά enthalten die Lehre vom Syllogismus und vom wissenschaftlichen Verfahren. Die Τόπικα wollen den Umriss einer Methode geben, gemäss welcher für jedes Pro-

blem ein Syllogismus aus wahrscheinlichen Prämissen, *ἐξ ἐνδόξων,*
gemacht werden und die Durchführung der eigenen Ansicht vor
Verwicklung in Widersprüche bewahrt bleiben könnte; als Hauptpuncte, welche dabei in das Auge zu fassen seyen, werden hinge-
gestellt die Definition, das eigenthümliche Merkmal, die Gattung
und der Unterschied, das zufällige Merkmal, auch die Identität
kraft welcher ein Object nach mehreren Beziehungen hin als das
nämliche gedacht wird. Das Buch *Σοφιστικοὶ Ἔλεγχοι* behandelt
die eristische Rede.

Der Satz, so lesen wir bei Aristoteles, *ἀπόφανσις, λόγος
ἀποφαντικός, πρότασις,* ist eine Bejahung, *κατάφασις, λόγος
καταφατικός,* oder eine Verneinung, *ἀπόφασις, λόγος ἀποφατικός.*
Er besteht aus einem Namen und Zeitwort oder auch aus einem
so zu nennenden unbestimmten Namen und Zeitwort, *ἀόριστον
ὄνομα καὶ ῥῆμα.* Der allgemeine Satz, *ἡ καθόλου,* sagt aus, dass
Etwas Allen oder Keinem zukommt, der besondere oder particuläre, *ἡ ἐν μέρει καὶ καθ᾽ ἕκαστον,* dass Etwas Einem oder nicht
Einem oder nicht Allen zukommt; der unbestimmte, *ἀδιόριστος,*
dass Etwas zukommt oder nicht zukommt, ohne Angabe der Allgemeinheit oder Besonderheit. Es hat aber der allgemeine Satz
grössere Bedeutung als der particuläre, sofern wir durch jenen
auch diesen wissen; jener ist begrifflicher Art, dieser verläuft in
die Sinneswahrnehmung, *ἡ μὲν καθόλου νοητή, ἡ δὲ κατὰ μέρος
εἰς αἴσθησιν τελευτᾷ.* In Bezug auf das nämliche Subject, *τὸ
καθ᾽ οὗ κατηγορεῖται,* und Prädicat, *τὸ ὃ κατηγορεῖται,* liegt
einer Bejahung eine Verneinung, einer Verneinung eine Bejahung
als *ἀντίφασις* d. i. als Widerspruch gegenüber; so liegen sich
ἀντιφατικῶς gegenüber: Alle Menschen sind weiss — nicht alle
Menschen sind weiss; kein Mensch ist weiss — einige Menschen
sind weiss. Hingegen verhalten sich *ἐναντίως* zu einander die
Sätze: Alle Menschen sind weiss — kein Mensch ist weiss; ausserdem stehen sich entgegen *κατὰ τὴν λέξιν,* doch nicht *κατ᾽
ἀλήθειαν* z. B. die Sätze: Einige Dreiecke sind rechtwinklig —
einige Dreiecke sind nicht rechtwinklig. Endlich ist der Satz
entweder ein Satz der Wirklichkeit, *τοῦ ὑπάρχειν,* oder der Nothwendigkeit, *τοῦ ἐξ ἀνάγκης ὑπάρχειν,* oder der Möglichkeit, *τοῦ
ἐνδέχεσθαι ὑπάρχειν.*

Für uns, *καθ᾽ ἡμᾶς,* früher und erkennbarer ist das, was den
Sinnen näher liegt; das schlechthin, *ἁπλῶς* s. *τῇ φύσει,* Frühere
und Erkennbarere ist uns das Entferntere. Am Entferntesten ist
das am Meisten Allgemeine, *τὰ καθόλου μάλιστα,* am Nächsten
ist das Einzelne, *τὰ καθ᾽ ἕκαστα.* Das *καθόλου* aber enthält in

sich einmal das *καϑ' αὐτό* oder, was dem gleich ist, das *ἦ αὐτό*, das Wesentliche, und zweitens das *κατὰ παντός*, die Allgemeinheit, und hat als dieses Ganze eine allgemeine Gültigkeit. Das *καϑόλου* ist es, in welchem das vom dialectischen verschiedene apodictische Wissen gründet. Das dialectische Wissen beruht auf Wahrscheinlichkeit, das apodictische Wissen auf Wahrheit: *ἀπόδειξις μὲν οὖν ἐστιν ὅταν ἐξ ἀληϑῶν καὶ πρώτων ὁ συλλογισμὸς ᾖ ἢ ἐκ τοιούτων ἃ διά τινων πρώτων καὶ ἀληϑῶν τῆς περὶ αὐτὰ γνώσεως τὴν ἀρχὴν εἴληφεν· διαλεκτικὸς δὲ συλλογισμὸς ὁ ἐξ ἐνδόξων συλλογιζόμενος.* Während das Gebiet des Dialectischen die Meinung ist, die als solche wahr oder falsch seyn kann, fliesst dagegen das Apodictische *ἐξ ἀληϑῶν τ' εἶναι καὶ πρώτων καὶ ἀμέσων καὶ γνωριμωτέρων καὶ προτέρων καὶ αἰτίων τοῦ συμπεράσματος.* Des letzteren Eigenthümlichkeit ist das Nichtandersseynkönnen, *τὸ οὐκ ἐνδέχεσϑαι ἄλλως ἔχειν.*

Wie von der Kraft des *καϑόλου* der Syllogismus im engeren Sinne, *ἀπόδειξις, lebt*, so geschieht umgekehrt aus dem Einzelnen um des *καϑόλου* willen die Induction, *ἐπαγωγή*. Beide, die *ἀπόδειξις* einerseits und die *ἐπαγωγή* anderseits, vermögen den Verlauf unsers Erkennens nach entgegengesetzter Richtung zu bezeichnen.

Die Induction geht vom Einzelnen zum Allgemeinen, *ἀπὸ τῶν καϑ' ἕκαστον ἐπὶ τὰ καϑόλου*, und steht gewissermassen, *τρόπον τινά*, dem Syllogismus gegenüber insofern der letztere durch den Mittelbegriff das Prädicat für das Subject, sie aber durch das Subject, d. h. hier *τὸ ἐξ ἁπάντων τῶν καϑ' ἕκαστον συγκείμενον*, für den Mittelbegriff das Prädicat nachweist; der Syllogismus ist an sich früher und erkennbarer, für uns aber ist die Induction anschaulicher: *ἡ μὲν ἐπαγωγὴ πιϑανώτερον καὶ σαφέστερον καὶ κατὰ τὴν αἴσϑησιν γνωριμώτερον καὶ τοῖς πολλοῖς κοινόν, ὁ δὲ συλλογισμὸς βιαστικώτερον καὶ πρὸς τοὺς ἀντιλογικοὺς ἐνεργέστερον.* Zu unterscheiden von der Induction und vom Syllogismus, doch mit ersterer mehr verwandt als mit diesem ist die Analogie, *παράδειγμα*. Sie zeigt, dass dem Mittelbegriffe das Prädicat zukommt, und zwar mit Hülfe eines dem Subject Aehnlichen, sich bewegend in einem Verhältniss coordinirter Theile, *ὡς μέρος πρὸς μέρος*, aber es muss hiebei bekannt seyn, dass der Mittelbegriff dem Subject und das Prädicat dem Aehnlichen zukommt.

Eine *ἀπαγωγή*, Hinführung auf Bekanntes, nicht zu verwechseln mit *ἡ εἰς τὸ ἀδύνατον ἀπαγωγή*, findet statt wenn bei aller Sicherheit des Obersatzes doch der Untersatz nur Wahrscheinlichkeit beanspruchen kann. Aber ein blos dialectischer Syllogismus aus lauter wahrscheinlichen Prämissen ist das *ἐπιχείρημα*; auch bei dem *ἐνθύμημα*, dem vorzugsweise rhetorischen Syllogismus, wird aus Prämissen, die dem Gebiet der Meinung entstammen, *ἐξ εἰκότων*, oder aus Indicien, *ἐκ σημείων*, gefolgert.

Der Syllogismus selbst, *ὁ συλλογισμός*, ist eine Rede, in welcher, sobald irgend Behauptungen aufgestellt sind, vermöge dieser aufgestellten Behauptungen ohne von Aussen her noch einer Bestimmung zu bedürfen mit Nothwendigkeit etwas Anderweitiges folgt.

Zum Syllogismus gehören drei Begriffe, *ὅροι*. Der Mittelbegriff, *μέσος ὅρος*, *τὸ μέσον*, enthält einmal unter sich ein Anderes, den Unterbegriff oder das Subject, *τὸ ἔλαττον* sc. *ἄκρον*, *τὸ ἔσχατον*, zweitens steht er selbst unter einem Anderen, dem Oberbegriff oder dem Prädicat, *τὸ μεῖζον* sc. *ἄκρον*. Hiedurch ist die erste Figur, *σχῆμα πρῶτον*, bezeichnet; in der zweiten und dritten Figur, unterschieden von der ersten durch die Verwendung des Mittelbegriffs innerhalb der beiden Prämissen entweder blos als Subject oder immer als Prädicat, kann nur geschlossen werden indem der Mittelbegriff die ihm laut der ersten Figur zukommende Stellung und Bedeutung zu erweisen vermag. In der ersten Figur und in der zweiten gibt es je vier, in der dritten Figur sechs Schlussweisen. Eine weitere Mannigfaltigkeit entsteht, wenn die Prämissen, *προτάσεις*, beide gemeinsam eine andere Modalitätsform als die der Wirklichkeit haben oder jede derselben eine von der anderen verschiedene Modalität hat. Uebrigens soll im Syllogismus wenigstens Eine Prämisse allgemein und wenigstens Eine Prämisse bejahend seyn. Sind beide Prämissen allgemein, so kann die Conclusion, *συμπέρασμα*, auch particulär seyn; eine allgemeine Conclusion aber kann nur bei allgemeinen Prämissen erfolgen. Der bejahenden oder verneinenden Form des Schlusssatzes hat eine von den Prämissen zu entsprechen; gleiches gilt hinsichtlich der Modalität. Aus Wahrem ergibt sich nichts Falsches, dagegen ist es möglich, dass bei falschen Prämissen eine wahre Conclusion sich einstellt.

Im Dienste der Syllogistik steht die Umkehrung der Sätze. Ein allgemein verneinender Satz wird nothwendig allgemein umgekehrt, ein allgemein bejahender theilweise, *οὐ μὴν καθόλου ἀλλ' ἐν μέρει ἀντιστρέφεται*, und ebenso wird ein besonders bejahender nothwendig umgekehrt zu einem besonders bejahenden; der besonders verneinende aber wird nicht nothwendig umgekehrt.

Was den Beweis noch anlangt, *συλλογισμὸς δεικτικὸς αἰτίας καὶ τοῦ διὰ τί, ἀπόδειξις*, so ist der bejahende früher und erkennbarer als der verneinende. Der indirecte Beweis, δ $\delta\iota\grave{\alpha}$ $\tau o\tilde{v}$ $\dot{\alpha}\delta\upsilon\nu\acute{\alpha}\tau o\upsilon$ $\sigma\upsilon\lambda\lambda o\gamma\iota\sigma\mu\acute{o}\varsigma$, $\dot{\eta}$ $\epsilon\dot{\iota}\varsigma$ $\tau\grave{o}$ $\dot{\alpha}\delta\acute{\upsilon}\nu\alpha\tau o\nu$ $\dot{\alpha}\pi\alpha\gamma\omega\gamma\acute{\eta}$, erschliesst zwar zunächst Falsches, aber es zeigt das ursprünglich zu Beweisende unter einer Voraussetzung, $\dot{\epsilon}\xi$ $\dot{\upsilon}\pi o\vartheta\acute{\epsilon}\sigma\epsilon\omega\varsigma$, indem durch die Annahme des widersprechenden Gegentheils sich Unmögliches ergibt.

Die unmittelbare Prämisse im Beweise heisst $\dot{\alpha}\varrho\chi\acute{\eta}$, Princip. Des Unmittelbaren Erkenntniss ist unbeweisbar. Indem solche $\dot{\alpha}\varrho\chi\acute{\eta}$ als unbeweisbar an die Spitze des syllogistischen Verfahrens gestellt wird, findet eine $\vartheta\acute{\epsilon}\sigma\iota\varsigma$ statt, welche von demjenigen, der zu lernen anfängt, nicht mitgebracht werden muss; $\dot{\alpha}\xi\acute{\iota}\omega\mu\alpha$ aber ist ein Erforderniss, das ein Jeder, der irgend Etwas lernen will, schon zu besitzen hat.

Die Definition, $\delta\varrho\iota\sigma\mu\acute{o}\varsigma$, ist nicht nur Nominaldefinition, sondern darüber hinaus Realdefinition; letztere, welche das $\tau\acute{\iota}$ $\dot{\epsilon}\sigma\tau\iota\nu$ bestimmt, enthält zugleich das $\delta\iota\grave{\alpha}$ $\tau\acute{\iota}$. Denn zu wissen, was Etwas ist, ist dasselbe als zu wissen, woher und warum es ist. Was z. B. ist eine Mondfinsterniss? Beraubung des Mondlichts durch das Dazwischentreten der Erde. Und woher ist die Mondfinsterniss? Weil das Licht ausbleibt, indem die dazwischentretende Erde es abhält. Oder was ist Einklang? Ein Verhältniss von Zahlen in hohen und tiefen Tönen. Und woher stimmt das Hohe zum Tiefen? Weil das Hohe und Tiefe ein Verhältniss von Zahlen hat. Gemäss solcher Natur ist die Definition entweder der Ausgangspunct eines Beweises, $\dot{\alpha}\varrho\chi\acute{\eta}$, oder sie ist, obschon in der Form der Aufstellung der Behauptung sich vom. Beweis unterscheidend, selbst ein Beweis, oder sie ist das Ergebniss aus einem Beweise.

Von der sinnlichen Wahrnehmung her bildet sich das Gedächtniss und aus dem Gedächtniss die Erfahrung, indem ein ruhendes Allgemeines festgehalten wird. Der $\nu o\tilde{\upsilon}\varsigma$ aber, der bereits in der sinnlichen Wahrnehmung implicite mitwirkt, ruht nicht bis er das Letzte und Höchste, das $\tau\acute{\iota}$ $\dot{\epsilon}\sigma\tau\iota\nu$, auf allen Gebieten und daher auf dem Gebiete des Denkens und Erkennens sich selbst erreicht hat.

Derlei, hier nur in der Kürze umzeichnete, Lehren des Aristoteles bildeten in Verbindung namentlich mit den Categorien und mit der Topik das Material, welches, bald in grösserem bald in geringerem Umfange und von den Einen unmittelbar von den Anderen mittelbar durch Uebersetzungen und sonstige Bearbeitungen benützt, in die Logik der nachfolgenden Zeiten eingegangen ist und sich darin erhalten hat.

Wichtig ist die Unterscheidung des Apodictischen vom Dialectischen. Wir erkennen in ihr die Unterscheidung des logischen Denkens von der Vorstellung. Aber das καθόλου, woran das Apodictische seinen Halt haben soll, ist nicht geeignet, das logische Denken in seiner Eigenthümlichkeit hervortreten zu lassen. Im καθόλου liegt das κατὰ παντός mit dem καθ᾽ αὐτό. Vermöge des κατὰ παντός ist die Aussage allgemein; vermöge des καθ᾽ αὐτό betrifft sie 1) die wesentlichen Bestandtheile einer οὐσία (Linie und Dreieck, Punct und Linie), und umgekehrt 2) das wesentliche Substrat einer Eigenschaft (Linie und krumm oder gerade), hiebei noch 3) die in der Mehrheit ihrer Unterschiede mit sich identische οὐσία (Mensch bei den Prädicaten gehend und weiss) und 4) den ausschliesslichen Nexus vom Grund zu seiner Folge oder von der Folge zu ihrem Grunde (Umgebracht werden und Sterben): als der Kern des καθ᾽ αὐτό ist das sich auswirkende τὸ τί ἦν εἶναι zu betrachten. Daher vermag der Mittelbegriff im Syllogismus als der Träger des καθόλου und hiemit des καθ᾽ αὐτό auch der Träger der αἰτίαι τέσσαρες zu seyn, von denen μία μὲν τὸ τί ἦν εἶναι, μία δὲ τὸ τίνων ὄντων ἀνάγκη τοῦτ᾽ εἶναι, ἑτέρα δὲ ἡ τί πρῶτον ἐκίνησε, τετάρτη δὲ τὸ τίνος ἕνεκα. Gerade desshalb ist der Syllogismus selbst apodictischer Art, ἡ ἀπόδειξίς ἐστι συλλογισμὸς δεικτικὸς αἰτίας καὶ τοῦ διὰ τί, und in gleicher Rücksicht wird auch von der Definition, τὸ τί ἦν εἶναι οὗ ὁ λόγος ὁρισμός, gesagt dass sie sey ἡ ἀρχὴ ἀποδείξεως ἢ ἀπόδειξις θέσει διαφέρουσα ἢ συμπέρασμά τι ἀποδείξεως. So bietet das καθόλου zwar mit dem κατὰ παντός eine und nur eine von den vielen Urtheilsformen dar, die Form der Allgemeinheit, aber mit dem καθ᾽ αὐτό verläuft es in das Gebiet des ontologischen oder, wie wir sagen, des genetischen Denkens, das logische Denken nach sich ziehend. Ueberhaupt hat Aristoteles bei allem Reichthum der beigebrachten Formen das logische Denken noch nicht genug unterschieden von den übrigen Stufen und Arten des Denkens. Die Ausgestaltung des logischen Denkens zu einem in sich abgeschlossenen Ganzen blieb der Zukunft vorbehalten.

Scholastischer Betrieb und Verlauf der Logik.

Erster Abschnitt.

§. 19.

Die älteren Peripatetiker.

Wenn auch die älteren Peripatetiker, Theophrastus namentlich (gest. 287) und Eudemus, den fundamentalen Unterschied zwischen dem Dialectischen und Apodictischen festhalten, so tritt doch in der Behandlung des vom Meister ererbten Materials bei ihnen der Mangel des eigenthümlichen Princips der Logik offen zu Tage.

Sicherlich keine Folge von Einsicht in den Grund des logischen Denkens war die von Theophrastus unternommene Aufstellung fünf neuer Schlussweisen der ersten Figur, οἱ καλούμενοι ἀντανακλώμενοι s. κατὰ ἀνάκλασιν, oder neuer Schlussweisen der anderen Figuren, oder die Anschauung in Bezug auf das allgemein verneinende Urtheil, als sey das Wesen der Verneinung die Aussage einer realen Getrenntheit zwischen dem, was vom Subject, und zwischen dem, was vom Prädicat bezeichnet werde. So auch geht die Forderung des Theophrastus, dass nicht nur dem Subject sondern auch dem Prädicat zur Vermeidung von Zweideutigkeit eine gewisse Quantitätsbestimmung beizugeben sey (z. B. Phanias hat — von allen Dingen oder nur von einigen? — Wissenschaft), nicht von dem Gesichtspunct des im Urtheil sich actualisirenden Begriffes aus.

Ein wohlerhaltenes Denkmal haben in der Geschichte der Logik die älteren Peripatetiker besonders dadurch sich gesetzt, dass sie, gemäss den Berichten der Commentatoren des Aristoteles, eine hervorragende Aufmerksamkeit den Voraussetzungsschlüssen zuwandten, συλλογισμοὶ ἐξ ὑποθέσεως, ein Genus von Schlüssen, zu dem sie als Arten einmal den im engeren Sinne sogenannten hypothetischen Schluss und zweitens den disjunctiven Schluss rechneten, sofern diese beiden an eine noch unentschiedene Annahme, ὑπόθεσις, anknüpfen; der im engeren Sinne sogenannte hypothetische Schluss aber war entweder δι' ὅλου ὑποθετικός, διὰ τριῶν ὑποθετικός, in welchem die Prämissen sowohl als auch die Conclusion als Conditionalsätze auftreten, oder ein solcher, in welchem der als Obersatz fungirende Conditionalsatz ähnlich wie im disjunctiven Schlusse der disjunctive Obersatz, διάζευξις, vermittelst eines μεταλαμβανόμενον oder einer μετάληψις den Character der Voraussetzung ablegt. Der betreffende Conditionalsatz heisst συνημμένον, und zwar dessen Vordersatz ἡγούμενον, ἑπόμενον der Nachsatz; μετάληψις — bei den Stoikern und nach den Stoikern πρόσληψις — heisst der Untersatz, welcher die ἀκολουθία des conditionalen oder die διάζευξις des disjunctiven Obersatzes aufhebt; das Ergebniss heisst συμπέρασμα. Die spätere Logik hat diese Voraussetzungsschlüsse in Eine Gruppe versammelt mit den sog. categorischen Schlüssen, beide unterscheidend einerseits in Rücksicht auf die Conjunctionen Wenn und Entweder Oder, welche dem conditionalen und disjunctiven Satze und dadurch dem Schlusse seine Bedeutung verleihen sollten, andrerseits in Rücksicht auf das categorische Urtheil, das seine Kraft ohne Conjunction durch die einfache Copulation des Prädicats mit dem Subject bekunde.

Von Einfluss ist noch eine Lehre geworden, welche der Commentator Alexander von Aphrodisiä auf Theophrastus und Eudemus zurückführt. Aristoteles nämlich hatte für den Syllogismus die Regel an die Hand gegeben ἢ ἀμφοτέρας ἢ τὴν ἑτέραν πρότασιν ὁμοίαν ἀνάγκη γίνεσθαι τῷ συμπεράσματι. Eudemus und Theophrastus erklären ihrerseits, die Conclusion habe immer die niedrigere Modalität, τὸ συμπέρασμα ἀεὶ τῷ ἐλάττονι καὶ χείρονι τῶν κειμένων ἐξομοιοῦσθαι, ein Grundsatz, der, von den älteren Peripatetikern nicht minder auf Qualität und Quantität ausgedehnt, darnach sich behauptet hat als die Regel: Conclusio sequitur partem debiliorem. Hiebei gilt bezüglich der Modalität die Möglichkeit für niedriger als die Wirklichkeit und die Wirklichkeit für niedriger als die Nothwendigkeit.

§. 20.

Die späteren Peripatetiker und die Stoiker.

Mehr und mehr ergeht sich die Logik, baar des ihr zukommenden Princips, in einem Zusammensetz- und Auseinanderleg-

spiel von gegebenen, nöthigenfalls aus der Sprache neu hinzuge-
nommenen, für Gymnastik und Dressur theils des Denkens theils
des Gedankenausdruckes in der Rede und Gegenrede hoch gehaltenen und zugerichteten Formen.

Anschaulich wird dies in der Behandlung, welche der Logik
von Seite der Stoa zu Theil ward. Aber in ähnliche Richtung
sind auch, weniger die einen, die anderen mehr, die späteren
Peripatetiker hineingezogen, Andronicus von Rhodus
(70 v. Chr.), Boethus von Sidon (30 v. Chr.), Alexander
Aegäus (30 n. Chr.), Aspasius (110 n. Chr.), Adrastus
(130 n. Chr.)

Auf diese älteren Commentatoren des Aristoteles geht wohl
der Gebrauch des Namens Logik, ἡ λογική, zurück. Haec est
igitur disciplina, quasi disserendi quaedam magistra, quam logicen
Peripatetici veteres appellaverunt, cf. Boethius, in Topica Ciceronis
Comment. 1, p. 760. — Ratio disserendi, quam logicen Peripatetici
veteres appellavere. Id. de Differentiis Topicis 1, p. 857. — Schon
besagter Name aber (saepe enim et apud Aristotelem λογικῶς veri-
similiter ac probabiliter dictum invenimus, wie Boethius anmerkt
Comment. in Porphyr. a se transl. 1, p. 56) dürfte ein Zeichen
für die damalige Auffassung der Sache seyn. Gleichfalls auf die
älteren Commentatoren weist die Bezeichnung der Logik als eines
ὄργανον der Philosophie hin.

Was aber die Secte der Stoiker anlangt, so hat es Schriften logischen Inhalts gegeben von Zeno (279 v. Chr.) und Philo,
von Cleanthes (263), vornehmlich von dem unermüdlichen Chrysippus (280—207), darnach von Diogenes aus Seleucia und
von Antipater (144), von Posidonius (blüht 86—62). Abgesehen von den Berichten, welche Commentatoren des Aristoteles
gelegentlich geben, und von anderweitigen da und dort gesammel-
ten oder eingestreuten Notizen ist eine verhältnissmässig ergiebige
Quelle für Kenntniss der stoischen Logik der Skeptiker Sextus
Empiricus (blüht 175—205 n. Chr.)

Dialectik ist bei den Stoikern der übliche Name für Logik.
Der Betrieb solcher Dialectik, worin besonders Chrysippus Meister
war, — οὕτω δ' ἐπίδοξος ἐν τοῖς διαλεκτικοῖς ἐγένετο, ὥστε
δοκεῖν τοὺς πλείους, ὅτι εἰ παρὰ θεοῖς ἦν ἡ διαλεκτική, οὐκ ἂν
ἦν ἄλλη ἢ ἡ Χρυσίππειος, cf. Diogenes Laert. 7, 180 — machte,
dass Dialectiker oft für gleichbedeutend galt mit Stoiker, während
vordem die Bezeichnung Dialectiker den Megarikern zugestanden
war. Nicht Werkzeug gerade ist ihnen die Dialectik für die Philosophie, sondern ein Theil der Philosophie ausser den beiden

anderen Theilen, der Physik nämlich und der Ethik. Sie definiren
die Dialectik als Wissenschaft des Wahren und Falschen und dessen,
was weder wahr noch falsch ist, τῶν ἀληθῶν καὶ ψευδῶν καὶ
οὐδετέρων, und finden den Unterschied ihrer Dialectik von der
Rhetorik nur darin, dass das Dialectische in der Form von Frage
und Antwort, das Rhetorische in fortlaufender Rede sich bewege;
über denselben Punct berichtet Cicero von Zeno: Manu demon-
strare solebat quid inter has artes interesset; nam cum compres-
serat digitos pugnumque fecerat, dialecticam ajebat ejusmodi esse;
cum autem diduxerat et manum dilataverat, palmae illius similem
eloquentiam esse dicebat.

Ihr Gebiet hat die Dialectik am λεκτόν, am Ausgesprochenen.
Sie zerfällt in zwei Theile, wovon der eine zu handeln hat περὶ
σημαινομένων, der andere περὶ τῆς φωνῆς, oder, wie Seneca es
ausdrückt, über res quae dicuntur et vocabula quibus dicuntur.
Die φωναί als solche werden nur hervorgebracht, hingegen werden ausgesprochen die πράγματα (σημαινόμενα), die eben insofern
λεκτά sind und die Möglichkeit des Wahren und Falschen enthalten.

Letztere nun sind vielerlei, nach Oben ein γενικώτατον, nach
Unten ein εἰδικώτατον. Das γένος zerfällt in εἴδη, das εἶδος in
τὰ καθ᾽ ἕκαστον, das ὅλον zerfällt in μέρη, das blose ὄνομα in
σημαινόμενα. Solche Vielheit wird offenbar mittelst der Theilung,
welche für ein γένος die διαίρεσις ist, aber ἀντιδιαίρεσις heisst,
wenn das eine Theilungsglied als das contradictorische Gegentheil
des andern sich hinstellt; ὑποδιαίρεσις ist dadurch vorhanden,
dass die zunächst gewonnenen Theilungsglieder wieder getheilt
werden. Als verschieden von der διαίρεσις wird ein μερισμός
angeführt; derselbe hat, anstatt am γένος, am ὅλον sein Terrain.
Das γενικώτατον übrigens ist das ὄν oder τί, und um dieses τί
gruppiren sich als πρῶτα, γενικώτατα καὶ ἀρχηγικώτατα γένη
(Categorien) folgende: ὑποκείμενον, ποιόν, πῶς ἔχον, πρός τι,
πῶς ἔχον.

Der Werth des Theilungsverfahrens, das bei Aristoteles in
den Hintergrund getreten war, liegt den Stoikern ersichtlich in
der summarischen Beschaffung des Materials für die übrige dialectische Praxis und hinwieder in der Ermöglichung einer Art von
Probe für dieselbe. So ergiebt sich aus der Theilung durch Verbindung der Merkmale eine Beschreibung, ὑπογραφή, und sogar
eine Definition, ὅρος. Ist z. B. ζῷον getheilt in ἄλογον und λογικόν, λογικόν ferner in θνητόν und ἀθάνατον, dann ist die Definition von ἄνθρωπος gefunden durch das ἄθροισμα von ζῷον,

λογικόν, θνητόν. Für die Richtigkeit der Definition dient dagegen die Theilung zur Probe.

Die Zusammenstellung mehrerer einzelner *λεκτά* als Subject und Prädicat liefert ein *αὐτοτελὲς ἀξίωμα*, einen vollständigen Satz oder ein vollständiges Urtheil. Die *ἀξιώματα αὐτοτελῆ* sind entweder einfach oder nicht einfach: einfach, sofern sie nicht aus mehreren einfachen Sätzen oder Urtheilen zusammengefügt sind, nicht einfach, sofern sie aus mehreren einfachen Urtheilen mittelst der Conjunction bestehen. Ein einfaches Urtheil z. B. ist *Ἡμέρα ἐστίν, Σωκράτης διαλέγεται*, ein nicht einfaches *Εἰ ἡμέρα ἐστίν, ἡμέρα ἐστίν*, oder *Εἰ νὺξ ἔστι, σκότος ἔστιν*.

Die einfachen Urtheile werden weiter unterschieden in *ὡρισμένα*, z. B. *Οὗτος περιπατεῖ*, in *ἀόριστα*, z. B. *Τίς κάθηται*, in *μέσα*, z. B. *Σωκράτης περιπατεῖ*. Hinwieder gibt es einerseits *κατηγορικὸν ἀξίωμα*, z. B. *Δίων περιπατεῖ*, und sogar ein *καταγορευτικόν*, z. B. *Οὗτος περιπατεῖ*, demonstrativ bejahend, andrerseits ein *ἀποφατικόν*, kenntlich durch die Partikel *οὐκ*, und *ὑπεραποφατικόν*, mit doppeltem *οὐκ* wie z. B. *Οὐχὶ ἡμέρα οὐκ ἐστίν*, ferner ein *ἀρνητικόν* als allgemein verneinend, z. B. *Οὐδεὶς περιπατεῖ*, endlich ein *στερητικόν* vermöge des *α* privativum, z. B. *Ἀφιλάνθρωπός ἐστιν οὗτος*. Auch von entgegengesetzten Urtheilen, *ἀντικείμενα* schlechtweg, redet die Stoa; die Glieder des Gegensatzes sind ein affirmatives und ein negatives Urtheil, *Ἡμέρα ἐστίν — οὐχ ἡμέρα ἐστίν*. Entgegengesetzt sind nämlich Urtheile, von denen das eine im Vergleich mit dem anderen um die Partikel *οὐχί* grösser ist. Ausserdem finden sich noch Urtheile der Möglichkeit und der Unmöglichkeit; erstere zerfallen in Urtheile der Nothwendigkeit und der Nichtnothwendigkeit, die Urtheile der Nichtnothwendigkeit wieder in solche der Möglichkeit und der Unmöglichkeit! Möglich ist, was fähig ist, wahr zu seyn wenn nicht äussere Umstände entgegen sind, z. B. *Ζῇ Διοκλῆς*, unmöglich aber, was nicht fähig ist wahr zu seyn, z. B. *Ἡ γῆ ἵπταται*. Nothwendig ist, was wahr ist und nicht fähig falsch zu seyn, oder auch wohl fähig ist falsch zu seyn, jedoch durch äussere Umstände davon abgehalten wird, z. B. *Ἡ ἀρετὴ ὠφελεῖ*. Nichtnothwendig ist, was wahr und falsch seyn kann, ohne dass äussere Umstände es verhindern, z. B. *Περιπατεῖ Δίων*.

Was die nichteinfachen Urtheile anbetrifft, so gehören dazu, vermöge der Conjunctionen *εἰ* oder *ἐπεί* oder *καί* oder kraft des disjunctiven *ἤ* oder des causalen *διότι* oder des comparativen *ἤ* vorweg das hypothetische Urtheil als *συνημμένον* (*εἰ*) oder als *παρασυνημμένον* (*ἐπεί*), ferner das copulative, *συμπεπλεγμένον* (*καί-καί*), das disjunctive, *διεζευγμένον* (*ἤτοι-ἤ*), das causale, *αἰτιῶδες* (*διότι*), das comparative, *διασαφοῦν τὸ μᾶλλον ἤ τὸ ἧττον* (*μᾶλλον-ἤ*, *ἧττον-ἤ*). Das *συνημμένον* übrigens wie das *παρασυνημμένον* drückt durch die Verbindung des Vordersatzes, *ἡγούμενον*, mit dem Nachsatze, *λῆγον*, eine *ἀκολουθία* aus und zwar so, dass der Vordersatz des *παρασυνημμένον* einen factischen Bestand besagt.

Fragt man nach dem Criterium des Wahren und Falschen, so gibt die Stoa zur Antwort: *Ἀληθές* ist, was vorhanden ist und ein contradictorisches Gegentheil hat; *ψεῦδος* ist, was nicht vorhanden und einem Anderen contradictorisch entgegengesetzt ist. Besondere Bestimmungen des Wahrseyns und Falschseyns gibt es noch für die einzelnen Arten des nichteinfachen Urtheils, Bestimmungen, welche im Grunde auf denselben Empirismus hinaus weisen.

In der Syllogistik scheinen die Stoiker den später sog. categorischen Schluss vollständig ignorirt zu haben; ihre Lehre vom Schlusse — *λόγος* ist der technische Ausdruck — wie ihre syllogistische Praxis hat nur den hypothetischen und disjunctiven Schluss aufzuzeigen. Der Grund hiefür mag einerseits in dem beliebten Fortschreiten vom Einzelnen zum Zusammengesetzten zu suchen seyn, ein Fortschreiten, welches von den nichteinfachen Urtheilen herkommend aus den nichteinfachen Urtheilen ein Zusammengesetztes als Schluss darbildete, andererseits und tiefer wohl darin, dass man das Wesen des Syllogismus als eine *ἀκολουθία* sich dachte, dergleichen normativ ja schon im hypothetischen Urtheil vorzuliegen schien; es handelte sich also weiterhin darum, eine *ἀκολουθία* in der Form des *συνημμένον* kurzweg als allgemeine Regel zu nehmen und unter diese ein in sein *ἡγούμενον* und *λῆγον* zertheiltes *συνημμένον* zu subsumiren. Ein gewöhnliches Beispiel der Stoa für solches angebliche Schliessen ist folgendes: Wenn es Tag ist, ist es Licht; nun ist es ja Tag; also ist es Licht. Oder in einer anderen Weise: Wenn es Tag ist, ist es Licht; nicht aber ist es ja Licht; also ist es nicht Tag. Zu diesem hypothetischen Verfahren ist aber gemäss der stoischen Auffassung auch der disjunctive Schluss zu schlagen; denn obschon derselbe im Obersatze als disjunctives Urtheil auftritt, so besitzt er seine prätendirte Kraft doch nur darin, dass der Obersatz als hypothetisch gedacht wird: Entweder ist es Tag oder Nacht; es ist aber ja Tag; also ist es nicht Nacht = Wenn es Tag ist, ist es nicht Nacht; es ist aber ja Tag; also ist es nicht Nacht.

Die darauf bezügliche Theorie ist kurz folgende. Schluss,

λόγος, ist was besteht aus einer Annahme, *λῆμμα*, und einer Hinzunahme, *πρόςληψις*, und einer Folgerung, *ἐπιφορά*. Der Obersatz heisst auch *τροπικόν* (*διότι τρεπόμεθα ἐκ τοῦ ἡγουμένου εἰς τὸ ἑπόμενον*), oder beide Prämissen werden zusammen als *λήμματα* bezeichnet. Die Schlüsse sind entweder bündig, *συνακτικοί* s. *περαντικοί*, oder nicht bündig, *ἀσύνακτοι* s. *ἀπέραντοι*. Die bündigen Schlüsse brauchen als solche nicht gerade wahr zu seyn; bündig sind sie nur, indem erstens schon die im Obersatze enthaltene *ἀκολουθία* richtig ist, *ὑγιής*, und indem zweitens sie sich nur innerhalb der vom Obersatze ausgesprochenen Regel bewegen, so dass das Ganze, nämlich *τὸ συνημμένον ἐκ τῆς τῶν λημμάτων συμπλοκῆς καὶ τῆς ἐπιφορᾶς*, ein *ὑγιές* ist. Nicht bündig sind die Schlüsse, in denen das erste Erforderniss fehlt oder, wenn dieses vorhanden, doch das zweite mangelt. Ein bündiger Schluss z. B. ist: Wenn es Tag ist, ist es Licht; es ist Tag; also ist es Licht; denn wenn es Tag ist und, falls es Tag ist, es Licht ist, so ist es Licht! Ein nichtbündiger Schluss dagegen ist: Wenn es Tag ist, ist es Licht; es ist Tag; also geht Dion spazieren! Desshalb werden die nichtbündigen Schlüsse sammt und sonders falsch seyn. Falsch nämlich ist der Schluss, dessen Obersatz nicht *ὑγιής* ist, oder derjenige, dessen Obersatz zwar *ὑγιής* ist, aber nicht als Regel festgehalten wird, mag dann der Untersatz oder der Schlusssatz einen Sachbefund aussprechen oder nicht: das eine oder das andere ist bei den nichtbündigen Schlüssen der Fall. Falsch aber ist ferner noch ein Schluss, dessen Obersatz *ὑγιής* ist, dessen Untersatz und Schlusssatz jedoch, obschon innerhalb der vom Obersatz ausgesprochenen Regel sich behauptend, dem Thatbestand widerstreiten; aus letzterem Grunde kann auch ein bündiger Schluss sich als falsch erweisen.

Von den bündigen wahren Schlüssen haben die einen Beweiskraft, sind *ἀποδεικτικοί*, während die anderen keine Beweiskraft haben, *οὐκ ἀποδεικτικοί* sind; jene sind solche, welche aus Bekanntem (*πρόδηλον*) Unbekanntes schliessen (*ἄδηλόν τι*), diese aber, welche keine Beweiskraft haben, schliessen aus Bekanntem Bekanntes. Die bündigen, wahren, beweiskräftigen Schlüsse nun leiten überhaupt von der Voraussetzung zum Schlusssatze hin, *ἄγουσιν ἡμᾶς ἐφοδευτικῶς*. Es gibt aber auch eine Art derselben, welche nicht blos zum Schlusssatze hinleiten, sondern den Schlusssatz aus der Voraussetzung enthüllen, *ἐκκαλυπτικῶς*, und ein solcher Schluss, bündig, wahr, beweiskräftig, enthüllend, ein solcher Schluss heisst *ἀπόδειξις*. Zu den nichtbündigen, also falschen Schlüssen gehören die Sophismen, welche in solche *παρα τὴν* φωνήν und in solche παρὰ τὰ πράγματα zerfallen; das Sophisma ist ein λόγος πιθανὸς καὶ δεδολιευμένος ὥστε προςδέξασθαι τὴν ἐπιφορὰν ἤτοι ψευδῆ ἢ ὡμοιωμένην ψευδεῖ ἢ ἄδηλον ἢ ἄλλως ἀπρύςδεκτον.

Bei den Stoikern ist der Unterschied des Dialectischen und Apodictischen gefallen. Der Stoff, aus welchem das Gebäude aufgerichtet wird, sind die λεκτά. Die Logik wird zu einem Wissen um die Kunst des richtigen Sprechens, ἐπιστήμη τοῦ εὖ λέγειν, und zu dieser Kunst selber. Von einer Bereicherung der Logik durch das Verdienst der Stoa wird sich im Ernste ebensowenig als von einer Festigung durch ein Princip reden lassen. Oder will man behaupten, die Stoiker hätten mit ihren nichteinfachen Urtheilen die von Aristoteles gelassene Lücke bezüglich der heutzutage sogenannten Relation des Urtheils ausgefüllt? Oder will man die angehäuften grammaticalischen Formen als eine Bereicherung der Logik erachten? Oder den hypothetischen und disjunctiven Schluss, der schon von den älteren Peripatetikern, wenn auch in anderem Sinne als von den Stoikern, auf den Plan gebracht worden war? Vielmehr erscheint jenes Material, das von Aristoteles dargeboten war, bei der Stoa abgeschwächt oder ist verschwunden. Der Syllogismus, den der Stagirit in seiner Analytik behandelt, existirt nicht für die Stoiker; es ist, als ob sie kaum von einer Quantität des Urtheils wüssten, gar nicht zu sprechen von ihrer Lehre über Qualität, Entgegensetzung, Definition, Modalität. Von der Art ist die stoische Dialectik, soweit sie uns überliefert ist: ein Gemisch bald von vorwiegend grammatischer Betrachtungsweise und Terminologie bald von Formen des Denkens überhaupt, als Lernstück zurecht gelegt durch Eintheilung und Zusammenstellung, zum Empirismus flüchtend wenn sie nach ihrer Berechtigung gefragt wird, als einen Theil zwar der Philosophie sich bekennend, aber über die Philosophie nicht mehr orientirt als über sich selber. Indessen hat sie, gemengt mit der peripatetischen Logik — andere philosophische Secten als die der Stoiker und Peripatetiker kommen für die Geschichte der Logik nicht in Ansatz — und genährt von der Rhetorik, bis in die Gegenwart sich fortgefristet.

§. 21.

Rhetorische Logik bei den Römern.

Cicero (106—44) feiert die διαλεκτική v. λογική als disserendi ars v. ratio v. scientia, quae rem definit, genera dispertit, sequentia adjungit, perfecta concludit, vera et falsa dijudicat. Quintilian (42—118) bezeichnet sie als disputatrix, quae est utilis saepe et finitionibus et comprehensionibus et separandis quae sunt differentia et resolvenda ambiguitate distinguendo dividendo illiciendo implicando.

Mit der definitio v. finitio soll beginnen omnis quae ratione suscipitur de aliqua re institutio, ut intelligatur, quid sit de quo disputetur. Sie geht hervor aus der partitio, cum res quasi in membra discerpitur, oder aus der divisio, die es mit dem genus und den darunter befassten species oder formae oder auch partes zu thun hat. Als Richtpuncte, τόποι, loci, sedes argumentorum, für die Praxis des Eintheilens und daher zu Gunsten der Definition werden vor allen genus, species, differens, proprium angesehen.

Das stoische ἀξίωμα wird übersetzt mit effatum, proloquium, pronuntiatum, enuntiatum, enuntiatio. Wir begegnen den Ausdrücken ajens für καταφατικόν, negans für ἀποφατικόν, für στερητικόν privans, für ἀντικείμενον contrarium und oppositum, für ἀντιφατικόν disparatum und repugnans, für ἐναντίον adversum — jedoch ohne dass der technische Gebrauch sich völlig fixirt hätte. Das συνημμένον ἀξίωμα wird mit adjunctum oder connexum gegeben, das διεζευγμένον mit disjunctum, disjunctio, auch mit proloquium disjunctivum.

Der Schluss wird ausser syllogismus auch ratiocinatio, conclusio, collectio genannt; der Obersatz ist propositio, der Untersatz assumtio, beide Prämissen heissen kurzweg sumtiones. Der eine und der andere Satz kann gestützt werden durch eine ratio, probatio, approbatio oder gar apodixis. Das Beweisverfahren überhaupt ist argumentatio. Daneben findet sich das epichirema, welches, zuweilen mit aggressio wiedergegeben, bald mit Schluss identificirt bald von diesem durch den frequentior usus circa credibilia unterschieden bald als argumentum gefasst wird quo aliquid probaturi sumus, etiamsi nondum verbis explanatum, jam tamen mente conceptum. Wie das epichirema hat das enthymema mancherlei Bedeutung: das eine Mal ist es omnia mente concepta, das andere Mal sententia cum ratione, dann wieder certa quaedam argumenti conclusio vel ex consequentibus vel ex repugnantibus; es heisst ein rhetoricus syllogismus, ein imperfectus syllogismus. Cicero insbesondere hat unter enthymema eine ihm ungemein scharfsinnig scheinende stoische Schlussweise und deren Variationen im Auge, eine Schlussweise, welche Sextus Empiricus uns überliefert hat als ἐξ ἀποφατικοῦ συμπλοκῆς καὶ ἑνὸς τῶν ἐκ τῆς συμπλο-

κῆς τὸ ἀντικείμενον τοῦ λοιποῦ συνάγοντα, οἷον· οὐχὶ ἡμέρα
ἔστι καὶ νὺξ ἔστιν — ἡμέρα δὲ ἔστιν — οὐκ ἄρα νὺξ ἔστιν.
Die ἐπαγωγή ist inductio; zur inductio wird auch das παράδειγμα
gezogen. Das διλήμματον der griechichen Rhetoren heisst bei den
Römern complexio und wird von Cicero erklärt in qua utrum concesseris reprehenditur, ad hunc modum: si improbus est, cur
uteris? si probus, cur accusas? Die σοφίσματα sind cavillationes,
captiones, fallaces conclusiunculae.

§. 22.

Bestrebungen des Galenus.

Galenus aus Pergamum (131—203) hält noch die peripate-
tische Logik in Ehren. Aus dem von ihm selbst gegebenen und
uns überlieferten Verzeichnisse seiner Schriften — im 19. Bando
der Ausgabe seiner sämmtlichen Werke von C. G. Kühn, 20 Bde,
Leipzig 1821—33, mit latein. Uebersetzung — ist zu entnehmen,
dass er eine Menge logischer Abhandlungen verfasst hat; übrig
von diesen ist nur Περὶ τῶν παρὰ τὴν λέξιν σοφισμάτων (im
14. Bd. p. 582 ff.); indessen finden sich in den anderen Schriften
zahlreiche Bemerkungen in Bezug auf Logisches eingestreut. Von
Interesse ist seine Forderung, die Logik nach Art der Mathematik
zu behandeln d. h. zum Behufe ihrer Darstellung oberste, keines
Beweises bedürftige und fähige Grundsätze, ἀρχαὶ λογικαί, voran-
zuschicken. Die Categorien betrachtet er als eine εἰςαγωγή in
die logische Theorie. Er unterscheidet rücksichtlich der Umkehrung der Urtheile zwischen ἀναστρέφειν und ἀντιστρέφειν, so
dass mit ersterem die sogenannte Conversion, mit diesem die
sogenannte Contraposition gemeint wird. Am meisten bekannt ist
in der späteren Zeit der Name des Galenus für die Logik dadurch
geworden, dass man auf Grund einer Angabe des arabischen Philosophen Averroes. — cf. Aristotelis omnia quae exstant opera,
Averrois Cordubensis in ea opera omnia commentarii, Venet. 1550,
Priorum Resolutor. 1, f. 63 — die vierte Schlussfigur gewöhnlich
als von ihm herrührend betrachtete und nach ihm benannte, die
Schlussfigur, welche gewissermassen bereits hinterlegt war in jenen
fünf von Theophrastus zur ersten Figur hinzugefügten Schlussweisen. Abgesehen aber von dem Ansehen, welches diese Figur etwa
seit dem 16. Jahrhundert bei einem Theil der Logiker bislang genossen, fehlen für Erkenntniss eines sonstigen Einflusses des Galenus auf Fortgestaltung der Logik deutliche Spuren.

§. 23.

Appulejus.

Dagegen liegt ein eigenthümliches Magma stoischer und peripatetischer Logik zu Tage in dem uns nicht ganz erhaltenen, doch der nächstfolgenden Zeit zu einer Quelle dienenden Compendium des Appulejus (2. Jahrh., Zeitgenosse des Galenus), welches das dritte Buch von dessen Schrift De Dogmate Platonis unter dem besonderen Titel De Philosophia Rationali sive *Περὶ Ἑρμηνείας* bildet; cf. Opera omnia, tom. sec., Lugd. Batav. 1823.

Die philosophia rationalis ist die ars disserendi, die Logik, und als solche eine species der Philosophie neben der species naturalis und der species moralis. Sie hat es nicht mit der oratio schlechtweg zu thun, sondern mit der pronuntiabilis oratio; letztere wird daher ausgeschieden aus den species orationis als da sind imperandi, narrandi, mandandi, succensendi, optandi, vovendi, irascendi, odiendi, invidendi, favendi, miserandi, admirandi, contemnendi, objurgandi, poenitendi, deplorandi, tum voluptatem afferendi tum metum incutiendi, in quibus oratoris excellentis est lata anguste, angusta late, vulgata decenter, nova usitate, usitata nove proferre, extenuare magna, maxima e minimis posse efficere aliaque id genus plurima (derartige Aufzählungen hatten schon die Stoiker und die späteren Peripatetiker begonnen). Die pronuntiabilis oratio aber sola ex omnibus veritati aut falsitati obnoxia, quam vocat Sergius effatum, Varro proloquium, Cicero enuntiatum, Graeci protasin, tum axioma, ego vero verbo e verbo tum protensionem tum rogamentum, familiarius tamen dicetur propositio.

Die propositio nun ist entweder praedicativa, das alsbald sogenannte categorische Urtheil, oder substitutiva vel conditionalis, das sog. hypothetische Urtheil. Unterschieden wird und hervorgehoben quantitas und qualitas; in ersterer Beziehung sind die Urtheile universales, particulares, indefinitae, in letzterer dedicativae, bejahend, oder abdicativae, verneinend. Das Urtheil besteht aus der pars subjectiva vel subdita, Subject, und aus der pars declarativa, Prädicat; der eine und der andere dieser Bestandtheile kann indefinita seyn, z. B. Non homo, Non animal, oder definita, z. B. Homo, Animal.

Das Verhältniss des allgemein bejahenden, allgemein verneinenden, particulär bejahenden und verneinenden Urtheils wird schematisch, quadrata formula, veranschaulicht. Das allgemein bejahende und das allgemein verneinende Urtheil sind in ihrem

Verhältniss zu einander incongruae, die beiden particulären Urtheile suppares. Das allgemein bejahende aber und das besonders
verneinende, das allgemein verneinende und das besonders bejahende sind alterutrae, sofern immer das eine von den zweien wahr
seyn muss; zwischen ihnen findet statt eine perfecta pugna et integra, dagegen zwischen den suppares unter sich und den incongruae unter sich eine pugna dividua, weil die incongruae zwar
nie zugleich wahr, aber zuweilen falsch, die suppares nie zugleich
falsch, bisweilen aber zugleich wahr sind. Aus der Wahrheit des
allgemeinen Urtheils folgt die Wahrheit des entsprechenden besonderen, nicht aber aus der Unwahrheit von ersterem die Unwahrheit von diesem; umgekehrt folgt aus der Unwahrheit des besonderen Urtheils die Unwahrheit des allgemeinen, jedoch nicht aus
der Wahrheit von ersterem die Wahrheit des letzteren. Auch
aequipollentes propositiones finden wir bei Appulejus, d. h. nach
seiner Erklärung solche, quae alia enuntiatione tantundem possunt
et simul verae fiunt aut simul falsae.

Die conversio findet statt ohne Quantitätsveränderung bei dem
allgemein verneinenden und particulär bejahenden Urtheil, ferner mit
veränderter Quantität, particulariter, bei dem allgemein bejahenden
Urtheil, gar nicht aber bei dem besonders verneinenden. Wenn ein
Urtheil sich umkehren lässt, lehrt Appulejus, so liegt der Grund hievon
darin, dass das gegebene Prädicat entweder die Definition des Subjects oder doch das eigenthümliche Merkmal bezeichnet; lässt es
sich nicht umkehren, so bezeichnet das Prädicat entweder das Genus oder die Differenz oder das zufällige Merkmal. Irgend eine
dieser fünf significationes: proprietas, genus, differentia, finis (d. h.
Definition, ὅρος), accidens, wird in jedem Urtheil angetroffen. Es
kennt aber Appulejus noch eine Art conversio, quae non tantum
ordinem, sed etiam ipsas particulas in contrarium perducit; er
meint hiemit die später sog. Contraposition und heisst dieser
gegenüber, für welche er noch keinen technischen Ausdruck hat,
jene erste Art simplex conversio.

Der Schluss heisst ratiocinatio, auch collectio oder conclusio;
die Prämissen heissen propositiones, acceptiones; der Schlusssatz
wird conclusio genannt oder illatio und illativum rogamentum;
schliessen ist conducere, conclusionem v. illationem facere. Von
den drei Schlussfiguren, formulae, steht die erste auch der Würde
nach voran; in den Beispielen aber, welche Appulejus anführt,
wird regelmässig der Untersatz dem Obersatz vorausgeschickt, so
dass in der ersten Figur der Mittelbegriff schematisch verzeichnet
und äusserlich betrachtet für sich jene Stelle einnimmt, welche

ihm in der von den späteren Logikern aufgeführten vierten Figur zugewiesen worden ist. Moduli v. modi sind die Schlussweisen in den einzelnen Figuren; reflexim, mit Umkehrung des Schlusssatzes, wird in den theophrastischen Schlussweisen verfahren, in den übrigen Schlussweisen directim. Der sog. indirecte Beweis ist probatio per impossibile und von allgemeiner Anwendung, auch für das, was nicht demonstrirt werden kann.

Das ist die Logik des Appulejus in einer Terminologie, welche, ein Gemisch übersetzter stoischer und peripatetischer Ausdrücke, sammt der entsprechenden Theorie zum Theil heute noch im Brauch ist.

§. 24.

Die Quinque Voces. Porphyrius.

Es wurde eben erwähnt, dass Appulejus gelegentlich seiner Lehre von der conversio das Urtheil misst an den quinque significationes: proprietas, genus, differentia, finis, accidens. Auch bei den Rhetoren finden wir im Interesse der Division, Definition und Argumentation die Momente genus, species, differentia, proprium gepriesen; cf. Quintil. 5, 10, 55.

Aber schon Aristoteles hatte in seiner Topik als Hauptgesichtspuncte namhaft gemacht γένος καὶ διαφορά, ὅρος, ἴδιον, συμβεβηκός. Cf. 1, 4: Πᾶσα δὲ πρότασις καὶ πᾶν πρόβλημα ἢ γένος ἢ ἴδιον ἢ συμβεβηκὸς δηλοῖ· καὶ γὰρ τὴν διαφορὰν ὡς οὖσαν γενικὴν ὁμοῦ τῷ γένει τακτέον· ἐπεὶ δὲ τοῦ ἰδίου τὸ μὲν τί ἦν εἶναι σημαίνει, τὸ δ᾽οὐ σημαίνει, διῃρήσθω τὸ ἴδιον εἰς ἄμφω τὰ προειρημένα μέρη καὶ καλείσθω τὸ μὲν τὸ τί ἦν εἶναι σημαῖνον ὅρος, τὸ δὲ λοιπὸν κατὰ τὴν κοινὴν περὶ αὐτῶν ἀποδοθεῖσαν ὀνομασίαν προσαγορευέσθω ἴδιον. Dazu ward von ihm das ταὐτόν gefügt, 1, 7; 7, 1 ff. Theoprastus hatte hierauf das ταὐτόν dem γένος untergeordnet und wahrscheinlich die Behandlung dieser herausgehobenen τόποι als Einleitung zur Topik betrachtet. Solche Machtsphäre ward ihnen bei den späteren Peripatetikern nicht nur bewahrt, sondern noch dadurch erweitert, dass vielmehr die Categorien als allernächste Voraussetzung der Topik galten und die Topik für die nutzbare Logik selbst angesehen wurde: so geschah es, dass allmählich die ganze Logik den in Rede stehenden Gesichtspuncten sich zu unterwerfen hatte. Hiemit stimmte zugleich die Verfassung der stoischen Dialectik; denn letztere hing ab von den λεκτά, aus denen man das Urtheil zusammensetzte, die λεκτά hinwieder waren beherrscht und in

Ordnung gebracht durch γένος καὶ εἴδη καὶ τὰ καϑ᾽ ἕκαστα, wobei die Categorien die γενικώτατα γένη selbst abgaben.

Entscheidend jedoch hat hierin erst der Commentator Porphyrius (233—304), der Schüler des Neuplatonikers Plotinus, gewirkt mit seinem vielgebrauchten Schriftchen Εἰσαγωγὴ εἰς τὰς Ἀριστοτέλους κατηγορίας oder Περὶ τῶν πέντε φωνῶν· Man findet dasselbe gewöhnlich in den Gesammtausgaben der aristotelischen Werke oder in den Ausgaben des Organon an der Spitze; cf. auch Scholia in Aristotelem coll. Brandis, Berol. 1836. Porphyrius behandelt da die Momente γένος, εἶδος, διαφορά, ἴδιον, συμβεβηκός. Welchen Beruf er denselben zumuthet, ist in den Anfangsworten ausgesprochen: Ὄντος ἀναγκαίου καὶ εἰς τὴν τῶν παρὰ Ἀριστοτέλει κατηγοριῶν διδασκαλίαν τοῦ γνῶναι τί γένος καὶ τί διαφορὰ τί τε εἶδος καὶ τί ἴδιον καὶ τί συμβεβηκός, εἴς τε τὴν τῶν ὁρισμῶν ἀπόδοσιν καὶ ὅλως εἰς τὰ περὶ διαιρέσεως καὶ ἀποδείξεως χρησίμης οὔσης τῆς τούτων θεωρίας κ. τ. λ.

Diese nunmehr fixirten fünf, nicht zwar von Porphyrius selbst, aber von den Späteren sogenannten φωναί v. voces hatten fortan bei den Logikern nicht geringen Werth. Hermias (5. Jahrh.), der Vater des Ammonius, bezeichnet die Abfassung jenes Buches durch Porphyrius als einen Act der Humanität: Ὁ οὖν φιλόσοφος Πορφύριος φιλανθρώπως ἅμα ποιῶν καὶ φιλοσόφως ἔγραψε τοῦτο τὸ βιβλίον διδάσκων ἡμᾶς τί σημαίνει ἑκάστη φωνή, Schol. in Arist. Brandis, 10 b. 16. David der Armenier (500), auch einer aus der Zahl der griechischen Commentatoren des Aristoteles, bemerkt dass jedes philosophische Wort unter die πέντε φωναί zurückgeführt werde so wie πάντα τὰ ὄντα unter die bekannten zehn aristotelischen Categorien, Schol. Brandis, 18 a. 8 ff. Johannes Grammaticus Philoponus (600) erklärt und rühmt: Ἐκεῖνο προτίθεσθαι πάντων, ἀφ᾽ οὗ πάντα τὰ λοιπὰ μαθήματα ἀρδεύονται, ὅπερ ἐστὶ τὸ τῶν πέντε φωνῶν μάθημα, τοῦτο γὰρ πάντων ἐστὶν εἰσαγωγὴ καὶ διδασκαλία, Schol. Brandis, 11 a. 9 ff. Und, um es kurz zu sagen, vom fünften Jahrhundert bis zu Ende des achtzehnten ist die Logik gewöhnlich und zum guten Theil geknüpft an die porphyrianischen quinque voces, an die Universalia und Praedicabilia, wie sie auch bezeichnet wurden.

Billig fragt man nach dem inneren Grunde dieser Erscheinung. Wir haben darauf Folgendes zu antworten.

1) Die porphyrianischen quinque voces sind mit Nichts enger verwebt als mit dem divisorischen Verfahren. Nun hat das divisorische Verfahren es lediglich mit der Vorstellungswelt zu thun und ist von Haus aus selbst blos eine bestimmte Form des Vor-

stellens. Also beziehen sich die quinqne voces vor allen Dingen
auf die Vorstellung und stehen über den Categorien nur insofern
als diese vorgestellt werden. 2) Die Vorstellung stützt sich einerseits auf die Wahrnehmung und lebt andrerseits vom genetischen
Denken; zwischen beiden bewegt sich die Vorstellung hin und her
und ist von beiden erfüllt. Solcher Gehalt wiederholt sich auch
in den quinque voces vom σνμβεβηκός bis hin zum γένος und vom
γένος bis herab zum σνμβεβηκός. 3) Die Vorstellung macht den
Stoff aus, an dem sich das logische Denken actualisirt und den
das logische Denken in sich hereinnimmt. Die Vorstellung ist die
natürliche Voraussetzung des logischen Denkens. Hieraus erhellt,
wie die Lehre von den quinque voces als Einleitung in die Lehre
vom Urtheil dienen und, sofern sie selbst zur Logik geschlagen
wurde, an die Spitze der Logik treten konnte; aus gleichem Grunde
wird heute noch häufig die sogenannte Lehre vom Begriffe, die in
der That nichts Anderes als die Vorstellung abhandelt oder die
Elemente, aus denen man das Urtheil nur zusammensetzen zu
dürfen glaubt, der Lehre vom Urtheil und vom Syllogismus vor-
angeschickt. 4) Umgekehrt gewinnt die Vorstellung und damit
auch die divisorische Tabelle durch die That des logischen Denkens Schärfe, Klarheit und Deutlichkeit; die Spuren des logischen
Denkens inhäriren, so zu sagen, der Vorstellung. Daher geschah
es, dass man an der Division und den darin eingewirkten quinque
voces oder Prädicabilien die ganze Logik absehen und demonstriren
zu können meinte. Cf. z. B. Lange's Novum inventum quadrati
vel trianguli logici universalis, Gies. 1714. 5) Hiernach ist der
Einfluss der quinque voces auf die Logik aus dem nothwendigen
Verhältniss der Vorstellung zum logischen Denken zu erklären und
zu erkennen; zugleich aber ist nicht zu übersehen, dass nur eine
Logik, die ihr Prinzip nicht in sich selbst sucht sondern in einem
Anderen, eben in der Vorstellung, jenem Einfluss unterliegt und
darin untergeht. In letzterem Betracht bezeugt die Tyrannis der
quinque voces der Logik eigne Schwäche.

§. 25.

Martianus Capella. Augustinus.

Aus Appulejus und anderen Autoren, wie schon die bunte
Terminologie verräth, ist gezogen und zusammengesetzt das Buch
Buch des Martianus Capella (5. Jahrh.) De Dialectica. Cf. De
Nuptiis Philologiae et Mercurii et de septem artibus liberalibus

libri novem, ed. Kopp, Francof. 1836. Die Dialectik ist darin das
vierte Buch, §. 327 ff. pag. 325 ff.

Der erste Theil, de Loquendo betitelt, behandelt vor Allem
die quinque voces, dann Definition und Division sammt Partition, ferner quid sit aequivocum, quid sit univocum, quid pluri-
vocum, auch quae rebus verba sua sint et quae aliena (eigentliche und uneigentliche Wortbedeutung), endlich die zehn Categorien und den Gegensatz. Der zweite Theil, de Eloquendo, bespricht
das Nomen und Verbum, die subjectiva pars oder das Subject und
die declarativa pars oder das Prädicat, woraus das Urtheil, proloquium, gebildet werde. Der dritte Theil, de Proloquendo, betrifft
die Quantität und Qualität sowie die Umkehrung des Urtheils;
auch die Contraposition, welche secunda conversio genannt wird,
und das an einer Figur versinnlichte gegenseitige Verhältniss des
allgemein und besonders bejahenden und verneinenden Urtheils
kommt zur Sprache. Der vierte Theil, de Proloquiorum summa,
bringt die Lehre vom categorischen und hypothetischen Schlusse,
praedicativus et conditionalis syllogismus. Der categorische Schluss,
der in seinen 19 Modi erscheint, wird definirt: In quo sumta (die
Prämissen) ita sibi nexa sunt, ut aliquo extrinsecus addito sup-
pleantur. Vom hypothetischen Schlusse heisst es dagegen: Cujus
propositio et plenum argumentum et plenum id de quo quaestio
est continet, ita ut assumto argumento jam certum inferri possit
de quo quaestio erat; auch der letztere hat seine, übrigens den
Stoikern entlehnten Modi, nämlich ab antecedentibus, a consequentibus, a repugnantibus, per disjunctionem, per negationem.

Als noch zwei übrige Theile der Dialectik werden zwar genannt a) de Judicando, quae pertinet ad judicationem carminum,
b) Norma, quae dicenda rhetoribus commodata est, ein Stück Poetik
also und dann die Rhetorik, doch werden dieselben nicht in der
Dialectik des Martian behandelt.

Die Theilung der Logik in de Loquendo, de Eloquendo, de
Proloquendo, de Proloquiorum summa findet sich auch in der unter
dem Titel Principia dialecticae vorhandenen, vor der näheren Bekanntschaft mit Aristoteles im Mittelalter werth gehaltenen Grundlegung der Logik von Augustinus (354—430). Cf. Augustini
Opera, per theol. Lovan. Tom. I. Paris. 1586. p. 111 ff. Ueber
das Ansehen dieser Principia dialecticae cf. z. B. Launojus, Opera,
tom. quart., Colon. Allobr. 1732, part. prim. »De varia Aristot.
in acad. Paris. fortuna.« c. 5.

§. 26.

Boethius.

Etwas später als Martian blüht Boethius (470—524). Abgesehen von seiner Uebersetzung der Analytica Priora et Posteriora, der Topica und der Elenchi Sophistici des Aristoteles sind für die Geschichte der Logik von besonderer Bedeutung geworden: In Praedicamenta Aristotelis libri IV; in librum de Interpretatione, editio prima libri II, editio secunda libri VI; in Porphyrium a Victorino *) translatum dialogi II; in Porphyrium a se latinum factum, l. V; introductio ad Categoricos Syllogismos, l. I; de Syllogismo Categorico l. II; de Syllogismo Hypothetico l. II; de Divisione l. I; de Definitione l. I; in Topica Ciceronis l. VI; de Differentiis Topicis l. IV. Cf. die Gesammtausgabe der Werke des Boethius, Basiléae 1570.

Trotz seiner umfassenden Gelehrsamkeit und seines regen Strebens bewegt sich Boethius für die Logik auf keiner wesentlich höheren Stufe als Martian. Die Logik oder Dialectik ist ratio disserendi, disserendi quaedam magistra. Dialectica interrogatione ac responsione constricta est, rhetorica vero rem propositam perpetua oratione decurrit: dialectica perfectis utitur syllogismis, rhetorica enthymematum brevitate contenta est.

Die Categorien sollen in der Logik, so verlangt Boethius, zuerst behandelt werden, darauf das Urtheil und dann der Schluss, denn: syllogismum ex propositionibus constare necesse est, omnes vero propositiones ex sermonibus aliquid significantibus componuntur; die Categorien, praedicamenta, sind prima rerum nomina significantia, voces res significantes, significativae rerum voces. Die Einleitung aber zu den Categorien soll durch die Abhandlung des Porphyrius gegeben seyn: recte ut filo quodam hic Porphyrii liber primus legentibus studiorum praegustator et quodammodo initiator occurrit; quo enim melius quam introductionis nomine nuncupetur hic liber? est namque ad categorias Aristotelis introitus et quaedam quasi janua venientes admittit. Nicht aber nur in Bezug auf

---

*) Marius Victorinus, Rhetor und Grammatiker im vierten Jahrhundert, war auch auf dem Gebiet der Logik thätig gewesen; seine dahin zielenden Schriften, wozu auch die oben erwähnte lateinische Uebersetzung der Εἰσαγωγή des Porphyrius gehört, sind uns nur in geringen Bruchstücken bei anderen Autoren aufbewahrt.

die Categorien, sondern auch für die Praxis der Definition und
Division sind die quinque res (!) unentbehrlich.

Schematische Darstellung, deren er sich gelegentlich bedient,
descriptio, descriptionis exemplar, ist ihm von nicht geringer didactischer Bedeutung: quod animo cogitationeque conceptum est,
oculis expositum memoriae tenacius infigatur. Von besonderem
Interesse aber ist die Terminologie des Boethius, welche meistens
fortan geblieben ist.

Fixirt sind die Ausdrücke subjectum und praedicatum. Die
propositio ist entweder simplex oder composita. Die simplex compro-
positio wird auch categorica, öfter mit der Angabe, dass dies griechische Bezeichnung sey, oder praedicativa genannt. Die composita propositio heisst hypothetica oder conditionalis; sie beruht
entweder auf einer connexio oder auf einer disjunctio, so dass die
propositio disjunctiva s. per disjunctionem eine Art des hypothetischen Urtheils ist; der Vordersatz heisst praecedens, der Nachsatz consequens.

Die affirmatio simplex und negatio simplex einerseits sind
unterschieden von der affirmatio infinita und negatio infinita s.
ex infinito andrerseits; bei den letzteren gehört die Negation dem
Prädicate an, z. B. Homo non justus est (affirm. inf.), Homo non
justus non est (negat. inf.). Das Est oder Non est ist immer Zeichen der Qualität. Der Quantität nach gibt es propositiones universales, particulares, indefinitae, singulares. Ferner treffen wir
die stehenden Ausdrücke contrarius, subcontrarius, subalternus,
contradictorius. Contradictio ist der Gegensatz von affirmatio und
negatio. Disparata nennt er, quae tantum a se diversa sunt nulla
contrarietate pugnantia, veluti terra, vestis, ignis. Für aequipollens
sagt er consentiens, auch conveniens.

Die conversio geschieht entweder principaliter, mit unver-
änderter Quantität, oder per accidens; in beiden Fällen heisst sie
ihm conversio simplex gegenüber der conversio per oppositionem
oder per contrapositionem. Für letztere gibt er die Regel: Universalis affirmatio et particularis negatio per oppositionem sibi ipsa
convertitur, universalis autem negationis et particularis affirmatio-
nis non est ad veritatis falsitatisve consensum fida conversio.

Der Modalität nach — propositionum aliae praeter modum
proponuntur aliae cum modo — gibt es inesse significantes, neces-
sariae, contingentes, possibiles. Sie können affirmativ oder negativ
seyn. Der Unterschied übrigens von possibilis und contingens
wird allein darin gefunden, dass man wohl impossibilis, aber nicht
incontingens sagen könne.

Der syllogismus ist entweder categoricus s. praedicativus oder hypotheticus s. conditionalis. Termini, extremitates, medium, major sc. extremitas, minor sc. extremitas, sind dahin gehörige Ausdrücke. Die Schlüsse sind perfecti i. e. quibus ad integram probatamque conclusionem ex superius sumtis et propositis nihil deest, oder sie sind imperfecti; zu den letzteren werden die theophrastischen Schlussweisen gerechnet, welche per conversionem refractionemque geschehen, und auch das enthymema wird bezeichnet als imperfectus syllogismus, cujus aliquae partes vel propter brevitatem vel propter notitiam praetermissae sunt. Mit dem Ansehen einer Grundregel wird für die Theorie vom Schlusse herbeigerufen das später sogenannte Dictum de omni et de nullo.

Eine minutiöse Sorgfalt erfährt der hypothetische Schluss. Prima propositio vel propositio vel sumtum vocatur, secunda vero dicitur assumtio, ex his quae infertur conclusio nuncupatur. Da das hypothetische Urtheil betrachtet wird als zusammengesetzt aus einfachen Urtheilen, diese aber der Modalität nach Urtheile der Wirklichkeit, der Möglichkeit und der Nothwendigkeit seyn können, die beiden letzten Modalitätsformen ferner wieder zwei specielle Arten (contingens et possibile, necessarium et impossibile) unter sich befassen sollen, ferner jedes Urtheil bejahend oder verneinend ist, weiterhin auch eine Quantität und Entgegensetzung der Urtheile in Betracht kommt, das hypothetische Urtheil endlich nicht nur zwei, sondern noch mehr Termini zu haben vermag, so wird eine Menge von Combinationen, complexiones, des hypothetischen Schlusses in Aussicht gestellt, aber natürlicherweise nur zu bescheidenem Theile vorgeführt.

Die argumentatio ist argumenti per orationem explicatio; argumentum aber wird definirt als ratio rei dubiae faciens fidem. Unter locus (τόπος) wird verstanden sedes argumenti vel id unde ad propositam quaestionem conveniens trahitur argumentum. Allgemeine loci für den Dialectiker sind nicht nur die maximae et universales et principales et indemonstrabiles atque per se notae propositiones, sondern auch die differentiae dieser obersten Grundsätze. In der übersichtlichen Eintheilung der ursprünglichen und abgeleiteten Topen hatte dem Boethius von Seite der Griechen der Commentator Themistius (330—390), von Seite der Römer namentlich Cicero vorgearbeitet.

§. 27.

Cassiodorus. Die unmittelbaren historischen Quellen der mittel- - alterlichen Logik.

Ein Zeitgenosse des Boethius war Cassiodorus (468 bis etwa 562), von welchem ausser anderen Schriften auch eine De artibus ac disciplinis liberalium literarum auf uns gekommen ist. Das dritte Capitel derselben spricht de Dialectica, meist ein Excerpt aus Appulejus, Boethius und Anderen, durch Mangel an Ordnung des Inhalts sich auszeichnend. Cf. Opera omnia. Rotomagi 1679. 2 tom. Besagte Schrift findet sich im 2. Bde dieser Ausgabe, p. 558 ff. Schon eine blose Uebersicht über den Inhalt des Capitels dé Dialectica dürfte ein Urtheil über Art und Werth solcher Logik ermöglichen.

Nach einer Eintheilung der Philosophie wird nämlich in kärglichstem Masse die isagoge Porphyrii vorgenommen, darnach folgen ebenso die categoriae Aristotelis sive praedicamenta, dann kommt Etwas de interpretatione, hierauf die drei formulae syllogismorum und die neunzehn Modi derselben nach Appulejus, weiterhin modi syllogismorum hypotheticorum septem nach Victorinus. Von da beginnen die fünfzehn pulcherrimae definitionum species, quae tanta dignitate praecellunt ut possint dici orationum maximum decus et quaedam lumina dictionum, nach Victorinus und Boethius. Aber diese Definitionen merito sunt sociatae Topicis quoniam inter quaedam argumenta sunt positae et nonnullis locis commemorantur in Topicis; daher wird zur Topik des Boethius geschritten, und zwar werden die dialectici loci herausgehoben, in Verbindung damit wird die Lehre von der propositio eröffnet, die Lehre von den syllogismi erneuert, welche aber diesmal in vierzehn Modi sich vorführen, auch im Anschluss an die erste Figur von paralogismi gesprochen und abermals die Lehre vom Urtheil herbei- und nachgeholt; am Ende wird noch de locis rhetoricis sammt der inventio und den circumstantiae gehandelt.

Martianus Capella nun, Boethius und Cassiodorus, daneben Augustinus, unter dessen Namen ausser den oben genannten Principia dialecticae auch eine andre uns erhaltene Schrift cursirte, betitelt Categoriae decem ex Aristotele decerptae, diese Autoren waren es, aus denen das logische Material mit der darauf bezüglichen Terminologie vom Abendlande bis gegen das dreizehnte Jahrhundert geschöpft zu werden pflegte. Aber selbst die Werke des Boethius waren auf lange hinaus nur zum Theil gebraucht; verschollen ist damals seine Uebersetzung der zwei aristotelischen Analytiken, der aristot. Topik und der sophistischen Elenchen.

§. 28.

Isidorus Hispalensis und Alcuin. Joh. Scotus Erigena.

Besonders an Cassiodorus schliesst sich Isidorus Hispalensis (gest. 636) in seiner Dialectik, welche im zweiten Buche der Etymologiae v. Origines behandelt wird, cf. Opera rec. Faustino Arevalo, auctoritate Francisci Lorenzanae, Romae 1798, tom. III, lib. II, c. 22 ff.

Vom Buch des Isidorus hinwieder zehrt die in äusserst kunstloser Dialogform dargestellte Dialectik Alcuin's (735—804), welche sich in ihren sogenannten quinque species, nämlich Isagoge, Categoriae, Syllogismorum formulae, Diffinitiones et Topica, Perihermeniae *) zu expliciren abmüht. Opera, ed. Frobenius, Ratisbon. 1777, tom. II, p. 334 ff.

Zu Martianus Capella hat Johannes Scotus Erigena (9. Jahrh.) einen Commentar verabfasst, welcher jüngst von Hauréau wieder aufgefunden und herausgegeben wurde, cf. Notices et Extraits des Manuscripts, XX, 2. Was Scotus in seinen einzelnen Schriften rücksichtlich der Logik äussert und was er da bietet, ergibt sich als eine Verarbeitung der üblichen Schullogik in platonische Dialectik. Als Disputirkunst wird die Dialectik bezeichnet, dem Menschen von Gott gegeben, auf dass er die Wahrheit suche, cf. de Praedestinatione 7, 1; sie steigt durch die allgemeinsten und mittleren Gattungen herab bis zu den einzelnsten Arten und Formen und wendet sich zurück gemäss den Regeln der Verbindung durch dieselben Stufen zum Höchsten hin: der ersteren Richtung nach ist sie διαιρετική (μερισμός), divisoria, der anderen Richtung nach ist sie ἀναλυτική, resolutoria, dazwischen gestaltet sie sich einerseits zur ὁριστική, definitiva, andrerseits zur ἀποδεικτική, demonstrativa. Cf. de Praedest. 1, 1; de Hierarch. coel. Dion. 7, 2; 15, 1; de Divis. naturae 2, 1; Praef. ad ambig. Max. p. 1195. Opera, ed. et rec. H. J. Floss. 1853.

---

*) Man sah perihermenias (περὶ ἑρμηνείας) lange für einen Accusativus Pluralis an; dergleichen Declination findet sich schon bei Isidorus.

§. 29.

Der Streit über die Universalien.

Die überlieferte Logik hatte mit dem Ansehen einer Wissenschaftslehre einen Zauberkreis um die Geister beschrieben, in welchem der berufene Streit über die Universalien sich entzündete und immer heftiger emporloderte.

Wie aus den verschiedenen Ansichten über den strittigen Gegenstand zu folgern ist, hatte man sich die zunächst bei Porphyrius und Boethius vorbereiteten Fragen ausersehen: Ist die Allgemeinheit der Gattungen und Arten lediglich ein Product unseres Denkens, so dass nur Einzeldinge Realität ohne unser Zuthun haben, oder ist sie auch an sich etwas Substantielles, und wenn letzteres, ist sie transcendent nach Art der platonischen Ideen oder nach aristotelischer Auffassung immanent im Individuellen?

Hin und her schwankten, trennten und verbanden sich die Meinungen. Roscelinus (Ende des 11. Jahrh.) lehrt, die Universalien seyen im Verhältniss zu dem empirisch gegebenen Individuellen blose voces. Andere, auf das Wesen der vox eingehend, bezeichnen Gattungen und Arten als notiones oder intellectus. Abälard (1079—1142) erklärt in Anknüpfung an eine aristotelische Stelle bei Boethius das Universale als quod natum est de pluribus praedicari; er betrachtet die Universalität einerseits als sermo, als eine Form des Urtheils, lässt sie aber andrerseits in den Dingen selber, von denen das Urtheil handelt, wurzeln. Bernhard von Chartres (Carnotensis, erste Hälfte des 12. Jahrh.) denkt sich dagegen die Universalien gleich den platonischen Ideen, exemplares formae, rerum primaevae omnium rationes stabiles et perpetuae. Noch andere vergleichen sie mit mathematischen Formen. Gilbert von Poitiers (Porretanus s. Pictaviensis, gest. 1154) nennt die Universalien formae nativae der geschaffenen Dinge. Wilhelm von Champeaux (Campellensis, gest. 1121) hatte, bevor er sich von seinem Schüler Abälard belehren liess, die Universalien als Wesenheiten hingestellt, die in den Einzeldingen leben. Walter von Mortagne (Gauterus de Mauritania, gest. 1174) fässt die Universalität ebenso wie die Individualität als einen status, Zustand des Dings. Andere gebrauchen den Ausdruck maneries (manière?) Nach der ebenfalls sich geltend machenden sententia de indifferentia ist die Universalität zu suchen in dem, was als unterschiedslos Gemeinschaftliches sich an mehreren Dingen zeige; Gauslenus oder Joscelinus von Soissons (1151) legt den Nachdruck auf das colligere in unum.

Solches Streben hat im Grunde schon vor dem Mittelalter stattgefunden und das Ringen hat das ganze Mittelalter hindurch gewährt und ist heute noch nicht geendet. Damals aber hat es in Verbindung mit theologischen Fragen, an den quinque voces entbrennend und in dem ererbten dialectischen Rüstzeug den Schlüssel zur Lösung suchend, als vielköpfiger Streit über die Universalien sich gekennzeichnet.

§. 30.

Eifer der Logiker. Kunde vom Organon.

Inzwischen fehlte es nicht an Behauptungen und Lehren, welche andere einzelne Theile der damaligen Logik, insbesondere das Urtheil, betrafen. Percurrunt, so schreibt Johannes von Salesbury (gest. 1180) in seinem Metalogicus, percurrunt quid nomen, quid verbum, quid oratio, quae species ejus, quae vires enuntiationum, quid ex quantitate sortiantur aut qualitate, quae determinate verae sint aut falsae, quae quibus aequipolleant, quae consentiant sibi, quae dissentiant, quae praedicata divisim, quae conjunctim praedicentur aut conversim et quae non, item quae sit natura modalium et quae singularium contradictio.... quis contentus est iis quae vel Aristoteles in periermeniis docet? Quis aliunde conquisita non adjicit? Omnes enim »totius artis summam« colligunt et verbis facilibus tradunt. Cf. 3, 4, p. 130 ff. Opera, ed. Giles, Oxf. 1848.

Nach Allem zu schliessen hatte sich allmählich auf dem Boden der kärglichen Tradition eine zahlreiche Literatur erzeugt. Was wir von letzterer dermalen besitzen, ist in die Bande eben dieser Tradition geschlagen. Im Vorübergehen sey angeführt die einst hochberühmte Schrift des oben schon genannten Gilbert von Poitiers: De Sex Principiis, d. h. über die Categorieen actio, passio, quando, ubi, situs, habitus, eine Schrift, welche das Buch des Aristoteles über die Categorien ergänzen sollte und zu ergänzen schien und darum auch später den Ausgaben des Organon häufig einverleibt worden ist; cf. die Venetianische Ausgabe, tom I. 1552. Nicht weniger bewährt sich Abälard, dessen wir bereits oben gedachten, als einen Sohn seiner Zeit, so sehr auch seine Dialectik durch den stoffbeherrschenden Geist, den sie bekundet, vor den Elaboraten Anderer sich auszeichnet. Cf. Cousin, Ouvrages inédits

d'Abélard, Paris 1836, und dazu Opera, tom. alt. Paris 1859. Von
grösserem Interesse aber als alle übrigen auf die Logik sich be-
ziehenden Schriften dieses Zeitabschnittes dürfte ein anonymer
Tractat seyn »De Intellectibus«, welchen Cousin im zweiten
Bande der eben angeführten Ausgabe von Abälard's Werken
mittheilt.

Was die Kunde vom Organon des Aristoteles und den Gebrauch desselben mittelst der lateinischen Uebersetzungen bis zu
Ende des zwölften Jahrhunderts anlangt, so ist Folgendes zu berichten. Der gelehrte Abälard ist noch nicht in der Lage, den
Text der Analytik, der Topik und der sophistischen Elenchen auch
nur in der Uebersetzung des Boethius zu benützen; gleichwohl
hat er manches Einzelne, was aus den betreffenden aristotelischen
Schriften stammt und auf irgend einem von ihm nicht genannten
anderen Wege als vermittelst des Boethius ihm zugekommen ist.
Gilbert von Poitiers setzt bereits das Daseyn der Analytik
voraus, de Sex Pr. c. 7. Johannes von Salesbury endlich
spricht von sämmtlichen als in lateinischer Uebersetzung vorhandenen und mehr oder weniger in Gebrauch gezogenen Bestandtheilen des Organon, Metalog. 3, 1 ff., und zwar weiss er noch um
andere Uebersetzungen als blos um die des Boethius, Metalog. 1,
15, p. 40; 2, 20, p. 108; 3, 5, p. 135.

Zweiter Abschnitt.

§. 31.

Arabische Gelehrte.

Angeregt von der syrischen Literatur hatten arabische Gelehrte die Werke des Aristoteles und mehrerer seiner griechischen
Erklärer in ihren Bereich gezogen. Im Oriente blühten El Kendi
oder Alkendi (9. Jahrh.), El Farabi oder Alpharabius (gest.
950), Ibn Sina oder Avicenna (980—1037), El Gazali oder
Algazeli (1058—1111), in Spanien Ibn Badscha oder Avem-
pace (Anfang des 12. Jahrh.), Ibn Tofail (erste Hälfte des
12. Jahrh.), Ibn Roschd oder Averroes (gest. 1198).

Arabische Commentare und arabische Uebersetzungen des Aristoteles und griechischer Erklärer feuerten, in das Gewand der lateinischen Sprache umgekleidet, mit dem dreizehnten Jahrhundert

das Abendland zur Bekanntschaft und zu eingehender Beschäftigung mit den sämmtlichen, nicht bloss logischen, aristotelischen Schriften an; neues Leben aber erhielt auf solche Weise auch der Betrieb der Logik, namentlich vermittelst der zum Organon mit Einschluss der Isagoge gehörigen Arbeiten des Alpharabius, Avicenna, Algazeli und Averroes.

Als Aufgabe der Logik gilt diesen, durch das Bekannte zu dem noch Unbekannten zu gelangen; indem der Gegenstand entweder einfach ist, incomplexum, oder zusammengesetzt, complexum, zielen die Regeln der Logik zuvörderst auf den Begriff, diffinitio v. formatio, darnach auf die Beweisführung, argumentatio v. verificatio. Auch manche ihrer in das Einzelne gehenden Lehren, wie z. B. die Auffassung der Universalien als ante rem, in re und post rem, dann die wenn auch nicht erst bei den Arabern entsprossene Ansicht von einer Art begrifflicher Einheit des Subjects und Prädicats, ferner die scharfe Unterscheidung des Syllogismus nach seiner Form und seinem apodictischen oder nicht apodictischen Gehalt, waren geeignet, das Abendland zu neuen Untersuchungen hinzuleiten. Für die Terminologie der Logik aber dürfte besonders hervorzuheben seyn, dass sich in den lateinischen Uebersetzungen arabischer Werke zum ersten Male der später so geläufige Ausdruck praemissae für Obersatz und Untersatz des Syllogismus findet; cf. z. B. die dem Averroes zugeschriebene Epitome oder die ihm ebenfalls zugeschriebenen Quaesita in libros log. Ar. im 1. Bande der lat. Venet. Ausgabe des Aristoteles, 1552.

§. 32.

Griechische Gelehrsamkeit. Die Summulae des Petrus Hispanus.

Um dieselbe Zeit war ein Verkehr zwischen dem jugendlich frischen Streben des lateinischen Abendlandes und der altgewordenen byzantinischen Gelehrsamkeit im Gange; auch die Logik erfuhr die Folgen.

Eine hervorragende Wichtigkeit für den Schulbetrieb der Logik erlangte das, im griechischen Texte bis jetzt nur lückenhaft vorliegende, dem Michael Psellus (geb. 1020) zugeschriebene Werk Σύνοψις εἰς τὴν Ἀριστοτέλους λογικὴν ἐπιστήμην (ed. Ehinger, Aug. Vind. 1597). Nicht aber in griechischer Sprache, sondern in lateinischer Uebersetzung und namentlich in der von Petrus Hispanus (gest. 1277?) stammenden lateinischen Bearbei-

tung hat das Büchlein — Summulae logicales v. Tractatus Summularum — mehrere Jahrhunderte hindurch die Schulen beherrscht
und die Gelehrten beschäftigt. Druckausgaben: Colon. 1499, 1504,
1513, Basil. 1511, und viele andere ausserdem; noch Eck, der
bekannte Theologe, hat einen theilweisen Commentar geliefert *).

Zwei Tendenzen sind es, welche fortan für das Gebiet der Logik
und auf demselben sich bemerklich machten, die Tendenz der Forschung einmal und zweitens die Tendenz der Gestaltung. Jene
wendet sich vorwiegend zunächst an die literarischen Quellen; mehr
und mehr aber sucht sie den Gegenstand in seinem eigenen Grunde
zu erfassen. Die andere ist vornehmlich darauf bedacht, bereits
herausgehobenes Material zu einem Lehrgebäude der Logik zu-
sammenzufügen, in didactischer Absicht manchmal bis zur Pueri-
lität verkommend, hinwieder in wissenschaftlichem Anfluge geneigt,
durch die Macht eines Princips den Stoff zu beherrschen. Den
Beginn ihrer Bethätigung macht aber die eine Richtung mit dem
namentlich von Seite der Araber her angefachten Studium der
aristotelischen Werke; solchem Studium gegenüber stehen als
historische Denksäulen am Anfange der anderen Richtung die
summulistischen Tractate und besonders die des Petrus Hispanus.

Derselbe erklärt die Dialectica als ars artium, scientia scientiarum, ad omnium methodorum pincipia viam habens. In der
disputatio bewegt sich die Dialectik, aber die disputatio ist nicht
ohne sermo, der sermo nicht ohne vox und letztere verlautet nicht
ohne sonus, doch ist nicht jeder sonus eine vox. Die voces sind
significativae und non significativae; von den ersteren sind die
einen complexae als zusammenhängende Rede, oratio, die anderen
incomplexae oder einzelne Wörter. Im Unterschiede von der oratio
imperativa, optativa, conjunctiva, deprecativa ist nur die oratio indicativa die logische propositio i. e. oratio verum vel falsum significans indicando.

---

*) Manche halten den hier genannten Petrus Hispanus für den nach-
maligen Papst Johann XX. oder XXI. (Petrus Juliani v. Joannis). Andere
unterscheiden 1) Petrus Juliani v. Joannis, eben jenen Papst, 2) einen
anderen Petrus Hispanus als den eigentlichen Verfasser der Summulae, 3) einen
Petrus Hispanus junior s. recentior, dem gleichfalls logische Arbeiten zugeschrieben werden. Es hat auch nicht an Solchen gefehlt, welche die
Synopsis für eine griechische, von Maximus Planudes (zwischen 1320 u. 1350)
angefertigte Uebersetzung des lat. Grundtextes betrachteten; cf. Biblioth.
Hispana vetus, II. p. 73 ff. Scriptor. Ord. Praed. I. p. 485 ff.; neuerdings
ist hierauf zurückgekommen Thurot, Ch. De la logique de Pierre d'Espagne,
cf. Fichte's Zeitschr. 46. Bd. 1865.

Die propositio ist der Substanz nach categorica oder hypothetica. Als jene ist sie zusammengesetzt aus Subject, Prädicat und Copula (der lat. Ausdruck copula, griech. σύνδεσμος, lässt sich zuerst bei Abälard aufweisen.) Der Quantität nach ist die prop. categ. universalis, particularis, indefinita, singularis, der Qualität nach affirmativa oder negativa. Contrariae zu einander sind universalis affirmativa und universalis negativa; subcontrariae sind particularis affirmativa und particularis negativa; als contradictoriae verhalten sich zu einander universalis affirmativa und particularis negativa, universalis negativa und particularis affirmativa, als subalternae endlich universalis affirmativa und particularis affirmativa, univ. negativa und part. negativa. Die conversio ist simplex oder per accidens oder per contrapositionem.

Nachdem so die prop. categorica vorgeführt ist, folgt die prop. hypothetica, welche aus zwei mit einander verbundenen categorischen Urtheilen besteht. Sie ist entweder conditionalis, wie die Conjunction Si zu erkennen gibt, oder copulativa, wie die Conjunction Et bezeugt, oder disjunctiva laut der Conjunction Vel.

Hierauf wird von der Aequipollenz gehandelt, kurz nur von derjenigen der categorischen Urtheile überhaupt, dann ausführlich von derjenigen der modalen Urtheile insbesondere, propositio modalis, quae determinatur aliquo istorum modorum: possibile, impossibile, contingens, necessarium, verum et falsum. Indessen bleiben die beiden letzten Modi, verum et falsum, im weiteren Verlaufe der Sache bei Seite, die anderen vier Modi aber werden so mit einem Satze verbunden, dass sich mit Hülfe der Negation und Affirmation eine Aequipollenz und zugleich hiemit eine sogenannte conträre, subconträre, contradictorische und subalterne Wechselbeziehung zwischen den Gruppen der unter sich aequipollenten Urtheile herausstellt. So stehen z. B. die aequipollenten Urtheile: Dass Socrates läuft, ist möglich; dass Socrates läuft, ist statthaft; dass Socrates läuft, ist nicht unmöglich; dass Socrates läuft, ist nicht nothwendig — contradictorisch entgegen den ebenfalls unter sich aequipollenten Urtheilen: Dass S. läuft, ist nicht möglich; dass S. läuft, ist nicht statthaft; dass S. läuft, ist unmöglich; dass S. nicht läuft, ist nothwendig. Solche Lehre vom Urtheil ist im ersten Theil oder Tractat enthalten.

Der zweite Theil spricht von den universalia oder praedicabilia des Porphyrius: genus, species, differentia, proprium, accidens. Als Unterschied von praedicabile und universale wird angegeben: praedicabile diffinitur per dici de, universale vero per esse in;

praedicabile aptum natum est dici de pluribus, universale aptum natum est esse in multis.

Der dritte Theil führt aristotelische Categorien vor oder praedicamenta, welch letzteren lat. Ausdruck schon Marius Victorinus gebraucht wie aus dem Commentar des Boethius erhellt. Erklärt werden die Categorien substantia, quantitas, ad aliquid, qualitas, und in der Kürze noch actio und passio. Die Definitionen der übrigen vier Categorien, welche sich in den Ausgaben finden, non sunt de textu Petri Hispani wie der Basler Druck bemerkt; sie entstammen augenscheinlich wie nicht minder die Erklärungen der beiden vorhergehenden Categorien actio und passio dem Büchlein Gilbert's de Sex Principiis. Eingeleitet aber ist die Darstellung der praedicamenta durch antepraedicamenta, bei den griech. Commentatoren des Aristoteles τὰ πρὸ τῶν κατηγοριῶν. Abälard hatte seinerseits das Material der porphyrianischen Isagoge überhaupt als anteprädicamenta bezeichnet, hier aber und gewöhnlich werden anteprädicamenta genannt 1) die Erklärung von univocum, aequivocum, denominativum, 2) die Unterscheidung: eorum quae dicuntur quaedam cum complexione quaedam sine complexione, woran die Aufzählung der acht (übrigens nach der porphyrianischen und boethianischen Eintheilung neunfachen und bei Johannes Damascenus *) sogar elffachen) Bedeutungen des esse aliquid in aliquo sich anreiht mit der Auseinandersetzung: eorum quae sunt quaedam dicuntur de subjecto, in subjecto vero nullo sunt . . . . alia vero neque de subjecto dicuntur neque in subjecto sunt . . . . alia dicuntur de subjecto et sunt in subjecto . . . . alia vero in subjecto sunt et de subjecto nullo dicuntur; 3) zwei Regeln: a) quando alterum de altero praedicatur ut de subjecto, quaecunque de eo quod praedicatur dicuntur, omnia de subjecto dicuntur, b) diversorum generum non subalternatim positorum diversae sunt species et differentiae (ausserdem pflegte man noch die dritte, auch bei Psellus verzeichnete Regel als zu den Antepraedicamenten gehörig hervorzuheben: subalternorum generum nihil prohibet easdem esse differentias). Das nun sind die antepraedicamenta. Den Prädicamenten selbst aber folgen als Nachhut die postpraedicamenta, τὰ μετὰ τὰς κατηγορίας bei den griech. Auslegern des Aristoteles genannt, und zwar: opposita, prius, simul, motus, habere; Abälard

---

*) Johannes Damascenus, 8. Jahrh., hat auch eine Dialectik hinterlassen, welche vornehmlich die Praedicabilien und Prädicamente behandelt. Cf. Opera. Paris 1712. 2 vol. Die Dialectik ist im ersten Bande.

hatte für seine Dialectik die Behandlung der grammaticalischen
Bestandtheile des Satzes als postpraedicamenta bezeichnet.

Der vierte Theil enthält die Lehre vom Syllogismus; das
Dictum de omni und das de nullo tritt mit an die Spitze. Die
Definition des Syllogismus ist: oratio in qua quibusdam positis et
concessis necesse est aliud accidere per ea quae posita sunt et con-
cessa. Terminus, medius, major extremitas, minor extremitas,
ferner propositio major, prop. minor, praemissa, conclusio, dann
figura i. e. ordinatio trium terminorum secundum subjectionem et
praedicationem, auch modus i. e. ordinatio duarum propositionum
in debita qualitate et quantitate, sind die dahin gehörigen üblichen
Ausdrücke. Angeführt werden die drei Figuren mit ihren Modi,
zu der ersten Figur auch die sog. indirecten des Theophrastus.
Auf die directen Modi der ersten Figur werden die übrigen Modi
zurückgeleitet.

Der fünfte Theil betrifft die Topik. Vier Arten der Argumentation werden genannt: der Syllogismus, die Induction, das
Enthymema als syllogismus imperfectus, und das Beispiel oder die
Analogie. Darauf finden die loci dialectici ihren Platz. Zuvörderst
wird locus maxima und locus differentia maxime geschieden d. h.
propositio maxima et universalis et principalis et indemonstrabilis
einerseits und differentiae maximarum propositionum andrerseits,
der locus differentiae maxime ferner in locus intrinsecus, locus
extrinsecus, locus medius und jeder dieser loci noch ferner eingetheilt, ähnlich wie in der Topik des Themistius soweit wir von
letzterer durch Boethius wissen.

Im sechsten Theile endlich erscheinen die Sophismen. Von
dem syllogismus demonstrativus und von dem syllogismus dialecticus wird der syllogismus sophisticus s. litigiosus ausgesondert
und als Instrument der sophistischen Disputation gekennzeichnet:
fallaciae, sex in dictione et septem extra dictionem.

Mit solchem Materiale selbst, das in diesen sechs Theilen
zusammengetragen ist, wurde dem Abendlande sicher Nichts geboten, was nicht damals, als die Summulae auftauchten, schon
anderweitig bekannt gewesen wäre. Allein damit sind die Summulae auch noch nicht zu Ende. Mit dem siebenten Tractat beginnt ein Gestrüppe von Lehren, deren Gegenstand lebhaft an die
λεκτά der Stoiker erinnert.

§. 33.
Parva Logicalia.

Prantl IV 204

Der siebente Theil der Summulae trägt den Titel de Suppositionibus. Mit Anknüpfung an die antepraedicamentale Eintheilung: eorum quae dicuntur quaedam cum complexione quaedam
sine complexione, wird speciell vom terminus incomplexus bemerkt,
dass er irgend eine der zehn Categorien bezeichne, significare, und
darauf mittelst Unterscheidung eben der significationes einmal in
substantivische und zweitens in adjectivische oder attributive zur
Supposition übergegangen, welche den nomina substantiva eigen
seyn soll, während den nomina adjectiva und den verba die sogen.
Copulation zukommt.

Suppositio nun ist acceptio termini substantivi pro aliquo
und von significatio so unterschieden, dass letztere in der blosen
vox ihren Ausdruck zu suchen, die suppositio aber die schon vollzogene Einigung von vox und significatio zu einem terminus, demnach den terminus als Voraussetzung habe.

Von der Supposition gibt es verschiedene Arten. Die suppositio communis findet statt durch einen allgemeinen terminus, z. B.
Mensch, Thier, die supp. discreta durch einen singulären z. B. Socrates, oder auch durch einen vom Demonstrativpronomen begränzten allgemeinen terminus, z. B. Dieser Mensch. Die suppositio
communis ihrerseits zerfällt in supp. naturalis und supp. accidentalis, indem dort der allgemeine terminus von sich aus für seinen
ganzen Umfang ohne Einschränkung gilt, z. B. Mensch für alle
Menschen welche sind, seyn werden und gewesen sind, hier aber
die Tragweite des allgemeinen terminus an ein besonderes hinzu-
kommendes Satzglied gebunden ist, so dass z. B. in dem Satze:
Der Mensch wird seyn, Mensch nur auf die künftigen Menschen
zu beziehen ist.

Die supp. accidentalis ist simplex, wenn der allgemeine terminus vermöge des anderen Satzgliedes in seiner ungetheilten Einheit gefasst wird und nicht mit Rücksicht auf das Einzelne was
unter ihm enthalten ist; in den Sätzen: Mensch ist Species, oder:
Irdisches Wesen ist Genus, gilt Mensch für Mensch in seiner ungetheilten Einheit, und Irdisches Wesen für Irdisches Wesen
schlechtweg, so dass nicht an einzelne Menschen und nicht an
einzelne irdische Wesen zu denken ist. Solche suppositio simplex
kann für das Subject stattfinden oder auch in einem bejahenden

Satze für das Prädicat. In den eben angeführten Beispielen betrifft sie das Subject; wird dagegen gesagt: Jeder Mensch ist irdisches Wesen, so ist es der prädicative terminus Irdisches Wesen, welcher simpliciter supponirt. Aber die supp. simplex kann auch in Anwendung kommen bei einem allgemeinen terminus, welcher vermöge seiner specifischen Differenz aus dem Genus, zu dem er gehört, herausgehoben wird; in dem Satze: Jedes irdische Wesen ausser dem Menschen ist vernunftlos, hat der terminus Mensch die supp. simplex, so dass nicht an diesen oder jenen einzelnen Menschen gedacht und etwa geschlossen werden dürfte: Weil jedes irdische Wesen ausser dem Menschen vernunftlos ist, so ist jedes irdische Wesen ausser diesem Menschen sc. Socrates vernunftlos.

Der supp. simplex steht als Species innerhalb der supp. accidentalis gegenüber die supp. personalis, welche daran ihre Eigenthümlichkeit hat, dass der allgemeine terminus nicht in seiner ungetheilten Einheit, sondern gerade für die unter ihm enthaltenen Theile gilt. Und zwar sind Arten der supp. personalis einmal die supp. determinata und dann die supp. confusa. Bei der supp. determinata hat der allgemeine terminus, ohne alles Quantitätszeichen oder mit einer particularisirenden Beschränkung ausgesprochen, einen disjuncten Umfang; dagegen beruht die supp. confusa darauf, dass der allgemeine terminus für eine von dem Quantitätszeichen der Allheit umschlossene Vielheit steht. So supponirt in dem Satze: Alle Menschen sind irdische Wesen, der terminus Mensch vermöge des Quantitätszeichens die Vielheit der Menschen und nicht etwa einen Theil der Menschen als irdischer Wesen und einen Theil der Menschen als nichtirdischer Wesen.

Das ist in den Hauptzügen die von entsprechenden Regeln begleitete Lehre über die Supposition, wie sie im siebenten Tractate vorliegt. Die nähere Angabe der an die letztgenannte Art, an die supp. confusa, sich noch anschliessenden Unterscheidungen, je nachdem nämlich dieselbe ihren Anlass entweder an dem Quantitätszeichen oder an der Natur der Sache habe und in ersterem Falle lediglich das Subject, im zweiten Falle mittelst der im Subject wurzelnden essentiellen Kraft der Copula das Prädicat betreffe, dort distributive stattfinde, sofern sie sich auf alle Theile des Subjects bezöge, und zugleich mobiliter, sofern man zu jedem einzelnen Theile herabsteigen könne wie z. B. von Mensch zu Socrates, hier aber immobiliter, weil kein derartiges Herabsteigen im Prädicat erlaubt sey — die nähere Angabe hievon und der dazu gefügten Controversen mag uns erlassen werden.

Ein fernerer Abschnitt handelt de Relativis. Nicht an jene

Relation, esse ad aliquid, ist zu denken, welche bei der Lehre von
den Praedicamenten oder Categorien zur Sprache kommt; das relativum vielmehr, welches hier betrachtet wird, — Spätere nannten
es relativ. grammaticum — ist antelatae rei recordativum.

Zu Oberst wird es getheilt in relativum substantiae und relativum accidentis. Das erstere, relativum substantiae, wiederholt
die res antelata in ihrer unterschiedslosen Ganzheit; dergleichen
relativa sind: Jener, Sein, Welcher u. dergl. Näher betrachtet
zerfällt dasselbe in relativum identitatis und diversitatis; wenn z. B.
gesagt wird: Socrates läuft und ebenderselbe disputirt, so ist Ebenderselbe relativum substantiae identitatis; wird aber gesagt: Socrates läuft und ein anderer disputirt, so ist Ein anderer relativum
substantiae diversitatis. Die relativa substantiae identitatis sind
entweder nomina, z. B. Irgend einer, Ein gewisser, oder pronomina
wie Er, Derselbe; von den letztgenannten hinwieder, den pronomina, sind die einen reciproca, z. B. Sich, Sein, oder non reciproca,
z. B. Derselbe.

Was andrerseits die relativa accidentis, welche als Species
den relativis substantiae gegenüberstehen, anlangt, so haben sie
nicht minder ihre Unterarten. Ein Beispiel eines relativ. accidentis
ist in folgendem Satze: Socrates ist weiss und ein solcher ist auch
Plato; hier ist Ein solcher relativ. accidentis, da dasselbe nicht
die res antelata, Socrates, in ihrer unterschiedslosen Ganzheit, sondern in Bezug auf das accidens Weiss wiederholt. Auch die relativa
accidentis werden geschieden in relat. identitatis, z. B. Ein solcher,
und in relat. diversitatis; z. B. Ein anderer; erstere, die relativ.
identitatis accidentis zielen entweder nach einer quantitas continua,
z. B. So gross, oder nach einer quantitas discreta, z. B. So viele,
und sind in letzterem Betracht entweder nomina, z. B. Ebensoviele,
oder adverbia, z. B. So oft.

Dies ist in Kurzem die von Controversen und Regeln durchzogene, auch an Sophismen erprobte Lehre de Relativis, oder, wie
man darnach auch zu sagen pflegte, de Suppositione relativorum.

Der folgende (neunte) Theil führt auf die im siebenten Tractat erwähnte suppositio personalis zurück. Dort war dieselbe getheilt in determinata und confusa, hier aber wird sie nach anderen
Anhaltspuncten in restrictiva und ampliativa geschieden.

Die ampliatio oder supp. ampliativa ist extensio termini
communis a minori suppositione ad majorem, Erweiterung des Umfangs einer allgemeinen im Worte ausgesprochenen Vorstellung.
Die Erweiterung nimmt aber Anlass entweder vom Verbum, z. B.
Der Mensch »kann« Widerchrist seyn, oder vom Nomen, z. B. Es

ist »möglich«, dass der Mensch Widerchrist ist, oder vom Participium, z. B. Der Mensch ist »vermögend«, irdisches Wesen zu
seyn, oder vom Adverbium, z. B. Der Mensch ist »nothwendiger-
weise« ein irdisches Wesen. Und darin besteht die Erweiterung,
dass ohne solches Verbum, Nomen u. s. w. zwar eine Supposition
stattfindet, in Folge des Verbum aber, des Nomen u. s. w. nicht
auf eine bestimmte Zeit wie die Gegenwart eingeschränkt bleibt,
sondern noch durch das Moment der Zukunft anwächst, a minori
suppositione ad majorem. Wenn z. B. gesagt wird: Der Mensch
kann Widerchrist seyn, so supponirt der allgemeine terminus
Mensch auf Grund des Verbum Kann nicht blos die Menschen,
welche sind, sondern auch die, welche seyn werden; die Erweiterung des terminus Mensch vollzieht sich also in der Hinzunahme
künftiger Menschen.

Die suppositio restrictiva dagegen oder restrictio ist coartatio
termini communis a majore suppositione ad minorem. In dem
Satze: Der weisse Mensch läuft, beschränkt das Adjectivum Weiss
den allgemeinen terminus Mensch auf weisse Menschen, so dass
schwarze und andersfarbige ausgeschlossen sind. Die Restriction
stützt sich entweder, wie in dem eben angeführten Beispiel, auf
ein Nomen, oder auf ein Verbum, z. B. Der Mensch läuft, so dass
hier Mensch nur die gegenwärtig laufenden supponirt, oder auf
ein Participium, z. B. Der laufende Mensch spricht, oder auch auf
einen eingeschobenen Satz, z. B. Der Mensch, welcher weiss ist,
läuft. Beruht die Restriction auf einem Nomen, so ist letzteres
entweder dem allgemeinen terminus als dem Genus untergeordnet,
z. B. ein irdisches Wesen, nämlich der Mensch, läuft, oder es ist
ein wesentliches Merkmal, z. B. Vernünftig, bei dem terminus
Irdisches Wesen, oder es ist ein ausserwesentliches Beiwort, z. B.
Weiss für den terminus Mensch vorhanden. Dies ist der Hauptsache nach die Lehre von der restrictio. Es wird übrigens eine
Anzahl Regeln aufgestellt, auch gelegentlich ein Sophisma hereingenommen, ähnlich wie es in den früheren Tractaten der Fall ist.

De Appellationibus wird ein besonderer Abschnitt überschrie-
ben. Appellatio aber ist acceptio termini pro re existente. Ihr
Unterschied von der significatio sowohl als von der suppositio wird
darein gesetzt, dass sie nur für etwas Existirendes statthat, während
die beiden anderen für Existirendes sowohl als Nichtexistirendes
in Anwendung kommen. Der terminus Mensch z. B. bezeichnet
wörtlich, significat, den Menschen und gilt, was die suppositio
anlangt, für die existirenden und für die nichtexistirenden Menschen,
geht aber rücksichtlich der appellatio nur auf die existirenden

Menschen. Die appellatio ist entweder termini communis, z. B.
Mensch, oder termini discreti s. singularis, z. B. Socrates; im terminus des existirenden Individuellen treffen alle drei, significatio,
suppositio und appellatio zusammen. Weiterhin ist die appellatio
termini communis theils pro re in communi, entsprechend insbesondere der suppositio simplex, ein Fall, in welchem ebenfalls
significatio, suppositio und appellatio sich vereinen lassen, theils
pro suis inferioribus, entsprechend der suppositio personalis; eine
Coincidenz der significatio, suppositio und appellatio ist aber diesmal nicht am Orte: denn die significatio nimmt z. B. Mensch
schlechtweg, die suppositio umfässt die einzelnen Menschen, die
existirenden und die nichtexistirenden, die appellatio geht aber blos
auf die existirenden einzelnen Menschen.

Im zwölften Theile ist von der distributio die Rede. Sie
wird erklärt als multiplicatio termini communis per signum universale facta. Wird z. B. gesagt: Jeder Mensch, so ist es der terminus Mensch, welcher durch das Zeichen Jeder in Bezug auf das
unter ihm Enthaltene vervielfacht wird. Die hieher gehörigen signa
universalia sind theils distributiva substantiae, z. B. Omnis, Nullus,
theils distribut. accidentium, z. B. Qualis, Quantus, Qualiscunque;
von den ersteren sind die einen distrib. partium integralium, beziehen sich auf die Theile eines concreten Wesens, z. B. Totus,
die anderen sind distribut. partium subjectivarum, beziehen sich auf
den Umfang eines Subjects, z. B. Omnis, Nullus, und sind duorum,
z. B. Uterque, Neuter, oder plurium überhaupt, wie Omnis, Nullus.

Alsbald werden die signa distributiva substantiae vorgenommen in folgender Ordnung. Vorerst handelt es sich um das Zeichen Omnis, das entweder collectiv oder distributiv zu fassen ist;
dasselbe soll eine dispositio rei subjicibilis vel praedicabilis ausdrücken, d. h. eine im Verhältniss zum Prädicat dem Subject zukommende Bestimmung: als diese Bestimmung folgt es z. B. beim
Syllogismus, wenn es mit dem Mittelbegriff im Obersatz verbunden war, nicht dem Mittelbegriff, welcher in den Untersatz herabsteigend Prädicat wird. Nach verschiedenen Fragen und deren
Beantwortung, nach Beiziehung einiger Sophismen und nach Ein-
flechtung von Regeln wird fortgeschritten zum Zeichen Nullus =
Omnis non, und nachdem auch hier ein Sophisma betrachtet worden, kommt Nihil an die Reihe; hiebei sind ebenfalls Trugschlüsse
zu lösen. Uterque ferner, geradewie Neuter, soll nicht für alle Individuen eines allgemeinen terminus, sondern nur für zwei und zwar demonstrative gelten; Neuter ist von Uterque durch die Negation unterschieden. Das wären die signa distributiva partium subjectivarum.

Hieran reiht sich noch die Behandlung der Frage, ob die Negationspartikel Non eine distributive Kraft habe, z. B. in dem Satze: Non homo est justus. Die Antwort lautet dahin, dass Non den allgemeinen terminus, vor dem es stehe, nur negire und damit auch alles jenes, was unter dem allgemeinen Terminus enthalten sei. Ausserdem werden noch zwei uneigentliche Distributionen genannt, distributio aptitudinis und distributio accomoda. Ein Beispiel für jene ist: Jeder Mensch fürchtet sich auf dem Meere, wobei der Nerv der Distribution darin liegen soll, dass von Natur aus der Mensch sich auf dem Meere fürchtet. Beispiele für die zweite sind: Der Himmel bedeckt Alles ausser sich selbst, oder: Gott hat Alles geschaffen ausser sich. Endlich wird übergegangen zu Totus als dem distributivum partium integralium.

Sind hiemit die beiden Arten der distributiva substantiae abgemacht, so folgen die distributiva accidentium, welche entweder qualitativer Art sind, wie z. B. Qualelibet, oder quantitativer Art, z. B. Quotiescunque. Die Lösung von Sophismen findet auch hier statt. Zum Schlusse wird noch das Infinitum behandelt.

In manchen Ausgaben findet sich noch ein dreizehnter Tractat, benannt de Exponibilibus. Nicht um den terminus, sondern um die propositio soll es sich da handeln. Propositio exponibilis ist nämlich ein Satz, dessen Sinn durch gewisse Redetheile erschwert ist und darum einer Erklärung bedarf. Eine solche prop. exponibilis z. B. ist: Nur der Mensch läuft, oder: Socrates beginnt, weiss zu seyn. In diesen Sätzen sind es die Wörter Nur und Beginnt, welche die propositio zu einer exponibilis machen. Eine Exposition z. B. für den Satz: Nur der Mensch läuft, wäre folgende: Der Mensch läuft, und was nicht der Mensch ist läuft auch nicht; oder für den Satz: Socrates beginnt, weiss zu sein, wäre folgende Exposition zu geben: Socrates ist jetzt noch nicht weiss, aber gleich darauf wird er weiss seyn. Der Wörter und Wendungen, welche eine Exponibilität setzen, sind mancherlei Arten. Die einen sind signa exclusiva, z. B. Einzig, Alleinig, Nur; die anderen exceptiva, z. B. Ausser; noch andere reduplicativa, z. B. Insofern; eine besondere Art bilden die Wörter Anfangen und Aufhören, Incipit et Desinit; andere Wörter betreffen eine Distinction, z. B. Anders, Sichunterscheiden; eine Exponibilität des Satzes ist ferner vorhanden durch das Wort Infinitus, ebenso durch das Wort Totus; nicht minder machen sich die Comparative und Superlative geltend.

Solcher Art ist der Inhalt der Summulae vom siebenten Tractate an.

Bruchstücke sind es, die vor uns liegen. Aus dem Aggregat derselben schimmert zwar die alte grammatische Zweitheilung des Satzes nach categorema und syncategorema, so dass vielleicht die einzelnen Tractate gesondert werden könnten 1) in den categorematischen Tractat de Suppositionibus, welchem der Tractat de Relativis angefügt ist, und 2) in die übrigen syncategorematischen Tractate. Das Ganze jedoch zeigt sich als eine analytisch aus dem Reich der Sprache auf den logischen Begriff hinarbeitende Lehre vom Urtheil oder de Interpretatione *), hiedurch als ein Seitenstück zum aristotelischen Buche περὶ ἑρμηνείας und weiter zu dem überhaupt, was bis dahin unter aristotelischer Logik verstanden wurde und in den ersten sechs Abschnitten der Summulae des Petrus Hispanus dargeboten ist.

Unter dem Titel Parva logicalia, eine Bezeichnung, welche später zuweilen gleichbedeutend mit Summulae selbst gebraucht wurde, auch unter dem Titel Proprietates logicales v. terminorum wurde das Material ein ausgiebiges Feld für den splitternden Scharfsinn und für Wehrhaftmachung der Disputirkunst, das Ferment der sog. logica Modernorum; im Universalienstreit leistete es besondere Dienste. Noch andere Tractate erwuchsen aus den schon vorhandenen heraus oder reihten sich daran, wie namentlich Tractatus Consequentiarum mit Bezug auf die enthymematische Folgerung und den Syllogismus, Tractatus Obligatoriorum hinsichtlich der Disputation, Tractatus Insolubilium und dergleichen. Hinwieder suchte man die Parva logicalia dem Inhalte des Organon bald hier bald dort einzuverleiben und anzuheften; das Richtigere mögen dabei Jene getroffen haben, welche die Parva logicalia zum einen Theil als terminorum proprietates v. passiones v. affectiones der Lehre vom Begriffe, zum anderen Theil als propositionum affectiones der Lehre vom Urtheile und vom Schlusse einfügten. Durch solche Sonderung unter sich und Verbindung mit der übrigen Logik konnten die Parva logicalia ihr Daseyn fristen noch bis zum neunzehnten Jahrhundert.

§. 34.

Mnemonische Zurichtung der Logik.

Es war aber nicht allein das zuletzt erwähnte Material, was die lateinisch redende Logik im dreizehnten Jahrhundert vornehm-

---

*) Ueber die Bedeutung von Interpretatio cf. z. B. Boethius, de Interpr. ed. 2, p. 290. Zabarella, de Nat. Log. 2, 5.

lich vermittelst der Summulae des Petrus Hispanus zum Geschenk erhielt; es war ausserdem noch eine eigenthümliche Schulmanier, welche damals Platz griff und in den sechs ersten Abschnitten auch der besagten Summulae sich zur Schau trägt.

Früher hatte man wohl in Schematen (formula, descriptio) z. B. die Entgegensetzung, Subalternation, Aequipollenz der Urtheile, die Praedicabilien auch sammt den Prädicamenten sich anschaulich zu machen versucht. Man hatte ferner die eine und die andere logische und unlogische Function in fassliche Regeln gekleidet. Man hatte sogar die Logik theilweise in Hexametern sprechen lassen; cf. z. B. Cousin, Ouvr. inéd. d'Abélard.

Neu aber waren die jetzt sich verbreitenden Memorialbuchstaben und Memorialwörter, in welche eine Regel zusammengezogen war, dazu die Verse, in welchen jene Buchstaben und Wörter einherrollten. So ist bei Petrus Hispanus z. B. die Eintheilung der Sätze rücksichtlich der Substanz in categorische und hypothetische, rücksichtlich der Qualität in negative und affirmative, rücksichtlich der Quantität in allgemeine, particuläre, unbezeichnete, singuläre, enthalten in dem versus: Quae ca . vel hyp.; qualis ne . vel af.; u. quanta par. in. sing. Die Regel ferner zur Conversion lautet: Simpliciter Feci convertitur, Eva per acci.; Asto per contra, sic fit conversio tota. Zu näherer Erläuterung aber hiezu dient: Asserit A, negat E, sed universaliter ambae; asserit J, negat O, sunt particulariter ambae. Für die vier, theilweise entgegengesetzten theilweise subalternirten Gruppen aequipollenter modaler Sätze werden die Wörter Amabimus, Edentuli, Iliace, Purpurea hervorgeholt, wie die Verse besagen: Primus Amabimus Edentulique secundus, tertius Iliace, Purpurea reliquus. In diesen Wörtern sind die Vocale A, U, I, E der Kern der Sache; da nämlich bei dem Modus und zugleich bei dem Prädicate des durch den Modus bestimmten Satzes (dictum) die Negation stehen kann oder nur bei dem einen von beiden oder, indem der Satz affirmativ ausgesprochen wird, bei gar keinem von beiden, so werden jene Vocale zu Hülfe gerufen mit einer Bedeutung, welche in folgenden Versen enthalten ist: Destruit U totum, sed A confirmat utrumque; destruit E dictum (d. h. blos das Prädicat), destruit Ique modum (blos den Modus). Kurz, wo es der didactischen Vorsorge nothwendig scheint — welche Gelegenheit bietet namentlich die Lehre vom Schlusse! —, da gerinnen alsbald die Regeln zu Buchstaben, Wörtern, Versen als Vehikeln für das Gedächtniss des Lehrlings und des Practikers.

Vieles davon hat sich seit dem summulistischen Betrieb des

dreizehnten Jahrhunderts bis zur Stunde in Uebung und Ansehen erhalten.

Wie hoch von Anfang an dergleichen gehalten worden ist, mag vielleicht, wenn anders die betreffenden Stellen nicht von späterer Hand interpolirt sind, auch daraus hervorgehen, dass nicht nur im Speculum doctrinale des Vincent von Beauvais (gest. um 1264) bei der Abwicklung der Logik die Barbara Celarent etc. als etwas Bekanntes auf die Bühne treten, cf. l. 4, c. 50 de Syllogismis et Figuris, sondern auch bei Thomas von Aquino (1225—1274) eben jene Memorialverse der Schlussmodi oder ein andermal die oben genannten Wörter Amabimus, Edentuli, Iliace, Purpurea herzugenommen werden, cf. dessen Opuscula.

Das Gleichbild übrigens zur besagten Schulpoesie und der darin sich bethätigenden Mnemonik findet sich in griechischer Zunge bei Psellus, und darin sich zu üben haben auch die folgenden Jahrhunderte nicht unterlassen.

§. 35.

Das Studium aristotelischer Schriften.

Zweierlei, der Stoff der Parva logicalia und jene schulmässige Behandlung, welche mit schematischer Darstellung und abstrahirten Regeln sich nicht begnügend ausserdem eine mnemonische Buchstabenkunst und Versification für erforderlich hält, dieses beides war es hauptsächlich, was durch die Summulae als wirksame Ingredienzien dem Betriebe der Logik im Abendlande zugeführt wurde.

Für manches zwar, was in den Summulae nur oberflächlich oder gar nicht berührt ist, war durch die längst gebrauchten Quellen gesorgt. Nicht jedoch gilt dieses für den apodictischen Schluss, syllogismus demonstrativus,; derselbe war weder vorher genügend beachtet von der Schule noch findet er in den Summulae eine besondere Behandlung: Spätere meinten, er sey in den Summulae wegen der Schwierigkeit des Verständnisses weggelassen worden, cf. z. B. Eck in seinem Commentar zu Petrus Hispanus. Aber solchem Mangel konnte nunmehr begegnet werden durch die Früchte eines mittlerweile ermöglichten Studiums, welches das aristotelische Organon vollständig in der lateinischen Uebersetzung und dazu noch in neu angefertigten Uebersetzungen vor sich hatte. Nebenbei sog die Geschäftigkeit für das Gebiet der Logik frische

Nahrung auch aus den metaphysischen und psychologischen Schriften des Stagiriten.

Man weiss, welche Verdienste Albertus Magnus (1193—1280) sich um das Bekanntwerden der aristotelisch-arabischen Lehre erworben hat. Sein Schüler Thomas von Aquino (1225—1274) hat ebenfalls in den Kreis seiner Thätigkeit die Logik hereingenommen; wir besitzen von ihm Erklärungen zum Buche de Interpretatione und zur zweiten Analytik, ausserdem unter seinem Namen einzelne Tractate, welche auf die Praedicabilien, die Praedicamente, die modalen Urtheile, den Syllogismus, die Demonstration und das Sophisma sich beziehen. Aber auch in seinen anderen Werken findet sich mannigfache Berücksichtigung alles dessen, was in den Bereich der damaligen Logik fällt. Noch umfassender hat Johannes Duns Scotus (1275—1308) die Schriften des Organon erläutert, die Isagoge des Porphyrius, die Prädicamente, das Buch de Interpretatione, theilweise die Lehre von den Elenchen, die beiden Analytiken, und in seinen übrigen Schriften die logischen Fragen behandelt. Vor den übereilig betretenen Wegen, auf welchen sich der Eifer des Raimund Lullus (1234—1315) mit seiner Ars magna verirrte, mochte am Ersten ein eingehenderes Studium des Aristoteles bewahren.

§. 36.

Behandlung der Universalien.

Mit neuen Mitteln ausgestattet entfachte sich in neuen Wendungen der Streit über die Universalien, sich anschliessend an jene von den Arabern überkommene Unterscheidung ante rem, in re, post rem. Die Ansichten der arabischen Philosophen, Platonismus, aristotelische Sentenzen, die Categorien, das in den Parva logicalia vorhandene Rüstzeug, verschiedene erkenntnisstheoretische Gesichtspuncte, gegenseitige Missverständnisse, sie alle bildeten wirksame Elemente; die Psychologie, die Angelologie und Christologie sowie die Theologie überhaupt lieferte entscheidende Instanzen.

Während üblichermassen die Universalien ante rem dem göttlichen Erkennen zugetheilt wurden als ihrer Heimath, die Universalien post rem aber auf die Seite des menschlichen Denkens und Erkennens fielen, waren die Universalien in re der eigentliche Herd abweichender Auffassungen; hiebei wieder zielte die Hauptfrage auf das Verhältniss des Universale zur individuellen Bestimmtheit: auf das sog. principium individuationis und im Zusammenhange damit auf die unitas formae oder pluralitas formarum.

Von Anfang suchten die Einen das principium individuationis in dem, was sie materia signata (i. e. quae sub certis dimensionibus consideratur) oder quantitas determinata hiessen; die concrete Einheit sowohl des Individuellen mit dem an das Individuelle sich mittheilenden Universale als auch des in sich unterschiedenen Ganzen wurde durch die Aufstellung der unitas formae gewahrt. Andere dagegen bezeichneten weiterhin als principium individuationis nicht Materie und nicht eine Quantität, sondern eine eigene forma individualis, die entitas positiva oder haecceitas; und indem dieselben gewöhnlich anstatt der unitas formae eine pluralitas formarum betonten, dachten sie doch die Einheit der Unterschiede vermittelst der Idee einer Entwicklung, intensio et remissio formarum.

Uebrigens liess sich das princ. individuationis, wie immer gefasst, in der Richtung auf die Universalien ante rem schlüsslich mit dem schöpferischen Wirken Gottes in Verbindung setzen, andererseits fügte sich die Annahme der unitas formae sowie einer pluralitas formarum näher an die Universalien post rem und somit an das menschliche Erkennen in einer Weise, welche theils von einer bereits fixirten Erkenntnisstheorie dictirt war theils umgekehrt die Erkenntnisstheorie beeinflusste. Die Universalien ante rem und post rem selbst, dort das Prius und hier das Posterius, konnten noch über die Universalien in re hinaus vereinigt werden und wurden vereinigt durch die Lehre, dass am göttlichen Erkennen das menschliche Erkennen Antheil bekomme.

Waren, wie gesagt, die Universalien in re der eigentliche Brennpunct der Discussion, so fehlte es auch nicht an Solchen, welche einseitig dem Momente post rem sich zuwendend entweder jene ontologische Frage unbeantwortet liessen oder entschieden behaupteten, es existire ausser der Seele lediglich Singuläres, die Universalien aber seyen nur in der Rede und im Denken.

Auf solche mannigfach schattirte, insbesondere durch das theologische Interesse geschärfte und erbitterte Parteiung weist auch die in Gang gekommene Bezeichnung der Streitenden als Realisten und Formalisten sowie als Nominalisten und Terministen zurück. In ähnlichem Sinne sprach man lange, anknüpfend an die Namen hochangesehener Lehrer, von Albertisten und Thomisten, von Scotisten, von Occamisten; und sofern die Thomisten wie Thomas selbst dem Orden der Dominicaner oder Prädicatoren, die Scotisten aber dem Orden der Franciscaner oder Minoriten angehörten, ward auch der Name des einen und des anderen Ordens zum Namen der Partei.

Von Thomas werden wie von seinem Lehrer Albert die
Universalien angenommen 1) als gründend im göttlichen Geiste
(ante rem), 2) als dem menschlichen Denken und Erkennen gegen-
ständlich in den Dingen liegend (in re) 3) als sich ein- und aus-
wirkend in dem darauf gerichteten menschlichen Geiste (post rem),
und zwar sind sie in der letzteren Beziehung, weil ein vermitteltes
Erzeugniss des Denkens, dem Kreise der gewöhnlich sogenannten
intentio secundae zugewiesen. Für das principium individuationis
gilt ihm die materia signata; seinem Standpuncte entspricht die
Behauptung der unitas formae. Eben diese realistische und zusam-
menfassende Anschauung in Betreff der Universalien, dergleichen
von Thomas vorgetragen war, wurde die nächste Grundlage für
alle weiteren Variationen der Universalienfrage. Realist ist auch
Duns Scotus; als principium individuationis aber gibt er gegenüber der Universalität die haecceitas an und lehrt eine pluralitas
formarum. Aus seiner Schule gingen die Vertreter des Formalismus hervor.

In nominalistischer Richtung hinwieder, welche bezüglich
der Universalien einseitig dem dici de pluribus oder dem universale post rem zugeneigt ist, bewegt sich wenn schon mit eigenthümlicher Färbung Wilhelm Occam (gest. 1347). Was ausserhalb der Seele existire, lehrt er, sey immer nur Singuläres. Die
Universalien aber wären lediglich etwas Psychisches; sie entstünden
dadurch, dass alles Singuläre über das erste Auffassen und Festhalten hinaus auf eine zweite Stufe des Denkens (intentio secunda)
sich erhebend eine adäquate, zunächst confuse und dann distincte
Vorstellung errege. So sey das Universale ein signum naturale
praedicabile de pluribus und hierin zu unterscheiden von dem
künstlichen, in Worte gefasste Universale, vox prolata, welch letztere auf Willkür und Convenienz beruhe. Als Bestandtheile des
Urtheils seyen die Universalien termini secundae intentionis und
zwar termini im Sinne und Dienste der Supposition. Vgl. Summa
totius logicae. Par. 1488. Venet. 1508 u. ö. Expositio aurea super
art. vet. Bonon. 1496. Quodlibeta. Argent. 1491. Bei Occam erscheint überhaupt die sog. aristotelische Schullogik von den Parva
logicalia mehr noch als bei anderen Lehrern durchdrungen. In
Folge der Einrückung der Universalien aber in den Kreis der
supponirenden termini ward der Parteiname Terministen veranlasst.

§. 37.

Die Summulistik.

Das vorhandene Material vervielfältigte sich durch allerlei Distinctionen und Quaestionen und Controversen und Resolutionen, auch durch Herbeiziehung psychologischer, cosmologischer, theologischer Probleme. Indessen liessen es sich die dick anschwellenden Compendien nicht nehmen, unter dem empfehlenden, auch auf anderen Gebieten der Literatur längst einheimischen Namen Summae, Summulae, Summae Summularum, und sonstigen bescheiden klingenden oder der Bequemlichkeit des Lernenden annehmlichen Titeln aufzutreten. Petrus Juliani — so bemerken mit Bezug darauf Spätere — Petrus Juliani, dictus vulgo Petrus Hispanus, doctor in academia Bononiensi suo aevo celeberrimus atque insignis dialecticus quique postea pontifex Romanus factus et Joannes XX sive ut alii malunt XXI vocatus est, libellum edidit quo praescriptiones logicas ex Aristotele aliisque collectas summatim complexus est eumque idcirco Summulas logicales appellavit. Libellus iste insigni mox plausu exceptus in scholasque philosophicas passim omnes adscitus fuit. Cum vero subinde ut fit philosophiae magistri quique in hoc eodem libello tum explanando tum imitando suas ingenii vires experiri induxissent, tanta illi praeceptorum, observationum, adde etiam de ente summulistico disputationum facta est accessio, ut sic dictae Summulae oneri potius quam levamento tironibus esse coeperint. Cf. z. B. Caramuel, Apparatus philos. lib. 1. disput. 3. c. 55. — Donatus, Indroductio in univ. philos. dialect. seu scholast. Rastad. 1750. — Bibliotheca Hispana vetus, tom. sec. f. 75 ff. — In Verbindung mit den Distinctionen der Parva logicalia fanden namentlich die modalen Urtheile, bei denen man den sensus compositus (modus adverbialis) und den sensus divisus (modus nominalis) unterschied, die hypothetischen Urtheile, die Umkehrungen des Urtheils u. dergl. eine minutiöse Behandlung.

§. 38.

Eintheilungen der Logik.

Die Anordnung des Stoffes in den Compendien, und meistens zugleich damit der ganze Character der Logik, schloss sich jener an, wie sie in den Summulae des Petrus Hispanus vorgebildet war, oder sie entsprach der Reihenfolge der Bücher des Organon:

solche Reihenfolge und Anordnung hatte aber ihren Halt zunächst
an einer wie von den Stoikern so von den älteren Commentatoren
des Aristoteles vielfach cultivirten Anschauung, die als rother Faden
durch die Geschichte der Logik sich hindurchzieht, an der Anschauung nämlich, dass von dem Einfachen zum Zusammengesetzten, von dem Leichteren zum Schwereren fortgeschritten werden
müsse; cf. z. B. Boeth. ad Porphyr. a Vict. transl. p. 4; Introd. ad
Cat. Syll. p. 558. Joh. v. Salesbury, Metalog. 3, 1 ff. Dieser
Auffassung stand nicht entgegen die von den Arabern urgirte
Zweitheilung, wornach die Logik es einmal mit den Elementen,
principia, oder mit den Begriffen, dann aber mit der Argumentation als der eigentlichen Aufgabe zu thun habe.

Mit besagter Zweitheilung trifft auch die vom dreizehnten
Jahrhundert fortan eingebürgerte Unterscheidung der Logik in
logica s. ars vetus et nova in gewissem Sinne zusammen. Zur
ersteren zählte man die Lehre von den termini und von den propositiones als den partes integrales argumentationis, mit Bezug
auf das Organon daher die Isagoge des Porphyrius, das Buch von
den Categorien und de Interpretatione; zur anderen wurde gerechnet die Lehre von der Argumentation, demnach rücksichtlich des
Organon die beiden Analytiken, die Topik und die sophistischen
Elenchen. Cf. z. B. das Statut der Facultas artium in Paris vom
Jahre 1254 bei Du Boulay, Historia Universitat. Paris. 3, p. 280.
Ludovicus Vives (gest. 1540) bemerkt zwar: Novam divisionem
adduxerunt, esse logicam veterem et logicam novam; cur ita nomi-
netur non magis scias dicere quam cur digestum novum et digestum
vetus. Cf. De Dial. corrupt. Andere haben gar die Sache so zu
erklären gesucht: Dicitur pars vetus non ratione temporis sed
ratione objecti, quia scilicet pars haec logicae est de parte. Pars
autem est prior et veterior suo toto sicut causa effectu. Logica
nova vocatur similiter non ratione temporis vel inventionis, sed
ratione objecti quod est aliquod totum; totum enim novius et
posterius est suis partibus. Cf. Scheiblerus, Christ. Opus log. Ed.
quart. Introd. c. 17. art. 3. Allein der Ursprung zu solcher Unterscheidung wird vielmehr darin zu suchen seyn, dass man bei
den Lateinern bis gegen das Ende des zwölften Jahrhunderts, was
das Organon anlangt, nur jene Schriften benützte und kannte,
welche in den Kreis der darum so bezeichneten logica vetus fallen,
später aber auch die übrigen in den Gebrauch zog, eben jene,
welche der Name logica nova befasst; die andauernde Auseinanderhaltung der Logik aber durch diese beiden Epitheta mag von einer
Werthbestimmung der zwei Theile, in einer Beurtheilung ihres

inneren und für den Schulplan massgebenden Verhältnisses zu
einander und in einem dadurch gesonderten Betriebe bedingt gewesen seyn.

Liess sich die Lehre von der Argumentation, wie zuletzt die
Araber es vorgethan hatten, nach der Form der Argumentation
und nach dem apodictischen oder nichtapodictischen Inhalt, für
welch letzteren sogar Rhetorik und Poetik herbeigenommen wurde,
in Abschnitte bringen, so fand sich auch ein psychologisches
Motiv, nach welchem sich die Logik im Grossen gliedern oder
vielmehr durch welches die äusserliche Anordnung des Materials
auf die Natur des Denkens selbst zurückgeführt und hiedurch tiefer
begründet werden konnte. Es schreibt z. B. Thomas von Aquino
gleich am Anfange seiner Erklärung zum Buche de Interpretatione:
Sicut dicit Philosophus in tertio de anima, duplex est operatio
intellectus. Una quidem quae dicitur indivisibilium intelligentia,
per quam scilicet apprehendit essentiam uniuscujusque rei in se
ipsa. Alia est operatio intellectus, scilicet componentis et dividen-
tis. Additur autem et tertia operatio, scilicet ratiocinandi, secundum quod ratio procedit a notis ad inquisitionem ignotorum.
Harum autem operationum prima ordinatur ad secundam, quia non
potest esse compositio et divisio nisi simplicium apprehensionum:
secunda vero ordinatur ad tertiam, quia videlicet oportet, quod
aliquo vero cognito, cui intellectus assentiat, procedatur ad certitu-
dinem accipiendam de quibus ignotis. Cum autem logica dicitur
rationalis scientia, necesse est quod ejus consideratio versetur circa
ea quae pertinent ad tres praedictas operationes rationis. Der
ersten operatio sollen dann aus dem Organon die Praedicamente,
der zweiten das Urtheil, der dritten die Argumentation nach Stoff
und Form entsprechen. Solch psychologisches Motiv der Gliederung kam übrigens erst seit dem sechzehnten Jahrhundert in den
Lehrbüchern der Logik zur Herrschaft.

Die ganze Philosophie theilte man üblichermassen in philosophia (scientia, notitia) speculativa s. contemplativa s. realis und
in philosophia practica v. moralis; zu ersterer d. h. zur theoretischen Philosophie rechnete man bekanntlich Physik, Metaphysik,
Mathematik. Daneben wird meistens die Logik in Gesellschaft
der Rhetorik und Grammatik (scientiae sermocinales) nicht als Wissenschaft im strengen Sinne verstanden, sondern bezeichnet als
ein modus philosophiae speculativae, als scientiae instrumentum,
als adminiculativa; auch wird sie zuweilen formalis genannt im
Gegenhalte zur scientia realis und inbesondere zur Metaphysik.
Hiezu unterschied man in Fortsetzung jener Grundunterscheidung

von Theoretisch und Practisch die Logik selbst wieder in logica docens und log. utens: mit ersterer meinte man gewöhnlich die Theorie des Denkens, mit der anderen die Anwendung solcher Theorie (z. B. Scotus), obschon Manche unter eben diese Titel vielmehr nur die Theorie des üblichen Materials zu vertheilen und der logica utens insbesondere die Lehre von der Argumentation oder doch die Topik zuzuweisen suchten. Uebrigens gab es auch Leute, welche (z. B. Occam) die Logik kurzweg als eine notitia practica fassten, dabei jedoch wenigstens die Categorien dem Kreis der notitia speculativa lassend. Dergleichen Fragen und Controversen, welche an die Bemühungen und Parteiungen schon des griechischen Alterthums erinnern, bildeten den gewöhnlichen Stoff für die Einleitung in den Compendien der Logik.

§. 39.

Die Logik in Bildern.

Was für den Schulbedarf gethan werden könnte, haben die Summulae des Petrus Hispanus gezeigt; dass aber im Interesse des Gedächtnisses namentlich durch bildliche Darstellung noch Grösseres zu leisten möglich sey, hat Thomas Murner anschaulich gemacht in seiner Logica memorativa, 1509, wo im Anschluss an den zugeschnittenen Text des Petrus Hispanus der Inhalt je eines einzelnen Tractats an dem zusammengestoppelten Bilde je eines Kartenspielblattes versinnlicht wird. Aeltere Lehrer der freien Künste, wie Martianus Capella und nach ihm Alanus von Lille (1200) hatten poetisirend die Logik als Frauensperson sich gedacht; in der encyclopädischen Margarita aber von Greg. Reisch (Heidelb. 1496. Freiburg. 1503. Argent. 1508 u. ö.) und so auch in jener Logica memorativa Murner's ist die ganze Fülle der Logik schon auf dem Titelblatte dem Auge geboten: die kriegerische Jungfrau jagt einen Hasen im Waldrevier; der Hase ist problema, von den Hunden der eine, welcher dem Wilde nacheilt, veritas, der andere jagduntüchtig falsitas; das umgürtete Schwert ist syllogismus, der Pfeil argumentum, der Köcher ist locus, der Bogen in der einen Hand ist quaestio, die andere Hand führt an den Mund das Jagdhorn, sonus, vox, welchem sofort in der Gestalt zweier Blumen die beiden praemissae entspriessen; die parva logicalia sind die Gräser am Wege, neben und über ihnen thürmt sich die silva opinionum der Albertisten, Thomisten, Scotisten, Occaministen empor. So ist das Genre, in welchem die damalige Logik sich

gezeichnet findet; dessen Pflege zieht sich noch durch die nächsten
Jahrhunderte fort. Cf. z. B. einen Bericht und eine Beurtheilung
solchen Treibens bei Bernegger, Orat. 2, De parandae doctrinae
modis. Die Geschichte der Didactik und Pädagogik allerdings kennt
derlei Hülfsmittel zur Genüge.

Dritter Abschuitt.

§. 40.

Humanistenlogik.

Das Aufblühen der classischen Studien seit dem fünfzehnten
Jahrhundert öffnete dem Geiste neue Bahnen.   Die Philosophie
schöpfte unmittelbar an den Quellen des Alterthums.   Auch auf
dem Gebiete der Logik regte sich dadurch neues Leben.

Ungestüm fielen über die Summulisten und mehr oder weniger über die Logik des Organon Philologen her, denen die Insti-
tutionen Quintilian's höher standen als die Analytik des Stagiriten,
der Römer Laurentius Valla (1415—1465), Rudolph Agricola aus Friesland (1443—1485), Ludovicus Vives der Spa-
nier (1492—1540). Sie gedachten aufzuräumen in der durch allerlei
unnöthigen Behang entstellten Logik, die im Grunde eine ganz
einfache Sache wäre und im Dienste der Rhetorik ihre Bestimmung
erfülle.

So bezeichnet Agricola die Logik oder, wie er sie vielmehr
nennt, die Dialectik als ars probabiliter de qualibet re proposita
disserendi.   Zunächst zieht er in Betracht die loci d. i. communes
quaedam rei notae, quarum admonitu quid in quaque re probabile
sit potest inveniri.   Es werden 24 loci, gleichgeltend für Dialectik
und Rhetorik, aufgeführt und zwar einmal die loci interni: definitio,
genus, species, proprium, totum, partes, conjugata, adjacentia, actus,
subjecta, und zweitens die loci externi: efficiens, finis, effecta, de-
stinata, locus, tempus, connexa, contingentia, pronuntiata, nomen
rei, comparata, similia, opposita, differentia.

An der quaestio d. i. cum interrogatione elata oratio hat die
Dialectik ihren Gegenstand.   Die quaestiones sind ex rerum quae-
sitarum diversitate entweder simplices oder compositae, in letzterem
Falle copulatae oder disjunctae; ex quaerendi modo aber sind sie
praedicativae oder conditionales, ferner purae oder modales; sie

können auch unterschieden werden ex diverso genere artium ad quas pertinent. Das Instrument der Dialectik ist die oratio, mag diese continens seyn, similis explicitae manui, oder mag sie concisa seyn, similis contractae in pugnum palmae; ihre Glaubwürdigkeit ergibt sich aus der Argumentation, cum rem dubiam probabili colligimus argumento. In zwei vollkommenen Formen bewegt sich die Argumentation, in der Induction, enumeratio, und im Schlusse, ratiocinatio; unvollkommene Formen sind das Enthymema und das Exemplum. Durch den ductus directus oder indirectus wird die Argumentation vollbracht. Indessen kann sich die Glaubwürdigkeit der oratio auch auf blosse Exposition stützen, satis habet oratio explicare rem, de qua dicit cujusmodi sit, secura fidei opinionisque ejus qui audit. Die Haupttheile der oratio sind exordium, narratio, confirmatio, epilogus. Nicht minder fällt die Lehre von Erregung des Affects bei dem Zuhörer und die Disposition der Rede, ordo v. dispositio, u. dgl. in den Bereich der Dialectik.

Dergestalt ist die Doctrin Agricola's, aufsteigend zugleich vom Einfachen zu dem daraus Zusammengesetzten. Cf. De Inventione dialectica libri tres, in irgend einer der vielen Ausgaben.

Die Logik der Humanisten überhaupt will sich mit dem Wahrscheinlichen begnügen. Qui scio ego, fragt Ludovicus Vives rücksichtlich der aristotelischen Apodictik, quae sint prima, quae sine medio, $\check{\alpha}\mu\varepsilon\sigma\alpha$, quae necessaria naturae? Cf. De Causis corrupt. art. lib. 3. Naturgemäss will sie seyn und dem Bedürfniss rhetorischer Praxis entsprechen, gegenüber dem Spiele mit den Formen des Urtheils und mit den Figuren und Modi des Schlusses, gegenüber der kindischen Freude an den Sophismen, gegenüber den Parva logicalia und deren weitläufiger Commentirung, gegenüber leeren Unterscheidungen, gegenüber fremdem, herbeigezwungenem Material, gegenüber der Souveränetät, welche die Logik über alle anderen Disciplinen für sich forderte. Der Angriff wurde geführt mit einer Hitze, die einen Mann, wie Nizolius sicherlich mehr sagen liess als er sagen wollte; cf. dessen Antibarbarus, 1553, von Leibniz herausgegeben 1670 und 1674. Das positive Resultat war indessen nur eine mit überkommenen Regeln betreffs des Urtheils und des Syllogismus auf das Kärglichste versetzte Topik im römimischen Style.

§. 41.

Petrus Ramus.

Auf mehrfach damit verwandtem Wege bewegt sich der bekannte Critiker des Aristoteles Petrus Ramus (1515 — 1572), vielen Späteren ein Führer.

Die Dialectik ist ihm ars bene disserendi und zerfällt in zwei Theile, wovon der eine de inventione i. e. de inveniendis argumentis, der andere de judicio i. e. de disponendis argumentis ad bene judicandum handelt.

Im ersten Theile werden die Topen causae und effecta, subjecta und adjuncta, dissentanea und comparata, notatio, besonders noch distributio und definitio, und endlich die verschiedenen testimonia besprochen.

Das judicium oder die dispositio, wovon der zweite Theil lehrt, ist entweder judicium axiomaticum v. axioma v. enuntiatum oder judicium dianoeticum i. e. syllogismus et methodus. Das enuntiatum besteht aus antecedens und consequens, welche sich affirmativ oder negativ zu einander verhalten. Die Wahrheit desselben liegt in der Beziehung der pars consequens zur pars antecedens. Das contingens enunt. kann zuweilen falsch seyn, aber das enunt. necessarium ist immer wahr und gilt 1) κατὰ παντός, affirmativ de omni, negativ de nullo, 2) καθ' αὐτό, sofern die partes wesentlich unter sich zusammenhängen wie Gattung und Art, 3) καθόλου πρῶτον, sofern eine pars für die andere stehen kann. Ferner ist das enuntiatum einfach oder zusammengesetzt: im ersteren Falle enthält es eine einfache Sentenz und wird entweder allgemein, generaliter, oder mit einer Beschränkung, specialiter, ausgesprochen; im zweiten Falle enthält es eine mehrfache Sentenz und hat sein Merkzeichen an der Conjunction. Dieses nun, das enunt. compositum, ist congregativum oder segregativum; das congregativum ist entweder copulatum, wozu auch die Function des Relativum gehört, oder connexum (conditional), das segregativum hinwieder ist discretum, z. B. mittelst der Conjunction Obwohl, oder disjunctum.

Der Syllogismus wird definirt als dispositio, qua quaestio cum argumento disposita necessario concluditur. Er besteht aus zwei Theilen, 1) aus einer pars antecedens, welche a) als propositio und b) als assumtio, demnach als die Prämissen auftritt, und 2) aus einer pars consequens, complexio v. conclusio. Ein hierin unvollständiger Syllogismus ist das Enthymema.

Er ist entweder einfach oder zusammengesetzt. Der einfache Syllogismus unterscheidet sich in zwei Classen. In der einen Classe ist der Mittelbegriff a) durchaus Subject oder b) durchaus Prädicat in den Prämissen; in der anderen Classe ist der Mittelbegriff Subject im Obersatze und Prädicat im Untersatze. Für jede Abtheilung der ersten Classe sowie für die zweite Classe gibt es je sechs Modi. Der zusammengesetzte Syllogismus dagegen ist entweder connexus (conditional) oder disjunctus; der eine und der andere hat zwei Modi: der erstere, sofern durch Annahme des Vordersatzes der Nachsatz erschlossen oder durch Aufheben des Nachsatzes auch der Vordersatz aufgehoben wird; der andere, sofern das eine Glied aufgehoben und dadurch das zweite gesetzt oder das eine gesetzt und das zweite aufgehoben wird. Was endlich die Methode anlangt, so schreitet diese durch wesentlich unter einander zusammenhängende Sätze vom antecedens zum consequens derart, dass mit den universalia begonnen und bei den singularia geendet wird. Cf. Dialectica. (Paris 1543 u. oft, bald in drei bald in zwei Büchern) Basil. 1572. Scholae in liberales artes (hiebei Scholae dialecticae). Basil. 1569 u. oft.

§. 42.

Philipp Melanchthon. Mischlingslogik.

Zur Erlernung der Logik waren von **Philipp Melanchthon** (1497—1560) Bücher abgefasst, welche bei den Protestanten vielfach gebraucht und als Muster nachgeahmt wurden. Cf. De Dialectica libri IV. Hag. 1528. Viteb. 1529 (Lips. 1520) und sonst oft. Erotemata Dialectices. Viteb. 1524 u. ö. Mit dem zu Grunde gelegten Inhalt der bisherigen Summen sucht er die Lehrart und Ansicht der rhetorisirenden Humanisten zu verbinden, hiebei nur anfangs doch nicht mehr in der späteren Zeit die Prädicamente auf die vier ersten reducirend, die dritte Schlussfigur und die Conversion des Urtheils bei Seite werfend.

Die Logik ist ihm ars seu via recte, ordine et perspicue docendi, quod fit recte definiendo, dividendo, argumenta vera connectendo et male cohaerentia seu falsa retexendo et refutando.

An erster Stelle werden in den Erotemata (nach der Ausgabe Viteb. 1568) die als äusserst nützlich bezeichneten Prädicabilien und die Prädicamente dem Lernenden bekannt gegeben, im Zusammenhange damit die Definition, die Division und hiezu eine practische Anweisung unter dem Namen Methode, recta via s. ordo investigationis s. explicationis, welche ihre Richtpuncte an den

Fragen hat: quid vocabulum significet, an sit res, quid res, quae rei partes, quae species, quae causae, qui effectus, quae adjacentia, quae cognata, quae pugnantia. Hierauf wird zur propositio und speciell zur prop. categorica übergegangen; denn parum distaret homo a brutis si tantum simplicia apprehenderet. Endlich wird der Syllogismus in den drei Figuren sammt dem sog. syll. expositorius (zu dem syll. expos. cf. Aristoteles, Anal. Prior. 1, 6: τῷ ἐκθέσθαι ποιεῖν τὴν ἀπόδειξιν, ἔκθεσις), auch das Enthymema, die Induction, das Exemplum, der Sorites, der hypothetische Schluss, als conditionaler, copulativer und disjunctiver herbeigeholt. Soweit soll, wie Melanchthon bemerkt, das vorgetragene Material in die pars judicatrix fallen, denn dieselbe discernit voces, judicat quae recte connectantur, quae non recte jungantur, discernit et propositiones et judicat quando recte cohaereant membra in syllogismis et ceteris formis argumentorum.

Es folgt nun die pars inventrix, quae monet quomodo res investigandae sint, aut proposito rerum cumulo docet eligere ea quae praesentem materiam illustrant (τοπική). Zunächst wird der demonstrative Syllogismus besprochen mit den causae certitudinis: experientia universalis, principia s. notitiae nobiscum nascentes, intellectus ordinis in judicanda consequentia, dann der dialectische Syllogismus. Die Topen für den letzteren werden getheilt in loci personarum und loci rerum; die loci personarum sind: patria, nexus, parentes, educatio, mores, vitae genus, res gestae, eventus, aetas, mores; die loci rerum sind: definitio et definitum, genus, species, differentia et proprium, etymologia et nomen, conjugata seu casus, totum et partes, divisio, causae, effectus, antecedentia, consequentia, ab absurdo, a necessario, ab impossibili, adjuncta, connexa seu circumstantiae, communiter accidentia, similia, paria, ex majore, ex minore, a proportione, pugnantia, disparata, signa, exempla, autoritas. Zuletzt kommen die Sophismen und Einiges von den Parva logicalia.

Durch Voranstellung der pars judicatrix ist dem Titel und vielfach auch dem Stoffe nach die Reihenfolge jener z. B. von Ramus hervorgehobenen beiden Theile der Logik umgekehrt; Melanchthon hält sich mehr an das Nacheinander der Bücher im Organon oder an das Nacheinander der einzelnen Tractate in den alten Summen; in rhetorischer Tendenz und Eleganz ist er auf Seite der Humanisten. Von einer Fortbildung der Logik durch die Schriften Melanchthon's kann trotz mancher Vorzüge derselben und trotz des hohen Ansehens, in dem sie lange standen, nicht die Rede seyn; an sie aber knüpft sich im sechzehnten Jahrhundert nicht nur die Entstehung vieler die aristotelische Logik namentlich mit der raméischen und humanistischen Logik ausgleichender Compendien, sondern auch die Entstehung mehrerer deutscher Lehrbücher *).

§. 43.

Die Aristoteliker. Jacob Zabarella.

Zum gründlichen Studium der aristotelischen Logik war durch die Opposition nur noch mehr angeregt worden. Es ist aber im sechzehnten Jahrhundert unter der nicht geringen Zahl beachtenswerther Aristoteliker namentlich Jacob Zabarella von Padua (1533—1589), welcher auch als Logiker grossen Ruhm sich erworben hat. Cf. Opera logica; Francof. 1623, und darin: De natura logicae; de quarta figura syllogismorum; de methodis; de conversione demonstrationis in definitionem; de propositionibus necessariis; de speciebus demonstrationis; de regressu; de tribus praecognitis; de medio demonstrationis; commentarii in libros duos Poster. Analyticorum; de doctrinae ordine apologia; tabulae logicae.

Mit Berufung auf Aristoteles unterscheidet er zweierlei Disciplinen, wovon die einen mit denjenigen Dingen sich beschäftigen, welche nicht von uns erst hervorgebracht werden, sondern entweder immer sind oder irgend welche ausser uns gelegene Ursache haben, die anderen aber mit denjenigen Dingen sich abgeben, deren Existenz aus unserer Willkür resultirt. Die Disciplinen der ersten Art sind die eigentlichen Wissenschaften, die scientiae contemplativae: Metaphysik, Mathematik, Physik; die anderen Disciplinen sind practischer Art und zielen entweder auf ein ethisches Handeln oder auf eine bildende Thätigkeit (ars).

Die Logik nun kann nicht eine Wissenschaft in jenem ersten und strengen Sinne seyn. Sie hat es nicht mit den primae notiones selbst zu thun d. h. mit dem unmittelbar Gedachten (Himmel, Erde, Plato, Mensch); sie hat es zu thun mit den secundae notiones d. h. mit Bestimmungen, welche, von unserem Denken erst im Anschluss an jene primae notiones hervorgebracht, unser Werk sind. Ebendesshalb ist auch mit Beschränkung zu verstehen was sonst behauptet wird, dass nämlich die Logik die drei operationes mentis zu betrachten habe, simplicium comprehensio, compositio ac divisio,

---

*) Frühere germanisirende Versuche aus dem 11. Jahrh. s. bei Hattemer, Denkm. d. Mittelalt. 3, p. 377 ff. p. 465 ff. p. 537 ff. p. 541 ff.

ratiocinatio: denn die behauptete dreifache Operation findet für
die Logik nur innerhalb der secundae notiones statt. Wegen
dieser secundae notiones, welche unser Werk sind, steht die Logik
viel näher einer bildenden Thätigkeit als der Wissenschaft.

Mit eigenthümlicher Verkehrung der Sache hat man behauptet,
die logica docens d. h. die reine, nicht angewandte Logik sey eine
Wissenschaft, die logica utens aber d. h. die auf gewisse Gegenstände angewandte Logik sey nicht Wissenschaft. Vielmehr ist
jene erstere keine Wissenschaft, während die letztere eine solche
ist: denn was ist z. B. die Naturphilosophie anderes als die Logik
angewandt auf die Natur?

Aber auch nicht eine bildende Thätigkeit im eigentlichen
Sinne ist die Logik. Denn bildende Thätigkeit macht sich mit
dem Körperlichen zu schaffen. Ebensowenig ist sie eine facultas,
ein Vermögen zu Entgegengesetztem; dies liesse sich wohl rücksichtlich der Dialectik oder Topik sagen, aber die Dialectik ist
nicht die Logik selbst. Die Logik ist ein Instrument der Philosophie, während ein anderes und zwar früheres Instrument die
Grammatik ist. Die logica artificiosa, so genannt im Unterschiede
von der logica naturalis, ist ein Erzeugniss der Philosophie für
die Philosophie zur Scheidung des Wahren von dem Falschen:
das Substrat aber nimmt die Logik an den vorgenannten primae
notiones gleichwie der Bildhauer das Erz oder den Stein für seine
Kunst bedarf. Es ergibt sich daher folgende umfassende Definition
der Logik: logica est disciplina instrumentalis a philosophis ex
philosophiae habitu genita, quae secundas notiones in conceptibus
rerum fingit et fabricat, ut sint instrumenta quibus in omni re
verum cognoscatur et a falso discernatur.

Für die Eintheilung der Logik und die darauf bezüglichen
Schriften des aristotel. Organon beruft sich Zabarella zunächst
auf die Unterscheidung des Averroes, wornach die Logik in einen
allgemeinen (communis, universalis) und besonderen Theil zerfalle
(propria, particularis), und im allgemeinen Theile von dem Syllogismus überhaupt und seinen Voraussetzungen, dem Urtheil und
den Categorien, im besonderen Theile aber von den Arten des
Syllogismus gehandelt werde. Genauer die Sache betrachtend
findet er, dass das Buch von den Categorien das der Logik nothwendige Substrat, nämlich die primae notiones, im allgemeinsten
Umrisse vorführt. Das Buch de Interpretatione, mit welchem die
Logik ihr eigenes Gebiet entfaltet, umfasst die beiden ersten Operationen innerhalb der secundae notiones, einmal die Behandlung
von nomen und verbum und zweitens die enuntiatio. Interpretatio

aber ist die gemeinsame Bezeichnung für diese beiden Operationen. An diese Schriften reiht sich die erste Analytik, die dritte Operation behandelnd, und macht mit ihnen den allgemeinen Theil der Logik aus. Der besondere Theil der Logik gibt den Gebrauch des Instruments an die Hand, um das Wahre von dem Falschen zu sondern; er bezieht sich auf Sophistik, Dialectik und Apodictik. Ihm entsprechen, dem Range nach geordnet, die zweite Analytik, die Topik und die sophist. Elenchen. Aber zum besonderen Theile der Logik sind auch noch Rhetorik und Poetik zu rechnen, weil sie, ebenfalls instrumentaler Natur, ebenso wie Apodictik, Dialectik und Sophistik von dem allgemeinen Theile der Logik die Form der Argumentation entnehmend einen gewissen Gebrauch derselben durch Anwendung auf einen gewissen Stoff lehren.

Die vierte, dem Galenus zugeschriebene Figur war von Averroes, der sie bekämpfte, hervorgeholt worden. Auch Zabarella verwirft sie. Indessen hat sie sich trotz seiner Gegenargumente den übrigen Figuren gleichzustellen gewusst und in dieser Stellung sich bis heute bei Vielen behauptet.

Im Interesse des apodictischen Wissens untersucht er speciell das Verhältniss der Demonstration zur Definition, ferner die im Urtheil sich aussprechende Nothwendigkeit ($\varkappa\alpha\tau\alpha\ \pi\alpha\nu\tau\delta\varsigma$, $\varkappa\alpha\vartheta'$ $\alpha\mathring{\upsilon}\tau\delta$, $\varkappa\alpha\vartheta\delta\lambda\omega$), dann den Unterschied der demonstratio propter quid d. h. der eigentlichen Demonstration, und der demonstratio quod, welche letztere wieder in die ab effectu und in die a causa remota sich abstuft, so auch noch besonders den Mittelbegriff bei der Demonstration, dazu die drei von Aristoteles gesetzten Bestandtheile der Demonstration: subjectum de quo, affectiones quae, principia ex quibus, weiterhin den Regressus in der Demonstration gegenüber dem fehlerhaften Cirkel.

Die Betrachtung der Methode überhaupt und der demonstrativen Methode insbesondere, auf welche einst Galenus grosses Gewicht gelegt, ist seit dem sechzehnten Jahrhundert mehr und mehr in der Logik hervorgetreten. Zabarella hat die Sache eingehend beleuchtet.

Man hatte die Methode geschieden erstens in die Methode engerer Bedeutung und hier aufgezählt meth. demonstrativa, resolutiva, definitiva, divisiva, und zweitens in die Anordnung, nämlich ordo compositivus, resolutivus, definitivus. Zabarella nun findet die Eigenthümlichkeit der Methode im engeren Sinne darin, dass sie uns vom Bekannten und durch dasselbe zu dem noch Unbekannten führt, die der Anordnung aber darin, dass sie den zu behandelnden Gegenstand nur vertheilt, so dass zuerst dieses und

darauf jenes an die Reihe kommt; die Methode will bekannt
machen mit dem noch Unbekannten, die Anordnung aber will das
Erkennen erleichtern.

Was zuerst die Anordnung betrifft, so wird sie definirt als
instrumentalis habitus, per quem apti sumus cujusque disciplinae
partes ita disponere, ut quantum fieri possit optime ac facillime
illa disciplina discatur. Der von Anderen gerühmte und sogenannte
ordo definitivus, welcher darin bestehen sollte, dass die Definition
an die Spitze tritt und im weiteren Verlaufe durch Hervorheben
der einzelnen Puncte sich erschöpft, wird sofern er ein ordo seyn
will verworfen; er soll nur als Vorwort zur wissenschaftlichen
Behandlung eines Gegenstandes taugen. Der ordo, so bestimmt
Zabarella, ist nur zweifach, nämlich compositivus und resolutivus;
ersterer, der ordo compositivus, ist der wissenschaftliche, mit den
obersten Principien beginnend und zu dem aus den Principien Bestehenden herabschreitend; der andere, ordo resolutivus, welcher
die umgekehrte Richtung einschlägt, findet seine Anwendung ·bei
der Behandlung practischer Disciplinen, wo es nicht um das Wissen
selbst zu thun ist, sondern um eine Bethätigung, welche vermittelst des Wissens zu den Principien gelangen will, um von da aus
zu operiren.

Die Methode aber wird definirt als intellectuale instrumentum
faciens ex notis cognitionem ignoti; sie ist gewissermassen ein
Syllogismus, habet vim illatricem, was von der blosen Anordnung
nicht gesagt werden kann. Viererlei Methoden (s. oben) pflegt
man zwar zu nennen; aber es gibt nur zwei, einmal methodus
demonstrativa, ἀπόδειξις schlechthin oder ἀπόδειξις τοῦ διότι,
demonstratio propter quid, und zweitens methodus resolutiva, συλλογισμὸς τοῦ ὅτι, συλλογισμὸς διὰ σημείων, demonstratio quia,
syllogismus a signo; erstere geht a causa ad effectum, letztere ab
effectu ad causam; erstere ist syllogismus scientiam pariens ex
propositionibus necessariis, medio carentibus, notioribus et causis
conclusionis, letztere ist syllogismus ex propositionibus necessariis
constans qui a rebus posterioribus et effectis notioribus ad priorum
et causarum inventionem ducit und erscheint als demonstratio ab
effectu einmal und zweitens als inductio. Die sog. meth. divisiva,
die Division, gehört vielmehr zum Bereich des ordo. Auch kann
eine besondere meth. definitiva nicht anerkannt werden, sondern
sie fällt sofern die Definition entweder Ausgang oder Ziel ist entweder mit der meth. demonstrativa oder mit der meth. resolutiva
zusammen. Von den letztgenannten beiden ist die eine, die meth.
resolutiva, im Dienste der anderen, der meth. demonstrativa.

Derartige Betrachtungen und das fortgesetzte Studium des Aristoteles wirkten vorerst wenigstens dies, dass die Lehre von der demonstrativen oder apodictischen Argumentation ein stehendes Capitel in den meisten Compendien wurde. Die Methode überhaupt, bald im engeren bald im weiteren Sinne, schien von solcher Wichtigkeit, dass Manche sie vom Syllogismus trennend auf eine vierte operatio mentis beziehen zu müssen glaubten.

§. 44.

Das System Campanella's.

Einen Vertheidiger hat die vierte Schlussfigur an Thomas Campanella gefunden (1568—1639). Wenn die zweite und dritte Figur, sagt er, nicht überflüssig sind, so ist es auch nicht die vierte; so viele Stellungen des Mittelbegriffs, ebensoviele Figuren; thatsächlich schliesst man gar oft mit Nothwendigkeit und ganz naturgemäss in der vierten Figur. Quartam figuram, rühmt er, licet a Galeno inventam dicant, nos primi ordinavimus et novem ejus modos ultimos formavimus. Diese neun Modi sollen enthalten seyn in den Memorialworten: Balnama, Carmente, Dinami, Fimeo, Bolamiptu, Cangemops, Diramis, Fesarpo, Fesistro.

Dialectica s. logica ist nur ein Theil seiner philosophia rationalis; letztere umfasst nämlich fünferlei artes, Grammatik, Dialectik, Rhetorik, Poetik und Historiographie. Die Dialectik ist ars seu instrumentum rationale sapientis, quo sermocinationem in omni scientia moderatur. Gemäss den drei actus intellectus: conceptio, enunciatio, discursus ist sie 1) definitiva, 2) enunciativa, 3) argumentativa.

Im ersten Theile wird von den termini überhaupt, dann insbesondere von den Prädicabilien und zwar sieben: transcendens, genus, species, individuum vagum, differentia, proprium, accidens, hierauf von den angeblich ebenfalls verbesserten Prädicamenten, nämlich substantia, quantitas, forma s. figura, vis s. facultas, operatio s. actus, actio, passio, similitudo, dissimilitudo, circumstantia, ausserdem noch von der Division und von der Definition gehandelt.

Der zweite Theil betrifft die oratio quae est terminorum complexio, ordinata ad per se significandum rerum copulationem et disjunctionem, und speciell die propositio quae est oratio perfecta indicativa, verum et falsum significans per se. Vielartig wird die propositio unterschieden; rücksichtlich der qualitas ist sie affirmativa oder negativa und eine jede von diesen vera oder falsa; rücksichtlich der entitas ist sie simplex s. categorica oder composita, rücksichtlich der quantitas entweder quanta oder non quanta, im ersteren Falle universalis, particularis, indefinita, singularis, im zweiten Falle exceptiva, exclusiva, reduplicativa. Die simplex s. categorica propositio ist absoluta oder modalis, die modalis wieder ex subjecto modificato (Petrus doctus currit) oder ex praedicato modificato (Petrus est albus dentes) oder ex copula modificata (Homo est necessario animal); die prop. composita ist hypothetica s. conditionalis, comparativa, localis et temporalis, relativa, copulativa, disjunctiva etc. Zu den passiones propositionum gehört nicht nur oppositio, aequiqollentia, conversio, sondern auch suppositio, ampliatio, restrictio.

Die argumentatio, womit sich der dritte Theil beschäftigt, ist processus intellectus a noto ad ignotum cognoscendum et declarandum et probandum. In Bezug auf die Form ist sie iudicatio s. demonstratio, ferner inductio, weiterhin expositio i. e. probatio unius propositionis per clariores et aequipollentes propositiones, ausserdem consequentia (die später sog. unmittelbaren Schlüsse, consequentia aequipollentiae, conversionum etc.), dann syllogismus intellectivus i. e. oratio perfecta complexa tribus terminis et duabus propositionibus, ex quibus positis et rite ordinatis necesse est conclusionem evenire (hiebei die Grundregeln: ex quo conveniunt in tertio praedicatum et subjectum, conveniunt inter se, und: si in tertio dissimilia sunt, sunt inter se), hierauf enthymema und exemplum. Dagegen werden ex materia et effectibus bei der Argumentation gesondert die argumenta demonstrativa, welche Wissenschaft bewirken, sowohl von den argumenta sophistica als auch von den argumenta probabilia, suspicativa, testificativa.

Das ist in der Kürze das System der Dialectik Campanella's, eingegliedert in das Ganze seines philosphischen Lehrgebäudes, gestellt in den Dienst des Erkennens und Wissens, welches als Erfahrung gefasst wird, vereinend in mannigfacher Brechung allen Stoff der damaligen Dialectik, dargestellt zwar juxta propria dogmata doch nichts desto weniger im Schultacte der früheren Summulisten. Cf. Philosophiae rationalis partes quinque. Operum tom. prim. Parisiis 1638.

§. 45.

Franz Bacon.

Es ist ungerecht, von den sogenannten Mystikern schlechtweg zu behaupten, sie seyen die geborenen Feinde der Logik.
Wenn einst Bernhard von Clairvaux (1091—1153) oder Hugo von
St. Victor (1097—1141) oder wenn, um der Späteren einen zu
nennen, J. Baptista von Helmont (1578—1644) für den Blick in
die Tiefe und in die Höhe auf die Logik keinen Werth legten,
so galt diess mit Recht gegenüber den kecken Ansprüchen einer
jeweiligen Logik, welche trotz ihrer Unvollkommenheit vermeinte,
die oberste Wissenschaft oder Kunst zu seyn; gegen solches Gebaren werden immer nicht nur jene reagiren, welche im Innern
und im Uebersinnlichen die Quelle substantieller Wahrheit suchen,
sondern auch diejenigen, welche auf das Aeusserliche und Sinn-
fällige schwören, es wird überhaupt jede in sich erstarkende Wissenschaft reagiren, dem Dünkel des Logikers das Sprüchwort ent-
gegenhaltend: purus putus logicus est purus putus asinus. Was
Wunder darum, dass die erwachte Lust an der leibhaftigen Mannigfalt der Erscheinungswelt wider eine sich überhebende Logik
sich setzte, so wie es im zwölften Jahrhundert der Fall gewesen
(cf. J. Saresbur. Metal. 1, 4, p. 18 ff.) oder wie es bei den
oben erwähnten Humanisten sich zeigte, was Wunder, dass sich
dieses Schauspiel bei Franz Bacon (1561 — 1626) und denen,
welchen er aus dem Herzen geredet hatte, mit neuen Wendungen
wiederholte?

Bacon hat es vor Allem auf die Prätensionen der Syllogistik
und der demonstrativen Methode abgesehen. Der Syllogismus,
sagt er, besteht aus Sätzen, die Sätze hinwieder bestehen aus Wörtern, den Zeichen der Vorstellungen; sind nun die Vorstellungen
verworren und unbesonnen von den Dingen abstrahirt, wie soll
man sich auf den Syllogismus verlassen? Ueberreden mag derselbe wohl, aber um die Dinge in ihrem Wesen zu ergreifen, dazu
ist er ganz untüchtig. Die übliche Logik ist geschickt, Irrthümer
wie sie ja in den gewöhnlichen Vorstellungen massenhaft vorhanden sind zu Grundsätzen zu stempeln und als solche zu fixiren;
es vorwärts zu bringen in den Wissenschaften, ist ihr nicht gegeben. Nur von der Induction ist Heil zu erwarten, nicht von

jener knabenhaften Induction, welche durch Aufzählung einiger
Fälle sich vorwärts bewegt zu einem haltlosen Resultate, das durch
die nächste beste Instanz umgestossen wird, sondern von der wahren Induction, welche, bisher von Niemand ausser etwa noch von
Plato angewendet, auf der Basis der Erfahrung sorgsam alle Fälle
in Betracht zieht und durch sie hindurch sich ihres Zieles bemächtigt. Die Anleitung dazu gibt die rechte Logik, die es daher
nicht wie die vulgäre Logik mit Abstractionen zu thun hat, sondern mit dem Leben und der Natur der Dinge selber. Cf. Nov.
Organum I, Praef. Aph. 10 ff. 69 ff. 105 ff. II, Aph. 11 ff. 52.

Bacon's Streben geht im Grunde dahin, das Eine und ganze
Denken und damit auch das genetische Denken in der vorwiegend
regressiven oder analytischen Richtung für den Dienst der Wissenschaft herbeizuziehen.

Die Eintheilung der Logik übrigens, wie sie in der Schrift
de Dignitate et Augmentis Scientiarum entworfen wird, ist mit
mancherlei fremdartigem Ballast beschwert. Es soll nämlich die
Philosophie zerfallen in die Lehre von Gott, von der Natur, von
dem Menschen; die Lehre vom Menschen wieder geht auseinander
in die Lehre vom Körper und von der Seele; in der Lehre von
der menschlichen Seele wird unter Anderem auch vom Gebrauch
und von den Objecten der Seelenvermögen gehandelt und hiedurch
die Logik und die Ethik gewonnen. Viererlei sind aber die artes
logicae: 1) ars inquisitionis s. inventionis, 2) ars examinis s. judicii, 3) ars custodiae s. memoriae, 4) ars elocutionis s. traditionis.
Die erste Kunst zielt auf das judicium ab experimentis ad experi-
menta (experientia literata) und auf das judicium ab experimentis
ad axiomata (interpretatio naturae, organum novum); die zweite
Kunst beschäftigt sich mit der Beweisführung, und zwar mit Induction und Syllogismus; die dritte hat sich mit dem Gedächtniss
abzugeben; die vierte erhält an Grammatik und·Rhetorik ihren
Bereich: auch Kritik und Pädagogik sind nicht zu weit entfernt
um nicht herzugenommen zu werden. Cf. de Dign. et Augm. lib.
5 und 6.

§. 46.

Gassendi. Hobbes.

In Frankreich trug mit Glanz Gassendi (1592—1655) seine
sensualistischen Ansichten vor. Den gewöhnlichen Stoff der Logik
hat er auf vereinfachende Weise bearbeitet, zugleich mit einer

kritischen Berücksichtigung ihrer Geschichte. Cf. Opera, tom. prim. Lugd. 1658.

Vorangehend den anderen Wissenschaften als die Kunst, ordentlich zu denken, zerfällt sie in vier Abschnitte gemäss dem bene imaginari, bene proponere, bene colligere, bene ordinare. Die Idee, simplex rei imaginatio, wird von den Sinnen gegeben, vom Verstande wird sie generalisirt; nach ihr richtet sich die Definition und die Division. Der Satz, propositio, ist wahr, wenn er das aussagt was ist, oder wenn er aussagt, dass das nicht ist was nicht ist; ausserdem ist er falsch. Eine innerliche Rede, wodurch aus zwei Sätzen mit Nothwendigkeit ein dritter erschlossen wird, ist' der Syllogismus; seine absolute Form soll darin sich zeigen, dass der Mittelbegriff in der Mitte von Subject und Prädicat seinen Platz hat. Durch Affirmation und Negation entstehen zweierlei Figuren, welche hinwieder in Folge quantitativer Bestimmung in je drei Modi auseinandergehen. Für die erste Figur gilt die Regel: quod cohaeret cum aliquo, cohaerens est etiam cum eo, cum quo illud necessario cohaeret; für die zweite Figur: quod cohaeret cum aliquo, incohaerens cum eo est cum quo illud est incohaerens. Der hypothetische Schluss ist nichts Anderes als idem enthymema bis positum, semel suspenso semel rato judicio. Der demonstrative oder wissenschaftliche Schluss wird unterschieden von dem syll. suasorius, probabilis, opinabilis, und syll. sophisticus, paralogisticus. Die Methode endlich, cum certa ratione cogitationum progressio, ist analytisch und synthetisch und stuft sich dreifach ab, einmal als methodus inventionis, welche den Mittelbegriff aufsucht, zweitens in Anknüpfung hieran als methodus judicii, und drittens als methodus doctrinae.

Ansichten dagegen, wie sie Thomas Hobbes (1588—1679) aussprach, konnten nach keiner Seite hin eine Förderung der Logik enthalten. Für das logische Denken kommen ihm in Betracht die Zeichen, die Sätze, der Syllogismus, dazu Irrthum, Falschheit und Trug, endlich die Methode. Aber das Denken ist Rechnen, reason is nothing but rekoning, Leviath. 5, p. 112; cf. de Civ. 2, 1, annot. Eine Rechnung in der Form eines Syllogismus oder einer Reihe von Schlüssen auf Grund einer Definition der Wörter ist Demonstration; primae propositiones nihil aliud praeter definitiones vel definitionis partes et hae solae principia demonstrationis sunt, nimirum veritates arbitrio loquentium audientiumque factae et propterea indemonstrabiles, de Corp. 3, 9. Die Wahrheit aller Lehre geht zurück auf die Wahrheit der Sätze und diese auf die Bedeutung der Wörter, jener willkürlichen Zeichen, welche wir

für die durch Empfindung erhaltenen Vorstellungen angenommen
haben, cf. Leviath. 1, p. 99; 4, p. 10; 9, p. 130. Hum. nat. 6, 1.
Aber das folgerichtige Rechnen beruht auf der Kunst, die Wörter
sich zu merken und sie in der nämlichen Bedeutung zu gebrauchen;
es steht unter dem Schutz des Satzes vom Widerspruche; hujus
axiomatis certitudo principium est et fundamentum omnis ratio-
cinationis, de Corp. 2, 8. So meint Hobbes, im Anklang an die
einstigen nominalistischen Behauptungen seines Landsmannes
Occam, dessen Compendium der Logik bis zu Ende des siebzehnten
Jahrhunderts in Oxford gebraucht war. Cf. Hobbes, Opera omnia,
Amstel. 1668 *).

§. 47.

Locke.

Das Werk John Locke's (1632 — 1704) vom menschlichen
Verstande entsprach dem vorhandenen Bedürfniss nach einem näheren Eingehen auf die Genesis der Erkenntniss.

Angeborene Principien, so lehrt er, gibt es nicht; allgemeine
Grundsätze lernt der Mensch erst, wenn seine Vernunft erstarkt
und seine Sprache bereichert ist. Jede einzelne Idee und jeder
einzelne Name muss von Aussen in seine Seele eingeführt werden;
sind nun die Ideen nicht angeboren, wie soll es der Satz seyn der
aus den Ideen besteht? Idee nämlich ist alles was der denkenden
Seele sich darstellt, z. B. Weiss, Hart, Bewegung u. s. f. Zunächst
werden vermittelst des äusseren Sinnes Ideen herzugebracht; vermittelst der Reflexion aber d. h. einer Aufmerksamkeit der Seele
auf sich selbst und auf die in ihr vorgehenden Operationen ent-

---

*) Mehrfach berührt sich mit Hobbes's Meinung von der Logik das von
Spinoza's Anschauungen durchzogene Specimen artis ratiocinandi naturalis
ei artificialis ad pantosophiae principia manuducens von Abrah. Joh. Cuffeler, Hamb. 1684. Das Denken ist ein universales Rechnen, Addiren
und Subtrahiren, Multipliciren und Dividiren, ein Rechnen mit den nomina
als den Zeichen nicht der Dinge, sondern unserer Vorstellungen. Für die
Betrachtung solcher Operation werden die Abschnitte nomen, propositio,
syllogismus, errores, methodus zu Grunde gelegt. Thatsächlich aber sind
weniger diese Momente behandelt; vielmehr gibt die dürftigste Stoppellese
aus der vulgären Logik, eingestreut in jenen Rahmen, nur den Anlass,
von der Einen Substanz, von Seele, Welt und Gott, von der absoluten
Idee, kurz von alledem zu reden, was man unter den Titel Metaphysik zu
befassen pflegt.

steht eine zweite Art von Ideen: dergleichen sind z. B. Denken und Wollen. Als einfache Ideen ferner haben die nicht weiter auflösbaren Vorstellungen zu gelten; sie werden entweder blos durch Empfindung oder blos durch Reflexion oder durch beide Canäle gewonnen. Sie bilden das Material für die eben daraus zusammengesetzten, complexen Ideen. Letztere beziehen sich auf Modalität oder auf Substantialität oder auf Relation: als Modi werden bezeichnet alle von einem für sich bestehenden Subjecte abhängigen, der eigenen Subsistenz entbehrenden Beschaffenheiten; die Idee der Substantialität dagegen ist eine solche Vereinigung einfacher Ideen, wodurch ein vorhandenes einzelnes Wesen unter der Annahme, dass es als Etwas für sich besteht, abgebildet wird; die Relationsideen endlich beruhen auf vergleichendem Zusammenhalten mehrerer Ideen mit einander. Hinwieder sind der inneren Beschaffenheit nach die Ideen klar oder dunkel, deutlich oder verworren, real d. h. einem in der Natur vorhandenen Original entsprechend oder nur eingebildet, adaequat oder nicht adaequat d. h. dem Original ganz oder blos theilweise angemessen, wahr oder falsch d. h. mit der Trennung und Verbindung der Dinge übereinstimmend oder nicht.

In der Natur existirt Alles nur als einzelnes Ding; durch Abstraction aber wird eine einzelne Idee generalisirt zur gemeinsamen Idee, und ein gemeinsamer Name ist ihr Zeichen; alle Universalien, sowohl Ideen als Wörter, sind Machwerke des Menschen.

Die verschiedene Art, die Uebereinstimmung der Ideen unter sich oder ihre Misshelligkeit wahrzunehmen, bringt verschiedene Erkenntnissstufen zu Wege. Zu Oberst gibt es eine intuitive Erkenntniss, welche die ohne irgend eine dazwischentretende dritte Idee unmittelbar einleuchtenden Ideenverhältnisse wahrnimmt, z. B. dass blau nicht gelb, dass zwei weniger als drei ist; sie ist der höchste Grad der Klarheit und Gewissheit für den menschlichen Geist, unwiderleglich wie der Strahl der Sonne für das Auge. Unter ihr steht dem Range nach die discursive Erkenntniss, welche die erst durch vermittelnde Ideen eröffneten Ideenverhältnisse wahrnimmt. Die sinnliche Erkenntniss aber bezieht sich blos auf äussere Gegenstände in ihrer Einzelexistenz.

Die allgemeinen Sätze, welche Axiome heissen, taugen nicht zum Beweise irgend eines anderen für sich schon ebenso klaren Satzes, auch nicht zur Begründung irgend einer Wissenschaft, nicht zum Fortschritt menschlicher Forschung, sondern nur zur Unterrichtsmethode oder zur Abkürzung gelehrter Dispute. Dergleichen sind nicht nur die identischen Sätze, sondern auch jene, deren Prädicat schon in dem Begriffe (in der Definition) des Subjects enthalten ist, z. B. Gold ist gelb, Blei ist Metall. Wer dagegen mich z. B. lehrt, dass ein vernünftiges Wesen Gott erkennen muss, dass Opium ein schlafmachendes Mittel ist u. dergl., der erweitert meine Erkenntniss *); denn Erweiterung der Erkenntniss besteht darin, dass durch aufgefundene Mittelbegriffe die noch unbekannten Verhältnisse bemerklich gemacht werden.

Surrogat der oft mangelnden Gewissheit für das practische Leben ist die Wahrscheinlichkeit, welche aus Gründen und zwar aus überwiegenden Gründen entspringt. Aber bei der blos wahrscheinlichen Erkenntniss findet am Leichtesten Irrthum und Widerstreit statt: denn Vielen fehlt Zeit und Gelegenheit, sich die zur Erforschung der Wahrheit nöthigen Erfahrungen und Zeugnisse zu sammeln, Vielen auch die Kraft des Denkens, wieder Anderen Lust und Willen; noch Andere bedienen sich ungeprüfter Hypothesen, folgen blinder Leidenschaft, lassen von Autorität sich bestimmen. Cf. Essay concerning human understanding. Lond. 1690. 4. Ausg. 1700.

Derartige Untersuchungen, so ärmlich sie waren, regten doch zu weiteren Arbeiten an; dahin einschlägige Fragen wurden zu stehenden Themen in den logischen Compendien.

§. 48.
Cartesius und seine Schule.

Unterdessen hatte anderseits René Descartes (1596—1650) den schon von Augustin dem Zweifel gegenüber betonten Ausspruch: »Ich denke, also bin ich« als Centrum des Wissens hervorzuheben sich bestrebt.

Die productive Macht, welche in diesem Grundsatze enthalten ist, blieb zwar vorderhand für die Logik fast wirkungslos. Doch suchte wenigstens Arnold Geulincx (1625—1669), der Cartesianer, die Logik aus der Bejahung als aus ihrem specifischen Princip zu construiren, cf. Logica fundamentis a quibus hactenus collapsa fuerat restituta, Amst. 1698; und in Verbindung mit Geulincx wird hier auch der spätere Ehrenfr. Walther v. Tschirnhausen (1651—1708) angeführt werden dürfen, sofern er in seiner als universale Wissenschaftslehre geltensollenden Medicina mentis, Amst. 1687, Lips. 1695, sich bemühte, der Logik von ihrem begrifflichen Principe aus Gestalt und Leben zu geben.

Descartes selbst hat die Logik nicht eigens dargestellt. Von

---

*) Vergl. die Unterscheidung in analytische und synthetische Urtheile bei Kant.

allgemeiner Natur sind seine methodologischen Rathschläge und Regeln: 1) Nichts als wahr anzunehmen was nicht als gewiss erkannt wäre und so klar und bestimmt der Vernunft sich darböte, dass jeder Zweifel daran verschwinden müsse; 2) die zu prüfenden Schwierigkeiten zu zerlegen und in den Theilen zu überwinden; 3) die wissenschaftlichen Untersuchungen in bestimmter Ordnung vorzunehmen und dabei vom Leichten zum Schwereren aufzusteigen; 4) bei dem Aufsuchen der Mittelglieder und der einzelnen Theile schwieriger Fragen Nichts zu übergehen. Opera philos. Francof. 1692; cf. de Methodo recte utendi ratione etc.

Von seinen Schülern aber hat ausser dem genannten Geulincx vornämlich Johann Clauberg (1625—1665) auch auf dem Gebiet der Logik sich ausgezeichnet.

Für den künftigen Logiker, meint er, handle es sich vor Allem darum, die Ursachen des Irrthums, des Vergessens und der Unwissenheit, die Ursachen der Dunkelheit und Verworrenheit unserer Vorstellungen, des Falschen und Unsicheren im Urtheile, der unrichtigen Folgerung bei der Argumentation aufzuspüren. Statt darüber hin und her zu streiten, ob die Logik eine theoretische oder practische Disciplin sey, ob Kunst oder Wissenschaft, ob ein Theil oder ein Werkzeug der Philosophie und dergleichen, solle man es doch machen wie der Landmann, der, bevor er den Samen der Erde anvertraut, den Boden beachtet und Distel und Dorn und Unkraut ausgätet.

Die Logik ist ihm mentis ab errore deducendae et veritatis cognoscendae instrumentum, ars ratione recte utendi, ars quae juvat ac regit mentem humanam in cognitione rerum, Vernunftkunst. Eigenthümlich ist die Eintheilung derselben. Die Logik zerfällt vorerst in Genetik und Analytik. Erstere hat es zu thun mit der richtigen Darbildung (formatio) des eigenen Denkens, diese mit der Erforschung (resolutio) des vorliegenden, ausgesprochenen Denkens. Beide, Genetik und Analytik, gehen in umgekehrt sich entsprechende Glieder auseinander. Denn die Genetik ist einmal System des richtigen Denkens und zweitens das Ganze des angemessenen Ausdrucks für jenes richtige Denken; umgekehrt hat es die Analytik zuvörderst mit dem Ausdruck zu thun, um zur Bedeutung und zum Sinne hindurchzudringen, darnach mit dem Denken selbst, um dessen Richtigkeit zu erkunden. Der erste Theil der Genetik lehrt quomodo quis suas cogitationes in rebus percipiendis, judicandis, memoriaque retinendis recte possit formare. Der zweite Theil der Genetik gibt an, quomodo quis suas cogitationes rationi congruenter aliis hominibus possit explicare. Der

dritte Theil der Logik, d. h. der erste Theil der Analytik, handelt
de vero orationis obscurae sensu investigando. Der vierte Theil
der Logik, d. h. der zweite Theil der Analytik, zeigt quomodo
hominum conceptus, definitiones, divisiones, ordo cogitationum, judicia, effata, quaestiones, probationes, disputationes ad rectae rationis
stateram appendantur. In die einzelnen Theile hinwieder wird
die Abstufung von percipere, judicare (Urtheil und Argumentation),
percepta et judicata memoriae mandare verflochten, während jene
Haupteintheilung offenbar auf der Unterscheidung des Gedankens
und des zur Mittheilung bestimmten Wortes ruht. Opera phil.
Amstel. 1691. p. 765 ff. Logica vetus et nova. In seiner Logica
contracta dagegen hat Clauberg den Stoff so auf vier Abschnitte
vertheilt, dass zuerst die simplicia, die sog. Lehre vom Begriff,
dann das judicium, hierauf de memoria, und endlich noch von
didactica et dialectica, von ordo, von den fallaciae gehandelt wird.

Mit mehr Beschränkung des Materials und in vulgärer Eintheilung hat Clauberg's Zeitgenosse, der Cartesianer Antonius Le
Grand, den gewöhnlichen Stoff der Logik dargestellt, welche er
als ars recte cogitandi definirt und als medicina mentis hoch hält;
er lehrt darin von percipere, judicare, discurrere, ordinare, Cf.
Institutio philosphiae. Norimb. 1695.

Wie bei Descartes selbst, so kam auch bei Nicole Male-
branche (1638—1715), der aus den Schriften von jenem vielfache
Anregung gewonnen hatte, die Logik zwar nicht zu einer eigenen
Entwicklung. Aber als gründliche Voruntersuchung für eine Er-
kenntnisslehre überhaupt ist sein oft aufgelegtes Werk De la
Recherche de la Verité, Paris 1674, von Bedeutung.

§. 49.

L' Art de penser.

Der gleichen Schule verdankt man ein Lehrbuch der Logik,
welches in Frankreich, seinem Vaterlande, nahe ein Jahrhundert
lang ungemeines Ansehen genoss, aber auch in andere Sprachen
übersetzt und in anderen Ländern werth geschätzt wurde. Es ist
dies die Logik des Port-Royal, jenes Compendium, welches mit
der Aufschrift Logique ou l'Art de penser, Paris 1664, anonym
erschien und gewöhnlich auf Ant. Arnauld und P. Nicole als auf
seine Verfasser zurückgeführt wird, ein Schulbuch im besten Sinne.
Das hergebrachte Material rücksichtlich des Begriffs (der Idee),
des Urtheils und des Schlusses sucht es erschöpfend aber mit Ver-

meidung unnützer Fechtereien und allzu schwieriger Untersuchungen klar und durch entsprechende Beispiele und Berücksichtigung naheliegender Fälle verständlich, nützlich und angenehm darzustellen, dabei auch die üblichen Memorialverse nicht verschmähend; die Methode hat ihre besondere und ausführliche Behandlung gefunden; zugleich sind die Ansichten des Descartes in Bezug auf das Erkennen, namentlich bei der Lehre von der Idee und von der Methode, aufgenommen. Die Logik wissenschaftlich fortzubilden liegt nicht in der Aufgabe des Buches.

Es wird die Logik definirt als l'art de bien conduire sa raison dans la connaissance des choses, tant pour s'en instruire soi-même que pour en instruire les autres. Sie besteht in den Reflexionen, welche die Menschen über die vier Hauptthätigkeiten ihres Geistes gemacht haben: Wahrnehmen, Urtheilen, Schliessen, Ordnen. Hiernach zerfällt sie auch in vier Theile. Idee, wovon der erste Theil handelt, ist die Form, durch welche wir uns irgend ein Object vorstellen. Urtheilen, der Gegenstand des zweiten Abschnittes, ist diejenige Handlung unseres Geistes, durch welche er verschiedene Ideen mit einander verbindend von der einen bejaht oder verneint, dass sie die andere ist. Schliessen, das Thema des dritten Theils, ist derjenige Act, durch welchen unser Geist ein Urtheil aus mehreren anderen bildet. Ordnen endlich, womit sich die letzte Abtheilung beschäftigt, ist jene Thätigkeit, durch welche wir verschiedene Ideen, verschiedene Urtheile, verschiedene Schlüsse über ein und denselben Gegenstand zum Behufe der Erkenntniss dieses Gegenstandes in das geeignetste Verhältniss zu einander bringen.

Es wird gegenüber der einseitigen Lehre von dem sinnlichen Ursprung der Ideen auch die Seelengeburt der Ideen vertheidigt; die alten zehn Categorien scheinen der Vorführung nicht unwerth, ebenso die Prädicabilien. Der Abstraction wird besondere Aufmerksamkeit gewidmet. Inhalt und Umfang der Ideen werden von einander unterschieden. Der falsche Gebrauch der Worte wird als ein Hauptgrund der Verschwommenheit in den Gedanken und Gesprächen bezeichnet. Die Division und die Realdefinition erhalten ihre Stelle in dem Abschnitte vom Urtheil. Die weil schwierig nur anhangsweise beigegebene Lehre von der Umkehrung des Urtheils veranlasst interessante Betrachtungen über die wechselseitige Begränzung von Subject und Prädicat. Der Syllogismus wird durch die vier Figuren hindurchgeleitet. Als fundamentales Criterium für die Richtigkeit eines Syllogismus ist die Regel aufgestellt, dass die Conclusion in den Prämissen enthalten seyn müsse. Der Nutzen der Topik wird gering angeschlagen;

die beiläufige Dreitheilung der loci in grammatische, logische und metaphysische ist der Logik Clauberg's entnommen. Sehr lehrreich ist die Abhandlung über die theils in uns theils ausser uns befindlichen Quellen der falschen Schlüsse, wie sie im gewöhnlichen Leben cursiren. Von den beiden Methoden, der analytischen und synthetischen, wird hauptsächlich die letztere, als die eigentlich wissenschaftliche, in das Auge gefasst.

§. 50.

Leibniz.

Eine zusammenhängende Bearbeitung der Logik hat der Philosoph Gottfried Wilh. Leibniz (1646—1716) nicht gegeben; doch sind seine Ansichten über die Logik überhaupt sowie über einzelne Partien derselben da und dort gelegentlich ausgesprochen.

Unter Logik versteht er die Kunst, den Verstand zu gebrauchen, und zwar nicht allein um das zu beurtheilen, was vorgestellt ist, sondern auch um zu finden was noch verborgen ist. Die Logik zerfällt ihm insofern in die zwei Hauptglieder, in die Kunst des Urtheilens und in die des Erfindens; vergl. Schreiben an Gabr. Wagner, und Initia scientiae general. Ein andermal fügt er noch als drittenTheil die Kunst der Erinnerung hinzu; cf. de la Sagesse. Wiederum meint er, der Logiker habe nicht blos vom Denken, sondern auch vom sprachlichen und lehrhaften Ausdruck zu handeln, wesshalb er die Sonderung der Logik in pars verbalis et realis zulässt; cf. de Styl. Philos. Nizolii c. 21. In der bisherigen Logik findet er viel Gutes und Nützliches, aber sie ist ihm trotzdem kaum ein Schatten dessen, was er von einer Logik wünscht; vergl. Schreiben an G. Wagner.

Im Einzelnen zieht namentlich die Umkehrung des Urtheils seine Aufmerksamkeit an; cf. Difficult. Log. Für jede der vier Schlussfiguren setzt er sechs Modi: Barbara, Celarent, Barbari, Celaro, Darii, Ferio — Cesare, Camestres, Cesaro, Camestos, Festino, Barocco — Darapti, Felapton, Datisi, Ferison, Disamis, Bocardo — Baralip, Celanto, Fapesmo, Fresismo, Ditabis, Colanto (Frisesmo); cf. de Arte Combin., usus probl. I et II. — Definit. Log. — Nouveaux Essais, l. 4, c. 17. — Schreiben an G. Wagner.

Er stimmt zwar dem Hobbes bei, dass all unser Denken ein Rechnen, ein Addiren und Subtrahiren, sey; cf. de Art. Comb., usus probl. I et II. Aber er fasst die Sache ungleich tiefer: das

Ideal eines Organons für alle Wissenschaft schwebt ihm seit seiner Jugend vor und verlässt ihn nicht bis zu seinem Tode, eines neuen Organons (novum organon, verum organon, ars combinatoria, scientia universalis s. generalis, ars characteristica, ars signis exacto quodam calculi genere utendi), kraft dessen der Mensch, der Microcosmus und das Ebenbild Gottes, von den aufgefundenen Stammbegriffen aus, cogitationes primitivae, und mittelst des diesen entsprechenden Alphabets, characteres, als einer universalen Sprache seine Welt so sicher als der Mathematiker seine Aufgabe sich ausrechne; cf. die vielen einzelnen hierauf bezüglichen Abhandlungen in den Opera Philos. ed. J. Ed. Erdmann. 2 vol. Berol. 1839 und 40; ebend. auch Schreiben an G. Wagner und Nouveaux essais, l. 4, c. 3; c. 12; c. 17.

Zwei oberste Grundsätze sind es, welche er für die Demonstration ausdrücklich anerkennt, einmal das Princip des Widerspruchs, welches festsetzt, dass falsch ist was einen Widerspruch einschliesst, und zweitens das Prinzip des zureichenden oder determinirenden Grundes, welches dahin lautet, dass alle Wahrheit, mit Ausschluss der unmittelbaren oder identischen, begründet werden könne, cf. de Scient. Univ., oder in anderer Wendung, dass Nichts ohne Grund behauptet werden dürfe, cf. de Verit. Prim. und Monadologie, 31 ff., oder ganz allgemein, dass Alles seine Ursache habe, cf. Theodicée 1, 44. Dem Princip des Widerspruchs wird das der Identität gleichgesetzt, cf. Réplique au premier écrit de Mr. Clarke.

Die weiteren erkenntnisstheoretischen Untersuchungen von Leibniz, wie sie namentlich in seinen Nouveaux Essais sur l'entendement humain vorliegen, werden wir für unseren Zweck hier übergehen dürfen.

§. 51.

Hauptrichtungen in Behandlung der Logik.

Die Versuche selbstständigen Philosophirens thaten zwar der Herrschaft der aristotelischen Philosophie überhaupt Eintrag; indessen hatte die letztere auch im siebzehnten Jahrhundert und darüber hinaus ihre Vertreter in Frankreich, in Italien, in Spanien und Portugal, in den Niederlanden, auf deutschen Universitäten. Am Wenigsten wollte man Neuerungen gegenüber, die kein entsprechendes Aequivalent für das Alte boten, der Logik des Organon und den im Laufe der Zeit damit in Verbindung und Uebung ge-

kommenen Zuthaten den Dienst ganz aufsagen und den historischen
Boden verlassen.

Ueberblicken wir die lange und dichtgedrängte Reihe aller
der betreffenden Schriftwerke, welche von Anfang des siebzehnten
Jahrhunderts bis zu Ende des achtzehnten erschienen, so finden
wir bezüglich des Stoffes, der da behandelt wird, am Deutlichsten
von einander unterschieden einmal diejenigen, welche an Aristoteles
und mehr oder weniger an die überlieferte summulistische Logik
sich anschliessen, und zweitens jene, welche nicht sowohl auf die
logischen Functionen und Formen sich einlassen als vielmehr in
umfassenderen psychologischen und erkenntnisstheoretischen Betrachtungen sich bewegen. Dazwischen gibt es mannigfache Ueber-
gänge, während es auch ausserhalb des von ernster Arbeit um-
zeichneten Kreises nicht an Entwürfen fehlt, welche für Cavaliere,
für Frauenzimmer und Kinder die Sache zu verflachen und darzustellen unternehmen. Für den nächsten Schulbedarf wurde durch
eclectische Compendien gesorgt *).

Was aber die Gliederung des Stoffes anlangt, so hielten sich
Viele an die Aufeinanderfolge der Bücher im aristotelischen Organon. Manche bewahrten die einst von den Arabern erhaltene
Eintheilung in logica communis v. formalis v. generalis und in
logica propria v. materialis v. specialis; cf. z. B. Hoen, Matth.
Philosophiae speculatricis Aristotelis pars pr. Colon. 1619, oder
Stierius, Joh. Praecepta logicae peripat., edit. nova, Jenae 1662,
oder Ebelius, Casp. Opera philos. ed. Kilian Rudrauffius, Francof.
1677, oder Donatus, Introductio etc. tom. prim. Campid. 1754,
oder Zallinger, Jac. Interpretatio naturae, tom. pr. Aug. V. 1773,
und dergleichen mehr. Doch liessen Ausdrücke wie communis,
propria etc. mehrerlei Deutungen zu und allerlei Material; so ist
z. B. bei Steph. de Melles, Novum totius philosophiae syntagma,
Paris 1669, die logica generalis nur der proömiale Theil für die
Logik selber, die als log. particularis behandelt wird, während
bei Anderen die Syllogistik und Topik als logica universalis v. formalis bezeichnet wird; cf. Metz, Andr. Institutiones log. Bamb.

---

*) Den Eclecticismus, welcher sowohl die nächsten practischen Be-
dürfnisse beachten als auch die Fortschritte der Wissenschaft kennen soll,
hat für die Logik im Auge z. B. die Reformatio Studiorum, d. i. Aller-
höchste Vorschriften, nach welchen Ihre Römisch-Kaiserl. zu Hungern
u. s. w. Majestät nicht allein die unteren Schulen sondern auch philosophiam und theologiam bei der Universität zu Wien etc. tradirt wissen
wollen. Wien u. Linz 1753.

et Wirceb. 1796. Noch Andere (vergl. bei Albertus Magn. De Praedicab. 1, 5, p. 6 die Trennung in diffinitio rei und in argumentatio) unterschieden logica elementaris und logica syllogistica cf. Vossius, Ger. Joh. De logica et rhetoricae natura et constitutione, Hag. 1658. Mehrere auch trugen, auf alt-peripatetischen Brauch sich steifend, die Logik schlechthin als Analytik und Topik vor, wobei es die erstere mit dem verum demonstrabile d. i. mit den Prädicabilien, den Categorien, dem Urtheil, dem Syllogismus und der Demonstration, die zweite mit dem verum probabile und mit den Sophismen zu thun hatte; cf. z. B. Hauberus, Joh. Erotemata dialectices pro scholis in Ducatu Würtembergico, Tubing. 1618, siehe auch Daries, Joach. G. Introductio in artem inveniendi, ed. sec. Jenae 1747. Nicht Wenige hinwieder nannten, ähnlich wie vordem die Humanisten, inventio und judicium als die beiden Theile der Logik; cf. z. B. Scheiblerus, Christoph. Opus logicum, 1618, ed. quart. Giessae 1654. Damit verwandt war die Sonderung der Logik in pars thematica und organica; cf. Burgersdicius, Fr. Institutionum logicarum libri duo, Amstel. 1660. Ausserdem machte sich häufig der Gesichtspunct der drei oder vier mentis operationes geltend, nebenbei auch der disserendi modi, von denen man sogar fünf zählte: definitio, divisio, enunciatio, argumentatio, methodus; cf. für den letzteren Fall Derodon, Logica restituta, Genev. 1659. Nehme man hiezu etwa die von Bacon empfohlene oder die von Clauberg durchgeführte Gliederung des Stoffes, so wird man schwerlich daran zweifeln können, dass die Ungewissheit über Zweck und Umfang der Logik nicht gering war.

Trotz alledem müssen wir noch zweier Eintheilungen des logischen Materials gedenken, welche sich in zahlreichen Compendien finden, zweier Eintheilungen, wovon jede ebensosehr der Neigung, die Logik mit allem Möglichen auszustatten, als zugleich einer Reinigung der Logik Vorschub leisten konnte: die eine dem Ursprunge nach näher dem aristot. Organon und dem mittelalterlichen Betriebe, die andere mehr den rhetorischen, dann den psychologischen und erkenntnisstheoretischen Bestrebungen verwandt.

Einmal nämlich wird in einer Masse logischer Compendien bis über die Mitte des achtzehnten Jahrhunderts, häufig mit der Bemerkung, dass die Sache im Sinne des heil. Thomas oder des Duns Scotus abgehandelt werde, logica parva und logica magna unterschieden; statt logica parva bediente man sich auch der Ausdrücke logica minor, dann summula, summulae, oder dialectica, introductio, logica elementaris, sogar parva logicalia (vergl. dagegen die Bedeutung von parva logicalia im vorigen Abschnitt); für logica

magna sagte man auch, je nach der für den ersten Theil gebrauchten Bezeichnung, logica major, ferner controversiae, logica im
Gegensatze zu der im ersten Theil enthaltenen dialectica, auch
logica disputata.   Der erste Theil nun pflegt möglichst einfach
und kurz in den drei operationes mentis zu unterrichten; er soll
ein Compendium für die Anfänger seyn.   Dagegen hat der zweite
Theil, bestimmt für die reiferen Schüler, nichts Geringeres zur Aufgabe als alles das nachzuholen, was im ersten Theile nicht gesagt
war, aber zur Erläuterung und weiteren Ausführung des dort Gesagten dienen konnte.   Der erste Theil vermochte somit eine Art
purificirter Logik darzustellen und gewissermassen das Eigenthümliche der Logik für die Betrachtung direct nahe zu legen.   In
Bezug auf den zweiten Theil ist es begreiflich, dass die Klage laut
wurde, er enthalte nur Metaphysisches, von Logik aber gar Nichts,
cf. z. B. Donatus, Introductio in univ. philosophiam, oder wenn
man das Anagramm von logica, das Wort caligo, ungemein zutreffend fand, cf. Philagrius Le Roy, Philosophia radicalis eclectica,
Antwerp. 1713, tract. 33.
    Andrerseits verbreitet sich seit dem siebzehnten Jahrhundert
mehr und mehr die Trennung der Logik in eine theoretische und
in eine practische, ähnlich jener alten mit der Frage ob die Logik
Wissenschaft oder Instrument sey zusammenhängenden Distinction
in logica docens, a rebus sejuncta, und in logica utens, rebus vel
philosophiae applicata, jedoch durch die möglichst allgemeine Haltung über den einzelnen Wissenschaften, an denen die logica utens
ihr Gebiet zu suchen hatte, und durch die rhetorischen und psychologischen Ingredienzien einen neuen Character an sich tragend.
Um aber wenigstens eine ungefähre Vorstellung zu veranlassen
von dem, was man unter dem Namen der practischen Logik lehren
konnte, sey hingewiesen auf des berühmten Philosophen Wolff
(1679—1754) Philosophia rationalis sive Logica, und zwar auf
deren zweiten Theil.   Dort nämlich wird zunächst gehandelt von
der Benützung der im theoretischen Theil vorgetragenen Formen
und Regeln zur Unterscheidung des Wahren vom Falschen und
des Gewissen vom Ungewissen; weiterhin wird gesprochen von
der Anwendung der Logik bei Aufsuchung der Wahrheit, dann
bei Abfassung, Beurtheilung und Lectüre von Büchern, ferner bei
der Mittheilung der Wahrheit an Andere, ausserdem bei Schätzung
der zur Erkenntniss der Dinge nothwendigen Kräfte, endlich von
der Anwendung der Logik in der Praxis des gewöhnlichen Lebens
und von der Methode, die Logik selbst zu studiren.   Diese Anga-
ben wolle man noch ergänzen aus den »Vernünftige Gedanken

von den Kräften des menschlichen Verstandes und ihrem richtigen
Gebrauche in Erkenntniss der Wahrheit«, Erste Aufl. 1712, ein
Büchlein von demselben Autor, welches in lateinischer und namentlich in deutscher Sprache früher vielfach gelesen wurde. Dasselbe
behandelt, wenn der eben angegebene Titel in Ein Wort zusam-
menzogen werden soll, das was Wolff sonst Logik oder Vernunftlehre oder Vernunftkunst heisst; es zählt (wenigstens in der
Ausgabe von 1749) sechzehn Capitel. Das erste Capitel redet vom
Begriffe, das zweite vom Gebrauch der Wörter, welche ja eine
Bedeutung haben und von den Gegenständen nicht minder zu
unterscheiden sind wie von dem blosen Tone, das dritte Capitel
von den Sätzen, das vierte von den Schlüssen und wie wir dadurch
der Wahrheit versichert werden. Was vom fünften Capitel an
folgt, gehört Alles unter den speciellen Titel practische Logik,
wennschon dieser Ausdruck dort nicht besonders namhaft gemacht
ist. Es wird gesprochen von der Erfahrung und wie dadurch die
Sätze gefunden werden; von Erfindung der Sätze aus den Erklärungen und von Auflösung der Aufgaben; von der Wissenschaft,
dem Glauben, den Meinungen und Irrthümern; ferner, wie man
sowohl seine eigenen als die Kräfte Anderer prüfen soll, ob sie
zureichen, eine Wahrheit zu untersuchen oder nicht; wie man sowohl seine eigenen als auch fremde Erfindungen beurtheilen soll;
wie man von Schriften urtheilen soll; wie man Bücher recht mit
Nutzen lesen soll; weiter noch von Erklärung einer mit Verstand
abgefassten und insonderheit der heiligen Schrift; wie man Einen
überführen soll; wie man Einen widerlegen soll; wie man dispu-
tiren soll; endlich wie man eine Fertigkeit in Ausübung der Logik
erhalten soll.

§. 52.

Die Logik unter Obhut von Grundsätzen.

Im engsten Zusammenhange mit der Aufmerksamkeit, welche
der Methode und besonders dem demonstrativen Verfahren gewidmet
wurde, und mit der hieraus entsprungenen Nöthigung, die Logik
selbst in gleicher Weise zu verabfassen, steht die Thatsache, dass
einzelne Männer seit dem achtzehnten Jahrhundert Ernst damit
machten, an der Spitze der Logik ein Princip, will sagen einen
Grundsatz zu stellen, einen Grundsatz, der das logische Material
beherrschen sollte.

Es ist bekannt, welches Ansehen den Sätzen des Widerspruchs, des ausgeschlossenen Dritten, der Identität, des Grundes,

dem einen oder dem anderen seit alter Zeit zugestanden wurde
bald im Interesse der Wortbedeutung bald in Anwendung auf die
Vorstellungswelt und für das Denken und Erkennen überhaupt;
aber man hatte lange nicht versucht, unmittelbar das logische
Material daran anzuknüpfen oder daraus abzuleiten. Dass dies
nun endlich geschehen, ist darum höchst wichtig, weil hiemit die
Logik sich aus und durch sich selbst beweisend ihre specifische
Selbstheit und Selbstständigkeit zu gewinnen strebte.

Der einschlägigen und vorläufigen Versuche eines Geulincx,
eines Tschirnhausen, von übrigens mehr constructiver Tendenz ist
bereits gedacht worden. Darnach hatte zwar J o a c h. G e o r g D a r i e s
(1714—1772) in seiner Introductio in artem inveniendi seu logicam
theoretico-practicam, ed. sec. Jenae 1747, dem principium contradictionis s. exclusae contradictionis: fieri non potest ut idem simul
sit et non sit, die Prärogative eingeräumt; aber sowohl in dieser
Schrift wie in seiner Via ad veritatem, Jenae 1755 u. 64, steht
der angekündigte Grundsatz noch in sehr lockerem Gefüge mit
dem übrigen Stoffe. Dagegen ist es H e r m. S a m u e l R e i m a r u s
(1694—1765), welcher in seiner deutsch geschriebenen Vernunftlehre, Hamburg 1756, 3. Aufl. 1766, 5. Aufl, 1790, Einstimmung
und Widerspruch zusammenfassend die constituirende Macht des
Grundsatzes mit entschiedenem Gelingen zu verfolgen und aufzuzeigen bemüht war.

Um die Wahrheit zu treffen, sagt er, kommt es auf den
rechten Gebrauch der Vernunft an; die Wissenschaft von dem
rechten Gebrauch der Vernunft in Erkenntniss der Wahrheit ist
die Vernunftlehre, welche die Vernunftkunst zu Wege bringt. Die
Vernunft selbst aber ist die Kraft, nach den Regeln der Einstimmung und des Widerspruchs über die vorgestellten Dinge zu reflectiren. Die Regel der Einstimmung lautet: Ein jedes Ding ist
das, was es ist. Die Regel des Widerspruchs: Ein Ding kann
nicht zugleich seyn und nicht seyn. Diese Regeln sind der Grund
aller Wahrheit. So ist das Urtheil die Einsicht von der Einstimmung oder dem Widerspruch zweier Begriffe; der unmittelbare
Schluss gründet sich auf die klare Einsicht des einstimmigen Verstandes zweier Sätze; der Vernunftschluss ist eine deutliche Einsicht der Einstimmung oder des Widerspruchs zweier Begriffe
vermittelst eines dritten, und die Grundregeln selbst für die Vernunftschlüsse sind keine anderen als die der Einstimmung und des
Widerspruchs, durch welch letztere auch das Dictum de omni et
de nullo seine Richtigkeit hat. Der Satz des zureichenden
Grundes aber ist mit den Regeln der Einstimmung und des

Widerspruches auf das Genaueste verknüpft d. h. Einstimmung
und Widerspruch sind selbst der zureichende Grund der
Wahrheit.

Ohne Zweifel sind in Bezug auf die Gediegenheit des erkenntnisstheoretischen und des auf mannigfache Praxis berechneten
Inhalts, auch in Bezug auf den anregenden Geist, der durch das
Ganze hindurchwaltet, hervorragende Schriften die Vernunftlehre
G. Fr. Meier's (1718—1777) oder das Buch von Chr. Aug. Crusius (1712—1775), betitelt: Weg zur Gewissheit und Zuverlässigkeit der menschlichen Erkenntniss, Leipz. 1747, oder Joh. Heinr.
Lambert's (1728—1777) in Dianoiologie, Alethiologie, Semiotik
und Phänomenologie gegliedertes, doch nicht, wie man von ihm
einst weissagte, Epoche machendes Neues Organon, 2 Bde, Lpzg.
1764. Allein mit nicht weniger gediegenem und auserlesenem Inhalt und zugleich mit einer klaren, gefälligen Darstellung verbindet
die Vernunftlehre von Reimarus den Vorzug der besagten Demonstration, welche zu ihrem fortwirkenden Ausgangspunct die in die
Form eines Grundsatzes gefasste specifisch logische Potenz nehmen
und bewahren will.

Noch strenger als Reimarus hat in unserem Jahrhundert
A. D. Ch. Twesten (geb. 1789) die Gesetze der Identität und
des Widerspruches, welche beide dasselbe auf verschiedene Weise
besagen sollen, durch den sog. Begriff, durch Urtheil und Schluss
hindurchgeführt. Ihm ist die Logik die Theorie von der Anwendung der Grundsätze der Identität und des Widerspruches. Vergl.
Die Logik, insbesondere die Analytik, Schleswig 1825. Aber
Twesten, verglichen mit Reimarus, sah sich bereits in einer andern
Periode der Philosophie überhaupt und der Logik insbesondere;
er hatte die Aufgabe, die Logik in ihrer Eigenthümlichkeit zu
retten vor der Erdrückung, welche von Seite der unterdessen über-
mächtig aufgeschossenen Ontologie, der Categorienlehre, der Wissenschaft des genetischen Denkens oder wie man sie immer benennen will, drohte.

§. 53.

Eine neue Schulmanier und ein veralteter Standpunct.

Es erübrigt, eine in das Gebiet didactischer Behandlung gehörige Darstellungsweise zu erwähnen, welche, nachdem sie einmal dem Publicum eingeleuchtet hatte, bis heute gepflegt worden
ist. Es ist die Anwendung der Kreisfiguren, durch welche vor

Allem das Geheimniss des Syllogismus, dann auch des Urtheiles und des sogenannten Begriffs anschaulich gemacht werden soll.

Die Conjunctur der Termini im Syllogismus hatte man zwar schon lange mit Hülfe des Dreiecks oder des Halbmondes und des neptunischen Dreizacks zu versinnlichen sich bemüht, vergl. z. B. des Johannes Grammaticus Philoponus (gest. im 7. Jahrh.) Commentar zur ersten Analytik, Venet. 1536, oder des Georg von Trapezunt (gest. 1484) De Re Dialectica liber, Argent. 1509, Lugd. 1559, oder die lateinische Venetianer Ausgabe des Aristoteles, 1552. Aber die Kreise hiefür zu verwenden, war dem letzten Abschnitt der scholastischen Logik vorbehalten. In den Additamenten zum Nucleus der Logik von Chr. Weise (1642—1708) hat Professor Joh. Chr. Lange von Giessen diese geometrischen Figuren reichlich verwerthet, vera ac solida logicae peripatetico-scholasticae purioris fundamenta detexit et ratione mathematica per varias schematicas praefigurationes huic usui inservientes ad ocularem evidentiam deducta proposuit, cf. die Ausgabe des Nucleus logicae Weisianae, Gies. 1712 *).

Nach Lange hat sich der Kreise namentlich der Mathematiker Euler bedient, cf. dessen Lettres à une princesse d'Allemagne, 2. Bd. 1768 ff. u. a. Ausg.; seitdem sind sie ein Lieblingsinstrument vieler Logiker geworden und haben den Sieg davongetragen über die bald punctirten bald ausgezogenen Linien Lambert's (s. dessen Neues Organon, Lpzg. 1764) oder über die Dreiecke von Maass (s. dessen Grundriss der Logik, Halle 1793 u. öfter) oder über die Vierecke Ploucquet's (s. die zur Logik gehörigen Schriften desselben, Tüb. 1761, 65, 73) oder über die algebraische Characteristik, dergleichen von eben jenem Lambert (s. dessen logische und philos. Abhandlungen, herausg. von Joh. Bernoulli, Berlin 1782) und auch von Salomon Maimon (s. dessen Neue Logik, Berlin 1794) vergeblich versucht worden ist.

Zum Schlusse sey noch eine vermeintliche Entdeckung und Erfindung erwähnt, im Grunde ein Selbstbekenntniss der scholasti-

---

*) Lange scheint überhaupt ein Meister gewesen zu seyn in der deductio ad ocularem evidentiam per schematicas praefigurationes. So veranschaulicht er z. B. die Schlussfiguren an der Lage zweier über einander befindlicher Handschuhe, welche beide die Prämissen repräsentiren sollen: die Finger eines jeden Handschuhs sind als der Mittelbegriff, der Gelenktheil des einen Handschuhs aber als terminus minor, der des anderen als terminus major zu denken — jucunde ac lepide et magis adhuc palpabiliter, wie er selbst bemerkt.

schen Logik. Schon oben haben wir am betreffenden Orte die
Bedeutung der Quinque Voces oder der Prädicabilien hervorgehoben. Mehrgenannter Lange nun ist es, welcher diesen herrschenden Mächten fröhliches Zeugniss gibt und ohne Arg den Standpunct und die Verfassung der scholastischen Logik offenbart in
seinem Novum inventum quadrati vel trianguli logici universalis,
Gies. 1714. Dieses Novum inventum soll ein typicum quoddam
breviarium logicae seyn: thatsächlich ist es ein Schema des divisorischen Verfahrens, woran die logischen Functionen aufgezeigt
werden. Es möge aber der Autor die an vielen Stellen von ihm
wiederholte Tragweite seines Novum inventum und zugleich den
Zusammenhang desselben mit den Prädicabilien und dieser mit
der ganzen Logik selber aussprechen: Cum possit quoque in logicae
prooemio disquiri, quaenam inter omnes ejus doctrinas eo respectu
sit praecipua, ut recte ac plene intellecta possit merito basis aut
clavis caeterarum ejus doctrinarum omnium vocari — de qua
quaestione non memini me quicquam apud alios legisse — poterit
sane ex Invento nostro quam clarissime constare quod doctrinae
de praedicabilibus ceterisque quae sunt cum hac doctrina arctis-
sime connexa insigne hoc elogium sit tribuendum. Quid enim,
quaeso, aliud est hoc inventum nostrum quam dispositio quaedam
terminorum, ad logicam praedicabilium rationem perfectis-
sime constructa? Cumque ex hoc Invento possit doctrina universa
logica deduci, est sane clarissimo hoc ipsum argumento, quod pari
quoque modo a praedicabilibus haec universa logica
doctrina pendeat. cf. Descriptionis de quadr. log. sect. 2 practica, nr. 32.

Ontologische oder metaphysische Logik.
Anderweitige Bestrebungen.

§. 54.

Kant.

Immanuel Kant (1724—1804) hat für die Logik eine neue Periode ermöglicht durch seine Kritik der reinen Vernunft (Riga, 1781).

In den Urtheilen, so lehrt er, kann das Verhältniss des Subjects zum Prädicat auf zweierlei Art stattfinden. Entweder gehört das Prädicat B zum Subject A als etwas das in diesem Begriffe A enthalten ist, oder B liegt ganz ausser dem Begriffe A, obschon es mit demselben in Verknüpfung steht. Im ersten Falle heisst das Urtheil analytisch, im zweiten Falle synthetisch. Durch analytische Urtheile, welche meine Erkenntniss nicht erweitern, wird nur der Begriff, den ich schon habe, auseinandergesetzt; bei synthetischen Urtheilen aber stützt sich der Verstand auf ein X, um ein Prädicat, das im Begriffe des Subjects nicht liegt, dennoch als dazu gehörig zu erkennen. Letztere, wenn sie a priori sind, erfordern alle Aufmerksamkeit. Was ist aber bei den synthetischen Urtheilen a priori jenes X?

Anschauung und Begriffe machen die Elemente der Erkenntniss aus. Ohne die Sinnlichkeit würde uns kein Gegenstand gegeben, ohne den Verstand, das Vermögen den Gegenstand sinnlicher Anschauung zu denken, würde keiner gedacht werden; doch sind beide Vermögen nicht mit einander zu vermischen. Die Wissenschaft, welche sich speciell mit den Regeln des Verstandes, also des einen von den genannten Vermögen, beschäftigt, ist die Logik. Sie ist entweder allgemein, die schlechthin nothwendigen Regeln des Denkens enthaltend ohne Ansehung der Gegenstände, oder eine besondere, sofern sie die Regeln gibt, über eine gewisse Art von Gegenständen richtig zu denken. Die allgemeine Logik aber zerfällt wieder in die reine und angewandte; die allgemeine angewandte Logik reflectirt auf die subjectiven empirischen Bedingungen für den richtigen Gebrauch des Verstandes, während die allgemeine reine hierauf keine Rücksicht nimmt und überhaupt Nichts aus empirischer Psychologie entlehnt, sondern ihres Inhalts, d. h. der blosen Form des Denkens, a priori gewiss ist.

Von solcher formalen Logik aber ist verschieden die transscendentale Logik. Letztere bestimmt den Ursprung, den Umfang und die objective Gültigkeit desjenigen Erkennens, durch welches wir Gegenstände völlig a priori denken, und derjenige Theil der transscendentalen Logik, welcher all unser Erkennen a priori in seine Elemente auflöst, ist die transscendentale Analytik. Für das Ziel dieser transscendentalen Analytik kommt es darauf an, dass die Begriffe rein und nicht empirisch seyen, dass sie nicht zur Anschauung und zur Sinnlichkeit, sondern zum Denken und zum Verstande gehören, dass sie als primitiv von den abgeleiteten wohl unterschieden und dass sie vollständig aufgezählt werden. Wie lässt sich nun die Totalität der reinen primitiven Verstandesbegriffe entdecken?

Der Verstand ist überhaupt das Vermögen zu urtheilen; die Urtheile aber sind Functionen der Einheit unter unseren Vorstellungen, indem statt einer unmittelbaren Vorstellung eine höhere Vorstellung, welche jene und noch mehrere unter sich befasst, zur Erkenntniss des Gegenstandes gebraucht wird; mit anderen Worten: alles Urtheilen ist die Art, die Mannigfaltigkeit der Vorstellungen zur objectiven Einheit der Apperception (des Selbstbewusstseyns) zu bringen. Daher ebensoviele Stammbegriffe als es oberste Arten des Urtheilens gibt.

Solcher Arten des Urtheilens aber gibt es zwölf. Immer drei von ihnen lassen sich unter einen gemeinsamen Titel bringen. Der Quantität nach nämlich sind die Urtheile allgemeine, besondere, einzelne; der Qualität nach bejahende, verneinende, unendliche; der Relation nach categorische, hypothetische, disjunctive; der Modalität nach problematische, assertorische, apodictische. In jeder dieser Arten, in jeder dieser verschiedenen Functionen des Verstandes ist immanent wirksam ein reiner Begriff, eine Categorie. Daher gibt es zwölf Categorien, die sich unter die gleichen Titel bringen lassen, nämlich Einheit, Vielheit und Allheit unter Quantität, ferner Realität, Negation und Limitation unter Qualität, drit-

tens Substanz und Accidens, Ursache und Wirkung, Wechsel-
wirkung unter Relation, endlich Möglichkeit und Unmöglichkeit,
Daseyn und Nichtdaseyn, Nothwendigkeit und Zufälligkeit unter
Modalität. Diese Categorien, wohl zu unterscheiden von den For-
men der reinen apriorischen Anschauung, nämlich von Raum und
Zeit, aber doch an sie gewiesen, sind das eigenste Eigenthum des
Verstandes; durch sie wird uns allererst eine sichere Erkenntniss
verschafft, weil mit ihnen die apriorische Einheit und der apriorische
Zusammenhang in unsere Vorstellungen kommt.

So sucht Kant auf der Basis der angeführten zwölf Urtheilsformen ein System der Categorien, ein System der reinen Vernunft
zu errichten. Wenn und weil aber jene Urtheilsformen nicht alle
sind, so muss schon desshalb die daraus entnommene Categorien-
tafel unvollständig seyn. Hinwieder hat Kant ohne Zweifel in der
Sammlung seiner zwölf Urtheilsformen sich von vorher aufgeraff-
ten Categorien mitbestimmen und es sich angelegen seyn lassen,
beide, Urtheilsformen und Categorien, mit einander in Einklang
zu bringen, so dass insofern auch gesagt werden könnte, die Tafel
der Urtheilsformen sey in Folge der Categorien zu kurz gekommen.

Von grosser Wichtigkeit für die Wissenschaft des Denkens
war und ist vor allen Dingen dieses, dass Kant die Aufmerksamkeit der Zeitgenossen auf die Categorien und hiemit in des Denkens
innerste Tiefe gelenkt hat, dagegen der formalen Logik ihren
specifischen Inhalt am Urtheil zuweisen wollte. Aber er lässt die
Categorien nicht aus ihrem eigenen Grunde sich herausarbeiten,
ein in sich abgeschlossenes, lebendiges Categoriensystem bleibt
Aufgabe der folgenden Zeit; der Unterschied und die Beziehung
zwischen den Categorien und zwischen dem specifisch logischen
Denken oder Urtheilen sowie zwischen allen einzelnen Stufen und
Arten des Denkens ist zu wenig bestimmt; es entgeht ihm das
dem logischen Denken oder Urtheilen immanente und darin sich
actualisirende besondere Princip; die Formen des logischen Denkens
oder des Urtheilens hat er weder erschöpfend noch überhaupt
irgendwie entwickelt, sondern hat sie vorerst nach gewissen Gesichtspuncten gesammelt und geordnet.

Von welcher Art in solchem Stadium des Uebergangs eine
Logik zu seyn vermag, davon sind ein Denkmal die von Jäsche
zu Königsberg 1800 unter dem Namen Logik herausgegebenen, mit
zu Grundelegung von G. Fr. Meier's Auszug aus der Vernunftlehre
(Halle 1752) einst gehaltenen Vorlesungen des Königsberger Philo-

sophen selbst. Vergl. den dritten Band der Gesammtausgabe von Kant's Werken (Rosenkranz und Schubert).

Die Logik wird da definirt als die Wissenschaft von den nothwendigen Gesetzen des Verstandes und der Vernunft oder, was einerlei seyn soll, von der blossen Form des Denkens überhaupt. Sie wird als Grundlage zu allen anderen Wissenschaften und als die Propädeutik alles Verstandesgebrauchs angesehen. Weil von allen Objecten gänzlich abstrahirend ist sie kein Organon der Wissenschaft, sondern nur ein Canon, nicht zur Erweiterung sondern zur Beurtheilung und Berichtigung unseres Erkennens dienend, eine Vernunftwissenschaft der Form und dem Inhalte nach, eine Doctrin die auf Principien a priori beruht.

Die üblichen psychologischen Betrachtungen und allgemeinen erkenntnisstheoretischen Bemerkungen werden als nicht zum Material der Logik gehörig in die Einleitung verwiesen; ebenda aber werden auch als formelle oder logische Criterien der Wahrheit 1) der Satz des Widerspruchs und der Identität, 2) der Satz des zureichenden Grundes, 3) der Satz des ausschliessenden Dritten besprochen.

Eingetheilt wird die Logik in die Elementarlehre und in die Methodenlehre. Die Elementarlehre behandelt die Begriffe, die Urtheile und die Schlüsse. Schwer vermag Kant bei der Lehre von den Begriffen seinem Vorhaben nachzukommen, alles Psychologische, Empirische, blos der Einleitung Zukommende von der Logik selbst auszuschliessen; denn der Begriff, von dem er redet, ist nichts Anderes als die Vorstellung, eben die natürliche Voraussetzung für die Actualität des logischen Denkens. Das Urtheil ferner wird erklärt als die Vorstellung des Verhältnisses verschiedener Vorstellungen sofern sie einen Begriff ausmachen. Die einzelnen Formen betrachtet er nach den vier Hauptmomenten Quantität, Qualität, Relation und Modalität. Dabei möchte von besonderem Interesse seyn das überhaupt in Kant's Philosophie vor allen anderen Momenten stark hervortretende Moment der Relation, welches die categorischen, hypothetischen und disjunctiven Urtheile umfässt; früher waren ja von den Logikern das categorische Urtheil und das hypothetische sammt dem disjunctiven als einfach und zusammengesetzt von einander geschieden: doch betrachtet auch Kant das hypothetische Urtheil als aus zwei Urtheilen bestehend. Das Moment der Modalität aber soll das Verhältniss des ganzen Urtheils zum Erkenntnissvermögen bestimmen; es soll anzeigen, ob man über die Wahrheit oder Unwahrheit eines Urtheils Nichts ausmacht oder ob man darüber Etwas bestimmt oder ob

man die Wahrheit eines Urtheils sogar mit der Dignität der Nothwendigkeit ausdrückt; ein andermal (siehe Einleitung, c. 7) bringt
er die Stufen der Modalität merkwürdigerweise mit dem Satz der
Identität und des Widerspruchs (problematisch), mit dem des Grundes (assertorisch) und mit dem des ausschliessenden Dritten (apodictisch) in Verbindung *). Ausserdem sieht er sich veranlasst, in
der Lehre vom Urtheil noch von theoretischen und practischen,
indemonstrabeln und demonstrabeln, analytischen und synthetischen
und dergleichen Sätzen zu reden.

Der Schluss oder Syllogismus wird nicht als eine Art des
Urtheils aufgefasst, wie man denken könnte nachdem in der Critik
der reinen Vernunft alle Logik auf das Urtheil und seine Formen
reducirt worden ist; er wird herkömmlicherweise als etwas Apartes,
vom Urtheil specifisch Verschiedenes behandelt. Definirt wird er
als diejenige Function des Denkens, wodurch wir ein Urtheil aus
einem andern herleiten, und unterschieden in Verstandesschluss
oder unmittelbaren Schluss, in Vernunftschluss und in Schluss
der Urtheilskraft, welch letztere beide Arten zusammen mittelbarer
Schluss heissen. Die Verstandessschlüsse nun werden herangebracht
an die Titel Qantität, Qualität, Relation und Modalität, so dass
gehandelt wird von den Verstandesschlüssen per judicia subalterna
(Quantität), jud. opposita (Qualität), jud. conversa (Relation), jud.
contraposita (Modalität). Der Vernunftschluss dagegen begnügt
sich mit dem Gesichtspunct der Relation und besondert sich in
den categorischen mit seinen vier Figuren, wobei die erste Figur
als die einzig gesetzmässige gilt, dann in den hypothetischen und
in den disjunctiven; das Unterscheidende dieser drei Formen wird
im Obersatz gesucht. Uebrigens ist als Princip des categor. Schlusses die Regel gegeben: nota notae est nota rei ipsius, repugnans
notae repugnat rei ipsi, als Princip des hypothetischen Schlusses
der Satz des Grundes, als Princip des disjunctiven Schlusses der
Satz des ausschliessenden Dritten. Schlüsse der Urtheilskraft sind
die Induction und die Analogie, jene dem Princip der Generification,
diese dem der Specification gehorchend. Anhangsweise wird auch
der Polysyllogismen, des Sorites, der Sophismen und der Fehler
im Schliessen und Beweisen gedacht.

Während diese Elementarlehre die Elemente und Bedingungen der Vollkommenheit eines Erkenntniss zu ihrem Inhalte haben

---

*) In der Kritik der reinen Vernunft (s. des Leitfadens der Ent-
deckung u. s. w. 2. Abschnitt) werden sie bezogen auf die drei Vermögen:
Verstand, Urtheilskraft und Vernunft.

soll, muss die Methodenlehre, der zweite Hauptabschnitt der Logik,
von der Form einer Wissenschaft oder von der Art und Weise,
das Mannigfaltige der Erkenntniss zu einer Wissenschaft zu ver-
knüpfen, Rechenschaft geben. Allein diese geforderte Methodenlehre enthält thatsächlich nur eine kärgliche Lehre von Definition,
Exposition, Beschreibung, Division, ferner Anmerkungen über
scientifische und populäre, systematische und fragmentarische,
analytische und synthetische, syllogistische und tabellarische,
acroamatische und erotematische Methode und einige Worte
über das Meditiren; ja selbst die Lehre von Definition und Di-
vison ist nur durch die Anordnung des Herausgebers in den
Bereich der Methodenlehre gekommen, da Kant selbst beiderlei
mit der Lehre vom Begriffe, im Anschlusse an Meier's Lehrbuch,
zu verbinden pflegte.

So die von Jäsche herausgegebene Logik Kant's, in welcher
allerdings das Streben, das logische Denken zu einem in sich gegliederten organischen Ganzen auszugestalten, nicht zu verkennen ist.

Uebrigens besitzen wir von Kant noch eine hieher zu ziehende
Inauguraldissertation: Principiorum primorum cognitionis metaphysicae nova dilucidatio, Regiom. 1755, und eine etwas spätere
Abhandlung über: Die falsche Spitzfindigkeit der vier syllogistischen Figuren, Königsb. 1762, WW. I.; in der letztgenannten
Arbeit ist er von der Voraussetzung befangen als hätten bis dahin
alle Logiker die Schlüsse in den vier Figuren schlechtweg für
einfache (directe), ohne Dazwischenkunft von anderen Urtheilsope-
rationen zu erledigende Vernunftschlüsse angesehen (vergl. hierüber
Franz Hoffmann's Grundriss der allgemeinen reinen Logik, 2. Aufl.
Würzb. 1855).

§. 55.

Fichte.

Es war Johann Gottlieb Fichte (1762—1814), welcher
in seiner Wissenschaftslehre mit der ihm eigenen Kraft die von
Kant's Kritik der reinen Vernunft übermachte Aufgabe fortführte.

Die Wissenschaftslehre soll allen einzelnen Wissenschaften
ihre Grundsätze geben und ihre Form bestimmen. Von ihr ist
auch die Logik zu begründen, von ihr ist jeder logische Satz zu
beweisen, von ihr ist die Gültigkeit und Anwendbarkeit der logischen Sätze bedingt. Ohne die Wissenschaftslehre, sey es als

Naturanlage sey es als systematisch aufgestellte Wissenschaft, ist
kein Wissen und keine Wissenschaft möglich und wäre je möglich
gewesen, ohne die bisherige Logik dagegen, die ein künstliches
Product des menschlichen Geistes ist, würden wir nur die Wissenschaften später zu Stande gebracht haben. Die erstere ist die
ausschliessende Bedingung aller Wissenschaft, die letztere ist eine
höchst wohlthätige Erfindung, um den Fortgang der Wissenschaft
zu sichern und zu erleichtern; erstere vereinigt in sich Gehalt und
Form zumal, letztere stellt blose Formen auf, die vom Gehalte ab-
gesondert sind.

Es drückt aber der oberste und früheste, durchaus unbedingte
Grundsatz der Wissenschaftslehre und alles menschlichen Wissens
diejenige Thathandlung aus, welche unter, den empirischen Bestimmungen unseres Bewusstseyns nicht vorkommt noch vorkommen
kann, sondern vielmehr allem Bewusstseyn zu Grunde· liegt und
allein es möglich macht, die Thathandlung, durch welche das Ich
sich selbst setzt und Ich ist; der Ausdruck solcher thetischen
Thathandlung ist der Satz: Ich bin. Abstrahirt man hiebei von
dem bestimmtem Gehalte, dem Ich, und fasst die blose Form des
Urtheilens, welche mit jenem Gehalte gegeben ist, in das Auge,
so erhält man für die Logik den Grundsatz der Identität: $A = A$,
der eben nur durch die Wissenschaftslehre erwiesen und bestimmt
werden kann; abstrahirt man ferner von der Form des Urtheilens
und achtet blos auf die durch solche Form gegebene Handlungsart
des menschlichen Geistes, so hat man die Categorie der Realität:
alles, worauf der Satz $A = A$ anwendbar ist, hat inwiefern derselbe
darauf anwendbar ist Realität.

Der zweite Grundsatz drückt die antithetische Thathandlung
aus, durch welche das Ich sich das Nichtich entgegensetzt. Mittelst
Abstraction vom Gehalte dieses zweiten Satzes entsteht für die
Logik der blos formale Satz des Gegensatzes: — A nicht $= A$,
und ausserdem mit Rücksicht auf die Art der Handlung die Categorie der Negation. Die synthetische Thathandlung endlich, welche
im dritten Grundsatz aufbewahrt wird, besteht darin, dass das Ich im
Ich dem theilbaren Ich ein theilbares Nichtich entgegensetzt.
Durch Abstraction von dem Gehalte Ich und Nichtich erübrigt
der logische Satz des Grundes: A zum Theil $= - A$, und umgekehrt; hinwieder stellt sich durch Reflexion auf die Form des
betreffenden Actes die Categorie der Bestimmung heraus (Begränzung, Limitation): Bestimmung nämlich heisst ein Setzen der
Quantität, sey es Quantität der Realität oder sey es Quantität der
Negation.

Hiemit soll nach Fichte die Frage Kant's gelöst seyn, wie synthetische Urtheile a priori möglich sind. Im dritten Grundsatze, sagt er, sey eine Synthesis zwischen dem entgegengesetzten Ich und Nichtich vermittelst der gesetzten Theilbarkeit beider vorgenommen, über deren Möglichkeit sich ebensowenig weiter fragen als ein Grund derselben sich anführen lasse; sie sey schlechthin möglich, man sey zu ihr ohne allen weiteren Grund befugt; alle übrigen Synthesen müssten in dieser liegen, sie müssten zugleich in und mit ihr vorgenommen worden seyn.

Im Anschluss an den dritten, synthetischen Grundsatz wird von den in ihm involvirt liegenden Sätzen der eine, welcher den theoretischen Theil der Wissenschaft begründet und dahin lautet, dass das Ich sich selbst setzt als beschränkt durch das Nichtich, herausgehoben und bearbeitet; es erhellt die Categorie der Wechselbestimmung oder der Relation und aus ihr weiterhin die Categorie der Causalität und Substantialität.

Es nehmen aber die Categorien ihren Ursprung von der producirenden Einbildungskraft her zugleich mit den Objecten, dieselben erst möglich machend: ausser durch die Einbildungskraft kann Nichts in den Verstand kommen. Eine freie Thätigkeit, angeschaut von der Einbildungskraft als ein Schweben der Einbildungskraft selbst zwischen Verrichten und Nichtverrichten einer und derselben Handlung, ist nach der Auffassung des Verstandes Möglichkeit: das Gegentheil solcher freien Thätigkeit, ein Leiden, angeschaut als eine Unmöglichkeit der entgegengesetzten Thätigkeit, fixirt sich im Verstande als Nothwendigkeit. Der Verstand selbst aber ist das Vermögen des Wirklichen; wohl producirt die Einbildungskraft Realität, aber erst durch Auffassung und Begreifen im Verstande wird ihr Product etwas Reales.

Vergl. Ueber den Begriff der Wissenschaftslehre, Weimar 1794, Jena u. Leipzig 1798. Grundlage der gesammten Wissenschaftslehre, Jena und Leipzig 1794, Tüb. 1802, Jena und Leipzig 1802. Antwortschreiben an Prof. Reinhold, Tüb. 1801. — S. überhaupt Gesammtausgabe der Werke Fichte's Bd. 1 und 2.

Vernehmen wir aber, um deutlicher die Ansicht Fichte's von der Logik zu erkennen, was er in seinen 1812 gehaltenen Vorlesungen Ueber das Verhältniss der Logik zur Philosophie äussert. Vergl. Nachgelassene Werke, Bd. I, Bonn 1834.

Die Wissenschaftslehre, sagt er, hat zum Object das ganze Wissen, in allen seinen möglichen Bestimmungen es aus Einem Standpunct heraus erschöpfend; die Logik hat es nur mit einem Theile des Wissens, mit dem Denken, zu thun. Allein es gibt in

Bezug auf das Denken zwei sehr verschiedene Ansichten, wovon
die eine in der gemeinen, unphilosophischen Logik, die andere in
der transscendentalen, philosophischen Logik sich ausspricht. Die
gemeine Logik, welcher Kant bei Weitem nicht so abgeneigt war
als er hätte seyn sollen, und welche er nicht so von Grund und
Boden aus zerstörte, wie es seine Philosophie eigentlich forderte
und wie es nun nachträglich geschehen muss, will vom Inhalt abstrahiren und auf die blose Form achten, wobei die Frage nach
dem Woher des Mannigfaltigen d. h. nach dem Woher der Bilder
der Dinge unbeantwortet bleibt, obgleich man im Drange der Nothwendigkeit, hauptsächlich auf die Autorschaft Locke's hin, verwil-
derte Erklärungen über Ursprung der Vorstellung hinzuflickte.
Das Denken, welches die gemeine Logik zum Gegenstande hat,
ist Nichts als ein zufälliges Weiterbestimmen des factisch voraus-
gesetzten Wissens.   Dagegen ist, philosophisch betrachtet, das
Denken eine ursprüngliche Bestimmung des Wissens ohne welche
die Vorstellung gar nicht ist; denn letztere, die Vorstellung, ist
eine Operation des Denkens, ein Gedanke.   Die gemeine Logik
hat kein Ich, ist empirisch und eben darum keine Wissenschaft.
Sie ist Reproduction des von der Anschauung abgesonderten Denkens im ursprünglichen Wissen, ist factische Anschauung; sie hat
kein Mittel, die Reproduction zu prüfen ausser durch sich selbst,
und so kommt denn die Reproduction nie aus sich heraus, nie zu
einer Prüfung ihrer selbst.   Darum ist sie als solche durch eine
wissenschaftliche Philosophie und durch einen Theil derselben,
die transscendentale Logik, ganz und gar aufgehoben und vernichtet. Sie war ein für die Entwicklung des menschlichen Geistes
nothwendiger Versuch, durch empirische Beobachtung das zu finden,
zu dessen Gesetze sich die Einsicht noch nicht erhoben hatte; jetzt
wird es eingesehen aus dem Gesetze, so dass die empirische Beobachtung wegfällt; nachdem der Tag angebrochen ist, wird das
Organ, wodurch man in der dicken Finsterniss allein sich orientiren konnte, das Tappen nämlich, seines Dienstes entlassen.
     Man hat pro libitu, sagt Fichte, die Denkmöglichkeit zum
Criterium der Realität gemacht; da man aber doch eine Schranke
der Denkmöglichkeit haben musste, griff man zum Satze des Widerspruchs »Ich kann das Widersprechende nicht denken«, was ipso
facto sich des Widerspruchs zeiht: denn wie konntest du doch
denken, dass du den Widerspruch nicht zu denken vermöchtest,
wenn du ihn nicht in dem Denken selbst, dass du ihn nicht denken
kannst, gedacht hättest? Oder willst du damit sagen, du könntest
den Widerspruch nicht als wirklich denken? Als wirklich? Du

lehrst also in deiner Denklehre nicht vom blosen Denken, sondern du unterwirfst dasselbe auch einem anderen, ausser ihm liegenden Gesetze der Wirklichkeit? Woher hast du dann dieses Gesetz? Wie kommt es in deine Denklehre?

Das Denken ist ein Syllogismus, die synthetische Einheit einmal der intellectuellen Anschauung eines Gesetzes, zweitens einer factischen Anschauung, und dann der absoluten Einsicht, dass das Factum nach dem Gesetz einhergehe. Es ist kein Begriff ohne Urtheil und Schluss, kein Urtheil ohne Begriff und Schluss, und keine intellectuelle Anschauung eines Gesetzes — eben das Wesentliche des Schlusses — ohne Urtheil und Begriff. Was eines der Dreie ist, lässt sich nur begreifen, indem alle drei begriffen werden; sie sind ursprünglich in organischer Einheit verschmolzen. Aber die gemeine Logik, welche erst das Denken von der Anschauung trennt, reisst nun auch diese drei Stücke des Denkens, Begriff, Urtheil und Schluss, auseinander, jedes in besonderem Abschnitte behandelnd und, da der organische Zusammenhang sich doch in der factischen Erscheinung nicht verläugnet, in Verwirrungen, Verwechslungen und Wiederholungen sich bewegend.

Was die übliche Lehre vom Begriffe insbesondere anlangt, so pflegt die gemeine Logik zunächst von der Entstehung der Begriffe zu unterhalten. Man will da Begriffe haben ohne Begreifen, man sucht nicht das ursprüngliche Seyn des Begriffs lediglich im ursprünglichen Begreifen selbst. Man unternimmt es ferner, eine Classification der verschiedenen Arten der Begriffe aufzustellen; der tiefere Sinn dieser auf gutes Glück ausgeführten Absicht ist offenbar der Wunsch, eine erschöpfende Uebersicht des ganzen Denkvermögens in seiner organischen Einheit zu geben, ein Wunsch, der auf blos empirischem Wege sich nicht realisiren lässt. Das empirisch schlechthin Gegebene muss sich verwandeln in Kraft, seine Erscheinung muss sich verwandeln in das Product dieser Kraft. Man lehrt endlich von Definition und Eintheilung; die Wahrheit solcher Lehre beruht aber darauf, ob es auch so ist im ursprünglichen Denken. Die Regel der Definition ist die Angabe des Ortes eines Begriffs im System des gesammten Denkens; die Regel der Eintheilung ist die Angabe der im Genus enthaltenen Species, die Umfassung der Weisen wie ein höheres Gesetz weiter bestimmt wird.

Rücksichtlich der Lehre vom Syllogismus aber und zugleich vom Urtheil hat zu gelten, dass der ursprünglich Eine Grundsyllogismus, durch welchen das ursprüngliche Wissen zu Stande kommt, auf der Anschauung eines Gesetzes beruht, ferner auf der factischen

Anschauung des Gesetzmässigen und auf der Einsicht, dass das letztere durchaus einhergehe nach dem ersteren: das unmittelbare Bild bringt mit sich das Bild seines Gesetzes, das Gesetz aber bringt mit sich die durchgängige Bestimmtheit des factischen Bildes nach dem Gesetze. Der Syllogismus ist eine Analyse des ursprünglichen Begriffs, welcher ein Mannigfaltiges setzt. Der Ausdruck des Gesetzes aber in der willkürlichen Beziehung auf einen Theil des Mannigfaltigen ist das Urtheil mit Subject, Prädicat und Copula; das Subject des Urtheils ist das Gesetz, sein Prädicat ein durch die organische Einheit gesetzter Theil dieser Einheit. Beide Subject und Prädicat, können erscheinen in der Sprache durch verneinende Beziehungen. Ob aber die Negation ein sog. endliches Urtheil sey oder ein unendliches, geht den Syllogismus ganz und gar Nichts an, der sie beide ganz gleich behandelt. In den Prämissen sind nur unbedingt gültige categorische Sätze zuzulassen: der Unterschied der Modalität oder der Quantität, welches beides auf Eins herauskommt (Fichte fässt z. B. Einige Menschen sind gelehrt $=$ Der Mensch kann gelehrt seyn), fällt gänzlich weg; es gibt nur zwei Arten des eigentlichen Syllogismus, den bejahenden Syllogismus und den verneinenden, zwei Arten, die mit den bekannten zwei Modi der ersten Figur Barbara und Celarent zusammenfallen. Grundregel für den Syllogismus ist nicht das Dictum de omni, sondern die Identität der Termini.

Der Geist der gemeinen Logik ist der Geist aller nicht wahren Philosophie. Der gemeinenen Logik und aller darauf beruhenden Philosophie liegt zu Grunde das Sehen eines Seyns, dass es ist und dass es so ist; der Wissenschaftslehre als der transscendentalen wahren Philosophie liegt zu Grunde das Einsehen des Seyns aus seinem Gesetze; ihr Auge sieht niemals bloses Seyn, sondern Genesis, nicht zwar factisches Werden, sondern intelligibles Werden. Dem genetischen Blick geht eine neue durchaus andere Welt auf, welche dem Organ des Factischen ewig verborgen bleibt.

So Fichte. Was Kant mit seiner Untersuchung der reinen Vernunft analytisch angestrebt und angedeutet hatte, will Fichte mit seiner Wissenschaftslehre genetisch verwirklichen. In den Bereich seiner Wissenschaftslehre fällt denn auch die Lehre vom Denken als Logik. Die Logik soll als in der Wissenschaftslehre urständend und von dem Princip derselben durchdrungen ihren Gegenstand erzeugen und nicht, wie es bisher geschehen, die membra disjecta poetae empirisch zusammenklauben. Hiemit entsteht die philosophische Logik, welche sich von der gemeinen, empirischen unterscheidet wie Leben und Tod, wie Organismus und Mechanismus. Zwar wird man sich nicht verhehlen, dass diese geforderte Selbsterzeugung der Logik, gebunden an jenes absolute Princip der Wissenschaftslehre, an das Ich worin die Phänomenologie des Natur-, Gott- und Selbst-Bewusstseyns der Seele noch dunkel zusammenwogt, vorerst weder die Unterschiede des Denkens überhaupt und des specifisch logischen Denkens insbesondere zu klarem Recht und sicherem Stande kommen lässt noch die absolutistischen Anläufe und Ansprüche des Denkens auf das gebührende Mass zurückzuführen vermag. Aber wir sind auch durch Fichte fortan für die Logik entschieden hingewiesen auf ein dynamisches, sich actualisirendes, mit dem Selbstbewusstseyn verbündetes, zum Organismus sich auswirkendes und darin lebendiges Princip.

Von den Schülern Fichte's hat Joh. Bapt. Schad (1758—1834) den Standpunct, auf welchen sich die Logik bei Fichte erhoben, in seinem Neuen Grundriss der transscendentalen Logik nach den Principien der Wissenschaftslehre, Jena und Leipz. 1801, wiedergegeben. Gottl. Ernst Aug. Mehmel's (1761—1840) Versuch dagegen einer Vollständigen analytischen Denklehre als Vorphilosophie und im Geiste der Philosophie, Erlangen 1803, nähert sich mehr jenem Betriebe, wie er in den besseren deutschen Handbüchern der zweiten Hälfte des achtzehnten Jahrhunderts sich vorgebildet und dann bei den Kantianern seine Regelung gefunden hatte.

§. 56.

Schelling.

Dass die Angelegenheit der Logik bei Friedr. Wilh. Joseph von Schelling (1775—1854), sofern derselbe überhaupt sein Augenmerk darauf richtete, weiter gediehen ist als bei Fichte, wird sich nicht behaupten lassen.

Ganz zu den empirischen Versuchen, bemerkt derselbe gelegentlich, ganz zu den empirischen Versuchen in der Philosophie gehört, was man insgemein Logik nennt. Soll diese eine Wissenschaft der Form, gleichsam die reine Kunstlehre, der Philosophie seyn, so wäre sie Dialectik, dergleichen noch nicht existirt. Soll sie eine reine Darstellung der Formen der Endlichkeit in ihrer Beziehung auf das Absolute seyn, so müsste sie als wissenschaftlicher Skepticismus sich vorführen; dafür kann auch Kant's transsc. Logik nicht gehalten werden. Versteht man unter Logik eine

rein formale, sich den Inhalt oder die Materie des Wissens ent-
gegensetzende Wissenschaft, so wäre diese an sich eine der
Philosophie entgegengesetzte Scienz, da die Philosophie auf die
absolute Einheit der Form und des Wesens geht. Die Logik ist
demnach eine ganz empirische Doctrin, welche die Gesetze des gemeinen Verstandes sofort als absolute aufstellt. Angenommen
aber, die Logik liesse sich darauf ein, diese Gesetze aus speculativen Gründen als nothwendige für das reflectirte Erkennen zu
beweisen, so wäre sie alsdann keine absolute Wissenschaft mehr,
sondern eine besondere Potenz in dem allgemeinen System der
Vernunftwissenschaft. Vergl. Vorlesungen über die Methode des
academ. Studiums, 1803. 1813. 1830. WW. Bd. 5. Ausserdem
noch: Ueber die Möglichkeit einer Form der Philosophie überhaupt,
1794. Vom Ich als Princip der Philosophie, 1795. 1809. WW.
Bd. 1. System des transsc. Idealismus, 1800. WW. Bd 3. System
der gesammten Philosophie und der Naturphilosophie insbesondere,
WW. Bd. 6. Philosophie der Myth. WW. 2. Abth. Bd. 1, p. 297
ff. p. 321 ff.

Das Bild einer auf dem früheren Schelling'schen Identitäts-
Standpunct erwachsenen Logik mag etwa aus der Vernunftlehre
zu ersehen seyn, welche Buchner (geb. 1774), München 1808,
veröffentlicht hat.

Er bespricht zunächst das Wesen der Seele, ihre Grundkräfte,
den Sinn sammt der Schönheit und Kunst, endlich den Verstand.
Der Verstand, sagt er, ist das Vermögen der Seele, zu denken,
oder das Vermögen der Seele, die Begriffe der Dinge wahrzunehmen, das Wesen der Dinge zu percipiren. Die Wissenschaft, deren
Gegenstand das absolute Denken oder das Denken an sich ist, ist
die Logik. Die bisherige Logik handelte blos von dem scheinbaren
Denken, das man aus der Seele herausnahm und für sich betrachtete; von einem einfachen Wesen, wie die Seele ist, lässt sich aber
Nichts absondern. Das wahre Denken ist zugleich das Seyn der
Dinge, ein Denken, welches nicht blos gedacht sondern auch geschaut wird. Wird die absolute Identität des Denkens und Seyns
zum Object der Logik, so ist letztere Metaphysik; aber sie betrachtet solches All-Eins nicht wie die Philosophie von allen Seiten, sondern nur von einer einzigen, von Seite des Denkens. Im
Denken geht ihr das All der Dinge auf, wie der Aesthetik es aufgeht im Anschauen, der Ethik im Handeln, der Physik in der
Natur. Criterium für die Wahrheit alles Denkens ist das Princip
der absoluten Identität: Das Denken ist wahr, wenn es absolut
d. h. das Seyn selbst ist. Diesem Princip ist untergeordnet das

Princip der Evidenz: Eine Erkenntniss ist wahr, wenn sie evident
ist, und das Princip der Gründlichkeit: Ein Satz ist wahr, wenn
er gründlich ist. Der Form nach aber evolvirt sich das Denken
in Begriff, Urtheil und Schluss.

So lehrt Buchner, in allerdings dynamischer Auffassung der
Sache, treffend auch in Einzelheiten; aber wie die Categorien in
der Bewegung des Denkens untergegangen oder darin noch verborgen sind, so hat dort das logische Denken noch nicht seine Unterschiede in sich und gegenüber dem anderen Denken entwickelt.

§. 57.

Hegel.

Die Lösung der von Kant gestellten Aufgabe in Betreff eines
Systems der reinen Vernunft und die vermittelnde That der Selbsterzeugung, woran Fichte's Wissenschaftslehre sich versuchte, trat
in ein neues Stadium und mit ihr die Logik bei G e o r g W i l h e l m
F r i e d r i c h H e g e l (1770—1831).

Vernehmen wir zunächst, was derselbe darbieten will. Wenn
die Logik als die Wissenschaft des Denkens im Allgemeinen angenommen wird, bemerkt er, so wird dabei verstanden, dass dieses
Denken die blose Form einer Erkenntniss ausmache, dass die Logik
von allem Inhalte abstrahire und das sogenannte zweite Bestandstück, das zu einer Erkenntniss gehöre, die Materie, anderswoher
gegeben werden müsse. Aber wie es ungeschickt ist zu sagen,
dass die Logik von allem Inhalte abstrahire, da sie doch an den
vorgegebenen Regeln des Denkens ihren Inhalt und ihre Materie
hat, so sind auch die Vorstellungen, auf denen der Begriff der
Logik bisher beruhte, theils bereits untergegangen, theils ist es
Zeit, dass sie vollends verschwinden: dahin gehört die Voraussetzung
dass der Stoff des Erkennens als eine fertige Welt ausserhalb des
Denkens an und für sich vorhanden, dass das Denken für sich
leer sey, als eine Form äusserlich zu jener Materie hinzutrete, sich
damit erfülle und dadurch ein reales Erkennen werde; es gehört
ferner dahin die Annahme, dass das Object ein für sich Vollendetes, Fertiges sey und des Denkens zu seiner Wirklichkeit vollkommen entbehren könne, das Denken hingegen sich nach dem Gegenstande fügen und bequemen müsse; es gehört dahin die Meinung,
dass das Denken und sein Gegenstand, Form und Materie jede
eine von der anderen geschiedene Sphäre sey. Das Gehaltlose
der üblichen Logik liegt in der Art, sie zu betrachten und zu be-

handeln. Indem die logischen Formen als feste Bestimmungen aus einander fallen und nicht in organischer Einheit zusammengehalten werden, sind sie todte Formen und haben den Geist nicht in ihnen wohnen, der ihre lebendige concrete Einheit ist: damit entbehren sie des gediegenen Inhalts. Die logische Vernunft selber ist das Substantielle und Reelle, welches alle abstracten Bestimmungen in sich zusammenhält und ihre gediegene, absolut concrete Einheit ist. Daher ist die Logik als das System der reinen Vernunft, als das Reich des reinen Gedankens zu fassen. Dieses Reich ist die Wahrheit wie sie ohne Hülle an und für sich selbst ist. Man kann darum sagen, dass solcher Inhalt die Darstellung Gottes ist wie er ist in seinem ewigen Wesen vor der Erschaffung der Natur und eines endlichen Geistes.

Als die Wissenschaft des reinen Denkens schlechtweg nun hat die Logik, wie sie Hegel vorträgt, zu ihrem Elemente die Einheit des Subjectiven und Objectiven; die Entwicklung des Unterschieds geht innerhalb dieser Einheit vor sich. Es ist der ganze Begriff, welcher das eine Mal als seyender Begriff, das andere Mal als Begriff zu betrachten ist; dort ist er nur Begriff an sich, Begriff der Realität oder des Seyns, hier ist er Begriff als solcher, für sich seyender Begriff. Die Logik wäre hiernach zunächst in die Logik des Begriffs als Seyns und in die Logik des Begriffs als Begriffs, mit anderen Worten, in die objective und in die subjective Logik einzutheilen. Aber durch die Beziehung dieser unterschiedenen Bestimmungen auf einander ergibt sich eine Sphäre der Vermittlung, der Begriff als System der Reflexionsbestimmungen. Hiemit beschäftigt sich die Lehre vom Wesen, welche zwischen der Lehre vom Seyn (objective Logik) und zwischen der Lehre vom Begriff (subjective Logik) in der Mitte steht; sie wird nur insofern auch unter den Titel objective Logik gestellt, als dem Begriffe der Character des Subjects ausdrücklich vorbehalten bleibt.

Wir richten unsere Aufmerksamkeit auf die subjective Logik. Die bisherige formale Logik, so lehrt Hegel, ihr festgewordenes verknöchertes Material muss in Fluss gebracht und der lebendige Begriff in dem todten Stoffe wieder entzündet werden. Doch ist der Begriff bereits entzündet: denn die der subjectiven Logik vorhergehende objective Logik, welche Seyn und Wesen betrachtet, enthält bereits die Genesis des Begriffs. Wie aber das Werden überall, so hat auch das Werden des Begriffs die Bedeutung, dass es die Reflexion des Uebergehenden in seinen Grund ist und dass das zunächst anscheinend Andere und Neue, in welches das Erstere übergegangen, dessen Wahrheit ausmacht: dies gilt demnach nicht minder für die subjective Logik in Bezug auf die objective.

Vorerst nun ist der Begriff ein Unmittelbares, und seine Momente haben hiemit die Form von unmittelbaren festen Bestimmungen; der Begriff erscheint als die Sphäre des blosen Verstandes. Er gilt auf solcher Stufe als etwas Subjectives und Formelles, als eine der Sache nach äusserliche Reflexion. Den Momenten nach, in welchen er sich vorführt, ist er 1) Begriff als solcher: die Momente des Unterschieds sind unmittelbar seine Totalität, er ist das in allen Unterschieden sich selbst gleiche Wesen; 2) Urtheil, die Beziehung seiner als selbstständig und gleichgültig gesetzten Momente; 3) Schluss, in welchem ebensowohl die Momente des Begriffs als selbstständige Extreme gesetzt sind wie auch deren vermittelnde Einheit gesetzt ist.

1) Der Begriff als solcher ist a) der allgemeine Begriff; er ist er selbst und greift über sein Anderes über, nicht gewaltsam, sondern in freier Liebe und schrankenloser Seligkeit. b) Aber das Allgemeine schafft sich bestimmend die Unterschiede, der Begriff als allgemeiner den Begriff als besonderen. c) Einheit des Allgemeinen und Besonderen ist das Einzelne, der bestimmte Begriff. Alle drei sind eins.

2) Der bestimmte Begriff involvirt das Urtheil. Der Begriff urtheilt sich selbst, er theilt sich, dirimirt sich in seine Momente als Subject und Prädicat: die Beziehung beider, das Setzen der unmittelbaren Einheit beider ist das Urtheil. a) Das Urtheil ist vorläufig Urtheil des Daseyns (Urtheil der Qualität oder Urtheil der Inhärenz); das Prädicat erklärt das unmittelbare Daseyn des Subjects in den verschiedenen Momenten des Begriffs: »das Einzelne ist das Allgemeine, ist das Besondere, ist das Einzelne« — positives, negatives, unendliches Urtheil. b) Indem das Qualitative des Subjects und Prädicats im unendlichen Urtheile sich aufhebt, geht das Urtheil des Daseyns in das Urtheil der Reflexion über (Urtheil der Quantität, auch Urtheil der Subsumtion); im Urtheil des Daseyns zeigte sich die Bewegung der Bestimmung am Prädicat, wobei das Subject als das zu Grunde liegende erscheint, im Reflexionsurtheile aber verläuft die Fortbewegung des Bestimmens am Subject, während das Prädicat das zu Grunde liegende ausmacht woran das Subject zu messen und ihm entsprechend zu bestimmen ist: »dieses ist ein wesentlich Allgemeines« »einige Einzelne sind ein Allgemeines« »alle Einzelnen sind ein Allgemeines« — singuläres, particuläres, universelles Urtheil. c) Das mehr äusserliche Zusammenfassen geht in die wesentliche Identität

eines substantiellen, nothwendigen Zusammenhangs über, in das
Urtheil der Nothwendigkeit: »das Einzelne ist seine Gattung«
»wenn Gattung ist, so ist das Besondere« »die Gattung ist die
Totalität der Arten« — categorisches, hypothetisches, disjunctives
Urtheil. d) Indem in dieser wesentlichen Identität der Unterschied
des Subjects und Prädicats zu einer Form geworden, vollendet sich
das Urtheil; es enthält den Gegensatz des Begriffs und seiner Realität und die Vergleichung beider, den Modus der Einheit, es ist
das Urtheil des Begriffs (das von Anderen sogenannte Urtheil der
Modalität) — assertorisches, problematisches, apodictisches Urtheil.

3) Durch die Erfüllung der Copula wird das Urtheil zum
Schlusse. Der Begriff als solcher hält seine Momente in der Einheit aufgehoben; im Urtheil, dem specifischen Ausdruck für die
Endlichkeit der Dinge, ist diese Einheit auseinandergegangen in
selbstständige, doch aufeinander bezogene Extreme; im Schlusse
sind die Begriffsbestimmungen sammt den Extremen des Urtheils,
zugleich aber ist die bestimmte Einheit derselben gesetzt. Der
Schluss ist die Wiederherstellung des Begriffs im Urtheile, somit
die Einheit und Wahrheit beider, der vollständig gesetzte Begriff,
das Vernünftige und Ewige.

a) Schluss des Daseyns. Erste und allgemeine Figur: E —
B — A (nämlich E = Einzelnheit, B = Besonderheit, A = Allgemeinheit; die gewöhnliche Figuration würde seyn B A, E B, E A)
»das Einzelne ist vermöge seiner Besonderheit ein Allgemeines.«
Zweite Figur: B — E — A (E A, E B, B A, entsprechend nicht
der zweiten, sondern der dritten aristotelischen Figur) »das Besondere ist vermöge seiner Einzelnheit ein Allgemeines.« Dritte
Figur: E — A — B (B A, E A, E B, entsprechend der zweiten
aristotelischen Figur) »das Einzelne ist ein Besonderes vermöge
seiner Allgemeinheit.« Die Beziehung E A ist durch den ersten
Schluss, die Beziehung B A durch den zweiten Schluss vermittelt,
der dritte Schluss hat also keine unmittelbare Prämisse mehr.
Vierte Figur: A — A — A, der mathematische Schluss, »wenn zwei
Dinge oder Bestimmungen einem Dritten gleich sind, so sind sie
unter sich gleich«; die quantitative Bestimmung, die in ihm allein
in Rücksicht kommt, ist nur durch die Abstraction von dem qualitativen Unterschiede und von den Begriffsbestimmungen vorhanden.

b) Die äusserliche, zufällige Einheit ist nicht die wirkliche
Einheit der Begriffsmomente, sie hebt sich vielmehr auf zur wesent-
lichen Einheit, der Schluss des Daseyns wird zum Schlusse der
Reflexion. Dieser letztere ist einmal der deductive Schluss der

Allheit, welcher unter dem ersten Schema steht E — B — A, ferner der Schluss der Induction, welcher unter dem zweiten Schema steht A — E — B (B — E — A), endlich der Schluss der Analogie, welcher dem dritten Schema eignet E — A — B. Letzterer ist die Einheit des deductiven und inductiven Schlusses. Hiemit geht der Schluss der Reflexion über in den der Nothwendigkeit.

c) Die erste Stufe des Schlusses der Nothwendigkeit ist der categorische Schluss, in welchem ein Subject mit einem Prädicat durch seine Substanz zusammengeschlossen ist; »das Einzelne ist vermöge seiner Art seine Gattung.« Die zweite Stufe ist der hypothetische Schluss, welcher die nothwendige Beziehung als Zusammenhang durch die Form oder als negative Einheit darstellt, während der categorische durch die positive Einheit den gediegenen Inhalt, die objective Allgemeinheit betrifft: »das Allgemeine ist das Besondere mittelst des unmittelbaren Seyns des Allgemeinen.« Der disjunctive Schluss ist die dritte Stufe, worin die Mitte sowohl Allgemeinheit als Besonderheit und Einzelnheit ist: »das Allgemeine ist die Totalität der Arten und zugleich im Einzelnen eine besondere Art.« Damit hat sich der Schluss vollendet, welcher in dem Unterschiede der Mitte gegen seine Extreme sich zu behaupten hatte, der Begriff ist wirklich in sich zurückgekehrt.

Resumiren wir von hier aus kurz den bisherigen Verlauf der subjectiven Logik. Der Begriff will seine Bestimmung, Subject zu seyn, realisiren. Zunächst setzt er sich als die unmittelbare Einheit seiner Momente. Sein Gehalt schlägt aus zum Urtheil, an welches er seine Einheit hingibt. Solches Opfer ist jedoch im Grunde ein Wiedergewinnen: in den unterschiedlichen Formen des Urtheils erfüllt sich mehr und mehr die Copula 'zum Begriffe. Dieser findet sein Daseyn im Schlusse und zwar zunächst so, dass, laut den Figuren, von den Bestimmtheiten des Begriffs jede einzeln die Function der Vermittlung durchläuft. Die Concretion der Mitte schreitet fort durch die Schlüsse der Reflexion, in welchen die Mitte die Bestimmungen der Extreme zur wesentlichen Einheit zusammenfässt. Zuletzt erreicht in den Schlüssen der Nothwendigkeit der Begriff seine ebenso entwickelte und totale als einfache Einheit, seine concrete Subjectivität, wodurch die Form des Schlusses gleichwie der Blumenkelch um der reifenden Frucht willen abfällt.

§. 58.

Fernere Betrachtung der Hegel'schen Logik.

Mit dem Bisherigen ist die subjective Logik noch nicht zu
Ende. Das Resultat, welches dem Nur-Subject aus seiner Selbst-
entwicklung wird, ist Objectivität. Objectivität ist die erbrachte
Realität des Begriffs, Object der realisirte Begriff oder der an und
für sich seiende Begriff.

Die Objectivität ist die Welt der Objecte. Dieselben erscheinen zunächst als selbstständige Monaden, die sich nur äusserlich
auf einander beziehen. Solche äusserliche Beziehung der selbstständigen Objecte auf einander ist mechanische Einheit; der in
ihr liegende Widerspruch der Centralität und Excentricität löst
sich im Processe der Weltordnung und vollendet sich im freien
Mechanismus, im System der relativen Centra, worin jedes Object
in demselben Acte die eigene Selbstständigkeit zugleich mit der
aller übrigen Objecte verwirklicht. Da aber solche centrale Einheit des Mechanismus Beziehung von lauter gegen einander negativen und gespannten Objecten ist, so bestimmt sich der freie Mechanismus zum Chemismus, durch dessen Process sich jene in einer
indifferenten, neutralen Einheit als Product ausgleichen. Solche
Einheit ist selbstlos, dem Begriff widersprechend; die mechanische
Einheit war keine Einheit, die chemische Einheit dagegen ist keine
Subjectivität. Die Wahrheit des Mechanismus und Chemismus
stellt sich erst heraus im Zwecke; nicht aber äusserlich und ab-
gesondert soll der Zweck den Objecten als blos brauchbaren Mitteln
gegenübertreten, sondern als innerer Grund seiner Verwirklichung
sich mit sich selbst vermitteln, als der productive Selbstzweck, als
der Begriff in den Objecten, die Einheit von Begriff und Realität,
Einheit von Subjectivität und Objectivität, Einheit aller Gegensätze, Idee.

Zunächst ist die Idee wieder erst unmittelbar oder nur in ihrem
Begriffe, sie ist die Seele die noch nicht seelenvoll ist. In ihrer
unmittelbaren Einzelnheit existirend ist sie das Leben. Aber die
Reflexion ihres Processes in sich selbst ist das Aufheben dieser
unmittelbaren Einzelnheit. Dadurch macht der Begriff, der in ihr
als Allgemeinheit das Innere ist, die Aeusserlichkeit zur Allgemeinheit oder setzt seine Objectivität als Gleichheit mit sich selbst.
So ist die Idee zweitens nach dem subjectiven Moment die Idee
des Wahren und nach dem objectiven Moment die Idee des Guten,

dort als Erkennen, hier als Wollen, dort die Einseitigkeit der Subjectivität der Idee aufhebend vermittelst der Aufnahme der seyenden Welt in sich, in das subjective Vorstellen und Denken, und die abstracte Gewissheit seiner selbst mit dieser so als wahrhaft geltenden Objectivität als Inhalt erfüllend, hier wiederum die Einseitigkeit der objectiven Welt, die Einseitigkeit der anscheinenden Sammlung von Zufälligkeiten und an sich nichtigen Gestalten aufhebend und ihr das so als wahrhaft objectiv geltende Subjective einbildend. Das Erkennen ist nur die Entwicklung dessen, was im Objecte schon liegt; es ist aber insbesondere analytisches Erkennen, indem es den gegebenen Stoff in seine logischen Bestimmungen verwandelt, und es ist synthetisches Erkennen, indem es dem Begriffe gemäss das Allgemeine bestimmt in der Definition, dann das Allgemeine disjunctiv besondert in der Eintheilung und zur letzten Bestimmtheit und Einzelnheit des Objects herabgeht im Lehrsatze. Aber die Idee ist nicht blos Erkennen und nicht blos Wollen, nicht blos theoretisch und nicht blos practisch, sondern sie ist des Erkennens und Wollens Einheit, sie ist die absolute Idee; sie allein ist unvergängliches Leben, sich wissende Wahrheit und alle Wahrheit, der einzige Gegenstand und Inhalt der Philosophie.

Die Logik ist eine Weise der absoluten Idee und zwar die allgemeine Weise, in der alle besonderen aufgehoben und eingehüllt sind, die Idee in ihrem reinen Wesen und als noch nicht eingetreten in ein Andersseyn. Zu ihrem Inhalte hat sie sich selbst als die Form schlechthin, als die dialectische Methode. Die dialectische Methode ist die ohne Einschränkung allgemeine, innerliche und äusserliche Weise und die schlechthin unendliche Kraft, welcher kein Object, insofern sich dasselbe als ein äusserliches, der Vernunft fernes und von ihr unabhängiges präsentirt, Widerstand leisten und gegen sie von einer besonderen Natur seyn und von ihr nicht durchdrungen werden könnte. Sie ist darum die Seele und Substanz; irgend Etwas ist nur begriffen und in seiner Wahrheit gewusst sofern es der Methode vollkommen unterworfen ist; sie ist die eigene Methode jeder Sache selbst; sie ist nach der Allgemeinheit der Idee sowohl die Art und Weise des Erkennens, des subjectiv sich wissenden Begriffs, als auch die objective Art und Weise oder vielmehr die Substantialität der Dinge d. h. der Begriffe, insofern sie der Vorstellung und der Reflexion zunächst als Andere erscheinen; sie ist die einzige und absolute Kraft der Vernunft nicht nur sondern auch ihr höchster und einziger Trieb, durch sich selbst in Allem sich selbst zu finden und zu erkennen.

Fassen wir zusammen, was in der subjectiven Logik nach und aus dem Syllogismus sich noch ergeben hat. Durch den disjunctiven Schluss gewann der Begriff als das erfüllte und entwickelte Subject die Objectivität. Die Objectivität nun, die Einheit der vielen Objecte windet sich vom Mechanismus durch den Chemismus zur Teleologie; durch die allgemeine Subjectivität der Objecte aber, den productiven Selbstzweck, stellt sich die Einheit der Subjectivität und Objectivität heraus, die Idee. Diese tritt uns zuerst als Leben, dann als Erkennen und Wollen, und nachdem alle Momente zu ihrem Recht gekommen als volle Wahrheit entgegen.

Die Logik beginnt bei Hegel mit dem unmittelbarsten Acte des Denkens, mit der Categorie des Seyns, nach welcher sich die erste Periode der objectiven Logik, nämlich als die Lehre vom Seyn benennt. Die Widersprüche derselben treiben zu der zweiten Periode der objectiven Logik, welche sich nach der dort Epoche machenden Categorie Wesen als die Lehre vom Wesen bezeichnet. Durch die Vermittlung der zweiten Periode aber wird die dritte Periode der Logik oder die subjective Logik herbeigeführt, welche sich nach der Categorie Begriff als die Lehre vom Begriff betitelt, von der Subjectivität des Begriffes aus durch die Objectivität hindurch die absolute Idee erbringend und Alles vollendend.

Vergl. Wissenschaft der Logik, in der Gesammtausgabe von Hegel's Werken Bd. 3, 4 und 5. S. ausserdem seine Encyclopädie der philosophischen Wissenschaften im Grundrisse, 3. Ausg. Heidelberg 1830, in der Gesammtausgabe Bd. 6. Ferner Philos. Propädeutik, Bd. 18. Vgl. auch die Schulrede vom 29. Sept. 1809, Bd. 16.

Die Logik Hegel's ist Categoriensystem, Genetik, Ontologie, Metaphysik. In diese Logik sind eingewirkt Begriff, Urtheil, Syllogismus, Methode; sie sind Categorien geworden, ontologische Bestimmungen. Gleichwohl zeigt sich der Begriff, wie er dort dem Urtheil vorausgeschickt wird, nur als die Vorstellung, welche theils divisorisch bearbeitet theils schon vom Urtheil quantitativ bestimmt ist; durch beides, durch das Ineinanderfliessen der Vorstellung und dessen, was wir als das specifisch logische Denken bezeichnen, und zweitens durch die quantitative Bestimmung, von welcher die anderen logischen Functionen an ihrer freien Entwicklung verhindert werden, erhält bei Hegel die Lehre vom Urtheil und vom Syllogismus den so sehr gemischten Inhalt und ihren engen Rahmen. Wollte es aber scheinen, wie wenn nunmehr von Hegel Urtheil und Syllogismus auf ihr Princip und ihre Potenz, auf den sich actualisirenden Begriff, zurückgeführt wäre, so ist zu bemerken, dass trotz der angeblichen Diremtion des Begriffs in das Urtheil und trotz der Synthese des Syllogismus der Begriff, der sein eigenes Selbst an der Idee zu suchen hat und suchen geht, nur das Material zu Urtheil und Syllogismus abgibt auf eine ähnliche Weise wie bei den Alten, welche ohne Hehl aus den Begriffen das Urtheil und aus den Urtheilen den Syllogismus zusammensetzten. Um so dringender wird jetzt im Interesse der Wissenschaft vom logischen Denken die Pflicht, dasselbe in seinen Unterschieden sowohl vom genetischen als auch von allem anderen Denken zu fassen, nicht minder aber das Denken im Zusammenhang mit dem übrigen Leben zu begreifen und vor Ueberhebung zu wahren.

§. 59.

Anderweitige Leistungen.

Gegenüber der Neigung und dem Bestreben, die Stellung, welche das Denken inmitten der anderen Thätigkeiten des Menschen einnimmt, zum Absolutismus zu steigern, gegenüber der Gefahr, dass die Wissenschaft des Denkens einer willlkürlich constructiven Behandlung anheimgegeben werde, gegenüber der Vergewaltigung, welche dem logischen Denken von Seite eines entworfenen Categoriensystems widerfuhr, gegenüber der Vermischung des logischen Denkens mit der Vorstellung, war es von Belang, dass z. B. Jacob Friedrich Fries (1773—1843) die Logik wieder an dem erfahrungsmässigen Verlauf des Denkens zu orientiren suchte und insbesondere an die Vorstellung als an die Basis des logischen Denkens erinnert hat. Vergl. System der Philosophie als evidente Wissenschaft, Leipz. 1804. Neue Critik der Vernunft, Heidelb. 1807. 1828 ff. System der Logik, Heidelb. 1811. 1819. 1837. Siehe auch Friedrich Calker's Denklehre, Bonn 1822, worin derselbe der Gesetzlehre des Denkens eine Erfahrungslehre des Denkens zur Unterlage gibt.

Hinwieder war es namentlich Johann Friedrich Herbart (1776—1841), welcher für die Selbstständigkeit des logischen Denkens eintrat, ohne übrigens dessen Unterschiede von und Beziehungen zu dem andern Denken scharf genug hervorzuheben und das genetische Denken gebührend zu würdigen. Die Logik, lehrt er, beschäftigt sich weder mit der Art und Weise, wie wir zum Acte des Vorstellens kommen, noch mit dem Gemüthszustande, in welchen wir dadurch versetzt sind, sondern blos mit dem, was vorgestellt wird. Dieses Was ist für die Logik ein Fertiges, nicht ein erst zu Erzeugendes; es ist der Begriff. Von Zusammenstellung der Begriffe hat die Logik zu handeln. Die Lehre von den Begriffen insbesondere redet von dem Gebäude aus mehreren Begriffen; will man aber gewisse Zusammenfügungen, die in ein solches Gebäude passen, erst noch vornehmen, so gehören dazu gewisse Handlungen des Denkens, Urtheilen und Schliessen, auf welche die Logik weiterhin zu achten hat. Vgl. dessen Lehrbuch zur Einleitung in die Philosophie; die Hauptpuncte der Logik; de principio logico exclusi medii; Encyclopädie der Philosophie. Gesammtausgabe seiner Werke, Lpzg. 1850 ff.

Eine der schwierigsten Aufgaben blieb immer, das Verhältniss der Categorien, die etwas Anderes als Denken oder doch noch etwas Anderes als blos Denken seyn sollten, zum übrigen Denken und daher auch zum logischen Denken zu erkennen. Während nach dieser Seite hin Friedrich Schleiermacher (1768—1834) einen Parallelismus zwischen Formen des Seyns und Formen des Denkens in Aussicht stellte in seiner, 1839 von L. Jonas herausgegebenen Dialectik, dem vermeinten Sitze aller Formeln für die Construction des Wissens, mühten sich ohne entscheidenden Erfolg Männer wie Ign. Paul Vital Troxler (1780—1866) oder wie Carl Christian Friedrich Krause (1781—1832), das Categoriensystem und die Logik aus ihrer Verwicklung zu lösen. Bei Troxler sind die dürftigen Categorien Begriffe und die Denkgesetze sind Urtheile, aber der Begriff soll selbst wieder unter die Categorie der Substantialität und zugleich unter das Denkgesetz der Einstimmung, das Urtheil seinerseits unter die Categorie der Causalität und unter das Denkgesetz der Begründung fallen. Vergl. Logik, Stuttgart und Tüb. 1829 ff. Weit durchgebildeter als bei Troxler ist der Gliedbau der Categorien bei Krause; dazu vindicirt ihnen letzterer eine Bedeutung, welche an Hegel erinnert: sie sind die Grundwesenheiten und Grundeigenschaften des Absoluten, sie sind, weil das Absolute die Welt in und unter sich begreift, auch am Weltlichen obschon auf endliche Weise, sie sind auch die Grundgedanken, in denen wir Gott und Alles was ist erkennen. Allein nicht weniger bleibt im Unklaren ihr Connex mit unserem Denken und speciell mit dem Denken welches Urtheilen ist. Siehe Grundriss der historischen Logik, Jena 1803. Entwurf des Systems des Philosophie, Jena und Leipzig 1804. Abriss des Systems der Logik als philos. Wissenschaft. Gött. 1828. Vorlesungen über die analyt. Logik (Handschriftl. Nachlass). Gött. 1836, Vgl. auch H. Lindemann, Die Denkkunde oder die Logik, Soloth. 1846.

Nach seiner Art, mit Einem Blicke zu überschauen den organischen Zusammenhang eines Einzelnen mit dem Ganzen, hat
Franz von Baader (1765—1841) gelegentlich auch dem logischen
Probleme sich zugewendet. Entgegen der blos empirischen Behandlung erkennt er die Selbstmanifestation des Denkens an, fässt
aber das Denken zugleich in seiner Verbindung sowohl mit der
bildenden Thätigkeit als auch mit dem Ethos und mit dem innersten Seelenleben, kurz mit der ganzen Persönlichkeit des Menschen und deren Beziehungen zur umgebenden Welt: die Wissenschaft des Denkens wird über Herkunft, Mittel und Zweck unterrichtet.

Logik und Mathematik, spricht er, sind infallibel weil hier
keine Selbstheit ist, kein particulärer Egoismus, kein ausschliess-
licher Eigensinn und Eigenwillen, nur ein Zusehen der Mechanik
des Geistes. Bd. 12, p. 147. Da die Logik Denklehre ist, so ist
sie die Lehre von der Formation des Gedankens als des ersten
Umschlusses; es müssen hier die Formationsgesetze als in origine
nachgewiesen werden. 10, p. 348. Ist denn ein Reales erkennen
etwas Anderes als dasselbe nennen d. i. ideal formiren, wie diese
ideale Formation seiner realen zu Grunde liegt? 1, p. 315. Das
Wort Verstand hat nur Bedeutung in Bezug auf Bewegung. Ohne
Leib aber (Gestalt) hat der Geist keinen Verstand (Bestand, Halt),
weil nur durch ihn die Bewegung als Progress wieder Regress
wird, durch ihre Wiederkehr und Immanenz somit permanent.
Diese Immanenz und Permanenz ist nur durch die Coincidenz eines
inneren und eines äusseren Bestandes und Verstandes zugleich
effectuirbar. Die Reflexion des Urtheils hat eben nur diese Uebereinstimmung zum Zwecke. 10, p. 321 ff. Das Sichselberbesitzen,
Centralitätgewinnen, Fürsichseyngewinnen kommt nur durch das
Insichzuwortkommen zu Stande; der Geist als Intelligenz ist nothwendig der Sprechende, daher die Logik als Denklehre zugleich
Wortlehre. 14, p. 77. Begriff des Sprechens und Denkens ist identisch mit jenem der Formation d. h. mit dem Begriffe jenes Actes
wodurch der ungeschiedene Inhalt in seine Unterschiede geführt
wird. 15, p. 534. Die Logik ist nicht die Formenlehre, sondern
die Formirungslehre: die Lehre vom Logos als Formator durch
seinen Geist. Als Formationslehre ist sie Sprech- und Denklehre;
Denken ist stilles Sprechen und Sprechen ist lautes Denken. 15,
p. 532 ff. Hegel hat dem Verständniss der Lehre vom Logos
wieder Bahn gemacht, nämlich der Einsicht, dass das Sprechen
und Nennen selber das centrale, primitive und schaffende Thun,
das Vermögen somit das centrale Empfangen ist. 9, p. 62 Anm.

Die christliche Logik arbeitet auf Reinigung unseres unreinen Willens. 12, p. 184. Warum haben die Philosophen die Lehre und Ueberzeugung des Gewusstseyns und Gewusstwerdens des wissenden Menschen aus der Logik weg in die Moral verwiesen, als ob man im Denken, Wissen und Erkennen wohl noch allein und ohne Gott für sich auskommen könnte nicht aber im Wollen? 14, p. 74. — Vergl. ausserdem Franz Hoffmann's Einleitungen zu Baader's Werken sowie seine Vorrede zur zweiten Ausgabe der kleinen Schriften Baader's; ferner Zeitschrift für Philosophie von Fichte, Ulrici und Wirth, Bd. 21, 28, 29, 37, 38 etc.; insbesondere noch Hoffmann's Grundzüge zur Erkenntnisslehre, Amberg 1834, ebendessen Speculative Entwicklung der ewigen Selbsterzeugung Gottes etc. Amberg 1835, und Vorhalle etc. Aschaffenb. 1836, auch Grundriss der allgemeinen reinen Logik, 2. Aufl. Würzb. 1855 und viele Abhandlungen in verschiedenen Zeitschriften.

§. 60.

Organisatorische Bestrebungen.   Schaden's Logik.

Mit ungemeinem Aufwand von Geist ist entworfen die Logik, welche der frühe heimgegangene tiefe Denker Emil August von Schaden (1814—1852) uns hinterlassen hat. Vergl. System der positiven Logik, Erlang. 1841.

Bisher, so lehrt Schaden, ward die Logik auf das Princip des Selbstbewusstseyns gegründet; dieses Princip fällt aufwärts in die Region der Productivität. Die Logik aber steht mitten inne zwischen Productivität nach Oben und Wahrnehmung nach Unten. In ihr findet der Uebergang von Productivität und Wahrnehmung statt, die Berührung und transformirende Tingirung beider; logisches Denken ist das geradlinige Herniedergehen des Geistes alle dem entgegen was aus dem ihm entgegenkommenden Wahrgenommenen und Wahrzunehmenden aufsteigt in die ungetrübte Klarheit des Geisthimmels; es ist das fortwährende Zusammentreffen dieser beiden sich einander direct Entgegenbewegenden in Einem Puncte. In der vermittelnden Uebergangsgränze, dem Topos der Logik, ist das Wahrgenommene dem Wahrnehmenden ganz gleich, aber auch allein nurgleich; die Nurgleichheit der beiden Gegensätze, des Wahrnehmenden und des Wahrgenommenen, ist daher das specifische Characteristicum des logischen Ortes. Ihrem Orte nach also ist die Logik die Uebergangsgränze, wo das Wahrgenommene von seiner egoistischen Natur lässt und ganz des Wahrnehmenden wird ohne dieses selbst zu werden, hinwiederum umgekehrt jenes, das

Wahrnehmende, ganz auf das andere eingeht, ihm Alles lässt, gibt, schenkt, was es kann; ihrem Begriffe nach aber ist sie die Wissenschaft der wahrnehmenden und wahrgenommenen Immanenz.

Der Quaternar der logischen Grundgesetze ist die consequent fortgesetzte That jener Pole in der Nurgleichheit, welche eben diese Nurgleichheit zur Existenz brachten. 1) Principium identitatis. Das Wesen der Nurgleichheit besteht darin, dass in dem höheren sich zur Nurgleichheit herablassenden Wahrnehmenden nichts vorgehen kann was nicht augenblicklich in dem nurgleichgewordenen Wahrgenommenen eine parallele und so congruente Erscheinung hervorruft, dass die beiden Erscheinungen geradezu nur für Eine zu gelten haben, weil sie wirklich nur Eine sind. So auch umgekehrt, wann die Sollicitation zu einer in der Uebergangsgränze entstehenden Gestaltung von dem Wahrgenommenen ausgehen sollte. Betone in dem Samenkorn der Nurgleichheit nur den Begriff der Gleichheit, so entspringt dir daraus das Verständniss von dem princip. identitatis: zwei, von ganz entgegengesetzten Seiten herkommende Existenzen haben sich beide ihrer widerstrebenden Selbstheit so sehr entladen, dass sie in einem vollkommen consonirenden Parallelismus zusammengetreten sind. A est B et B est A, quamquam nec A A nec B B esse desinit. — 2) Principium contradictionis. Jede Existenz in der Nurgleichheit, wie sie eine die höchste Intimität der Gestaltungseinheit erzeugende ist, ist auch eine jedes Mehr als diese Gestaltungserscheinung streng ausschliessende. Betone im Samenkorn der Nurgleichheit das Nur, so wird dir dadurch das Verständniss dieses anderen Grundgesetzes. Quamquam A est B et B est A, tamen A non est B et B non est A. — 3) Principium exclusi medii. Der Topos der Logik ist als Uebergangsgränze nichts Reales, nichts Wirkliches, nichts ewigen Bestand Habendes; wie der Teich von Bethesda eines Engels bedurfte, so bedarf dieser immer eines herniederfahrenden Dritten, welches durch seine Gegenwart den Grundgesetzen der Logik das Bewusstseyn ihres Daseyns gibt und sie zur Ausführung ihrer Thätigkeiten veranlasst. Ein Vorwiegen aber des Wahrgenommenen oder des Wahrnehmenden wird nicht geduldet, daher eine reale Einheit in der Region des Nurgleichen nicht zu Stande kommt: unmöglich ist, dass die Nurgleichheit etwas Anderes als einen dualistischen Parallelismus, also durchaus nicht ein Drittes erzeuge, welches den Dualismus als seine beiden Attribute oder Glieder an sich hätte. Quamquam A est B et B est A, tamen tantopere inter se dissentiunt ut tertium C constituere non possint. — 4) Principium rationis. Jede Bewegung im Einen ist ein Vorschlag oder Nach-

schlag zu einer Bewegung im Anderen. Sie stellen beide eine zum
Princip gewordene und verkörperte Eifersucht dar: die Bewegung
des Wahrgenommenen ist immer der Grund, dass das Wahrnehmende
auch eine Bewegung macht, und umgekehrt. A nullo modo esse
potest nisi B eundem modum essendi sibi induit.

Was an der Nurgleichheit vorgeht, geschieht zumal und
simultan. Soll zum Behuf einer Eintheilung jedoch der Knoten
der Nurgleichheit zerrissen werden, so mag dieses auf dem Wege
der eigenen Genesis der Nurgleichheit geschehen. Da nun die
Logik aus dem Widerstreitendsten zusammenschiesst zur Einheit,
so ist ihr Widerspruch vor ihrer Einheit. Das Gesetz des Widerspruchs ist demnach das erste der vier logischen Grundgesetze.
Das Gesetz der Identität kann sich erst an dieses anschliessen.
Eine Consequenz von der Naturthat in den Gesetzen des Widerspruchs und der Identität ist das Gesetz des ausgeschlossenen
Dritten. Ueberall aber ist das Gesetz des Grundes; es ist der
Exponent von der Natur und Art und Weise des Verhaltens der
drei übrigen Gesetze zu einander und unter einander.

Alles, was in die Region der Uebergangsgränze tritt, herkommend aus den hohen Gegensätzen des Geistes und des absolut
Objectiven, kann nur unter der Bedingung ein kürzeres oder län-
geres Bleiben in der Nurgleichheit finden, dass es sich seines eigenen Willens durchaus begibt und sich völlig den Verhältnissthaten
der logischen Grundgesetze unterwirft; nichts darf das Dritte zu
seiner Existenz in der Nurgleichheit mitbringen von seiner Specialität als die Form der Specialität, allen Gehalt muss es zurück-
lassen. In die Propädeutik der Nurgleichheit versetzt wird es
seiner Unfasslichkeit und Auseinandergespanntheit entkleidet; in
seiner Einzelheit unter die allgemeine Befassungskraft der Nurgleichheit aufgenommen wird es zum Befassten, Begreiflichen, Be-
griffenen, zum Begriff. — Wenn aber mehrere Specialitäten in
die Nurgleichheit eintreten und in die ihnen dort nothwendige
Stellung kommen, erinnern sie sich auf einmal ihrer Verwandtschaft, erkennen sich gegenseitig und heben als Begriffe jene Ur-
zerspaltung auf, die mit Verbleibung des Geistes dynamischer
Ganzheit in der Unendlichkeit der Atome, stattgefunden hatte als
das höhere Complement den Menschen schlafend und in diesem
Zustand abgeneigt fand, es in sich aufzunehmen, wie es bei ihm
einkehren wollte. Sobald daher der Mensch die Fähigkeit der
Begriffserzeugung besitzt, so ist es das Natürlichste, dass diese
Begriffe in Relation treten und diese Relation als Urtheil offenbaren. — Nicht also die zufällige Möglichkeit einer Beziehung und

Verknüpfung, sondern die erhabene Gesetzgebung seines Berufes, welche dem Complement auch in seiner Zersplitterung, in dieser von seiner Seite so unverschuldeten Zersplitterung, noch innewohnt, erzeugt jene eine Form, unter welcher sich verknüpfte Begriffe und Urtheile als nothwendig so dastehen müssende ausweisen und offenbaren. Die allgemeine Natur des Complements beschliesst die Erscheinung des Dritten in der Nurgleichheit unter die Universalität ihrer Gesetze. Diese durchgreifende Beschlussnahme unter eine Erscheinungsform ist der Syllogismus.

§. 61.

Fortsetzung.

Der logische Raum construirt sich einmal aus dem Bekenntniss des äusserlichen Raumes, dass er das Zweite sey und erst in seinem Erlöschen seine Wahrheit finde, während bei so bewandten Umständen zweitens die Intensität der räumlichen Innerlichkeit sich ihm entgegenbewegt und die Richtigkeit und Ebenbürtigkeit seines Blutes durch den amalgamirenden fürstlichen Bruderkuss bestätigt. Im Grunde sind es immer zwei, mit ihren Spitzen auf einander ruhende Kegel, welche besagte Region bilden, indem, wenn die Kegelerscheinung auch nicht zum Kreis mit einem Mittelpuncte wird, doch die theilweise gegenseitige Zubildung des Wahrgenommenen und Wahrnehmenden noch und bereits hinreicht, das Nichtineinandersteckende nach der Analogie des Ineinanderseyenden zur gegenseitig ähnelnden und homogenen Zugestaltung zu locken und zu reizen. Kegelnatur ist es, was das Gebiet der Logik characterisirt.

Da nun die Kegelachse die Achse des mathematischen Nurgleichheits-Punctes ist, so ist das wagrechte Verhalten zu dieser Achse als der Grundaufriss der einzelnen Begriffstellungen anzusehen. Dies verschiedene, mehr oder weniger wagrechte Verhalten zu dieser Achse bezeichnet zugleich aber auch die Natur der verschiedenen Kegelschnitte, des Kreises, der Ellipse, der Parabel, der Hyperbel und anderer möglicher Curvenlinien. Hiernach sondern sich die Begriffe in drei Classen; begründet aber sind die Classen durch jene Hauptunterschiede, welche nicht aus schon gewordenen Begriffen, sondern aus den Realitäten, welche diesen Begriffen zu Grunde liegen, hervorgehen: die Genesis der Specialitäten bereitet die Gliederung ihrer ideellen Erscheinung als Begriffe.

Die Begriffe zeigen sich so 1) als sphärische, 2) als elliptische, parabolische und hyperbolische, 3) als zufällige Curvenbegriffe. Sphärische Begriffe sind z. B. Mensch, Gott und alle jene allgemeinen Begriffe, welche das Höchste des Geistigen, Sittlichen und Verständigen bezeichnen; der Kreis hat die Ganzheit zum Characteristicum. Zu den elliptischen Begriffen gehören alle Existenzen des Planetarischen sowie die grossen physischen Wechselbegriffe von Schwer und Leicht, Gross und Klein, Breit und Schmal, Schnell und Langsam, Hoch und Tief; in solche Form lösen sich auch Gestalt und Lebensprincip des Thierreichs: der Begriff der Ellipse beruht auf dem entschiedenen Prädicat vollkommener Halbheit. Zu den parabolischen Begriffen zählen das gesammte Pflanzenreich, die specielleren Begriffe der Physik, Chemie und Medicin, welche von einem höheren Bedingenden ausgehen, das sie Kraft, Ursache und dergleichen nennen; ferner die Dignitätsbegriffe bürgerlicher, staatlicher, militärischer und kirchlicher Mächte, welche nach der einen Seite hin so viel, nach der anderen so wenig, ja so viel wie Nichts bedeuten. Die hyperbolischen Begriffe bilden sich aus dem, was allein bei Betrachtung der sphärischen Räume vorkommt, sowie aus dem, was sich im Menschen auf rücksichtslose Freiheitsgestaltung bezieht; die unendlich lebhafte Bewegungsfähigkeit des Lichts, die höchstens noch ein Minimum der Abhängigkeit von der Schwere besitzt, ist ein durchaus hyperbolischer Begriff; alle politischen Ideen, welche sich gegen die historische Basis auflehnen und einen zufälligen Kitzel verwirklichen wollen, sind hyperbolische Begriffe. Die zufälligen Curvenbegriffe endlich entstehen durch ein willkürliches Springen in der Begriffsgestaltungsregion; sie sind Irrwische, welche sich nie auch nur zum Wetterleuchten erheben können. Sie gelangen oft in Begleitung der anderen Begriffe in das Thor des Uebergangs; das ewige Flattern dieser unvollendeten Erscheinungen wirkt zum grössten Theil jene geistige Thatsache aus, welche wir mit dem Namen der Ideenassociationen bezeichnen.

Jeder Begriff verhält sich entweder seyend oder nicht seyend. Mit dem Verhalten als seyend oder nicht seyend ist das Wesen der Copula gefunden. Sie stellt eine Lage dar, in welcher sich ein Etwas zu einem anderen Etwas verhält. Sie erfüllt zwischen zwei Begriffen oder zunächst zwischen einem Begriff und der Nurgleichheit dieselbe Function, welche die Region der Nurgleichheit überhaupt zwischen dem Princip der Wahrnehmung und der Productivität verwaltet. Das Urtheil ist specielle Zusammenführung aber auch distincte Auseinanderhaltung zweier Begriffe, die Wechselbeziehung, welche zwei Begriffen eine Tendenz zu einem dritten hingibt. Es ist Reducirung eines Unendlichkeitsverhältnisses auf die Einzelnheit der Bestimmung, damit aber auch der mächtige Versuch, die Höhe einer microcosmischen Unendlichkeit zu construiren. Die Stellung, welche jede Specialität, also auch ihr Begriff, in dem ganzen Cosmos einnimmt, ist das Urtheil, welches sie vom Anfange ihrer Existenz an ohne Aufhören in Einem Zuge selbst über sich aus sich selbst ausspricht.

Geurtheilt wird nach den Verhältnissen des Ja und Nein. Das positive Urtheil steht über dem negativen; das unendlich verneinende Urtheil besagt das Verhältniss des Nichtseyns, das endlich verneinende Urtheil das nichtseyende Verhältniss, die doppelte Negation das nichtseyende Verhältniss des Nichtseyns. Nun ist entweder die Sphäre des Subjects die höhere und die des Prädicats die niederere, oder die Sphären des Subjects und des Prädicats sind einander gleich und auf gleicher Stufe stehend, oder die Sphäre des Subjects ist die niederere, und die des Prädicats die höhere. Hieraus ergeben sich mit Rücksicht auf die Classen der Begriffe 25 Ordnungen der Urtheile nach 3 Classen. Erste Classe: sphärisch-elliptisches Urtheil, sphärisch-parabolisches, sphärisch-hyperbolisches, sphärisch-curvisches; elliptisch-parabolisches u. s. f.; parabolisch-hyperbolisches, parabolisch-curvisches; endlich hyperbolisch-curvisches. Zweite Classe: sphärisch-sphärisches, elliptisch-elliptisches u. s. f. Dritte Classe: elliptisch-sphärisches Urtheil u. s. f.; parabolisch-elliptisches, u. s. w. u. s. w.

Die Begrifferzeugung ist eine unwillkürliche That. Sie gleicht dem Tone, welchen wir bei irgend einem plötzlichen Stoss oder Schmerz von uns geben. Wir sehen, hören, fühlen, und im Sehen, Hören, Fühlen werden in uns jene Gestaltungen erweckt, welche Begriffe heissen. Dann erst, wenn wir diese ordnen und in Geschick bringen wollen, äussert sich in uns eine Transscendenz solcher Willkürlichkeit. Diese Transscendenz führt uns alsobald zu der bewussten Willkürlichkeit der Urtheile. Das blosse, nackte Urtheil schwebt noch haltungslos hin und her. Ohne Grund ist es Nichts als eine Erscheinung, ein Phänomen. Mit Grund wird es aber ein von einer Tendenz, einer Intention Gesetztes und Gewirktes. Intention ist der Grund zur Aussprache eines Urtheils, das Urtheil folglich Effect eines anderen Urtheils und so fort, bis endlich in der Existenz eines Dings und in seinem verknüpfenden Willen der Grund aller Urtheile aufgefunden wird. Dieser Regress ist die Basis jedes Urtheils. Die gerechtfertigte Autonomie der Intention, der Tendenz, der Absicht, des Willens zum Urtheil ist

aber der Schluss; er ist zugleich die Aufhebung der Nurgleichheit.

Die erste Figur des Schlusses ist diejenige, bei welcher die
primitiv vorhandene Conclusion sich durch ihre Präexistenz nicht
verleiten lässt, über die successive Entwicklung in der Realisirung
des Schluss-Willens durch irgend einen vorausgreifenden Schritt
unvorsichtig hinwegzuspringen; sie ist diejenige ineinandergreifende
Urtheilskette, welche überall nur die Möglichkeit einer einzigen,
vorher bestimmten Umkehr und eines einzigen Verständnisses gestattet, sie ist die über alle Zweideutigkeit erhabene Schlussart.
Den innerlichsten Momenten nach schliesst sich an sie die dritte
Figur. Mit derselben weisen Zurückhaltung wie die erste beginnend glaubt das Ende, die conclusio, nachdem es seine allgemeine
richtige Rubricirung im Obersatz gefunden hat, nach diesen universellen Absteckungen ganz ad libitum verfahren zu dürfen. Es
reisst daher den Untersatz durchaus in egoistische, subjective,
unabhängig seyn 'sollende aber doch nicht völlig könnende Zubildung hinein und bringt durch dieses voreilige Eingreifen eine
Nurgleichheit hervor, welche sich durch sonst nicht nothwendige
Beschränkungen rächen muss. Die vierte Figur, der Gegensatz
der ersten, ist die vollkommene Herrschaft des anticipirt vorhandenen Endes, der Conclusion. Die zweite Figur ist die einzig
mögliche Abartung der vierten. Das Ineinanderseyn, die Simul-
taneität, sowie die unendliche abrahamitische Kluft von Anfang
und Ende, Grund und Folge, Ursache und Wirkung erzeugt solchen
Quaternar der Schlussfiguren.

§. 62.

Schlussbetrachtung.

Die sonst sogenannte Methodenlehre ist der schwebende und
desshalb ebensosehr limitirte wie limitative Geist logischer Gesetze,
welcher nicht mehr als ausgewachsene Gliederung (Begriff, Urtheil,
Schluss) auftritt, sondern in seinem ursprünglichen Wesen als
dahin und dorthin bestimmende Kraft. Der im Schlusse noch in
bestimmte Form geschlagene Zug oder Weg von Unten nach Oben
und von Oben nach Unten fängt von jetzt allmählich an, sich nur
noch in Ausgangs- und Endpunct und in der Tendenz gleichzu-
bleiben. Auf solcher Lebenslinie, nur mit dem Unterschiede sich
stets mehr befreiender Bewegung, gehen Definition und Division,
directer und apagogischer Beweis, Induction und Analogie einher.

Während Definition und Division als kürzeste Vergangenheit noch das Bewusstseyn streng logischer Abhängigkeit an sich tragen, wird die Natur des Beweises eine stets subjectiv bedingtere, und Analogie wie Induction sind nur noch die beiläufigen Beweisformen des autonomischen Geistes.

Das Wesen der Definition insbesondere ist darin begründet, dass dem Menschen zu einer gewissen Zeit seine Sprache ein Räthsel geworden war; sie ist das Gleichgewicht zwischen einem niederen, unverständlichen und entstellten Worte mit einer so geordneten Anzahl unmittelbarer Geistesworte, dass ihre Constellation gar keinen Zweifel mehr über den Sinn des niederen Wortes zurücklässt. Das Bedürfniss der einzelnen Begriffe, als höher abgeleitete und im Gefühle wie im Bewusstseyn solcher höheren Ableitung zu leben, ist ausgedrückt durch die Division. Beide, Definition und Division, sind Urtheile, welche, als vorhanden, ihre sie rechtfertigenden Schlüsse im Hintergrunde besitzen; sie sind aber, richtig gefasst und ausgesprochen, lautere Axiome, die in ihrer Klarheit der Nachweisung nicht weiter bedürfen. Werden jedoch für solche, denen nihil luce obscurius ist, die von immer her in die Vergangenheit gesetzten Schlüsse der Definition und Division in die Gegenwart gerückt, um für die beiden letzteren den Besitz der Zukunft zu sichern, so tritt vermittelnd ein der Beweis und zwar für die Definition der directe, für die Division der apagogische. Wenn die Autonomie in den Spannadern des Geistes gegenüber der Unübersehbarkeit und dem Nichtzuentfernenden des Objects zuerst erwacht, so folgert dieser nach der anordnenden, entscheidenden Macht der Analogie. Wird hingegen der Geist vorher durch das Object und seine Rührigkeit diesem letzteren zugewendet, so ist dies das erstere und ergreift die Erscheinung des Geistes, in welcher die Homogeneität mit ihm nicht zu misskennen ist. Ein solches Apriori des zu Erkennenden veranlasst stets die Demonstration nach der Induction.

Die Logik ist die sich verwirklichende Vermittlung zwischen Productivität des Geistes und zwischen Naturobjectivität oder dem αἰσθητόν. Ihr erstes Geschöpf, der Begriff, fällt der Seite der Naturobjectivität zu; ihr letztes, der Schluss, ist fortwährend mit der Auflösung natürlichen Daseyns in eigentliche Geistessubstanz beschäftigt, sich an der Gränze der Productivität hin und her bewegend; das Urtheil ist Mittler zwischen Begriff und Schluss, es ist zugleich die concentrirteste Erscheinung der ganzen Nurgleichheit, weil es ihr am Meisten allein angehört. Zwischen Productivität (Geist) und Logik (Nurgleichheit) ist eine mittlere Pro-

portionallinie die Phantasie, Peripherie der innerlichen Unermess-
lichkeit, universelle Möglichkeit eines durchschnittlichen Besser-
werdens aller der Dinge, welche nicht Gott sind. Im Vergleich
zur Phantasie ist die Logik nur Scheol, negatives Geisterreich,
jene trübselige Asphodillwiese, vor welcher jede lebende Seele
zurückbebt, wohin eine schwer lastende Schuld treibt und verbannt;
die Phantasie dagegen ist positives Geisterreich, in welchem sich
die Seelen vor überquellender Freude zu Lilien mit Königskronen
entschliessen. Mehr als Logik aber und mehr als Phantasie ist
die Wahrheit der Einheit selbst, welche, beide unendlich über-
ragend beide unter sich beschliesst und die wirkliche Einheit des
Ich ausmacht, τὴν οὖσαν ἑνότητα τοῦ Ἑνός.

Die Logik ist jene Wissenschaft, welche den Microcosmos
des Menschen eben noch so anordnet, dass er als das gegliederte
Abbild des Macrocosmos aufzutreten vermag, und dass die Erscheinung des Menschen in seiner logischen Dignität gerade ein
Anfang von dem genannt werden kann, um desswillen ein solches
Geschöpf wie der Mensch von dem Schöpfer mit der Gnade des
Daseyns und Lebens beschenkt wurde. Die Logik ist so das Ende
der Natur und ihrer Thierheit wie der Anfang der die Blindheit
bloser, nackter Existenz negirenden Menschheit. Als Anfang der
Gottheit vermöchte indess die Menschheit ebensogut ohne Logik
zu bestehen als sie es jetzt mit dieser thut. Dass dem ungeachtet
ein solches Mittel wie die Logik in die Kette der Realitäten mit
aufgenommen wurde, hat seinen Grund darin, dass der Gott in
seinem ewigen Liebesfeuer, mit welchem er seine Ebenbildlichkeit
immer in seine Gleichheit verzehren und verklären will, auch nicht
den kleinsten Tropfen sehnsüchtiger, mitfolgender Natur — φύσις
καὶ κτίσις — zu verschmähen gedenkt.

Wir haben hiemit versucht, einen möglichst kurzen und
getreuen Abriss der Logik Schaden's zu geben.

Das logische Denken wird hineinversetzt in jene Mitte, wo
Apriorisches und Aposteriorisches sich treffen und durchdringen;
diese Mitte haltend zwischen der sogenannten Wahrnehmung einerseits und der Productivität andrerseits, hat es zum Character und
Wesen die Nurgleichheit. Allein der Punct, wo sich die Kegel
berühren sollen, bleibt Punct wenn schon immerfort erregt von
lebhafter Erinnerung an seinen doppelten Ursprung, von dem
Heimweh nach der Erde und nach dem Himmel.

Solches Ringen der Nurgleichheit ist deutlich genug dargelegt in den Grundgesetzen. Nicht aber sie sind es etwa ,welche den
Begriff, das Urtheil und den Schluss entwickeln; sie bezeugen nur

die Anstrengung der logischen Potenz, die zur freien Existenz sich ausbreiten möchte. Was wir hinwieder unter dem Titel Begriff einherschweben sehen, ist erst Vorstellungswelt, von der Idee zwar durchdrungen, sinnig auch und künstlich geordnet, aber doch nur Vorstellungswelt zwischen dem Reiche der Idee und dem Reiche des Wahrnehmens und noch ausserhalb der logischen Gränze. So auch ist das Urtheil, welches darnach folgt, ein Compositum von einzelnen Vorstellungen; nur in der Copula und der qualitativen Bestimmtheit findet die Nurgleichheit einen Ausdruck; die Quantität ist vertreten von den mathematischen Metaphern, Entgegensetzung und Contraposition bleiben dahinten; die Relation ist als ein Verhältniss von Subject und Prädicat ganz im Allgemeinen von Anfang an zu Grunde gelegt, die Modalität kommt nicht zum Vorschein. In der Syllogistik ist die Lebendigkeit des Logischen eigentlich blos der mehrfach hervorgehobene Wille des Schlusses, die Intention, die Tendenz, und verliert sich endlich in den Deutungen der Methode.

Wir möchten sagen: das was die Logik seyn soll, ist bei Schaden erst nur im Princip anerkannt; es ist der Funke der Nurgleichheit, welcher entzündet von dem Hauch des Objects und des Subjects, des Aussen und Innen, des Unten und Oben, des Wahrgenommenen und der Productivität wohl in züngelnder Flamme an der Pracht der Vorstellungswelt wie an einem Opfer hinfährt, aber alsobald mit des Hauches Nachlass immer wieder in sich zurücksinkt.

§. 63.

Joh. Jac. Wagner.

Die neuere Philosophie bewegt sich namentlich seit Kant entschieden um die Erkenntnisslehre und dadurch auch um die Denkwissenschaft; aus der letzteren und hier wieder besonders aus dem Categoriensystem stammt ihr oft so einseitig hervortretender formaler Character. Unter den Männern, welche das zum Postulat der Zeit gewordene Problem zu erfüllen strebten, nimmt Johann Jacob Wagner (1775—1841) eine beachtenswerthe Stellung ein hauptsächlich durch sein Categoriensystem, welches im Vergleich mit der Ruhelosigkeit, die Hegel's System beherrscht, vielmehr räumlich fixirt erscheint wie eine geometrische Figur. Die Aufstellung seines Categoriensystems galt Wagner'n für die Aufgabe seiner wissenschaftlichen Thätigkeit.

Sein Hauptwerk ist das 1830 in Erlangen erschienene Organon der menschlichen Erkenntniss. Dieses Organon enthält 1) das von Wagner sogenannte Weltgesetz, eben das Categoriensystem, welches nichts Geringeres als die Form des All-Lebens seyn und den endlichen Dingen als deren Wesen innewohnen soll; 2) ein Erkenntnisssystem d. h. nach Wagner's Auffassung das Weltgesetz sofern es sich subjectiv in den Stufen des Erkennens reflectirt; 3) ein Sprachsystem d. h. das Weltgesetz wie es sich objectivirend durch des Menschen Hand und Mund einen Ausdruck sucht; 4) unter dem Titel Welttafel eine encyclopädische Construction der Natur mit Einschluss der menschlichen Persönlichkeit. Vergl. Nachgelassene Schriften, Ulm 1852—1857.

Wir wenden uns zu dem Erkenntnisssystem, worin von der Logik gesprochen wird. Als die unterste, concreteste Stufe des Erkennens bezeichnet Wagner die Vorstellung; in ihr liegen alle anderen Erkenntnissstufen zusammengefaltet. Auf der nächst höheren, also zweiten Stufe wird das Erkennen zur vorgestellten Vorstellung oder zur Wahrnehmung; diese besteht aus dem Gegensatze (Unterschied) des sachlichen und formalen Moments, des künftigen Subjects und Prädicats. Das Verhältniss zwischen dem sachlichen und formalen Moment nachzuweisen, den besagten Gegensatz zu vermitteln, ist Aufgabe des logischen Denkens oder des Urtheilens, mit welchem sich das Erkennen auf der dritten Stufe, auf der Stufe des Begriffs, befindet. Der Begriff erreicht endlich die letzte und oberste Stufe, die Stufe der construirenden Idee, wenn er aus der Vergleichung der Prädicate eines Subjects den Uebergang des Wesens in die Form und der Form in das Wesen zu schauen vermag; hiemit hat sich die anfängliche Vorstellung vollends entwickelt.

Die Logik beschäftigt sich mit der dritten Stufe des Erkennens. Die Forderung an dieselbe ist, das Verhältniss des sachlichen und formalen Moments, das Verhältniss von Subject und Prädicat zu erschöpfen.

Die Vereinbarkeit von Subject und Prädicat wird besagt von dem Principium identitatis der alten Logik, die Unvereinbarkeit von dem Principium contradictionis und, weil die Unvereinbarkeit der Glieder des qualitativen Gegensatzes nichts übrig lässt als entweder das eine oder das andere zu setzen, von dem Principium exclusi medii; weil ferner, wenn das eine oder das andere der entgegengesetzten Prädicate gewählt werden soll, sein erkanntes Verhältniss zu dem Subjecte als Grund die Wahl bestimmen muss, so weiss die Logik auch von einem Principium rationis. Das

Dictum de omni et de nullo ist nur eine Zergliederung des quantitativ gefassten Verhältnisses von Subject und Prädicat.

Allein dergleichen von der Logik als Grundgesetze des Denkens
gegebenen Ansichten sind nach Wagner nur eine vorläufige Exposition vom Begriffe des Urtheils. Soll die Logik über solche
Exposition hinaus zu einer wirklichen Construction des Urtheils
kommen, was sie bis jetzt nicht befriedigend zu leisten vermochte,
so müssen die Categorien auf sie angewendet werden und zwar
die Categorien, welche wenigstens in ihren allgemeinsten Momenten jedem Leben eignen, das auf der dritten Stufe seiner Entwicklung sich befindet, die Categorien: Subject (subjectiv, innerlich), Subjectobjectiv (von Innen nach Aussen), Objectsubjectiv
(von Aussen nach Innen), Object (objectiv, äusserlich).

Das Subject, das eine Extrem, ist auf dem Gebiet der Logik
das Ich mit seiner urtheilenden Thätigkeit; das Object, das andere
Extrem, ist das fertige Urtheil mit seinen Aussenverhältnissen.
Dazwischen liegen die Mittelglieder: subjectiv sind die inneren
Verhältnisse der Bestandtheile des Urtheils, zunächst an des Urtheils
subjective Bildung sich anschliessend; objectsubjectiv heisst dann,
was durch die Verschiedenheit der Vermittlung oder der Copula
gegeben ist und dem Urtheil die Reife ertheilt, mit welcher es in
Aussenverhältnisse mit anderen Urtheilen einzugehen vermag.
Demnach kommt in Betracht 1) das Entstehen des Urtheils im
Ich, 2) das Verhältniss von Subject und Prädicat, 3) die Art, wie
die Copula Subject und Prädicat verbindet, 4) das Verhältniss der
fertigen Urtheile unter einander.

Unter die Categorie des Subjects nun (1) fallen folgende
Urtheilsformen in folgender Ordnung: problematisches Urtheil,
wahrscheinliches, assertorisches, apodictisches; hiemit sollen die
Grade der Gewissheit ausgedrückt seyn, welche das urtheilende Ich
hat. Unter den Gesichtspunct des Subjectobjectiven (2) kommt:
des Urtheils Qualität, Quantität, Umkehrung, Umwandlung oder
Contraposition; hiemit soll die Möglichkeit derjenigen Formen
erschöpft seyn, in welche sich stufenweise das innere Verhältniss
von Subject und Prädicat wirft. Nach der Objectsubjectivität (3)
ist das Urtheil: categorisch, hypothetisch, disjunctiv, conjunctiv
oder copulativ; das sollen die Formen seyn, in welchen sich die
Copula explicirt. Als die objectiven Formen der Urtheile endlich
(4), wobei die Urtheile schon als Objecte gegeben sind, werden
vorgeführt: die Exposition, die Definition, der Syllogismus, die
Division. — Dies ist der Abriss der Logik Wagner's.

Das Urtheil ist gefasst als eine Denkform, welche die in der sogenannten Wahrnehmung liegenden Gegensätze vermittelt. Hiemit ist dasselbe wenigstens obenhin unterschieden von den anderen Stufen des Denkens, obschon weder der eigenthümliche Unterschied des Urtheils noch die eigenthümlichen Unterschiede der anderen Stufen des Denkens getroffen sind und namentlich das Categoriensystem, das Etwas über dem Denken und über der Sprache und über der Natursphäre seyn aber doch in alledem und daher auch im Denken sich reflectiren soll, nicht als die genetische Stufe des Denkens selbst verarbeitet wird. Ferner aber ist zu bemerken, wie die althergebrachte Folge von Begriff, Urtheil und Syllogismus aufgelöst, der Syllogismus und manches, was sonst in der Methodenlehre seinen Platz erhielt, als eine Form des Urtheils genommen und der Begriff wenngleich nicht als innewohnende Macht doch als synonym mit Urtheil gesetzt wird. Nicht minder ist der Bann durchbrochen, mit welchem die vier Kantischen Gesichtspuncte Quantität, Qualität, Relation, Modalität die Logik bedrückten. Indessen bleibt dem Inhalte nach bei Wagner die Logik ein Gemisch von Formen des Vorstellens (Exposition, Division u. s. f.) und sprachlichem Ausdruck (z. B. conjunctives Urtheil) mit den specifisch logischen Functionen. Auch tritt dieselbe nicht als eine Entwicklung des logischen Denkens aus seinem Princip auf, sondern als äusserliche Anordnung überlieferten Stoffes nach den vermeintlichen Categorien Subject, Subjectobjectiv, Objectsubjectiv, Object. Sie stellt sich dar in der Gestalt eines schematischen Entwurfes, an die bezeichneten Gesichtspuncte sich anschliessend, eingegeben von dem vorschauenden Verlangen nach einem wirklichen Organismus des logischen Denkens.

§. 64.

Blick auf die Gegenwart.

Der bisherige Verlauf der Geschichte der Logik legt uns folgende Forderungen nahe. 1) Das logische Denken, welches Aristoteles als apodictisches von der Sphäre des Dialectischen zu befreien suchte, soll von allem anderen Denken genau unterschieden und in seinen Beziehungen zu demselben erfasst werden. Es hat sich seit lange in der Lehre vom sogenannten Begriffe, aus welchem man das Urtheil zusammensetzen zu können meinte, ein Chaos gebildet und die Lehre vom Urtheil und vom Syllogismus und überhaupt die ganze Logik in Mitleidenschaft gezogen. Von der neueren Philosophie zwar sind die Categorien als ein besonderes

Ganzes abgehoben worden; aber es darf weder das logische Denken in den Categorien aufgehen, seine Selbstständigkeit verlierend, noch darf Vorstellung und Wahrnehmung, als wären sie Etwas womit wohl die Psychologie aber nicht die Denkwissenschaft zu thun habe, bei dem Connexe des logischen Denkens mit dem anderen Denken unbeachtet bleiben, noch darf die Vorstellung mit dem logischen Denken zusammenfliessen, noch darf man die Categorien, als wären sie wesentlich etwas Anderes als Denken, von der Denkwissenschaft ausschliessen. Das logische Denken soll in seiner Verflechtung mit dem Einen und ganzen Denken verstanden werden. 2) Die frühere Logik hat aus dem Gebiete des sprachlichen Ausdrucks ein reichliches Material angehäuft, in welchem die Formen des Denkens niedergelegt sind. Aber das Denken soll am vorhandenen Material sich auf sich selbst besinnend mit seiner eigenen That das Material durchdringen und es von sich aus zur Thatsache machen. Fichte hat hiefür die Bahn gebrochen. 3) Die Logik soll ihren Gegenstand als einen besonderen, in sich gegliederten Organismus erkennen lassen. Hiezu reicht es nicht aus, nach Art der demonstrativen Methode einen Grundsatz an die Spitze zu stellen und Definitionen, Lehrsätze, Folgerungen und dergleichen anzureihen. Weil die Idee eines Organismus in ihren wesentlichen ineinandergreifenden Momenten erst durch das Categorienganze klar wird, dessen Form die allgemeingültige Grundform eines jeden Organismus ist, so wird jene Forderung ernstlich erhoben und erfüllt nur mit der Herausbildung des Categoriensystems selber. Nicht aber soll einseitiges Schematisiren an Stelle der Genesis treten; das ganze Denken, in welchem das logische Denken nur ein Moment ist, muss für Darbildung des Organismus der Logik haften. 4) Das logische Denken soll nicht nur als ein Organismus an und für sich, sondern soll auch als ein Glied mit eigenem Beruf innerhalb des Gesammtorganismus menschlicher Freiheit, die Wissenschaft des logischen Denkens soll innerhalb der Anthropologie und weiterhin innerhalb des Gesammtorganismus aller Wissenschaften, innerhalb der Philosophie und von der Philosophie begriffen werden. Es hat sich herauszustellen, mit welchem Rechte die Alten zum Voraus die Logik als Organon der Philosophie bezeichnen durften.

Den Forderungen, welche die Geschichte der Logik stellt, kommt entgegen die Idee des Denkens wie sie der neueren Philosophie erwachsen ist. Ist das Denken Unterscheiden und zwar

Sichunterscheiden *), so kann es nicht umhin, alle seine Unterschiede
zu erschöpfen und daher auch vom anderen Denken das specifisch
logische Denken und dieses wieder in sich selbst zu unterscheiden.
Hiemit ist zugleich die Thätigkeit und That des sich selbst an
seinem Gegenstande hervorbringenden Denkens gesichert. Unterscheidet sich aber das logische Denken als solches von dem anderen, so sind die aus ihm herausgekehrten Unterschiede seine
eigenen Unterschiede, deren lebensvolle Einheit den Organismus
des logischen Denkens ausmacht. Wie endlich das logische Denken
sich nicht unterscheiden kann vom anderen Denken ohne die stetige
Beziehung zu demselben zu unterhalten, so vermag das Denken
überhaupt sich nicht zu unterscheiden ohne stetige Beziehung zu
den ihm zunächst gelegenen und mittelbar zu den entfernteren
Lebenskreisen; diese aber fördern auf ihre Weise das Amt des
Denkens in freundlichem Zusammenwirken.

Während heutzutage ein gründliches und umfassendes Studium
der Geschichte der Logik vornehmlich durch die epochemachenden
Arbeiten Prantl's veranlasst worden ist, haben auch dem Aufbau
und Ausbau der Logik selber namhafte Denker ihre reichen Mittel
zugewendet; die Leistungen und Ansichten von Braniss, Chaly-
bäus, Erdmann, Rosenkranz, Cuno Fischer, Weisse, Carl
Phil. Fischer, J. H. Fichte, Wirth, Ulrici, Sengler, Franz
Hoffmann,. oder dagegen von Drobisch, Bobrik, Waitz,
Lott, Strümpell, Allihn, oder wieder von Beneke, Lotze,
Löwe, Vorländer, Trendelenburg, H. Ritter, Ueberweg und vielen Anderen, sie alle ergänzen sich und vereinen
sich trotz der verschiedenen Wege, auf denen sie mit einander den
gemeinsamen Zweck verwirklichen.

Wie übrigens die Förderung der Logik den einzelnen Wissenschaften und der Philosophie im Ganzen dient, so ist bald mehr
bald weniger je nach der näheren oder weiteren Verwandtschaft
die Logik zum Danke verpflichtet für jede Förderung, welche dem
Gesammtorganismus der Wissenschaften in einem anderen Stücke
widerfährt. Was dem einen Gliede zu Gute kommt, nützt dem
Ganzen, das sich in allen seinen Gliedern entfaltet und zusammen-
nimmt: so verhält es sich wenigstens mit einem gesunden Organismus.

---

*) Es ist eines von den vielen Verdiensten Ulrici's um die Erkennt-
nisswissenschaft und um die Logik, das Denken als Sichunterscheiden end-
gültig bestimmt zu haben.

System der Logik.

System der Logik.

Erstes Capitel.

Prolegomena.

§. 65.

Begriff des logischen Denkens.

Das Wort Denken wird in vielfältiger Bedeutung ausgesprochen. Manche bezeichnen nicht nur das Wahrnehmen, Vorstellen, Urtheilen, Begreifen, sondern auch die Lebendigkeit der
Phantasie, Wollen und Begehren, selbst das Empfinden als ein
Denken; dazu haben sie zwar gewöhnlich das menschliche Denken
im Auge und stellen ihm das sogenannte reelle Seyn gegenüber,
doch können und wollen sie weder leugnen, dass das Denken ebenfalls ein reell Seyendes ist, noch sind sie frei von der Gefahr, das
Denken als eine solche Kraftäusserung oder als eine solche Thätigkeit gelten lassen zu müssen, welche, obschon im Menschen auf
eine höhere Stufe gekommen, auch der Natur eigen wäre. Manche
dagegen setzen Denken mit Erkennen gleich oder sie fassen genauer das Denken als das von seinem Gegenstand und Inhalt
unterschiedene Erkennen, demnach als das Erkennen nach seiner
formalen Seite oder als des Erkennens Form; nur wurde es bei
der Abtrennung auch des Erkennens vom übrigen Menschen zweifelhaft, ob des Denkens Begriff am Erkennen oder der Begriff des
Erkennens am Denken die nöthige Aufklärung finde. Noch Andere haben das Erkennen überhaupt in Arten gesondert und das
Denken als eine Art des Erkennens genommen im Unterschiede
etwa von Wahrnehmen und Vorstellen, als die da zwar Erkennen

aber nicht Denken wären; ihnen ist jedoch nicht unschwer darzuthun, dass auch Wahrnehmen und Vorstellen Denken sind, der
vermeinte Unterschied daher hinfällig wird.

Für uns besteht das Erkennen, gemäss den früheren Nachweisen, darin dass das Selbstbewusstseyn sich von sich unterscheidend auf das in uns herein- oder hervorgerufene Bild sich
bezieht und hinwieder vom Bilde sich unterscheidend dieses bezieht
auf das Selbstbewusstseyn. Das Denken aber erklären wir als das
Erkennen selbst, das sich von sich unterscheidet und auf sich
bezieht; man mag insofern das Denken die Form des Erkennens
heissen im Unterschied von dessen anderweitigem Inhalt. Immer
jedoch wird man sich zu erinnern haben, dass solche Unterscheidung nicht eine Ablösung des Denkens ist vom Erkennen und
hiemit auch keine Ablösung von dem bildlichen Inhalte und dem
Selbstbewusstseyn. Ausserdem wäre unser Denken ein eitles Thun
und bliebe unbegriffen. In sich endlich unterscheidet sich das
Denken als Wahrnehmen, Vorstellen, Urtheilen und Begreifen.

Es ist gezeigt worden, dass Wahrnehmen, Vorstellen, Urtheilen, Begreifen in Wechselwirkung mit einander stehen. Sie verhalten sich zu einander ähnlich wie etwa im Gebiete natürlichen
Lebens Raum, Zeit, Schwere und Bewegung. Jene Wechselwirkung
vollzieht sich vermöge der Einheit des Denkens mit sich; würde
das eine Glied dem anderen entzogen, dann müsste das Denken
selbst verkommen. So aber dient eines dem anderen und jedes
dem Ganzen.

Schwerlich wird in Abrede gestellt werden können, dass man
bisher einen zu wenig genauen Begriff vor sich hatte wenn man
von logischem Denken sprach und trotzdem, dass man so viel
davon zu sprechen liebte; eben letzteres, insofern man bemüht
war die Sache in das Reine zu bringen, möchte von vorhandener
Trübung hinlänglich Zeugniss geben. Bald verstand man unter
logischem Denken ein Denken im engeren Sinne gegenüber dem
Empfinden, dem Wollen, der bildenden Thätigkeit, was Alles man
ja auch Denken zu nennen sich herbeiliess. Bald glaubte man
das logische Denken hinausrücken zu müssen über Wahrnehmen
und über Vorstellen, wenn schon der Versuch, verwickelt in die
Unklarheit dessen, was Wahrnehmen, was Vorstellen, was das
Denken überhaupt sey, nicht durchzuführen war und im Bereich
des Wahrnehmens und Vorstellens haften blieb; oder man gab
das Denken, sofern es in den Categorien gründet und in ihnen
sich bewegt, für das eigentlich logische Denken aus. Bald wieder
meinte man das logische Denken in dem zu haben, was man

Begriff hiess und Urtheil und Schluss. Dabei haben Manche als eine Eigenthümlichkeit des logischen Denkens betont, dass es die Möglichkeit des Andersseyns ausschlösse und hiemit als ein nothwendiges Denken sich bekunde; aber in Ermanglung anderer Bestimmtheit lag der Irrthum nahe, einerseits besagte Nothwendigkeit zu verwechseln mit der Gebundenheit des Denkens an sich selber als an sein eigenes Gesetz oder mit der Gebundenheit des Denkens an irgendwelche Mächte ausser ihm und so das logische Denken von Neuem mit dem übrigen Denken zu vereinerleien, andrerseits anzunehmen, das logische Denken habe lediglich mit Nothwendigkeit zu schaffen, nicht also auch mit irgend welcher Möglichkeit oder Wahrscheinlichkeit, während doch nicht minder das logische Denken es ist, welches erklärt: diess oder jenes ist möglich, diess oder jenes ist wahrscheinlich.

Wir nun gebrauchen den Ausdruck logisches Denken für das Denken sofern es urtheilt. Seinen nächsten Vorwurf und Inhalt hat es an der Vorstellung, während der Begriff, der 'als Richter der Vorstellung von dieser sorgsam unterschieden werden muss, das dem Urtheil immanente Princip ist.

Sollte dagegen nicht blos das Urtheilen, sondern auch das Wahrnehmen, das Vorstellen, das Begreifen unter dem Titel logisches Denken befasst werden, so ist nicht wohl einzusehen, was das specificirende Beiwort Logisch will, da Wahrnehmen, Vorstellen, Urtheilen, Begreifen das Denken schlechthin ausmacht. Oder würde man etwa vorbringen, Vorstellen und Urtheilen zusammen verdiene die Bezeichnung logisches Denken, so ist zu antworten, dass Vorstellen und Urtheilen Nichts derart mit einander gemein haben, was berechtige, mit Verwischung des Unterschiedes beider sie als logisches Denken dem übrigen Denken als dem nichtlogischen entgegenzusetzen; Aehnliches wäre zu sagen, wenn man das Urtheilen und Begreifen unter jenen Einen Namen bannen wollte. Oder würde man verlangen, dass der Ausdruck logisches Denken aufbewahrt würde für jenes Denken allein, welches sich in den Categorien auswirkt, so müssen wir uns berufen auf den seit lange eingebürgerten und meist noch jetzt festgehaltenen Sprachgebrauch, welcher, bei aller Verwirrung des Blickes und des Kunstwortes die man ihm Schuld geben mag, als logisch vorwiegend das Denken, sofern es urtheilt, betont und im Sinne hat.

Wir können daher nicht umhin, den Terminus Logisch ausschliesslich zu verwenden für das Denken welches urtheilt. Letztere Bestimmung aber: das Denken welches urtheilt, könnte als die logische Definition des Denkens selbst, von welchem wir dermalen handeln, gelten wenn nicht das Wort Urtheil und Urtheilen — *ἀπόφανσις* s. *λόγος ἀποφαντικός, πρότασις, ἀξίωμα, ἑρμηνεία,* effatum, profatum, proloquium, protensio, rogamentum, pronuntiatum, enuntiatum, enuntiativa oratio, enuntiatio, propositio, interpretatio, judicium etc. — von jeher bis heute auch innerhalb der Wissenschaft des Denkens, besonders durch Beimischung des sprachlichen Elementes, eine bald engere bald weitere Bedeutung erhalten hätte. Schärfer daher die Function erfassend, welche dem logischen Denken im Organismus des ganzen Denkens zukommt, werden wir es begreifen und bestimmen als das Denken, welches Gränze setzt, oder als das begränzende Denken. Wird hiezu gefragt, was als Gränze gesetzt wird, so ist zu berichten: das Denken selbst; und will man wissen, was begränzt wird, so ist in der einen und nächsten Hinsicht auf die Vorstellung zu verweisen, mit Beziehung aber auf das ganze Denken muss gesagt werden, dass das Denken überhaupt es ist, welches sich begränzt.

§. 66.

Die Vorstellung. Einzelvorstellung. Exposition.

Für das logische Denken ist die Vorstellung Grundlage. Indem wir vorstellen, denken wir Eines als Anderes. Im Verhältniss zum logischen Denken ist das Vorstellen das noch unbegränzte und der Gränze bedürftige Denken. Uebrigens schliesst es sich der Herkunft nach einerseits an die Wahrnehmung andrerseits an die Idee an, gleichwie es umgekehrt zu beiden hin tendirt.

Von Seite der Wahrnehmung her nun erscheint die Vorstellung zunächst als das, was Einzelvorstellung genannt zu werden pflegt, repraesentatio singularis, notio singularis. Sie besteht darin, dass ich Etwas in seinen Merkmalen denke: die Merkmale, notae, worauf ich reflectire, sind das Andere; das Etwas, das ich als den Träger der Merkmale abstrahire, ist das Eine; beide zusammengedacht machen die Einzelvorstellung aus. So unterscheide ich z. B. am Baume den Stamm, die Zweige, die Blätter; oder ich verbinde mit diesem Steine hier seine Merkmale Bläulich, Feinkörnig, Leichtzerreiblich. Der vorstellende Act aber, welcher Etwas in seinen Merkmalen denkt, wird am Passendsten mit bekanntem Worte als Exposition bezeichnet werden; und während die Merkmale, gemäss der Sprache der Schule, den Inhalt der Vorstellung bilden, notarum summa s. complexus, ist das Etwas, dem die Merkmale zukommen, als Umfang zu deuten, ambitus s. sphaera.

Dabei wird unschwer erkannt, dass die Einzelvorstellung eine mannigfache Bearbeitung keineswegs von sich ausschliesst: ich kann
die gewonnenen Merkmale genauer von einander unterscheiden
und auf einander beziehen, ich kann die Merkmale von dieser Einzelvorstellung den Merkmalen von einer anderen Einzelvorstellung
oder von mehreren anderen Einzelvorstellungen entgegenhalten
und damit vergleichen; es kann der sogenannte Umfang nähere
Bestimmung finden, so dass, was vorhin für mich Baum überhaupt
war, jetzt als Eiche von mir betrachtet wird; ich kann das definitorische, syllogistische, kurz das logische Denken zu Hülfe rufen,
ich kann vom Gesichtspuncte der Categorien aus das Etwas und
seine Merkmale nach der Idee von Grund und Folge, Wesen und
Erscheinung u. s. f. behandeln, ich kann neue Wahrnehmungen
machend auch von daher zu neuen Merkmalen gelangen. Dies
alles ist gar nicht zu leugnen. Aber man wird sich hüten müssen,
dem Vorstellen selbst und der blosen Exposition das zuzurechnen,
was der Vorstellung und der Exposition von Seite des übrigen
Denkens widerfährt. Derartigen gewöhnlichen Irrthum verbietet
wie der Unterschied zwischen Exposition und dem übrigen Vorstellen so der Unterschied zwischen dem Vorstellen und dem übrigen Denken; dagegen erhellt aus der Einheit des Denkens mit
sich die Möglichkeit jenes Irrthums, wie denn 'nicht minder aus
dem organischen Zusammenhang des in sich unterschiedenen Denkens die Unmöglichkeit der Annahme sich ergibt als ob die Vorstellung nicht des übrigen Denkens bedürfe und nicht der Gunst
desselben wirklich sich erfreue.

§. 67.

Uebergang von der Einzelvorstellung zur Gesammtvorstellung. Induction.

Das Vorstellen kann sich bei der Einzelvorstellung schon
um seiner selbst willen nicht beruhigen. Sein Wahlspruch »Und
so weiter« treibt es immer von Neuem auf die Bahn. Eines als
Anderes denkend setzt es dieses Ganze wiederum als Eines und
denkt es als Anderes; sonst müsste das Vorstellen nicht Vorstellen seyn. Zugleich sorgt das übrige Denken für dauernde Anregung.

Indessen kommt das Vorstellen von der Einzelvorstellung als
solcher offenbar nicht los es sey denn auf Grund des Daseyns
mehrerer Einzelvorstellungen; die vorhandene Mehrheit von Einzel-

vorstellungen macht erst die Erhebung des Vorstellens über die Einzelvorstellung möglich. Es erhebt sich nun dasselbe thatsächlich über die Einzelvorstellung, indem es von der einen Einzelvorstellung auf die andere, wie die Schule zu sagen pflegt, reflectirt: jede wird vorgestellt als die andere in Beziehung auf das was ihnen gemeinsam ist; ausserdem wäre die eine Einzelvorstellung nicht als die andere zu denken; das Vorstellen ist insofern Reflexion und die dadurch gegebene Vorstellung eine reflectirte Vorstellung mehrerer Einzelvorstellungen, repraesentatio s. notio communis. Aber bei der Reflexion bleibt es nicht bewendet. Dadurch dass ich auf das Gemeinsame reflectire, abstrahire ich (sehe ich ab) sowohl von den Unterschieden der Einzelvorstellungen unter einander als auch von den Einzelvorstellungen überhaupt als solchen, und das, was ich abstrahire d. h. was ich kraft der Abstraction erhalte, ist eine in sich unterschiedene Vorstellung, welche als Genus der Einzelvorstellungen aus jenem reflectirten gemeinsamen Inhalt heraustretend den hiemit übrig bleibenden gemeinsamen Inhalt zu ihrem eigenen Umfange (zum Subject) nimmt: sie mag abstrahirte Vorstellung oder Artvorstellung heissen, repraesentatio s. notio generalis. Allein ein Rückblick ergibt, dass die Artvorstellung der den Einzelvorstellungen gemeinsame Inhalt ist; daher hat sie die Einzelvorstellungen selbst zu ihrem Umfange: die Einzelvorstellungen sind die Artvorstellung. Aber die Artvorstellung ist auch etwas für sich: sie umfängt ja als solche, wie vorhin angeführt ward, ihrerseits den gemeinsamen übrigen Inhalt der Einzelvorstellungen. Demnach legt sich jener von der Artvorstellung umfasste gemeinsame Inhalt der Einzelvorstellungen nunmehr dar als der Inhalt der Artvorstellung selbst: die Artvorstellung wird in ihm gedacht oder er wird von der Artvorstellung ausgesagt. So eröffnet sich eine Gesammtvorstellung, repraesentatio s. notio universalis, welche getragen und gehoben von den Einzelvorstellungen vermittelst des reflectirten Inhalts derselben und vermöge der Artvorstellung den übrigen gemeinsamen Inhalt der Einzelvorstellungen zum eigenen Inhalte hat.

Freilich ist andurch dem Vorstellen noch kein Friede bescheert. Während der Inhalt der Gesammtvorstellung zu fernerer Arbeit reizt, bieten von Unten her immer frische Einzelvorstellungen sich dar, welche eine zweite und dritte Artvorstellung veranlassend die Gesammtvorstellung gleich dem Wipfel des wachsenden Baumes mit Verminderung des Inhalts und mit Erweiterung des Umfangs fort und fort emporzuschieben streben. Das Vorstellen aber, welches die Einzelvorstellungen durch Reflexion auf die gemeinsamen Merkmale und vermöge der abstrahirten Artvorstellung als Gesammtvorstellung denkt, ist die Induction, ἐπαγωγή, inductio.

Einfache Beispiele der Induction sind folgende. Es seyen als Einzelvorstellungen gegeben: Gold, Silber, Eisen. Die Reflexion denkt dieselben etwa in den gemeinsamen Merkmalen: Schwer, Schmelzbar, Klingend, Finster oder Undurchsichtig. Die Abstraction wird im Anschluss hieran weiter sprechen: Das Schwere, Schmelzbare, Klingende, Finstere ist Metall. Die Gesammtvorstellung endlich wird sagen: Das Metall überhaupt ist schwer, schmelzbar, klingend, finster. Nun finde ich aber Quecksilber vor; ich vermisse an ihm den Klang. Die Reflexion wird daher das Merkmal Klingend bei Seite lassen, während die Abstraction nur noch das Schwere, Schmelzbare, Finstere als Metall denkt und die Gesammtvorstellung ihrerseits erklären wird, dass das Metall schwer, schmelzbar, finster ist. — Ein anderes Beispiel. Als Einzelvorstellungen seyen genommen; Infusorium, Wurm, Insect, Fisch, Amphibium, Vogel, Säugethier. Die Reflexion wird neben anderen gemeinsamen Merkmalen auch dieses hervorheben, dass Infusorium, Wurm u. s. f. der Empfindung fähig sind. Die Abstraction setzt das Empfindungsfähige als Thier. Die Gesammtvorstellung aber denkt das Thier überhaupt als empfindungsfähig. — Noch ein Beispiel. Als Grundlage seyen gegeben die bis jetzt bekannten Planeten, Mercur, Venus, Erde, Mars u. s. w. Die Reflexion bemerkt, dass sie sich um die eigene Achse drehen. Die Abstraction denkt vielleicht dieses um die eigene Achse sich Drehende schlechtweg als Sterne, und die Gesammtvorstellung wird von den Sternen überhaupt die Achsendrehung prädiciren.

Man hat die Induction als Gegenstück zum Syllogismus, συλλογισμός, ἀπόδειξις, demonstratio, deductio, betrachtet sofern jene vom Einzelnen oder Besonderen zum Allgemeinen aufsteige, dieser vom Allgemeinen zum Besonderen oder Einzelnen herniedergehe. Allein hiemit ist ebensowenig die Eigenthümlichkeit der Induction als die des Syllogismus getroffen. Denn was das Aufsteigen vom Einzelnen zum Allgemeinen betrifft, so ist zu sagen, dass dies der Induction nicht allein zukommt; es findet z. B. ein Aufsteigen vom Einzelnen zum Allgemeinen ohne Zweifel auch im regressiven Sorites statt: Das Pferd ist ein Thier; was Thier ist, empfindet; was empfindet, ist ein Naturorganismus; was Naturorganismus ist, ist Kraftcentrum; also ist das Pferd ein Kraftcentrum. Andererseits vollführt sich innerhalb des Syllogismus

als solchen nicht eigentlich ein Herabsteigen vom Allgemeinen
zum Einzelnen; vielmehr legt derselbe, ein Sinnbild gesicherter
und zufriedener Ruhe, klar vor Augen den Bestand des Einen
(Subject, terminus minor) mit dem Anderen (Prädicat, terminus
major) in einem Dritten (Mittelbegriff, terminus medius). Oder
wollte man um dieser Richtung willen an den progressiven Sorites
und an die progressive Schlusskette denken, so würde als Correlat
der regressive Sorites und die regressive Schlusskette zu setzen
seyn, nicht aber die Induction. Wohl hat und bedarf auch die
Induction ihr ergänzendes Gegenstück; nur ist letzteres auf keinem
anderen Gebiete zu suchen und zu finden als auf dem, wo sich
die Induction selber bewegt, nämlich auf dem Gebiete des Vorstellens.

Hinwieder hat man die Induction als Syllogismus bezeichnet,
ὁ ἐξ ἐπαγωγῆς συλλογισμός, und sie in dieser Hinsicht zu erklären
sich gewöhnt als einen Schluss vom Besonderen auf das Allgemeine.
Während z. B. der sogenannte Schluss vom Allgemeinen auf das
Besondere sprechen würde: Alle Metalle sind dehnbar; Gold,
Silber, Eisen sind Metalle; also ist Gold, Silber, Eisen dehnbar —
soll die Induction schliessen: Gold, Silber, Eisen sind dehnbar;
Gold, Silber, Eisen sind Metalle; also sind alle Metalle dehnbar.
Gleichwohl sah man sich genöthigt, bezüglich des inducirenden
Verfahrens vor einer übereilten Conclusion zu warnen; oder man
lehrte, die Conclusion, welche sich aus dem inducirenden Verfahren
ergebe, könne nur auf grössere oder geringere Wahrscheinlichkeit
Anspruch machen; oder man brachte die Induction in Verbindung
mit anderen mangelhaften und angeblichen Schlussweisen; oder
man bekannte, dass die Induction das erst erstrebe was der eigentliche Syllogismus bereits in seinem allgemein gültigen Obersatze
geniesse. So suchte man der geschehenen Vermengung von Induction und Syllogismus wieder zu entrinnen. Und in der That
liegen die Induction und der Syllogismus nicht weniger auseinander als etwa die bald zu besprechende Analogie und die Definition. Allerdings wird die Induction mit ihrem Resultate, angehörig
dem Gebiete der Vorstellung, vom syllogistischen Denken nicht
nur sondern überhaupt vom logischen Denken beurtheilt, aber der
Irrthum ist, solche Beurtheilung die der Induction widerfährt für
die Induction selber zu halten oder umgekehrt die Induction, die
noch nicht beurtheilt ist, für ein Urtheil auszugeben. Ist z. B. die
Induction auf Grund der Einzelvorstellungen Gold, Silber, Eisen
zum Resultate gekommen, dass die Metalle dehnbar sind, so tritt
dagegen das logische Denken auf und spricht: Wenn das dehnbare

Gold, Silber, Eisen alles Metall sind, dann sind gewiss alle Metalle
dehnbar; nun ist aber Gold, Silber, Eisen nicht alles Metall; daher
werde ich mich hüten, die Dehnbarkeit des Goldes, Silbers, Eisens
von allen Metallen auszusagen, wie ich auch nicht berechtigt bin
zu behaupten, nicht alle Metalle seyen dehnbar. Denn letzteres
Urtheil würde voraussetzen, dass ein Metall schon gefunden wäre,
welches nicht dehnbar ist. Sondern ich urtheile, dass wenigstens
einiges Metall dehnbar ist oder dass wahrscheinlich alles Metall
dehnbar ist, weil Gold, Silber, Eisen Metalle und dehnbar sind.
Derart räsonnirt das logische Denken, zur Genüge bezeugend, in
welchem Verhältniss die Induction zum logischen Denken steht.
Wäre die Induction ein Syllogismus und hiedurch logisches Denken,
so müsste nothwendig das logische Denken, welches oft genug in
der Lage ist gegen eine Induction entschiedene Einrede zu erheben,
eben hiemit sich selbst widersprechen. Ist übrigens einmal der
Unterschied des Vorstellens vom logischen Denken erkannt, so wird
auch jene Vereinerleiung von Induction und Syllogismus leicht sich
aufklären.

Hauptsächlich mit Bezug auf die Induction hat die Lehre
von den Instanzen Platz gegriffen, ἔνστασις, πρότασις προτάσει
ἐναντία, instantia, dissimile. Man pflegt dann obenhin Instanz
zu erklären als den einzelnen Fall, welcher der Allgemeinheit der
Induction entgegensteht. Wenn z. B. die Induction meint, dass
ein warmer Januar immer einen rauhen Frühling nach sich ziehe,
so ist eine Instanz dagegen ein warmer Frühling, der auf einen
warmen Januar gefolgt ist; oder wenn die Induction die Fixsterne
sich vorstellt als ruhend, so ist eine Instanz dagegen die Bewegung,
die man an diesem oder jenem Fixsterne beobachtet hat. Jedoch
darf man nicht wähnen, dass eine Instanz immer hergenommen
wird von einer Einzelvorstellung und mittelbar dadurch von einer
Wahrnehmung: die Instanz kann hinsichtlich dessen, was sie vor-
bringt, im Grunde einer viel anderen Region entspringen; ebenso
ist es Unrecht, in der Instanz nur einen Fall sehen zu wollen, der
die Ausnahme von der Regel bilde: denn auch ein allgemeines
Urtheil und eine Regel kann als Instanz auftreten gegen das
Resultat einer Induction. Wenn z. B. eine materialistische Induction besagt, dass alles Menschliche verweslich ist, so ist eine Instanz dagegen die Unsterblichkeit der Seele, eine Instanz, die nicht
auf Einzelvorstellung und nicht auf Wahrnehmung sich beruft;
zugleich umfasst sie, wenn schon nur einen Theil des Menschlichen,
doch nicht eine Ausnahme von der Regel, sondern spricht: Alles,
was Seele ist, ist nicht verweslich. Dieses nun, dass die Induction

auf den Einzelvorstellungen fusst und dafür der Wahrnehmung
verpflichtet bleibt, die Instanz hinwieder bald nur eine Einzelvorstellung in sich schliesst oder auch das Resultat einer ganzen
Induction in sich aufgenommen hat und dessen Gewicht gegen
eine andere Induction einsetzt, bald aus höherer Quelle Nahrung
zieht, schon dieses möchte hinlänglich anzeigen, dass mit Induction
und mit Instanz als solcher zwei verschiedene Functionen des Denkens an einander gerathen; aber mehr noch hätte der Begriff der
gegen die Induction gerichteten Instanz, welcher schlüsslich nicht
zu fassen ist wenn nicht als Begränzung der Induction, auf das
Wesen der Induction und ihre Differenz vom logischen Denken
aufmerksam machen sollen. Denn es ist das logische Denken selber, welches die Instanz in die Wagschale wirft: das, was vom
logischen Denken eingewendet wird, ist freilich zunächst auch aus
dem Gebiete der Vorstellung und nur mittelbar aus jenen anderen
Gebieten woher die Vorstellung überhaupt fliessen kann gewonnen,
da das logische Denken immer nur Vorgestelltes begränzt; das
Denken selbst aber, welches den Einwand erhebt, ist eben das
Denken, welches im Begränzen der Vorstellung sein Leben hat,
das logische Denken. Würde die Instanz nicht dem logischen
Denken zugeschrieben, sondern lediglich dem Vorstellen, so müsste
das Vorstellen etwas können was es nicht kann; oder würde die
Instanz zwar auf das logische Denken zurückgeführt, aber auch
die Induction als logisches Denken verfochten, so müsste dem
logischen Denken welches dort verneint was es hier bejaht zugemuthet werden, sich selbst als logisches Denken zu verneinen.
Das logische Denken ist Gränze setzend; was begränzt wird, ist
die Vorstellung: insofern ist das logische Denken die Instanz für
die Vorstellung insgemein. Desshalb ist es auch die im engeren
Sinne sogenannte Instanz für die Ansprüche der Induction.

Man lehrt von vollständiger und unvollständiger Induction,
inductio completa et incompleta. Für eine vollständige Induction
gilt diejenige, welche alle Einzelvorstellungen, die im Umfange
einer Gesammtvorstellung liegen, in ihren Bereich gezogen; für
eine unvollständige jene, die nur mit einem Theil des Umfangs
sich abgegeben hat. Wenn Einer z. B. auf Gefühl, Geruch, Geschmack, Gehör, Gesicht reflectirend als gemeinsames Merkmal
dies hervorhebt, dass Gefühl, Geruch etc. mit Bewegung zusammenhängt, ferner mittelst Abstraction das, was mit Bewegung zusammenhängt, als Empfindung setzt und nun erklärt, die Empfindung
hänge mit Bewegung zusammen, so würde man üblicherweise von
ihm rühmen, er habe eine vollständige Induction gemacht, weil

er alle Sinne in Betracht genommen; als unvollständig aber würde man die Induction bezeichnen, wenn sie auf den einen oder den anderen Sinn nicht reflectirt und dennoch gesagt hätte, die Empfindung hänge mit Bewegung zusammen. Allein mit solcher Unterscheidung von Vollständigkeit und Unvollständigkeit ist nicht das Was der Induction getroffen. In gewissem Sinne ist vielmehr eine jede Induction für sich selbst vollständig, sofern die Gesammtvorstellung, das Resultat der Induction, eben alle die Einzelvorstellungen aus denen sie erwachsen ist zu ihrem Umfange hat, nicht aber solche zu ihrem Umfange haben kann aus denen sie nicht erwachsen ist; wesswegen auch eine Induction, die nachträglich als unvollständig beurtheilt wird, guten Muths wie jede andere und bessere z. B. von den Sinnen überhaupt spricht oder von den Metallen überhaupt oder von den Sternen überhaupt und dergleichen. Hinwieder kann jede Induction für sich als unvollständig angesehen werden sofern sie nach Unten für neue Einzelvorstellungen, unfähig, von sich über deren Möglichkeit oder Unmöglichkeit Etwas auszumachen, immer offen bleibt und ohne den Zutritt neuer Einzelvorstellungen aufhört zu vegetiren wie eine Pflanze die dem nährenden Boden entrissen wird. Zugegeben aber jenen Unterschied einer vollständigen und unvollständigen Induction, so ist wenigstens klar, dass er nicht von der Induction selbst gemacht wird, sondern von einem Denken, welches über der Induction stehend und auf die Induction herabschauend die Gesammtvorstellung, zu welcher eine Induction hinaufschauend gelangt ist, und die Induction selbst zu beurtheilen vermag. Dies beurtheilende Denken aber ist unmöglich ein anderes als das logische Denken. So tritt auch in der Unterscheidung von Vollständigkeit und Unvollständigkeit der Induction die Stellung der letzteren gegenüber dem logischen Denken mit Evidenz zu Tage.

Inductio quae procedit per enumerationem simplicem res puerilis est et precario concludit et periculo exponitur ab instantia contradictoria et plerumque secundum pauciora quam par est et ex his tantummodo quae praesto sunt pronuntiat. At inductio, quae ad inventionem et demonstrationem scientiarum et artium erit utilis, naturam separare debet per rejectiones et exclusiones debitas ac deinde post negativas tot quot sufficiunt super affirmativas concludere quod adhuc factum non est nec tentatum certe nisi tantummodo a Platone qui ad excutiendas definitiones et ideas hac certe forma inductionis aliquatenus utitur. Offenbar hat Bacon's Forderung (Nov. Org. I. Aphor. de Interp. §. 105) das Denken überhaupt im Auge, sofern es von der Wahrnehmung durch die

Vorstellung und mit Hülfe des logischen Denkens zur begründenden Idee emporsteigt; er meint demnach das regressive Verfahren im Allgemeinen, mit dem überkommenen Namen Induction es bezeichnend und um so mehr hiezu veranlasst je weniger von jeher das Denken in seinen Unterschieden bestimmt war. Heute noch geschieht es vielfach, dass man, mit dem Munde die Induction verherrlichend, schlechtweg das regressive Verfahren meint. Nun ist ohne Zweifel die Induction, von welcher wir bisher gesprochen, regressiven Characters; aber derselbe eignet nicht der Induction allein. Auch im logischen Denken bethätigt sich der Regressus; er erscheint da z. B. im regressiven Sorites. Insbesondere aber tritt der Regressus hervor im genetischen Denken sofern es von der Folge zum Grunde, von der Erscheinung zum Wesen u. s. w. schreitet. Allein all dieses findet nur statt, weil überhaupt das Eine und ganze Denken, das von der Wahrnehmung zur Idee und von der Idee zur Wahrnehmung hin und her webt, wie nach der einen Richtung progressiv so nach der anderen Richtung regressiv ist. Wollte man nur für Regressus das Wort Induction in Gang bringen, so bedürfte es nur der Verständigung darüber, dass man, von Induction redend, den Regressus im Sinne habe. Aber dann würde es an einem Namen gebrechen für denjenigen Regressus, welcher sich auf dem Gebiete der Vorstellung zu einer besonderen Form herausgebildet hat, d. h. für das, was wir dermalen Induction betiteln, nicht nur achtend auf die Bedeutung, welche die Wissenschaft von Alters her in dieses Wort zu legen pflegte, sondern auch den Unterschied des Vorstellens vom übrigen Denken bewahrend. Wir werden demnach der Induction die ihr von Haus aus gebührende Stätte im Reiché der Vorstellung lassen, ohne ihrer Verbindung und ihrem Verkehre mit allem sonstigen Denken irgendwie Eintrag thun zu wollen.

Die Induction stützt sich auf die Einzelvorstellungen und mittelbar auf die Wahrnehmung. Sich bewegend durch Reflexion und Abstraction verläuft sie in die Gesammtvorstelllung. Sie gleicht dem wurzelsüchtigen Vegetationsprocess in der Natur. Ihr Mass findet sie am logischen Denken und kann weiterhin noch vom genetischen Denken nach den Gesichtspuncten, welche in den Categorien sich darbieten, ausgearbeitet werden. Nicht weniger ist ersichtlich, dass schon während des inductiven Verfahrens, dem Einer obliegt, das übrige Denken und Wissen Beistand leistet. Es müsste sonst das Denken überhaupt der Einheit ermangeln. Darum aber darf die Induction nicht für das gehalten werden, was sie nicht ist. An und für sich ist sie das Vorstellen, welches die Einzelvorstellungen durch Reflexion auf die gemeinsamen Merkmale und vermöge der abstrahirten Artvorstellung als Gesammtvorstellung denkt.

§. 68.

Uebergang von der Gesammtvorstellung zur Einzelvorstellung Division.

Wie man die beiden Hände in einander faltet, so verflicht sich in die Induction die Division, διαίρεσις, divisio, distributio generis in species seu formas, dorthin strebend, woher die Induction gekommen, und von daher niedersteigend wohin die Induction verlangt.

Sie bewegt sich von der Gesammtvorstellung, totum dividendum vel divisum, dem unterschiedenen Umfang derselben zu, membra divisionis, membra dividentia. Angeknüpft wird an den Inhalt, welchen die Gesammtvorstellung darbietet. Von solchem Inhalt reflectire ich auf Einzelvorstellungen, die Antheil an ihm haben: er wird hiedurch zum Subject für Einzelvorstellungen, gleichsam der Blumenkelch, um welchen sich die farbigen Blätter der Blumenkrone reihen. Würde ich besagte Reflexion nicht auf mich nehmen, so ist nicht zu sehen, wie ich von der Gesammtvorstellung aus den Umfang derselben gewinnen sollte: der reflectirten Vorstellung eines Glied ist der Inhalt der Gesammtvorstellung, während das andere Glied von Einzelvorstellungen gebildet wird. Will ich nun diese Einzelvorstellungen weiter denken, so muss ich abstrahiren von jenem Inhalt, welcher aus der Gesammtvorstellung stammend in der Reflexion zum Sammelpuncte für Einzelvorstellungen geworden ist, und mich dem Unterschiede zuwenden, der zwischen den Einzelvorstellungen und dem Inhalt der Gesammtvorstellung lebt. Es handelt sich somit um diejenigen Merkmale der Einzelvorstellungen, welche übrig bleiben nach Abzug dessen was den Inhalt der Gesammtvorstellung ausmacht. Dieser Rest besteht nothwendig einmal in den Merkmalen, durch welche sich die Einzelvorstellungen von einander selbst unterscheiden, und zweitens in dem Merkmal, wodurch die Gesammtvorstellung sich als Umfang unterscheidet von ihrem eigenen Inhalt: er besteht sonach in den Unterschieden der Art, εἰδοποιόν, specificum, und in der Art der Unterschiede, genus. Die abstrahirte Vorstellung, welche sich im Anschluss an obige reflectirte Vorstellung ergibt, ist mit Einem Worte die Vorstellung der Artunterschiede. Ausgegangen ward

von dem Inhalt der Gesammtvorstellung; auf der angegebenen
Stufe der Reflexion wird derselbe als Umfang subjicirt ˙den Einzelvorstellungen; durch Abstraction tritt ferner der vom Inhalt der
Gesammtvorstellung unterschiedene Umfang als Art hervor und
wird zum Inhalt für die Unterschiede der Einzelvorstellungen von
einander: die hiedurch unterschiedenen Einzelvorstellungen sind
daher der unterschiedene Umfang der Gesammtvorstellung und
haben den Inhalt der Gesammtvorstellung zum eigenen gemeinsamen
Inhalt. So wird die Gesammtvorstellung vermittelst der Reflexion
von deren Inhalt auf Einzelvorstellungen und kraft der abstrahirten Artunterschiede als die Einzelvorstellungen gedacht. Dieses
Vorstellen aber ist die Division oder Eintheilung.

Es sey z. B. gegeben die Gesammtvorstellung: Die Gefässe
des menschlichen Körpers sind Vermittler seiner Ernährung. Der
Inhalt dieser Gesammtvorstellung ist: Vermittler der Ernährung
des menschlichen Körpers. Die Reflexion nun denkt die Vermittler
etwa als Schlund, als Gedärm, als Lymphcanäle, als Drüsen, Adern,
Haut. Die Abstraction wird von den einen hervorheben dieses,
dass sie Trank und Speise aufnehmen, verarbeiten, ausscheiden, an
den anderen, dass sie den Milchsaft fortleiten, von den dritten
dass sie Blut führen, von der Haut, dass sie den ganzen Körper
umspinnt, von allen aber, dass sie Gefässe des menschlichen Körpers
sind. Das Ergebniss wird lauten, dass die Gefässe des menschlichen
Körpers theils Darmsystem sind theils Lymphsystem theils Blutsystem theils Haut. — Oder ein anderes Beispiel. Es sey gegeben
die Gesammtvorstellung der Staaten als souveräner Gemeinwesen.
Die Reflexion denkt sich souveräne Gemeinwesen unter der ameri-
canischen Union, unter Frankreich, Oesterreich, dem russischen
Reich, dem alten Athen, dem alten Rom und dergleichen. Die
Abstraction heftet sich vielleicht daran, dass bei den einen Mehrere
regiert haben, bei den anderen Ein Herrscher ist, setzt aber alle
als Staaten. In Folge davon wird die Division besagen, dass
die Staaten theils Monarchien theils Polyarchien sind. Oder je
nach den Einzelvorstellungen, denen sich die Reflexion zugewendet,
klammert sich die Abstraction etwa an die Unterschiede, dass hier
die Regierung absolutistisch ist dort die Regierung das Volk zum
wirksamen Beirath ruft, so dass die Division sich dahin erklären
würde: Die Staaten sind theils solche, deren Regierung absolutistisch ist, theils solche, deren Regierung das Volk zum wirksamen
Beirath ruft.

Von anerkaunter Wichtigkeit ist für die Division das was
Eintheilungsgrund genannt wird, fundamentum s. principium divi-

sionis. Manche geben für den Eintheilungsgrund das Gattungs-
merkmal aus oder, wie wir sagen würden, den Inhalt der Gesammtvorstellung; Andere bezeichnen als Eintheilungsgrund die Artunterschiede; noch Andere sprechen ohne nähere Bestimmung von
Modificationen des Gattungsmerkmals oder auch von Gesichtspuncten überhaupt. Abgesehen aber von dem Ausdrucke Eintheilungsgrund, der weniger entsprechen dürfte weil man anstatt des Grundes
vielmehr die Mittel meint, durch welche die Division von der
Gesammtvorstellung aus die Glieder, membra divisionis, hervor-
langt, so ist doch klar, dass, vorausgesetzt die Gesammtvorstellung
selbst, weder der Inhalt der Gesammtvorstellung für sich allein
noch die Artunterschiede für sich allein das Ergebniss der Division
bewerkstelligen. Denn sind die Glieder der Division von einander
unterschieden, und noch dazu artweise unterschieden, so vermag
nicht der Inhalt der Gesammtvorstellung solche Unterschiede zu
Wege zu bringen, da er überhaupt Nichts von Unterschieden der
Einzelvorstellungen wissen will und weiss. Sollen hingegen die
Glieder der Division als expliciter Umfang der Gesammtvorstellung
den Inhalt der letzteren zum eigenen Inhalt haben, so ist nicht
zu verstehen wie dieses geschehen könne ohne dass jener Inhalt
der Gesammtvorstellung in das Mittel trete. Aber auch ausserdem
ist nicht an einen Erfolg zu denken, es sey denn dass die Einzelvorstellungen ihrerseits, die als Glieder zu erscheinen haben, schon
vorher in die Arbeit mit eingreifen. Dergleichen Anstände sind
überwunden und die darauf bezüglichen Forderungen erfüllt in
unserer Darlegung, wornach sich der sogenannte Eintheilungsgrund zu erkennen gibt einmal als Reflexion von dem Inhalt der
Gesammtvorstellung auf Einzelvorstellungen und zweitens im so-
fortigen Anschluss hieran als Abstraction der Artunterschiede, in
beiderlei Betracht aber als den thätigen Uebersetzer der Gesammtvorstellung in die Einzelvorstellungen.

Von Interesse für die Erkenntniss dessen, was die Division
ist, dürfte eine Vergleichung derselben seyn mit der Induction.
Bei der Induction werden Einzelvorstellungen in ihre Gesammtvorstellung revolvirt, bei der Division wird eine Gesammtvorstellung
in ihre Einzelvorstellungen evolvirt. Die Induction hat ihre Basis
an einer Mehrheit von Einzelvorstellungen, die Division hat die
Gesammtvorstellung vorweg zum Haupte; in der Induction wird
reflectirt von den Einzelvorstellungen auf die gemeinsamen Merkmale, in der Division wird reflectirt vom Inhalt der Gesammtvorstellung auf Einzelvorstellungen; dort wird durch Abstraction die
Art gewonnen, welche die übrigen gemeinsamen Merkmale zum

Inhalte nimmt, hier werden durch Abstraction die Unterschiede
gesetzt, welche sich zum Umfange der Art gestalten; dort ergibt
sich die Gesammtvorstellung von artweise vereinten Einzelvorstellungen, hier ergeben sich die artweise unterschiedenen Einzelvorstellungen einer Gesammtvorstellung. In der Mitte aber ihres
Verlaufes greifen Induction und Division in einander über, sich
wechselseitig bezeugend: die Induction bietet der divisiven Reflexion
Einzelvorstellungen dar, die Division bringt der inductiven Reflexion den Inhalt der Gesammtvorstellung entgegèn; die inductive
Abstraction gibt der Division die Art, die divise Abstraction reicht
der Induction die Unterschiede der Art. Endlich ist es die Induction, welche aus der Einzelvorstellung keimend mittelbar durch
diese unter das Gebiet der Vorstellung hinunter geradenwegs in
der Wahrnehmung wurzelt, während die Division, in der Gesammtvorstellung gründend, über das Gebiet der Vorstellung hinaus geradenwegs vom genetischen Denken zehrt; wohl kann die Gesammtvorstellung, von welcher manche Division anhebt, aus einer
Induction hervorgegangen seyn, und nicht minder können die
Einzelvorstellungen, auf welchen manche Induction fusst, einer
fortgeführten Division entspriessen, aber diese precäre Fundamen-
tirung gilt nicht im Allgemeinen von der Induction und nicht im
Allgemeinen von der Division; vielmehr hat da jede einen, in
Vergleich mit dem Ergebniss der anderen, eigenen Anfang und
jede ein, in Vergleich mit dem Anfang der anderen, eigenes Ergebniss; daher, wenn gesagt werden wollte, dass Division die
umgekehrte Induction und dass Induction die umgekehrte Division
sey, ist nicht zu vergessen, dass jede ihren eigenen Grund hat,
beide in ihrer Entwicklung sich von einander unterscheiden, eine
zwar der anderen zur Entwicklung wirksame Hülfe leistet, doch
jede wieder ihr eigenes Ziel verfolgt: der Kreislauf dagegen, in
welchen allerdings beide dienend verflochten sind, wird erst ersehen
aus der Einheit des Vorstellens überhaupt mit sich, weiterhin aber
aus der Einheit des Denkens mit sich im Ganzen.

Bezüglich des Umfangs pflegt man die Gesammtvorstellung
im Vergleich mit den Eintheilungsgliedern als grösser oder weiter
zu bezeichnen, latior sc. notio, während letztere kleiner oder enger
genannt werden, angustior. Beide sind, wie man seltsamerweise
sich ausdrückt, subordinirt, d. h. die Gesammtvorstellung ist sub-
ordinirend, subordinans, und die in ihrem Umfange liegende Einzelvorstellung ist ihr subordinirt, subordinata; auch heisst man
jene die höhere, superior, diese die niederere, inferior; in gleicher
Weise werden die Termini Gattung und Art, genus et species,

verwendet. Mehrere niederere Vorstellungen, die auf der nämlichen
Stufe stehend sich in die Gesammtvorstellung theilen, gelten als
coordinirt, coordinata. Hinsichtlich der Zahl solch coordinirter
Glieder wird die Eintheilung selbst bestimmt als Dichotomie,
Trichotomie, Tetrachotomie und, was über letztere hinausgeht oder
schon was die Dyas überschreitet, als Polytomie.

Wenn irgend ein Glied einer Eintheilung selbst wieder die
Eintheilung seines Umfangs zulässt, so entsteht eine sogenannte
Untereintheilung oder Unterabtheilung, ὑποδιαίρεσις, subdivisio,
divisio secundaria. Sage ich z. B. von den Gefässen des animalischen Körpers, sie seyen theils Blutgefässe theils Lymphgefässe
theils Speisecanäle, und von Blutgefässen wieder, sie seyen theils
Arterien theils Venen, so ist letztere Eintheilung der Blutgefässe,
im Zusammenhang mit der vorhergehenden Eintheilung, die nunmehr Grundeintheilung oder Eintheilung erster Ordnung heisst,
divisio fundamentaria s. primaria, eine Untereintheilung oder Eintheilung zweiter Ordnung.

Auf den Fortgang der Grundeintheilung in Untereintheilungen
schaut die übliche Regel, welche fordert, dass die Eintheilung stetig
seyn solle, fiat in membra proxima neve fiat per saltum s. hiatum.
Die Stetigkeit selbst erklärt man dahin, dass immer die nächsten
unmittelbaren Glieder angegeben und erst mittelst dieser die entfernteren hervorgehoben würden, oder dass die Eintheilung von
der Gattung zu den nächsten Arten und von hier zu den Unterarten, nicht aber ohne Weiteres von der Gattung zu den Unterarten schreite. Man würde daher gegen die Regel von der Stetigkeit fehlen, wenn man die Gefässe des animalischen Körpers eintheilen würde in Ausführungsgänge, Lymphgefässe, Arterien und
Venen: denn letztere Glieder ergeben sich erst in der Untereintheilung der in die Grundeintheilung einzufügenden Vorstellung
Blutgefässe. Unschwer ist aber einzusehen, dass die Forderung
der Stetigkeit an die Division gemacht wird von einem Denken,
welches nicht die Division selbst ist, sondern über der Division
stehend diese controlirt; nicht minder ist zu verstehen, dass die
Division aus eigener Kraft jene Forderung nicht erfüllen kann,
sondern geleitet und assistirt werden muss von anderweitigem
Denken. Denn innerhalb der Division zeigt sich die Stetigkeit
einmal abhängig von der Zahl der Einzelvorstellungen, auf welche
reflectirt wird und deren artweise Unterschiede abstrahirt werden;
auf je weniger Einzelvorstellungen ich reflectire, desto dürftiger
werden die Artunterschiede ausfallen und desto mangelhafter wird
das Ergebniss der Division seyn. Wenn z. B. die Gesammtvor-

stellung Gefässe des animalischen Körpers einzutheilen ist und ich
nur auf die Adern reflectiren wollte, so würde ich, etwa das rothe
und das dunkle Blut als Unterschiede hervorhebend, zum Resultate
kommen, dass die Gefässe des animalischen Körpers theils Arterien
theils Venen sind, zu einem Resultate, gegen welches die Regel
der Stetigkeit streitet. Wie soll nun die Division von sich aus
wissen, ob sie auf alle Einzelvorstellungen reflectirt hat? Gedächte
man zu dem Behufe auf die Induction zu verweisen, so hätte man
hiemit die eigene Mittellosigkeit der Division bereits zugestanden;
allein auch die Induction, welche ihrer Gesellin zu Hülfe eilen
möchte, reicht nicht zu, weil sie für sich selbst nicht sicher ist,
welche Einzelvorstellungen alle zu einer gewissen Gesammtvorstellung gehören. Zweitens hängt die geforderte Stetigkeit nicht
blos von der Zahl der Einzelvorstellungen ab, auf welche in der
Division reflectirt wird, sondern auch von den abstrahirten Unterschieden. Ich kann in einer Division von ein und denselben Einzelvorstellungen verschiedene Unterschiede abhebend zu verschie-
denem Ergebniss gelangen. So mag man z. B. die Freistaaten im
Hinblick auf die historisch vorliegenden alter und neuer Zeit eintheilen in Demokratien und Aristokratien, und daneben, während
man die nämlichen Freistaaten im Auge hat, in solche Freistaaten
welche von Einem Individuum und in solche welche von mehreren
Individuen regiert werden. Dergleichen würde um so leichter
geschehen, falls ich bei der Eintheilung ein und derselben Gesammtvorstellung das eine Mal auf andere Einzelvorstellungen
achten wollte als bei dem anderen Male; so kann ich die Staaten
während ich vorwiegend die des Alterthums im Sinne habe, in
Theokratien, Despotien Aristokratien, Demokratien, und dagegen,
auf die modernen Staaten merkend, in constitutionelle und abso-
lutistische eintheilen. Was die Schule Nebeneintheilung nennt,
συνδιαίρεσις, codivisio, condivisio, bezieht sich auf solch andersartige Eintheilung. Wie soll die Division von sich aus wissen,
welches die ächten Unterschiede der Art sind? Dennoch besteht
die Forderung der Stetigkeit ohne Zweifel zu Recht. Ihr wahrer
Sinn ist zuletzt kein anderer als der, dass die Division vorstellig
machen könne und solle die fortschreitende Entwicklung eines
allgemeinen Lebensgrundes zu seinen individuellen Gestaltungen;
hiemit ist zugegeben, dass die Division Vorstellung sey, als solche
aber die Idee der fortschreitenden Entwicklung geliehen erhalte
von einem anderen Denken d. i. vom genetischen Denken — wesswegen eine Division, welche an das genetische Denken sich nicht
kehren zu müssen glaubt, es sich gefallen lassen muss, von der

Natur oder irgend welch anderem Gebiete der Dinge, die genetisch erfasst seyn wollen, verspottet zu werden. Dasjenige Denken hinwieder, welches beurtheilt, inwieweit die Entwicklung vorstellig gemacht sey durch eine Division, ist nicht das genetische Denken, sondern das logische Denken: nicht blos im progressiven Sorites stellt es der Division seinen Mann, sondern keine der logischen Formen ist zu gering oder zu hoch, dass nicht dadurch die Division bearbeitet werden könnte. So ist aus dem Connexe der Division und überhaupt des Vorstellens mit dem übrigen Denken und nur aus diesem Connexe die Forderung der Stetigkeit, welche an die Division ergeht, zu begreifen.

In Verbindung mit der Forderung der Stetigkeit steht das andere Verlangen, dass die Glieder der Eintheilung sich entgegengesetzt seyn sollen, formae sint pugnantes inter se, membra sint opposita, disjuncta, ἀντιδιῃρημένα. Solche Forderung will nicht obenhin besagen, dass die Glieder der Eintheilung von einander unterschieden seyn müssen; denn ohne Unterscheidung findet ein Denken überhaupt nicht statt. Sie kann auch nicht blos behaupten wollen, dass die Glieder der Eintheilung artweise unterschieden seyen; sie würde damit kaum etwas Anderes lehren als dass die Glieder der Eintheilung Glieder der Eintheilung sind: jedenfalls stünde es ihr besser an, statt solcher Tautologie, zu verkünden, auf welche Weise die zur Vollziehung der Eintheilung nothwendigen Artunterschiede gewonnen werden. Sondern sie will, dass die artweise unterschiedenen Glieder als Gegensätze einander auszuschliessen haben. Hiemit aber verräth sie, dass sie selbst dem Eifer des logischen Denkens entfahren ist, welches nicht verträgt, dass die Glieder, abgesehen von ihrem gemeinsamen Inhalt, einander nicht ausschliessen, und daher gegebenen Falls eine Division, die von dergleichen Uebel gedrückt wird, als eine mangelhafte Division beurtheilt ohne desswegen schon die Division schlechthin für eine Nichtdivision zu erklären. Ja, genauer betrachtet, wird nichts Geringeres verlangt als dass die coordinirten Glieder der Eintheilung Definita seyen und die Eintheilung insofern eine Definition. Allein durch solcherlei Ansinnen, so sehr dies alles vom Standpunct des logischen Denkens sich hören lässt, darf der Character der Eintheilung nicht verwischt werden. Wenn ich z. B. die Blutgefässe mit Rücksicht darauf, dass die einen rothes Blut, die anderen dunkles Blut führen, in Arterien und Venen eintheile und die Definitionen hervorhebe: Arterien sind diejenigen Blutgefässe, welche rothes Blut führen, und Venen sind diejenigen Blutgefässe, welche dunkles führen, so darf ich nicht vergessen,

dass der Act des Definirens ein wesentlich anderer ist als die
Division, welch letztere sich nicht darum kümmert, ob der Artunterschied eine differentia specifica im logisch-definitorischen Sinne
ist oder ob die Glieder im logisch-contradictorischen Sinne sich
entgegengesetzt sind, sondern einfach thut was ihres Amtes und
Könnens ist. Von jenem nämlichen Standpunct aus müsste ich
nicht minder den Anspruch erheben, dass die Glieder der Eintheilung als die syllogistischen termini minores an der eingetheilten
Gesammtvorstellung den terminus medius sowie an deren Inhalt
den terminus major haben müssen, oder dass in einer durch Untereintheilung fortgesetzten Grundeintheilung die niederen und die
höheren Glieder sich zu einander zu verhalten haben wie die termini im Sorites, oder gar, dass das totum divisum, die Gesammtvorstellung, ein Grundsatz seyn solle. Wohl ist die Division ein
würdiger Gegenstand für das logische Denken, das in Beurtheilung
derselben seinen ganzen Reichthum zur Schau tragen mag. Aber
man wird sich zu hüten haben, die Beurtheilung, welche der
Division widerfährt, oder das logische Denken, welches sich an
der Division actualisirt, mit der Division an sich zu verwechseln,
eine Verwechslung, welche von frühe an bis heute die Geschichte
der Logik beschwerend durchzieht.

     Es wird der Division zugemuthet, vollständig zu seyn, divisio
adaequata diviso, formae debent aequare genus. Als Fehler dagegen bezeichnet man, dass eine Division entweder zu weit oder
zu enge sey, latior aut angustior diviso, indem dort als Glied aufgeführt werde, was nicht im Umfang der Gesammtvorstellung
liege, membra excedunt divisum, hier die aufgeführten Glieder das
Ganze nicht erschöpfen. Allein gegen den einen genannten Fehler
ist die Division durch sich selbst hinlänglich gesichert, da sie, von
der Gesammtvorstellung ausgehend, auf keine anderen Einzelvorstellungen reflectirt als auf solche, welche am Inhalt der Gesammtvorstellung participiren, und keine anderen Unterschiede abstrahirt
als solche, welche in den Umfang der Gesammtvorstellung d. h.
in die Art einschlagen. Es wird daher die Forderung der Vollständigkeit vielmehr ankämpfen müssen gegen die Möglichkeit,
dass eine Division zu enge werde, und hiebei in das Auge fassen
sowohl die Richtung der Division in die Breite, τὰ ἐν τῷ αὐτῷ
γένει διεστηκότα, als auch die durch die Untereintheilungen sich
fortsetzende Richtung in die Tiefe, εἰς τὰ ἄτομα. Zu sagen z. B.
dass die Gefässe des menschlichen Körpers theils Lymphsystem
seyen, theils Blutgefässe, wäre unvollständig sofern auch das Darmsystem und die Haut für Gefäss zu gelten hat: für vollständig

dagegen wäre anzusehen die Eintheilung der menschlichen Sinne in Gefühl, Geruch, Geschmack, Gehör, Gesicht. Indessen wird Niemand im Ernste leugnen wollen, dass die Division aus eigener und alleiniger Macht die sogenannte Vollständigkeit nicht bewirken und Vollständigkeit oder Unvollständigkeit nicht beurtheilen kann; es ist vielmehr offenbar das ganze übrige Denken zu Rathe zu ziehen, wenn es sich fragt, ob eine Division vollständig oder unvollständig ist, und es muss das ganze übrige Denken mithelfen, wenn eine Division zu Stande kommen soll, von der gesagt werden könnte, sie sey vollständig. Einmal nämlich ist die Vollständigkeit einer Division bedingt vom wahrnehmenden Denken: die Einzelvorstellungen, auf welche ich in der Division reflectiren muss, mögen mir zwar immerhin zunächst von der Induction übermittelt seyn, zu Unterst aber stammen sie aus der Region des Wahrnehmens; je beschränkter mein Wahrnehmen und je ärmlicher in Folge davon der Fonds meiner Einzelvorstellungen ist, um so kläglicher wird eine darauf verwiesene Division ausfallen müssen. Zweitens hängt die Vollständigkeit einer Division vom genetischen Denken ab: dasselbe gibt nicht blos die Idee der Einheit überhaupt an die Hand, sondern insbesondere auch die Stufen, durch welche die Entwicklung eines Lebens sich zu bewegen hat, wenn sie auf Vollständigkeit Anspruch machen will; je weniger ich bei der Division vom genetischen Denken geleitet werde, desto weniger werde ich die wesentlichen Unterschiede an den Einzelvorstellungen hervorzuheben wissen und desto wirrer und lückenhafter wird die Division selbst sich gestalten. Beides zusammen, so dass weder die Idee hinter der Wahrnehmung noch die Wahrnehmung hinter der Idee zurückbleibt sondern die eine an der anderen in Erfüllung geht, bringen die Vollständigkeit einer Division zu Wege; in diesem Betracht mag eine vollständige Division bezeichnet werden als ein Spiegel, aus welchem die Uebereinstimmung der Idee der Entwicklung mit der wahrgenommenen Wirklichkeit herausschaut. Während aber genetisches Denken und Wahrnehmen im Bunde mit einander und mit dem übrigen vorstellenden Denken die Vollständigkeit der Division ermöglichen und bewirken, ist es das logische Denken, welches die Division prüfend, ob sie nach der einen Seite der Idee nach der anderen Seite den Wahrnehmungen Genüge leistet, von derselben urtheilt, dass sie vollständig oder unvollständig sey. Schlüsslich aber zeigt ein kurzer Blick auf das gesammte Gebiet unseres Erkennens, dass wir verhältnissmässig nur weniger vollständiger Divisionen uns zu rühmen haben und auch diese nur als Fragmente der zerstückten Division des Uni-

versums erscheinen; hinwieder lehrt auch schon eine kurze Ueber-
legung, dass es nicht anders seyn kann, nicht nur darum weil
ideewidrig da und dort eine ausgeartete Wirklichkeit hindernd
dem Denken sich entgegenwirft, sondern auch darum, weil unser
Erkennen selbst nach Inhalt und Form mit seiner eigenen Entwicklung zur Vollständigkeit annoch zu thun hat.

Mit der Division ist nicht die Partition zu identificiren,
διαίρεσις ἀπὸ ὅλον εἰς μέρη, totum in proprias dividitur partes,
totum corpus in diversa disjungitur, partitio. Eine genaue Bestimmung dessen zu geben, was man Partition heisst, möchte bei
dem mehrdeutigen Gebrauch des Wortes keine leichte Aufgabe
seyn. Bald erscheint dieselbe nur als eine Exposition; wenn man
z. B. an der äusseren Nase die Wurzel, die Spitze, den Rücken,
die Löcher, die Flügel unterscheidet, so hat dieses keinen anderen
Werth als den einer Exposition; gleichwohl pflegt man auch in
solchem Falle zu sagen, man habe eine Partition gemacht. Bald
wieder und meistens nimmt man unter dem Namen Partition einen
mehr oder weniger gelingenden Anlauf zu einer genetischen Construction, hervorhebend alle oder einige Momente, aus welchen
ein individuelles Ganzes entsteht oder· in welchen es besteht. So
gilt es z. B. für eine Partition, wenn ich sage: Die menschliche
Gesellschaft, die dem Staate zu Grunde liegt, besteht aus sexuell
verschiedenen Individuen, aus Familien, aus Arbeitsklassen oder
Ständen, aus Vereinen. Nicht minder wird es für eine Partition
betrachtet, wenn ich angebe: Der Granit besteht aus Quarz,
Glimmer, Feldspat. Negativ übrigens bezeichnet man den Unterschied der Partition von der Division, der dann sogenannten divisio
logica, gewöhnlich dahin, dass die Theile, welche sich bei jener
ergeben, keine Arten sind. Zwar ist solche Begränzung einmal
zu ungenau: denn auch die Merkmale in der Exposition, die immerhin für Theile angesehen werden können, sind als Merkmale noch
keine Arten, und dennoch wird hinwieder Exposition und Partition
auseinandergehalten. Zweitens ist die angeführte Bestimmung
auch darum nicht zutreffend, weil ich die Theile wenn auch nicht
jeder vorkommenden doch mancher Partition allerdings als Arten
vorstellen kann. So mag man mit Bezug auf das vorhin beige-
brachte Exempel die Ehe, die Familie, den Stand immerhin als
eine Art von menschlicher Gesellschaft denken. Allein man wird
kaum irren, wenn man aus der obigen Behauptung, die Theile in
der Partition seyen keine Arten, als Lichtkern hindurchschimmern
sieht, dass die Partition an sich nicht wie die Division und deren
Geschwister das Eine als Anderes denkt und desshalb nicht dem

Bereiche des Vorstellens angehört. Vielmehr weisen alle Spuren
darauf hin, dass die Partition ihren constituirenden Momenten
nach im Bezirke des genetischen Denkens zu Hause ist, was ja
nicht verhindert dass sie weiterhin in die Vorstellung eingeht und
als Vorstellung erscheint. Jedenfalls ist über den Zweifel erhaben
dass die Genesis überhaupt, welche nicht weniger die Momente
des Bestehens als die des Entstehens in sich schliesst, nicht gedacht
wird, wenn nicht vom Denken der Genesis, die Partition daher,
sofern sie die Momente des Bestehens denkt, genetisches Denken ist.

Früher unterschied man zwischen der divisio nominalis s.
divisio vocis s. distinctio vocis ambiguae und zwischen der divisio
realis. Unter letzterer verstand man häufig die eigentliche Division
sammt der Partition, unter ersterer die Eintheilung eines Wortes
in seine mehrfache Bedeutung. Beispiele für die divisio nominalis
bietet jedes nur einigermassen ausführliche Lexicon zur Genüge.
Es kann dieselbe allerdings, wenn sie nur den unterschiedlichen
Gebrauch eines Wortes aufzählt, für keine wirkliche Division
erachtet werden; gleichwohl ist ihr der Character der Division
nicht völlig abzusprechen. Sie schlägt nämlich in das Fach der
Division schon insofern, als einmal ausgegangen wird von einer
Gesammtvorstellung, deren Inhalt in irgend einem Worte zusammengefasst und ausgedrückt ist; zweitens aber wird reflectirt auf die
einzelnen Wendungen, in denen jenes Wort gebraucht wird von
der Sprache des Volkes, in der Wissenschaft, in der Kunst u. s. w.
Beruhigt man sich nun hiebei, ohne weiter zu schreiten, so ist
nicht zu rühmen, dass man eine wirkliche Division vollführt hätte;
und eben dieses Steckenbleiben inmitten des divisiven Processes
ist es, was die seyn sollende divisio nominalis häufig kennzeichnet.
Der Umstand jedoch, dass man es mit einem Worte und seinen
Bedeutungen zu thun hat, hindert an sich keineswegs, die Division
auch durchzuführen. Es kommt nur auf Einsicht, Willen und
Bedürfniss an. Man wird, Dank dem vielgepriesenen Geist der
Sprache, von den Wendungen in denen ein Wort schillert die
Artunterschiede zu abstrahiren vermögen und schlüsslich zu dem
Resultate kommen, dass die Bedeutung des in Rede stehenden
Wortes, nicht also das Wort selbst, theils diese, theils diese, theils
diese ist, d. h. es ergeben sich Arten der Bedeutung, eine regel-
rechte Division verwirklichend. Dann aber wird auch das Beiwort
nominalis unnütz; es würde in das Unendliche führen, die Eintheilung betiteln zu wollen nach dem was eingetheilt wird. Freilich
ist in der didactischen Praxis der Unterschied von nomen und res

nicht selten von grossem Werth, und gerne wird ein Lehrer mit
dem nomen als dem seinen Zuhörern am nächsten Liegenden beginnen, um nach Feststellung der Tragweite des nomen für den
gegebenen Fall zur Explication der res fortzuschreiten. Doch
reicht dieser Unterschied von nomen und res nicht zu, um in der
Wissenschaft von der Eintheilung selbst die letztere zu gliedern
in divisio nominalis und realis.

In alten Zeiten sprach man auch von einer divisio secundum
accidens und zwar, cum subjectum in accidentia separamus ($\dot{\alpha}\pi\dot{o}$
$o\dot{v}\sigma\dot{\iota}\alpha\varsigma$ $\varepsilon\dot{\iota}\varsigma$ $\sigma\upsilon\mu\beta\varepsilon\beta\eta\varkappa\acute{o}\tau\alpha$) aut cum accidens in subjecta dividimus
($\dot{\alpha}\pi\dot{o}$ $\sigma\upsilon\mu\beta\varepsilon\beta\eta\varkappa\acute{o}\tau o\varsigma$ $\varepsilon\dot{\iota}\varsigma$ $o\dot{v}\sigma\dot{\iota}\alpha\varsigma$) aut cum accidens in accidentia
secamus ($\dot{\alpha}\pi\dot{o}$ $\sigma\upsilon\mu\beta\varepsilon\beta\eta\varkappa\acute{o}\tau o\varsigma$ $\varepsilon\dot{\iota}\varsigma$ $\sigma\upsilon\mu\beta\varepsilon\beta\eta\varkappa\acute{o}\tau\alpha$). Die letztere Form
ist indessen nur eine Fortsetzung der Theilung von subjectum in
accidentia, indem das eine oder andere accidens anderen accidentia
zu Grunde gelegt wird. Ein Beispiel für die Theilung des accidens
in subjecta würde seyn: Blaues ist theils der Himmel theils das
Wasser theils die Blume theils der Edelstein u. s. w. Ein Beispiel
für die Theilung des subjectum in accidentia: Die Güter des Menschen sind theils natürlicher theils geistiger Art (umgekehrt: Sowohl Natürliches als Geistiges macht die Güter des Menschen
aus). Dergleichen mag immerhin zur Division gerechnet werden
sofern in der Theilung des accidens in subjecta und des subjectum
in accidentia die Mittel sich zu erkennen geben, durch welche die
Division zu Stande kommt: dort die Reflexion vom Inhalt der
Gesammtvorstellung auf die Einzelvorstellungen, hier die Abstraction der Artunterschiede. Nur wird man nicht befugt seyn, jenes
innere Triebwerk der Division herausreissend es als ebenbürtige
Art neben die eigentliche und ganze Division hinzustellen; hat
man freilich einmal diese zum ausgehöhlten Leibe gemacht, so
wird man nicht umhin können, ihn zugleich mit den abgelösten
Eingeweiden als Arten gemeinschaftlich unter das genus Cadaver
zu subsumiren.

Man hat neuerdings begonnen, die Division als Deduction
zu bezeichnen. Bei der Stellung, welche die Division zur Induction
einnimmt, und im Gegenhalt zum Worte Induction hat sich der
Name Deduction leicht empfohlen. Aber abgesehen hievon ist
der sonstige Gebrauch des Wortes Deduction allzu mannigfaltig.
Bald versteht man darunter den Progressus überhaupt, in welchem
sich das Denken von der Idee zur Wahrnehmung herabbewegt;
bald das genetische Denken insbesondere sofern es progressiv und
synthetisch dem Grund in die Folgen, dem Wesen in die Erscheinung u. s. w. nachgeht; bald sogar eine Erläuterung durch

Beispiele und dergleichen; bald irgend eine rein logische Operation. Wenn man indessen auch darin übereinkäme, den Ausdruck Deduction für das progressive Verfahren des Denkens überhaupt zu wählen, so würde derselbe, angewendet auf die Division, wohl deren Verhältniss zur Induction andeuten und die Richtung vom Allgemeinen auf das Einzelne besagen, aber nicht ihre Eigenthümlichkeit als Vorstellen heraustreten lassen, sondern letztere vielmehr verdecken. Denn ohne Zweifel entfaltet sich in der Division ein vorwiegender Progressus; allein derselbe ist vermittelnder Progressus auf dem speciellen Gebiete des Vorstellens so wie die Induction ein vermittelnder Regressus ebenfalls auf dem Gebiete des Vorstellens ist.

Die Division gehört dem Bereiche des Vorstellens an. Von der Gesammtvorstellung anhebend treibt sie ihr Geschäft in einer Richtung, welche dem Trachten der Induction entgegengesetzt scheint; gleichwohl kann sie in der That einer innigen Berührung mit letzterer sich nicht entschlagen; erst durch die Verflechtung mit der Induction gedeiht ihr Unternehmen, die Gesammtvorstellung den Einzelvorstellungen zuzubilden. Wie die Induction dem integrirenden Vegetationsprocesse, so ist die Division dem differenzirenden Vegetationsprocesse ähnlich: beide mit einander sind das denkende Gleichniss des pflanzlichen Wachsthums. Aber auch vom ganzen übrigen Denken ist die Division nicht abgetrennt noch völlig abzulösen. Während sie von Oben her durch die Gesammtvorstellung den Geist des genetischen Denkens immerdar einathmet, wird ihr von der Induction andererseits der Gewinn des Wahrnehmens übermittelt; hinwieder verfällt sie selbst der entscheidungssüchtigen Macht des logischen Denkens. Ist so die Division nicht herauszureissen aus dem Organismus des Denkens, so darf sie dagegen auch nicht mit den anderen Gliedern des Ganzen krankhaft verfliessen. Denn sie ist Etwas an und für sich, das Vorstellen nämlich, welches die Gesammtvorstellung vermittelst der Reflexion von deren Inhalt auf Einzelvorstellungen und kraft der Abstraction der Artunterschiede als die Einzelvorstellungen denkt.

§. 69.

Bei der Induction denke ich Einzelvorstellungen als ihre Gesammtvorstellung, bei der Division denke ich eine Gesammtvorstellung als ihre Einzelvorstellungen.   Dort trachte ich nach der
Gesammtvorstellung, hier verlange ich nach der Einzelvorstellung.
Allein dort erreiche ich keineswegs die Gesammtvorstellung an
und für sich; dieselbe haftet vielmehr noch an den Einzelvorstellungen, aus denen sie sich erst sammelt.   Ingleichen erhalte ich
hier nicht die Einzelvorstellung an und für sich, sondern diese
hängt mit den anderen Einzelvorstellungen an der Gesammtvorstellung, welche sich in den Einzelvorstellungen zerstreut.   Mein
Streben, die Einzelvorstellung als die Gesammtvorstellung und die
Gesammtvorstellung als die Einzelvorstellung zu denken, ist demnach mit der Induction und Division nicht erfüllt.   Diese Erfüllung ist aber auch nicht möglich, es sey denn dass zuvor jede
Einzelvorstellung, die an der Gesammtvorstellung participirt, sich
als die andere mir zu denken gibt.   Hiemit würde das Vorstellen
in ein neues Stadium treten; allein wie soll das zugehen?

Die unerlässliche Grundlage bleibt jedenfalls die Induction
und die Division: sie sind es, welche vorarbeitend die Einzelvorstellung in die Bahn der Gesammtvorstellung und die Gesammtvorstellung in die Bahn der Einzelvorstellung bringen; wollte ich
ohne eine schon entworfene Induction und Division die eine Einzelvorstellung als die andere denken, so würde eben dieses Unter-
fangen mich hineinziehen in eine inductive Reflexion und in eine
Induction überhaupt und würde umgekehrt zu einer Division mich
führen, d. h. ich müsste mir die noch nicht gegebene, aus Induction
und Division bestehende Grundlage erst erwerben.   So aber ent-
nehme ich aus dem vorhandenen Fonds je zwei ebendaher schon
durch gemeinsames Geschick mit einander verflochtene Einzelvorstellungen, um die eine als die andere zu denken.

Zunächst nun reflectire ich auf alle die Merkmale, welche
beide gemeinsam haben; die gemeinsamen Merkmale oder der
gemeinsame Inhalt sind das Vehikel, durch welches ich von der
einen Einzelvorstellung zur anderen komme.   Nicht minder aber
muss ich reflectiren auf den Artunterschied beider; denn ohne das
Aufmerken auf diesen Unterschied wäre nicht etwa nur die Arbeit

der Division umsonst gethan, sondern die Einzelvorstellungen selbst würden in ihrem gemeinsamen Inhalte verschwimmend mir verloren gehen, anstatt dass ich sie für einander gewänne. Allein nun ist es gerade dieser Artunterschied, welcher mich verhindert, die eine Einzelvorstellung als die andere zu denken. Ihn verneinen kann ich nicht. Ich abstrahire daher von ihm sowohl als auch, um nicht in den Anfang zurückzufallen, von dem gemeinsamen Inhalt, mich zuwendend den noch übrigen Merkmalen. Diese neuen Merkmale sind hiernach von jenem Artunterschied und von jenem gemeinsamen Inhalt unterschieden: sie begründen weder einen Artunterschied noch gehören sie zum bekannten gemeinsamen Inhalt; sie werden in beiderlei Betracht zu bezeichnen seyn als gleichgültiger Unterschied. Allein nicht gleichgültig bleibt er für mein Denken, welches die eine Einzelvorstellung als die andere denken will: denn obwohl jene Merkmale einen Artunterschied nicht ausdrücken, so bieten sie sich doch immer nur von Seite der einen Einzelvorstellung mir dar, während ich ebendieselben an der anderen Einzelvorstellung bis jetzt nicht finden konnte. Dass sie aber nicht auch der anderen Einzelvorstellung zukommen, lässt sich schlechterdings nicht aus dem schon bekannten gemeinsamen Inhalte beider beweisen: als ich auf selbigen reflectirte, hatte ich ja noch nicht diese neuen Merkmale abstrahirt, die jetzt in Rede stehen. Mit ihnen die andere Einzelvorstellung auszustatten verbietet mir seinerseits auch der Artunterschied nicht, der von einer solchen Communication nicht nur nicht versehrt wird sondern sie sogar vermitteln hilft. Die Blösse der einen aber mit dem Reichthum der anderen zu decken fordert mein Vorstellen, welches beseelt von dem Verlangen, in jeder Einzelvorstellung die Gesammtvorstellung und die Gesammtvorstellung in jeder Einzelvorstellung zu haben, die eine Einzelvorstellung als die andere denken will. Demnach den Mangel der einen mit der Fülle der anderen stillend denke ich in der That die eine als die andere. Das Vorstellen selbst aber, welches, im Anschluss an die inductiv und divisiv gegebene Gesammtvorstellung, durch Reflexion auf den gemeinsamen Inhalt wie auf die Artunterschiede vermöge der Abstraction der übrigen Merkmale die eine Einzelvorstellung als die andere denkt, heisst Analogisiren oder Combination, die betreffende Vorstellung beider Einzelvorstellungen Analogie (bei den Griechen in Vermischung mit dem Beispiel παράδειγμα, bei den römischen Rhetoren und den älteren Logikern exemplum, dann auch comparatio, analogia und mit mancherlei Distinctionen analogia attri-

butionis, proportionis, proportionalitatis, parabola, translatio etc.,
analogismus).

Nehmen wir z. B. die beiden Einzelvorstellungen Erde und
Venus. Ihren gemeinsamen Inhalt werden wir der Kürze wegen
zusammenfassen in den Ausdruck Planeten und den Artunterschied
etwa dahin bestimmen, dass die Erde von der Sonne weiter entfernt ist als die Venus. Von der Erde nun weiss ich, dass sie
vegetative Geburten hervorbringt und animalisches Leben nährt;
von der Venus weiss ich wenigstens durch den Augenschein dieses
nicht. Dagegen sehe ich, dass die Venus leuchtet, während ich
ein Leuchten der Erde nicht erblicke. Anzunehmen, dass auch
die Erde leuchtet und dass auch die Venus vegetatives und animalisches Leben trägt, verhindert weder der Umstand, dass beide
Planeten sind, noch verbietet es nach bisherigem Wissen die verschiedene Entfernung von der Sonne. Soll vielmehr die Erde
sowohl als die Venus jede die Planetennatur ganz in sich repräsentiren, so kann ich nicht umhin, von der Erde zu denken, dass
sie gleichfalls leuchtet, und von der Venus, dass sie gleichfalls
vegetative Geburten hervorbringt und animalisches Leben nährt.
So werden im Anschluss an die Gesammtvorstellung die Merkmale,
welche ausser dem vorbekannten gemeinsamen Inhalte und den
Artunterschieden übrig bleiben, von der einen Einzelvorstellung
auf die andere übertragen, und die eine wird als die andere gedacht. — Ein Beispiel anderer Art. Gegeben seien die Einzelvorstellungen Blume und Mensch. Beide sind, der Mensch seiner
körperlichen Hülle nach, vergängliche Kinder der Erde, wennschon
die Blume der Pflanzenwelt angehört, der Mensch dagegen in das
animalische Leben verwebt ist. Die Blume senkt traurig ihre
Blätter und verwelkt; der Mensch müht sich ab und kämpft und
über kurz oder lang haucht er zusammen. Der eine scheidet dahin
so gut wie die andere. Ich darf demnach vom Menschen sagen,
dass er verwelkt, und von der Blume, dass sie zusammenhaucht.
Ja mit Rücksicht hierauf spricht man schlechtweg, der Mensch
ist eine Blume, und man spricht es aus um so leichter, je mehr
Merkmale eine fortspinnende Combination vom Menschen auf die
Blume und von der Blume auf den Menschen übersetzen kann und
übersetzt.

In anderen Analogien hinwieder geschieht es, dass man, die
eine Einzelvorstellung mit der anderen gleichsetzend, mehr oder
weniger genau bedeutsamerweise den Artunterschied hervorhebt.
So wird z. B. gesagt: Das Blasinstrument ist eine künstliche Kehle.
Von der Gesammtvorstellung jener Mittel nämlich, welche Töne

hauchend der Musik dienen, sind die Einzelvorstellungen Blasinstrument und Kehle genommen, jenes ein Werk der Kunst, dieses
ein natürliches Organ; anstatt nun die übrigen Merkmale ausdrücklich von der einen Einzelvorstellung her der anderen und
umgekehrt zuzuwenden, wird mit Voraussetzung solchen Processes
das Blasinstrument vielmehr als Kehle selbst gesetzt und der Artunterschied des Subjects zum bereiten Prädicate hinzugefügt.
Aehnlich ist es wenn angegeben wird, das Universum sey der
Webstuhl der Zeit, oder die Pflanzenwelt sey das in die Entwicklung gezogene Mineralreich, oder der Kreis sey der expandirte
Punct, oder der Historiker sey ein rückwärts gekehrter Prophet,
und dergleichen mehr, während auch umgekehrt etwa zu sagen
wäre, der Webstuhl ist ein künstliches Universum, oder das Mineralreich ist die gebundene Pflanzenwelt, oder der Punct ist der
contrahirte Kreis, oder der Prophet ist der vorwärts schauende
Historiker. — Noch andere Analogien beschäftigen sich damit,
dass sie, zu Grunde legend eine schon vollzogene Gleichsetzung
zweier Einzelvorstellungen, noch weiterhin Merkmale von der einen
auf die andere beziehen oder solche wieder hervorholen. Zum
Beispiel: Wie das Laub des Baumes abfällt im Herbste, so auch
die Geschlechter der Menschen wenn ihre Zeit gekommen. Hier
liegt bereits die Analogie zu Grunde, dass die Menschheit und
ihre Stämme ein Baum ist mit seinen Blättern. Und wenn die
Achäer, die aus dem Lager stürzen, mit einem Bienenschwarm
verglichen werden, der von muthwilligen Knaben gereizt aus dem
Korbe hervorbricht, so knüpft die Plastik dieses Gleichnisses daran
an, dass vorweg der wimmelnde Haufe der Achäer als ein Bienenschwarm überhaupt gedacht ist.

Man lehrt, die Proportion sey mit der Analogie verwandt,
aber nicht mit ihr identisch. Es ist dies dahin zu bestimmen
dass die Proportion nur eine Art der Analogie ist, sofern bei der
Proportion die bezüglichen Einzelvorstellungen selbst wieder die
Vorstellungen einzelner Verhältnisse sind. Beispiele von Proportion
würden seyn: Wie sich der Griffel in der Blume zu den Staub-
fäden verhält, so verhält sich der Stengel oder Stamm der Pflanze
zur ganzen Blüthe, oder so verhält sich die Pflanzenwelt zum
animalischen Leben; oder wie sich die Pflanze zum animalischen
Leben verhält, so verhält sich im animalischen Leibe das Gefässsystem zum Empfindungssystem oder innerhalb dieses Gefässsystems
das Lymphsystem zu den Blutgefässen oder auf psychischem Gebiete das Gemüth zum Geist oder das Bild zum Denken oder innerhalb des Denkens die Vorstellung zum logischen Denken, und

dergleichen. Hier ist überall Analogie: das eine vorgestellte Verhältniss wird als das andere gedacht. Wäre dabei etwa ein Glied
noch unbekannt, indem z. B. gefragt würde: Zu welchem einzelnen
Gefässsysteme verhält sich das Lymphsystem ähnlich wie sich
überhaupt das Gefässsystem des animalischen Leibes zum Empfindungssysteme verhält? — so wäre vor allen Dingen nicht nur auf
die per inductionem et divisionem gelieferte Gesammtvorstellung
des Gefässsystems (Hautsystem, Lymphsystem, Blutsystem, Darmsystem) sowie des Körpers überhaupt (Gliedersystem, Gefässsystem,
Empfindungssystem, Nervensystem) zurückzugreifen, sondern gerade
der dadurch gebotene und das Verhältniss involvirende Artunterschied des Gefässsystems vom Empfindungssystem einmal und
ausserdem die gegebenen gegenseitigen Artunterschiede des Darm-
systems, des Lymphsystems, der Blutgefässe, der Haut müssten
noch zusammen inductiv und divisiv in das Auge gefasst werden,
so dass nach dieser Wegbereitung erst per analogiam der Unterschied des Gefässsystems vom Empfindungssysteme als der Unterschied des Lymphsystems von den Blutgefässen und dieser als
jener gedacht zu werden vermag. Die sogenannte mathematische
Analogie hinwieder, bei den Alten schlechthin ἀναλογία geheissen,
ist zu betrachten als eine Art der Proportion und hiedurch als
eine Unterart der Analogie; ihre Eigenthümlichkeit besteht darin,
dass die Combination von Verhältnissen an die mathematischen
Formen gebunden ist. Was innerhalb der Analogie überhaupt
Reflexion auf den gemeinsamen Inhalt und auf den Artunterschied
der Einzelvorstellungen ist, erscheint z. B. bei der Regeldetri als
Multiplication der betreffenden Glieder, und was dort Abstraction
der übrigen Merkmale ist, erscheint hier als die Rechnungsweise
des Dividirens.

Von Wichtigkeit ist es festzuhalten, dass die Analogie auf
einem Fundamente ruht, welches von Induction und Division gelegt ist. Jedes Beispiel einer Analogie gibt Kunde von solcher
Voraussetzung und jeder Versuch, eine Analogie zu gewinnen,
muss gleicher Nothwendigkeit sich fügen, mag eine Induction und
Division auch noch so oberflächlich und beschränkt seyn. Nicht
Einzelvorstellungen als solche sind ja Gegenstand der Combination,
sondern Einzelvorstellungen die bereits in ein gemeinsames Geschick
gebracht an ihrer Gesammtvorstellung Ende und Anfang gefunden
haben: dies konnte ihnen nur durch eine Induction und Division
widerfahren. Davon unterschieden wieder ist die Rolle, welche
die Gesammtvorstellung innerhalb der Analogie auf sich hat. Denn
der Analogie immanentes, in den betreffenden Einzelvorstellungen

lebendiges Princip ist eben die Gesammtvorstellung der Einzelvorstellungen selbst; die Analogie ist in solcher Hinsicht das Analogon
zum logischen Urtheil, in welchem sich anstatt der Gesammtvorstellung der Begriff actualisirt, während den Einzelvorstellungen
der Analogie das im Begriff centrirte Subject und Prädicat des
Urtheils entspricht. Ohne die combinirende Gesammtvorstellung
zum Centrum zu haben müssten die Einzelvorstellungen ausein-
anderfallen oder doch zurückkehren in den status ante, welchen
ihnen schon die Induction und Division angewiesen hatte. So
aber geben sie nunmehr, auf eine neue Stufe gehoben, sich gegenseitig Zeugniss, und das, was sie sich bezeugen, ist ihre gemeinsame
Abkunft und ihr gemeinsames Ziel, das in ihnen brennende Zeu-
gungsprincip selber d. h. die Gesammtvorstellung. Hiernach wird
die Analogie als eine auf dem Gebiet des Vorstellens sich voll-
ziehende Probe der Induction und Division angesehen werden
müssen, wenngleich über das Gebiet des Vorstellens hinaus die
Analogie auch ihrerseits eine Prüfung vor dem logischen Denken
zu bestehen hat.

Nicht geringe Gewalt ward der Analogie von jeher angethan
dadurch, dass man sie durchaus so als wäre sie von Geburt ein
Syllogismus, behandeln zu müssen meinte: ὅταν τῷ μέσῳ τὸ
ἄκρον ὑπάρχον δειχϑῇ διὰ τοῦ ὁμοίου τῷ τρίτῳ *). Allerlei
syllogistische Schemata wurden zu Tage gefördert, in welchen man
das Wesen der Analogie erjagt zu haben glaubte. Wohl erregten
Aergerniss die bei der Analogie aufzufindenden und herausgehobenen quatuor termini: die eine Einzelvorstellung als Subject, die
andere Einzelvorstellung als Prädicat, die gemeinsamen Merkmale
als Mittelbegriff, endlich der Ueberschuss von Merkmalen der
einen Einzelvorstellung, wobei man noch die artweisen Unterschiede
der beiden Einzelvorstellungen gänzlich ausser Acht liess; der
eigentliche Syllogismus dagegen sollte nur drei termini zählen:
Subject, Mittelbegriff und Prädicat. Man nahm indess seine Zu-
flucht zur tröstenden Distinction: analogiam habere quatuor terminos
in ratione similitudinis tautum, non in ratione syllogismi. Allein

---

*) Analogismus. Hiemit aber sind nicht zu verwechseln die auf
Theophrast zurückgeführten συλλογισμοί κατ' ἀναλογίαν. Letztere sind
vielmehr eine nach Art des Sorites oder nach Art des Syllogismus und der
syllogistischen Figuren zusammenhängende Reihe hypothetischer Urtheile,
συλλογισμοί ὑποϑετικοί. Hievon weiter unten bei den Urtheilen der
Relation.

nichts Anderes als die ratio similitudinis ist der Nerv und Geist
der Analogie, die ratio syllogismi gehört specifisch dem logischen
Denken zu. Nicht zu zweifeln ist, dass eine Analogie syllogistisch
bearbeitet werden kann; aber auf dass man sie syllogistisch bearbeiten könne, muss sie vorher daseyn, und hinwieder ist es nicht
die syllogistische Form, welche aus sich eine Analogie hervorwachsen lassen könnte. Wäre man nicht von Anfang an in der
Meinung befangen gewesen und weiterhin befangen geblieben,
dass die Analogie schlechtweg auf den Syllogismus zurückzuführen
sey, so würde man gefunden haben, dass der Definition die Analogie noch näher liege als dem Syllogismus; wenn ich z. B. per
analogiam das Blasinstrument als eine künstliche Kehle setze, so
vertritt, logisch angesehen, die Vorstellung Kehle offenbar das
genus proximum, und mit dem Worte Künstlich ist die differentia
specifica gegeben: denn die Analogie verzehrt keineswegs den von
der Division überkommenen Artunterschied, welcher in den Bereich
des logischen Denkens, übersetzt als differentia specifica sich aus-
zuweisen hat; vielmehr geschieht es innerhalb der Analogie, dass
solcher Artunterschied im Wechselleben der beiden Einzelvorstellungen unter einander von dem getragen ist was darnach vom
logischen Denken als genus proximum für die Definition verlangt
wird. Uebrigens wäre es keine schwere Aufgabe, irgend eine
Analogie durch alle Gänge des logischen Denkens hindurchzuführen
und nicht blos am Syllogismus oder an der Definition zu messen.
Das logische Denken ist Instanz für die Vorstellung überhaupt
und daher auch für die Analogie, nicht aber ist das Vorstellen
das logische Denken selber.

Aus einer Analogie kann eine reiche Erkenntniss heraus-
keimen, und die tiefste Erkenntniss kann analogisch sich aussprechen. Wenn z. B. der Apostel das Verhältniss Christi zur Gemeinde mit dem Verhältniss des Hauptes zum gegliederten Leibe
vergleicht, so ist es seine Gnosis vom Verhältnisse Christi zur
Gemeinde an und für sich, die er in dieser Analogie niederlegt;
uns dagegen ist hiedurch die Möglichkeit gegeben, aus solcher
Analogie das Verhältniss, in welchem Christus mit der Gemeinde
lebt, an und für sich herauszufinden. Denn die Analogie als solche
schliesst mit nichten den Wahrheitsgehalt von sich aus. Thatsächlich brechen ja die einzelnen Wissenschaften in ihrem Fortschritte nicht weniger mit Hülfe der Analogie als mit Hülfe der
Induction und Division sich ihre Bahn; dazu ist nicht abzusehen,
wie das Denken, verwickelt in die Induction und Division, aus
denselben auch nur herauskommen und wie daher Induction und

Division Früchte tragen könnte, wenn nicht vermöge analogischer Combination, die wir oben als eine wenn schon nur vorläufige Probe für Induction und Division selbst bezeichnen mussten; überhaupt aber ist klar, dass, wenn das Analogisiren eine Art des Vorstellens und hiedurch Denken ist, die denkende Wissenschaft ihrer nicht entrathen kann und dass der Weg zur Wahrheit sich durch sie hindurchschlingt. Die Einsicht jedoch, wie die Analogie Wahrheit in sich aufnehmen und Wahrheit zurückgeben kann, wird nicht gewonnen, wenn nicht aus der Einsicht in den Zusammenhang des Einen und ganzen in sich unterschiedenen Denkens mit sich selbst. Dem Gebiet des Vorstellens angehörig schliesst sie zunächst an Induction und Division sich an; je umfassender und gründlicher diese gehalten sind, um so ergiebiger ist das Geschäft der Combination. Durch Induction und Division aber zieht sie ihre Nahrung einerseits vom Wahrnehmen andererseits vom genetischen Denken, während sie ihrerseits dem Spruche des logischen Denkens unterzogen wird, das dann zu neuen Wahrnehmungen treibt oder von Neuem das genetische Denken entfacht.

Im Hinblicke darauf, dass gewisse Variationen der Analogie, von der wir bis jetzt gesprochen haben, namentlich bei den Dichtern reichlich fliessen, könnte man vielleicht meinen, dass wir Poesie und Analogie mit einander vermischen. Wir fügen dem noch bei, dass nicht blos bei dem Poeten, sondern auch bei dem Redner, insbesondere aber bei dem Lehrer, der des Stoffes und der Mittheilung Meister ist, die Analogien häufig genug zu treffen sind. Es wäre daher vielmehr zu fragen, ob wir nicht die Analogie mit der redenden Kunst überhaupt irgendwie verwechselt hätten. Hiegegen ist Folgendes zu antworten. Die Analogie, die wir dermalen behandeln, gehört dem Gebiete des Denkens und speciell des Vorstellens an. Die redende Kunst aber und alle Kunst bewegt als solche sich nicht in der Sphäre des Vorstellens und nicht des Denkens, sondern auf dem Gebiete des Bildens und Darstellens. Insofern ist also Analogie nimmermehr Poesie und überhaupt nicht Kunst. Allein wir bringen auch Gedanken, nicht blose Gefühle und dergleichen, zur Darstellung, wir können folglich irgendwelche Analogie, die wir gedacht haben, darbilden, auf dass Andere ihrerseits sich dieselbe vorstellen können; und wir werden um so geneigter seyn, gerade eine Analogie den Hörern gegenüber auszusprechen oder den Lesern zu bieten, je mehr wir wissen, welch bedeutsame Function dieselbe innerhalb des menschlichen Denkens ausübt. Nach dieser Seite hin mag von einer Analogie gesagt werden, dass sie in das Gebiet der Kunst eingeht. Doch ist sie

darum nicht die Kunst selber, sondern sie bleibt was sie von Haus
aus ist: Vorstellung. Man wird uns darum nicht mit Grund vor-
werfen können, dass wir den Unterschied der Analogie von der
redenden Kunst oder speciell von der Poesie unbeachtet lassen.
Hinwieder glauben wir unsrerseits erinnern zu müssen, dass schlechterdings erstens alles Denken und also auch die Combination oder
das Analogisiren immer erst an einem irgend woher gekommenen
Bilde in uns sich entzündet, und dass zweitens bei einem Vergleich
des Organismus des Denkens mit der bildenden Thätigkeit als das
Analogon zu letzterer gerade das Vorstellen sich ergibt.

Die Analogie ringt sich immer unmittelbar an und in das
Kettenwerk der Induction und Division. Sie findet keine Rast, bis
sie alle die von Induction und Division verbundenen Einzelvor-
stellungen einander in das Angesicht hat blicken und sich gegen-
seitig erkennen lassen (analogia completa); hinwieder wird die
Rast unmöglich, da Induction und Division ihrestheils immer neuen
Stoff gewinnend ihr Geschäft mit immer grösserem Umfang und
Inhalt fortbetreiben (analogia incompleta). Wäre einmal das ganze
Universum inductiv und divisiv bearbeitet, dann könnte auch die
Analogie die Geschlechtsverwandtschaft der Dinge uns anzeigen.
Ob aber eine Analogie übereinstimmt mit einer anderen Vorstellung
oder mit dem Begriff oder mit der wahrgenommenen Wirklichkeit
oder mit dem genetischen Denken, das alles beurtheilt das logische
Denken. Wollte man das Ganze der Induction und Division vergleichen mit der Pflanze, die ihr Vermögen im Schafte nach Oben
und nach Unten giesst und in den Zweigen und Blättern ausbreitet
nach Rechts und nach Links, so wäre von der Analogie insbesondere zu sagen, sie sey der Pflanze Blüthe. Mit Exposition, mit
Induction und Division gehört die Combination zu ein und demselben Stamme, ist daher nicht der Syllogismus oder das logische
Denken überhaupt, welches letztere vielmehr mit eigenem Centrum
einen eigenen Lebenskreis für sich bildet. Das Analogisiren oder
die Combination, wovon wir gehandelt, ist nur Vorstellen und
erfüllt ihr Amt darin, dass sie im Anschluss an die inductiv und
divisiv bearbeitete Gesammtvorstellung die eine von daher entnommene Einzelvorstellung als die andere denkt vermittelst der
Reflexion auf den gemeinsamen Inhalt beider und auf ihre Artunterschiede und vermöge der Abstraction der übrigen Merkmale.

§. 70.

Die Einzelvorstellung als Gesammtvorstellung und umgekehrt. Das Exempel.

Die Sache des combinirenden Vorstellens ist es nicht, aus dem Vorrath von Einzelvorstellungen, welchen die Induction und Division darbietet, nur zwei derselben ausnahmsweise in Communication mit einander zu setzen. Je zwei immer ergänzend, ergänzt es im Verlaufe jede Einzelvorstellung an jeder, die im Umfange der Gesammtvorstellung liegt. Die Schranke ihres Thuns auf dem eigenen Gebiete wird sie daher erst inne, wenn keine Merkmale mehr von der einen Einzelvorstellung auf die andere zu übertragen sind. Diese Schranke fällt, sobald in die Induction und Division neue Vorstellungen einrücken.

Aber die Combination ist keineswegs des Vorstellens Höchstes. Sie wird vielmehr zum Instrument, um die Gesammtvorstellung selbst zu denken. Denn nicht die Combination selbst schon gibt sich mit diesem Gedanken ab: sondern auf diesen Gedanken kommt das Vorstellen, welches das bisherige Ergebniss des Analogisirens denkt, ebendamit in ein neues Stadium eintretend.

Dasselbe reflectirt nämlich zunächst auf den gemeinsamen Inhalt aller betreffenden Einzelvorstellungen, auf den Inhalt, der nicht blos jener ist, welchen schon die Induction und die Division kannten, sondern auf den Inhalt, der sich dazu noch mittelst der Combination entfaltet und angesetzt hat. Ohne die besagte Reflexion vermöchte sich das Vorstellen offenbar nicht über die Analogie zu erheben. So aber werden nun die bearbeiteten Einzelvorstellungen hinsichtlich des gemeinsamen Inhalts als Eins gedacht. Allein in dieser Richtung kann das Vorstellen nicht verweilen: im Denken des gemeinsamen Inhalts ginge mir die Einzelvorstellung verloren. Hinwieder darf ich um der Einzelvorstellung willen, deren Inhalt jener gemeinsame Inhalt geworden ist, von letzterem nicht abstrahiren. Wohl aber darf und muss ich um der Einzelvorstellung willen abstrahiren von den übrigen Einzelvorstellungen, mich Einer Einzelvorstellung zuwendend. Hiedurch kommt das Vorstellen an der Einzelvorstellung zu haften; doch denke ich sie nicht so als Einzelvorstellung, wie es Art der Exposition ist, noch auch denke ich mehrere Einzelvorstellungen als Gesammtvorstellung oder eine Gesammtvorstellung als ihre unterschiedenen Einzelvorstellungen, wie es Art ist der Induction und

Division, noch auch denke ich ergänzend die eine Einzelvorstellung als die andere nach Weise der Combination, sondern ich denke jetzt die Gesammtvorstellung als diese Einzelvorstellung und diese Einzelvorstellung als die Gesammtvorstellung. Das Vorstellen aber, welches von der Combination der Einzelvorstellungen sich unterscheidend vermittelst Reflexion auf den gemeinsamen Inhalt und vermöge Abstraction einer Einzelvorstellung von den übrigen diese Einzelvorstellung als die Gesammtvorstellung und die Gesammtvorstellung als diese Einzelvorstellung denkt, ist Exemplifikation; die Vorstellung selbst ist Exempel oder Beispiel.

So kann das geradlinige rechtwinkliche Dreieck oder das spitzwinkliche oder das stumpfwinkliche oder das sphärische Dreieck jedes als ein Beispiel von Dreieck überhaupt gelten; oder so ist die verwelkende Blume ein Beispiel des Vergänglichen, Thomas von Aquino das Beispiel eines Heiligen, die eine oder die andere Rede des Muretus jede ein Beispiel seiner classischen Latinität, das Eine in sich unterschiedene Denken ein Beispiel von Organismus, u. s. w. Was in der Exposition lediglich als Einzelvorstellung behandelt wird, was bei der Induction als Einzelvorstellung in die Gesammtvorstellung aufgeht und bei der Division artweise unterschieden sich hervorthut, was bei der Combination als Einzelvorstellung an der anderen Einzelvorstellung sich ergänzt, tritt nunmehr als Einzelvorstellung der Gesammtvorstellung und als Gesammtvorstellung der Einzelvorstellung auf, d. i. als Beispiel.

Man würde nicht mit Recht sagen können, dass das Beispiel im Verhältniss zur Einzelvorstellung, welche exponirt wird, sowie im Verhältniss zur Induction, zur Division, zur Analogie etwas völlig Neues wäre. Denn insofern als das Beispiel Einzelvorstellung ist, geht es ebendesshalb der Induction, welche ja auf Einzelvorstellungen fusst, voran und erfährt das Schicksal welches die Induction den Einzelvorstellungen bereitet; sofern das Beispiel hinwieder Gesammtvorstellung ist, ist es von dieser Seite her Voraussetzung für die Division, die ihrestheils in der Gesammtvorstellung gründet: nicht minder oder eigentlich noch mehr, weil schon deutlicher hervortretend als Einheit von Einzelvorstellung und Gesammtvorstellung, lebt und ist vorgebildet das Beispiel in der Analogie, wesswegen den Alten nicht ferne lag, παράδειγμα oder exemplum sowohl im Sinne von Analogie als von Beispiel zu nehmen. Doch ist es gemäss vorliegender Entwicklung nicht mehr zu verkennen, dass das Beispiel noch etwas Anderes ist als die Analogie und als die übrigen Formen der Vorstellung. Denn das Beispiel zeigt sich nunmehr als das Resultat der Analogie und

mittelbar des übrigen Vorstellens, dem es als zwiespältige Potenz
zu Grunde gelegen: es ist die Gesammtvorstellung, die an der
Einzelvorstellung in Erfüllung gegangen, und die Einzelvorstellung
die an der Gesammtvorstellung ihren eigenen Gehalt gefunden.
Ein kurzes Aufmerken dürfte jedoch inne werden lassen, dass das
Beispiel nicht das einzig mögliche Resultat der Analogie ist. Denn
falls eine mangelhafte Induction und Division die Combination
bezüglich einer Einzelvorstellung oder mehrerer Einzelvorstellungen
unthunlich macht, so werden durch die effective Combination der
übrigen Einzelvorstellungen jene Einzelvorstellung oder jene Einzelvorstellungen als der Sache fremd ausgeschieden: man mag dann
solches Resultat der Analogie, wodurch auf Grund der ausgeschie-
denen Einzelvorstellungen der Anlass zu einer neuen und umfassenderen Induction gegeben wird, ein progressives Resultat benennen, dem gegenüber das Beispiel als regressives Product erscheint.

Leicht lässt sich das Beispiel in syllogistische Form einfügen.
Wenn ich z. B. diese geometrische Figur hier als Beispiel eines
geradlinigen Dreiecks setze, so wird einmal die Gesammtvorstellung mit ihrem Inhalt in den Obersatz gelegt werden können:
Jedes geradlinige Dreieck enthält 2 R. Zweitens aber findet das
Vorstellen der Gesammtvorstellung als dieser Einzelvorstellung oder
das Vorstellen dieser Einzelvorstellung als Gesammtvorstellung
seine Erledigung im Untersatz und Schlusssatz: Diese geometrische
Figur ist ein geradliniges Dreieck und enthält als solches 2 R.
Oder wenn ich das Dreieck als Beispiel einer geometrischen Figur
denke, so wird die Exemplification widerscheinen im Syllogismus:
Jede geometrische Figur umfängt einen Raum, das Dreieck ist
eine geometrische Figur und umfängt als solche gleichfalls einen
Raum. Aber es wäre verkehrt zu meinen, das Beispiel selbst sey
ein Syllogismus oder die Exemplification sey ein Schliessen. Nicht
minder könnten wir die Exemplification erheben in irgend eine
andere Form des Urtheils. All dergleichen beruht auf dem logischen Denken, welches an das Beispiel herantretend dieses sich
unterwirft. Das Beispiel an und für sich bewegt sich im Gebiete
des Vorstellens. Sofern aber die Vorstellung die Grundlage des
logischen Denkens oder des Urtheilens ist, erhält das Wort Kant's,
die Beispiele seyen die Vehikel der Urtheilskraft, seine wahre Bedeutung.

Unerlässlich ist die Exemplification für den Lehrer, wobei
der Gebrauch des Beispiels und eines bestimmten Beispiels Wahl
hauptsächlich beeinflusst ist einerseits vom Lehrgegenstand andererseits von dem Bildungsgrade der Schüler, hinwieder von der

Geschicklichkeit des Lehrers und von der Herrschaft, die derselbe
durch Verständniss und Einsicht sich über den Stoff errungen.
Gewöhnlich handelt es sich darum, dass die Schüler von den Beispielen her die Regel, den Lehrsatz, den Grundsatz sich aneignen,
m. a. W. die Vorstellung in das logische Denken erheben: da
mag je nach Umständen der Lehrer, wenn er die Regel ausgesprochen, selbst die Beispiele angeben; oder er mag einzelne Fälle
vorlegen, von welchen die Schüler ihrerseits unter seiner Leitung
sich die Regel erst abnehmen; oder er mag die Schüler Beispiele
nach Analogie der zuvor von ihm gegebenen Beispiele angeben
lassen und hierauf zum Denken der Regel führen; oder er mag,
ohne selbst ein Beispiel zu geben, zu der festgestellten Regel die
Schüler aus ihrem eigenen Fonds von Einzelvorstellungen Beispiele
herausbilden lassen, und dergleichen. Doch wird man dabei sich
vor dem Irrthum in Acht zu nehmen haben, als ob das Beispiel
aus der Regel hervorginge; die Regel geht vielmehr aus dem Beispiele hervor. Auch macht das Beispiel nicht eigentlich die Regel
vorstellig, sondern es wird das, was zuvor in der Form des Beispiels vorstellig gemacht ist, hernach als Regel gedacht: das Beispiel als solches schiesst gezeigtermassen aus den Vorstellungen
auf, wie sie durch die Induction, Division, Analogie zubereitet
sind, und lebt, weil dem Gebiete der Vorstellung angehörig, nach
der einen Seite von den Wahrnehmungen nach der anderen Seite
von der Idee, nicht aber unmittelbar vom logischen Denken, das
erst am Beispiel und überhaupt an der Vorstellung sich zu actualisiren beginnt. Daraus dass dem Vorstellen die Mittlerrolle zukommt im Organismus des Denkens, sowie daraus, dass das Beispiel die gediegene Gesammtvorstellung ist, fliesst für den Lehrer
zu Gunsten seiner Schüler die Nothwendigkeit der Exemplification.
    Vergleicht man die Analogie gemäss ihrer Stellung auf dem
Gebiete des Vorstellens mit der Blüthe der Pflanze, so ist von dem
Beispiel zu sagen, es sey die samenreiche Frucht. Um so mehr
Beispiele aber werden Einem zu Gebote stehen, ein je grösserer
Gesichtskreis von Seite der Wahrnehmung her ihm eröffnet ist;
und um so tieferer Gehalt wird den Beispielen innewohnen, je
weiter das genetische Denken vorgedrungen in Ergründung des
betreffenden Lebenskreises. Nicht jedoch soll das Beispiel vermengt werden mit all dem übrigen Denken wovon es schöpft und
dem es umgekehrt Handreichung thut. Das Beispiel ist wesentlich
Vorstellung und zwar die zu Stand gebrachte Einheit von Einzelvorstellung und Gesammtvorstellung.

Der Zusammenhang der Vorstellungsformen unter sich und mit
dem Denken überhaupt. Die Hypothese.

Wir haben die Einzelvorstellung und ihre Exposition, die
Induction und die Division, die Analogie, das Beispiel in Betracht
genommen. Die Einzelvorstellung schliesst sich nach der einen Seite
an die Wahrnehmung; nach der anderen Seite hin ist sie die
noch verhüllte Gesammtvorstellung. Ihre Entwicklung zur Gesammtvorstellung sucht sie in der vermittelnden Induction,
während die Gesammtvorstellung das Verlangen nach ihrer Entwicklung zur Einzelvorstellung in der vermittelnden Division zum
Ausdrucke bringt. Die Einzelvorstellung aber wird zur Gesammtvorstellung und diese zur Einzelvorstellung nicht ohne die Analogie,
welche als Organon eine jede Einzelvorstellung im Wechselver-
kehre mit der anderen zur Gesammtvorstellung ausübt und die
Gesammtvorstellung in jede Einzelvorstellung einwirkt. Endlich
tritt die concrete Gesammtvorstellung hervor als Beispiel. In umgekehrter Richtung legt die im Beispiel enthaltene und an das
genetische Denken sich anschliessende Gesammtvorstellung sich der
Division zu Grunde; letztere bereichert sich dann nach Inhalt und
Umfang an dem, was die aufgeweckte Induction ihr zuträgt, während die Combination, die so ein immer sich erweiterndes Gebiet
mit erhöhter Spannkraft beherrscht, nach Oben hin neue Beispiele
ermöglicht, nach Unten hin aber unverträgliche Einzelvorstellungen
aussondert zu frischer Bearbeitung. Mit der Einzelvorstellung, die
exponirt wird, mit Induction und Division, mit Analogie, mit Beispiel ist der Organismus der Vorstellung im Umrisse gezeichnet;
Einzelvorstellung und Gesammtvorstellung sind die äussersten
Glieder, welche, sowohl durch Induction und Division als auch
durch Analogie vermittelt, ihre Einheit im Beispiel als der concreten Gesammtvorstellung durchsetzen. Das Denken aber, welches
ausserhalb des von Einzelvorstellung und Gesammtvorstellung um-
fassten Gebietes sich bewegt, kann unmöglich Vorstellen seyn, da
alles Vorstellen, beständig mit dem Inhalt der Einzelvorstellung
und dem Umfang der Gesammtvorstellung beschäftigt, weder unter
die Einzelvorstellung herunter noch über die Gesammtvorstellung
hinaus kommt; wiederum kann es zwischen Einzelvorstellung und
Beispiel keine anderen Mittelglieder als die genannten geben, da

dieselben gezeigtermassen unmittelbar sich an einander schliessen. Was daher noch sonst als eine besondere Form von Vorstellung hervorgehoben werden möchte, ist nur, wenn es wirklich eine besondere Form von Vorstellung wäre, innerhalb der besprochenen Formen als Unterart zu suchen. So vollführt das vorstellende Denken in sich seinen Kreislauf. Es gleicht der Pflanze in ihrem Keimen, Grünen, Blühen, Reifen. Aber wie diese hineingezogen ist in einen weiteren Kreislauf der Erdsäfte und der Lüfte, in einen Kreislauf, der ausserhalb der Pflanze sich zusammenfindet, so dient auch das vorstellende Denken für sich dem grossen Kreislauf des Denkens überhaupt, der von der Idee zur Wahrnehmung und von der Wahrnehmung zu der Idee vermittelst der Vorstellung und kraft des logischen Denkens sich übersetzt.

Von jeher wurde und neuerdings insbesondere wird viel gesprochen von der Hypothese (ὑπόθεσις, bei Aristoteles auch als eine Unterart von θέσις bestimmt, nämlich ἡ ὁποτερονοῦν τῶν μορίων τῆς ἀποφάνσεως λαμβάνουσα, οἷον λέγω τὸ εἶναί τι ἢ τὸ μὴ εἶναί τι).

So gilt es heutzutage für eine Hypothese, wenn z. B. die Meteorsteine als aus Erdvulcanen oder als aus atmosphärischen Dämpfen oder als aus dem Mond herkommend erklärt werden, oder wenn die Endemie der Cholera in Verbindung gebracht wird mit der Bodenbeschaffenheit und dem Grundwasser, oder auch wenn ich als nothwendig annehme, dass an der und der Stelle des Himmels ein Planet, den man bisher noch nicht wahrnehmen konnte, sich finden müsse; oder so bezeichnet man mit wissenschaftlicher Fassung als Hypothese eine der Sentenz selbst vorhergehende, noch unentschiedene Meinung des Richters oder etwa der Schöffen, dass der Angeklagte unschuldig sei; als Hypothese auch wird irgend eine philologische Conjectur geschätzt, und dergleichen mehr.

Vergebens aber sieht man sich um nach einer befriedigenden Erklärung von Hypothese; seit alten Zeiten gleisst dieses Wort sammt dem davon gebildeten Adjectivum in mannigfachen Farben. Bald bringt man die Hypothese in engen Zusammenhang mit der Beobachtung, mit dem Experiment, weiterhin mit Induction, mit Analogie. Bald scheint es, als sey die Hypothese in der Region des logischen Denkens zu Hause; man characterisirt sie als die problematische Prämisse eines Syllogismus oder als einen Schluss vom Bekannten auf Unbekanntes oder als ein conditionales Urtheil oder wieder als ein disjunctives Urtheil und zuweilen als ein Urtheil, welches entschieden die Unmöglichkeit des Andersseyns

besagt. Bald gibt man an, sie betreffe Grund und Folge, Wesen
und Erscheinung, die Wechselwirkung der Glieder eines Ganzen
u. s. f.

Betrachten wir die Sache näher, so drängt sich vor Allem
die Gewissheit auf, dass die sogenannte und wie immer verstandene
Hypothese nicht dem Gebiete der blosen Wahrnehmung angehört.
Im Gegentheil gibt es Hypothesen genug, die sich lösen sobald
sie den Hauch der Wahrnehmung spüren, und es gibt keine Hypothesen, die nur mit Wahrnehmung zu thun haben. Wenn ich
z. B. die Existenz eines noch uneutdeckten Planeten in einer bestimmten Himmelsgegend für wahrscheinlich oder nothwendig halte,
so bestätigt sich diese Hypothese und hört auf, Hypothese zu seyn,
nachdem der Planet sichtbar geworden. So und in allen anderen
Fällen hat die Hypothese nie das wahrnehmende Denken zu ihrem
eigenthümlichen Nerv; womit freilich nicht ausgeschlossen ist, dass
sie auf eine Wahrnehmung sich stützt oder umgekehrt nach einer
Wahrnehmung begehrt.

Ferner ist es unhaltbar zu meinen, dass sie nur in der Region
des genetischen Denkens sich bewege. Zwar wohnt unverkennbar
in vielen Hypothesen die Idee und gerade die Idee des Grundes;
so z. B. wenn ich die Meteorsteine auf cosmische Verhältnisse der
Erdatmosphäre oder wenn ich die Naturerscheinungen auf Atome
zurückführe. Allein wäre das genetische Denken Hypothese,
so müsste auch dies, dass ich den Künstler als den Schöpfer
seines Kunstwerks oder den Maulwurf als den Urheber des
von ihm in die Erde gewühlten Ganges denke, gegen allen
Brauch schlüsslich für eine Hypothese erachtet werden. Alles was
genetisch gedacht ist würde insofern lediglich Hypothese seyn.
Oder wäre umgekehrt die Hypothese das genetische Denken, so
müsste z. B. die Hypothese, wornach ich setze, dass bei Diogenes
Laertius und Sextus Empiricus statt $ἀξίωμα \; διαφορούμενον$ zu
lesen wäre $διφορούμενον$, für genetisches Denken erklärt werden.
Aber auch abgesehen hievon ist nicht zu verstehen, wie die Hypothese, falls sie das genetische Denken wäre, angezweifelt und beurtheilt zu werden vermöchte, wenn sie nicht zuvor anders geworden
und auf den Kreis des Vorstellens sich eingelassen hätte: denn
alles genetische Denken wird nicht dem Urtheil unterzogen, es sey
denn dass es in die Vorstellung sich versenke; und wäre das genetische Denken Hypothese, so bliebe es ingleichen ein ungelöstes
Räthsel, warum es, wie der Hypothese ja es schlechterdings widerfährt, ohne anders geworden zu seyn angezweifelt und beurtheilt

wird. Die Vereinerleiung von Hypothese und genetischem Denken
lässt mit Erfolg sich nicht verfechten.

Indessen kann die Hypothese auch nicht mit dem logischen
Denken rechtlicherweise zusammengeworfen werden. Wird die
Hypothese z. B. als problematische Prämisse bezeichnet, so ist damit doch nur gesagt, dass eine Hypothese insofern eine Prämisse
ist, als sie zur Prämisse für ein syllogistisches Verfahren eingesetzt
wird, und dass sie problematisch ist sofern sie als problematisch
beurtheilt wird; um aber als Prämisse zu figuriren und um als
problematisch beurtheilt werden zu können, muss das Zeug, woraus die problematische Prämisse besteht, eben die Hypothese, schon
vorhanden seyn. Oder wird von einer Hypothese gerühmt, sie sey
unwidersprechlich, so ist dies weder von allen Hypothesen zu sagen
noch ist zu verkennen, dass hiemit ein Urtheil gefällt wird von
einem Denken, das nicht die Hypothese selbst ist sondern über
der Hypothese steht. Das logische Denken müsste, mit der Hypothese gleichgesetzt, nicht logisches Denken seyn und die Hypothese müsste nicht Hypothese seyn.

Die Hypothese ist weder das Wahrnehmen noch das genetische Denken noch das logische Denken; auch kann sie, da es
ihr bald an der Wahrnehmung bald am genetischen Denken bald
an der Bestimmtheit des logischen Denkens gebricht, weder für
das regressive Denken überhaupt, das von der Wahrnehmung zur
Idee sich bewegt, noch für das progressive Denken, das von der
Idee zur Wahrnehmung wandelt, noch für das Denken schlechtweg gehalten werden. Daher bleibt nur übrig, sie als Vorstellung
zu setzen. Allein auch als Vorstellung kann sie nicht ohne Weiteres gelten; denn obschon leicht sich nachweisen liesse, dass in
der Hypothese sey es im Anschluss an genetisches Denken sey es
im Anschluss an die Wahrnehmung immer Eines als Anderes gedacht und hiedurch die Weise des Vorstellens gewahrt wird, so
genügt dieses doch nicht zur Explication dessen was Hypothese
ist: im Begriff der Hypothese liegt noch eine besondere Determination, die herausgehoben seyn will. Solche Determination kann
unmöglich ausdrücken, dass die Hypothese diese oder jene Art
oder Unterart von Vorstellung sey; die Hypothese als solche ist
nicht identisch mit der Einzelvorstellung oder mit der Induction
und Division oder mit der Analogie oder mit dem Beispiel, noch
fällt sie unter eine der genannten Vorstellungsformen. Jene Determination ist daher nicht zu betrachten als ein immanenter
Unterschied der Vorstellung selbst. Demnach wird sie gefasst
werden müssen als gegeben durch das Verhältniss der Vorstellung

nach Aussen d. h. durch das Verhältniss zum übrigen Denken. Dann aber ergibt sich die Hypothese als die Vorstellung sofern sie einmal Ergänzung von Seite des übrigen Denkens bedarf und erhält, zweitens ihrerseits selbst die Entwicklung des Denkens vermittelt.

Aus der Verwandtschaft der Vorstellung nun mit der Wahrnehmung und mit der Idee wird für die Hypothese klar ihre Herkunft von der Idee und ihre Tendenz zur bestätigenden Wahrnehmung und dagegen ihre Herkunft von der Wahrnehmung und ihre Tendenz zur begründenden Idee; es wird zweitens klar aus der Mittlerrolle der Vorstellung im Organismus des Denkens die mit Recht so oft und so sehr betonte Unentbehrlichkeit der Hypothese für Erweiterung des Wissens; aus dem Verhältniss der Vorstellung zum logischen Denken, von dem sie erfasst und beurtheilt wird, wird ferner klar, wie die Hypothese in problematischer oder ein anderes Mal in apodictischer Geltung auftreten kann oder wie sie als Prämisse eines Syllogismus oder in irgend einer Form des Urtheils zu erscheinen vermag; daraus endlich, dass die Vorstellung rücksichtlich ihres Standes zum übrigen Denken Hypothese ist, wird klar, dass auch die exponirte Einzelvorstellung, die Induction und Division, die Analogie, das Beispiel als Momente der Hypothese betrachtet werden können und umgekehrt die Hypothese auf alle diese Formen sich beruft. Würde die Hypothese nicht, wie wir gethan, zurückgeführt auf die Vorstellung und deren Verhältniss zum übrigen Denken, dann müsste sie, weil keine andre Stätte im Reiche des Denkens findend, als ein Nichtdenken gedacht werden. So aber wird sie von dem Denken selbst begründet, und sie entwickelt sich ihrerseits aus dem Denken und wird vom Denken bemessen und erweist sich als nützliches und nothwendiges Glied des Ganzen, nämlich als die Vorstellung in ihrem Verhältniss zum übrigen Denken.

Die Vorstellung ist der specifische Gegenstand des logischen Denkens· Wie das Bild für das Denken überhaupt und wie in der Sphäre des Vorstellens insbesondere die Induction und Division für die Combination zum Anreiz und Opfer wird, so die Vorstellung für das logische Denken. Ohne Vorstellung bleibt dieses dahinten und ohne letzteres wird die Vorstellung nicht weiter gedacht. Aller Reichthum, den die Vorstellung in sich tragen mag, geht mit der Vorstellung in das Dominium· des logischen Denkens über.

Zuchtmeister wohl aber auch Befreier ist das logische Denken für dasjenige Denken, das im Vorstellen sich gefällt und auf Er-

lösung harrt. Was die Vorstellung, sich anschliessend an die
Idee, bezüglich der Wahrnehmung präsumirt, und was die Vorstellung, sich stützend auf die Wahrnehmung, bezüglich der Idee
präsumirt, das wird durch das logische Denken im Interesse des
ganzen Denkens entweder gebührend zurückgewiesen oder zu fröh-
lichem Gedeihen entbunden. Ohne die Gunst des logischen Denkens
müsste das Denken die erfolglos haschende Qual des Tantalus er-
leiden und wäre selbst undenkbar. In Wirklichkeit aber ist das
logische Denken das Organon für des Denkens Entwicklung, das
Organon, durch welches das in der Vorstellung alterirte Denken
mit neuem Gewinn seine Einheit wiederherstellt, das Organon
des Denkens für seinen Bestand, das Organon des Denkens
überhaupt.

§. 72.

Die Grundsätze des logischen Denkens.

Es haben sich allmählich mehrere sogenannte Grundsätze
herausgebildet, ἀϱχαί, propositiones principales s. maximae, axiomata, dignitates, principia, an welche die Logiker ihre Theorie
enger oder lockerer knüpften; man ist aber weder hinsichtlich der
Zahl noch in der Erklärung, in der Formulirung und in der Verknüpfung derselben unter einander zu einem Ganzen bis jetzt über-
ein gekommen.

Am meisten Ansehen hat sich erworben und bewahrt der
Satz der Identität, principium identitatis, ferner der Satz des Widerspruchs, princ. contradictionis, und drittens der Satz des Grundes, pr. rationis determinantis v. rationis sufficientis v. de ratione
sufficientiae. Der Sinn des Satzes der Identität wird gewöhnlich
in der Formel ausgedrückt: A ist A; der des Satzes vom Widerspruche: A ist nicht nicht A; der dritte angegebene Satz fasst das
Denken von Seite seiner begründenden Function auf. Ausserdem fügt
man häufig noch den Satz der Einstimmung bei, pr. convenientiae:
er denkt A als x, y, z und hinwieder dieses x, y, z als A, als
Erweiterung und Fortsetzung oder als Vorläufer des Satzes der
Identität sich erweisend, Auch wird grosses Gewicht von Manchen
gelegt auf den Satz des ausgeschlossenen Dritten, pr. exclusi medii
s. tertii inter duo contradictoria, welcher, allgemein genommen,
lehrt, dass der Widerspruch ausschliessend ist; er enthält somit
in sich den Satz des Widerspruches selbst.

Die bislang unter den Gelehrten herrschende Zersplitterung

rücksichtlich der Grundsätze scheint der Hauptsache nach einmal
daher zu stammen, dass man, anstatt das Denken an und für sich
in das Auge zu fassen, vielmehr dem Gegenstand und dem Inhalt
des Denkens sich zuwendet und daher nicht vom Denken, sondern
von den Dingen angibt, dass sie sich selbst gleich sind, dass sie
ihre Ursache haben, u. s. f. Die z. B. von Schopenhauer in seiner
Abhandlung über die vierfache Wurzel des Satzes vom zureichenden Grunde versuchte Specification behandelt gleichfalls zum grössten Theil nicht das Denken an und für sich, sondern Stücke des
an einen gewissen Inhalt gebundenen Denkens. Zweitens wird
die Verschiedenheit der Ansichten zurückzuführen seyn auf den
bald mehr bald weniger vorhandenen Mangel an Unterscheidung
des logischen Denkens vom übrigen Denken; jedenfalls liegt auf
der Hand, dass man ohne diese fundamentale Unterscheidung sich
der eigentlichen und sämmtlichen Grundsätze des logischen Denkens nicht versichern kann.

Uebrigens wird festzuhalten seyn, dass die Grundsätze des
logischen Denkens mit der Entwicklung des logischen Denkens
selbst als dessen allgemeinste Unterschiede sich hervorthun und
nicht dem logischen Denken von Aussen her auferlegt werden;
als Gesetze aber für das Denken überhaupt können sie nur insofern gelten als das logische Denken das immanente Gesetz für das
übrige Denken ist.

Wir zeigen diese Gesetze nunmehr auf.

Das Vorstellen denkt Eines als Anderes, einerseits die Wahrnehmung fortsetzend in der Richtung auf die Idee, andererseits
von der Idee aus zur Wahrnehmung strebend. Das ist des Vorstellens Art. Allein bei solchem Denken des Einen als Anderes
beruhigt sich das übrige Denken nicht. Ist das Denken Unterscheiden, so kann es nicht umhin, das als Anderes vorgestellte
Eine von einander und dadurch sich selbst vom Vorstellen zu
unterscheiden. Unterscheidend daher das Eine vom Anderen unterscheidet sich das Denken vom Vorstellen als das logische Denken.

Das Denken des Einen als Anderes hat eine Gränze. Das
ist der erste Laut, in welchem das logische Denken Zeugniss von
sich gibt. Das Eine schlechtweg als Anderes denken hat jetzt
aufgehört. Ebendieses aber, dass eine Gränze für das Vorstellen
da ist, heben wir als den einen und ersten Grundsatz des logischen
Denkens hervor. Sollen wir ihm sofort einen Namen geben, dann
bietet die bisherige Logik das Wort Modalität uns dar. Wir lehren
demnach von Einem Grundsatze der Modalität. Als seine

Formel werden wir auszusprechen haben: Das Andersseyn hat eine Gränze.

Worin die Gränze besteht, hat sich erst herauszustellen. Zunächst ist zu erkennen, dass das Andere zweideutiger Zunge ist: es kann das Eine seyn˙ oder auch das Nichteine. Um der Begränzung willen muss das Andere auf das Eine zurückbezogen werden. Das logische Denken erklärt: Ich beziehe das Andere auf das Eine zurück. Würde das Andere nicht zurückbezogen auf das Eine, so wäre eine Gränze des Andersseyns, deren Daseyn eben behauptet wurde, ohne allen Anhalt und Gehalt. Hiemit ist ein zweiter Grundsatz des logischen Denkens gegeben. Unter ihn fällt das, was Logisches an dem Satze vom zureichenden Grunde entdeckt wird, wie denn auch der Satz der Einstimmung, soweit er nicht blos der Satz der Identität ist, hieher genommen werden muss. Handelt es sich um den Namen, so läge der Terminus Reflexion nahe; allein Reflexion wird in so mannigfacher Bedeutung verwendet, und wir selbst haben sie in der Lehre von der Vorstellung in solche Verbindung mit der Abstraction gebracht, dass wir hier von ihr billig absehen müssen. Am Meisten dürfte sich aus der Rüstkammer der Logik das Wort Relation empfehlen; nur wird man sich bei solchem Titel hüten müssen, die Sache in das Gebiet des genetischen Denkens hinüberzuspielen. Wir sprechen daher von einem Grundsatze der Relation, ihn also fassend: Das Eine ist die Gränze für das Andere.

Die logische Zurückbeziehung des Anderen auf das Eine erbringt einen ferneren Unterschied: beide schliessen mit einander alles dasjenige Andere, was nicht das Eine ist, von sich aus. Ohne solche ausschliessende Kraft und ohne den betreffenden Act kann sich die Gränze nicht behaupten. Hiemit aber bricht ein neuer Grundsatz hervor. Wir heissen ihn den Grundsatz der Exclusion. Die oben erwähnten Sätze vom Widerspruche und vom ausgeschlossenen Dritten gehören in seine Sphäre. Seine Formel wird seyn: Das Andere, welches das Eine ist, ist ausschliessende Gränze.

Ist alles dasjenige Andere, welches nicht das Eine ist, ausgeschlossen, so wird das eingeschlossene Andere mit dem Einen und das Eine mit diesem Anderen als Eins gedacht. Die Einheit des Einen mit dem Anderen ist das Was der Gränze, deren Daseyn schon vom Grundsatz der Modalität gesetzt ward. Ohne dass die Einheit des Einen mit dem Anderen von vorneherein wirksam zu Grunde läge, könnte das logische Denken überhaupt nicht Platz greifen. Die Einheit des Einen mit dem Anderen ist des logischen Denkens Grund, mit dessen Erfüllung das logische Denken sich selbst bezweckt. Der hiemit auftretende Grundsatz aber wird als Grundsatz der Conclusion bezeichnet werden dürfen. *1 1/* Wir würden ihn den Grundsatz der Identität benennen, wenn nicht die Identität häufig theils in zu enger Bedeutung genommen, theils und besonders von der neueren Philosophie vorwiegend in das Gebiet des genetischen Denkens hinübergerückt, ja über das Denken selbst als die Identität von Denken und Seyn emporgehoben würde. Den Sinn desselben drücken wir aus: Die Gränze des Andersseyns ist die Einheit des Einen mit dem Anderen, oder umgekehrt: Die Einheit des Einen mit dem Anderen ist die Gränze des Andersseyns.

Die aufgezeigten Grundsätze sind das logische d. h. sich als Gränze der Vorstellung setzende Denken selber. Sie sind daher Gesetze für das Denken überhaupt, welches, in die Bahn der Vorstellung geworfen, des Urtheils bedarf. Wären sie nicht das logische Denken selber, so müssten sie entweder Wahrnehmen seyn oder Vorstellen oder genetisches Denken. Das Wahrnehmen aber sind sie nicht; denn dasselbe denkt blos Daseyn und Nichts weiter. Das Vorstellen sind sie nicht; denn es denkt nur Eines als Anderes ohne zu begränzen. Das genetische Denken sind sie nicht; denn dieses denkt die Einheit an und für sich. Sie sind also nicht nichtlogisches Denken. Da hinwieder im Begränzen der Vorstellung das logische Denken besteht und nur das logische Denken, die Grundsätze aber der gleichen Verrichtung obliegen, so sind sie das logische Denken selber. Zugleich bekunden sie die allseitige Beziehung des logischen Denkens im Organismus des gesammten Denkens: der Grundsatz der Modalität berührt sich am Nächsten mit der in der Vorstellung aufgenommenen oder vorausgenommenen Wahrnehmung; der Grundsatz der Relation unterwirft sich die Vorstellung gleichmässig nach ihren beiden Momenten; der Grundsatz der Exclusion, wohin das logische Denken als in sein eigenes Centrum gravitirt, macht die Vorstellung zum Begriff, der Grundsatz der Conclusion endlich entspricht am Meisten der in der Vorstellung liegenden Idee.

Die Grundsätze sind auf einander angewiesen. Das Daseyn der Gränze des Andersseyns (Modalität) führt, um sich zu begründen, das Eine als Gränze für das zurückbezogene Andere heraus (Relation); vermittelst dieser Begränzung des Anderen durch das Eine kommt es zur Ausschliessung all des Anderen, was nicht Eines ist (Exclusion), und kraft der Ausschliessung ergibt sich das, was die Gränze im Grunde ist, nämlich die Einheit

des Einen mit dem Anderen (Conclusion). Umgekehrt liegt die
Einheit des Einen mit dem Anderen schon von Anfang an zu
Grunde (Conclusion); durch Unterscheidung solcher Einheit wird
das Eine zur Gränze für das Andere (Relation), so dass in Folge
hievon das fremde Andere ausgeschlossen wird (Exclusion) und
die Gränze des Andersseyns ihr Daseyn entfaltet (Modalität). Auf
keines der Momente kann das logische Denken für sich verzichten.
Der Grundsatz der Modalität und der Grundsatz der Conclusion
eröffnen einander ihr Vermögen vermittelst des Grundsatzes der
Relation, während die im Grundsatze der Exclusion wirksame
Kraft es ist, welche nach der einen Seite das Gesammtleben in
die Modalität einführt oder nach der anderen Seite hin das conclusive Wesen hervortreten lässt.

Höhere oder auch nur gleichgeordnete Grundsätze des logischen Denkens gibt es nicht ausser den aufgezeigten. Der Grundsatz der Conclusion besagt den inneren Anfang und das innere
Ende des logischen Denkens, den Anfang von dessen Progressus
und das Ende seines Regressus; er bezieht sich auf das $τί$ der
Gränze. Der Grundsatz der Modalität drückt den äusseren Anfang
und das äussere Ende des logischen Denkens aus, den Anfang
seines Regressus und das Ende seines Progressus; er verkündet
das $ὅτι$ der Gränze. Die Fülle aber, welche zwischen beiden
Grundsätzen sich hin und her bewegt, ist bezeichnet von den
Grundsätzen der Relation und der Exclusion; jener, unmittelbar
einerseits aus der Modalität auf die Conclusion hin, andererseits
aus der Conclusion auf die Modalität her zielend, gibt das $διότι$
an; dieser, unmittelbar die That der Relation aufnehmend und
einerseits in die Conclusion, andererseits in die Modalität ausmün-
dend, hat das $εἰ ἔστιν ἤ μή$ festzusetzen. Allgemeinere Grundsätze kann es nicht geben, weil sie jenseits des logischen Denkens
liegen und Grundsätze eines nichtlogischen Denkens seyn müssten.
Hinwieder ist ein anderer gleichgeordneter Grundsatz zwischen
den angeführten Grundsätzen nicht zu denken, da Relation und
Exclusion alle denkbare Vermittlung zwischen Modalität und Conclusion erschöpfen. Auf Grund ihrer Herkunft und wegen ihrer
Entwicklung aus einander sind die genannten Grundsätze als die
Gränze des logischen Denkens selbst zu fassen.

Die Grundsätze sind das logische Denken in seinen allgemeinsten Momenten; sie tragen daher einen weiteren Gehalt in
sich, welcher der Explication bedarf und dadurch, dass er explicirt wird, die Grundsätze selbst deutlicher macht als es bis hieher
geschehen konnte. Zum Voraus aber können sie betrachtet werden

als die Glieder der Haupteintheilung der Logik selber: ist logisches
Denken Urtheilen, so wird hiernach zu sprechen seyn von modalen,
von relativen, von exclusiven, von conclusiven Urtheilen. Auf die
Grundsätze als auf die Prototypen aller weiteren Urtheile ist jedes
Urtheil seinem logischen Werthe nach zurückzuführen: dies gilt
von den seit Kant berühmt gewordenen synthetischen Urtheilen
nicht minder als von den analytischen und von irgend welchen
anderen beliebig genannten Urtheilen sofern sie nämlich Urtheile
sind. Auch ist von dem Wirkungskreis der Grundsätze der Syllogismus so wenig ausgeschlossen als dieselben nur für den Syllogismus gelten. Manche Lehrer haben Grundsätze blos für die
Syllogistik in Betracht gezogen. Doch ist der Syllogismus ebenfalls ein Urtheil: daher unterliegt er alledem, was vom Urtheil
überhaupt zu sagen ist. Die Grundsätze umfassen das ganze
logische Denken.

Eine üblich gewordene Quaestion ist die betreffs der Deducir-
barkeit der Grundsätze des logischen Denkens. Letztere stellen
sich dadurch heraus, dass im unmittelbaren Anschluss an die Vorstellung hiedurch das logische Denken einmal sich vom ganzen
Denken unterscheidet und es auf sich bezieht, zweitens sich von sich
selbst unterscheidet mit Bezug auf die Vorstellung und hiedurch
mit Bezug auf das in der Vorstellung zusammengezogene übrige
Denken. Die Grundsätze verdanken sich daher sowohl dem ganzen
Denken als auch dem specifischen Character des logischen Denkens.
Sie sind die immanenten Unterschiede des Einen logischen Denkens. Aber sie sind nur die allgemeinsten Unterschiede. Die
anderen einzelnen und abgeleiteten Urtheilsformen sind gleichfalls
als immanente Unterschiede des logischen Denkens anzusehen.
Um dieselben zu evolviren müssen die Grundsätze sich gegenseitig
helfen, wie es Art ist eines Ganzen, das im Wechselleben aller
seiner Kräfte Gedeihen findet; und weil das logische Denken verflochten ist in den Organismus des Denkens überhaupt, so hängt
jene Entwicklung nicht minder hievon ab und schlüsslich von
alledem, wovon das Denken überhaupt abhängig ist.

Sofern das Erkennen vom Ethos, das Denken vom Willen
getragen wird, und umgekehrt das Ethos vom Erkennen, der Wille
vom Denken bestimmt wird, wird auch dem logischen Denken
und den logischen Grundsätzen nicht abgesprochen werden können
eine ethische Bedeutung und hier namentlich eine Verwandschaft
mit dem Recht, das im Gebiete des Ethos denselben Beruf hat
wie das logische Denken im Organismus des ganzen Denkens.
In noch anderer Weise wird aus der Sphäre der bildenden Thätig-

keit, von welcher sich zu unterscheiden und auf welche sich zu
beziehen gerade des Erkennens Sache ist, deren eigener Schwerpunct d. i. das Wort mit dem logischen Denken als dem Centrum
des Denkens harmoniren. Zu Oberst aber ist es in der Seele das
Selbstbewusstseyn, das im logischen Denken sich selber treu bleibt
und bewährt.

Uebrigens lassen sich aus dem Reiche der Aussenwelt leicht
Beziehungspuncte genug für das logische Denken und seine Grundsätze auffinden. Hat ja das Erkennen und hiedurch das Denken
und somit auch das logische Denken des Geistes vorweg sein
deutliches Gleichniss an der empfindenden d. i. sinnenden Natur.
Dort Natur, die den Geist für sich nachsinnt, und hier Geist.
welcher für sich nachdenkt die Natur.

§. 73.

Begriff der Logik.

Das logische Denken erwacht an der Vorstellung. Indem
die Vorstellung für das logische Denken zum Inhalte wird, wird
eben damit auch die in der Vorstellung aufgehobene oder vorausgenommene Idee sowie die gleichfalls in der Vorstellung fortgesetzte oder noch zu entbindende Wahrnehmung zum Inhalt des
logischen Denkens. Das logische Denken hinwieder befreit nach
der einen Seite hin das in der Vorstellung gebundene Wahrnehmen und nach der anderen Seite hin die Idee.

Die bereits angeführten Grundsätze des logischen Denkens
geben nur im Allgemeinen die Art des logischen Denkens kund.
Was in ihnen involvirt ist, hat sich weiterhin zu evolviren in der
Logik selbst.

Die Logik ist nicht die Wissenschaft vom Denken schlechtweg, auch nicht vom Wahrnehmen insbesondere, nicht vom Vorstellen, nicht von den Categorien. Sie hat es lediglich mit demjenigen Denken zu thun, welches begränzt.

Sofern das begränzende Denken Urtheilen ist, mag die Logik
bezeichnet werden als die Wissenschaft vom Urtheilen oder, wenn
man will, als die Wissenschaft vom Urtheil. Da ferner der Begriff es ist, welcher als Princip das Urtheil durchwest, so könnte
man vielleicht die Logik auch bestimmen wollen als Wissenschaft
vom Begriff; doch wäre einzuwenden, dass man eine Wissenschaft
nicht nach dem immanenten Princip ihres Gegenstandes zu definiren pflegt; wie man denn z. B. die Anthropologie nicht als

Wissenschaft von der Seele und die Psychologie nicht als Wissenschaft vom Gottesbilde im Menschen erklärt, mag immerhin die Seele das Princip des Menschen und das Gottesbild das Princip der Seele seyn. Besser würde man die Logik als die Wissenschaft von den Gesetzen des Denkens bestimmen. Hiebei wäre zwar zu beachten, dass die sämmtlichen Formen, in denen sich das Denken überhaupt bewegt, zuweilen Gesetze genannt werden, während die Logik mit einem besonderen Denken zu thun hat. Doch ist letzteres in der That das Gesetz für das übrige Denken, die richterliche Instanz, welche dem Denkorganismus eingeboren ist. Wir aber definiren die Logik *) als die Wissenschaft vom begränzenden Denken.

Dem genus proximum gemäss gehört die Logik zur Denkwissenschaft, beziehungsweise zur Erkenntnisswissenschaft. Sie hat daher zu Genossen die Wissenschaft vom Wahrnehmen, die Wissenschaft vom Vorstellen, die Wissenschaft von der Idee oder die Categorienlehre. Als Denkwissenschaft aber gehört sie zum Kreise der Wissenschaft von der menschlichen Freiheit, zur Anthropologie: diese nämlich theilt sich in die Ethik oder Wissenschaft von der menschlichen Persönlichkeit, in die Aesthetik oder Wissenschaft von der bildenden Thätigkeit, in die Theoretik oder Wissenschaft vom Erkennen, in die Psychologie engeren Sinnes oder Wissenschaft von der Seele an und für sich. Weil mit der Anthropologie verwachsen gehört sie so zu einem Hauptgliede der Philosophie: denn letztere besondert sich in Physiologie oder Wissenschaft von der Natur, in Theologie oder Wissenschaft vom Wunder, in Anthropologie oder Wissenschaft von der Freiheit, in Theosophie oder Wissenschaft vom Jenseits.

Philosophie demnach, Anthropologie, Theoretik, Logik kann man sich vorstellen im Anschluss an das Bild von vier concentrischen Zirkeln, deren äusserster Philosophie und innerster Logik heisst.

Seit lange ward bis in die neuere Zeit von Vielen die Logik mit der Rhetorik oder auch mit der Grammatik vermischt. Man liess unbeachtet den Unterschied des Denkens von der bildenden Thätigkeit, die ja nicht nur in unserem Innern vor sich geht, sondern vermittelst unserer körperlichen Natur auch an irgend einen Stoff sich entwickelt: der Bereich der bildenden Thätigkeit

---

*) λογικὴ, ein Name, der bei den Peripatetikern zuerst in Aufnahme kam, während die Stoiker von Dialectik sprachen.

ist es, wohin auch die Sprache gehört. Nun vermögen wir allerdings auf der Basis unseres persönlichen Seyns bekanntermassen
unsere Gedanken in der Sprache und zwar in einer bestimmten
Sprache auszudrücken, und aus der vernommenen Sprache können
wir oder können Andere denkend die laut gewordenen Gedanken
wieder abnehmen; aber der Verkehr, in welchen Sprache und
Denken verflochten sind, soll nicht dazu führen, die Logik mit
Rhetorik und dergleichen zu vereinerleien. Im Uebrigen ist gar
nicht zu leugnen, dass die Sprache eine ausgiebige und unent-
behrliche Fundstätte ist für den, welcher die Weise des Denkens
und namentlich des logischen Denkens kennen lernen will; nur
wird man auch das nicht übersehen, dass eine Logik nicht gründlich sich aufbauen und das logische Denken nicht gründlich kennen gelernt werden kann an den von der Sprache gelieferten
Exempeln, wenn nicht das logische Denken auch aus dem eignen
Inneren entgegenkommend sich entfaltet: auf zweier Zeugen Mund
beruht die Sache.

In die Logik wird häufig die Lehre von der Vorstellung gezogen. So bildet der Vortrag über Induction, Division, Analogie
ein besonderes Capitel; auch die Lehre von dem Begriffe, aus
welchem wie aus einem Baumaterial das Urtheil zusammengesetzt
zu werden pflegt, ist meist nichts Anderes als die Lehre von der
Vorstellung. Dergleichen Gewohnheit, auch wenn ihre Absicht
ist, das Eine und ganze Denken zum Gegenstande zu nehmen,
wird unleugbar gedrückt von dem Mangel an Erkenntniss der
Unterschiede des Einen und ganzen Denkens. Der eigentlichen,
auf ihr specielles Gebiet zurückgerufenen Logik kommt die Lehre
von der Vorstellung nicht zu: Vorstellen ist nicht begränzendes
Denken, wenn schon es für das begränzende Denken die Basis
abgibt. Wir aber haben oben die Vorstellung und insbesondere die
Einzelvorstellung und ihre Exposition, die Induction und Division,
die Analogie, das Beispiel behandelt theils im Hinblick auf die
bisherige Vermischung des Vorstellens mit dem begränzenden
Denken und die daher entspringende übliche Anforderung an eine
Logik theils um auf den Unterschied beider Theile aufmerksam
zu machen.

Die Categorien fanden schon frühe eine Stätte in der Logik.
Insbesondere hat die neuere Philosophie, welche den Organismus
der Categorien zum Bewusstseyn zu bringen und in das Einzelne
auszuarbeiten bemüht war und ist, im Ganzen der Categorien die
Logik selbst zu besitzen geglaubt. Aber die Categorien sind es,
welche unterschieden von allem anderen Denken diesem zu Grunde

liegen und durch dasselbe zur Bestimmtheit kommen, die Categorien sind die Momente des genetischen Denkens. Solcher Unterschied der Categorien vom übrigen Denken ist nicht zu verwischen, also auch nicht der Unterschied der Categorienlehre und der Logik. Wer hinwieder um der Logik willen die Categorienlehre aus der Denkwissenschaft hinaus weisen wollte, würde zwar sein Bestreben kund geben, die Logik in ihrer Reinheit zu bewahren, würde aber auch mittelbar darthun, dass er die Verdienste der neueren Philosophie bezüglich der Categorienlehre nicht zu würdigen vermag oder geneigt ist.

Die Logik ist nicht die Dialectik. Zwar ist der Name Dialectik oft genug gleichbedeutend gebraucht worden mit dem Namen Logik, allein es geschah weder zur Aufhellung dessen, was Logik ist, noch dessen was Dialectik ist. Wir verstehen unter Dialectik, als Wissenschaft sie fassend, die Wissenschaft vom Einen und ganzen Denken; auf die Praxis aber bezogen erweist sie sich darin, dass sie irgend einen Gegenstand durch möglichst alle Stufen des Denkens hindurchführend bearbeitet. Die Logik ist demnach nur ein wenn immerhin vornehmes Glied in der Dialectik.

Man bezeichnet die Logik als eine formale oder formelle Wissenschaft. Hiemit will man sagen, dass die Logik Denken an und für sich zum Inhalt hat, oder negativ, dass die Logik keinen anderen Inhalt hat als Denken. Das Beiwort mag daher von Interesse seyn, sofern es die Selbstständigkeit der Logik ausdrückt. Es gilt aber dann nicht blos für die Logik, sondern für die Denkwissenschaft überhaupt, und die specielle Formalität der Logik wäre consequent darin zu suchen, dass, wie die Denkwissenschaft nicht die innere Anschauung oder das Bild als solches zum Gegenstande hat, so auch die Logik den nächsten Inhalt des logischen Denkens, nämlich die Vorstellung, nicht als ihr eigenes Thema behandeln darf, sondern dieses Geschäft der Wissenschaft von der Vorstellung überlassen muss.

Logik und Denkwissenschaft mit einander verwechselnd lehrt man zuweilen, dass die Logik die allgemeinste Wissenschaft wäre die es gibt. Denn das, meint man, womit die Logik zu thun hat, eben das Denken, ist allen Wissenschaften gemein, mag der Gegenstand der letzteren seyn welcher er will. Aber auch zugegeben für den Augenblick, dass Logik gleich wäre mit Denkwissenschaft, so müsste ihr dennoch das Prädicat, wornach sie allgemeinste Wissenschaft ist, verweigert werden. Denn für die allgemeinste Wissenschaft kann nur diejenige gelten, deren Inhalt der Inhalt aller einzelnen Wissenschaften ist und deren Umfang eben in den einzelnen Wissenschaften besteht. Eine solche ist die Denkwissenschaft nicht. Darin vielmehr, dass ihr Inhalt das Denken ist, liegt gerade ihr Artunterschied gegenüber den übrigen Wissenschaften, mit denen sie zusammen einem Genus unterworfen ist. Wäre die Denkwissenschaft die allgemeinste Wissenschaft, so müsste auch die Botanik und die Mineralogie und die Astronomie und die Anthropologie u. s. f. eine Art der Denkwissenschaft seyn. Die allgemeinste Wissenschaft ist vielmehr die Philosophie.

Manche behaupten, die Logik sey eine empirische Wissenschaft, Andere behaupten dagegen, sie sey keine empirische Wissenschaft. Es fliessen hiebei die Fragen durcheinander, wo das logische Denken selbst zu Hause ist, und wie die Logik im Laufe der Jahrhunderte herausgearbeitet wurde, und wie sie dagegen herausgearbeitet werden muss; zugleich läuft mitunter eine nicht geringe, auch ausserdem herrschende Unklarheit oder doch Vieldeutigkeit bezüglich der Termini Empirisch und Nichtempirisch, Aposteriorisch und Apriorisch und was solcherlei Ausdrücke mehr sind. Wird nun gefragt, wo das logische Denken zu Hause sey, so ist zu antworten: Das logische Denken ist wie das Denken überhaupt im Geiste zu Hause, nicht etwa in der Natur oder anderwärts; und will man das, was aus dem Geiste quillt, ob durch äussere Anlässe hervorgerufen oder nicht, apriorisch nennen, so wird man die Logik in Anbetracht ihres Inhalts eine apriorische Wissenschaft heissen müssen. Wird ferner gefragt, wie die Logik in der Geschichte von den Gelehrten betrieben wurde, so ist zu sagen, dass man zunächst und meistens sich an die Sprache hielt und im Anschlusse daran zu dem sich erhob, was man hernach als Gegenstand der Logik ansah; will man nun solches Verfahren als empirisch und die so entstandene Wissenschaft als eine empirische bezeichnen, so wird man zu berichten haben, dass von Anfang an und zum guten Theil auch im weiteren Verlaufe die Logik als eine empirische Wissenschaft sich darstellt. Aber es hat auch nicht gefehlt und fehlt nicht an Solchen, welche von vorneherein an unabweislichen Grundsätzen des logischen Denkens zu messen sich bemühten, was zur Logik gehört und was nicht, oder welche aus Grundsätzen des logischen Denkens das Uebrige abzuleiten versuchten; dazu haben gerade in der neueren Zeit Manche es unternommen, durch die That des Denkens selbst die Logik zu erzeugen; will man ein derartiges, von Oben oder von Innen her wogendes Verfahren im Gegenhalt zu jenem empirischen Gange rational nennen oder constructiv oder speculativ und diese Attribute auf die so entsprungene Wissenschaft übertragen, dann mag

man erklären, dass die Logik bei Manchen als eine rationale,
constructive, speculative, kurz als eine nichtempirische Wissenschaft erscheint. Wird aber weiterhin gefragt, welches
nun von den beiden widersprechenden Prädicaten Empirisch und
Nichtempirisch der Logik zukommen müsse, so ist zu erwidern,
dass keines von beiden in dieser Auschliesslichkeit die Logik selbst
zu characterisiren vermag, sondern dass sie beide zu gelten haben
von der Logik wie von jeder Wissenschaft. Denn überall soll
Regressus und Progressus in einander greifen, wennschon bei der
einen Wissenschaft, sey es wegen ihres Inhalts sey es wegen der
Entwicklungsstufe auf der sie sich noch oder schon befindet, der
Regressus näher liegt als der Progressus, bei der andern Wissenschaft der Progressus über den Regressus Herrschaft übt. Für
das Zustandekommen einer gerechten Logik muss schlechterdings
das ganze Denken zusammenwirken und sich nach allen Richtungen bewegen: dabei wird freilich das mithelfende logische Denken insbesondere sich zu erinnern haben, dass seine eigene Fülle
rein herauszustellen das Ziel solch gemeinsamer Arbeit ist.

Man hat häufig gewarnt vor einer Confusion der Logik und
der Psychologie. Solche Warnung konnte sich berufen theils auf
die Mangelhaftigkeit einer vorliegenden Psychologie, theils auf den
guten Sinn, dass die Logik eine Wissenschaft für sich sey. Doch
litt sie selbst wieder durch ungenaue Bestimmung der Logik und
durch Nichtbeachtung ihres Verhältnisses zu den übrigen Wissenschaften, sowie durch ungenügende Begränzung dessen was Psychologie ist. Wird Psychologie verstanden als Anthropologie, so ist
klar, dass die Logik nicht mit der Psychologie gleich ist, sondern
eine Wissenschaft innerhalb derselben. Wird Psychologie genommen als die Wissenschaft von der Seele an und für sich, so ist
nicht zu bestreiten, dass die Logik nicht Psychologie ist, sondern
mit derselben zur Anthropologie gehört. Wird Psychologie nicht
blos als die Wissenschaft von der Seele an und für sich definirt,
sondern auch ausgedehnt auf alle Thätigkeiten, welche die Seele
dermalen aus sich entwickelt, so ist abermals zu sagen, dass die
Logik in den Bereich der Psychologie fällt, aber nicht die ganze
Psychologie ist. Man mag den Begriff der Psychologie bestimmen
wie man will, ohne sie jedoch mit Logik völlig gleich zu setzen,
so wird ohne Zweifel die Logik immer als von der Psychologie
unterschieden gedacht. Aber es ist auch daran zu erinnern, dass
die Logik bei allem Unterschiede auf jene sich bezieht. Keine
Confusion, sondern Unterscheidung; keine Abtrennung, sondern
Beziehung; kein Glied eines Ganzen ohne Zusammenhang mit

den andern Gliedern und mit dem Ganzen, Aehnliches gilt für
die Warnung, die Logik nicht mit der Metaphysik zu vermengen,
sey es, dass man unter letzterer die Categorienlehre, also einen
Theil der Denkwissenschaft, oder eine Summa der ganzen Philosophie oder irgend Etwas ausserdem verstehe.

Die Logik ist eine Wissenschaft. Ihr Gegenstand ist dasjenige Denken, welches um der Einheit willen das als Anderes
gedachte Eine vom Anderen unterscheidet. Das Denken überhaupt
aber, bezogen auf seinen Inhalt, ist Erkennen. Das Erkennen
hinwieder ist diejenige Thätigkeit des Geistes, wodurch er sich
von sich unterscheidet und sich auf das Bild bezieht, das ihm
vorschwebt, und umgekehrt sich vom Bilde unterscheidet und das
Bild auf sich bezieht. In Verbindung mit seinem Inhalt ist daher
das Denken die Thätigkeit, durch welche der Geist die Einheit
mit dem Bilde herstellend sich selber ausbildet, während dabei
das logische Denken der entscheidende Vereinigungsact des Geistes
mit dem vorgestellten Bilde als mit seinem Bilde ist. So ist die
Logik die Wissenschaft von demjenigen Denken, durch welches
der Geist mit dem vorgestellten Bilde sich vereint oder dagegen
sich entzweit.

Das logische Denken ist das eingeborene Organon des Erkennens. Das Erkennen ist das Organon der menschlichen Freiheit, und die Freiheit des Menschen ist das Organon, durch welches er das Paradies zur Wüste zu entstellen und nicht minder
die Erde zum Himmel emporzuheben vermag. Wird nun die
Bedeutung eines Organons von dem Gegenstande übertragen auch
auf die Wissenschaft desselben, so ergibt sich die Logik als das
Organon in der Erkenntnisswissenschaft, die Erkenntnisswissenschaft als das Organon in der Wissenschaft von der Freiheit, die
Wissenschaft von der Freiheit als das Organon in der Philosophie,
die Logik demnach als das innerste Organon der Philosophie.

Die Thätigkeit, dergleichen das Denken ist, wird durch fortgesetzte Uebung und mit Hülfe der Wissenschaft von ihr zur sicheren Fertigkeit, τέχνη, ars, ars liberalis. So auch das logische Denken, aus dessen Fleisch und Blut zwar die Logik selber ist, die
aber hinwieder lehrend und erziehend in das verwandte Fleisch und
Blut sich umsetzt und die Fertigkeit verursacht. Ohne solchen
Uebergang und solche Tragkraft der Wissenschaft wäre diese eine
Last — vermält mit dem Geiste ist sie seine Lust.

Organismus des logischen Denkens.

Erster Artikel.

Die modalen Urtheile.

§. 74.

Sprachliches.

In der Rede und Gegenrede des gewöhnlichen Lebens findet man häufig die Wörter Möglich, Wahrscheinlich, Nothwendig, Unmöglich, Wirklich oder Thatsächlich einander nahe gelegt. Wenn z. B. Einer die Nachricht bringt, dass zwischen den gegenwärtig im Felde stehenden Armeen wirklich eine Schlacht vorgefallen ist, so mag dagegen ein Anderer, sich berufend auf die Entfernung, welche nach seiner Meinung die beiden Heere trennt, nicht nur für unwahrscheinlich, sondern für unmöglich es erklären, dass eine Schlacht geliefert worden. Dagegen ist vielleicht der Erstere im Stande nachzuweisen, dass die Heere ihre Stellung verändert hätten, und hiedurch sowie auf weitere Gründe hin nicht blos die Möglichkeit und Wahrscheinlichkeit, sondern auch die Nothwendigkeit, dass eine Schlacht stattgefunden, dem Zweiten einleuchtend zu machen. Der letztere wird schlüsslich, bestätigt sich die Sache, die Wirklichkeit von dem einzuräumen haben, was er zuvor für unmöglich gehalten. Derart suchen und treffen und ergänzen sich in der Sprache die genannten Wörter: überzeugen davon kann sich Jeder, der auf des täglichen Lebens Unterhaltung achten oder auch in Schriftwerken nachlesen oder auf des eigenen

Denkens Wendung und Ausdruck merken will. Möglichkeit, Wahrscheinlichkeit, Nothwendigkeit, Unmöglichkeit, Wirklichkeit verrathen allenthalben im Gebrauche eine innerliche Zusammengehörigkeit.

Dieselben kommen, grammatisch betrachtet, bald als Adverbien bald auch adjectivisch und als Prädicate vor bald sub-
stantivisch in ein Urtheil verflochten bald als ein regierender Satz.
So wird z. B. gesagt: Die Fixsterne haben wahrscheinlich eine
Bewegung; die Bewegung der Fixsterne ist wahrscheinlich; jener
Gelehrte hat wenigstens die Wahrscheinlichkeit einer Bewegung
der Fixsterne dargethan; es ist wahrscheinlich, dass die Fixsterne
sich bewegen.   Solcherlei Exempel bieten sich in Menge.   Aber
selbst Wörter von anderer sprachlicher Wurzel sind Stellvertreter
für Möglichkeit, Wahrscheinlichkeit u. s. f.   Dahin gehören Ausdrücke wie: Denkbarerweise, Wohl, Vielleicht, Selbstverständlich,
Unleugbar, Offenbar, und dergleichen.   Zeitwörter auch wie Können,
Dürfen, Mögen, Müssen, selbst Modus und Tempus eines Zeitwor-
tes dienen oft dem nämlichen Zwecke.

Beachtenswerth ist, wie man zuweilen die Möglichkeit im
Sinne eines Vermögens nimmt und umgekehrt Vermögen mit Möglichkeit übersetzt, mit der Wahrscheinlichkeit ein Scheinen, An-
und Aussehenhaben zusammenwirft, die Nothwendigkeit jetzt
versteht als Gesetzmässigkeit der Natur jetzt als Abhängigkeit der
irdischen Dinge von einer höheren Ordnung oder von einer über-
mächtigen Gewalt, jetzt als Gebundenheit des Menschen an sein
eigenes Wesen oder an ein Wesen ausser ihm auf practischem
und theoretischem Gebiete; wie man endlich eine hervorgebrachte
Wirkung oder nur das, was in die Sinne springt, Wirklichkeit
benennt, während Andere mit Möglichkeit, Wahrscheinlichkeit,
Nothwendigkeit, Wirklichkeit gerade dem über eine Vorstellung
urtheilenden Denken einen Ausdruck geben wollen.

Wenn Jemand die Möglichkeit, die Wahrscheinlichkeit, die
Nothwendigkeit, die Wirklichkeit von Etwas prädicirt, so wird
man diese seine Thätigkeit im Unterschiede von der Rede ein
Denken heissen.   Doch sagt man nicht wohl: Ich stelle mir
Etwas als möglich, als wahrscheinlich, als nothwendig, als wirklich vor, obschon Vorstellen auch Denken ist.   Man wird vielmehr
zugeben, theils dass der Mensch, wie es insbesondere am Kinde
sich vergegenwärtigt, gar nicht dazu kommt, die Möglichkeit, die
Wahrscheinlichkeit u. s. f. von Etwas zu prädiciren, er habe denn
zuerst Vorstellungen gewonnen, theils dass es gerade die Vorstellungen sind, welche das Subject für die prädicirte Möglichkeit,

Wahrscheinlichkeit u. s. w. bilden. Dagegen erregt es keinen Anstoss, das Denken desjenigen, welcher Etwas für möglich, für wahrscheinlich u. s. f. erklärt, als Urtheilen zu bezeichnen.

Als ein Urtheilen endlich ist dergleichen nicht nur in das Ganze der urtheilenden Thätigkeit und weiterhin des Denkens verwickelt, sondern steht auch im Dienste des ärmeren oder reicheren Wissens und wird zu dessen abbreviirtem Ausdruck; Formen wie: Ich meine nur, ich bin überzeugt, ich bin gewiss, welche oft als gleichgeltend mit einem Urtheil der Möglichkeit, der Wahrscheinlichkeit u. s. f. gebraucht werden, zeugen von dem Ahnenblut, das im Geäder der letzteren rollt.

§. 75.

Historisches.

Aristoteles bemerkt: *Πᾶσα πρότασίς ἐστιν ἢ τοῦ ὑπάρχειν ἢ τοῦ ἐξ ἀνάγκης ὑπάρχειν ἢ τοῦ ἐνδέχεσθαι ὑπάρχειν.* Im Unterschiede aber von *τὸ ὑπάρχον* oder dem Stattfindenden hat man vorzugsweise das *δυνατόν* oder possibile und *ἐνδεχόμενον* oder contingens, ferner das *ἀδύνατον* oder impossibile und *ἀναγκαῖον* oder necessarium s. necesse als Formen des Urtheils in Betracht gezogen. Mit ihnen wurde häufig auch *ἀληθές* oder verum und *ψεῦδος* oder falsum in Verbindung gesetzt. Zwar blieb nicht aus, dass jene Formen bald adverbial aufgefasst mit irgend anderen Adverbien, bald, sofern sie auch als Prädicate fungiren können, mit irgend beliebigen Prädicaten für gleichartig und desshalb einer besonderen Beachtung für unwerth von Einigen gehalten wurden. Doch hat trotz solcher Vermischung mit der Grammatik und trotz mancherlei Angriffen die Logik auch nach dieser Seite hin in der Hauptsache ihr Gut bewahrt. Heutzutage pflegt man von problematischen, assertorischen und apodictischen Urtheilen zu reden, wobei das problematische Urtheil der *πρότασις τοῦ ἐνδέχεσθαι ὑπάρχειν,* das assertorische der *πρότασις τοῦ ὑπάρχειν,* und das apodictische der *πρότασις τοῦ ἐξ ἀνάγκης ὑπάρχειν* mehr oder weniger entspricht.

Die griechischen Commentatoren bezeichneten das *δυνατόν, ἐνδεχόμενον, ἀδύνατον, ἀναγκαῖον* als *τρόποι* und die davon betroffenen Urtheile als *αἱ μετὰ τρόπου προτάσεις* oder *τροπικαὶ προτάσεις.* Die lateinischen Logiker hatten für *τρόπος* den Ausdruck modus; von letzterem ward das Beiwort modalis abgeleitet und demzufolge von propositiones modales (enunciata s. proposita modificata) geredet. Noch später bildete man das Wort Modalität. Die propositio modalis setzte man gewöhnlich der propositio pura entgegen (πρότασις τοῦ ὑπάρχειν, prop. de inesse, prop. absoluta i. e. absque modo). Und zwar ward der modus, welcher in possibile, contingens, impossibile, necesse sich aussprach und die propositio modalis bewirkte, als modus formalis v. modus primario sic dictus unterschieden von dem mehr grammaticalischen modus materialis v. modus secundario sic dictus, welch letzterer durch Adverbien oder durch exclusive, exceptive und ähnliche Zeichen nicht wie jener den ganzen Satz, sondern nur einen Theil desselben, das Subject oder das Prädicat, afficiren sollte. So findet ein modus nach letzterem Sinne statt in den Sätzen: Der Vogel fliegt hoch, Socrates spricht weise, das Pferd läuft schnell, alle irdischen Wesen ausser dem Menschen sind vernunftlos, Gott allein ist allweise, der Mensch ist unsterblich hinsichtlich seiner Seele, u. dergl. Jene eigentliche propositio modalis aber zerfällten Manche wieder etwa in prop. modalis divisa und prop. mod. composita, je nachdem der modus zwischen Subject und Prädicat zu stehen kam, beide gleichsam theilend, oder selbst als Prädicat auftrat; eine prop. mod. divisa wäre demnach: Dieses Metall ist möglicherweise Gold; eine prop. mod. composita: Dass dieses Metall Gold ist, ist möglich. Nach einem älteren Unterschiede aber entsprach sensus divisus dem modus nominalis, und sensus compositus dem modus adverbialis. Die neuere Ausdrucksweise begreift indessen unter dem Titel Modalität nicht nur das problematische und apodictische Urtheil, sondern hat ihm auch das assertorische Urtheil, also die ehemalige propositio pura, unterworfen.

Zwischen δυνατόν v. possibile und ἐνδεχόμενον v. contingens, welche beide Mögliches bedeuten, hat Aristoteles keinen ausdrücklichen oder auffallenden Unterschied gemacht, sowenig als es seine nächsten und viele seiner späteren Nachfolger gethan haben. Abgesehen von jener Meinung, welche darin Etwas zu finden glaubte, dass man zwar impossibile aber nicht incontingens sage, haben jedoch darnach Manche gelehrt, contingens beziehe sich auf das, was auch nicht seyn könne, das possibile dagegen auf das, was auch seyn könne; ein andermal sondern sie contingens und possibile fast wie wahrscheinlich und möglich; auch bestimmen sie contingens im Unterschied vom necessarium als das Zufällige. Ebenfalls nicht selten ist die Meinung, possibile sey als das physisch Mögliche, contingens als das logisch Mögliche zu fassen. Das ἀναγκαῖον aber und ἀδύνατον gilt Einigen jenes für die affirmative, dieses für die negative Wendung ein und derselben Behauptung; Andere betrachteten und betrachten das eine als Folge des anderen.

Insbesondere war es vom Gesichtspunct der Aequipollenz und Opposition, dass das Verhältniss der Modi possibile, contingens, impossibile, necesse zu einander besprochen wurde. Die hierauf sich beziehende übliche Meinung wird sich am Kürzesten nach folgendem Schema der Schule angeben lassen:

I.	II.
Socratem non possibile est non currere	S. non possibile est currere
S. non contingens est non currere	S. non contingens est currere
S. impossibile est non currere	S. impossibile est currere
S. necesse est currere	S. necesse est non currere

Contrariae

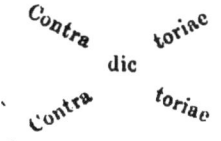

Subalternae   dic   Subalternae

Subcontrariae

III.	IV.
S. possibile est currere	S. possibile est non currere
S. contingens est currere	S. contingens est non currere
S. non impossibile est currere	S. non impossibile est non currere
S. non necesse est non currere	S. non necesse est currere

Jede dieser vier Gruppen nämlich enthält Sätze, welche einander aequipollent seyn sollen, ἰσοδυναμοῦσαι προτάσεις. Für jede hatte man auch ein Memorialwort, für I. das Wort Purpurea, für II. Iliace, für III. Amabimus, für IV. Edentuli (im Griechischen Δουλούμεναι Ἰλιάδες Παρνασίου Ἐκτρέχουσιν), wobei die einzelnen Sylben eines jeden Wortes in ihrer Aufeinanderfolge dem possibile, contingens, impossibile, necesse entsprechen und in den Vocalen E, J, A, U noch eine besondere Bedeutung einschliessen, wie der Vers ankündigt: E dictum negat Ique modum, nihil A, sed U totum, oder auch: Destruit U totum, sed A confirmat utrumque, destruit E dictum, destruit Ique modum, d. h. E bezeichnet, dass die Negation nicht beim Modus, sondern nur bei dem vom Modus umfangenen Satze (dictum) steht, J sagt, dass nur der Modus jene Negation hat, A lehrt, dass sowohl der Modus als der von ihm begränzte Satz affirmativ ist, während laut des Buchstabens U die Negation bei den beiden Theilen sich findet. Ausserdem sollen die Sätze in Purpurea und Edentuli, in Iliace und Amabimus sich

contradictorisch entgegengesetzt seyn, während die in Purpurea
und Iliace conträr einander entgegenstehen und mit Beziehung
hierauf die in Amabimus und Edentuli subconträr sind, aber die
in Purpurea und Amabimus, in Iliace und Edentuli im Verhältniss
der Subordination sich bewegen ähnlich wie ein allgemeines und
ein besonderes Urtheil.

Hieher gehört auch die Lehre über die sogenannten Modalitätsschlüsse oder Folgerungen von einer Modalitätsform auf die andere,
consequentiae modales: A posse ad esse non valet consequentia, ab
esse ad oportere non valet consequentia, a posse ad oportere non
valet consequentia; ab esse ad posse, ab oportere ad esse, ab oportere ad posse valet consequentia; a non posse ad non esse, a non
esse ad non oportere, a non posse ad non oportere valet consequentia; a non esse ad non posse, a non oportere ad non esse,
a non oportere ad non posse non valet consequentia.

Mit solcher Betrachtung des Verhältnisses der Modalitätsformen zu einander hing es auf's Engste zusammen, dass man alle
die einzelnen Modalitätsformen unter den Gesichtspunct irgend
welcher anderen logischen Functionen stellte. So fragte man etwa,
welche Qualität (affirmativ oder negativ), welche Quantität (allgemein oder besonders) einem modalen Satze zukomme, oder wie er
sich umkehren lasse. Man untersuchte hinsichtlich der Qualität
z. B., ob der Satz: Dieses Metall ist nothwendig nicht Gold, affirmativ oder negativ wäre; oder man lehrte bezüglich der Quantität,
dass der Satz: Es ist nothwendig, dass alle Menschen sterblich
sind, nicht etwa eine propositio universalis sondern eine prop. singularis sey, da er den Sinn habe: Dieser einzelne Gedanke, dass
alle Menschen sterblich sind, ist nothwendig. Oder es galt für
eine conversio simplex: Alles, was Mensch ist, ist nicht nothwendig Stein — alles, was nothwendig Stein ist, ist nicht Mensch;
für eine conversio per accidens: Alles, was Mensch ist, ist nicht
nothwendig Stein — einiges, was nothwendig Stein ist, ist nicht
Mensch; für eine contrapositio: Alles, was Mensch ist, ist nothwendig beseelt — was nicht nothwendig beseelt ist, ist nicht
Mensch. Nicht minder ward es als Umkehrung angesehen wenn
man sagte: Es ist unmöglich, dass der Mensch ein Pferd ist —
es ist unmöglich, dass ein Pferd Mensch ist. In der Art brachte
man die Modalitätsformen in Verbindung mit anderen logischen
Operationen.

Ingleichen beschäftigte man sich von jeher viel mit den
syllogismi modales; es galt, den Rechtsbestand eines Syllogismus
darzuthun, dessen Prämissen gleiche oder verschiedene Modalitäts-

formen hätten. Ein syllogismus modalis wäre z. B. folgender: Die
Pflanzen sind möglicherweise keiner Empfindung theilhaft, die
Berberitze ist nothwendig eine Pflanze und ist daher möglicherweise keiner Empfindung theilhaft. Abweichend vom Standpunct
der betreffenden, durch die einzelnen syllogistischen Figuren hin-
durchgeführten Untersuchungen des Aristoteles hatten schon die
älteren Peripatetiker die oberflächliche Regel aufgestellt: τὸ συμπέρασμα ἀεὶ τῷ ἐλάττονι καὶ χείρονι τῶν κειμένων ἐξομοιοῦσθαι, eine Regel, die in der geläufigen Form: conclusio sequitur
partem debiliorem, ihre allerdings nicht unangefochtene Stelle in
der Schullogik bis heute behauptet hat. Dabei galt die Wirklichkeit für schwächer im Zusammenhalt mit der Nothwendigkeit und
die Möglichkeit für schwächer als die Wirklichkeit.

Nicht jedoch nur unter dem Titel der Modalität wurde bald
abseits vom Moment der Wirklichkeit bald in Verbindung mit ihm
die Möglichkeit, die Unmöglichkeit und Nothwendigkeit besprochen, sondern ausserdem noch bei der Frage nach der Wahrheit
und Falschheit des Urtheils. So theilte man die propositio vera
in pr. necessaria et contingens, erklärend: necessaria est, quae sic
vera est ut non possit esse falsa; contingens est, quae sic vera est
ut possit esse falsa. Die propositio falsa dagegen zerfiel in prop.
possibilis et impossibilis: possibilis, quae sic falsa est ut possit
esse vera; impossibilis, quae sic falsa est ut nunquam possit esse
vera. Den Glanzpunct des Ganzen aber bildete die prop. necessaria
mit den herkömmlichen Unterscheidungen de omni (κατὰ παντός)
per se (καθ᾽ αὑτό) und universaliter primum (καθόλου πρῶτον):
man hatte in der prop. necessaria den logisch-ontologischen Kern
der aristotelischen Analytik.

Ein Grundgebrechen, woran die Lehre von der Modalität seit
Anfang litt, ist der alte Mangel an Unterscheidung des logischen
Denkens vom übrigen Denken und die stetige Vermischung des
letzteren mit jenem. So hat man lange das Verhältniss der Möglichkeit als einer Urtheilsform zur angeblich realen, auch wohl
sogenannten physischen Möglichkeit oder zur Categorie Vermögen,
ferner das Verhältniss der Wahrscheinlichkeit als einer Urtheilsform zur Vorstellung und das Verhältniss der Nothwendigkeit als
einer Urtheilsform zum logischen Denken selbst, endlich das Verhältniss der Wirklichkeit als einer Urtheilsform zur Wahrnehmung
in das gehörige Licht zu setzen unterlassen. Das scholastische
Wort: De modalibus non gustabit asinus, musste daher seine Spitze
schon durch die Trübung verlieren, von welcher der Blick der
Schule selbst umflort war. Gleichwohl ist nicht zu bestreiten,

dass theilweise die bisherige und zwar die speciell so bezeichnete formale Logik bestrebt oder, wenn man will, durch die Natur der
Sache selbst gezwungen war, die Modalität nicht nur im Allgemeinen als eine determinatio quaedam propositionis und nicht nur
als einen Widerschein der Einsicht oder des Bewusstseyns und
dergleichen, sondern als ein Eigenthum gerade des urtheilenden
Denkens zu retten; insbesondere hat die neuere Zeit den Zusammenhang der Modalität und ihrer Formen mit den logischen
Grundsätzen mehr und mehr herauszustellen gesucht.

§. 76.

Die fernere Aufgabe.

Wie viele Modalitätsformen es gibt und welches diese sind,
ist von der Wissenschaft nicht hinlänglich festgestellt. Frühere
Logiker pflegten die Wirklichkeit nicht als eigentliche Modalitätsform zu betrachten: versteckt in die Gestalt der propositio pura
wurde sie aus dem Gebiete der propositio modalis ausgeschlossen.
Viel weniger aber noch hat die Wahrscheinlichkeit eine bestimmte
Stätte im Bezirke der Modaliät bis heute gefunden. Gebührt ihr
eine Aufnahme? Ist nicht das logische Denken hinaus über das
unentschiedene Schweben des Wahrscheinlichen? Ist es nicht gerade des Aristoteles wichtige That, das Wahrscheinliche oder von
ihm sogenannte Dialectische in seiner Mangelhaftigkeit gezeigt zu
haben gegenüber dem eigentlich Logischen oder Apodictischen?
Und doch mahnt fortwährend schon der tägliche Gebrauch des
Wortes Wahrscheinlich in Verbindung mit dem Worte Möglich,
welches die Logiker als Modalitätsform gelten lassen, an die Eben-
burt dieser beiden; auch dürfte unschwer einzusehen seyn, dass
eine Vorstellung, die als wahrscheinlich beurtheilt wird, etwas
Anderes ist als das Denken, welches von der Vorstellung das
Wahrscheinlich prädicirt, dass aber letzteres ein urtheilendes Denken
ist so gut als jenes, welches einer Vorstellung anstatt der Wahrscheinlichkeit nur die Möglichkeit zuerkennt. Es wird daher vor
Allem das Bedürfniss nahe liegen, die Vollzahl der Modalitätsformen sicher zu gewinnen.

Es kann die Frage nicht unterbleiben, was unter Modalität
selbst zu verstehen ist. Manche haben bislang die Eigenthümlichkeit der Modalität nur im sprachlichen Ausdruck sehen zu müssen
geglaubt; Andere betonten und betonen den Gedanken, der dem
sprachlichen Ausdrucke innewohnt. Zu weit wäre jedoch in letz-

terem Falle die Erklärung der Modalität als einer solchen Form
des Urtheils, welche durch dessen Verhältniss zum Bewusstseyn
und zur Einsicht des Urtheilenden gegeben wäre, oder als einer
solchen Form der Verknüpfung von Subject und Prädicat, welche
dem Wesen beider entspreche: dergleichen gilt von jedem und
nicht blos von dem modalen Urtheil. Ist aber die Fassung der
Modalität zu weit, so folgt, dass auch die Begriffsbestimmung der
einzelnen modalen Urtheile und schon ihr Name, sofern er den
Begriff wiedergeben soll, darunter leidet. Es wird daher geboten
seyn, genauer zu bestimmen, was mit Modalität und mit dem
Namen der einzelnen modalen Urtheile im Grunde gesagt seyn will.

Immer hat man das Verhältniss der modalen Urtheile zu
einander hervorzuheben gesucht. Das Bestreben offenbart sich in
der Lehre von der Aequipollenz und Opposition der modalen Urtheile, sowie in der Lehre von den Modalitätschlüssen d. h. von
den Folgerungen aus einer Modalitätsform auf die andere (consequentiae modales); in gleicher Richtung bewegen sich theilweise
die mit besagten Folgerungen nicht zu verwechselnden syllogismi
modales d. h. Syllogismen, welche in ihren Vordersätzen und ent-
sprechenderweise im Schlusssatze gleiche oder gemischte Modalitätsform tragen sollen. Aber man ging nicht ernstlich daran, die
modalen Urtheile unter sich in ihrem organischen Connexe zu begreifen. Wir müssen darum das Verhältniss der modalen Urtheile
zu einander einer eingehenden und umfassenden Betrachtung unterziehen.

Die Stellung der modalen Urtheile zum übrigen logischen
Denken konnte nicht gänzlich unbeachtet bleiben. Man beschäftigte sich wenigstens mit der Frage, inwiefern die modalen Urtheile
auf das übrige logische Denken eingehen, man beschäftigte sich
mit Qualität, mit Quantität der modalen Urtheile; die vorhin genannte Lehre von Aequipollenz und Opposition der modalen Urtheile und von den syllogismi modales ist in gewissem Sinne
gleichfalls hieher zu ziehen. Differenzen allein schon, die seit
alter Zeit hervorgetreten sind, und Zweifel, welche durch die übliche Lehre nicht beseitigt werden, müssen zur Prüfung der Sache
reizen. Ist aber ferner das logische Denken nur eine von den
Sphären des Denkens überhaupt, und ist das Denken nicht getrennt vom Erkennen und Wissen und ist Erkennen und Wissen
nicht abgelöst von des ganzen Menschen Entwicklung, so ist auch
zu erinnern, dass all dieses in den modalen Urtheilen unmöglich
nicht sich spiegle. Wir haben uns darnach umzusehen.

Durch welche Mittel werden wir die Aufgabe lösen? Einer-

seits soll uns allerdings die Sprache vorausgehende Führerin seyn;
in der Sprache gewinnt und hat ja immer das Denken eines Jeden
solchen Ausdruck, dass von da auf das Denken selbst zurückgegangen werden kann. Andrerseits muss aber das logische Denken,
um das es sich jetzt handelt, eigenkräftig aus dem Innern entgegenkommen; ausserdem bliebe es bei dem leeren und unverstandenen
Laute und Zeichen bewendet. Nun tritt aber das logische Denken
nicht hervor, es sey denn, dass es gelockt und aufgerufen werde
von der Vorstellung, welche immerdar die Basis für jenes bildet.
Im Unterschiede daher von der Vorstellung und mittelbar durch
diese im Unterschiede von Wahrnehmung und Idee hat das logische
Denken sich auf sich zu beziehen und hinwieder mit Beziehung
auf die Vorstellung und mittelbar hiedurch mit Beziehung auf
Wahrnehmung und Idee sich selbst zu unterscheiden: dies ist das
Entgegenkommen aus dem Innern. Nicht jedoch haben wir die
Formen des logischen Denkens überhaupt, sondern vorerst nur das
modale Urtheil darzulegen. Zu dem Behufe müssen wir anknüpfen
an den Punkt, welcher, bereits von uns als Grundsatz der Modalität
früher hervorgehoben und namhaft gemacht, aussagt, dass für das
Andersseyn eine Gränze da ist. Der jedesmalige Befund in Erweiterung jenes Punctes soll durch Beispiele erläutert, in seiner
Nothwendigkeit dargethan und auf seinen Grund zurückgeführt
werden. Die Geschichte der Logik wird uns Lehrerin seyn; von
ihr entlehnen wir thunlichst auch die Terminologie. Wo wir aber
nicht einverstanden seyn können mit dem, was das bisher gewöhnliche oder doch auf Geltung Anspruch machende Dogma war, soll
die Sache nicht mit einer blos negativen Kritik abgethan werden:
uns ist es um positive Resultate zu thun. Endlich müssen wir
unsern Blick immer auf den ganzen Umkreis lenken, innerhalb
dessen sich der Vorwurf unserer Untersuchung und Darstellung
bewegt.

Man wird uns so nicht entgegenhalten können, dass wir anstatt der Logik Grammatik und Aehnliches oder ein Gemisch von
beiden betreiben; ebensowenig wird man uns irgend welcher un-
zulässigen Denkwillkür zu zeihen vermögen. Einer Missachtung
des historisch Gegebenen wird uns Niemand beschuldigen, aber
auch nicht einer gedankenscheuen Hinnahme solchen Erbes. Die
evolutionäre Opposition, wo sie nicht unterbleiben kann, wird man
nicht für Revolution noch für Sucht nach Neuerungen auslegen.
Die Richtung auf das Ganze des Einzelnen und auf das Einzelne
des Ganzen mag uns von der Anklage der Einseitigkeit bewahren.

Der Gegenstand selbst wird nach dem Gesagten in folgenden

Hauptstücken vorzuführen seyn. Erstens hat sich die Vollzahl der Modalitätsformen herauszustellen. Zweitens werden wir Namen und Begriff der modalen Urtheile erklären. Drittens betrachten wir das innere Verhältniss der modalen Urtheile zu einander. Viertens erfassen wir die modalen Urtheile im Zusammenhange mit dem übrigen logischen Denken und mit dem Organismus des Denkens überhaupt.

§. 77.

Entwicklung der Modalitätsformen. Erste Hälfte.

Der Grundsatz der Modalität behauptet, dass eine Gränze für die Vorstellung da ist; dieses Daseyn des logischen Denkens soll seine Gestalt uns zeigen.

Im Anschluss nun an die Vorstellung wird mit Beziehung auf die darin enthaltene Wahrnehmung vom logischen Denken das Wirklich gesprochen; wir urtheilen, dass das Eine das Andere wirklich ist. Hiemit soll nicht dies bedeutet werden, dass das logische Denken selbst wirklich ist; denn obschon mittelbar das logische Denken gleichfalls unter diesen Gesichtspunct genommen werden kann, so ist doch leicht einzusehen, dass das logische Denken wirklich ist auch wenn es nicht die Wirklichkeit sondern etwa nur die Möglichkeit denkt. Vielmehr ist die Sache derart zu fassen, dass das logische Denken, welches über der Vorstellung steht und durch sie hindurch zur Wahrnehmung blickt, letztere anerkennend das Wirklich urtheilt und in diesem Urtheil sein eigenes Daseyn zum Ausdrucke bringt. So urtheilen wir z. B. mit Bezug auf die in der Vorstellung des blühenden Baumes liegende Wahrnehmung: Der Baum blüht wirklich. Oder so wandelt sich die am plötzlichen Lichtschein entfachte Vorstellung des Blitzes zum Urtheil um: Es hat wirklich geblitzt. Das griechische ὑπάρ-χον, die logische Bedeutung der propositio pura der älteren und des assertorischen Urtheils der jüngeren Logiker ist es, was wir dermalen als eine Urtheilsform und zwar als eine Form des modalen Urtheils oder als eine Modalitätsform des Urtheils hervorheben. Gäbe es den in Rede stehenden Gedanken der Wirklichkeit nicht, so wäre auch nicht von den anderen Formen zu berichten, in welche sich das Daseyn logischen Denkens wirft, denn im Unterschiede von der Wirklichkeit oder umgekehrt mit vorschauender Beziehung auf dieselbe haben sie ihr Entstehen und Bestehen. Fruchtlos wäre und so viel als nicht vorhanden für das Denken

insgesammt der Boden, den es an der Wahrnehmung hat. Eine
persönliche Ueberzeugung und ein darauf gefestetes Wissen fände
nicht statt. Spielball der Anschauungen und Vorstellungen wäre
der Geist selber. Dagegen ist es das Moment der Wirklichkeit,
mit welchem das Daseyn logischen Denkens und demnach das
logische Denken selbst sicheren Fuss fässt. Die Wahrnehmung
hat mittelbar durch die Vorstellung das logische Denken erregt,
und hinwieder wird von diesem die Vorstellung gerechtfertigt mit
Bezug auf die in ihr liegende Wahrnehmung. Im Urtheil, welches
Wirklich sagt, lebt des Menschen Selbstbewusstseyn auf.

Das Eine ist das Andere wirklich. Wird solche Wirklichkeit
auch nicht in Zweifel gezogen, so ist doch fernerhin das logische
Denken herausgefordert dadurch, dass das Eine noch als etwas
Anderes ausser dem wirklich Befundenen vorgestellt wird. Indem
aber das als wirklich gesetzte Andere des Einen seinerseits als
ein Anderes vorgestellt und eben nur vorgestellt wird, urtheilen
wir von jenem Einen, dass es wahrscheinlich dieses Andere
ist. Im Moment der Wirklichkeit nimmt das logische Denken
durch die Vorstellung hindurch auf die Wahrnehmung Bezug; im
Momente der Wahrscheinlichkeit aber unterliegt die Vorstellung
selbst dem Urtheil und zwar nachdem sie bereits nach der einen
oder anderen ihrer Seiten, wie eben im Urtheil der Wirklichkeit
nach Seite der Wahrnehmung, vom logischen Denken ergriffen
worden ist. Wir stellen uns z. B. die Blüthe vor als das zeugende
Vorspiel der Frucht und urtheilen von dem Baume hier, welcher
wirklich blüht, dass er wahrscheinlich Früchte tragen wird. Oder
wir urtheilen hinsichtlich der Gewitterwolken, welche wirklich an
den Bergen dort sich aufthürmen, dass es wahrscheinlich zum
Ausbruch des Gewitters kommt. Wäre es nicht das logische Denken, aus dessen Mund das Wahrscheinlich geurtheilt wird, welches
andere Denken sollte es thun? Und wäre es nicht das Moment
der Wahrscheinlichkeit, welches andere modale Moment könnte aus
der Concretheit des Wirklichen den lösenden Uebergang zum Möglichen hin bilden? Oder welches könnte den alsbald näher zu
besprechenden Uebergang vom Möglichen zum Wirklichen bewerkstelligen, wenn nicht die Wahrscheinlichkeit, die aus der unentschieden in sich kreisenden Fülle der Möglichkeit die eine Möglichkeit der anderen vorzieht? Ohne das Moment der Wahrscheinlichkeit unterbliebe auch das Urtheil der Unmöglichkeit des Andersseyns und der Nothwendigkeit des Soseyns: den Schutz der letzteren bedarf die Wirklichkeit für sich nicht, in der Möglichkeit
aber ist das Andersseyn und Soseyn noch derart infant, dass erst

durch das adolescente Moment der Wahrscheinlichkeit die Unmöglichkeit des einen und die Nothwendigkeit des anderen zu Wort kommt. Ohne das Moment der Wahrscheinlichkeit mag immerhin die Vorstellung vom logischen Denken berührt werden an dem einen oder anderen Bestandstück, wie es z. B. mit Beziehung auf die Wahrnehmung im Urtheil der Wirklichkeit geschieht; doch würde ohne das Moment der Wahrscheinlichkeit die Vorstellung nicht nach ihrem übrigen Gehalt vom Daseyn des logischen Denkens umfangen. Ohne das Moment der Wahrscheinlichkeit wäre nicht zu reden von einem bescheidenen Zweifel positiver Tragweite, nicht daher von einer in solchem Zweifel sich vollführenden Entwicklung unsers Wissens. So aber ist durch das Moment der Wahrscheinlichkeit die Bahn gebrochen zum Verkehre der Wirklichkeit mit der Möglichkeit sowie zum Auftreten der Unmöglichkeit des Andersseyns und der Nothwendigkeit des Soseyns. Zugleich bethätigt sich in ihm unverkennbar eine Relation des Anderen auf das Eine und somit der zweite logische Grundsatz, der Grundsatz der Relation. Es ist die Urtheilsform der Wahrscheinlichkeit, welche an die ganze Vorstellung sich heranmacht. Es liebt die Urtheilsform der Wahrscheinlichkeit ein Geist, welcher ohne Uebereilung und Ueberhebung nachgehend der Entwicklung des Wissens die ausschliessende Entscheidung vorläufig noch dahin gestellt seyn lässt oder vorbedächtig Anderen anheimgibt.

Der schwankende Zustand der Wahrscheinlichkeit treibt zu dem ausschliessenden Daseyn des logischen Denkens. Dasselbe kommt entgegen als die Unmöglichkeit, ein Anderes was nicht das Eine ist als das Eine zu behaupten, oder das Eine als dasjenige Andere zu denken, was nicht das Eine ist. Das logische Denken bezieht sich nunmehr auf sich selber, während im Moment der Wirklichkeit die Vorstellung hinsichtlich der in ihr liegenden Wahrnehmung und im folgenden Moment der Wahrscheinlichkeit die Vorstellung als Vorstellung beurtheilt wurde. War es uns z. B. früher wahrscheinlich, dass dieser Baum eine Fichte ist, so urtheilen wir jetzt, dass er unmöglich eine Lärche, ein Wachholder, eine Thuja, Föhre, Tanne u. s. f. und unmöglich keine Fichte ist. Oder hielten wir es vordem für wahrscheinlich, dass der Planet dort der Mars ist, so behaupten wir jetzt, dass er unmöglich Uranus, Saturn, Jupiter, Venus, Mercur u. s. w. und unmöglich nicht Mars sey. Das ἀδύνατον, das impossibile, die eine Weise des sogenannten apodictischen Urtheils ist es, was wir vor uns haben. Wie das Moment der Unmöglichkeit des Andersseyns sammt der darin verhüllten Nothwendigkeit des Soseyns nicht hervorbricht es sey denn, dass sich das Moment der Wahrscheinlichkeit in das Mittel lege, so wird das im Moment der Wahrscheinlichkeit an die Vorstellung hingegebene Daseyn des logischen Denkens nicht frei ohne das Moment der Unmöglichkeit des Andersseyns. Wäre letztere nicht, so dürfte es wohl ein Daseyn logischen Denkens geben für die Vorstellung und für die in der Vorstellung enthaltene Wahrnehmung und Idee, nicht jedoch ein Daseyn logischen Denkens für sich selbst. Hätte aber das logische Denken kein Daseyn für sich, sondern nur ein Daseyn für anderes Denken, so wäre nicht abzusehen, wie es nicht mit diesem zusammenfliessen sollte. Das Selbstbewusstseyn würde ermangeln der sichernden Waffe, unter deren Schutz es sich von der Alteration des Zweifels erholt und als das Wissen des Nichtandersseynkönnens den Zweifel überwindet. Hiegegen haben wir einen Schritt über die Wahrscheinlichkeit hinaus gethan und eine neue Form des Daseyns logischen Denkens gewonnen. An die Scholle des Grundsatzes der Modalität gebunden, ist das Moment der Unmöglichkeit des Andersseyns zugleich gehoben und durchdrungen von dem dritten Grundsatz logischen Denkens, vom Grundsatz der Exclusion. Es zeigt sich das logische Denken in der Selbstständigkeit, mit der es eingreift in das gemeinsame Werk. Der Geist will sich nicht irre machen lassen und treu bleiben dem was er ist und weiss.

Herbeigerufen vom Moment der Wahrscheinlichkeit und ihm beistehend schliesst das Moment der Unmöglichkeit des Andersseyns die Möglichkeit des Widerspruches aus, lässt aber dafür die in der Wahrscheinlichkeit verhaltene Möglichkeit an und für sich erstehen. Wir urtheilen: Es ist nicht auch unmöglich, sondern es ist allerdings möglich, dass das Eine dieses Andere ist. Solche Möglichkeit ist nicht mit der Nothwendigkeit selbst zu verwechseln; man wird nur behaupten dürfen, dass sie kraft der Unmöglichkeit des Andersseyns und kraft der in letzterer wirksamen Nothwendigkeit des Soseyns, insofern also kraft der Nothwendigkeit als die lautre Möglichkeit manifest geworden. Immer aber wird vom logischen Denken, welches das Möglich spricht, und in dieser Urtheilsform ein Daseyn hat, auf nichts Geringeres hingedeutet als auf das zweite Bestandstück der Vorstellung, auf das von der Vorstellung vorausgenommene oder in sie hereingenommene genetische Denken, auf die Vorstellung hinsichtlich der in ihr liegenden Idee. Gesetzt, wir hätten geurtheilt, dass der Baum dort wirklich ein Nadelholzbaum ist; gesetzt ferner, wir hätten weiterhin erklärt, er sey wahrscheinlich eine Tanne; gesetzt endlich, wir hätten bestimmt, er sey unmöglich ein Taxusbaum, eine Föhre, eine Fichte, ja er sey unmöglich keine Tanne. Jetzt aber denken wir: Es ist nach alledem mit Nichten unmöglich, sondern es ist und bleibt möglich, dass der Nadelholzbaum eine Tanne ist, und wir waren schon von daher im Recht, als wir vorhin meinten, er sey wahrscheinlich eine Tanne. Das δυνατόν oder ἐνδεχόμενον, das possibile oder contingens, mag man nun das eine hieher ziehen oder das andere, haben wir gegenwärtig als eine Daseynsform des logischen Denkens im Auge; es handelt sich um das sogenannte problematische Urtheil. Durch die Unmöglichkeit des Andersseyns sind wir zurückgegangen auf eine eben hiemit eingeschränkte Möglichkeit; allein auch von ihr gilt das, was von der Urtheilsform der Möglichkeit im Allgemeinen zu bemerken ist. Gäbe es das Moment der Möglichkeit nicht, so gäbe es auch das der Wirklichkeit nicht; keines von beiden ist zu denken, wenn nicht im Unterschiede von dem anderen oder mit Beziehung auf dasselbe. Ebensowenig wäre an die Wahrscheinlichkeit und an die Unmöglichkeit sammt der Nothwendigkeit zu denken, deren Existenz von Möglichkeit und Wirklichkeit nicht zu trennen ist. Wären aber hiemit dem logischen Denken die Daseynsformen abgeschnitten, so möchte es, eine Bewegung ohne Raum, schwerlich irgend welcher sonstiger Entwicklung sich berühmen. Insbesondere würde mit Wegnahme des Moments der Möglichkeit dem Daseyn logischen Denkens die Beziehung auf das in der Vorstellung involvirte genetische Denken versperrt und das übrige Leben logischen Denkens jedenfalls so weit verkürzt als es bei solcher Beziehung betheiligt ist. Der Geist müsste in seinem eigenen Grunde erschüttert werden, wollte und könnte man ihm die Urtheilsform der Möglichkeit abtödten. So aber haben die anderen Modalitätsformen ihren Abschluss und Anfang in der Form der Möglichkeit. Dieselbe ist beseelt von jenem Grundsatz des logischen Denkens, welcher die Einheit des Einen mit dem Anderen lehrt, von dem Grundsatz der Conclusion. Der in der Vorstellung gebundenen Idee kommt das logische Denken entbindend zu Hülfe. Das Urtheil der Möglichkeit ist es, worin wie des oberflächlichsten so des eindringendsten und gediegendsten Geistes productives Wesen sich kennzeichnet.

§. 78.

Entwicklung der Modalitätsformen. Zweite Hälfte.

Wir haben bisher zur Gewinnung der Modalitätsformen die
vorwiegend regressive Richtung verfolgt. Hiemit ist die Aufgabe
nicht erschöpft. Nicht nur das Moment der Wirklichkeit wird
durch das der Wahrscheinlichkeit fortgesetzt, sondern es wird
durch letzteres auch umgekehrt das der Möglichkeit auf eine neue
Stufe gehoben; dazu ist zwar das Moment der Unmöglichkeit, aber
nicht das der Nothwendigkeit bis jetzt zu seinem Recht gelangt;
ingleichen haben wir noch nicht nachgewiesen, wie eine Wirklichkeit von der Nothwendigkeit vorausgesagt werden kann. Um
also nicht in der Einseitigkeit und Halbheit zu verharren, werden
wir die progressive Richtung beachten müssen, die von der Möglichkeit zur Wirklichkeit niedergeht.

In der Vorstellung ist das Eine als Anderes schlechthin gedacht. Das logische Denken, dem die Vorstellung sich darbietet,
nimmt sie nicht an wenn es nicht das Andersseyn zum Mindesten
als möglich beurtheilen kann. Es erklärt: Das Eine ist möglicherweise das Andere. Man mag den Sinn der Rede auch so
ausdrücken: Die Vorstellung des Einen als Anderen hat Grund.
Was es aber mit diesem Grunde auf sich hat, ergibt sich aus
der schon im vorigen Paragraph bezeichneten Stellung des logischen Moments der Möglichkeit zum genetischen Denken und zum
logischen Denken selber: er ist einerseits die in der Vorstellung
enthaltene Idee, andrerseits die der Möglichkeit innewohnende,
der Idee antwortende conclusive Einheit des logischen Denkens.
Indessen wird man immer jene Möglichkeit, welche durch die Unmöglichkeit des Andersseyns eingeschränkt und reducirt ist, von
der anfänglichen und unversehrten Möglichkeit unterscheiden;
letztere ist das Vorgesicht von ersterer, ihr πρότερον ἁπλῶς, und
erhält erst durch den weiteren Lebenslauf bestimmte Züge.

Vielleicht aber möchte man hiebei das logische Denken selbst
eines Widerspruches mit sich zeihen. Wenn von vornherein das
logische Denken z. B. die Möglichkeit gesetzt hat, dass der Mensch
eine wesentlich neue Stufe in der Schöpfung sey, so ist hiemit
noch keineswegs ausgeschlossen, sondern zugleich mit gegeben die
Möglichkeit, dass der Mensch nicht eine wesentlich neue Stufe in
der Schöpfung ist und demnach etwa vom Affengeschlechte abstammt.

Das Eine ist vorläufig so gut möglich als das Andere. Nun ist es aber gleichfalls das nämliche logische Denken, welches weiterhin, die eine Möglichkeit ausschliessend und die andere erhärtend, es als unmöglich behauptet, dass der Mensch vom Affengeschlechte abstamme und nicht eine wesentlich neue Stufe in der Schöpfung darstelle, während es vorher als möglich zugelassen hat, dass der Mensch keine wesentlich neue Stufe sey: das Mögliche ist unmöglich — ist das logische Denken nicht in einen Widerspruch mit sich selbst verwickelt? das logische Denken, welches sich sonst immer den Anschein gibt, als sey es über dergleichen Zerwürfniss erhaben?

Hierauf wird Folgendes zur Rechtfertigung des Angeklagten zu sagen seyn. Einmal ist es kein Widerspruch, wenn wir denken, dass A möglicherweise B und möglicherweise non B ist. Eines jeden Widerspruches Existenz nämlich verdankt sich einer Entwicklung des Denkens über den Standpunkt der blosen Möglichkeit hinaus. Nun bewegt sich aber jenes Urtheil, dass A möglicherweise B und möglicherweise non B sey, als Urtheil der Möglichkeit lediglich auf dem Standpuncte der Möglichkeit. Also ist insofern von einem vorhandenen Widerspruch nicht zu reden. Zweitens ist es kein Widerspruch, wenn wir zuerst die Möglichkeit des A als B und non B, und hinterher die Unmöglichkeit des A als non B denken. Wäre ein Widerspruch aufzuzeigen, so müsste jene Möglichkeit und diese Unmöglichkeit wenigstens auf gleicher Linie sich bewegen. Nun setzt aber das Urtheil, A sey unmöglich non B, voraus, dass wir den Standpunct der blosen Möglichkeit verlassen haben und in Folge davon das B für uns mehr als möglich geworden bis zur Nothwendigkeit, das non B dagegen in gleichem Masse weniger als möglich geworden ist bis zur Unmöglichkeit; die Unmöglichkeit des non B entspricht der herangewachsenen Nothwendigkeit des B und würde allenfalls widersprechen der entgegengesetzten Nothwendigkeit des non B, kann aber nicht widersprechen dem, was ihm gar nicht entgegensteht, nämlich dem, dass A möglicherweise B oder non B ist. Drittens möchte man es wohl einen Widerspruch nennen, wenn wir mit Ausschluss der Möglichkeit des B die einseitige Möglichkeit des non B und zugleich die Unmöglichkeit des non B behaupten würden: denn die auf Reduction der anfänglichen Möglichkeit sich stützende Behauptung der einseitigen Möglichkeit des non B würde voraussetzen als Durchgangsstadium die Hervorhebung der Unmöglichkeit des B und in dieser die Nothwendigkeit des non B, so dass demnach in der einseitigen Möglichkeit des non B und in der Unmöglich

des non B mittelbar die Nothwendigkeit des non B und die Unmöglichkeit des non B sich gegenübergestellt wären. Allein dieses
thut nun das logische Denken nicht, wenn es zuvor die Möglichkeit
des A als B oder non B ausspricht und darnach erst die Unmöglichkeit des non B und hiemit entschieden die Möglichkeit nur
des B herauskehrt. Endlich ergibt sich aus alledem, dass das
logische Denken so sehr entfernt ist, sich in Widerspruch zu ver-
fangen, dass es vielmehr schon im Urtheil der Wahrscheinlichkeit
dem Aufkommen eines Widerspruches vorbeugt und im Urtheil
der Unmöglichkeit die Möglichkeit des Widerspruches geradezu
ausschliesst.

Es wird daher ob des Unterschiedes der unvermittelten, un-
entschiedenen Möglichkeit von der vermittelten, entschiedenen
Möglichkeit das logische Denken eines inneren Widerspruches
mit Erfolg nicht beschuldigt werden können. Jene Möglichkeit
ist immer das Prius für diese; jene ist wie das Samenkorn, das seine
Hülle brechen und sich zur Pflanze aufschwingen kann oder auch
nicht; diese ist wie das Samenkorn, das bereits in die Entwicklung
gezogen worden. Ueberhaupt aber ist das Moment der gleich-
gültigen Möglichkeit das ἁπλῶς καὶ φύσει πρότερον für alle anderen modalen Formen des Urtheils.

Von dem Möglichen unterscheidet sich das Wahrscheinliche als ein mehr wie Mögliches. Die Wahrscheinlichkeit geht
von dieser Seite her aus der gesonderten Fülle der Möglichkeit
hervor und über sie hinaus in der Richtung auf die Wirklichkeit.
Wir urtheilen demnach: Es ist nicht blos möglich, sondern wahrscheinlich, dass dieser blühende Baum Früchte bringt. In diesem
Beispiel ist einmal ein Schritt über die frühere Möglichkeit hinaus
gethan; es macht ferner die Vorstellung sich geltend, welche den
blühenden Baum etwa als an einem gegen die Unbilden des Wetters geschützten Standort befindlich und die Bäume an solchen
Standorten als Früchte bringend denkt; es wird hierauf solche
Vorstellung als wahrscheinlich beurtheilt; es hat endlich die Wirklichkeit dessen, dass dieser blühende Baum Früchte trägt, erst
noch einzutreffen. Der Unterschied dieser progressiv vom Möglichen her sich ergebenden Wahrscheinlichkeit gegenüber der
früher regressiv von der Wirklichkeit aus betrachteten Wahrscheinlichkeit ist nicht zu verkennen. Dort wurde geurtheilt: A ist
wirklich B und wahrscheinlich auch C, weil C zur Vorstellung
von B gehört; hier wird geurtheilt: A ist nicht blos möglicherweise, sondern wahrscheinlich C, weil C zur Vorstellung von B
gehört, B aber wirklich A ist. Dort ist der Ausgangspunct ein

Urtheil der Wirklichkeit: A ist wirklich B; die Möglichkeit aber, dass C von A gilt, ist vorausgenommen in dem die Wirklichkeit erweiternden Urtheil: A ist wahrscheinlich C. Hier dagegen ist der Ausgangspunct ein Urtheil der Möglichkeit: A ist möglicherweise C; daran schliesst sich, von einem eingeflochtenen Urtheil der Wirklichkeit ergänzt (A ist wirklich B), das Moment der Wahrscheinlichkeit: A ist wahrscheinlich C; dass A wirklich C ist, bleibt noch dahingestellt. Findet innerhalb der Modalität ein Uebergang vom Möglichen zum Wirklichen statt, so ist derselbe nicht ohne das vermittelnde Moment der Wahrscheinlichkeit zu denken. Aber es ist selbstverständlich damit nicht behauptet, dass Nichts als wirklich gedacht wird, was nicht vorher als wahrscheinlich gedacht worden wäre. Wie übrigens vom Wirklichen her, so ist auch vom Möglichen aus das Moment der Wahrscheinlichkeit die zweite Form des Daseyns logischen Denkens.

Es ist angegeben worden, dass die Wahrscheinlichkeit, herkommend von der Wirklichkeit mit der Richtung auf die Möglichkeit, ihre Stütze heischt und erhält an der Unmöglichkeit, dasjenige Andere was nicht das Eine ist als das Eine zu behaupten oder das Eine als dasjenige Andere zu denken was es nicht ist; auch wurde schon bemerkt, dass der versichernden Unmöglichkeit eine Nothwendigkeit innewohnt. Letztere aber tritt jetzt in den Vordergrund, aus dem Schoos der Möglichkeit entspringend und von der Wahrscheinlichkeit eingeführt; es ist die Nothwendigkeit, das Eine als das Andere was das Eine ist zu denken, oder die Nothwendigkeit, das Eine nicht als das zu denken was nicht das Eine ist. Wir urtheilen, dass das Eine nothwendig dieses Andere ist; dass der Mensch nothwendig einen Geist hat; dass die Erdnatur nothwendig nicht res integra ist; und dergleichen. Die Urtheilsform des ἀναγκαῖον, des necessarium, die andere Weise des sogen. apodictischen Urtheils ist es, um welche es sich hier handelt. Während von der Unmöglichkeit das Mögliche schlüsslich auf das einzig Mögliche reducirt wird, ist in der Nothwendigkeit die Möglichkeit bis zu dem Grade educirt, dass sie aus der eigenen erstarkten Kraft die Möglichkeit des Gegentheils von sich ausschliesst. Die Nothwendigkeit wird wie die Unmöglichkeit durch die noch streitige Wahrscheinlichkeit in Bahn gebracht; aber die Unmöglichkeit leistet Beistand zunächst einer Wahrscheinlichkeit, welche auf der Wirklichkeit fussend die Möglichkeit vorausnimmt, während die Nothwendigkeit an einer Wahrscheinlichkeit sich entzündet, die aus der Möglichkeit quellend die Wirklichkeit vorausnimmt. Die Nothwendigkeit ist die Kehrseite von

der Unmöglichkeit des Andersseyns und diese von jener; die Unmöglichkeit ist die auswärts gewendete Nothwendigkeit und letztere
die einwärts gewendete Unmöglichkeit. Aber besagtes Ein- und
Auswärtswenden wird nur durch den Regressus von der Wirklichkeit zur Möglichkeit und hingegen durch den Progressus von der
Möglichkeit zur Wirklichkeit begriffen. Beide unterschiedene Momente ergänzen einander zur Daseynsform des von jedem anderen
Denken unterschiedenen logischen Denkens, ergänzen einander zur
Einheit des sog. apodictischen, im Grunde von der Selbstgewissheit des menschlichen Geistes gefällten Urtheils.

Was nothwendig ist, ist darum nicht auch schon wirklich.
Aber das Moment der Nothwendigkeit treibt hin zum Moment der
Wirklichkeit. Mag es immerhin geschehen, dass Mancher sich
beruhigt bei der Nothwendigkeit und gegen die Erweisung durch
die Wirklichkeit sich gleichgültig verhält, irrig meinend, die Wirklichkeit könne Nichts vorbringen was mit dem als nothwendig Gedachten in Widerspruch komme; von solchem Misskennen des mit
seiner Entwicklung noch beschäftigten menschlichen Wissens jedoch
zu schweigen, würden ohne das Moment der Wirklichkeit, welches
den Progressus abschliesst, weder die Daseynsformen logischen
Denkens ihr Ziel erreichen noch würde das Denken überhaupt befriedigt, das in die Wahrnehmung sich versenken will und muss,
um immer neu aus ihr sich zu erholen und zu erbauen, im Urtheil
der Wirklichkeit aber eben die Wahrnehmung in den Bereich des
logischen Denkens zieht. Wir urtheilen das Eine ist nicht blos
nothwendig dieses Andere, sondern ist es wirklich. Wenn z. B.
Jemand als nothwendig erkannt hat, dass an der und der Stelle
des Himmels ein Planet sich befinde, so wird er im Interesse des
zu vollendenden Denkens und Wissens nicht rasten, bis er den
Planeten wahrgenommen hat und erklären kann, es befinde sich
dort wirklich ein Planet. Wie schon die Möglichkeit, die Wahrscheinlichkeit, die Nothwendigkeit nicht gedacht wird wenn nicht
in Beziehung auf die Wirklichkeit, so gelüstet hiernach das ganze
Denken und den Geist selbst zu seiner Erfüllung. Wir werden
aber nach dem Bisherigen eine unvermittelte und eine vermittelte
Wirklichkeit zu unterscheiden haben; erstere gibt den Anfang ab
zu dem Regressus auf die Möglichkeit hin, letztere Wirklichkeit
ist im Progressus von der Möglichkeit her das Ende. Als Ganzes
ist das Moment der Wirklichkeit, verglichen mit den anderen
Daseynsformen des logischen Denkens, bei seiner lauteren Beziehung zu dem wahrnehmenden Denken die Daseynsform κατ'
ἐξοχήν.

§. 79.

Name und Begriff der modalen Urtheile.

Es haben sich uns ergeben die Momente der Möglichkeit, der Wahrscheinlichkeit, der Nothwendigkeit sammt der Unmöglichkeit, der Wirklichkeit. Wie die Nothwendigkeit von der ihr entsprechenden Unmöglichkeit, so ist ähnlich auch ein jedes der anderen Momente als ein Prius und Posterius von sich unterschieden und mit sich eins. Dieser Unterschied und seine Einheit kommt zum Vorschein durch die sich ergänzende zwiefache, regressive und progressive Richtung des Denkens von einem Moment zum anderen. Wir werden hiernach vier Momente zu zählen haben.

Dieselben sind Formen des logischen Denkens und, da das logische Denken Urtheilen ist, Urtheilsformen. Nicht aber alle Urtheilsformen sind sie, sondern nur die Daseynsformen der urtheilenden Thätigkeit. Für das Ganze dieser Daseynsformen liegt der Name Modalität bereit; die einzelnen Formen heissen wir demnach Modalitätsformen des Urtheils und das Urtheil selbst in Hinsicht auf die Modalitätsform ein modales Urtheil.

Als modale Urtheile pflegt man in neuerer Zeit zu nennen das problematische, das assertorische, das apodictische Urtheil.

Für problematische Urtheile gelten z. B. folgende: Es ist möglich, dass die Endemie der Cholera vom Grundwasser herkommt; oder: Der Friede wird möglicherweise bald gestört werden. Ist aber auch dies ein problematisches Urtheil: Der Mensch kann im Guten fortschreiten? Kann es doch bedeuten: Es ist möglich, dass der Mensch im Guten fortschreitet, und: Der Mensch hat die Fähigkeit, im Guten fortzuschreiten! Eine befriedigende Antwort auf jene Frage wird nicht gelingen bei ungenügender Unterscheidung der Modalitätsformen von anderen Formen des Urtheils sowie des logischen Denkens vom übrigen und besonders vom genetischen Denken. Wir unsererseits erklären das Urtheil: Der Mensch kann im Guten fortschreiten, dann für problematisch, wenn es die Vorstellung vom Fortschreiten des Menschen im Guten unterworfen haben will der Möglichkeit als einer Daseynsform des Urtheils.

Aber schon der Name Problematisch dürfte ohne vorhergängige Verständigung die mit demselben zu bezeichnende Urtheilsform allzuwenig erkennen lassen. Im dialectisch-rhetorischen Sinne ist πρόβλημα ein fraglicher, der Entscheidung bedürftiger Satz, διαλεκτικὸν θεώρημα, quaestio dialectica. So wäre ein dergleichen Problem etwa die Frage: Ist auf den Planeten ausser der Erde animalisches Leben oder nicht? Gemäss der genaueren Methode der Mathematiker aber wird Problem, das ist verdeutscht Aufgabe, im Unterschiede von den an der Spitze der Begründung stehenden Heischesätzen, postulata, und von den einer eigenen Begründung weder fähigen noch bedürftigen allgemeinen Grundsätzen, axiomata, häufig dem Theorem oder dem der Begründung fähigen und bedürftigen Lehrsatze entgegengestellt als eine propositio practica demonstrativa, während das Theorem für eine propositio theoretica demonstrativa angesehen wird, so dass Problem und Theorem sich zu einander verhalten wie Heischesatz und Grundsatz sich gegenseitig verhält. Im Allgemeinen wird indessen Problematisch gewöhnlich zur Bezeichnung irgend eines der entscheidenden Nothwendigkeit noch ermangelnden Gedankens gebraucht: das Problematische ist das Nichtnothwendige. Die Logiker endlich knüpfen heutzutage den Titel problematisches Urtheil speciell an das Moment der Möglichkeit, obschon sie zweifelhaft lassen, ob sie mit Problematisch das logische Denken, welches in die Urtheilsform der Möglichkeit sich wirft, oder die Vorstellung meinen, welche vom logischen Denken als möglich bestimmt wird.

Den eingebürgerten Namen beibehaltend für das Urtheil der Möglichkeit wollen wir in Ermangelung eines geläufigen technischen Ausdrucks für das logische Moment der Wahrscheinlichkeit und in Hinsicht auf die ursprüngliche und umfassende Bedeutung des Wortes Problem sowie auf dessen alte Verbindung mit dem von Aristoteles sogenannten Dialectischen und auf dieses Dialectischen Verwandtschaft theils zwar mit der Vorstellung theils aber auch mit dem Urtheil der Wahrscheinlichkeit den Namen Problematisch sowohl für die Urtheilsform der Möglichkeit als für die der Wahrscheinlichkeit in Gebrauch nehmen, ohne desshalb den Unterschied von Möglichkeit und Wahrscheinlichkeit aufzugeben: letzteren können wir bis auf Weiteres vielleicht dadurch ausdrücken, dass wir von einem absolut problematischen und von einem relativ problematischen Urtheil sprechen.

Assertorische Urtheile sollen folgende seyn: Der Mensch ist dem Irrthum unterworfen; das Silber glänzt; der Granit besteht aus Quarz, Glimmer, Feldspat. Worin das Assertorische liegt, tritt nicht hervor; auffällig ist nur die Abwesenheit jeder Modalitätsform. Und in der That wird nicht selten für ein assertorisches Urtheil — die sonstige propositio pura — ausgegeben was irgend ein nichtmodales Urtheil ist. Der Name Assertorisch gibt keine Aufklärung. Er ist der lateinischen Sprache entnommen, da im Griechischen kein entsprechender überliefert war; das Wort *κατηγορικός*, auf das man etwa rathen möchte, wurde wie alsbald sich zeigen wird in anderer Weise verwendet; etymologisch aber gefasst besagt das Wort Assertorisch eine Behauptung; da nun jedes Urtheil als eine Behauptung gelten kann, so ist damit bezüglich der Modalität und bezüglich einer besonderen Modalitätsform Nichts entdeckt. Gleichwohl steht fest, dass man von Seite der Wissenschaft den Terminus Assertorisch dem Bereich der Modalität einfügt und zwar für eine Modalitätsform herbeirufen will, die weder die Möglichkeit und Wahrscheinlichkeit noch die Nothwendigkeit und Unmöglichkeit ist, also für die Modalitätsform der Wirklichkeit. Im Anschluss an solche Neigung werden wir das Urtheil der Wirklichkeit assertorisches Urtheil heissen.

Beispiele vom apodictischen Urtheil sind diese: Zwei Grössen, die einer dritten gleich sind, müssen einander selbst gleich seyn; jede Wirkung hat nothwendig eine Ursache; es ist unmöglich, dass der geworfene Stein nicht zur Erde falle. Aber es gelten oft für apodictische Urtheile auch folgende: In einem Kreise sind die Radien gleich; zweimal zwei ist vier; jede Wirkung hat eine Ursache. In den letzteren Fällen ist die Nothwendigkeit des Gedankens nicht wie in den ersten Beispielen sprachlich ausgeprägt. Allein so wenig das Wort als solches die Modalität ausmacht, so wenig können wir sagen, dass eine Modalität des ausgesprochenen Urtheils vorhanden ist wenn sie nicht im Worte sich zum Vorschein bringt. Uebrigens trifft auch der Name Apodictisch nicht eigentlich die Sache, auf die es ankommt. Denn die *ἀπόδειξις* (demonstratio, Beweis) geschieht *ἐξ ἀληθῶν καὶ πρώτων καὶ ἀμέσων καὶ γνωριμωτέρων καὶ προτέρων καὶ αἰτίων τοῦ συμπεράσματος* (ex propositionibus veris, ex primis et immediatis, ex notioribus et prioribus, ex causis conclusionis) oder sie ist ein Syllogismus *ἐξ ἀναγκαίων* (*καθόλου*, ex propositionibus necessariis s. ex propositionibus quae sic verae sunt ut non possint esse falsae). Man möchte daher meinen, ein apodictisches Urtheil sey ein solches, auf welches die Apodixis gebaut wird und mit dessen Hülfe sie sich vollführt, oder ein solches, welches aus der Apodixis hervorgeht. Indess ist wenigstens so viel klar, dass die Logiker, vom apodictischen Urtheile sprechend, eine Modalitätsform und zwar die Modalitätsform der Nothwendigkeit und Unmöglichkeit im Sinne haben. Wir werden demgemäss jenen Terminus uns aneignen. Nur bestehen wir darauf, dass wir nicht mit Modalitätsformen zu thun haben die irgendwie versteckt im Hintergrunde

21 *

liegen, sondern mit Modalitätsformen die als solche zu Tage treten.
Ein Urtheil, welches die Modalitätsform der Nothwendigkeit oder der
Unmöglichkeit explicit zu eigen hat, nennen wir ein apodictisches
Urtheil.

Der Name Modalität, welcher die gemeinsame Eigenthümlichkeit der problematischen, assertorischen und apodictischen Urtheile wiedergeben soll, ist von altem Datum. Offenbar besagt er
zu viel, wenn man ihn etymologisch betrachtet; aber auch die
üblichen Erklärungen sind zu weit. Den Namen verwendend für
das Ganze der Daseynsformen, welche sich das logische Denken
gibt, definiren wir die Modalität als diejenige Form des logischen
Denkens, worin dasselbe mit Bezugnahme auf die in der Vorstellung enthaltene Wahrnehmung, in Folge davon aber auch im Unterschiede vom übrigen Denken und mit Beziehung darauf, sein Daseyn
und weiter Nichts als sein Daseyn ausdrückt, kurzweg, als Daseynsform des logischen Denkens.

Modalität oder Daseynsform des logischen Denkens ist das
Gemeinsame und Nächste des problematischen, des assertorischen
und des apodictischen Urtheils. Jedes derselben ist ein besonderes
modales Urtheil, jedes von dem anderen unterschieden und sich
darauf beziehend, eines das andere ausschliessend, jedes noch dazu
in Verbindung mit einer von den Stufen des Denkens überhaupt
sowie mit einem der Grundsätze des logischen Denkens. Das problematische Urtheil nun ist zweierlei Art in Folge des Unterschiedes
von Möglichkeit und Wahrscheinlichkeit: hinsichtlich der Möglichkeit absolut problematisches Urtheil und hinsichtlich der Wahrscheinlichkeit relativ problematisches Urtheil. Hiernach werden
wir folgende Begriffsbestimmung zu geben haben. Das absolut
problematische Urtheil ist dasjenige modale Urtheil, welches mit
Bezug auf die in der Vorstellung enthaltene Idee und auf den
Grundsatz der Conclusion das Vorgestellte als möglich denkt. Das
relativ problematische Urtheil ferner ist dasjenige modale Urtheil,
welches, im Anschluss einerseits an das Moment der Möglichkeit
andrerseits an das der Wirklichkeit, mit Bezug auf die Vorstellung
selbst und auf den Grundsatz der Relation das Vorgestellte als
wahrscheinlich denkt. Das apodictische Urtheil drittens ist dasjenige modale Urtheil, welches, eingeleitet von dem Urtheil der
Wahrscheinlichkeit, gemäss dem Grundsatz der Exclusion das Vorgestellte entweder zum Begriff erhebend als nothwendig oder kraft
des Begriffes ausschliessend als unmöglich denkt. Das assertorische
Urtheil endlich ist dasjenige modale Urtheil, welches mit Bezug
auf die in der Vorstellung enthaltene Wahrnehmung und auf den

Grundsatz der Modalität selbst das Vorgestellte als wirklich denkt.
Kürzer könnte man sagen: Das absolut problematische Urtheil ist
das modale Urtheil der Möglichkeit, das relativ problematische Urtheil ist das modale Urtheil der Wahrscheinlichkeit, das apodictische
Urtheil ist das modale Urtheil der Nothwendigkeit und Unmöglichkeit, das assertorische Urtheil ist das modale Urtheil der Wirklichkeit.

§. 80.

Verhältniss der modalen Urtheile zu einander.

Die modalen Urtheile sind das problematische Urtheil mit
seinen zweierlei Stufen, ferner das apodictische und ausserdem noch
das assertorische Urtheil. In ihnen zusammen waltet ein Progressus
und Regressus, durch dessen Verlauf eines das andere ergänzt,
jedes allen anderen zur Entwicklung beisteht und alle anderen
einem jeden den gleichen Dienst leisten, jedes sich selbst erfüllt,
alle mit einander ein Ganzes darbilden. Noch mehr Arten als die
genannten kann es nicht geben; auch ist keine derselben entbehr-
lich. Gäbe es andere Arten, so müsste das logische Denken entweder unter die Wirklichkeit herabsteigend und über die Möglichkeit sich hinanschwingend ein Daseyn sich zu geben im Stande
seyn, oder es wäre jenes Plus von Modalität als ein besonderes
Bindeglied zwischen den angegebenen vier Momenten zu suchen.
Allein durch das Streben nach einem Daseyn ausser dem Kreis der
Möglichkeit müsste sich das logische Denken selbst unmöglich
machen; ebenso ist etwas Unmögliches ein Daseyn logischen
Denkens unterhalb der Wirklichkeit. Zwischen den Momenten der
Möglichkeit aber, der Wahrscheinlichkeit, der Nothwendigkeit mit
der Unmöglichkeit, der Wirklichkeit findet ein anderes darum nicht
statt und kann nicht stattfinden, weil die Wahrscheinlichkeit als
Modalitätsform unmittelbar sey es an die Möglichkeit sey es an
die Wirklichkeit sich anschliesst und nur an diese sich anschliesst,
die Nothwendigkeit dagegen sammt der Unmöglichkeit zur aller-
nächsten modalen Voraussetzung ihrer Existenz eben die Wahrheit hat und ihrerseits als sammelnder Brennpunct vorwärts zur
Wirklichkeit oder rückwärts zur Möglichkeit ausschlägt. Weniger
Arten aber kann es darum nicht geben, weil ohne Möglichkeit und
Wirklichkeit kein Anfang und kein Ende, ohne die Wahrscheinlichkeit kein Fortgang aus der Möglichkeit oder aus der Wirklichkeit, ohne die Nothwendigkeit sammt der Unmöglichkeit kein Aus-

gang aus der Wahrscheinlichkeit ist. Es ist daher weder von
anderen ebenbürtigen Arten modaler Urtheile ausser den beiden
problematischen Urtheilen und ausser dem apodictischen und ausser
dem assertorischen Urtheil zu sprechen, noch darf eine oder die
andere Art fortgeworfen werden. Das absolut problematische Urtheil oder das Urtheil der Möglichkeit und das assertorische Urtheil
oder das Urtheil der Wirklichkeit sind mit einander die äussersten.
ersten und letzten Formen des modalen Urtheils; beide gehen in
einander über im relativ problematischen Urtheil d. h. im Urtheil
der Wahrscheinlichkeit; kraft des apodictischen Urtheils wird das
Urtheil der Wahrscheinlichkeit nach der einen oder anderen Seite
hin entschieden.

Die modalen Urtheile verhalten sich zu einander ähnlich wie
etwa eines Baumes Wurzel, verzweigter Stamm, Blüthe und Frucht.
Das assertorische Urtheil mag verglichen werden der Wurzel, die
immer neue Nahrung aus dem Boden saugt und dem Ganzen zu-
führt; hierauf gleicht das Urtheil der Wahrscheinlichkeit dem
strebenden Stamme mit seinen beblätterten Zweigen, welcher das
Unten und Oben in einander verflicht; das apodictische Urtheil
aber gleicht der Blüthe, worin der Pflanze Geschlecht ihr Geheimniss feiert; das Urtheil der Möglichkeit endlich gleicht der Frucht,
die selbst wieder der künftige Baum ist. So wenig jedoch ein
Baum für sich allein gedeiht ohne gehegt zu werden von Erde
und Himmel und mannigfach verkettet zu seyn mit der Natur,
so wenig keimen und wachsen und blühen und reifen die modalen
Urtheile ohne das übrige logische Denken und ohne die Hülfe
alles dessen, was Denken ist und zum Denken gehört. Wie der
Baum eingewebt ist in die weiteren und weiteren Ringe seines
Alls, so auch die modalen Urtheile in die anderen Accorde des
Geistes.

Das Verhältniss der modalen Formen und hiedurch der modalen
Urtheile zu einander kann auch so ausgedrückt werden, dass man
sagt: Jede modale Form des Urtheils wird im Unterschiede von
den anderen modalen Formen und mit Beziehung auf dieselben,
keine aber ohne solchen Unterschied und ohne solche Beziehung
gedacht. Damit ist weder gemeint, dass durchaus keine von der
anderen irgendwie prädicirt werden dürfe, noch ist gemeint, dass
man die eine von der anderen ohne Weiteres zu prädiciren habe.
Eben hierauf schaut die alte Lehre von der Aequipollenz und auch
von der Opposition der modalen Urtheile sowie von den consequentiae modales und mehr oder weniger von den syllogismi modales. Wir wollen einen Augenblick bei derselben verweilen.

–

Nach der Schulregel findet eine Aequipollenz, d. h. in allge-
meinster Fassung: propositionum verbis discrepantium in sensu
convenientia, für die modalen Urtheile in folgenden Gruppen statt:
1) Es ist nicht möglich, dass A nicht B ist; es ist unmöglich,
dass A nicht B ist; A ist nothwendig B. 2) Es ist nicht möglich, dass A ist B; A ist unmöglich B; A ist nothwendig nicht B.
3) A ist möglicherweise B; es ist nicht unmöglich, dass A ist B;
es ist nicht nothwendig, dass A nicht B ist. 4) A ist möglicherweise nicht B; es ist nicht unmöglich, dass A nicht B ist; es ist
nicht nothwendig, dass A ist B. Hiernach soll man z. B. sagen
dürfen: Was nothwendig ist, ist unmöglich nicht; was nicht unmöglich ist, ist möglich, und dergleichen. Aber immer ist da nur
die Rede von der Möglichkeit und Nothwendigkeit sammt der Unmöglichkeit. Sobald die Wahrscheinlichkeit und Wirklichkeit
herzugenommen und in je eine der Gruppen eingerückt wird, muss
die Configuration zerfallen.

Ferner wird behauptet, die erste und die zweite Gruppe sey
conträr, die erste und die vierte sowie die zweite und die dritte
contradictorisch, die dritte und die vierte subconträr einander entgegengesetzt. Gar nicht zu sprechen von der Subcontrarietät,
sey nur auf die gewöhnliche Norm hingewiesen, wonach die beiden
conträr entgegengesetzten Urtheile nicht zugleich gültig, jedoch
beide ungültig seyn können, die contradictorisch entgegengesetzten
Urtheile hinwieder zwar beide auch nicht zugleich gültig, jedoch
nicht beide ungültig zu seyn vermögen. Nun sollen aber z. B.
folgende Urtheile conträr sich entgegenstehen: A ist nothwendig
B — A ist nothwendig nicht B oder unmöglich B; und laut der
eben erwähnten Regel können zwar nicht beide gültig, aber beide
ungültig seyn. Nehmen wir daher die demgemäss conträr entgegengesetzten Urtheile: 1) Es ist nothwendig, dass von den contradictorisch entgegengesetzten Urtheilen eines falsch ist, 2) es ist
unmöglich, dass von den contradictorisch entgegengesetzten Urtheilen eines falsch ist, so wird zu folgern seyn, dass beide Aus-
sprüche möglicherweise ungültig sind, also auch jene obige Regel
bezüglich der contradictorisch entgegengesetzten Urtheile möglicherweise ungültig ist. Nun ist jedoch besagte Regel nicht umzu-
stossen. Demnach bleibt, wenn die Regel auch bezüglich der conträren Gegensätze nicht aufgegeben werden darf, nur übrig anzunehmen, dass Nothwendigkeit und Unmöglichkeit sich nicht conträr
entgegenstehen. Allein auch dieses wird nicht zugelassen. Demnach
dürfte es mit der Opposition der modalen Urtheile eine ganz eigenthümliche Bewandtniss haben. Wir wollen sie weiter unten erforschen.

Mancherlei Bedenken müssen ferner erregen die sogenannten
Modalitätsschlüsse, consequentiae modales, deren übliche, auf esse,
posse, oportere eingeschränkte Regeln wir schon früher aufzählten.
Es wird z. B. gesagt: Ab esse ad posse valet consequentia. Wollte
man hiemit ausdrücken, dass jede Wirkung ein Vermögen voraussetzt, so wäre dagegen wenigstens dies zu erinnern, dass nicht
die Logik es ist, welche mit der Zusammengehörigkeit von dergleichen Categorien, wie Vermögen und Wirkung sind, und mit
den Categorien überhaupt zu thun hat. Oder man gibt an: Ab
oportere ad esse valet consequentia. Wollte man hiemit nur lehren,
dass das Urtheil der Nothwendigkeit das der Wirklichkeit voraus-
sagt und die Nothwendigkeit mit Bezug auf die Wirklichkeit gesetzt wird, so würden wir beistimmen. Sobald jedoch der Satz
den Sinn haben soll, dass Alles, was nothwendig ist, auch wirklich ist, oder dass, was als nothwendig gedacht wird, auch als
wirklich gedacht wird, wäre zu entgegnen, dass Vieles, was nothwendig ist, nicht wirklich ist, oder dass Vieles, was als nothwendig
beurtheilt wird, nicht als wirklich und oft als nicht wirklich gedacht wird. Ebenso ist mit den Sätzen: A non posse ad non
esse valet consequentia, was nicht möglich ist, ist nicht wirklich,
und: A non esse ad non oportere valet consequentia, was nicht
wirklich ist, ist nicht nothwendig, es nicht besser bestellt als mit
jenen: Ab esse ad posse, ab oportere ad esse valet consequentia.

Fast hat es das Ansehen als ob man die consequentiae modales im Einklang mit der nacharistotelischen Norm, conclusionem
sequi partem debiliorem, von den üblichen syllogismi modales abstrahirt und für sich herausgehoben hätte. Allein die letzteren
sind selbst sehr precärer Natur.

Betrachten wir einen derartigen Syllogismus und zwar vorläufig einen solchen, in welchem nur der Obersatz oder nur der
Untersatz ein modales Urtheil ist, nicht aber beide zugleich modale Urtheile sind *). Alle Menschen sind nothwendig sterblich,
Socrates ist ein Mensch, Socrates ist nothwendig sterblich: so
pflegt man nach aristotelischer Weisung zu schliessen; dagegen
soll gemäss der theophrastischen Regel, conclusionem sequi partem
debiliorem, der Schlusssatz nur lauten: Socrates ist sterblich. Es

---

*) Es wird kaum nöthig seyn zu erinnern, dass wir für ein modales
Urtheil nur ein solches halten, welches in der That eine Modalitätsform
hat, also nicht nach der von uns bereits besprochenen Manier ein Urtheil,
das kein modales Urtheil ist, für ein modales, etwa für ein assertorisches
Urtheil ansehen.

kommt jedoch darauf an, wie jener Obersatz gefasst wird. Zieht man die Modalitätsform in der Weise zum Prädicate, dass das Urtheil den Sinn hat, die Menschen seyen Wesen, welche nothwendig sterblich sind, so wird ohne Zweifel der Schlusssatz sich ergeben: Socrates ist ein Wesen, welches nothwendig sterblich ist. Dass aber hiebei die Modalität keine ihr etwa eigenthümliche syllogistische Function übt und dass wie im angegebenen Beispiel das Moment der Nothwendigkeit so irgend welche andere Modalitätsform mit dem Prädicate des Obersatzes in den Schlusssatz wandern würde, liegt auf der Hand. Soll dagegen der Obersatz besagen: Dies, dass alle Menschen sterblich sind, ist nothwendig, dann gelangen wir bei dem Untersatze, dass Socrates ein Mensch ist, zu gar keinem Schlusssatze, weil das Prädicat Mensch und der das Subject des Obersatzes bildende Satz, dass alle Menschen sterblich sind, für sich keine conclusive Einheit sind, oder, mit anderen Worten, weil der durchaus erforderliche Mittelbegriff nicht vorhanden ist. Ein anderes Beispiel wäre folgender schulgerechte Syllogismus: Alle Menschen sind sterblich, Socrates ist nothwendig ein Mensch, Socrates ist sterblich. Es unterscheidet sich dieser seynsollende Syllogismus von dem obigen zunächst darin, dass dort die Modalitätsform mit dem Obersatze, hier mit dem Untersatze verbunden ist. Allein wir behaupten, dass der letztere angebliche Syllogismus kein Syllogismus ist. Denn so sehr wir den Syllogismus anerkennen würden: Alle Menschen sind sterblich, Socrates ist ein Mensch, Socrates ist sterblich — so sehr haben wir darauf zubestehen, dass für den Schlusssatz: Socrates ist sterblich, und bei dem Untersatz: Socrates ist nothwendig Mensch, der Obersatz lauten müsste: Was nothwendig Mensch ist, ist sterblich. Da nun aber dieses nicht statthat und ein schlussfähiger Mittelbegriff nicht da ist, so kann im Ernste von einem Syllogismus nicht gesprochen werden. Schon aus den wenigen angeführten Beispielen dürfte erhellen, dass die Modalität den Syllogismus stört wenn sie nicht mit dem Praedicat des Obersatzes oder mit dem Subject des Untersatzes in Eins verschmolzen ist, oder wenn sie nicht im Mittelbegriffe selber liegt; nicht minder bekundet sich die Haltlosigkeit der Regel: conclusionem sequi partem debiliorem.

Ein Beispiel eines Syllogismus, dessen Mittelbegriff ein modales Urtheil in sich trägt, wäre folgendes: Alles, was wirklich eine Pflanze ist, ist ein Gefässsystem; das Moos ist etwas, das wirklich eine Pflanze ist; das Moos ist ein Gefässsystem. In diesem Falle kann der Schlusssatz schon darum keine Modalität aufweisen, weil der Mittelbegriff eines

Syllogismus nicht in den Schlusssatz niedersteigt (medium concludere nescit.)

Verwicekter wird die Sache, wenn sowohl der Obersatz als
auch der Untersatz ein modales Urtheil ist, sey es mit gleicher,
sey es mit verschiedener Modalitätsform. Wir wollen mehrere
einschlägige Beispiele untersuchen.

So glaubt man schliessen zu können: Alle Fixsterne haben
möglicherweise eine Bewegung, jener Stern ist möglicherweise ein
Fixstern, jener Stern hat möglicherweise eine Bewegung. Indessen
ist klar, dass der Untersatz von einem Sterne spricht, welcher nur
möglicherweise ein Fixstern ist, der Obersatz aber Nichts von
Sternen weiss, welche nur möglicherweise Fixsterne sind: es fehlt
daher der Mittelbegriff. Oder wollte man zur Erklärung des seynsollenden Syllogismus sagen: Was von den Fixsternen gilt, gilt
von jenem Sterne als möglich; nun gilt von den Fixsternen dies,
dass sie möglicherweise eine Bewegung haben; also gilt von jenem
Sterne als möglich dies, dass er möglicherweise eine Bewegung
hat — so ist zu entgegnen, dass der letztere Syllogismus etwas
Anderes ist als das vorige Aggregat von modalen Urtheilen, nicht
nur darum, weil sein Obersatz und Untersatz die Modalitätsform
hereingenommen haben in das Subject und Prädicat (in die sog.
termini extremi des Syllogismus) und insofern keine modalen Urtheile mehr sind, sondern auch darum, weil derselbe im zweiten
Stück seines Obersatzes hinsichtlich der Modalitätsform als bereits
abgemacht voraussnimmt, was der schulgerechte, angebliche Syllogismus im Schlusssatz zu erringen meint. Ein anderer, ebenfalls
von den vulgären Regeln anerkannter Syllogismus mit gemischter
Modalität würde seyn: Alle Fixsterne haben möglicherweise eine
Bewegung, jener Stern ist nothwendig ein Fixstern, also hat er
möglicherweise eine Bewegung. Auch hier ist zu bemerken, dass
ein Mittelbegriff nicht da ist. Der Obersatz spricht nicht von
solchen Sternen, welche nothwendig Fixsterne sind. Allein angenommen „alle Fixsterne" hiesse so viel als „alles was nothwendig
Fixstern ist", so hängt die Schussfähigkeit noch immer davon ab,
in welchem Sinne der ganze Obersatz gedacht wird. Soll derselbe
besagen: Es ist möglich, dass alles, was nothwendig Fixstern ist,
eine Bewegung hat, so wird uns hiermit wiederum der Mittelbegriff
entzogen. Oder soll er meinen: Alles, was nothwendig Fixstern
ist, ist ein solches, was möglicherweise Bewegung hat, so ist offenbar ein modaler Obersatz nicht mehr vorhanden, wie denn auch
der Untersatz: Jener Stern ist etwas, das nothwendig Fixstern ist,
für ein modales Urtheil nicht erachtet werden kann. Oder würde

man erörternd vorbringen: Was von den Fixsternen gilt, gilt von
jenem Sterne als nothwendig; nun gilt von den Fixsternen, dass
sie möglicherweise eine Bewegung haben; also gilt von jenem
Sterne als nothwendig, dass er möglicherweise eine Bewegung hat
— so würde das Nämliche zu antworten seyn wie in Bezug auf
die versuchte Exposition des vorigen Exempels.

Dergleichen nun ist einzuwerfen gegen alle die gefeierten
syllogismi modales, welche als Obersatz und Untersatz ein modales
Urtheil zu haben sich rühmen.

Wir aber lernen hieraus erstens, dass im syllogismus modalis
keine Folgerung stattfindet von der einen Modalitätsform auf die
andere, wie es etwa die Regel, conclusionem sequi partem debiliorem, oder wie es hiefür auch die consequentiae modales glauben
machen könnten. Wir lernen zweitens, dass der sog. syllogismus
modalis, wenn er wirklich ein Syllogismus ist, identisch ist mit
Syllogismus überhaupt und ausserdem für einen Syllogismus nicht
gelten kann, entweder also auf den Character des modalen Urtheils
oder auf den des Syllogismus verzichten muss.

Um dagegen die vulgäre Ansicht von der Aequipollenz der
modalen Urtheile und von den consequentiae modales würdigen zu
können, müssen wir vor Allem uns darüber verständigen, was es
heissen solle, eine Modalitätsform von einer anderen prädiciren.
Man sagt zum Beispiel: Was nothwendig ist, ist möglich (ab oportere ad posse valet consequentia). Es ist dies kein eigentlich modales Urtheil mehr, sondern heisst so viel als: Was etwas Nothwendiges ist, ist auch etwas Mögliches. Die Modalität wird dem
Subject und Prädicat unterthan gemacht, darin aufgelöst, kurz,
sie wird beurtheilt. Aehnlich ist es z. B. mit dem Satze: Was
nothwendig ist, ist unmöglich nicht (Aequipollenz). Würden die
Modalitätsform nicht irgend welche Einheit mit einander ausmachen oder in irgend welcher Einheit mit einander gründen, dann
könnten sie nicht in dieser Weise mit Fug auf einander bezogen
werden. Der Hergang aber solcher Beziehung ist folgender. Zu
Grunde liegt der genetische Zusammenhang der Modalitätsformen;
dann werden sie mit Bezug auf einen, ausserdem ganz unbestimmt
gelassenen subjicirten Inhalt in ihrer Aufeinanderfolge und nach
ihrer Gleichartigkeit vorgestellt: (Etwas) Mögliches, Wahrscheinliches, Nothwendiges, Wirkliches, und umgekehrt: (Etwas) Wirkliches, Wahrscheinliches, Unmögliches, Mögliches. Anknüpfend
hieran beurtheilt man das, was als das eine gesetzt ist, auch als
das andere (z. B. das, was wirklich ist, als möglich, oder das, was
nothwendig ist, als unmöglich nicht), und es geschieht dieses kraft

des gemeinsamen Begriffs, welcher, an und für sich herausgehoben
und auf die Idee gebracht, eben ihre genetische Einheit ist. So
ist die übliche Lehre von der Aequipollenz der modalen Urtheile
und von den consequentiae modales, welche letztere noch dazu
mehrfach mit den Categorien vermischt sind, zu verstehen, aber
auch zu berichtigen.

Die Lehre endlich von der Opposition der modalen Urtheile
will den Unterschied derselben von einander zum Gegensatze
steigern. Das Missliche dieses Unternehmens, sofern verkannt
wird, dass Gegensatz und Modalität zweierlei Dinge sind, erhellt
zwar völlig erst in den nächsten Paragraphen, wo wir das Verhältniss der modalen Urtheile zum übrigen Denken besprechen.
Unterdessen aber können wir schon hier zeigen, wie wenig ein
Gegensatz sich festhalten lässt, sobald dessen Glieder als modale
Urtheile genommen werden.

Es sollen z. B. entgegengesetzt seyn die Urtheile: A ist
möglicherweise B — A ist unmöglich B. Allein wenn wir urtheilen, dass A möglicherweise B ist, so ist von vornherein nicht
geleugnet, sondern mit gegeben, dass A möglicherweise non B ist;
gesetzt aber, man wollte die entschiedene und einzige Möglichkeit
des A als B behaupten gegenüber der Unmöglichkeit des A als B,
dann könnte dieses nur geschehen unter dem Vorwand und in
Kraft der Nothwendigkeit des A als B: es würden demnach anstatt
der Möglichkeit vielmehr die Nothwendigkeit des A als B einerseits und die Unmöglichkeit des A als B andererseits sich entgegengesetzt. Oder es soll einander entgegenstehen: A ist wahrscheinlich B — A ist nicht wahrscheinlich B, sondern wahrscheinlich non B.
Aber leicht ist einzusehen, dass mit der beiderseitigen Wahrscheinlichkeit zum Mindesten nicht die in jeder Wahrscheinlichkeit noch
liegende Möglichkeit des Gegentheils ausgeschlossen wird. Oder
wollte man meinen, dass Gegensätze seyen: A ist nothwendig
B — A ist nicht nothwendig B, so ist zu sagen, mit letzterem
werde nicht verneint, dass A möglicherweise oder wahrscheinlich
oder wirklich B ist. Oder würde man als zweifellos entschiedene
Gegensätze vorbringen: A ist nothwendig B — A ist unmöglich B,
so werden wir erwiedern, dass nicht der Modus (unmöglich = nothwendig nicht), sondern das Dictum B und non B die eigentlichen
Gegensätze sind. Und wollte man endlich noch erwähnen: A ist
wirklich B — A ist nicht wirklich B, so liegt auf der Hand, dass
mit dem Urtheil: A ist nicht wirklich B, weder die Möglichkeit,
die Wahrscheinlichkeit, die Nothwendigkeit noch die künftige
Wirklichkeit des B ausgeschlossen wird.

Das Wahre ist, dass die modalen Urtheile einen Gegensatz zwar involviren und ihrestheils in den Gegensatz erhoben werden können, dass aber im ersten Falle kein offener Gegensatz und im zweiten Falle kein rein modales Urtheil mehr vorhanden ist, sondern eine andere logische Function stattfindet.

Der Grundsatz der Modalität, welcher das Daseyn des logischen Denkens besagt, ist die in sich noch unbestimmte Einheit dieses Daseyns. Die Modalitätsformen sind die entwickelten Unterschiede, die im Grundsatze der Modalität in Eins zusammengefaltet lagen. Sie sind die entwickelten Unterschiede des einheitlichen Daseyns logischen Denkens.

§. 81.

Vorbemerkungen
zur Stellung der modalen Urtheile im Organismus des Denkens.

Die Modalitätsformen sind wie eine der anderen so alle mit einander dem logischen Denken verhaftet. Weil Daseynsformen des logischen Denkens, haben sie das logische Denken zu ihrem wesentlichen und ursprünglichen Gehalt. Von diesem ihren Gehalt unterschieden als dessen peripherischer Ausdruck sind sie zugleich von einander unterschieden, was nicht seyn könnte, wenn nicht auch das übrige logische Denken, dessen unterschiedene Daseynsformen sie ja sind, als in sich unterschieden gesetzt würde: die Modalitätsformen sind die von einander unterschiedenen Daseynsformen des in sich unterschiedenen logischen Denkens.

Wenn nun die Logiker, hauptsächlich in früheren Zeiten, fragten wie es mit der Qualität (qualitas affirmativa et negativa), mit der Quantität (quantitas universalis, particularis, singularis), mit der Umkehrung (conversio, auch contrapositio) der modalen Urtheile sich verhalte, so geschah dies in Folge einer Bezugnahme auf die Stellung der modalen Urtheile zu anderen logischen Functionen. Allein die einschlägigen Behauptungen können nicht befriedigen.

Man lehrt z. B. hinsichtlich der Qualität, dass es mit ihr bei den modalen Urtheilen ebenso bestellt sey wie bei den nichtmodalen Urtheilen. Hiedurch ist kaum etwas Anderes gesagt als dies, dass ein affirmatives Urtheil affirmativ und ein negatives Urtheil negativ sey; man streift dem modalen Urtheile seine Eigenthümlichkeit ab. Mit Recht könnte daher entgegnet werden, ein mo-

dales Urtheil als solches sey weder affirmativ noch negativ, und
ein affirmatives oder negatives Urtheil sey als solches nicht ein
modales.

So ist z. B. ein affirmatives Urtheil folgendes: Der Mensch
wird von Gott zu Gnaden angenommen. Ebenfalls für affirmativ
gilt dieses: Es ist möglich, dass der Mensch von Gott zu Gnaden
angenommen werde. Gesetzt nun, es liege in beiden Fällen thatsächlich ein affirmatives Urtheil vor, so ist doch nicht zu verkennen, dass im zweiten Falle die Affirmation anderer Art ist als
im ersteren. Denn das Urtheil: Es ist möglich, dass der Mensch
von Gott zu Gnaden angenommen werde, ist von vorneherein
gleichwiegend mit dem Urtheil: Es ist möglich, dass der Mensch
von Gott nicht zu Gnaden angenommen werde, während das Urtheil:
Der Mensch wird von Gott zu Gnaden angenommen, von sich ausschliesst das andere Urtheil: Der Mensch wird von Gott nicht zu
Gnaden angenommen. Und wollte man sagen, dass eben der Ausspruch „Es ist möglich" die Affirmation sey und seinerseits im
Gegensatz gedacht werde gegen die Behauptung „Es ist nicht
möglich", so ist zu antworten, dass der Ausspruch „Es ist möglich"
gerade nicht die Affirmation, sondern die Modalitätsform ist, unter
welcher man die Vorstellung, dass der Mensch zu Gnaden angenommen werde, beurtheilt.

Oder es gilt für ein negatives Urtheil: Der Mensch ist nicht
unbeseelt. Das Urtheil dagegen: Es ist unmöglich, dass der Mensch
unbeseelt ist, wird von manchen Logikern für affirmativ, von
manchen für negativ angesehen. Wie dem sey, so ist doch dies
gewiss, dass in der Modalitätsform der Unmöglichkeit die Negation
involvirt ist, und das Urtheil: Der Mensch ist nicht unbeseelt, im
Urtheil: Es ist unmöglich, dass der Mensch unbeseelt ist, liegt und
darin mit der Nothwendigkeit, dass der Mensch beseelt ist, verwachsen ist.

Schon hieraus dürfte hervorgehen, dass einerseits zwischen
dem modalen Urtheil und der damit gegebenen Verknüpfung des
Modus und des Dictum, und andrerseits zwischen der Qualität des
Urtheils ein Verhältniss obwalte, welches weder erschöpft noch getroffen ist mit der Lehre, dass es bei den modalen Urtheilen bezüglich der Qualität nicht anders sey als mit den nichtmodalen
Urtheilen.

Aehnliche Bedenken erheben sich gegen die vorgebliche
Quantität der modalen Urtheile. Man pflegt zu sagen, ein modales
Urtheil, in welchem die Modalitätsform adverbialiter gesetzt werde,
propositio modalis divisa, befinde sich hinsichtlich der Quantität

auf gleicher Linie mit jedem anderen quantitativ bestimmten Urtheil. Demnach würde das Urtheil: Möglicherweise sind alle Menschen dem Irrthum unterworfen, nicht weniger ein allgemeines Urtheil seyn als dieses: Alle Menschen sind dem Irrthum unterworfen. Jedoch verwickelt man sich alsbald in Widerspruch. Denn dem Urtheile: Alle Menschen sind dem Irrthum unterworfen, ist nach der üblichen Lehrbestimmung contradictorisch entgegengesetzt das Urtheil: Einige Menschen sind nicht dem Irrthum unterworfen. Dagegen kann man nicht behaupten, dass dem Urtheil: Möglicherweise sind alle Menschen dem Irrthum unterworfen, das Urtheil: Möglicherweise sind einige Menschen nicht dem Irrthum unterworfen, contradictorisch entgegenstehe, da mit jenem Urtheile, dass möglicherweise alle Menschen dem Irrthum unterworfen sind, gegeben ist die Möglichkeit, dass einige nicht dem Irrthum unterworfen sind. Stünde aber in dem modalen Urtheile und in dem nichtmodalen Urtheile die Quantität auf gleicher Stufe, so wäre nicht einzusehen, warum nicht in beiderlei Urtheilen auch der gleiche Gegensatz für die Quantität erfolge. Vielmehr wird man zugeben müssen, dass im modalen Urtheile wie das ganze Dictum so auch die etwaige quantitative Bestimmung des Subjects in der Obmacht des Modus gefangen sey.

Es tritt solches deutlicher hervor in einer propositio modalis composita d. h. in einem Urtheile, dessen Modalität nicht adverbialiter, sondern als Prädicat vorgeführt wird: Dass alle Menschen dem Irrthum unterworfen sind, ist möglich. Die Angabe der Logiker, ein dergleichen Urtheil habe eine quantitas singularis, indem nur ein einzelnes Subject für das modale Prädicat gegeben sey (dies, dass alle Menschen dem Irrthum unterworfen sind, ist möglich), spricht zur Genüge für die Selbstständigkeit der Modalität. Aber nicht abzuweisen ist der Gedanke eines inneren Connexes von Quantität und Modalität schon wegen der Einheit des in sich unterschiedenen logischen Denkens mit sich selber.

Eine alte Last der Logiker ist die Umkehrung der modalen Urtheile. Es hat allmählich die Lehre Platz gegriffen, dass diejenigen modalen Urtheile, in welchen die Modalitätsform adverbialiter gesetzt sey, propositio modalis divisa, ebenso umgekehrt würden wie die nichtmodalen Urtheile. Allein die Unrichtigkeit dieser Behauptung ist bald zu merken. Das Urtheil: Alle Menschen sind Geschöpfe, wird umgekehrt: Einige Geschöpfe sind Menschen. Wie aber wird nun das Urtheil umgekehrt: Alle Menschen sind nothwendig Geschöpfe? Würden wir gemäss der eben angegebenen Lehre umkehren: Einige Geschöpfe sind nothwendig Menschen, so

wäre die Nothwendigkeit im letzteren Urtheile von ganz anderem
Belange als im ersteren Urtheile und wäre jedenfalls nicht die
umgekehrte erstere. Man mag sich wenden wie man will, das
Urtheil: Alle Menschen sind nothwendig Geschöpfe, sperrt sich
gegen die Umkehrung, es sey denn dass man es gleichsetze mit
dem Urtheil: Alle Menschen sind Etwas, das nothwendig Geschöpf
ist. Hieraus würde sich allerdings durch Umkehrung ergeben:
Einiges von dem, was nothwendig Geschöpf ist, sind die Menschen.
Aber in solchem Falle ist nicht von der Umkehrung eines modalen
Urtheils zu reden, weil die Modalitätsform bei dem umzukehrenden
Urtheil in das Prädicat eingeflochten ist und bei dem umgekehrten
Urtheil in das Subject, ein modales Urtheil als solches demnach
nicht da ist um die betreffende Operation an sich zu erfahren.
Dergleichen nun gilt für alle Umkehrungsversuche der propositiones
modales divisae, so dass die vorgenannte Lehre sich nicht durch-
führen lässt.

Wenn aber andere Logiker bei der propositio modalis composita suchten, was sie bei der prop. mod. divisa nicht fanden, so
waren sie wohl auf der rechten Fährte, meinend, nicht der Modus
sondern das Dictum werde umgekehrt; allein sie irrten, indem sie
an einer Umkehrung der modalen Urtheile als solcher festhielten
und an eine Thunlichkeit derselben glaubten unter der Bedingung,
dass der Modus affirmativ wäre. Und doch liegt es nahe, dass
z. B. in den Urtheilen: Es ist möglich, dass die weiblichen Thiere
dem Einflusse des Mondes unterworfen sind — es ist möglich, dass
Etwas, das dem Einflusse des Mondes unterworfen ist, die weiblichen Thiere sind, oder in den Urtheilen: Es ist nothwendig, dass
die Menschen sterblich sind — es ist nothwendig, dass etwas
Sterbliches Mensch ist, die Modalitätsform zwar die Versicherung
gibt, man habe es mit einer berechtigten Vorstellung zu thun,
ausserdem aber bei der Umkehrung ganz unbetheiligt ist, die Umkehrung also sich nur vollzieht am nichtmodalen Urtheil. Aber
hingegen ist es undenkbar, dass die Modalität in gar keiner Beziehung zur Umkehrung stehe, wenn anders die Umkehrung ein
logischer Act ist.

Wir waren schon im vorigen Paragraph veranlasst nachzuweisen, dass die syllogismi modales entweder keine Syllogismen
sind oder dass die Syllogismen nicht modal sind. Es ist damit
ähnlich wie mit der eben berührten Umkehrung des Urtheils.
Irgend ein Connex jedoch mit der Modalität wird bei der Einheit
des logischen Denkens mit sich auch dem Syllogismus nicht be-
stritten werden dürfen. Nur ist klar, dass eine etwaige Verwand-

lung des logischen Denkens von der Modalität in den Syllogismus und von dem Syllogismus in das modale Urtheil etwas anderes seyn muss als die Beschwerde, an welcher der syllogismus modalis in Folge der aufgezwungenen Modalitätsformen leidet.

Nach diesem Blick auf überlieferte Lehren, welche eine Bezugnahme auf die Stellung der modalen Urtheile zum übrigen logischen Denken enthalten, wird es uns obliegen, diese Stellung selbst und weiterhin das Verhältniss zum ganzen Denken näher in das Auge zu fassen.

§. 82.

Die Stellung der modalen Urtheile im Organismus des Denkens.

Als die allgemeinsten Unterschiede des logischen Denkens haben sich uns früher dargelegt die Grundsätze der Modalität, der Relation, der Exclusion und der Conclusion. Diese Grundsätze als die allgemeinsten Unterschiede des logischen Denkens müssen enthalten seyn in den Modalitätsformen, weil diese die Daseynsformen des in sich unterschiedenen logischen Denkens sind. Aber die unterschiedenen Daseynsformen sind zugleich der explicite Grundsatz der Modalität selber. Demnach werden nicht nur die anderen Grundsätze im expliciten Grundsatz der Modalität enthalten seyn, sondern der Grundsatz der Modalität hat seinerseits im Unterschiede von den anderen Grundsätzen auch eine von den Daseynsformen als seine specifische Daseynsform für sich zu beanspruchen.

Solche Daseynsform für den Grundsatz der Modalität ist das modale Moment der Wirklichkeit. Es ist der Träger aller anderen modalen Momente und des in ihnen gegebenen Denkens; eine concretere Daseynsform gibt es nicht. Im Gegenhalt zu ihr als der Daseynsform der Daseynsformen brechen die übrigen Unterschiede des logischen Denkens heraus und nach ihr verlangen sie hinwieder zu ihrer Bestätigung und zu immer neuer Bethätigung. Aber im modalen Moment der Wahrscheinlichkeit hat der Grundsatz der Relation eine Stätte. Das betreffende Urtheil enthält vor den anderen modalen Urtheilen die Zurückbeziehung des Anderen auf das Eine. Wäre es nicht der Grundsatz der Relation, der im Urtheil der Wahrscheinlichkeit sich regt, so wäre nicht nur jene im Urtheil der Wahrscheinlichkeit trotzdem waltende Relation nicht zu verstehen, sondern es müsste auch dem Grundsatz der Relation jeder Einfluss auf die Modalität abgesprochen werden. Keineswegs aber wollen wir behaupten, dass der Grundsatz der

Relation selber das Wahrscheinlich besagt: Relation ist nicht Modalität. Sondern wie im Ei und seiner unterschiedenen Flüssigkeit auch das künftige vegetative System des jungen Thierleibes, das zugleich verwestes vegetatives System aus dem elterlichen Leibe ist, verhüllt liegt, so in der Modalität und zwar im modalen Moment der Wahrscheinlichkeit der Grundsatz der Relation: wenn er sich entwickelt, löst er die Wahrscheinlichkeit in sich auf und führt sie vermittelnd auf den Grund hin, umgekehrt leitet er sie aus dem Grunde heraus und hilft ihr zum Daseyn, seinerseits in ihr niedergehend. Dagegen ist es der Grundsatz der Exclusion, welcher dem apodictischen Momente innewohnt. Wenn wir Etwas als nothwendig oder als unmöglich beurtheilen, wird vom Einen dasjenige Andere ausgeschlossen, was nicht das Eine ist. Würde nicht der Grundsatz der Exclusion dem apodictischen Momente seine Kraft verleihen, woher wollte es sich ausschliessend verhalten? Aus dem apodictischen Momente hebt der genannte Grundsatz sich ab und nimmt es in sich herein, hinwieder fasst er im apodictischen Momente als dessen wirksame Potenz sich zusammen. Endlich ist es das modale Moment der Möglichkeit, in welchem der Grundsatz der Conclusion lebendig ist. Urtheilen wir von Etwas, dass es möglicherweise dieses und jenes ist, so denken wir das Eine als Eins mit dem Anderen. Das ist nicht das Amt der Modalität als solcher, nicht das Amt der Relation noch der Exclusion; welch anderer Grundsatz aber als der der Conclusion ist zu solcher That befugt? Er ist auf Seite des logischen Denkens der innerste Grund der Möglichkeit und, sofern die Möglichkeit der Grund ist für die Wahrscheinlichkeit und für die Nothwendigkeit und für die Wirklichkeit, der innerste Grund von dem allen.

Durch das Wohnen der Grundsätze überhaupt in den einzelnen Daseynsformen ist die den modalen Urtheilen zukommende Eigenthümlichkeit gegenüber dem übrigen logischen Denken so wenig vernichtet, dass sie vielmehr dadurch gesichert und erfüllt wird. Jene Eigenthümlichkeit erlaubt es nicht, dass ein modales Urtheil übergeht in eine andere Urtheilsform ohne aufzuhören, ein explicit modales Urtheil zu seyn; dass dies von den Logikern nicht genug beachtet wurde, bezeugen ihre Lehren von der modalen Urtheile Qualität, Quantität, Conversion und dergleichen *). Wir

---

*) So findet z. B. eine Opposition wohl statt zwischen den Urtheilen: Dass der Mensch unsterblich ist, wird gedacht als etwas Mögliches — dass der Mensch unsterblich ist, wird nicht gedacht als etwas Mögliches; oder: Dass der Mensch beseelt ist, ist etwas Nothwendiges — dass der Mensch

unsererseits müssen aufrecht erhalten, dass ein modales Urtheil als solches nicht ein nichtmodales Urtheil und dass ein nichtmodales Urtheil als solches nicht ein modales ist. Und wer wollte nicht erkennen, dass, wenn die Eigenthümlichkeit der modalen Urtheile gegenüber den anderen Urtheilsformen verwischt würde, die Unterschiede der logischen Grundsätze von einander überhaupt erblassen müssten und die ganze Logik in einander verschwämme? Aber die Selbstständigkeit, welche wir für die modalen Urtheile beanspruchen, ist keine andere als die, welche dem Gliede und Systeme eines jeden organischen Ganzen gebührt.

Als Potenzen sind die sämmtlichen Grundsätze des logischen Denkens den Modalitätsformen und den modalen Urtheilen eingezeugt und zeugen sich von da aus. Sofern diese Grundsätze, in ihre Momente entwickelt, das ganze logische Denken sind, ist von den modalen Urtheilen mit einander zu sagen, dass in ihnen und verhältnissmässig in jedem einzelnen derselben das ganze logische Denken potentialiter enthalten ist. Dafür ist aber entsprechendermassen die Modalität andererseits involvirt im übrigen logischen Denken.

Wir haben eben hervorgehoben, dass in je einer Modalitätsform je ein logischer Grundsatz mit Vorliebe heimisch ist. Wie aber der Grundsatz der Modalität sich auseinanderlegt in seine Momente, so bringt nicht minder ein jeder der anderen Grundsätze aus sich seinen Reichthum hervor. Nun geschieht letzteres nicht innerhalb der betreffenden einzelnen Modalitätsform; denn innerhalb der einzelnen Modalitätsform ist jeder Grundsatz nur implicit. Gleichwohl ist nothwendig anzunehmen, dass er, auch ausgewachsen in seine Glieder, eine dauernde Beziehung unterhält mit seiner Modalitätsform und sie mit ihm. Demgemäss werden auf einander sich beziehen die Momente der Conclusion und das modale Moment der Möglichkeit, die Momente der Relation und die Wahrscheinlichkeit, die Momente der Exclusion und das apodictische Moment, die der Modalität und die Wirklichkeit.

Solches will nicht etwa besagen, dass die Momente der Conclusion, z. B. die Definition und der Syllogismus, als möglich zu beurtheilen sind, oder dass die Momente der Relation, z. B. das causale oder disjunctive Urtheil, unter den Titel des blos Wahrscheinlichen fallen; es wäre dies eine durchaus falsche Auffassung,

---

beseelt ist, ist nicht etwas Nothwendiges. Aber nicht ein modaler Act ist diese Opposition, und nicht modale Urtheile sind es, die als solche sich gegenüberstehen.

da ja immer die Vorstellung es ist, worüber vom Mund und Geist
des logischen Denkens Möglich, Wahrscheinlich u. s. f. geurtheilt
wird. Sondern mit jenen Worten will nur angegeben seyn, dass
der logische Gehalt eines modalen Urtheils auseinandergelegt ist
in den Urtheilsformen des betreffenden, als Potenz ihm innewohnenden Grundsatzes und dass umgekehrt die Momente des betreffenden Grundsatzes gemeinsam dem Entstehen und Bestehen des
modalen Urtheils dienen.

Um einen Ueberblick zu verschaffen über die Urtheilsformen,
welche derart auf je ein modales Urtheil sich beziehen und auf
welche sich dieses bezieht, verzeichnen wir hiemit tabellarisch zum
Voraus die Formen des logischen Denkens:

I (IV).

Grundsatz der Conclusion.

1 (4).

Axiom

2.   3.

Sorites   Definition

4 (1).

Syllogismus

II.	III.
Grundsatz der Relation.	Grundsatz der Exclusion.
1 (4).	1 (4)
Conditionales Urtheil	Qualitativ bestimmtes Urtheil
2. 3.	2. 3.
Causales U. Disjunctives U.	Quantitativ best. U. Opponirtes U.
	(Conversion)
4 (1).	4 (1).
Restrictives Urtheil	Contraponirtes Urtheil

IV (1).

Grundsatz der Modalität.

1 (4).

Urtheil der Möglichkeit

2.   3.

Urtheil der Wahrscheinlichkeit   Apodictisches Urtheil

4 (1).

Assertorisches Urtheil.

Eines jeden Grundsatzes Momente aber sind völlig entwickelt
nicht blos im Unterschiede von den übrigen Grundsätzen im Allgemeinen, sondern zugleich im Unterschiede von den einzelnen Momenten insbesondere. Daher wird immer ein bestimmtes Moment eines
Grundsatzes auf ein bestimmtes Moment in den übrigen Grundsätzen verweisen. Wie die Grundsätze sich zu einander verhalten,
so verhalten sich die Glieder der Grundsätze alle wechselseitig zu

einander. Es bilden demnach die ersten, zweiten, dritten, vierten
Glieder der Grundsätze unter sich ein eigenes Entwicklungsganzes,
welches in folgendem Schema anschaulich wird:

I (IV).
1 (4).
Axiom

2.　　　　　　　　　　　　　　　3.
Conditionales U.　　　　　　　Qualitativ best. U.

4 (1).
Urtheil der Möglichkeit

II.　　　　　　　　　　　　　　III.
1 (4).　　　　　　　　　　　　1 (4).
Sorites　　　　　　　　　　　　Definition

2.　　　　　3.　　　　　　　2.　　　　　3.
Causales U.　Quantitativ best. U.　Disjunctives U.　Opponirtes U.

4 (1).　　　　　　　　　　　　　　　4 (1).
Urtheil der Wahr-　　　　　　　　Apodictisches Urtheil
scheinlichkeit

IV (I).
1 (4).
Syllogismus

2.　　　　　　　　　　　　　　　3.
Restrictives U.　　　　　　　Contraponirtes U.

4 (1).
Assertorisches Urtheil.

Wenn wir vorhin anzugeben hatten, dass jedes modale Urtheil für sich einen der logischen Grundsätze involvirt, und ferner,
dass solcher Gehalt des modalen Urtheils sich auseinanderlegt in
den Urtheilsformen des betreffenden Grundsatzes und umgekehrt
die Urtheilsformen des betreffenden Grundsatzes gemeinsam dem
Entstehen und Bestehen jenes modalen Urtheils dienen, das einzelne modale Urtheil demnach mit den besagten Momenten in
dauernder Verwandtschaft bleibt, so macht das jetzt vorgeführte
Schema ersichtlich, wie jedes modale Urtheil auch mit je einem
Gliede aus allen anderen Grundsätzen zum gemeinsamen Werke
verbunden ist.

Mag in der Praxis gewöhnlich nur summarisch sich vollführen
was hier in das Einzelne unterschieden ist, so kann doch die Wissenschaft sich nicht der Pflicht entheben, die Summa in ihr Detail
zu entfalten und aus dem Detail wieder die Summa zu verstehen.
Ohne jenes Ineinandergreifen der Grundsätze in ihren einzelnen
Momenten würde das logische Denken nicht alle seine Unterschiede
hervorbringen, und ohne den Einblick in solch Triebwerk würde
das Räthsel der Stellung der modalen Urtheile zum übrigen logischen Denken nicht genügend gelöst. Es ist aber hiebei immer

der gleiche innewohnende Grundsatz, welcher die durch ihn gleich-
artigen Glieder aus dem Kreise eines jeden der Grundsätze zur
Genossenschaft verbindet.

Allein die modalen Formen stehen nicht nur im gezeigten
Connexe mit den anderen Formen des logischen Denkens, sondern
mit dem Denken überhaupt.

Wenn z. B. geurtheilt wird: Ich habe mich wirklich geirrt,
so heftet sich das Urtheil an den von mir wahrgenommenen Irrthum. Und wird gesagt: Es ist wahrscheinlich, dass alle Menschen irren, so schaut das Urtheil auf die mittelst des inductiven
und divisiven Verfahrens bearbeitete Vorstellung vom irrenden
Menschen. Und wird behauptet: Es ist unmöglich, dass wir
Menschen nicht irren, so bringt sich darin der begriffliche Zusammenhang von Mensch und Irren zur entscheidenden Geltung. Und
wird erklärt: Es ist möglich, dass der Mensch irrt, so denken
wir an die Genesis menschlichen Irrthums.

Es zeigt sich im assertorischen Urtheil eine Beziehung auf
die in der Vorstellung enthaltene Wahrnehmung, im Urtheil der
Wahrscheinlichkeit eine Beziehung auf die Vorstellung als solche,
im apodictischen Urtheil eine Beziehung auf den Begriff selbst,
im Urtheil der Möglichkeit eine Beziehung auf das in der Vorstellung enthaltene genetische Denken. Wäre solches nicht der Fall,
dann müsste das logische Denken kein Daseyn haben für all das
übrige Denken noch für sich selber. Doch ist hiemit nicht etwa
gemeint, dass die modalen Urtheile die sämmtlichen Formen der
Beziehung sind, in welcher sich das logische Denken gegenüber
dem übrigen Denken ergeht; schon früher, als wir die Grundsätze
im Allgemeinen aufstellten, haben wir gefunden, dass jeder derselben vorwiegend auf je eine von den Stufen des Denkens und
der Grundsatz der Modalität insbesondere auf die Wahrnehmung
sich bezieht: wir werden im weiteren Verlauf erkennen, dass in
eines jeden Grundsatzes einzelnen Momenten Aehnliches sich wiederholt. Hier wollen wir nur beweisen, dass auch die Daseynsformen des logischen Denkens in die Gemeinschaft mit dem ganzen Denken verflochten sind. Das logische Denken überhaupt
unterscheidet sich von der Vorstellung und bezieht sich auf sich,
hinwieder unterscheidet es sich von sich und bezieht sich auf die
Vorstellung; in der Vorstellung ist einerseits die Wahrnehmung
andererseits die Idee aufgehoben oder auch vorausgenommen; daher bezieht sich das logische Denken auch auf die in der Vorstellung liegende Wahrnehmung und Idee, und unterscheidet sich davon. Die Daseynsformen aber des logischen Denkens sind auch

die Daseynsformen für dessen Beziehungen zum übrigen Denken. Hieraus erklärt sich zugleich, wie die Daseynsformen des logischen Denkens mit dem übrigen, nichtlogischen Denken seit Alters verwechselt werden konnten, oder wie man von realer Möglichkeit und logischer Möglichkeit, von realer Nothwendigkeit und logischer Nothwendigkeit und dergleichen zu sprechen vermochte. Die modalen Urtheile treten hervor im Wechselleben des logischen Denkens mit allen anderen Stufen des Denkens.

Die modalen Urtheile sind endlich Repräsentanten jener Unterschiede, in welchen das menschliche Wissen sich vollführt, Repräsentanten zunächst zwar der persönlichen Ueberzeugung, aber mittelbar auch des Zweifels, des Wissens von der Unmöglichkeit des Andersseyns und von der Nothwendigkeit des Soseyns, endlich des allgemein gültigen und geltenden Wissens. Denn das Wissen ist theils Prius des Erkennens und Denkens, theils resultirendes Posterius von Denken und Erkennen. Nach beiderlei Rücksicht bethätigt es sich im Denken, das ja das Denken des Geistes ist, im Wahrnehmen, Vorstellen, Urtheilen, Begreifen, es bethätigt sich ferner in den allgemeinen Unterschieden des logischen Denkens, im Grundsatz der Modalität, der Relation, der Exclusion, der Conclusion; es bethätigt sich in den einzelnen modalen Urtheilen, im assertorischen Urtheil, im Urtheil der Wahrscheinlichkeit, im apodictischen Urtheil, im Urtheil der Möglichkeit. Sonst müssten die modalen Urtheile aus dem Zusammenhange gerissen werden mit dem logischen Denken, mit dem Denken überhaupt, mit dem Wissen des Menschen. In Wahrheit aber sind sie das Wissen selbst, übersetzt in die Sprache des logischen Denkens und zwar in die Sprache der Modalität. Daher geschieht es oft, dass als gleichgeltend mit den modalen Momenten Wirklich, Wahrscheinlich, Nothwendig und Unmöglich, Möglich, Ausdrücke gebraucht werden wie: überzeugt seyn, bezweifeln, vermuthen, gewiss seyn, erwarten und dergleichen. Dort darf darum das Wissen und die Modalität nicht schlechthin vereinerleit werden. Die Urtheile, um die es sich handelt, sind logischen Wesens; in ihrer modalen Form geben sie den denkenden Geist und sein Wissen wieder.

So erhellt die organische Stellung der modalen Urtheile. Die Art ihres Gebrauches im täglichen Leben zeugt wie keine andere Form logischen Denkens von Uncultur oder Cultur des Menschen. Die Sophistik bedient sich ihrer als eines imponirenden Mittels zur Erweckung des Scheins der Weisheit. Sie sind die logische Totalform des Geistes und seines Wissens.

Die relativen Urtheile.

§. 83.

Die bisherige Lehre.

Seit alten Zeiten liebte man die Urtheile zu sondern in ein-
fache, $\dot{\alpha}\xi\iota\dot{\omega}\mu\alpha\tau\alpha$ $\dot{\alpha}\pi\lambda\tilde{\alpha}$, propositiones simplices, und in nichtein-
fache, $\dot{\alpha}\xi\iota\dot{\omega}\mu\alpha\tau\alpha$ $o\dot{v}\chi$ $\dot{\alpha}\pi\lambda\tilde{\alpha}$, propositiones compositae. Ein einfaches Urtheil sollte seyn: Die Sonne scheint; der Mensch ist mit
Vernunft begabt; das Thier ist nicht Pflanze u. s. f. Das nicht-
einfache Urtheil dagegen sollte aus mehreren einfachen Urtheilen
bestehen. Nebenbei kam für die einfachen Urtheile der Name
Categorisch auf, $\pi\varrho\sigma\tau\dot{\alpha}\sigma\epsilon\iota\varsigma$ $\varkappa\alpha\tau\eta\gamma\sigma\varrho\iota\varkappa\alpha\acute{\iota}$, propositiones categoricae
s. praedicativae, während ursprünglich mit diesem Beiwort nur das
bejahende Urtheil bezeichnet worden war; die nichteinfachen Ur-
theile aber erhielten unterdessen den Titel Hypothetisch, $\pi\varrho\sigma\tau\dot{\alpha}$-
$\sigma\epsilon\iota\varsigma$ $\dot{v}\pi\sigma\vartheta\epsilon\tau\iota\varkappa\alpha\acute{\iota}$, propositiones hypotheticae.

Das hypothetische Urtheil hatte, als gleichbedeutend mit dem
nichteinfachen oder zusammengesetzten Urtheil, einen bald engeren
bald weiteren, jedenfalls aber der Regel nach einen grösseren Umfang als man ihm heutzutage einräumt. Gegenwärtig versteht man
unter dem hypothetischen Urtheil lediglich das conditionale; früher
rechnete man zum Kreis des hypothetischen Urtheils das conditionale,
copulative, disjunctive Urtheil. Das conditionale Urtheil, $\pi\varrho\dot{\sigma}\tau\alpha\sigma\iota\varsigma$
$\dot{v}\pi\sigma\vartheta\epsilon\tau\iota\varkappa\dot{\eta}$ $\varkappa\alpha\tau\dot{\alpha}$ $\sigma\upsilon\nu\dot{\epsilon}\chi\epsilon\iota\alpha\nu$, $\dot{\alpha}\xi\iota\omega\mu\alpha$ $\sigma\upsilon\nu\eta\mu\mu\dot{\epsilon}\nu\sigma\nu$, pr. conditionalis vel
connexa: Wenn die Sonne aufgeht, wird es hell; ferner das copulative
Urtheil, $\dot{\alpha}\xi\acute{\iota}\omega\mu\alpha$ $\sigma\upsilon\mu\pi\epsilon\pi\lambda\epsilon\gamma\mu\acute{\epsilon}\nu\sigma\nu$, pr. copulata s. copulativa: Der
Mensch ist mit Vernunft begabt und ist vervollkommnungsfähig;
das disjunctive Urtheil, $\pi\varrho\dot{\sigma}\tau\alpha\sigma\iota\varsigma$ $\dot{v}\pi\sigma\vartheta\epsilon\tau\iota\varkappa\dot{\eta}$ $\varkappa\alpha\tau\dot{\alpha}$ $\delta\iota\alpha\acute{\iota}\varrho\epsilon\sigma\iota\nu$, $\pi\varrho\dot{\sigma}$-

τάσις διαιρετική, ἀξίωμα διεζευγμένον, pr. disjuncta s. disjunctiva:
Entweder ist es Tag oder es ist Nacht; — alle diese Urtheile
hiessen hypothetisch.

Andere fügten dazu noch das comparative Urtheil, ἀξίωμα
διασαφοῦν τὸ μᾶλλον ἢ τὸ ἧττον, pr. comparativa: Wie der Herr,
so der Knecht; ferner das causale Urtheil, ἀξίωμα αἰτιῶδες, pr.
causalis: Weil die Sonne scheint, ist es Tag; oder das rationale
Urtheil, μονολήμματος συλλογισμός bei den Stoikern, pr. rationalis:
Die Sonne scheint, also ist es Tag; oder das discrete Urtheil,
ἀξίωμα διακριτικόν, pr. discreta s. discretiva: Ulysses war nicht
schön, aber er war beredt.

Die Gesichtspuncte, nach welchen diese Unterschiede der zusammengesetzten Urtheile von einander gemacht wurden, waren
meistens die Partikeln Wenn, Entweder Oder, u. s. w. Doch
wurden auch Manche von dem Gedanken geleitet, dass im zusammengesetzten Urtheile die einfachen Urtheile entweder mit einander
verbunden (jungi) oder von einander getrennt würden (dividi); sie
gliederten demnach die Fülle des zusammengesetzten Urtheils in
propositiones congregativae et segregativae, eine Zweitheilung,
welche bei der Sonderung der oben angeführten προτάσεις ὑπο-
θετικαὶ κατὰ συνέχειαν und κατὰ διαίρεσιν gleichfalls zu Grunde
liegt.

Als Repräsentanten ihrer Gattung machten aber vor allen
anderen sich geltend das conditionale und das disjunctive Urtheil.
Hinsichtlich des conditionalen Urtheils hatten die Alten für das,
was wir Vordersatz zu nennen pflegen, die Ausdrücke ἡγούμενον,
praecedens, antecedens, prius, hypothesis, conditio; den Nachsatz
bezeichneten sie als λῆγον oder ἑπόμενον, consequens, posterius,
thesis, conditionatum; den Vordersatz und Nachsatz sollte ver-
knüpfen eine ἀκολουθία, συνέχεια, consecutio, consequentia, cohaerentia. Für Kennzeichen des conditionalen Urtheils wurden gehalten die Conjunctionen εἰ, ἐάν, si, nisi; es spielte aber, zu schweigen von Anderem, namentlich und häufig auch das herein, was
die Grammatiker als Relativpronomen kennen.

Das disjunctive Urtheil mit seinem Entweder Oder wurde
und wird in mehrfacher Bedeutung genommen. Man zählt gerne
das von Anderen sogenannte distributive oder divisive Urtheil hieher; so betrachtet man z. B. das Urtheil: Die Blutgefässe sind
entweder Arterien oder Venen, als ein disjunctives. Dagegen denken sich die Anderen das disjunctive Urtheil so, dass mittelst des
einen Prädicats, welches dem Subject zukäme, ein entgegengesetztes

Prädicat ausgeschlossen würde: Dieses Blutgefäss ist entweder Arterie oder Vene.

Indessen stand den Lehrern der Unterschied des disjunctiven Urtheils vom conditionalen keineswegs so fest, als man vielleicht glauben möchte. Während z. B. das Urtheil: Entweder ist A oder B, disjunctiv genannt wurde, waren als gleichgeltend mit diesem disjunctiven Urtheil angesehen und zuweilen geradezu disjunctiv geheissen die conditionalen Urtheile: Wenn A ist, ist B nicht; wenn A nicht ist, ist B; wenn B ist, ist A nicht; wenn B nicht ist, ist A.

Mit der Lehre von dem conditionalen und disjunctiven Urtheil hängt genau zusammen die Lehre vom conditionalen und disjunctiven Syllogismus.

Ein συλλογισμός δι' ὅλου oder δι' ὅλων ὑποθετικός oder διὰ τριῶν ὑποθετικός, συλλογισμός κατ' ἀναλογίαν d. h. ein Quasisyllogismus ist z. B. folgender: Wenn das Recht verletzt wird, so muss es wiederhergestellt werden; wenn gestohlen wird, wird das Recht verletzt; also wenn gestohlen wird, muss das Recht wiederhergestellt werden.

Davon verschieden ist der eigentliche syllogismus conditionalis vel connexus, welcher nicht aus lauter conditionalen Urtheilen besteht, sondern nur im Obersatze ein conditionales Urtheil ist: Wenn die Sonne aufgegangen ist, ist es Tag; nun ist die Sonne aufgegangen, also ist es Tag. Der conditionale Obersatz heisst im Griechischen schlechtweg συνημμένον oder τροπικόν oder λῆμμα, lateinisch sumtio, der vermeintliche Untersatz μετάληψις, τὸ μεταλαμβανόμενον, πρόσληψις, assumtio; diese beiden Prämissen werden zuweilen mit einander λήμματα, sumtiones s. acceptiones genannt; der Schlusssatz heisst συμπέρασμα, ἐπιφορά, illatio, illativum rogamentum. Dabei spricht man von einem modus tollens und von einem modus ponens, je nachdem im Untersatze dem zweiten Gliede des Obersatzes und dann im Schlusssatz auch dem ersten Gliede des Obersatzes widersprochen wird (tollitur), oder im Untersatze das erste Glied des Obersatzes wiederholt und dann im Schlusssatze auch das zweite Glied des Obersatzes wiederholt wird (ponitur). Im modus ponens steht demnach der vorhin angegebene conditionale Syllogismus: Wenn die Sonne aufgegangen ist, ist es Tag; nun ist die Sonne aufgegangen, also ist es Tag. Im modus tollens würde er lauten: Wenn die Sonne aufgegangen ist, ist es Tag; nun ist es nicht Tag, also ist die Sonne nicht aufgegangen.

Aehnlich ist es mit dem syllogismus disjunctus s. disjunctivus, welcher in seinem Obersatze anstatt des conditionalen ein disjunctives Urtheil hat. Bei ihm aber redet man nicht von einem modus ponens und von einem modus tollens, sondern von einem modus tollendo ponens und von einen modus ponendo tollens. Der modus tollendo ponens ist vorhanden in folgendem Raisonnement: Entweder ist es Tag oder Nacht; nun ist es nicht Tag; also ist es Nacht. Der modus ponendo tollens dagegen erklärt: Entweder ist es Tag oder Nacht; nun ist es Tag; also ist es nicht Nacht. Die Verschiedenheit des Modus bei dem syll. disjunctivus zeigt sich darin, dass im Untersatz das eine disjunctive Glied des Obersatzes entweder gesetzt oder aufgehoben und dann im Schlusssatz das andere disjunctive Glied entweder aufgehoben oder gesetzt wird.

Beide, der conditionale und der disjunctive Syllogismus, trugen sonst auch den gemeinsamen Namen Hypothetisch, ἐξ ὑποθέσεως, ὑποθετικοί. Heute versteht man unter hypothetischem Schluss blos den conditionalen.

Der von den Logikern sogenannte indirecte Beweis, welcher, von polemischer Natur, in der Widerlegung des Gegentheils seine Stärke hat, ὁ διὰ τοῦ ἀδυνάτου συλλογισμός, ἡ εἰς τὸ ἀδύνατον ἄγουσα ἀπόδειξις, ἡ εἰς τὸ ἀδύνατον ἀπαγωγή, probatio per impossibile, deductio ad absurdum, demonstratio apagogica v. indirecta, kann oft gleichfalls in der Form des conditionalen oder des disjunctiven Syllogismus auftreten. Ist z. B. die Behauptung zu widerlegen, dass der Mensch aus sich gar Nichts von Gott wissen könne, und ist vermittelst der Widerlegung die Behauptung zu erhärten, dass der Mensch aus sich allerdings Etwas von Gott wissen könne, so mag die indirecte Beweisführung kurz folgendermassen ausgesprochen werden: Wenn der Mensch aus sich gar Nichts von Gott wissen kann, so kann er auch die Offenbarung nicht verstehen; nun ist es aber nicht an dem, dass er die Offenbarung nicht verstehen kann; also ist es auch nicht an dem, dass er aus sich gar Nichts von Gott wissen könne. So bedient sich der indirecte Beweis des conditionalen Syllogismus. Es dürfte aber auch disjunctiv im modus tollendo ponens gesagt werden: Entweder kann der Mensch aus sich Etwas von Gott wissen oder er kann auch die Offenbarung nicht verstehen; nun kann er aber die Offenbarung (nicht nicht) verstehen: also kann er aus sich Etwas von Gott wissen. In der Art kleidet sich der indirecte Beweis auch in den disjunctiven Syllogismus. Hiemit ist selbstverständlich nicht etwa gelehrt, dass der indirecte Beweis nur

diese Form suche. Gelegentlich mag aber bemerkt seyn, dass
Aristoteles den indirecten Beweis als ἐξ ὑποθέσεως bezeichnet und
zwar im Gegenhalt zu derjenigen Beweisführung, welche δεικτικῶς
geschieht.

Die conditionalen und disjunctiven Syllogismen erhielten im
Alterthum mit Rücksicht auf die in ihnen stattfindende Wiederholung das Attribut διλήμματοι. Zu unterscheiden davon ist das
rhetorische, specifisch sogenannte διλήμματον, δίλημμα, lateinisch
complexio, welches in einer Frage bestand, deren Bejahung sowohl
als auch Verneinung zum Nachtheil des Gefragten gewendet wurde;
so erklärt z. B. Cicero: complexio est, in qua, utrum concesseris,
reprehenditur, ad hunc modum »si improbus est, cur uteris? si
probus, cur accusas?« Dergleichen Dilemmen waren oft sehr zusammengesetzt und sophistisch verwickelt, so dass sie sich nicht
kurzweg in einen conditionalen oder disjunctiven Syllogismus fassen liessen; doch gestatteten sie immerhin wenigstens eine theilweise Reduction auf conditionale und disjunctive Formeln. Wegen
jener Verwicklung wurde das Dilemma von manchen Logikern zu
den kryptischen Syllogismen gereichnet; der erwähnten Reductions-
fähigkeit dagegen ist es zu verdanken, dass das Dilemma heute
gewöhnlich erklärt wird als eine Verbindung des conditionalen
und disjunctiven Syllogismus; es zielt dann der Name Dilemma
vorwiegend auf die beiden Glieder der Disjunction. So ist nach
dem gegenwärtigen Schulbegriffe ein Dilemma: Wenn dieser
Körper electrisch ist, muss er entweder positiv oder negativ electrisch seyn; nun ist er weder positiv noch negativ electrisch; also
ist er überhaupt nicht electrisch. Wie zu ersehen, trägt der conditionale Obersatz bei diesem Beispiel im Consequens eine zwei-
gliedrige Disjunction. Sind mehr als zwei disjuncte Glieder vorhanden, so spricht man von Trilemmen, Tetralemmen, Poly-
lemmen.

Wir haben oben bei Aufzählung der Urtheilsformen, die man
unter den Titel des zusammengesetzten Urtheils subsumirte, den
stoischen μονολήμματος συλλογισμός erwähnt, welcher bei den
Späteren als propositio rationalis erscheint und fast nur dem Wortlaute nach von der propositio causalis oder dem ἀξίωμα αἰτιῶδες
verschieden ist; denn während die propositio causalis spricht:
Weil du athmest, lebst du, sagt die prop. rationalis: Du athmest,
also lebst du. Hiemit aber trifft auch das zusammen, was die
Logiker ἐνθύμημα heissen. Zwar wurde in früheren Zeiten das
Enthymema auf mancherlei Weise bestimmt. Bald bezeichnete

man dasselbe als einen $\sigma\nu\lambda\lambda o\gamma\iota\sigma\mu\grave{o}\varsigma$ $\grave{\epsilon}\xi$ $\epsilon\grave{\iota}\varkappa\acute{o}\tau\omega\nu$ $\mathring{\eta}$ $\sigma\eta\mu\epsilon\acute{\iota}\omega\nu$, ex probabilibus s. verisimilibus et ex signis, bald überhaupt als einen Gedanken, omnia mente concepta, sententia, commentum s. commentatio, bald als eine glänzende Antithese, sententia quae ex contrariis conficitur, bald als einen Beweisgrund, argumentum, bald als einen Syllogismus, in welchem eine der erforderlichen Prämissen fehlt, so dass es in letzterer Beziehung nicht nur der Form nach ein unvollkommener Syllogismus war, sondern auch für die Gültigkeit des Consequens nicht jene Garantie bot, welche bei dem eigentlichen Syllogismus zu finden ist: es wurde desshalb betrachtet als eine Nebenart der Induction und Analogie, welche man oft gleichfalls als unvollkommene Syllogismen ansah. Heute pflegt man Enthymema zu erklären als einen abgekürzten Syllogismus, sofern der Obersatz oder der Untersatz, also eine der Prämissen, verschwiegen und in Gedanken ($\grave{\epsilon}\nu$ $\vartheta\nu\mu\tilde{\omega}$) behalten wird, und das Ganze zum Behuf der Prüfung seiner Richtigkeit einer Auflösung in den vollständigen Syllogismus bedarf. Ein solches Enthymema ist demnach: Weil Cajus Mensch ist, ist er sterblich, oder: Cajus ist Mensch, also ist er sterblich, oder: Alle Menschen sind sterblich, also auch Cajus. Der vollständige Syllogismus dagegen würde lauten: Alle Menschen sind sterblich, Cajus ist ein Mensch, also ist Cajus sterblich. Ein anderes Enthymema wäre: Socrates ist gerecht, also sind alle weisen Männer gerecht, oder: Weil Socrates gerecht ist, ist anzunehmen, dass alle weisen Männer gerecht sind. Es erhellt, dass alles, was Enthymema ist, causales resp. rationales Urtheil ist, und dass alles, was nicht causales Urtheil ist, nicht Enthymema ist. Wir werden daher das Enthymema unter das causale Urtheil zu subsumiren haben.

In der neueren Zeit bringt man das categorische, das hypothetische oder conditionale, endlich das disjunctive Urtheil und gerade diese drei in Eine Gruppe. Während das conditionale und disjunctive Urtheil dem entspricht, was die ältere Logik als eine $\pi\varrho\acute{o}\tau\alpha\sigma\iota\varsigma$ $\acute{\nu}\pi o\vartheta\epsilon\tau\iota\varkappa\acute{\eta}$ überhaupt, als eine propositio composita bezeichnete, muss uns das moderne categorische Urtheil erinnern an die alte $\pi\varrho\acute{o}\tau\alpha\sigma\iota\varsigma$ $\varkappa\alpha\tau\eta\gamma o\varrho\iota\varkappa\acute{\eta}$, an die propositio simplex. Allein man hat, vergessend jene specificirende Unterscheidung von prop. simplex et composita, das categorische und hypothetische und disjunctive Urtheil ohne Weiteres unter den gemeinsamen Titel Relation befasst, einen Terminus, welcher, entlehnt aus der überlieferten Categorienlehre und rhetorischen Topik, wohl für den Vordersatz und Nachsatz des hypothetischen und für die Glieder

des disjunctiven Urtheils einen Sinn hat, nicht aber für das categorische Urtheil, sofern es φωνὴ σημαντικὴ περὶ τοῦ ὑπάρχειν τι
ἢ μὴ ὑπάρχειν und demnach das qualitativ bestimmte Urtheil ist
und als solches nicht in die Sphäre der Relation sondern in die
der Exclusion gehört. Indessen hat man dem Uebel dadurch die
Spitze abgebrochen, dass man, logisches und genetisches Denken
vermischend, die in Rede stehenden Urtheile mit Categorien zu-
sammenwürfelte und zwar das categorische Urtheil auf die Inhärenz
bezog (das Ding und seine Eigenschaften, Substanz und Accidenz),
das conditionale Urtheil auf die Causalität (Grund und Folge, Ursache und Wirkung), das disjunctive Urtheil auf die Wechselwirkung.

Es fehlt aber auch nicht an Gelehrten, welche erklären, dass
das categorische, conditionale und disjunctive Urtheil von einander
lediglich der Sprache nach, nicht der logischen Function nach,
unterschieden seyen. Manche gehen so weit, dass sie meinen, die
Logik habe überhaupt mit dem categorischen, conditionalen und
disjunctiven Urtheil Nichts zu thun.

Doch hat man es sich andererseits nicht verhehlen können,
dass die betreffenden Urtheile mancherlei Connex mit anderen
Formen des logischen Denkens verrathen. So sprachen schon die
älteren Logiker von Attributen des conditionalen Urtheils und
führten als solche Attribute namentlich den affirmativen und negativen Ausdruck an. Für affirmativ pflegten sie zu betrachten die
Sätze: Wenn A ist, ist B; wenn A nicht ist, ist B nicht; wenn A
nicht ist, ist C. Um aber negativ zu seyn, müsse, so meinten sie,
der Satz lauten: Nicht wenn A ist, ist C. Andere bezeichneten
als negativ die Form: Wenn A ist, so folgt nicht, dass C ist.
Auch lehrte man von Quantität des condit. Urtheils: Allemal wenn
A ist, ist B; dazu von einer Umkehrung desselben: Manchmal
wenn B ist, ist A, oder: Wenn B nicht ist, ist A nicht. Neuere
glauben ferner, dass das conditionale Urtheil irgend eine Verwandtschaft mit dem problematischen Urtheil habe. Dagegen hat
man von jeher dem disjunctiven Urtheil etwas vom modalen Moment der Nothwendigkeit und Unmöglichkeit zugetraut; hinsichtlich der Qualität des disjunctiven Urtheils aber hat man bemerkt,
dass es in der Sprache keine Verneinung desselben gebe, da ja
die Partikeln Weder Noch dem copulativen Sowohl Als auch cor-
respondiren.

§. 84.

Unsere Aufgabe.

Als Urtheile der Relation führt man an: das categorische, das hypothetische oder conditionale, das disjunctive Urtheil. Für die Berechtigung solcher Eintheilung, die in der alten Zeit gezeigtermassen eine ganz andere Bedeutung hatte, beruft man sich nunmehr auf gewisse Categorien. Es ist dies schon darum vergebens, weil es noch andere Categorien gibt, die nicht weniger sich auf einander beziehen, als die herbeigezogenen Momente von Substanz und Accidens, Grund und Folge, Wechselwirkung des Ganzen und seiner Theile, und dennoch neben jenen Urtheilen der Relation keine Vertretung gefunden haben. Besonderen Anstoss aber muss das categorische Urtheil erregen; die frühere, heute nur von Einzelnen noch festgehaltene Auffassung desselben als einer propositio simplex, inesse aliquid aut non inesse significans, oder nach moderner Redeweise als eines analytischen Urtheils im Unterschiede von der propositio composita oder nach moderner Redeweise vom synthetischen Urtheil ist wenigstens verständlich und hat das zunächst nur qualitativ bestimmte oder überhaupt das exclusive Urtheil im Sinne und auf der Zunge; innerhalb der Rubrik Relation aber nimmt sich heutzutage das categorische Urtheil neben dem conditionalen und disjunctiven wie ein unbestimmtes Etcetera aus. Die Frage, welches die Relationsformen des logischen Denkens sind, ist daher nicht erledigt und ist um so unvollständiger beantwortet als, wie schon ein kurzes unbefangenes Aufmerken an die Hand gibt, z. B. das causale Urtheil nicht minder als das conditionale oder als das disjunctive Urtheil von einer Relation durchdrungen ist, ohne als Urtheil der Relation genannt zu werden. Die Wissenschaft kann aber der Aufgabe, die sämmtlichen Relationsformen herauszustellen, sich nicht entziehen. Wir werden demnach die Frage zu lösen haben und versuchen, welches die Relationsformen des logischen Denkens sind.

Bezüglich des conditionalen und disjunctiven Urtheils müssen wir behaupten, dass beider logische Eigenthümlichkeit bisher nicht scharf genug hervorgehoben wurde. Für diese unsere Behauptung ist, was zunächst das conditionale Urtheil anlangt, im Voraus ein Zeugniss, dass hochachtbare Denker fort und fort den Logikern einwerfen, ihr conditionales Urtheil beruhe nur auf ein Unter-

schied des sprachlichen Ausdrucks oder falle mit dem problematischen Urtheil und insbesondere mit dem Urtheil der Möglichkeit
zusammen. So meinen dieselben z. B., das Urtheil: Wenn der
Bernstein gerieben wird, entwickelt er Electricität, sey gleichbedeutend mit dem Urtheil: Der geriebene Bernstein entwickelt
Electricität, oder mit dem Urtheil: Es ist möglich, dass der Bernstein Electricität entwickelt. Zugleich vermuthen sie, dass ebendesshalb Aristoteles das conditionale Urtheil keiner besonderen
Beachtung werth gehalten habe. Wir können nun zwar dem nicht
beistimmen. Denn wird gesagt, dass das Urtheil: Wenn der
Bernstein gerieben wird, entwickelt er Electricität, gleichbedeutend
sey mit dem Urtheil: Der geriebene Bernstein entwickelt Electricität, so wird jedenfalls uns zugegeben werden, dass letzteres
Urtheil auch gleichbedeutend wäre mit dem causalen Urtheil: Der
Bernstein entwickelt Electricität, weil er gerieben wird; nun ist
aber letzteres causale Urtheil nimmermehr gleichbedeutend mit
dem obigen conditionalen, sondern offenbar über dasselbe hinaus-
gegangen; also kann auch das conditionale Urtheil mit dem Urtheil: Der geriebene Bernstein entwickelt Electricität, nicht gleichbedeutend seyn. Ebenso wird Niemand uns zumuthen, das Urtheil
der Möglichkeit mit dem conditionalen Urtheil zu vermischen.
Denn ist das Urtheil: Der Bernstein entwickelt möglicherweise
Electricität, gleichbedeutend mit dem Urtheil: Wenn der Bernstein
gerieben wird, entwickelt er Electricität, und dieses mit dem Urtheil: Der geriebene Bernstein entwickelt Electricität, so müsste
auch jenes problematische Urtheil gleichbedeutend seyn mit dem
letzteren, eine Folgerung, auf welche Keiner eingehen wird, welcher, auch mit Beseitigung der Urtheile der Relation, ein modales
Urtheil von einem nichtmodalen unterscheidet. Aber jene
Einwürfe, welche den Logikern gegen ihr conditionales Urtheil
gemacht werden, bekunden doch, dass der logische Werth des
conditionalen Urtheils bisher nicht in den Vordergrund gerückt
worden ist.

Nicht besser ist es mit dem disjunctiven Urtheil bestellt.
Seit Alters vermengt man Division und Disjunction. So gilt z. B.
das Urtheil: Die Kegelschnitte sind entweder Kreise oder Ellipsen
oder Parabeln oder Hyperbeln, für ein disjunctives Urtheil, gesteht
aber zu, dass man statt des Entweder Oder auch sagen könne
Theils Theils. Noch Andere bringen bei, dass man noch anders,
etwa copulativ, sagen könne: Die Kreise und Ellipsen und Parabeln und Hyperbeln sind die Kegelschnitte, und sie folgern, dass

die ganze Sache nur aus dem Unterschiede des sprachlichen Ausdrucks fliesse, und dass daher Aristoteles sich nicht um das disjunctive Urtheil bekümmert habe. Hinwieder greift man, um das
disjunctive Urtheil zu retten, zu dem apodictischen Character, der
demselben eigen seyn soll. Unschwer aber wird dagegen eingewendet, dass in dem disjunctiven Urtheil ja die Nothwendigkeit
nicht explicit vorhanden sey. Es erübrigt uns daher, wie das
conditionale so auch das disjunctive Urtheil, wenn sie überhaupt
logischen Ursprungs sind, in ihrer logischen Bestimmtheit nachzuweisen.

Aber der aufgekommene Titel Relation bedarf selbst der Läuterung. Er ist aus dem Allerlei der früheren Metaphysik entlehnt
und gehört, sofern er die Categorie Verhältniss bedeuten will, in
das Gebiet des genetischen Denkens. Wollte man nun hinsichtlich
seiner Verwendung in der Logik vorbringen, er befasse das Verhältniss des logischen Denkens zu anderem Denken, so ist zu entgegnen, dass dann auch z. B. das modale Urtheil der Möglichkeit
oder das modale Urtheil der Wirklichkeit, weil ein Verhältniss
des logischen Denkens zu anderem Denken ausdrückend, zu den
Urtheilen der Relation gehöre. Oder wollte man sagen, er deute
auf das logisch gedachte Verhältniss von Subject und Prädicat, so
ist zu antworten, dass Subject und Prädicat in ihrem Verhältniss
zu einander auch z. B. vom Syllogismus, der doch kein Urtheil
der Relation seyn soll, logisch gedacht würden. Und wollte man
angeben, er begreife das Verhältniss des logischen Denkens zu
sich selbst, so ist einzuwerfen, dass vielmehr in den Urtheilen der
Exclusion das Verhältniss des logischen Denkens zu sich selbst
enthalten sey. Oder wollte man erklären, dass er ein Name sey
für eine logische Function, welche Subject und Prädicat in ein
besonderes Verhältniss zu einander setze, so ist zu fragen, welches
dieses besondere Verhältniss sey. Kurz, es wird, soll der Titel
Relation beibehalten werden, sein logischer Sinn erst noch her-
auszuwenden seyn.

Die Zusammengehörigkeit des conditionalen und disjunctiven
Urtheils ist so wenig jemals geleugnet worden, dass man vielmehr
beide confundirt hat. Es wurde schon in alter Zeit, z. B. das Urtheil: Wenn der Mensch ein Thier ist, hat er keinen Geist, ein
disjunctives Urtheil genannt, *πρότασις ὑποθετικὴ κατὰ διαίρεσιν,
ἀξίωμα διεζευγμένον,* da man meinte, dass die in seinem Nachsatz befindliche Negation das Urtheil zu einem disjunctiven mache.
Doch dürfte bei näherem Betrachte sich herausstellen, dass z. B.

das Urtheil: Entweder hat der Mensch einen Geist oder er ist
ein Thier, nicht gedacht wird ohne Voraussetzung des Urtheils:
Wenn der Mensch nicht Thier ist, hat er einen Geist; dass dagegen das Urtheil: Wenn der Mensch keinen Geist hat, ist er ein
Thier, erst durch eben jenes disjunctive Urtheil erfolgt. Schon
daher werden disjunctives und conditionales Urtheil nicht mit einander zu vermischen seyn. Ihre Beziehung zu einander aber zu
erforschen, müssen wir uns angelegen seyn lassen.

Zu diesem Zwecke können uns die conditionalen und disjunctiven sogenannten Syllogismen einige Beihülfe gewähren.

Für Syllogismen zwar dergleichen Gebilde zu halten, sind
wir weit entfernt. Aber in ihnen ist auf beachtenswerthe Weise
ein wenigstens theilweiser Connex der betreffenden Urtheile unverkennbar ausgeprägt. So zeigt uns der angebliche Syllogismus im
modus ponens: Wenn der Mensch irdische Natur an sich hat, ist
er sterblich; nun hat er irdische Natur an sich, also ist er sterblich — es zeigt uns dieser angebliche Syllogismus die Verwandlung des conditionalen Urtheils: Wenn der Mensch irdische Natur an sich hat, ist er sterblich, in das causale Urtheil: Weil der
Mensch irdische Natur an sich hat, ist er sterblich. Aehnliches
findet statt für den modus tollens: Wenn der Mensch Thier ist, ist
er nicht begeistet; nun ist er aber begeistet, also ist er nicht Thier.
Denn diesem causalen Urtheil: Der Mensch ist begeistet, also ist er
nicht Thier, liegt das conditionale Urtheil zu Grunde: Wenn der
Mensch begeistet ist, ist er nicht Thier. Es offenbart sich demnach durch den sog. conditionalen Syllogismus das conditionale
Urtheil als eine Voraussetzung des causalen Urtheils.

Auch im disjunctiven Syllogismus, z. B. bei dem modus tollendo ponens: Entweder ist der Mensch sterblich, oder er hat
keine irdische Natur an sich; nun hat er (nicht keine) irdische
Natur an sich, also ist er sterblich, auch in diesem disjunctiven
Syllogismus hat das causale Urtheil nicht sowohl das disjunctive
als vielmehr das conditionale Urtheil zur nächsten Voraussetzung:
Wenn der Mensch (nicht keine) irdische Natur an sich hat, ist
er sterblich. Jenes disjunctive Urtheil selbst dagegen hat keine
feste Basis, es sey denn diejenige, welche ihm gerade vom causalen Urtheil dargeboten wird; dann aber erscheint das disjunctive Urtheil als eine Folge des causalen Urtheils.

Dass bei diesen Uebergängen anderweitiges logisches Denken
mithilft, ist nicht zu bezweifeln. Auch mag das disjunctive Urtheil zurückwirken auf jene verschwisterten Urtheilsformen. Dies

alles werden wir aufzuzeigen haben, den Fingerzeig nicht unbeachtet lassend, den uns für die Erkenntniss des Zusammenhangs der Relationsformen die conditionalen und disjunctiven sogenannten Syllogismen geben.

Manche Logiker sprechen von affirmativer und negativer Form des conditionalen Urtheils, von seiner quantitativen Bestimmtheit, von seiner Verwandlung in das sogenannte categorische Urtheil, von einer Beziehung zum Urtheil der Möglichkeit. Aehnliche Gesichtspuncte stellen sie für das disjunctive Urtheil auf. Alles dieses geschieht hauptsächlich vermöge einer Bezugnahme auf die Stellung der Urtheile der Relation zum übrigen logischen Denken. Was jedoch in solcher Richtung die Lehrbücher bieten, ist bald zu schwankend bald irrig und jedenfalls fragmentarisch. Es muss das Verhältniss der Urtheile der Relation zu den Urtheilen der Conclusion, der Modalität, der Exclusion erkannt und dargelegt werden, darüber hinaus aber auch das zum Denken überhaupt. Und so auffallend häufig ist der Gebrauch der Urtheile der Relation vor vielen anderen Formen logischen Denkens, dass schon dieser Umstand zu einem Blicke in das Triebwerk auffordert.

Die Lösung der Aufgabe aber vertheilen wir so, dass wir erstens die Momente der Relation hervorholen, zweitens die einzelnen Relationsurtheile oder relativen Urtheile kennzeichnen, drittens sie in ihrem Verhältniss zu einander erfassen, und endlich sie in ihrer Gemeinschaft mit dem Einen und ganzen Denken begreifen.

. §. 85.

Die Relationsformen. Erster Abschnitt.

Vorstellend denken wir Eines als Anderes. Begränzt wird die Vorstellung vom logischen Denken. Und zwar handelt vom Daseyn dieser Gränze der Grundsatz der Modalität. Aber ferner ist es der zwischen Modalität und Conclusion vermittelnde und von ebendaher seinen Gegenstand und Inhalt nehmende Grundsatz der Relation, welcher lehrt, dass das Andere des Einen am Einen des Anderen, der Inhalt der Vorstellung am Umfang seine Gränze erhält. In welcher unterschiedenen Weise dieses geschieht, hat sich uns darzulegen.

Das Wieweit des Anderen ist in Frage. Zurückbeziehend das Andere des Einen auf das vom logischen Denken in der Mo-

dalität oder in der Conclusion bereits vorher erfasste Eine des
Anderen urtheilen wir: Das Andere ist das Eine insoweit
als das Eine das Andere ist. Demnach wird erklärt: Geschöpfe höherer Ordnung sind Menschen insoweit als die Menschen
Geschöpfe höherer Ordnung sind. Aber die Wichtigkeit dieser so
zu nennenden restrictiven Operation und ihr häufiger Gebrauch erhellt besonders dann, wenn das Eine oder das Andere in sich
selbst noch mehrfach unterschieden wird. Es ist dies der Fall z. B.
im Urtheil: Insoweit als die Menschen eine vernünftige Seele haben, sind sie Geschöpfe höherer Ordnung. Das Eine nämlich sind
die Menschen, das Andere besteht aus dem Gedanken, dass das,
was eine vernünftige Seele hat, Geschöpf höherer Ordnung ist;
es vertheilen sich aber diese beiden Momente des Anderen so, wie
das Beispiel zeigt, und nur dem oberflächlichen Blick könnte die
Zurückbeziehung verschwinden, welche wir in der Formel darle-
gen: Das Andere ist das Eine insoweit als das Eine das Andere
ist. Hiernach wird man die in Rede stehende logische Function
nicht etwa für eine Tautologie erachten; auch haben wir ˼es noch
nicht mit irgend welcher exclusiven Thätigkeit zu thun: es gilt
überhaupt erst, das Andere durch Zurückbeziehung auf das Eine
zu begränzen und dadurch mit ihm so zu verbinden, dass sie der-
einst beide mit einander als Eins ihre exclusive Kraft bewähren
können. Gäbe es aber die vorgeführte Form der Zurückbeziehung
des Anderen auf das Eine nicht, so würden auch die anderen Formen der Zurückbeziehung dahinten bleiben. Denn diese, wie z. B.
die conditionale Form (Wenn das Eine das Andere ist, ist das
Andere das Eine), sind getragen von dem Gedanken und tragen
sich ihrerseits auf unterschiedliche Weise mit dem Gedanken, dass
das Andere das Eine ist insoweit als das Eine das Andere ist.
Wir haben vor uns eine Relationsform, welche zu den anderen
Relationsformen sich verhält wie bei der Modalität das Moment
der Wirklichkeit zu den übrigen modalen Momenten, eine Relationsform, worin zugleich das Daseyn der Gränze und somit der
Grundsatz der Modalität sich ausprägt. Das Andersseyn wird vom
logischen Denken an das vorgestellte und beurtheilte Eine sowie
an die darin aufgenommene Wahrnehmung gewiesen. Es ist dies
nach Seite des Wissens hin ein Urtheil, worin der Horizont der
persönlichen Ueberzeugung sich als Mass eines allgemeineren Wissens aufwirft.

    Das Urtheil: Das Andere ist das Eine insoweit als das Eine
das Andere ist, befasst in sich einmal die Vorstellung des Einen

als Anderen und des Anderen als Einen, und zweitens eine begränzende Zurückbeziehung der letzteren Vorstellung auf jene, die
ihrerseits bei der Mittelstellung der Relation zwischen Modalität
und Conclusion schon ehedem von einer dieser logischen Formen
erfasst ist. Hiemit liegt die ratio für die Zurückbeziehung zu
Grunde, die ratio, welche wir herausheben argumentirend: Weil
das Eine das Andere ist, ist das Andere das Eine. Wir
haben so eine neue Form der Zurückbeziehung des Anderen auf
das Eine, das causale Urtheil. Wie bei dem restrictiven Urtheil
kann auch hier das Eine oder das Andere mehrfach in sich unterschieden seyn. So z. B. urtheilen wir: Weil die Menschen eine
vernünftige Seele haben, sind sie Geschöpfe höherer Ordnung.
Das Eine sind die Menschen, das Andere lautet dahin, dass das,
was eine vernünftige Seele hat, Geschöpf höherer Ordnung ist.
Durch Reduction auf das Schema wäre zu sagen: Weil die Menschen (das Eine) eine vernünftige Seele haben (das Andere), sind
Geschöpfe höherer Ordnung (das Andere) Menschen (das Eine).

Nicht kann man vorbringen: dass sich viele causale Urtheile
finden, die von einer Zurückbeziehung des Anderen auf das Eine
Nichts wissen. Wir müssen entgegnen, dass es kein causales Urtheil gebe ohne die Zurückbeziehung. Wird z. B. geurtheilt:
Weil es blitzt, donnert es, dann ist dies gleich mit dem Urtheil:
Weil es blitzt, so ist die natürliche, genetische Folge oder Wirkung, dass es donnert. Nun wird aber die Folge und die Wirkung immer gesetzt mit Beziehung auf den Grund und die Ursache, also dass gegenwärtiges Urtheil aufzulösen ist: Weil das
Blitzen (das Eine) der Grund ist (das Andere), ist die Folge (das
Andere) das Donnern (das Eine). Entsprechendes würde gelten
für das Urtheil: Weil es donnert, hat es geblitzt. Die in das
Mittel hereingenommenen Categorien sind das in sich unterschiedene Andere, das Blitzen und Donnern aber das in sich unterschiedene Eine. In noch anderen Fällen können es selbstverständlich irgend welche andere vorgestellte Categorien seyn, welche
ähnlich, wie hier Grund und Folge, interveniren.

Die Zurückbeziehung des Anderen auf das Eine ist allen Relationsformen gemeinsam; die causale Relationsform aber unterscheidet sich von den anderen Relationsformen durch Manifesta-
tion der logischen ratio für die Zurückbeziehung. Ohne sie fände
weder eine Eröffnung des restrictiven Insoweit statt noch eine
Fortentwicklung des alsbald zu besprechenden conditionalen Wenn.
Die Relation hat ihren lautersten Repräsentanten gefunden. Die

Vorstellung des Anderen als Einen wird vom logischen Denken
begründet durch die schon zuvor in das Urtheil gezogene Vorstellung des Einen als Anderen. Die persönliche Ueberzeugung selbst
wird zum Argument für die Gültigkeit eines allgemeineren Wissens; dass in umgekehrter Weise letzteres zum Argument für die
persönliche Ueberzeugung wird, haben wir hernach anzugeben.

Die Zurückbeziehung des Anderen auf das Eine in dem eben
hervorgehobenen causalen Moment ist noch nicht ausschliesslich.
Ueberhaupt ist Relation nicht Exclusion. Doch thut die Relation
ihrerseits, was in ihren Kräften steht, um sich zu behaupten. Sie
spricht daher: Entweder ist das Andere das Eine oder
das Eine wäre nicht das Andere. Demnach werden wir
z. B. urtheilen: Entweder sind Geschöpfe höherer Ordnung Menschen oder die Menschen wären nicht Geschöpfe höherer Ordnung.
Es ist das disjunctive Moment, was nunmehr heraustritt. Ist das
Eine oder ist das Andere noch ausserdem in sich unterschieden,
so wird z. B. das Urtheil lauten: Entweder sind Geschöpfe höherer
Ordnung Menschen oder der Mensch hat keine vernünftige Seele.
Man sieht, die Verbindung ist so innig, dass mit dem Hinfall des
einen Gliedes auch das dazu gehörige andere Glied ersterben würde.
Sonst wäre die causale Form der Zurückbeziehung nicht gesichert,
wie denn hinwieder die disjunctive Form nicht ohne die Unterlage
des causalen Moments durchbricht. Die Relation wäre in sich
ohne Schwerpunct und würde ob dieses Mangels alles andere Denken, mit dem sie verflochten ist, in Mitleidenschaft ziehen, oder es
müsste das andere Denken für sich keinen Schwerpunct haben, um
mittelst desselben auch die Relation zu tragen. Es ist logischer-
seits der Grundsatz der Exclusion, welcher so innerhalb der Relation sich bethätigt. Die Vorstellung des Anderen als Einen wird
bezogen auf den ausschliessenden Begriff des Einen, welches das
Andere ist. Im Wissen des Nichtandersseynkönnens durchdringt
sich die persönliche Ueberzeugung und das allgemeinere Wissen
dergestalt, dass die persönliche Ueberzeugung verleugnet werden
müsste, sollte das allgemeinere Wissen aufgegeben werden; wie
aber alsbald sich zeigen wird, wirft der Geist auch sein allgemei-
neres Wissen für die persönliche Ueberzeugung in die Wage.

Es lebte die bisherige Zurückbeziehung des Anderen auf das
Eine von der Voraussetzung, dass das Eine das Andere ist. Angesichts der Disjunction kann solche Voraussetzung nicht mehr
verschwiegen werden. Es kommt die innerste Form der Zurückbeziehung zu Wort. Zwar spricht sie von der Disjunction her

vorerst sich dahin aus: Wenn das Andere nicht das Eine wäre,
wäre das Eine nicht das Andere; aber dieser aus der Disjunction
entspringende Ausdruck ist nur die Kehrseite des ursprünglichen
Gedankens: Wenn das Eine das Andere ist, ist das Andere das Eine. Demnach wird geurtheilt: Wenn die Menschen
Geschöpfe höherer Ordnung sind, sind Geschöpfe höherer Ordnung
Menschen. Wir haben das conditionale Moment vor uns.

Wollte man einwerfen, dass das conditionale Urtheil mit dergleichen Wiederholung des Vordersatzes im Nachsatze nichts zu
thun habe, so müssten wir antworten, dass es kein conditionales
Urtheil gibt ohne dergleichen Wiederholung, welche hier eben die
Zurückbeziehung ist. Wird z. B. geurtheilt: Wenn es regnet, wird
die Erde nass, so heisst dies, wie die Logiker selbst zugestehen,
zunächst: Wenn es regnet, ist die Folge, dass die Erde nass wird.
Ersichtlich aber ist von natürlicher oder genetischer Folge die
Rede, welche nicht gedacht wird ohne den Grund, aus welchem
sie fliesst. Daher ist das Urtheil: Wenn es regnet, wird die Erde
nass, zu reduciren: Wenn das Regnen der Grund ist, ist die Folge
das Nasswerden der Erde. Das Eine ist in sich unterschieden als
Regnen und Nasswerden der Erde, das Andere ist die in sich unterschiedene Categorie Grund und Folge. Ueberhaupt wird bei
dem conditionalen Urtheil, wie wir es auch bei den anderen verwandten Urtheilen zu bemerken hatten, gewöhnlich das Eine oder
das Andere noch besonders in sich unterschieden und dadurch oft
die Zurückbeziehung verdeckt. So sagen wir zum Beispiel: Wenn
die Menschen eine vernünftige Seele haben, sind sie Geschöpfe
höherer Ordnung; das Eine sind die Menschen, wofür im Nachsatze das Pronomen steht, das Andere enthält den Gedanken, dass,
was eine vernünftige Seele hat, Geschöpf höherer Ordnung ist.

Die Wichtigkeit der conditionalen Form der Zurückbeziehung
liegt auf der Hand. Ohne sie müsste die Relation geradezu ihres
inneren Anfangs entbehren. Auf sie als auf ihre principielle Gestalt sind die anderen Formen der Relation nun zurückgebracht.
Der Grundsatz der Conclusion, das Eine und das Andere als Eins
denkend, ist in sie eingewirkt. Das logische Denken bezieht sich
auf die in der beurtheilten Vorstellung des Einen als Anderes vorausgenommene Idee. Die Uebereinstimmung mit seiner persönlichen Ueberzeugung macht der Geist zur Voraussetzung für Aufnahme eines allgemeinen Wissens.

Wir haben begonnen mit der restrictiven Form der Zurückbeziehung des Anderen auf das Eine, und sind durch die causale und disjunctive Form zur conditionalen gelangt.

Nicht minder kann von der conditionalen Form ausgegangen werden zur restrictiven hin, so dass das causale Moment den Fortschritt über das conditionale hinaus bezeichnet und das daran sich knüpfende disjunctive Moment bestätigt wird von der Restriction.

Aber immer ist so die in das Urtheil zuvor aufgenommene Vorstellung des Einen als Anderen nur der Grund, welcher der Zurückbeziehung des Anderen auf das Eine als dem Zwecke dient. Es muss auch die Zurückbeziehung des seinerseits zuvor vom logischen Denken erfassten Anderen auf das Eine zum Mittel werden für den eigentlichen Zweck, nämlich für die Beurtheilung des Einen als Anderen. Hierdurch erst explicirt die logische That der Zurückbeziehung alles was in ihr ist. Es bringt sich gegenüber dem Regressus der ergänzende Progressus zu seinem Rechte, der sich vom Allgemeinen zum Einzelnen, von der Idee zur Wahrnehmung hin vollführt.

Dadurch wird die in das logische Denken bereits vorher recipirte, der Idee entstammende und auf die Wahrnehmung zielende Vorstellung des Anderen als Einen zur Voraussetzung für die Gültigkeit der Vorstellung, die das Eine als das Andere denkt: Wenn das Andere das Eine ist, ist das Eine das Andere. Wir urtheilen: Wenn Geschöpfe höherer Ordnung Menschen sind, haben diese eine vernünftige Seele, oder: Wenn Geschöpfe höherer Ordnung Menschen sind, so gehört auch Sterbliches zu den Geschöpfen höherer Ordnung, oder: Wenn die Seele Geist ist, so ist sie ihrer selbst bewusst, oder: Wenn Mineral Metall ist, ist auch Gold Mineral, und dergl.

Aber man darf nicht meinen, der Unterschied dieser conditionalen Wendung von der vorigen bestehe darin, dass dort von der genetischen Folge auf den genetischen Grund, hier vom genetischen Grund zur genetischen Folge geschritten würde. Wir behandeln hier nicht das genetische Denken als solches, sondern logische Functionen. Sowohl das Urtheil: Wenn es blitzt, donnert es (wenn der Blitz der Grund ist, ist die Folge der Donner) als

auch das Urtheil: Wenn es donnert, hat es geblitzt (wenn das
Donnern die Folge ist, ist der Grund das Blitzen) schliesst sich an
das gemeinsame logische Schema an: Wenn das Eine das Andere
ist, ist das Andere das Eine. Das Eine ist in sich unterschieden
als Blitzen und Donnern, das Andere, die vorgestellte Categorie,
ist in sich unterschieden als Grund und· Folge. Aber nach dem,
was wir jetzt im Auge haben, müsste genrtheilt werden: Wenn
der Grund das Blitzen ist, so ist das Donnern die Folge, oder:
Wenn die Folge das Donnern ist, so ist das Blitzen der Grund.
Wohl sagt die Sprache, sofern sie jene Categorien überhaupt ver-
schweigt, das eine wie das andere Mal kurzweg: Wenn es blitzt,
donnert es, und: Wenn es donnert, hat es geblitzt. Doch dürfen
wir darum nicht den Unterschied des Gedankengangs übersehen,
welcher, eingeleitet von den unterschiedlichen Bestandtheilen der
Vorstellung, auch im logischen Denken sich wiederholt und um so
deutlicher hervortritt, je reicher und gegliederter die Vorstellungen
sind, auf welche das Urtheil sich bezieht.

Conditional ist allerdings immer das Urtheil, mag ich behaupten: Wenn das Eine das Andere ist, ist das Andere das Eine,
oder mag ich vorbringen: Wenn das Andere das Eine ist, ist das
Eine das Andere. Die Differenz wird bewirkt durch den Regressus
und Progressus des Denkens, wie er zunächst durch die Vorstellung übermittelt ist. Die vom logischen Denken schon zuvor er-
griffene Vorstellung des Anderen als Eines wird hier mit Bezug
auf die in ihr enthaltene Idee zur Bedingung gesetzt für die Zu-
lässigkeit der Vorstellung des Einen als Anderes. Das allgemeinere Wissen macht sich zur Voraussetzung für die Gültigkeit der
persönlichen Ueberzeugung.

In eben jener Bedingung liegt die logische ratio für das Urtheil, dass das Eine das Andere ist. In Hinsicht darauf urtheilen
wir: Weil das Andere das Eine ist, ist das Eine das
Andere; weil Gefässsysteme Pflanzen sind, sind die Cryptogamen
ebenfalls Gefässsysteme: weil Irdisches des Menschen Leib ist, kehrt
er zur Erde zurück. Was wir bei dem conditionalen Urtheil wegen
der Categorien zu bemerken hatten, gilt auch bei dem causalen
Urtheil. Im Unterschiede aber vom regressiv causalen Urtheil
wird bei dem progressiv causalen Urtheil mit der bereits beurtheilten Vorstellung des Anderen als Eines die Vorstellung des
Einen als Anderes begründet. Das allgemeine Wissen wird zum
Argument für die persönliche Ueberzeugung.

Vom causalen Urtheil erhält ihren Auftrag die vorkämpfende

Disjunction. Wir urtheilen: Entweder ist das Eine das
Andere oder das Andere müsste nicht das Eine seyn;
entweder sind die Menschen Geschöpfe von höherer Ordnung oder
Geschöpfe von höherer Ordnung sind nicht Menschen; entweder
ist die Vene ein Blutgefäss oder kein Blutgefäss ist Vene; entweder ist der Blitz der Grund oder die Folge wäre nicht der Donner.
So greift die Disjunction ihrerseits in den Progressus ein. Das
logische Denken bezieht die Vorstellung des Einen als Anderes
auf den ausschliessenden Begriff des Anderen, welches das Eine
ist. Es wird vom Wissen des Nichtandersseynkönnens für die
persönliche Ueberzeugung gewettet um den Preis des allgemein
gültigen Wissens.

    Die Vorstellung des Anderen als Eines gleicht sich mit der
Vorstellung des Einen als Anderes endlich völlig aus im restrictiven Urtheil: Insoweit als das Andere das Eine ist, ist
das Eine das Andere. Demnach sagen wir: Insoweit als Geschöpfe höherer Ordnung Menschen sind, sind die Menschen Geschöpfe mit vernünftiger Seele; oder: Insoweit als animalisches
Leben Infusorium ist, ist dieses der Empfindung theilhaft. Das
Geschäft der Zurückbeziehung kommt hiemit zu Ende und über-
lässt den von ihr bearbeiteten Gegenstand an eine andersartige
Function ausser der Relation. Der Inhalt der Vorstellung ist, so
zu sagen, eingeurtheilt in deren Umfang. Von jenem in den Regressus verflochtenen restrictiven Urtheil ward die beurtheilte Vorstellung des Einen als Anderes mit Bezug auf die darin aufgenommene Wahrnehmung zum Mass gesetzt für die Vorstellung
des Anderen als Eines; von dem restrictiven Urtheil, das in der
progressiven Richtung sich bethätigt, wird umgekehrt die beurtheilte Vorstellung des Anderen als Eines mit Bezug auf die darin
vorausgenommene Wahrnehmung zum Mass gesetzt für die Vorstellung des Einen als Anderes. Der persönlichen Ueberzeugung
wird das allgemeine Wissen zum Gesichtskreis.

    Hiemit haben wir die Relationsformen begleitet auch durch
die progressive Richtung, zu welcher das logische Denken veranlasst ist durch die Vorstellung sofern sie aus der Sphäre des genetischen Denkens oder der Idee entspringt und zur Wahrnehmung
geht. Mit der conditionalen Form haben wir angefangen und die
Relation bis zum restrictiven Urtheil hin beachtet; umgekehrt
ergibt sich aus solch restrictiver Form das causale, das disjunctive,
das conditionale Urtheil. Wie aber die einzelnen Relationsformen
an und für sich einander fördern und fordern, die conditionale,
die causale, die disjunctive, die restrictive, so ergänzen sie sich

auch von Seite jenes Regressus und Progressus, der ihnen durch Herkunft und Ziel der Vorstellung beschieden ist.

Die sämmtlichen Relationsformen aber, unterschieden nach dem besagten Regressus und Progressus und zugleich innerhalb desselben nach ihrer Aufeinanderfolge, wollen wir durch folgendes Schema übersichtlich darstellen:

I.

Regressus.

Regressive Folge.	Progressive Folge.
1. Das Andere ist das Eine insoweit als das Eine das Andere ist.	1. Wenn das Eine das Andere ist, ist das Andere das Eine.
2. Weil das Eine das Andere ist, ist das Andere das Eine.	
3. Entweder ist das Andere das Eine oder das Eine wäre nicht das Andere.	
4. Wenn das Andere nicht das Eine wäre, wäre das Eine nicht das Andere; aber das Andere ist das Eine, wenn das Eine das Andere ist.	4. Das Andere ist das Eine insoweit als das Eine das Andere ist.

II.

Progressus.

Progressive Folge.	Regressive Folge.
1. Wenn das Andere das Eine ist, ist das Eine das Andere.	1. Das Eine ist das Andere insoweit als das Andere das Eine ist.
2. Weil das Andere das Eine ist, ist das Eine das Andere.	
3. Entweder ist das Eine das Andere oder das Andere wäre nicht das Eine.	
4. Das Eine ist das Andere insoweit als das Andere das Eine ist.	4. Wenn das Eine nicht das Andere wäre, wäre das Andere nicht das Eine; aber wenn das Andere das Eine ist, ist das Eine das Andere.

§. 87.

Characteristik der einzelnen relativen Urtheile.

Der Zahl nach sind es vier Formen der Relation, welche sich uns ergeben haben. Sprachlich können sie gekennzeichnet werden durch die Bindewörter: Wenn So, Weil Also, Entweder Oder, Insoweit Als. Gemeinsam ist ihnen, gegenüber anderen Arten von Urtheilsformen, die Begränzung des Anderen am Einen. Zugleich schliessen sie sich mit einander, entsprechend der Stel-

lung des Grundsatzes der Relation, immer an bereits vorausgegangene anderweitige logische Functionen an.

Auf die Autorität Kant's hin wird von vielen modernen Logikern als ein Urtheil der Relation das categorische Urtheil genannt und an die Spitze gestellt. So ist z. B. ein dergleichen
Urtheil: Der geriebene Bernstein entwickelt Electricität. Dem
Aussehen nach ist es gleich mit dem Urtheil, das in Misskennung
der modalen Eigenthümlichkeit und trotz des Mangels jeglicher
modaler Bestimmtheit als ein assertorisches angeführt wird. Ursprünglich aber bedeutete categorisch, als Attribut eines Urtheils,
bei den Griechen so viel als bejahend; allmählich trat es an die
Stelle des nichthypothetischen Urtheils und bekam weiterhin, indem letzteres als zusammengesetzt betrachtet wurde, den Sinn
eines einfachen Urtheils, wobei es sowohl verneinend als bejahend
seyn konnte. In der neueren Zeit wurde es mit der Categorie
Substanz und Accidens verquickt und in die Sphäre hereingenommen, welcher man den Titel Relation zu geben beliebte. Allein
es sind überhaupt nicht Categorien, die das Wesen eines Urtheils
ausmachen; das Urtheil ist Sache des logischen Denkens, während
die Categorien Unterschiede des genetischen Denkens sind. Wollte
man aber das categorische Urtheil, wie vordem, wiederum als
nichthypothetisches unterscheiden von denjenigen Urtheilen, welche
zusammen hypothetisch genannt wurden, insbesondere vom conditionalen und disjunctiven Urtheil — sey es, dass man es bloss als
das bejahende Urtheil auffasse oder zugleich auch als das verneinende — so wird der gemeinsam seyn sollende Titel Relation hinfällig, oder es muss das categorische Urtheil als ein Urtheil, welches nicht in den Bereich der Relation gehört, aus dem Bunde
mit jenen anderen ausgesondert werden. In der That haben wir
für das categorische Urtheil im Kreise der von uns vorgeführten
Formen der Relation keine Stätte. Wir erkennen es für das qualitativ bestimmte Urtheil, welches als solches mit den Urtheilen
der Exclusion conspirirt; letztere aber haben ihren Bestand nur
im Unterschiede von den Urtheilen der Relation.

Als ein Urtheil der Relation wird ferner das hypothetische
angeführt. Ein solches z. B. ist: Wenn der Bernstein gerieben
wird, entwickelt er Electricität, oder: Wenn der Schnee weiss ist,
ist er nicht schwarz. Was alles früherhin unter dem hypothetischen Urtheil verstanden wurde, haben wir erwähnt, ebenso, dass
heute der Ausdruck hypothetisches Urtheil als gleichbedeutend gebraucht wird mit dem Ausdrucke conditionales Urtheil. Anlangend
aber das Beiwort Wenn, ist dessen Daseyn insofern kein untrüg-

liches Kennzeichen, als es durch andere Wörter und Wendungen
verdeckt werden kann; das Urtheil: Wird der Bernstein gerieben,
so entwickelt er Electricität, ist nicht weniger hypothetisch als
das Urtheil: Wenn der Bernstein gerieben wird, so entwickelt er
Electricität; auch mag das Urtheil: Wer nicht mit mir sammelt,
der zerstreuet, angesehen werden als nur sprachlich, nicht logisch
verschieden von dem Urtheil: Wenn Einer nicht mit mir sammelt,
so zerstreuet er, obschon es hinwieder eine andere Form seyn
kann für das nichthypothetische, exclusive Urtheil: Jeder, der
nicht mit mir sammelt, zerstreut. Trotzdem wird man sagen dürfen, dass dem hypothetischen Urtheil die Conjunction Wenn
schlüsslich ebenso eigenthümlich ist als etwa dem absolut problematischen Urtheil das Wort Möglich. Es soll aber die Bedeutung
des hypothetischen Urtheils nicht verlegt werden in die Categorie
Grund und Folge; dies wäre eine Vermengung des logischen Denkens mit dem genetischen. Freilich lässt sich bei der Analyse
manches hypothetischen Urtheils die Categorie Grund und Folge
entdecken; so ist z. B. das Urtheil: Wenn es regnet, wird die
Erde nass, aufzulösen in das Urtheil: Wenn das Regnen der Grund
ist, so ist die Folge das Nasswerden des Erdbodens. Aber in
manchen hypothetischen Urtheilen können auch andere Categorien
figuriren; so ist es z. B. der Fall für die Categorien Wesen und
Erscheinung bei dem Urtheil: Wenn das Wesen des Menschen
der Geist ist, so ist der Leib des Geistes Erscheinung. Nicht
weniger können dieselben Categorien auch in anderen relativen
Urtheilen ausser dem hypothethischen auftreten. Ueberhaupt ist
unschwer zu erkennen, dass dergleichen eingeflochtene Categorien
kein anderes Amt im relativen Urtheil haben als jenes, das auch
sonst den Bestandtheilen dieses Urtheils zukommt. Ferner wird
man sich zu hüten haben, für das Eigenthümliche des hypothetischen Urtheils eine zeitliche Aufeinanderfolge des Einen und des
Anderen zu halten; wohl kann ein hypothetisches Urtheil an einer
zeitlichen Aufeinanderfolge haften, aber ob solchen Inhalts einzelner hypothetischer Urtheile ist das hypothetische Urtheil im Ganzen
nicht mit dem Temporalsatze zu vereinerleien. Vielmehr handelt
es sich immer um diejenige Form der Zurückbeziehung des Anderen
auf das vorgestellte Eine, welche wir gefasst haben in den sich
ergänzenden Weisen: Wenn das Eine das Andere ist, ist das Andere das Eine, und: Wenn das Andere das Eine ist, ist das Eine
das Andere. Das Urtheil in solcher Form ist das hypothetische.
Doch wählen wir lieber die lateinische Bezeichnung des Urtheils
als eines conditionalen, nicht gerade in Hinsicht darauf, dass auch

für andere Urtheile der Relation lateinische Namen üblich sind,
sondern hauptsächlich in Anbetracht dessen, was wir in den Prolegomena, §. 71, über die nicht mit dem logischen Denken, also
n icht mit einem Urtheil als solchem zu verwechselnde Hypothese
beibringen mussten.

Für ein Urtheil der Relation gilt ferner das disjunctive. Ein
disjunctives Urtheil z. B. ist: Entweder entwickelt der Bernstein
Electricität oder er wird nicht gerieben. Als ein disjunctives Urtheil wird aber häufig auch betrachtet z. B. folgendes: Die Blutgefässe sind entweder Arterien oder Venen, wobei man einräumt,
es sey dies so viel als: Die Blutgefässe sind theils Arterien
theils Venen, oder: Die Blutgefässe sind Arterien und Venen. Allein letzteres ist, wenn es ein Urtheil seyn soll,
ein bejahendes und daher qualitativ bestimmtes und demnach
exclusives Urtheil, das über den Kreis der Relation hinaus-
liegt. Wohl mag das bejahende Urtheil: Die Blutgefässe sind
entweder Arterien oder Venen, oder: Die Blutgefässe sind Arterien und Venen, eine Disjunction als geschehen voraussetzen
und in sich aufgehoben haben, nämlich die doppelte Disjunction:
Arterie ist entweder Arterie, oder Arterie müsste nicht Arterie
sondern Vene seyn, und: Vene ist entweder Vene, oder Vene
müsste nicht Vene sondern Arterie seyn. Aber im Ganzen als
disjunctives Urtheil gefasst müsste es lauten: Entweder sind die
Blutgefässe Arterien und Venen oder die Arterien und Venen sind
nicht die Blutgefässe; oder: Entweder sind Arterien und Venen die
Blutgefässe oder die Blutgefässe sind nicht Arterien und Venen,
sondern etwas Anderes; oder es mag mit Bezug auf ein einzelnes
Blutgefäss gesprochen werden: Entweder ist dieses Blutgefäss
Arterie oder keine Arterie ist dieses Blutgefäss; oder mit Bezug auf die
eine Art von Blutgefässen: Entweder sind die Arterien Blutgefässe
oder Blutgefässe sind nicht Arterien, und dergleichen. Nicht das
einfache, verschiedener Abstufung fähige Oder (aut, vel, sive),
auch nicht das Entweder Oder genügt, um das Vorhandenseyn
eines disjunctiven Urtheils darzuthun, wennschon diese Bindewörter des disjunctiven Urtheils Sprache sind. Sondern es ist
vor Allem zu achten auf die logische Form der Zurückbeziehung
des Anderen auf das Eine, die wir in den Wendungen ausgedrückt
haben: Entweder ist das Andere das Eine oder das Eine ist nicht
das Andere, und: Entweder ist das Eine das Andere oder das
Andere ist nicht das Eine. Für das Urtheil aber, welchem besagte
Form der Zurückbeziehung eigen ist, werden wir den eingebürgerten lateinischen Namen Disjunctiv beibehalten.

Da wir das categorische Urtheil als andersartig ausschliessen müssen von der Gemeinschaft mit dem conditionalen und disjunctiven Urtheil, so bleiben nur diese beiden übrig aus demjenigen Gebiet, welches seitens der modernen Logik dem Namen Relation zugetheilt worden ist. Aber der Name Relation selbst muss auf das logische Denken eingeschränkt und näher bestimmt werden. Ganz unzulässig ist es daher, Relation zur Bezeichnung eines logischen Actes gleichsetzen zu wollen mit der Categorie Verhältniss; es hiesse, logisches und genetisches Denken gleichsetzen zu wollen. Auch sind es nicht irgend beliebige Dinge, die als Relatum und Correlatum, τὰ πρός τι, dem Urtheil unterliegen, sondern es sind die Unterschiede der Vorstellung und zwar Inhalt und Umfang der Vorstellung, obschon nicht minder für unseren Zweck jene Regeln beachtenswerth bleiben und verwendet werden können, welche die älteren Lehrer für ihre dinglichen Relata aufstellen: relata esse consentanea — inter relata esse respectum mutuum — relata esse simul natura — relata se simul ponere et tollere — eum, qui noverit unum relatorum, novisse et alterum. Für das logische Denken und zwar für die innerhalb des logischen Denkens sich vollführende Zurückbeziehung des Anderen auf das Eine ist es, dass wir den Namen Relation zu gebrauchen haben.

Die älteren Logiker sprachen von propositio causalis und prop. rationalis. Dergleichen z. B. ist: Weil Socrates weise ist, ist er gerecht; Socrates ist weise, also ist er gerecht. Die neueren Logiker unterlassen es, diese Urtheile einer Beachtung zu würdigen, trotzdem dass Sprache und Gedanke des täglichen Lebens zur Genüge darauf aufmerksam macht, und trotzdem, dass gerade das disjunctive Urtheil daran seinen Halt hat. Es ist der in Rede stehenden Urtheilsform ähnlich ergangen wie dem modalen Urtheil der Wahrscheinlichkeit. Bei uns liegt sie vor in dem Tropos: Weil das Eine das Andere ist, ist das Andere das Eine, und: Weil das Andere das Eine ist, ist das Eine das Andere. Nicht jedoch in der Categorie Grund und Folge oder in irgend welcher anderen Categorie ist das Eigenthümliche dieses Urtheils zu suchen. Wir bewegen uns auf dem Boden und in den Bahnen des logischen und nicht des nichtlogischen Denkens. Auch ist nicht das Wörtchen Weil das ausschliessliche Merkzeichen; dasselbe kann durch andere Conjunctionen, z. B. Da, vertreten oder in Wörtern wie Daher, Also u. dergl. verborgen seyn. Die ratio für die Zurückbeziehung und hinwieder die Zurückbeziehung als ratio ist es, worauf es ankommt. Mit Wahrung aber der logischen Bedeutung wird der geläufige Ausdruck causales Urtheil am Meisten sich

empfehlen. Nicht jedoch wollen wir mit dem causalen Urtheil
den Finalsatz oder das von einem neueren Logiker hervorgehobene
Urtheil des Zweckes vereinerleien. Ohne Zweifel lassen sich z. B.
aus den Urtheilen: Ich lerne, damit ich weiss, oder: ich suche,
auf dass ich finde, die Urtheile herausheben: Weil ich wissen
möchte, lerne ich, und: Weil ich zu finden wünsche, suche ich.
Aber gerade durch solche Umwandlung kommt ihre nicht sowohl
logische als vielmehr ethische und psychologische Potenz zum
Vorschein. Wir dagegen haben es hier mit logischem Denken und
speciell mit der Relation zu thun.

Noch eine Relationsform ist uns übrig in dem Tropos: Das
Andere ist das Eine insoweit als das Eine das Andere ist, und:
Das Eine ist das Andere insoweit als das Andere das Eine ist.
Die älteren Logiker gebrauchen für dergleichen Urtheile oft die Be-
zeichnung propositio restrictiva (reduplicativa) v. limitata. Die
Partikeln: secundum qua, quatenus, in quantum etc. sind ihnen
dabei Führer. Die logische Bedeutung zwar wird nicht hervorgehoben; vielmehr bringt man die Sache bald mit der Modalität
zusammen als modus secundario dictus bald mit der propositio
composita. Einen passenderen Ausdruck aber für den vorliegenden
Fall finden wir nicht als eben den des restrictiven Urtheils; das
Wort Limitirt oder im Activum Limitirend lassen wir bei Seite,
da es von späteren Logikern auf die propositiones infinitae übertragen wurde.

Die Urtheile der Relation werden wir demnach heissen conditionales, causales, disjunctives, restrictives Urtheil. Anstatt Urtheile der Relation werden wir auch sagen: relative Urtheile. Nur
ist dabei selbstverständlich weder zu denken an uneigentliche Urtheile, an blose Sätze etwa oder Vorstellungen, noch an solche
Relativsätze, die durch das Relativpronomen Welcher, Welche,
Welches sich auszeichnen. Ein derartiger Relativsatz wäre z. B.
in folgendem bejahenden Urtheil: Der Bernstein, welcher gerieben wird, entwickelt Electricität. Diese Relativsätze haben ihren
characteristischen Ort im exclusiven Urtheil, da letzteres die logische Relation als schon geschehen voraussetzt und sie, wie im au-
gegebenen Beispiel, vermittelst des Relativpronomens hereinnimmt.
Uebrigens erzählen schon die älteren Logiker von propositiones
relativae, wenn sie von den propositiones compositae sprechen;
sie betrachten als Merkzeichen nicht nur die Wörter is qui, sondern auch cum tum, tamdiu quamdiu, talis qualis, toties quo-
ties, etc.; von dieser Seite steht uns daher für unser Vorhaben

so wenig Etwas im Wege, dass wir vielmehr, auf die Geschichte der Logik uns berufend, vorbringen können, das Problem der relativen Urtheile habe seit lange schon die Logik beschäftigt.

Bei dieser Gelegenheit mag es gestattet seyn, ein Wort über den Ausdruck propositiones compositae, zusammengesetzte Urtheile, nachzutragen. So galt und gilt noch häufig z. B. das conditionale oder das disjunctive Urtheil für ein zusammengesetztes Urtheil. Man meint, es wären mehrere einzelne Urtheile mittelst der Partikeln an einander gereiht und zu einem Ganzen verbunden. Consequent müsste auch der Syllogismus für ein zusammengesetztes Urtheil gelten; gleichwohl betrachtet man ihn gewöhnlich als specifisch verschieden vom Urtheil überhaupt. Oder wiederum dürfte die versuchte Auflösung eines sogenannten zusammengesetzten Urtheils, etwa eines conditionalen Urtheils, zeigen dass in der That nur ein einziges Urtheil vorliegt; denn das Urtheil: Wenn der Bernstein gerieben wird, entwickelt er Electricität, besteht nicht aus einem Urtheil: Wenn der Bernstein gerieben wird, und aus einem Urtheil: Entwickelt er Electricität; sondern Jedermann wird einräumen, dass weder jenes Stück noch dieses Stück ein Urtheil für sich ist, und Niemand wird andererseits angeben können, warum etwa aus dem Urtheil: Der Bernstein wird gerieben, und aus dem Urtheil: Der Bernstein entwickelt Electricität, nicht ein anderes sondern gerade das conditionale Urtheil zusammengesetzt werden müsse: Wenn der Bernstein gerieben wird, entwickelt er Electricität. Neuere haben vorgezogen, anstatt Zusammengesetzt zu sagen Synthetisch, nicht aber ohne in das genetische Denken sich zu verlieren und die Categorien als den logischen Nexus gelten zu lassen. Es ist aber der Gegenstand des Urtheils immer die Eine Vorstellung, welche nach Inhalt und Umfang in sich selbst mehr oder weniger unterschieden ist. Die Vorstellung zum Beispiel: Cajus, Tiberius, Sempronius u. s. f. — Mensch — Sterblich — diese Vorstellung kann allerdings zu mehrerlei und nicht blos relativen Urtheilen Anlass geben: Cajus ist ein Mensch, — Sempronius ist sterblich — Weil Tiberius Mensch ist, ist er sterblich, u. dergl. Aber jedes Urtheil, welcher Art es sey, ist ein Urtheil für sich und zwar ein einziges Urtheil trotz der in sich unterschiedenen Vorstellung. Ebendaher ist auch jedes relative Urtheil ein einziges Urtheil, mag die Vorstellung, welche es befasst, noch so vielfältig in sich unterschieden seyn. Demnach betrifft das Zusammengesetztseyn nicht das Urtheil als solches, sondern die in sich unterschiedene Vorstellung. Aber auch die im

Unterschiede von jenen angeblich zusammengesetzten Urtheilen sogenannten einfachen Urtheile haben eine in sich unterschiedene Vorstellung zum Gegenstande. So beruht z. B. das einfach seyn-sollende Urtheil: Der Mensch ist sterblich, auf der in sich unter-schiedenen Vorstellung Mensch und Sterblich, wie denn überhaupt jede Vorstellung, da sie Eines als Anderes denkt, in sich bereits unterschieden ist. Es ist daher auch nach Seite der Vorstellung, nicht blos nach Seite des Urtheils, der Unterschied von einfachen und zusammengesetzten Urtheilen vergeblich.

Wir versuchen aber nunmehr die Definition der Relation und der relativen Urtheile.

Die Relation ist eine besondere Form des logischen Denkens. Sie entwickelt sich an der nach Inhalt und Umfang unterschiedenen Vorstellung; die Vorstellung des Umfangs und die Vorstellung des Inhalts macken mit einander von Seite der Vorstellung her die unterschiedlichen Hauptbestandtheile der Relation aus. Der Inhalt wird vom logischen Denken zurückbezogen auf den Umfang als auf seine Gränze. Aber stehend inmitten des logischen Denkens empfängt die Relation ihren Gegenstand, die Vorstellung, einerseits aus der Modalität andererseits aus der Conclusion, und diese beiden hinwieder vermittelnd wird sie zum Ursprung für die Exclusion und wird selbst mit Hülfe von alledem ausgewirkt. Zugleich be-zieht sie sich in ihren Unterschieden auf die in der Vorstellung liegende Wahrnehmung; sie bezieht sich auf die Vorstellung selbst; sie bezieht drittens die Vorstellung im Ganzen auf das logische Denken; sie bezieht sich auf die in der Vorstellung liegende Idee. Hiernach werden wir die Relation bestimmen als diejenige Form des logischen Denkens, welche, sich anschliessend einerseits an das Moment der Conclusion andererseits an das der Modalität, die Vorstellung im Unterschiede von allem übrigen Denken und in Hinsicht auf dasselbe kraft der Zurückbeziehung des Inhalts auf den Umfang begränzt, oder kurz, das Eine als Gränze setzt für das Andersseyn.

Als Form des logischen Denkens ist die Relation Urtheils-form. Das Urtheil in solcher Form heisst Urtheil der Relation oder relatives Urtheil. Der relativen Urtheile sind mehrere. Jedes relative Urtheil bezieht sich vorwiegend wie auf eine von den Stu-fen des Einen und ganzen Denkens so auf einen von den unter-schiedenen Grundsätzen des logischen Denkens.

Das conditionale Urtheil ist dasjenige relative Urtheil, welches mit Bezug auf die in der Vorstellung enthaltene Idee und auf den Grundsatz der Conclusion das vorgestellte Eine und Andere für einander bedingungsweise denkt. Das causale Urtheil ferner ist dasjenige relative Urtheil, welches, sich anschliessend einerseits an das conditionale andererseits an das restrictive Moment, mit Bezug auf die Vorstellung selbst und eigens auf den Grundsatz der Relation das vorgestellte Eine und Andere für einander in der Form der Folgerung denkt. Das disjunctive Urtheil drittens ist dasjenige relative Urtheil, welches, eingeleitet vom causalen Urtheil, mit Bezug auf den Grundsatz der Exclusion das vorgestellte Eine und Andere für einander in begrifflicher Einheit denkt. Das restrictive Urtheil endlich ist dasjenige relative Urtheil, welches mit Bezug auf die in der Vorstellung enthaltene Wahrnehmung und auf den Grundsatz der Modalität das vorgestellte Eine und Andere für einander als massgebend denkt.

§. 88.

Zusammenhang der relativen Urtheile unter sich.

Wir behandeln das conditionale, causale, disjunctive, restrictive Urtheil. Dieselben sind Urtheile der Relation oder relative Urtheile. Weniger Urtheile der Relation kann es nicht geben; ebenso ist es unmöglich, dass es relative Urtheile giebt, welche weder conditional noch causal noch disjunctiv noch restrictiv sind. Nähme man das conditionale Urtheil weg, so wäre die Relation ihres inneren Anfangs beraubt; könnte man das restrictive Urtheil vernichten, so müsste man der Relation ihre concreteste Form vernichten können; um beider willen würde das causale Urtheil, das von beiden lebt, nicht hervorzutreten vermögen; ohne das causale Urtheil aber würde der Fortgang aus dem conditionalen und aus dem restrictiven Urtheil fehlen, und das disjunctive Urtheil wäre ohne Anlass und Halt; ohne das disjunctive Urtheil endlich stünde die Relation überhaupt ohne eigenes Organ — mit Einem Worte: wer eines der relativen Urtheile vertilgen würde, hätte die anderen zum Voraus zerstört. Aber auch von mehr Urtheilen der Relation, welche den genannten gleichgeordnet wären, ist nicht zu berichten: die Relation kann nicht über das conditionale Urtheil empor noch unter das restrictive herab, sondern hat an beiden ihre eigene Gränze; das conditionale Urtheil aber und das restrictive werden beide innerhalb der Relation nicht weiter gedacht es sey denn im causalen Urtheil, welches unmittelbar an das eine oder andere von ihnen sich anschliesst, und im disjunctiven Urtheil, welches am causalen Urtheil entbrennend von sich aus nach der einen Seite hin das conditionale Urtheil offenbar werden lässt, nach der anderen Seite hin in die Bestimmtheit des restrictiven Urtheils ausgeht. Das conditionale, causale, disjunctive und restrictive Urtheil sind die Formen, in welchen die Relation sich darlegt.

Dem Zusammenhang derselben mit einander entspricht das, was seit lange die Logiker unter dem Namen des hypothetischen oder conditionalen und des disjunctiven Syllogismus treiben.

Zunächst ist es der conditionale Syllogismus, welcher die freilich unter dem Einfluss auch des übrigen logischen Denkens erfolgende Entwicklung des causalen Urtheils aus dem conditionalen Urtheil vorführt: Wenn der Mensch einen irdischen Leib hat, ist er sterblich; nun hat er einen irdischen Leib, also ist er sterblich. Dieser conditionale Syllogismus bewegt sich im modus ponens und besagt: 1) Wenn der Mensch einen irdischen Leib hat, ist er sterblich; 2) nicht nur wenn, sondern weil der Mensch einen irdischen Leib hat, ist er sterblich.

Complicirter bereits ist der conditionale Syllogismus im modus tollens: Wenn der Mensch ein Thier ist, hat er keinen Geist; nun hat er aber einen Geist, also ist er nicht Thier. Denn dieses causale Urtheil: Weil der Mensch einen Geist hat, ist er nicht Thier, schliesst sich nicht direct an das conditionale Urtheil: Wenn der Mensch ein Thier ist, hat er keinen Geist, sondern direct an das conditionale Urtheil: Wenn der Mensch einen Geist hat, ist er nicht Thier. Aber das causale Urtheil: Weil der Mensch einen Geist hat, ist er nicht Thier, wird weiterhin zur Grundlage für das disjunctive: Entweder ist der Mensch nicht Thier oder er müsste keinen Geist haben. Und aus solch disjunctivem Urtheil endlich lässt sich das-conditionale Urtheil entnehmen: Wenn der Mensch ein Thier wäre, hätte er keinen Geist — ein Urtheil, welches als soi-disant Obersatz an die Spitze des obigen conditionalen Syllogismus gestellt ist.

Aber noch mehr. Auch im disjunctiven Syllogismus wird ja an das disjunctive Urtheil das causale Urtheil geknüpft, z. B. gemäss dem modus ponendo tollens: Entweder ist der Mensch sterblich oder er müsste keinen irdischen Leib haben; nun ist er sterblich, also hat er einen irdischen Leib. Es dürfte zwar Anstoss schon von vornherein erregen, dass dieses causale Urtheil: Der Mensch ist sterblich, also hat er einen irdischen Leib, auch als Untersatz und Schlusssatz angesehen wird für den conditionalen Obersatz: Wenn der Mensch sterblich ist, hat er einen irdischen Leib — dass insofern also das disjunctive Urtheil: Entweder ist der Mensch sterblich oder er müsste keinen irdischen Leib haben,

identificirt wird mit dem conditionalen Urtheil: Wenn der Mensch
sterblich ist, so hat er einen irdischen Leib, eine Identificirung,
die Niemand zugeben kann, der je den Unterschied von conditio-
nalem und disjunctivem Urtheil erfasst hat. Doch auch abgesehen
davon müssen wir behaupten, dass an das disjunctive Urtheil unmöglich derart ein causales Urtheil, sondern nur ein conditionales
Urtheil oder ein restrictives sich anschliesst, demnach an das disjunctive Urtheil: Entweder ist der Mensch sterblich oder er müsste
keinen irdischen Leib haben, 1) das conditionale Urtheil: Wenn
der Mensch nicht sterblich wäre, hätte er keinen irdischen Leib,
was die Kehrseite ist von dem Urtheil: Wenn der Mensch einen
irdischen Leib hat, ist er sterblich, oder 2) das restrictive Urtheil:
Insoweit als der Mensch einen irdischen Leib hat, ist er sterblich.
An das disjunctive Urtheil: Entweder ist der Mensch sterblich
oder er müsste keinen irdischen Leib haben, kann nicht, wie der
disjunctive Syllogismus im modus ponendo tollens will, das causale
Urtheil sich knüpfen: Weil der Mensch sterblich ist, hat er einen
irdischen Leib, sondern letzteres ist die Fortsetzung des conditionalen Urtheils: Wenn der Mensch sterblich ist, hat er einen irdischen Leib, oder des restrictiven Urtheils: Insoweit als der Mensch
sterblich ist, hat er einen irdischen Leib, während jenes disjunctive
Urtheil seinerseits vielmehr auf dem causalen Urtheil ruht: Weil
der Mensch einen irdischen Leib hat, ist er sterblich, und hiedurch
auf dem conditionalen: Wenn der Mensch einen irdischen Leib
hat, ist er sterblich, oder auf dem restrictiven: Insoweit als der
Mensch einen irdischen Leib hat, ist er sterblich.

Einfacher ist die Sache bei dem disjunctiven Syllogismus im
modus tollendo ponens: Entweder ist der Mensch sterblich oder
er müsste keinen irdischen Leib haben, nun hat er einen irdischen
Leib, also ist er sterblich. Denn letzteres causale Urtheil: Weil
der Mensch einen irdischen Leib hat, ist er sterblich, welches an
das conditionale (oder restrictive) sich anschliesst: Wenn (insoweit
als) der Mensch einen irdischen Leib hat, ist er sterblich, ist selbst
die unmittelbare Grundlage für jenen disjunctiven Obersatz: Entweder ist der Mensch sterblich oder er müsste keinen irdischen
Leib haben, während aus letzterem rückwärts das conditionale Urtheil sich ergibt: Wenn der Mensch nicht sterblich wäre, müsste
er keinen irdischen Leib haben, d. h. wenn der Mensch einen irdischen Leib hat, ist er sterblich, oder vorwärts das restrictive Urtheil: Insoweit als der Mensch einen irdischen Leib hat, ist er
sterblich. Derart verhält es sich mit dem disjunctiven Syllogismus.

Mit gleichem Rechte, wie von einem conditionalen und disjunctiven, könnte man rücksichtlich des restrictiven Urtheils von
einem restrictiven Syllogismus sprechen: Insoweit als der Mensch
einen irdischen Leib hat, ist er sterblich; nun hat der Mensch einen
irdischen Leib, also ist er sterblich; oder: Insoweit als der Mensch
sterblich ist, hat er einen irdischen Leib; nun ist der Mensch
sterblich, also hat er einen irdischen Leib. Es wird hiemit das
causale Urtheil aus dem restrictiven Urtheil herausgehoben.

Dagegen könnte bei einem disjunctiven Obersatze conditional
gefolgert werden: Entweder ist der Mensch sterblich oder er müsste
keinen irdischen Leib haben; nun hätte er keinen irdischen Leib,
wenn er nicht sterblich wäre; also ist er sterblich, wenn er einen
irdischen Leib hat. Oder anstatt des conditionalen Untersatzes
und Schlusssatzes restrictiv: nun ist er sterblich insoweit als er
einen irdischen Leib hat; also hat er einen irdischen Leib insoweit
als er sterblich ist.

Ja nach Analogie der betreffenden sogenannten Syllogismen
können sämmtliche relative Urtheile etwa folgendermassen zusammengefasst werden: Wenn der Mensch einen irdischen Leib hat,
ist er sterblich (oder an Stelle des conditionalen Urtheils das
restrictive: Insoweit als der Mensch einen irdischen Leib hat, ist
er sterblich); nun ist der Mensch sterblich, denn er hat einen
irdischen Leib (causales Urtheil: weil der Mensch einen irdischen
Leib hat, ist er sterblich); also ist entweder der Mensch sterblich
oder er müsste keinen irdischen Leib haben (disjunctives Urtheil).

Es ist das, mit dem übrigen logischen Denken verbündete,
zwischen der Modalität und der Conclusion sich vollführende Ineinandergreifen der relativen Urtheile, welchem in den conditionalen
und disjunctiven sogenannten Syllogismen die Schullogik ein Denkmal errichtet hat. Dazu geht dieses Ineinandergreifen der relativen
Urtheile vor sich innerhalb derjenigen progressiven und regressiven
Tendenz, die herkommt aus dem Progressus und Regressus des
Denkens überhaupt von der Idee zur Wahrnehmung und von der
Wahrnehmung zur Idee. Progressus und Regressus des Denkens
sind nie und am Wenigsten bei den relativen Urtheilen von einander abzutrennen.

Aehnliches aber wie von den besprochenen Syllogismen gilt
von dem, was bei den Logikern unter dem Namen einer Umkehrung des conditionalen Urtheils hie und da cursirt.

Fassen wir z. B. folgende Urtheile in das Auge: Wenn der
Mensch einen irdischen Leib hat, ist er sterblich — wenn der Mensch
nicht sterblich ist, hat er keinen irdischen Leib; oder: Wenn der

Baum guter Art ist, bringt er gute Früchte — wenn der Baum
nicht gute Früchte bringt, ist er nicht guter Art; oder: Wenn
Einer im Grossen treu ist, ist er auch im Kleinen treu — wenn
Einer nicht im Kleinen treu ist, ist er auch nicht im Grossen treu.
All dergleichen gilt für eine Umkehrung, auch wohl für eine Con-
traposition des conditionalen Urtheils.

Wir nun finden, dass die exclusive Wendung des conditionalen
Urtheils, soweit die Relation dabei betheiligt ist, der Disjunction
entstammt. Denn mag man das conditionale Urtheil: Wenn der
Baum guter Art ist, bringt er gute Früchte, oder mag man das
restrictive Urtheil: Insoweit als der Baum guter Art ist, bringt
er gute Früchte, zu Grunde legen und an das eine oder an das
andere das causale Urtheil schliessen: Weil der Baum guter Art
ist, bringt er gute Früchte, so spricht immer in Folge davon das
disjunctive Urtheil: Entweder bringt der Baum gute Früchte oder
er müsste nicht guter Art seyn; hieraus aber ergiebt sich das conditionale Urtheil: Wenn der Baum nicht gute Früchte brächte,
müsste er nicht guter Art seyn, ein conditionales Urtheil, welches
sich aufhebt in das anfängliche: Wenn der Baum guter Art ist,
bringt er gute Früchte. Die exclusive Wendung ist daher die Gestalt, welche dem conditionalen Urtheil so wie es unmittelbar aus
der Disjunction hervorgeht gleich einer Eischale anhängt.

Solcherlei Umkehrung des conditionalen Urtheils ist daher,
anlangend den Kreis der Relation, zurückzuführen auf die That
der Disjunction. Hiemit wollen wir keineswegs behaupten, dass
jedes conditionale Urtheil mit exclusivem Ausdruck in das Angesicht der Disjunction geblickt hätte; auch meinen wir nicht, dass
alles, was die Disjunction angeschaut hat, das exclusive Moment
an der Stirne trage. Vielmehr kann, bei dem Connexe der Relation
mit dem übrigen logischen Denken, ein dergleichen Urtheil von
vornehere in seine Stelle innerhalb der Relation einnehmen und
erst weiterhin durch das causale sich der Disjunction unterwerfen;
letztere wird dann, die Negation negirend, ein conditionales Urtheil
frei von der Negativität erstehen lassen. So mag z. B. in Folge
des Syllogismus: Was nicht gute Früchte bringt, ist nicht guter Art;
dieser Baum bringt nicht gute Früchte; dieser Baum ist nicht
guter Art — das conditionale Urtheil auftreten: Wenn der Baum
nicht gute Früchte bringt, ist er nicht guter Art. Hieran schliesst
sich das causale Urtheil: Weil der Baum nicht gute Früchte
bringt, ist er nicht guter Art. Das disjunctive Urtheil spricht
weiter: Entweder ist der Baum nicht guter Art oder er würde
gute Früchte bringen. Aus ihm aber ergibt sich das conditionale

Urtheil: Wenn der Baum guter Art ist, bringt er gute Früchte.
Derart ist die Betheiligung der Disjunction bei der angeführten
und sogenannten Umkehrung des conditionalen Urtheils.

Für noch eine andere Art von Umkehrung des conditionalen
Urtheils wird folgende angesehen: Wenn der Baum von guter
Art ist, bringt er gute Früchte — wenn der Baum gute Früchte
bringt, ist er von guter Art; oder: Wenn im Grossen Einer treu
ist, ist er treu auch im Kleinen — wenn Einer im Kleinen treu
ist, ist er wahrscheinlich auch im Grossen treu; oder: Wenn die
Sonne scheint, ist die Luft warm (wenn der Sonnenschein der
Grund ist, ist die Folge die Wärme der Luft) — wenn die Luft
warm ist, scheint manchmal die Sonne (wenn eine Folge die Wärme
der Luft ist, ist manchmal der Sonnenschein der Grund davon.)

Man sieht, dass bei den zwei letzteren Beispielen Bestimmungen (Wahrscheinlich, Manchmal) hervortreten, die bei dem umzukehrenden conditionalen Urtheil noch nicht ausgesprochen sind.
Diese Erscheinung beruht in manchen Fällen darauf, dass dergleichen Bestimmungen bei dem umzukehrenden Urtheil verschwiegen, aber gleichwohl gedacht werden; denn strenge genommen
kann ich z. B. nicht behaupten: Wenn die Sonne scheint, ist die
Luft warm, sondern ich muss eigentlich urtheilen; Wenn die Sonne
scheint, ist eine von den Folgen die Wärme der Luft; es gibt ja
noch andere Folgen des Sonnenscheins, das Warmwerden des Erdbodens, die Farbenpracht der Blumen u. s. w.

Doch würde diese Erklärung nicht überall zureichen. Falls
z. B. dem Urtheil: Wenn Einer im Kleinen treu ist, ist er wahrscheinlich auch im Grossen treu, das Urtheil zu Grunde liegt:
Wenn im Grossen Einer treu ist, ist er auch im Kleinen treu, so
wird bei dem letzteren nicht etwa die Modalitätsform der Wahrscheinlichkeit verschwiegen, sondern es wäre, wollte man den Nachsatz in einer Modalitätsform denken, eher die Modalitätsform der
Nothwendigkeit einzusetzen: Wenn im Grossen Einer treu ist,
ist er nothwendig auch im Kleinen treu. Sondern jener Vorgang kann
nicht völlig verstanden werden, es sey denn, man wisse, dass die relativen
Urtheile, also auch das conditionale Urtheil, sich anschliessen einerseits an ein modales oder andererseits an ein conclusives Urtheil;
zwischen Modalität und Conclusion webt die Relation hin und her.

Ueberhaupt aber ist klar, dass die zuletzt in Rede gestandene
Umkehrung des conditionalen Urtheils zurückgeführt werden muss
auf denjenigen Progressus und Regressus, welcher, anknüpfend
an die Idee mit der Richtung auf die Wahrnehmung und sich anschliessend an die Wahrnehmung mit der Richtung auf die Idee,

nach beiderlei Richtung enthalten in der Vorstellung, von uns
bereits bei der Entwicklung der Relationsformen hervorgehoben
worden. Auch ist leicht zu ersehen, dass dergleichen Umkehrung,
welche von den Logikern für das conditionale Urtheil geltend gemacht wird, nicht blos bei dem conditionalen Urtheil, sondern
bei allen anderen relativen Urtheilen sich ereignet: Wenn der
Baum von guter Art ist, bringt er gute Früchte, und wenn er
gute Früchte bringt, ist er von guter Art; weil der Baum von
guter Art ist, bringt er gute Früchte, und weil er gute Früchte
bringt, ist er von guter Art; entweder bringt der Baum gute
Früchte oder er müsste nicht von guter Art seyn, und entweder
ist der Baum von guter Art oder er müsste nicht gute Früchte
bringen; insoweit als der Baum von guter Art ist, bringt er gute
Früchte, und insoweit als der Baum gute Früchte bringt, ist er
von guter Art. Ja, es ist zu behaupten und ergibt sich aus dem
Connexe der relativen Urtheile sammt und sonders, dass kein einzelnes relatives Urtheil umgekehrt wird ohne die Umkehrung der
anderen relativen Urtheile zu involviren. Daher ist vorliegende
Umkehrung nicht zu verwechseln mit dem, was in der Logik speciell conversio genannt wird und, wie wir später des Näheren anzugeben haben, zur Quantität des Urtheils gehört (Alle Cryptogamen sind Pflanzen — einige Pflanzen sind Cryptogamen). Sie ist
dagegen zu begreifen als die Ergänzung eines relativen Urtheils,
welches verflochten in den Progressus vom conditionalen zum restrictiven Urtheil und in den Regressus vom restrictiven zum conditionalen Urtheil und stehend inmitten des logischen Denkens
zwischen Modalität und Conclusion, in die progressive und regressive Richtung des Denkens überhaupt hineingezogen ist.

Die vermeintlichen Syllogismen und die angeführten Umkehrungen bezeugen den Zusammenhang, in welchem die relativen
Urtheile sich wechselseitig dienen.

Die sämmtlichen, relativen Urtheile sind die in sich unterschiedene Relation. Sie sind Stufen, in denen sich die Relation
entwickelt. Solches geschieht nicht ohne Einwirkung und Mithülfe des übrigen logischen Denkens. Hinwieder können die relativen Urtheile, das Gebiet der Relation überschreitend, in ein Urtheil von irgend einer anderen logischen Form und zwar zunächst
in ein Urtheil von exclusiver Form übergehen, wie denn die Logiker gerne vom conditionalen Urtheil anmerken, dass es sich in
das sogenannte categorische d. h. in das qualitativ bestimmte, also
exclusive Urtheil verwandeln lasse. Die relativen Urtheile bilden
mit einander ein System im Kleinen, dessen äusserste Momente

gegeben sind mit dem conditionalen und restrictiven Urtheil, während das causale Urtheil den Uebergang vom einen zum anderen vermittelt und das disjunctive Urtheil als pulsirendes Organ des Ganzen den Uebergang entscheidet — all das aber inmitten des Einen und ganzen Denkens.

§. 89.

Die relativen Urtheile und das andere Denken.

Der Grundsatz der Relation bethätigt sich im Unterschiede von der Modalität, von der Conclusion, von der Exclusion, und hinwieder mit Beziehung auf diese Unterschiede des logischen Denkens. Die relativen Urtheile sind Unterschiede der Relation. Sie bestehen nicht ohne dass auch die anderen Grundformen des logischen Denkens in sich unterschieden sind. Aber alle Unterschiede des logischen Denkens sind mit den Unterschieden des ganzen Denkens von Haus aus verschwistert.

Was nun die Stellung der relativen Urtheile zum logischen Denken anbetrifft, so ist festzuhalten, dass ein relatives Urtheil als solches weder ein modales noch ein conclusives noch ein exclusives Urtheil ist, demnach weder ein problematisches, apodictisches, assertorisches Urtheil noch ein Axiom, ein Sorites, eine Definition, ein Syllogismus noch ein qualitativ und quantitativ bestimmtes, ein opponirtes, ein contraponirtes Urtheil.

So ist z. B. das conditionale Urtheil: Wenn der Baum von guter Art ist, bringt er nothwendig gute Früchte, nicht ein apodictisches Urtheil. Das apodictische Urtheil, der Relation entweder vorhergehend oder vermittelst der Exclusion aus der Relation befreit, würde sprechen: Der Baum von guter Art bringt nothwendig gute Früchte. Oder so ist das causale Urtheil: Weil Cajus Mensch ist, ist er sterblich, nicht ein Syllogismus; letzterer würde lauten: Cajus ist ein Mensch; was Mensch ist, ist sterblich; Cajus ist sterblich. Und trotz der üblichen Redeweise ist nicht eine Definition das conditionale Urtheil: Wenn man in einer Ebene eine Linie um einen festen Punct bei immer gleicher Entfernung fortbewegt bis sie in ihren Anfang zurükkehrt, entsteht ein Kreis; die Definition würde sagen: Der Kreis ist diejenige geometrische Figur, welche entsteht wenn man u. s. w. So ist auch das disjunctive Urtheil: Entweder ist das Gras ein Zellensystem oder es müsste keine Pflanze seyn, nicht ein negatives und nicht ein affirmatives Urtheil. Das affirmative Urtheil würde erklären: Das Gras, welches eine Pflanze ist, ist ein Zellensystem; das negative Urtheil müsste angeben: Das Gras, welches keine Pflanze ist, ist kein Zellensystem.

Kurz, was ein relatives Urtheil ist, ist kein nichtrelatives Urtheil. Ausserdem müsste der Unterschied der Relation von dem übrigen Denken dahinfallen.

Aber mittelbar durch Auflösung und Verwandlung mag das relative Urtheil ein nichtrelatives herausstellen. In dem conditionalen Urtheil: Wenn der Baum von guter Art ist, bringt er nothwendig gute Früchte, ist enthalten das apodictische Urtheil: Der Baum von guter Art bringt nothwendig gute Früchte. Und in dem causalen Urtheil: Wenn Cajus Mensch ist, ist er sterblich, liegt der betreffende Syllogismus. Und in dem disjunctiven Urtheil: Entweder ist das Gras ein Zellensystem oder es müsste keine Pflanze seyn, wohnen die exclusiven Urtheilsformen. Es gehen auf die relativen Urtheile alle anderen Formen logischen Denkens ein. Sonst müsste die Relation nicht Relation des logischen Denkens seyn. Sie leitet einerseits die Modalität auf die Conclusion hin, andererseits führt sie die Conclusion auf die Modalität zu, unterwirft sich aber ihrerseits mit ihrem Gehalte der entscheidenden Exclusion, welche darnach in Conclusion ausgeht oder in Modalität.

Indessen ist mit derlei Betrachtungen das Verhältniss der relativen Urtheile zum logischen Denken noch keineswegs durchgeführt. Jedes relative Urtheil entspricht vielmehr einer bestimmten Form des logischen Denkens. Denn nur im Unterschiede von allen anderen Unterschieden des logischen Denkens bestehen die sämmtlichen einzelnen Formen der Relation. Es fragt sich, auf welche Unterschiede des logischen Denkens je ein einzelnes relatives Urtheil sich bezieht.

Die Grundsätze der Modalität, der Relation, der Exclusion, der Conclusion wohnen einander inne. Wäre es nicht der Fall, dann würden sie nicht unterschiedliche Formen des Einen logischen Denkens seyn. So nun bethätigt sich auch in je einem relativen Urtheile je ein Grundsatz vorzugsweise.

Betrachten wir z. B. das restrictive Urtheil: Insoweit als der Baum von guter Art ist, bringt er gute Früchte. Das Insoweit enthält unstreitig das Daseyn der Gränze. Das Daseyn der Gränze ist aber der Sinn des Grundsatzes der Modalität. Das restrictive Urtheil enthält daher in seinem Insoweit den Sinn des Grundsatzes der Modalität. Im causalen Urtheil hinwieder: Weil der Baum von guter Art ist, bringt er gute Früchte, manifestirt sich am

Lautersten die Relation selber. Hier ist es, wo unumwunden als
Grund wie als Zweck die Zurückbeziehung des Anderen auf das
Eine zum Vorschein kommt. In dem disjunctiven Urtheil dagegen:
Entweder bringt der Baum gute Früchte oder er müsste nicht von
guter Art seyn, wehrt sich das Andere, welches das Eine ist,
gegen Anderes, welches nicht das Eine ist.   Dies ist Sache des
Grundsatzes der Exclusion.   Von ihm ist jedes disjunctive Urtheil
beseelt.   Das conditionale Urtheil endlich: Wenn der Baum von
guter Art ist, bringt er gute Früchte, lebt im Vergleiche mit den
anderen relativen Urtheilen am Meisten von dem Gedanken, dass
das Eine Eins ist mit dem Anderen, lebt somit von dem Grundsatze der Conclusion.

Würden aber nicht auf solche Art die Grundsätze wohnen
in den einzelnen relativen Urtheilen, so wäre überhaupt nicht im
Ernste davon zu reden und daran zu denken, dass die Grundsätze
im Verhältniss zu einander stehen. Jede Form eines jeden Grundsatzes, also auch jede Form des Grundsatzes der Relation, ist getragen von und trägt sich mit je einem der Grundsätze und entwickelt sich dadurch und greift ein in das gesammte logische
Denken und ist von daher ermöglicht.

In einem jeden relativen Urtheil hat je einer der Grundsätze
seine Stätte. Es sind aber wie der Grundsatz der Relation so die
anderen Grundsätze gleichfalls in sich unterschieden.   Daher bleiben auch die unterschiedlichen Formen dieser anderen Grundsätze
in Verwandtschaft mit der betreffenden Form der Relation, während die relativen Urtheile ihre so zu sagen relativste Form am
causalen Urtheil haben.   So ist gezeugt und zeugt das restrictive
Urtheil von den modalen Urtheilen, das causale Urtheil von den
anderen relativen Urtheilen, das disjunctive Urtheil von den exclusiven Urtheilen, das conditionale Urtheil von den conclusiven Urtheilen. Hiedurch ist keineswegs verhindert, dass eine jede Form
eines jeden Grundsatzes mit einer bestimmten einzelnen Relationsform noch besondere Beziehung unterhalte. Wir heben nur hervor, dass auch die einzelnen Formen des Grundsatzes, welcher
einem der relativen Urtheile innewohnt, letzterem treu bleiben.

Auch der Grundsatz der Relation lebt in den anderen Grundsätzen. Schon früher, als wir die Stellung der modalen Urtheile
zum übrigen Denken besprachen, hatten wir anzugeben, dass im
modalen Urtheil der Wahrscheinlichkeit die Relation sich bethätigt. Aber im Gebiete der Exclusion verrathen ein Gleiches die
quantitativ bestimmten Urtheile; so herrscht unverkennbar z. B.
in folgendem quantitativ bestimmten Urtheil und seiner Conversion:

Alle Cryptogamen sind Pflanzen — manche Pflanzen sind Cryptogamen, durchaus eine Zurückbeziehung des Inhalts der Vorstellung
auf den Umfang, ähnlich wie in dem relativen Urtheil selbst: Weil
das Andere das Eine ist, ist das Eine das Andere, und weil das
Eine das Andere ist, ist das Andere das Eine. Oder wer könnte
die Zurückbeziehung leugnen bei dem Sorites, der dem Kreise der
Conclusion angehört: Was ein Lebenscentrum hat, ist ein Organismus; was empfindet, hat ein Lebenscentrum; was Thier ist,
empfindet; was Thier ist, ist ein Organismus. Und regressiv: Was
Thier ist, empfindet; was empfindet, hat ein Lebenscentrum; was
ein Lebenscentrum hat, ist ein Organismus; was Thier ist, ist ein
Organismus. Wie die Grundsätze überhaupt sich unter einander
verhalten, so verhalten sie sich unter einander hinsichtlich ihrer
einzelnen Formen. Daher ist die Vermittlungsrolle, welche die
Relation zwischen Modalität und Conclusion ausübt, zu erkennen
in jedem zweiten Gliede eines jeden Grundsatzes: im Urtheil der
Wahrscheinlichkeit, im quantitativ bestimmten Urtheil, im Sorites,
während der Bund der relativen Urtheile selbst durch das causale
Urtheil vermittelt ist.

Die Relation ist Mittelglied zwischen Modalität und Conclusion und Vorläuferin der Exclusion. Aber jeder Grundsatz unterscheidet sich in seine Formen ähnlich wie der Grundsatz der Relation sich in die relativen Urtheile unterscheidet; zugleich bringen
die Grundsätze, als Grundsätze des Einen logischen Denkens und
daher ein Ganzes für sich bildend, ihre Unterschiede in gemeinsamer Arbeit hervor; die Arbeit vollzieht sich daher nicht ohne
dass immer eine Relationsform, gemäss der vermittelnden Rolle
der Relation, an eine conclusive und modale Form sich anschliesse
und eine exclusive herbeirufe; immer ein conclusives, relatives,
exclusives, modales Urtheil machen so mit einander ein Entwicklungsganzes aus. Wie die Grundsätze sich unter einander verhalten, so verhalten sich unter einander die einzelnen Glieder der
Grundsätze. Demgemäss wirkt *) zwischen dem Axiom und dem
Urtheil der Möglichkeit das conditionale Urtheil mit dem Beistand
des qualitativ bestimmten Urtheils, zwischen dem Sorites und dem
Urtheil der Wahrscheinlichkeit das causale mit dem Beistand des
quantitativ bestimmten Urtheils, zwischen der Definition und dem
apodictischen Urtheil das disjunctive mit dem Beistand des opponirten Urtheils, zwischen dem Syllogismus und dem assertori-

---

*) Vergl. das Schema in §. 82.

schen Urtheil das restrictive mit dem Beistand des contraponirten
Urtheils.

Die Grundsätze der Modalität, der Relation, der Exclusion und der Conclusion sind die allgemeinsten Unterschiede des
Einen logischen Denkens. Die Relation nimmt ihren Anfang
einerseits an der Modalität, andererseits an der Conclusion und
empfängt von eben daher ihren Gegenstand, nämlich die in die
Relation einzuführende Vorstellung, um ihn weiterhin an die Exclusion zu überantworten. Unter sich selbst aber sind die relativen Urtheile derart verbunden, dass sowohl das conditionale als
das restrictive Urtheil ihr Entwicklungsstadium haben am causalen
Urtheil, während hierauf das disjunctive Urtheil den Kreislauf
immer neu entfachend rückwärts in das conditionale und vorwärts
in das restrictive Urtheil ausmündet. Es wohnt nun in je einem
relativen Urtheil je einer der logischen Grundsätze vorzugsweise;
die Verwandtschaft setzt sich fort für die entwickelten Glieder dieser Grundsätze; nicht minder hat die Relation in jedem der anderen Grundsätze ihre Vertretung; und schlüsslich ist je ein relatives
Urtheil mit je einem conclusiven, exclusiven, modalen Urtheil zu
einem Entwicklungsganzen verschlungen: so verhalten sich die relativen Urtheile zum übrigen logischen Denken.

Es stehen aber die relativen Urtheile im Verhältniss zum
Denken überhaupt. Während die Modalität vorwiegend auf die
in der Vorstellung liegende Wahrnehmung, und die Conclusion
vorwiegend auf die in der Vorstellung liegende Idee blickt, wird
von der Relation die Vorstellung im Ganzen eingeführt in das
logische Denken, um in der Exclusion mit letzterem sich völlig
zu vereinen. Doch weisen die Unterschiede der Relation oder die
relativen Urtheile auch auf die in der Vorstellung theils vorausgenommenen, theils aufgehobenen Unterschiede des ganzen Denkens.
Jedes restrictive Urtheil fusst vor den anderen relativen Urtheilen
auf dem Boden, den das wahrnehmende Denken bereitet; jedes
causale Urtheil hat die eine Seite der Vorstellung zur ratio für
deren andere Seite; jedes disjunctive Urtheil beruft sich auf des
logischen Denkens ausschliessende Kraft; jedes conditionale Urtheil
steht in Verbindung mit der Idee. Ist die Relation eine von den
Formen, worein das logische Denken sich wirft, und ist das logische Denken unterschieden von jedem anderen Denken, so kann
auch die Relation sich dieser Unterschiede nicht entschlagen. Die
Relation zeigt des logischen Denkens Unterschiede vom übrigen
Denken nach Art der Zurückbeziehung des Inhalts der Vorstellung auf ihren Umfang.

Das Wissen des Menschen entwickelt sich von der persönlichen Ueberzeugung zum allgemein gültigen Wissen und von diesem zu jenem; die Entwicklungsstufe des Wissens für sich betrachtet ist das Moment des in den Zweifel gezogenen Wissens oder der Zweifel selbst, welchen das Wissen des Nichtandersseynkönnens und Soseynmüssens zu überwinden hat. Das Denken aber ist Organon des Wissens, und mit ihm wächst das Wissen selber. Solches gilt auch für das logische Denken. Innerhalb des ganzen Denkens und dessen allgemeinsten Unterschieden zwar ist das Stadium des Vorstellens das eigentliche Entwicklungsmoment des Denkens, aber innerhalb des logischen Denkens die Relation. Daher wird letztere auf Seite des logischen Denkens am Meisten auch der Entwicklung des Wissens zusagen und mittelbar in den einzelnen Urtheilen die Unterschiede des sich entwickelnden Wissens wiedergeben: im restrictiven Urtheil die persönliche Ueberzeugung, im causalen Urtheil die Doppelnatur des räsonnirenden Zweifels selbst, im disjunctiven Urtheil das Wissen des Nichtandersseynkönnens und Soseynmüssens, im conditionalen Urtheil das zu Grunde liegende allgemeine Wissen.

Ueberall wo es sich darum handelt, ein Wissen lehrhaft darzustellen oder zu gewinnen, tritt der Gebrauch der relativen Urtheile in den Vordergrund. Es findet solches Jeder bestätigt, der den Gedankengang und die logischen Formen, sey es in Schriftwerken oder in der mündlichen Rede eines Anderen, sey es in den eigenen Worten und im eigenen Denken beachtet. Durch die relativen Urtheile findet die Sophistik am Leichtesten Eingang, mit den relativen und noch nicht entschieden exclusiven Urtheilen des Gegners unmerklich sich vermischend. Die relativen Urtheile sind die logische Entwicklungsform des Selbstbewusstseyns.

Die exclusiven Urtheile.

§. 90.

Ansichten der Schule.

Von jeher hob man das bejahende und verneinende Urtheil hervor. Das bejahende Urtheil hiess bei den Griechen κατάφασις, λόγος καταφατικός, πρότασις κατηγορική, ἀξίωμα κατηγορικόν und, wenn demonstrativ bejahend (z. B. Dieser geht einher), κατ-αγορευτικόν, bei den Lateinern propositio ajens v. dedicativa v. affirmativa v. affirmata v. positiva. Das verneinende Urtheil da-gegen hiess propositio negans v. negativa v. negata v. privativa v. abdicativa, ἀπόφασις, λόγος ἀποφατικός, πρότασις στερητική, wobei die Stoiker neben dem ἀξίωμα ἀποφατικόν noch das ἀξίωμα ἀρνητικόν (allgemein verneinend), στερητικόν (a privativum), ὑπερ-αποφατικόν (doppelte Verneinung = Bejahung), als besondere Formen anführten. Seit Appulejus kam ferner für Bejahung und Verneinung als einer Eigenschaft des Urtheils der gemeinsame Name Qualitas in Gebrauch; in diesem Sinne hat die Qualität bis heute in der formalen Logik ihre Stätte behauptet.

In Bezug auf das verneinende Urtheil war es fraglich, ob die Verneinungspartikel zum Prädicate oder zur Copula gehöre und ob sie, zum Subject geschlagen, das Urtheil ebenfalls zu einem verneinenden mache. Herrschende, doch nicht unangefochtene Meinung wurde, dass die verneinende Partikel das Vinculum oder die Copula von Subject und Prädicat angehe; ein Urtheil aber, in welchem die verneinende Partikel zum Subjecte oder am Liebsten zum Prädicate gezogen wurde (z. B. Nichtmensch, Nichtsterblich), nannte man dann ἀξίωμα ἀόριστον, propositio indefinita oder ge-wöhnlich prop. infinita, unendliches Urtheil, und in Wortvermengung mit der im vorigen Artikel erwähnten propositio restrictiva s. limitata auch limitirtes, limitirendes, limitatives Urtheil. Demgemäss lehrt die neuere Schullogik: der Quantität nach könne ein Urtheil bejahend oder verneinend oder unendlich seyn — für letzteres beifügend, dass man es eigentlich als ein bejahendes betrachten müsse; die Qualität selbst nimmt sie als eine besondere, mit der Relation und Modalität coordinirte Gruppe.

Gerne brachte man immer die Qualität in engste Verbindung mit dem, gegenüber den hypothetischen Urtheilen sogenannten categorischen d. i. nichthypothetischen Urtheil; doch konnte man sich nicht verbergen, wie sehr die Qualität auch das ganze logische Denken durchgreife. Die Frage, ob das bejahende oder verneinende Urtheil früher sey als das andere, ist unentschieden geblieben. Von Anfang an glaubte man in der Bejahung ein Abbild des Zusammenseyns der Dinge zu erblicken und in der Verneinung ein Abbild des realen Auseinanderseyns: ὁμοίως δὲ οἱ λόγοι ἀληθεῖς ὥσπερ τὰ πράγματα. Oder man verwechselte die logische Function mit der unterscheidenden- Thätigkeit oder mit dem Denken überhaupt.

Nicht weniger alt ist der Unterschied der Urtheile hinsichtlich der von ihnen ausgedrückten Allgemeinheit oder Besonderheit. Man spricht demnach von allgemeinen und von besonderen Urtheilen, λόγος καθόλου, propositio universalis s. generalis, und λόγος ἐν μέρει, prop. particularis s. specialis. Für Zeichen der Allgemeinheit galten den älteren Logikern nicht nur Wörter wie omnis, nullus, non aliquis, non ullus, ne unus quidem, uterque, neuter, sondern auch Wörter wie semper, ubique, nunquam, nusquam, omnino, nequaquam etc. Als Zeichen der Particularität dagegen wurden angesehen quidam, aliquis, multi, pauci, plerique, plures, non omnia, nonnulli, nonnihil, alicubi, aliquando etc. Manche sonderten noch und sondern davon ab das Einzelurtheil, propositio singularis; ein solches würde z. B. seyn: St. Paulus war ein Apostel, oder: Dieser Mann ist einsichtsvoll (vergl. oben ἀξίωμα κατηγορευτικόν), und dergleichen. Das Urtheil in der Form der Allgemeinheit oder Besonderheit oder Einzelheit hiess ὡρισμένον, prop. definita v. designata, ausserdem, wenn keine derartige Bestimmung angegeben war, ἀδιόριστον, ἀόριστον, prop. indefinita v. indesignata. Die Form des Urtheils selbst aber erscheint frühe unter dem zusammenfassenden Namen quantitas.

Wohl merkte man, dass die Quantität des Urtheils mit der Qualität sich innig berühre. Wenigstens lehrte man immer,

Quantität und Qualität verflechtend, von allgemein bejahenden und allgemein verneinenden, von besonders bejahenden und besonders verneinenden Urtheilen; zur kürzeren Bezeichnung hiefür kamen in der Schulpraxis die Memorialbuchstaben A, E, J, O zur Anwendung mit einer Bedeutung, welche vom Verse besagt wird: Asserit A, negat E, sunt universaliter ambae; asserit J, negat O, sunt particulariter ambae. Indessen machte sich gerade bei der Lehre von der Quantität der Mangel an Unterscheidung des logischen Denkens in sich selber und von dem übrigen Denken besonders fühlbar. Aposteriorischer und apriorischer Standpunkt, Zahl, Induction und Division, der logische Begriff, Einheit der Idee, all dieses wogte durcheinander oder schlug zu den einseitigsten Anschauungen aus. Die neuere Logik hat neben Qualität, Relation und Modalität die Quantität als ebenbürtige Art eingefügt.

In die Lehre von der Quantität der Urtheile gehört die überlieferte Lehre von der Subalternation, subalternatio, subjectio. Subalterne Urtheile nämlich, propositiones subalternae, ὑπάλληλοι, heissen diejenigen Urtheile, welche von einander nur der Qantität nach differiren, ein allgemeines und besonderes Urtheil; das eine ist das subalternirende, subalternans, das andere das subalternirte, subalternata. Von den Urtheilen zum Beispiel: Alle Menschen sind sterblich — einige Menschen sind sterblich, ist ersteres das subalternirende, letzteres das subalternirte. Hieran schliessen sich die Regeln: 1) Aus der Gültigkeit eines subalternirenden Urtheils folgt die Gültigkeit seines subalternirten, consecutio a majori ad minus; 2) aus der Ungültigkeit eines subalternirten Urtheils folgt die Ungültigkeit seines subalternirenden, consecutio a minori ad majus; 3) ist dagegen das subalternirende Urtheil ungültig (z. B. alle Menschen sind gelehrt), so ist darum noch nicht das subalternirte Urtheil ebenfalls ungültig (einige Menschen sind gelehrt); 4) und ist das subalternirte Urtheil gültig (einige Menschen sind gelehrt), so ist es darum noch nicht das subalternirende (alle Menschen sind gelehrt).

Merkwürdig ist, dass die Lehre vom Gegensatz der Urtheile, in welchem das logische Denken eine Akme erreicht ähnlich wie etwa auf ethischem Gebiete das Recht im Processe oder wie das Privatrecht im Obligationenrecht, keine sichere Stelle in der Logik gefunden hat, sondern als überall überflüssig und doch wieder überall nöthig bald dahin bald dorthin geschoben ward. Aber man konnte wenigstens von Qualität und Quantität nicht absehen, wenn man den Gegensatz der Urtheile erörtern wollte.

$M\acute{\alpha}\chi\eta$, pugna, oppositio hiess das gegensätzliche Verhältniss der Urtheile zu einander, das Verhältniss der $\grave{\alpha}\nu\tau\iota\varkappa\epsilon\acute{\iota}\mu\epsilon\nu\alpha$, pugnantia, repugnantia, opposita, disparata etc. Der Gegensatz soll bestehen in der qualitativen Differenz ein und des nämlichen Urtheils, in ejusdem axiomatis affirmatione et negatione, oder auch in der qualitativen Differenz solcher Urtheile, welche noch dazu quantitativ verschieden sind.

Man unterscheidet mehrere Arten des Gegensatzes. 1) Urtheile sind sich contradictorisch entgegengesetzt, $\grave{\alpha}\nu\tau\acute{\iota}\varphi\alpha\sigma\iota\varsigma$, $\tau\epsilon\lambda\epsilon\acute{\iota}\alpha$ $\mu\acute{\alpha}\chi\eta$, integra et perfecta pugna, $\grave{\alpha}\nu\tau\iota\varphi\alpha\tau\iota\varkappa\tilde{\omega}\varsigma$ $\grave{\alpha}\nu\tau\iota\varkappa\epsilon\acute{\iota}\mu\epsilon\nu\alpha$, alterutra, contrajacentia, contradictoria. So stehen sich contradictorisch z. B. entgegen: Alle Menschen sind sterblich — einige Menschen sind nicht sterblich, und ferner: Kein Mensch ist fehlerfrei — einige Menschen sind fehlerfrei. Die Differenz betrifft hier sowohl die Quantität als die Qualität. 2) Urtheile sind sich conträr entgegengesetzt, $\grave{\epsilon}\nu\alpha\nu\tau\acute{\iota}\alpha$, $\grave{\epsilon}\nu\alpha\nu\tau\acute{\iota}\omega\varsigma$ $\grave{\alpha}\nu\tau\iota\varkappa\epsilon\acute{\iota}\mu\epsilon\nu\alpha$, $\varkappa\alpha\tau\grave{\alpha}$ $\delta\iota\acute{\alpha}\mu\epsilon\tau\rho\upsilon\nu$ $\grave{\alpha}\nu\tau\iota\varkappa\epsilon\acute{\iota}\mu\epsilon\nu\alpha$, contraria, incongrua, longissime inter se distantia: Alle Menschen sind sterblich — kein Mensch ist sterblich. Die Differenz beruht hier auf der Qualität, während die Quantität dieselbe bleibt. 3) Urtheile sind sich subconträr entgegengesetzt, $\grave{\alpha}\nu\tau\iota\varkappa\epsilon\acute{\iota}\mu\epsilon\nu\alpha$ $\varkappa\alpha\tau\grave{\alpha}$ $\tau\grave{\eta}\nu$ $\lambda\acute{\epsilon}\xi\iota\nu$ $\mu\acute{\upsilon}\nu\upsilon\nu$, $\grave{\upsilon}\pi\epsilon\nu\alpha\nu\tau\acute{\iota}\alpha$, $\grave{\epsilon}\lambda\lambda\epsilon\iota\pi\grave{\eta}\varsigma$ $\mu\acute{\alpha}\chi\eta$, dividua pugna, subpares, subcontraria: Einige Menschen sind gelehrt — einige Menschen sind nicht gelehrt. Die Quantität ist gleich, die Qualität verschieden; aber die subconträr entgegengesetzten Urtheile haben eine andere Quantität als die conträr entgegengesetzten, erstere sind subalternirt, letztere subalternirend.

Die Sache wird anschaulich durch folgendes Schema:

Contraria

Omnis homo currit   Nullus homo currit

Subalterna   Contradictoria   dic   Contradictoria   Subalterna

Quidam homo currit   Quidam homo non currit

Subcontraria

Oder in anderer Anordnung:

Contradictoria

Omnis homo est justus   Non omnis homo est justus

Quidam homo est justus   Nullus homo est justus

Contradictoria

Hieran knüpfen sich weiterhin die Regeln: 1) A veritate unius contradictoriae propositionis ad falsitatem alterius valet consequentia et contra, mit a. W. semper dividunt verum et falsum, d. h. genauer: aus der Gültigkeit des einen folgt die Ungültigkeit des anderen und aus der Ungültigkeit des einen die Gültigkeit des anderen. 2) A veritate unius contrariae ad falsitatem alterius valet consequentia sed non contra, mit a. W. tum dividunt verum et falsum tum falsae sunt, utraeque verae nunquam, d. h.: aus der Gültigkeit des einen folgt die Ungültigkeit des anderen, aber aus der Ungültigkeit des einen folgt nicht immer die Gültigkeit des anderen. 3) Subcontrariae propositiones tum dividunt verum et falsum tum verae sunt, utraeque falsae nunquam, d. h.: aus der Ungültigkeit des einen folgt die Gültigkeit des anderen, aber nicht immer folgt aus der Gültigkeit des einen die Ungültigkeit des anderen, sondern es können beide gültig seyn.

Das ist in der Kürze die von Alters her überkommene und bewahrte Lehre vom Gegensatz der Urtheile. Man sieht, wie innig dieselbe mit der Lehre von der Qualität und insbesondere von der Quantität verwachsen ist. Daneben geht einher die andere Anschauung, welche zwar ebenfalls den contradictorischen und conträren Gegensatz unterscheidet, jedoch die Quantität des Urtheils bei Seite lassend und lediglich an die Qualität sich haltend auf die bejahende und auf die verneinende Form sich beruft, so dass für einen contradictorischen Gegensatz gilt: Der Schnee ist weiss — der Schnee ist nicht weiss; für einen conträren Gegensatz: Der Der Schnee ist weiss — der Schnee ist schwarz. Hiernach kämpfen contradictorisch eine Bejahung und eine Verneinung, conträr eine Bejahung und eine Bejahung. Uebrigens verwechselte man häufig namentlich für die conträren Gegensätze, τὰ πλεῖστον ἀλλήλων διεστηκότα τῶν ἐν τῷ αὐτῷ γένει, das logische Denken mit der

divisiven Vorstellung oder sogar mit dem genetischen Verhältniss der in Wechselwirkung mit einander befindlichen Gegenstände.

Man lehrt von einer Umkehrung des Urtheils, von Conversion und Contraposition. Die betreffende Lehre schweift wie
die von der Opposition gewöhnlich ebenfalls ohne eigenen Heerd
im Gebiete der Logik umher. Und doch ist nicht zu unterdrücken,
dass Conversion und Contraposition mit Qualität, Quantität und
Opposition des Urtheils auf das Innigste verwandt ist. Wir werden schon desshalb auf dieses Thema unsere Aufmerksamkeit zu
richten haben.

Die in Rede stehende Umkehrung des Urtheils, von Anfang
an schlechtweg ἀντιστροφή genannt, lat. conversio, zeigt sich in
einer Verstellung des quantitativ bestimmten Subjects und des
Prädicats, so dass in Folge davon das Prädicat seinerseits mit
quantitativer Form an den Platz des dafür in den, Ort des Prädicats einrückenden Subjects tritt. Das ursprünglich gegebene Urtheil, welches umgekehrt wird, heisst propositio convertens v. con-
vertenda v. praejacens, aber conversa wenn es umgekehrt ist.

Seit des Galenus Zeit unterschied man jedoch zwischen
ἀντιστροφή, darnach bei den Lateinern contrapositio v. conversio
per contrapositionen, und zwischen ἀναστροφή, der conversio
engeren Sinnes. Denn ἀντιστροφή, contrapositio, sollte jetzt diejenige Umkehrung heissen, bei welcher die Qualität des Urtheils
verändert, also aus dem affirmativen Urtheil ein negatives Urtheil
gemacht würde; man drückte sich auch so aus, dass 'die termini
finiti (Mensch, Sterblich) in termini infiniti (Nichtsterblich, Nichtmensch) verwandelt würden. Bei der conversio engeren Sinnes
dagegen, ἀναστροφή, sollte die' Qualität sich gleich bleiben.

Weiter aber unterschied man die conversio in conversio simplex s. pura und conversio per accidens, indem bei der letzteren
die Quantität des Urtheils verändert würde, bei der conversio pura
aber nicht. Denselben Unterschied glaubten Andere consequent
auch innerhalb der contrapositio machen zu müssen. Hiernach nun
ist ein Beispiel von conversio simplex s. pura oder der sogenannten
einfachen, reinen Umkehrung: Kein Mensch ist Thier — kein
Thier ist Mensch; von conversio per accidens oder der sog. ver-
änderten Umkehrung: Alle Menschen sind sterblich — einiges
Sterbliche ist Mensch; contrapositio pura: Alle Menschen sind
sterblich — alles Nichtsterbliche ist nicht Mensch, oder, kein Nicht-

. sterbliches ist Mensch; contrapositio per accidens: Kein Mensch ist ein Thier — einiges von dem, was Nichtthier ist, ist Mensch.

Die hauptsächlichsten Fälle der Conversion und Contraposition sind gesammelt in dem alten Memorialverse: F e c i simpliciter convertitur, E v a per acci; A s t o per contra; sic fit conversio tota. Was hiebei die Vocale EI, EA, AO wollen, ist bereits bekannt aus jenem Spruche: Asserit A, negat E, sunt universaliter ambae; asserit I, negat O, sunt particulariter ambae. Demnach lehrt das Wort Feci gemäss dem dortigen Zusammenhang, dass das allgemein verneinende und das besonders bejahende Urtheil ohne Quantitätsveränderung oder rein umgekehrt wird. Das Eva lässt nach dem obigen Beisatz für das allgemein verneinende Urtheil auch die conversio per accidens zu und behauptet ausserdem noch für das allgemein bejahende Urtheil, dass es mit Veränderung der Quantität umgekehrt wird. Durch das Wort Asto wird gesagt, das überhaupt eine Contraposition thunlich ist bei dem allgemein bejahenden und besonders verneinenden Urtheil.

Uebrigens wird zur Prüfung einer Definition die Conversion sammt der Contraposition häufig empfohlen; als unerlässlich wird sie beigezogen bei der Lehre vom Syllogismus und hatte frühe schon ein besonderes Amt bei den συλλογισμοὶ κατ᾽ ἀνάκλασιν des Theophrast, den von den Lateinern sogenannten syllogismi per conversionem refractionemque, syllogismi imperfecti s. indirecti. Doch hat die ganze Lehre von der Umkehrung namentlich in der neueren Zeit manche Zweifel gegen sich erweckt.

Mit der Qualität, Quantität, Opposition, Conversion und Contraposition des Urtheils hängt zusammen, was die Logiker als Aequipollenz der Urtheile anzuführen pflegen, ἰσοδυναμία, ἰσοδυναμοῦσαι προτάσεις, aequipollentia, aequivalentia, pariatio, propositiones aequipollentes, aequivalentes, consentientes, convenientes. In weiterer Fassung zwar versteht man unter Aequipollenz: propositionum verbis discrepantium in sensu convenientia; allein eine derartige Erklärung greift in die Rhetorik hinüber oder kommt aus der Rhetorik. Im engeren Sinne wird die Aequipollenz auf qualitative und quantitative Bestimmungen des Urtheils, auf conträren und contradictorischen Gegensatz, auf Conversion und Contraposition bezogen. So gelten für aequipollent die Urtheile: Der Schnee ist weiss — der Schnee ist nicht schwarz; oder: Nicht alle Menschen sind gelehrt — einige Menschen sind gelehrt; oder: Alle

Menschen sind sterblich — kein Mensch ist nicht sterblich —
einiges Sterbliche sind die Menschen — was nicht sterblich ist,
ist nicht Mensch. In dieser Richtung hatte besonders für die
Quantitätszeichen das Mittelalter folgende Memorialverse:

> Non omnis, quidam non; omnis non, quasi nullus.
> Non nullus, quidam; sed nullus non valet omnis.
> Non aliquis, nullus; non quidam non valet omnis.
> Non alter, neuter; neuter non praestat uterque.

Nach alledem zielt man mit der Aequipollenz engeren Sinnes
auf eine Kehrseite des zum Mindesten qualitativ bestimmten Urtheils. Eine praecise Begriffsbestimmung solcher Aequipollenz
wird jedoch vermisst. Manche Neuere zwar sagen, dass aequipol-
lente Urtheile diejenigen sind, welche nur durch die äussere Form
sich unterscheidend ausserdem als absolut identisch aus einander
folgen. Allein diese Erklärung dürfte schwerlich das Wesen treffen. So gelten z. B. für aequipollent die Urtheile: Dieser Stein
ist ein Achat — eben dieser Stein ist kein Amethyst. Aber sie
können nicht für absolut identisch angesehen werden sofern ersteres alles was nicht Achat ist ausschliesst, letzteres aber nur das
ausschliessend, was Amethyst ist, eine Fülle anderer Species zulässt.
Das nur wird vorläufig durchaus nicht zu leugnen seyn, dass die
Aequipollenz engeren Sinnes mit Qualität, Quantität, Opposition,
Conversion und Contraposition genau zusammenhängt.

Die Subalternation, die Opposition, die Conversion und Contraposition, die Aequipollenz werden mit einer Art gemeinsamen
Bandes durchflochten. Dieses Band heissen die Logiker consecutio,
consequentia immediata, Folgerung, unmittelbarer Schluss. Sie
reden nämlich von einer consecutio a subalternante ad subalterna-
tam propositionem et a subalternata ad subalternantem, von einer
consecutio ad contradictoriam, ad contrariam, ad subcontrariam, ad
conversam, ad aequipollentem. Es wird von dem subalternirenden
auf das subalternirte Urtheil und von diesem auf jenes gefolgert,
eine Folgerung, deren Weise in den oben von uns angeführten Regeln zur Subalternation enthalten ist, ferner von dem einen der
contradictorisch entgegengesetzten Urtheile auf das andere, von
dem einen der conträr entgegengesetzten Urtheile auf das andere,
von dem einen der subconträr entgegengesetzten Urtheile auf das
andere, worüber man die oben bezeichneten Regeln zur Opposition

vergleichen möge, weiterhin von dem umzukehrenden auf das umgekehrte Urtheil, endlich überhaupt von dem einen aequipollenten Urtheil zum anderen. So sind unter dem gemeinsamen Titel der consecutio, des unmittelbaren Schlusses, die bezeichneten verschiedenerlei Functionen einander nahe gebracht.

Endlich werden wir noch an einige öfters von den älteren Logikern bei der Modalität oder bei den propositiones compositae oder auch im Capitel von den parva logicalia erwähnte Satzarten erinnern dürfen, welche dem logischen Gehalte nach vorwiegend in den Bereich der gegenwärtig von uns aufgezählten Formen fallen. So gehört hieher die propositio exclusiva. Als Zeichen derselben betrachtete man die Wörter tantum, tantummodo, solum, solummodo, dumtaxat, unus, unicus. Ein dergleichen Urtheil z. B. wäre: Gott allein ist allweise (entsprechend dem Urtheil: Wer nicht Gott ist, ist nicht allweise). — Ebenso wird hierher zu ziehen seyn die schon verwickeltere propositio exceptiva, kenntlich durch die Partikeln praeter, praeterquam, nisi etc. In dieser Weise wird z. B. geurtheilt: Kein Jünger, Ischarioth ausgenommen, hat den Meister verrathen (d. h. nicht alle oder nicht mehrere Jünger haben den Meister verrathen, sondern einer hat es gethan, nämlich Ischarioth). Auch die propositio discreta s. discretiva mit den Partikeln quamvis, etiamsi, tamen, quidem, sed etc. gehört zum Theil in dieselbe Classe. So ist die prop. discreta: Der Mensch ist nicht ein entwickeltes Thier, sondern eine eigene Stufe in der Schöpfung, ein qualitativ bestimmtes Urtheil nicht weniger als das Urtheil: Der Schnee ist nicht schwarz, sondern weiss. Hingegen wird freilich auch propositio discreta genannt, was vielmehr ein mittelbar von einer geschehenen Exclusion lebendes und die That derselben sich aneignendes relatives, insbesondere conditionales oder causales Urtheil ist; namentlich gilt dies für Urtheile mit den Partikeln Wennschon, Obgleich, Trotzdem und dergleichen.

§. 91.

Critisches.

Das categorische Urtheil als propositio simplex, ἁπλῆ ἀπόφανσις οἷον τὶ κατά τινος ἢ τὶ ἀπό τινος, oder φωνὴ σημαντικὴ περὶ τοῦ ὑπάρχειν τι ἢ μὴ ὑπάρχειν, dieses ist es, was wir nunmehr unter dem Titel der Qualität auftreten sehen.

Nach üblicher Annahme wird im negativen Urtheil die Copula verneint. Der Gegenbeweis aber dürfte nicht schwer zu führen seyn. Logiker, welche für die Vereinigung der Negationspartikel mit der Copula fechten, lassen trotzdem manche Urtheile als negativ hingehen, in denen gerade eine Bestimmung des Subjects negirt ist. So halten sie für negativ z. B. das Urtheil: Nicht alle Menschen sind gerecht; denn es soll contradictorisch entgegengesetzt seyn dem Urtheil: Alle Menschen sind gerecht, und contradicere est affirmatum negare et negatum affirmare. Angenommen nun, jenes Urtheil sey wirklich negativ, so steht in ihm unstreitig das Nicht weder dem Wortlaute noch dem Gedanken nach bei der Copula, sondern bei der quantitativen Bestimmung. Also kann wenigstens nicht von allen negativen Urtheilen behauptet werden, dass die Negationspartikel zur Copula gehöre. Oder nehmen wir das Urtheil: Der Mensch ist nicht gerecht. Nach der gewöhnlichen Ansicht wird das Ist negirt. Allein fragen wir nach der Affirmation, die in jene Negation verhüllt wäre, dann lautet die Antwort nicht, wie sie wohl lauten müsste, falls das Ist negirt würde: Der Mensch wird nur fälschlicherweise für gerecht gehalten, aber er ist es nicht, sondern man erklärt: Der Mensch ist etwas Anderes als gerecht, er ist schuldbeladen. Demnach ist nicht das Ist negirt, sondern das Gerecht. Ueberhaupt ist zu bedenken, dass die Copula, welche ausgeschlossen werden soll, nicht das ausschliessende Moment selber seyn kann, die Behauptung daher, dass die Copula (von Wem?) negirt werde, wenigstens nicht den logischen Act des negativen Urtheils selber berührt. Wird nun aber nicht das Prädicat im wirklich negativen Urtheil ausgeschlossen, so wäre nicht abzusehen, was sonst von der Negation betroffen werden sollte. Denn wollte man entgegnen, dass oft das Subject ausgeschlossen werde, dann würde hiemit eigentlich doch nichts Anderes gesagt seyn als dass das Subject aus dem Umfang des Prädicats, also das Prädicat aus dem Inhalt dieses Subjects, also das Prädicat ausgeschlossen würde.

Es haben die Logiker von alten Zeiten her allerdings mit ἀξίωμα ἀόριστον, mit ihrer propositio infinita, mit ihrem unendlichen Urtheil, anerkannt dass bei manchem Urtheil die Verneinungspartikel dem Prädicate zukomme, aber sie leugneten zugleich, dass das unendliche Urtheil ein negatives Urtheil sey. Das Urtheil: Der Mensch ist nicht gerecht, galt ihnen für ein negatives Urtheil, dagegen für ein unendliches Urtheil: Der Mensch ist nichtgerecht. Fast würde die Sache als ein Spiel erscheinen, wenn man nicht theils gewisse Wörter der verschiedenen Sprachen, Wörter mit dem

α privativum, mit der Sylbe Un und dergl., theils eine Verwicklung der Negation mit einem Relativsatz in Anschlag bringen
wollte. Wörter wie: Ungerecht, Unsterblich u. s. f. sind freilich
nicht völlig gleich mit den Ausdrücken: Nicht gerecht, nicht sterblich; sie sind in Ermanglung oder Unterlassung eines affirmativen
Ausdrucks dessen Stellvertreter. Dazu können Urtheile wie: Der
Stein ist nicht dehnbar, das Metall ist nicht durchsichtig, leicht
verwandelt werden in die Form: Der Stein ist ein Mineral, welches
nicht dehnbar ist, und: Das Metall ist ein Mineral, welches nicht
durchsichtig ist — so dass letztere Urtheile: Der Stein ist ein Mineral, welches etc. und: Das Metall ist ein Mineral, welches etc. sich
allerdings als nicht negativ, sondern als affirmativ erweisen. Aber
völlig haltlos ist es, von unendlichen Urtheilen als einer besonderen logischen Form neben der Negation und Affirmation sprechen
zu wollen.

Die Frage, ob die Bejahung oder die Verneinung früher ist,
wird von den neueren Logikern bei Seite gelassen. Aber dadurch
ist sie nicht beantwortet. Die Lösung selbst dürfte nicht so leicht
seyn. Denn wollte man einerseits behaupten, die Negation sey
später als die Affirmation und setze das Daseyn der letzteren voraus, so liesse sich darauf hinweisen, dass wenigstens manche Affirmation erst aus der Negation sich entwickelt (nicht schwarz, also
weiss oder blau oder roth u. s. f.). Und will man andererseits
festhalten, dass die Affirmation später sey, dann ist einzuwerfen,
dass die Negation, sofern sie etwas Affirmatives negire, eben die
Affirmation voraussetze. Auch ist nicht damit geholfen, dass man
für die Priorität der Negation z. B. anführt, das Nichtseyn des
Baumes, des Steines, der Farbe und dergl. sey früher als das
Seyn; denn abgesehen davon, dass man dagegen vorbringen
könnte, das Wissen vom Nichtseyn eines Dinges sey später als
das Wissen von dessen Seyn, oder dass man z. B. sagen könnte,
das Gras sey zuerst grün und später sey es nicht grün, würde das
ganze derartige Unternehmen, Rede und Gegenrede, in einer Verwechslung des logischen Denkens mit anderweitigen Dingen befangen seyn. Und will man lehren, nur bei manchen Urtheilen
liege eine Priorität der Affirmation, bei manchen aber eine Priorität der Negation vor, so ist, die Richtigkeit zugegeben, wohl eine
Thatsache anerkannt, aber die Thatsache wäre nicht erklärt. Sollte
der Wandel von Affirmation und Negation nicht zurückzuführen
seyn sowohl auf das Verhältniss des logischen Denkens überhaupt
zu der Vorstellung, welche zu beurtheilen ist, und auf das Verhältniss der Exclusion zur Relation insbesondere, als auch auf einen

Progressus und Regressus, an welchem das qualitativ bestimmte Urtheil participirt?

Betrachten wir ferner folgende Urtheile: 1) Der Stein ist nicht vegetativ; 2) Alle Steine sind nicht vegetativ; 3) Mineral ist nicht vegetativ; 4) was vegetativ ist, ist nicht Stein. Sind diese Urtheile auch sämmtlich verneinend, so zeigen sich doch wichtige Unterschiede. Denn im Urtheil: Der Stein ist nicht vegetativ, wird aus dem Inhalt der Vorstellung Stein ausgeschlossen die Vorstellung des Vegetativen als ein fremder Inhalt; im Urtheil: Alle Steine sind nicht vegetativ, ist es der summirte Umfang der Vorstellung Stein, aus welchem ausgeschlossen wird die Vorstellung des Vegetativen; im Urtheil: Mineral ist nicht vegetativ, wird von der Vorstellung Mineral, welche auch die Vorstellung Stein umfasst, das Gegentheil, nämlich das Vegetative, ausgeschlossen; im Urtheil: Was vegetativ ist, ist nicht Stein, wird von dem Vegetativen als dem Inhalt einer Vorstellung die Vorstellung Stein als ein fremder Umfang ausgeschlossen. Nun bezeichnen die Logiker das Urtheil: Was vegetativ ist, ist nicht Stein, in Beziehung zu dem Urtheil: Der Stein ist nicht vegetativ, als contraponirt; das Urtheil: Alle Steine sind nicht vegetativ, ist ein allgemein verneinendes; das Urtheil: Mineral ist nicht vegetativ, enthält Gegensätze auf gleicher Linie, ἐναντία τὰ ἐν τῷ αὐτῷ γένει. Sollte vielleicht das Urtheil: Der Stein ist nicht vegetativ, ein Urtheil, in welchem vom Inhalt der Vorstellung ausgeschlossen wird ein fremder Inhalt, das Beispiel eines specifisch verneinenden Urtheils seyn? Die bisherige Logik unterlässt es, die Eigenthümlichkeit des negativen Urtheils als solchen hervorzuheben im Unterschied von jenen anderen Formen, die zwar auch negativ aber noch anderes als dieses sind.

Wenn gefragt wird, zu welchem der logischen Grundsätze das negative Urtheil zähle, so liegt die Antwort nahe: Zum Grundsatz der Exclusion. Im negativen Urtheil wird handgreiflich vom Subject weg ein Prädicat ausgeschlossen. Wie aber ist es mit dem affirmativen Urtheil? Letzteres scheint nicht ausschliessend zu seyn. Zwar wurde es von jeher immer mit dem negativen Urtheil gepaart, und die Logiker haben für beide den gemeinsamen Titel Qualität in Anwendung gebracht; aber Angesichts der Ruhe des affirmativen Urtheils ist man versucht zu erklären: Entweder ist auch das affirmative Urtheil ausschliessend oder es gehört gar nicht in den Bereich des Grundsatzes der Exclusion. Um diese Zugehörigkeit zu retten, wird der ausschliessende Character des affirmativen Urtheils nachzuweisen seyn. Richten wir zu dem Behufe vor-

läufig und beispielsweise unsere Aufmerksamkeit auf die Urtheile:
Das Salz ist mineralisch — das Salz ist nicht vegetabilisch und
nicht animalisch, so dürften wir finden, dass das Salz, welches
mineralisch ist, ebendesshalb nicht vegetabilisch und nicht animalisch ist, und dass das Salz, welches nicht vegetabilisch und nicht
animalisch ist, ebendaher als mineralisch zu denken ist. Es zeigt
sich hierdurch, dass das affirmative Urtheil, obschon es als solches
nicht das negative ist, dennoch negativ wirkt, und dass das negative Urtheil, obschon es als solches nicht das affirmative ist, dennoch affirmativ wirkt, mit anderen Worten, dass das negative Urtheil im Vermögen des affirmativen und dieses im Vermögen von
jenem stehend jedes im Grunde das andere ist. Gilt Solches allgemein, so werden wir zu behaupten haben: Entweder gehört das
affirmative Urtheil auch zum Grundsatz der Exclusion, oder es
müsste nicht im Vermögen des negativen stehen und müsste nicht
ausschliessend wirken, was gleichwohl der Fall ist.

Man wird nicht annehmen können, dass die Qualität des Urtheils schon Alles besage, was im Grundsatz der Exclusion gelegen
ist. Die entgegengesetzten Urtheile z. B., welche mehr als nur
qualitativ sind, haben ohne Zweifel ebenfalls im Bereich jenes
Grundsatzes ihre Heimath. Der Versuch daher, welchen neuere
Logiker gemacht haben, die Qualität als eine ebenbürtige Art neben der Modalität und Relation aufzuzählen, führt zu dem Fehler,
dass ein Glied der Untereintheilung auf gleiche Linie mit den Gliedern der Haupteintheilung gesetzt wird. Aber auch die quantitativen Bestimmungen des Urtheils müssen, soweit sie ausschliessend
sind, betrachtet werden als zum Grundsatz der Exclusion gehörig;
hinwieder wird keinerlei Quantität des Urtheils hieher genommen
werden dürfen, welche nicht ausschliessend ist.

Man lehrt hinsichtlich der Quantität von allgemeinen oder
universalen Urtheilen. Dergleichen sind: Alle Steine sind Mineralien,
oder: Alle Steine sind nicht Pflanzen. Es wird durch solche quantitative Bestimmung zunächst ausgeschlossen, dass nur einige Steine
Mineralien oder dass nur einige Steine nicht Pflanzen sind. Die
quantitative Bestimmung der Allgemeinheit ist ausschliessend.
Aehnliches gilt von den particulären Urtheilen: Nur einige Mineralien sind Steine, und: Einige Mineralien sind nicht Steine. Es
wird ausgeschlossen, dass alle Mineralien Steine sind, und dass alle
Mineralien nicht Steine sind. Ebendarum ist die von den Logikern
vorgetragene Subalternation der Urtheile dem Grundsatze der Exclusion im Principe fremd. Doch werden wir in Bezug auf eben
diese Subalternation zu bemerken haben, dass die einschlägige

Lehre nicht einmal consequent durchgeführt worden ist. Man gibt
z. B. an, dass, wenn das subalternirende Urtheil ungültig ist (Alle
Menschen sind gelehrt), noch nicht das subalternirte Urtheil
ungültig sey (einige Menschen sind gelehrt). Allein hiebei ist das
particuläre Urtheil nicht als subalternirt gefasst, sondern als exclusiv. Denn wäre es subalternirt und hätte es somit seine Gültigkeit lediglich in Folge der Gültigkeit des subalternirenden, so
müsste es mit dem subalternirenden zugleich dahinfallen. Das Nämliche gilt für die Regel, dass, wenn das subalternirte Urtheil gültig ist, darum noch nicht das subalternirende gültig sey. Es
wird hiemit der Standpunct ausserhalb der Subalternation genommen; die Urtheile selbst werden als quantitativ bestimmte und zugleich mit dem Vermögen gegenseitigen Ausschliessens behaftete
Urtheile gedacht. Was endlich das singuläre Urtheil anlangt, ist
leicht einzusehen, dass sogenannte singuläre Urtheile wie: Dieser
Mann ist gelehrt, oder: Titus ist fleissig, eine quantitative Bestimmung gar nicht haben. Eher möchten Urtheile wie: Jeder einzelne
Mensch hat eine Seele, oder negativ: Kein Mensch ist vollkommen,
für singuläre Urtheile gelten, indem sie das, was im universalen Urtheil
συμπληρωτικῶς s. collective enthalten ist, ihrerseits κατὰ διαίρεσιν
εἰς ἄτομα s. distributive in singula generis auffassen; jedoch pflegt
man derlei Urtheile kurzweg für universale zu nehmen.

Werfen wir einen Blick auf folgende allgemein bejahende
und allgemein verneinende Urtheile: Alle Steine sind Mineralien,
und: Alle Steine sind nicht Pflanzen. Denkt man sich eine Abfolge zwischen beiden, so wird es keine andere seyn als diejenige,
welche auch ohne die quantitative Bestimmung statthat: Die Steine
sind Mineralien, die Steine sind also nicht Pflanzen. Derlei Abfolge
quillt demnach nicht aus der Quantität. Anders dagegen verhält
es sich mit den particulären Urtheilen: Einige Mineralien sind
Steine, einige Mineralien sind nicht Steine. Vor jenem ersteren
particulären Urtheil wird Jedermann unmittelbar zu diesem letzteren fortgehen, dessen negative Form mit der Particularität aus
der Quantität selbst hervorbricht oder doch im Bereich der Quantität entspringt. Und fragt man weiter, wie wir innerhalb des
logischen Denkens zu dem particulären Urtheil gelangen: Einige
Mineralien sind Steine, so werden wir nicht, wenigstens nicht
direct, auf die Subalternation uns berufen dürfen. Denn das Urtheil: Alle Mineralien sind Steine, würde vielmehr ausschliessen
das eine particuläre Urtheil: Einige Mineralien sind Steine, und
weiterhin das andere particuläre Urtheil: Einige Mineralien sind

nicht Steine. Das particuläre Urtheil: Einige Mineralien sind
Steine, wird eher auf das zu Recht bestehende universale Urtheil:
Alle Steine sind Mineralien, zurückzuführen und somit als durch
Umkehrung entstanden zu betrachten seyn. Einen anderen Weg,
um das particulär bejahende Urtheil ausschliessenden Characters
auf das universale hinzuleiten oder es aus dem universalen zu entfachen, wird man schwerlich zu entdecken vermögen. Sollte die
Conversion eine der Quantität des Urtheils eigenthümliche, immanente Bewegung seyn, und daher die Lehre von der Conversion
in die Lehre von der Quantität des Urtheils fallen?

Fällt die Lehre von der Quantität des Urtheils in den Bereich
des Grundsatzes der Exclusion, ohne der ganze Grundsatz der Exclusion zu seyn, so ist es unrecht, sie nach Art der modernen
Eintheilung der Logik den Gruppen der Modalität und Relation
als ebenbürtig zu coordiniren. Ueberhaupt dürfte schon aus dem
Bisherigen sich ergeben, dass die ganze Lehre einer Umarbeitung
bedarf. Insbesondere scheint für die Conversion bei Entwicklung sey
es der summarischen Allgemeinheit zur Einzelheit sey es der detaillirten
Einzelheit zur summarischen Allgemeinheit eine vermittelnde Rolle
beansprucht werden zu müssen. Darüber noch hinaus wird aber
das wichtige Verhältniss der Quantität zur Opposition eine gründliche Auseinandersetzung fordern.

In Bezug nämlich auf den Gegensatz oder die Opposition
der Urtheile sind zwei verschiedene Anschauungen in einander
gerückt. Einmal sind es die quantitativ bestimmten Urtheile,
welche dem Gesichtspunct des Gegensatzes unterstellt werden.
Das Urtheil: Alle Menschen sind gerecht, soll contradictorisch
entgegengesetzt seyn dem Urtheil: Einige Menschen sind nicht
gerecht, und das Urtheil: Kein Mensch ist gerecht, soll contradictorisch entgegengesetzt seyn dem Urtheil: Einige Menschen
sind gerecht, während conträr sich entgegenstehen die Urtheile:
Alle Menschen sind gerecht — kein Mensch ist gerecht, und subconträr die Urtheile: Einige Menschen sind gerecht — einige
Menschen sind nicht gerecht. Zweitens sind es lediglich qualitativ
nicht quantitativ bestimmte Urtheile, welche als entgegengesetzt
betrachtet werden; demnach sollen in contradictorischem Gegensatz
sich befinden die Urtheile: Der Schnee ist weiss — der Schnee
ist nicht weiss; für conträr aber gilt der Gegensatz der Urtheile:
Der Schnee ist weiss — der Schnee ist schwarz. Man sieht, dass
bei jenen quantitativ bestimmten Urtheilen der sogenannte contradictorische Gegensatz sowohl in der Quantität als in der Qualität

sich ausdrückt, bei den nicht quantitativ bestimmten Urtheilen
eine Negation und eine Affirmation sich contradictorisch entgegensteht oder etwa auch eine einfache Negation (nicht weiss) und
eine doppelte Negation (nicht nicht weiss); hinwieder wirft sich
auf Seite der quantitativ bestimmten Urtheile der conträre Gegensatz nur in die affirmative und negative Qualität (alle oder jeder
— alle nicht oder keine), auf Seite der nicht quantitativ bestimmten Urtheile aber treten als conträr zwei Affirmationen wider einander auf. Von einem subconträren Gegensatz endlich ist bei den
nicht quantitativen Urtheilen selbstverständlich gar nicht zu reden;
überhaupt ist derselbe nie für einen eigentlichen Gegensatz betrachtet worden: τὸ τινὶ τῷ οὐ τινὶ κατὰ τὴν λέξιν ἀντίκειται
μόνον.

Nun sind die quantitativ bestimmten Urtheile als solche nicht
die gegensätzlichen Urtheile und diese nicht jene. Erstere sind
zwar, wie wir bereits zu bemerken hatten, ausschliessender Art
von Geburt, aber darum noch nicht gegensätzlicher Art: was
opponirt, ist exclusiv, aber nicht alles opponirt, was exclusiv ist.
So wird vom Urtheil: Alle Steine sind Mineralien, ausgeschlossen,
dass nur einige Steine Mineralien sind, und vom Urtheil: Alle
Menschen sind vor Gott nicht gerecht, wird ausgeschlossen die
Annahme, dass nur einige Menschen vor Gott nicht gerecht sind.
Indessen ist nach der gewöhnlichen Lehre das allgemein bejahende
Urtheil dem allgemein verneinenden und dem besonders verneinenden, das allgemein verneinende dem allgemein bejahenden und dem
besonders bejahenden entgegengesetzt. Zugegeben das Stattfinden
eines Gegensatzes, wird dasselbe nur die Anwendung des Gegensatzes auf einen besonderen Fall, nämlich auf quantitativ bestimmte
Urtheile, nicht aber den reinen Gegensatz anzeigen, also dass es
unpassend erscheint, jene entgegengesetzten Quantitätsurtheile als
die eigentlichen Formen des Gegensatzes zu betrachten und sagen
zu wollen, in jeder Contradiction stehe ein allgemein bejahendes
einem besonders verneinenden oder ein allgemein verneinendes
einem besonders bejahenden, und bei jeder Contrarietät ein allgemein bejahendes einem allgemein verneinenden Urtheile gegenüber.
Und lässt sich auch von den entgegengesetzten quantitativ bestimmten Urtheilen der Gegensatz an und für sich abnehmen und erkennen, so sind doch die quantitativ bestimmten Urtheile, soferne
sie im Gegensatze sich befinden, nicht mehr quantitativ bestimmte
Urtheile als solche, sondern entgegengesetzte Urtheile. Es wird daher der Unterschied und die Beziehung der Quantität und des Ge-

gensatzes von und auf einander erst noch an das Licht gebracht werden müssen.

Manche Logiker lehren, der conträre Gegensatz bestünde in den äussersten Gliedern einer Reihe coordinirter Begriffe, τὰ πλεῖστον διαφέροντα τῶν ἐν τῷ αὐτῷ γένει, longissime distantia. Demnach müssten in der Reihe der Farben: Gelb, Roth, Blau, Grün, sich conträr entgegenstehen Gelb und Grün; oder es würden in der Reihe: Cryptogamen, Gräser, Kräuter, Bäume, die conträren Gegensätze seyn Cryptogamen und Bäume, oder es stünden conträr sich entgegen Fische und Säugethiere in der Reihe: Fische, Amphibien, Vögel, Säugethiere. Nach solcher Anschauung aber würde es im Grunde doch nur auf ein Mehr oder Weniger von Contrarietät ankommen; die näheren Glieder stünden sich weniger conträr entgegen als die äussersten, die logische Bedeutung der Contrarietät und ihr Verhältniss zum contradictorischen Gegensatz bliebe unbekannt. Ist doch Gelb als solches nicht nur zu denken als nicht Grün, sondern auch als nicht Roth und nicht Blau, und was nicht gelb ist, ist vielleicht grün oder roth oder blau: in der divisorischen Tabelle erscheinen dergleichen Vorstellungen coordinirt, warum sollten sie nicht auf dem Gebiete des logischen Denkens alle sich ausschliessen und alle auch als conträre Gegensätze sich ausschliessen? Aber es scheint eine Verwechslung des logischen Denkens mit dem genetischen, eine Verwechslung des logischen Gegensatzes mit dem polaren Gegensatz der Extreme zu seyn, von welcher jene Auffassung der Contrarietät in die Logik hineingetragen ist. Dagegen dürfte sich vielmehr die Beachtung des Wechselverhältnisses von Affirmation und Negation sowie der Gedanke eines Zusammenhangs von Opposition und Qualität zu einem Leitfaden für die Erkenntniss der Contrarietät und Contradiction darbieten.

Wir haben erinnert an die Nothwendigkeit, die gegensätzlichen Urtheile als solche zu unterscheiden von den quantitativ bestimmten. Aber der Gegensatz scheint die Quantität nicht entbehren zu können. So haben eine gegensätzliche Form z. B. folgende Urtheile: Mineral ist nicht nicht Mineral, Weiss ist nicht Schwarz. Unverkennbar aber ist, dass hier alles und jedes Mineral, alles und jedes Weiss gemeint ist. Zwar wird solche quantitative Bestimmung gleichsam als selbstverständlich verschwiegen, nichts desto weniger aber vorausgesetzt. Die vorausgesetzte Quantität ist hereingenommen und aufgehoben im Gegensatze.

§. 92.

Fortsetzung.

Qualität, Quantität, Opposition ist schwerlich alles, was im Grundsatze der Exclusion enthalten ist. Die Conversion und Contraposition, wovon die Logiker lehren, dürfte von dem nämlichen Stamme seyn. Wir wollen unsere Aufmerksamkeit dieser Form des Urtheils zuwenden.

Zunächst muss in die Augen fallen, dass die Lehre von Conversion und Contraposition an einer seltsamen Ineinanderwirrung zweier unterschiedlicher Denkfunctionen leidet. Es gilt z. B. für eine Contraposition: Alle A sind B — alles was nicht B ist, ist nicht A. Wir finden, dass das, was dem Prädicat des Subjects entgegengesetzt ist, auch dem Subject entgegengesetzt ist. Darum müssen wir uns verwundern, wenn Folgendes, was nach der Meinung der Schule gleichfalls eine Contraposition seyn soll, von ganz anderem Character ist: Kein A ist B (alle A sind nicht B) — einiges, was nicht B ist, ist A. Denn hiemit wird gesagt, dass A ein Theil von dem Nicht-B ist. Hinwieder gilt für eine Conversion: Alle A sind B — einige B sind A. Wir nehmen dieses an, merkend, dass erklärt wird, A sey ein Theil von B, können dann aber nimmermehr zugestehen die Gleichartigkeit des folgenden Denkactes, welcher auch eine Conversion seyn soll: Kein A ist B (alle A sind nicht B) — kein B ist A (alle B sind nicht A); denn hiemit wird nicht etwa gedacht, dass A ein Theil von dem Nicht-B, oder B ein Theil von dem Nicht-A sey, sondern es wird das, was dem Prädicat entgegengesetzt ist, auch dem Subject entgegengesetzt. Es zeigt sich somit, dass manches, was als Conversion ausgegeben wird, von Art der Contraposition, und manches, was sie Contraposition nennen, von Art der Conversion ist.

Betrachten wir die übliche Conversion insbesondere. Bei der ganzen Sache ist die Quantität im Spiele: es zeigt das Prädicat durch Umkehrung als nunmehriges Subject seinerseits eine quantitative Bestimmung auf, während das vorige Subject, an die Stelle des Prädicats jetzt tretend, seine quantitative Bestimmtheit schweigend einzieht. Auf die Quantität bezieht sich ja auch der Unterschied von conversio simplex et per accidens. Die einzelnen Formen der Conversion aber sollen in folgenden Regeln enthalten seyn: 1) das allgemein bejahende Urtheil wird per accidens umgekehrt;

2) das besonders bejahende wird simpliciter umgekehrt; 3) das besonders verneinende wird gar nicht umgekehrt, oder es wird, wie andere Logiker behaupten, zwar umgekehrt, aber ohne dass sich eine allgemeine Regel dafür aufstellen lasse; 4) das allgemein verneinende wird simpliciter umgekehrt.

Demnach gestaltet sich das allgemein bejahende Urtheil: Alle Steine sind Mineralien, zu dem besonders bejahenden Urtheil: Einige Mineralien sind Steine. Die Steine, von denen gesagt ist, dass sie sämmtlich Mineralien sind, sind nur ein Theil dessen, was Mineral ist. Von solcher Conversion machen eine Ausnahme z. B. diejenigen allgemeinen Urtheile, welche eine Definition enthalten: Alle Uhren sind Zeitmessungsinstrumente — alle Zeitmessungsinstrumente sind Uhren. Aber es haben die Logiker für derartige Vorkommnisse einen besonderen Namen in Bereitschaft: sie heissen die betreffenden Urtheile reciprocable und wahren somit für die allgemein bejahenden Urtheile jene normale Form der Conversion, in welcher die Quantität verändert wird, die sog. conversio per accidens.

Dagegen sollen die besonders bejahenden Urtheile simpliciter umgekehrt werden: Einige Mineralien sind Steine — einige Steine sind Mineralien. Allein unschwer wird Jedermann erkennen, dass, während das Urtheil: Einige Mineralien sind Steine, ausschliessender Art ist und nur auf einen Theil der Mineralien zielt, das Urtheil: Einige Steine sind Mineralien, nicht ausschliessend seyn kann; ausserdem müsste es Steine geben, welche nicht Mineralien sind. Ist nun alle Conversion von exclusiver Art, so ist der vorliegende Fall, die Umkehrung des besonders bejahenden Urtheils, keine Conversion, weil in der propositio conversa keine Exclusion vorhanden; soll aber trotzdem dieser Fall eine Conversion seyn und die Conversion Nichts mit Exclusion zu thun haben, so würden wir dagegen erklären, dass die vorhin erwähnte Umkehrung des allgemein bejahenden Urtheils, welche schlechterdings ausschliessend und ohne den ausschliessenden Character sinnlos ist, keine Conversion sey. Und könnte man absehen von der Exclusion, so ist doch noch auf andere Weise die Lehre von der Umkehrung des besonders bejahenden Urtheils zu entkräften. Denn während sonder Zweifel bei der Conversion: Alle Steine sind Mineralien — einige Mineralien sind Steine, eine Abfolge besteht und nach der Lehre der Logiker selbst bei aller Conversion eine Abfolge bestehen soll von einem Urtheile zum anderen, ist eine Abfolge nicht vorhanden bei den Urtheilen: Einige Mineralien sind Steine — einige Steine

sind Mineralien, sondern das Urtheil: Einige Steine sind Mineralien, würde entweder per conversionem voraussetzen das Urtheil:
Alle Mineralien sind Steine, ein Urtheil, gegen welches sich gerade
ausschliessend verhält das obige: Einige Mineralien sind Steine,
oder es würde per subalternationem voraussetzen das Urtheil: Alle
Steine sind Mineralien; nimmer ist demnach zu reden von einer
Abfolge des Urtheils: Einige Steine sind Mineralien, aus dem Urtheil: Einige Mineralien sind Steine.

Was ferner die Umkehrung des allgemein verneinenden Urtheils
anbelangt (kein A ist B — kein B ist A), so macht die irrige Anschauung sich dabei geltend, als ob die Negation die Copula angehe. Hiegegen müssen wir lehren, dass umzukehren ist: Kein A
ist B — einiges von dem, was nicht B ist, ist A; kein Stein ist
eine Pflanze — einiges von dem, was nicht Pflanze ist, ist Stein.
Solche Form ist zwar von den Logikern nicht übergangen worden;
aber sie erscheint bei ihnen unter dem Titel der Contraposition des
allgemein verneinenden Urtheils. Wäre jedoch solches eine Contraposition, so wäre auch das eine Contraposition, was die nämlichen
Logiker als eine Conversion des allgemein bejahenden Urtheils vorführen; der Denkact ist ganz derselbe. Wäre aber jenes: Kein A
ist B — kein B ist A, eine Conversion, so müsste auch die aner-
kannte Contraposition des allgemein bejahenden Urtheils: Alle A
sind B — was nicht B ist, ist nicht A, eine Conversion seyn.

Doch gehen wir weiter. Hinsichtlich des besonders verneinenden Urtheils wird gelehrt, es werde nicht umgekehrt oder es
lasse sich wenigstens keine allgemeine Regel dafür aufrichten. Man
argumentirt etwa folgendermassen. Ein besonders verneinendes
Urtheil ist: Einige Mineralien sind nicht Steine; dieses würde umgekehrt lauten: Einige Steine sind nicht Mineralien. Nun ist jedoch solch umgekehrtes Urtheil falsch, also lässt sich jenes zu
Grunde liegende wahre Urtheil nicht umkehren. So etwa argumentirt man, dabei jedoch immer an die Meinung gebunden, die
Negation gehöre zur Copula und nicht zum Prädicate. Aber bei
anderen besonders verneinenden Urtheilen will man gleichwohl eine
Umkehrung zu Wege bringen können: Einige Mineralien sind nicht
grün — einiges Grüne ist nicht Mineral. Allein ersteres Urtheil:
Einige Mineralien sind nicht grün, besagt, dass ein Theil der Mineralien nicht grün ist, das zweite, angeblich umgekehrte Urtheil
erklärt, dass ein Theil von dem, was grün ist, nicht Mineral ist.
Im letzteren Urtheil bleibt sonach nicht etwa nur zweifelhaft, ob
von allen oder von einigen Mineralien die Rede ist, sondern es

wird schlechterdings das, was nicht Mineral ist, und somit das,
was coordinirt mit Mineral ist, und daher das Mineral selbst als
im Umfang von Grün liegend betrachtet, während im umzukehrenden Urtheil: Einige Mineralien sind nicht grün, das Grüne und
Nichtgrüne als im Umfang von Mineral liegend angesehen wird.
Ueberhaupt möchte, was gewöhnlich von der Logik zur Conversion
des besonders verneinenden Urtheils beigebracht wird, von nicht
geringer Rathlosigkeit Zeugniss ablegen, ganz zu geschweigen, dass
die Art, nach welcher man ein besonders verneinendes Urtheil umzukehren versucht hat, vielmehr zur Contraposition als zur Conversion aspirirt.

Nach dem Bisherigen wird von den Fällen der vulgären Logik
nur die Umkehrung des universalen Urtheils zum particulären aufrecht bleiben. Nun bezeichnet man solche Umkehrung als eine
conversio per accidens d. h. als eine Umkehrung mit veränderter
Quantität. Es dürfte daher die Umkehrung selbst nur die logische
Veränderung der Quantität des Urtheils seyn innerhalb des Grundsatzes von der Exclusion.

Bei der Contraposition wird das Gewicht auf die Qualität gelegt; man schildert sie als eine Conversion mit Veränderung der
Qualität. Aber die irrige Auffassung des negativen Urtheils musste
die ganze Lehre von der Contraposition verschieben. In der That
kann keiner von denjenigen Fällen, welche von den Logikern aufgezählt werden, ausgenommen die Contraposition des allgemeinen
Urtheils, sich halten.

Das Urtheil nämlich: Alle Steine sind Mineralien, wird contraponirt in das Urtheil: Was nicht Mineral ist, ist nicht Stein.
Als den Sinn des Vorganges wird man auszusprechen haben: Was
dem Prädicat entgegengesetzt ist, ist auch entgegengesetzt dem
Subject dieses Prädicats. Aber demselben Gesetze gehorcht das,
was die Logiker als Conversion des allgemein verneinenden Urtheils
darbieten: Kein Stein ist eine Pflanze — keine Pflanze ist ein Stein;
was sie dagegen als Contraposition des allgemein verneinenden
Urtheils geben, ist nichts Anderes als die Conversion: Kein Stein
ist eine Pflanze — einiges von dem, was nicht Pflanze ist, ist
Stein. Dieselbe Verwechslung tritt ein bei dem besonders verneinenden Urtheil; denn was sie da eine Conversion nennen, ist
ein vergeblicher Versuch von Contraposition (einige Mineralien sind
nicht grün — einiges Grüne ist nicht Mineral), und was sie für
eine Contraposition des besonders verneinenden Urtheils halten
(einige Mineralien sind nicht grün — einiges, was nicht grün ist,

ist Mineral) ist eine erschlichene Conversion. Von einer Contraposition endlich des besonders bejahenden Urtheils wollen die Logiker selbst Nichts wissen, und insofern mit Recht, weil dagegen
das Nämliche vorgebracht werden muss, was gegen die Contraposition des besonders verneinenden Urtheils zu sagen ist; die Contraposition eines besonders bejahenden Urtheils würde stammeln:
Einige Mineralien sind Steine — was nicht Stein ist, ist nicht
diese einigen Mineralien. Hiernach wird nur übrig bleiben die
Contraposition des universalen Urtheils. Aber nicht minder werden,
abgesehen von der Umstellung der auf gleicher Linie sich bewe-
genden Gegensätze (Mineral ist nicht Pflanze — Pflanze ist nicht
Mineral), Urtheile contraponirt, welche, der ausdrücklichen Quantität
entbehrend, bei einem dem Subject übergeordneten Prädicate blos
qualitativ bestimmt sind: Der Mensch ist sterblich — was nicht
sterblich ist, ist nicht Mensch; der Stein ist nicht Pflanze — was
Pflanze ist, ist nicht Stein.

Müssen wir die Conversion eintragen in den Bereich der
Quantität als deren eigene Entwicklungsbewegung, so werden wir
bei der Contraposition einen anderen, wenn schon gleichfalls exclusiven Beruf anzuerkennen haben. Jedenfalls ist sie von der Quantität und hiemit von der Conversion zu unterscheiden; nicht minder
ist sie nicht gleich mit der Qualität noch fällt sie mit der Opposition zusammen. Aber eben so wenig ist sie aus dem Zusammenhang mit alledem zu entfernen. Denn wird das quantitativ bestimmte Utheil contraponirt, so macht sich die Vermittelung leicht
durch die Quantität und ihre Conversion und kraft des Gegensatzes: Der Stein ist ein Mineral — alle Steine sind Mineralien, einige Mineralien sind Steine und andere sind nicht Steine,
jeder Stein aber ist ein Mineral — Mineral ist nicht nicht Mineral —
was nicht Mineral ist, ist auch nicht Stein. Hinwieder löst sich
das contraponirte Urtheil in das qualitativ bestimmte auf durch die
Quantität und vermöge des Gegensatzes: Was Pflanze ist, ist nicht
Stein — kein Stein ist Pflanze — Mineral ist nicht Pflanze — der
Stein, der Mineral ist, ist nicht Pflanze.

Die Aequipollenz im engeren Sinne knüpft sich an die Contraposition der Urtheile. ferner an Quantität, Opposition, Qualität.
Demnach gelten für aequipollent die Urtheile: Der Mensch ist sterblich — was nicht sterblich ist, ist nicht Mensch; ferner: Alle
Steine sind Mineralien — einige Mineralien sind Steine; oder:
Der geriebene Bernstein entwickelt nicht keine Electricität — der
geriebene Bernstein entwickelt eine Electricität; oder: Was ein

Baum ist, ist nicht Thier — was ein Baum ist, ist Pflanze. Es
erhellt, dass man mit der Aequipollenz eine Abfolge im Auge hat,
wie sie z. B. vom blos qualitativ bestimmten Urtheil zum contraponirten hin besteht, theils die affirmative und negative, universale
und particuläre, conträre und contradictorische Wendung ein und
desselben Urtheils. Nicht minder ist aber klar, dass solche Aequipollenz nicht die ausdrückliche Identität selbst ist, sondern theils
von der Identität zehrt, theils dieselbe herauszustellen arbeitet, eine
Arbeit, welcher das qualitativ bestimmte, das quantitativ bestimmte,
das opponirte, das _ contraponirte Urtheil im Vereine mit einander
obliegen. ·

Die Logiker sprechen von unmittelbaren Schlüssen mit besonderer Bezugnahme auf Subalternation, Conversion, Opposition,
Contraposition. Als Beispiele für die übliche Lehre können, jedoch
mit Weglassung der schon oben gesichteten Subalternation, folgende
dienen. Conversion: Alle Steine sind Mineralien, also sind einige
Mineralien Steine. Opposition: Weil Mineral nicht nicht Mineral
ist, ist es nicht Pflanze. Contraposition: Der Stein ist Mineral, also
ist, was nicht Mineral ist, nicht Stein. Auch kann die Contraposition so verflochten werden: Weil der Stein Mineral ist, so ist das,
was nicht Mineral ist, auch nicht Stein; zwar will man letzteres
trotz des blos sprachlichen Unterschiedes von der vorigen Abfolge
der Contraposition einen unmittelbaren Schluss ad aequipollentem
nennen, allein auf die Aequipollenz machen auch jene anderen sogenannten unmittelbaren Schlüsse für ihre Glieder Anspruch. Aus
alledem ist zu entnehmen, dass es bei besagten unmittelbaren
Schlüssen sich handelt um die Aequipollenz der affirmativen und
negativen Form eines zu Grunde liegenden Urtheils, oder um die
Aequipollenz des Urtheils bei unterschiedener quantitativer Bestimmung, oder um die Aequipollenz des einen Gegentheils mit dem
negirten anderen oder mit sich selber, um die Aequipollenz auch
des zu contraponirenden und des contraponirten Urtheils, eine
Aequipollenz, welche in der Gestalt des causalen Urtheils einge-
kleidet und von daher zum sogenannten unmittelbaren Schlusse
gestempelt wird. Uns aber ist die ganze Lehre von den unmittelbaren Schlüssen an ihrem Theile ein Zeichen von der affirmativen
und negativen Doppelnatur eines jeden der einzelnen exclusiven
Urtheile und zugleich von der Zusammengehörigkeit der Qualität,
der Quantität sammt Conversion, der Opposition, der Contraposition.

Durch derlei Ergebnisse der Kritik sind wir nicht der Aufgabe enthoben, sondern sind angetrieben, aus dem Grundsatze der

Exclusion selbst seine Formen zu entwickeln und die Eigenthümlichkeit der exclusiven Urtheile zu kennzeichnen und letztere wie
in ihrer organischen Einheit unter einander so im Zusammenhang
mit dem übrigen Denken zu begreifen.

§. 93.

Die Urtheilsformen der Exclusion in negativer Richtung.

Der Grundsatz der Exclusion gibt an, das Andere, welches
das Eine ist, sey ausschliessende Gränze. Nicht also das Daseyn
der Gränze noch ihr Grund, auch nicht jenes Hervorwachsen der
Gränze, das in der Relation geschieht, steht dermalen in Rede.
Sondern es ist zu beantworten die Frage, welches die ausschliessenden Formen der bereits von der Relation in die Entwicklung
eingeführten Gränze sind.

Im Verlaufe der Relation wird Anderes auf das Eine zurückbezogen. Hiedurch bleibt ein Anderes übrig, welches sich nicht
auf dieses Eine zurückbeziehen lässt, sondern seinerseits und um
seiner selbst willen dasjenige Andere, welches das Eine ist, und
mittelbar auch dieses Eine von sich ausschliesst. Daher spricht
das logische Denken: Dasjenige Andere, welches von sich
ausschliesst das Andere des Einen, schliesst auch dieses
Eine aus. Wir urtheilen auf solche Weise zum Beispiel: Das,
was Pflanze ist, ist nicht Stein. Das, was Pflanze ist, ist das Andere, welches von sich ausschliesst das Andere des Einen, nämlich
Mineral, und hiedurch auch das Eine des Anderen, nämlich Stein.
Wir haben eine contrapositorische Form des Urtheils vor uns.
Leicht ist zwar deren Halbheit zu erkennen; denn blos das eine
Andere ist bis jetzt als ausschliessend hervorgehoben, während das,
was ausgeschlossen wird, noch in den Schein der Ruhe und des
Leidens sich hüllt. In ihr ist eine weitere Fülle exclusiven Lebens
verborgen. Bereits aber ist von dem ausschliessenden Anderen ver-
treten das Daseyn der Gränze, das modale Moment. Das logische
Denken nimmt wegen des im Anderen enthaltenen Einen auf die
Wahrnehmung Bezug. Es urtheilt die persönliche Ueberzeugung
heraus aus dem Wissen vom Nichtandersseynkönnen, worin sie aufgehoben ist.

Das Ausschliessen findet am ausgeschlossenen Einen seine
Gränze. Doch wäre selbige nicht, wenn nicht seinerseits das Eine
ausschliessend sich verhielte. Nun verhält sich zwar letzteres aus-

schliessend nur innerhalb seines Anderen, von dem es eingeschlossen
ist; aber gerade durch dessen Gunst und unter dessen Schutz vermag das Eine von seinem ganzen eigenen Umfang jenes ausschliessende Andere auszuschliessen.   Daher spricht das Denken: Das
Eine des ausgeschlossenen Anderen schliesst von jedem
seiner Theile das fremde Andere aus. Auf das vorhin angeführte Beispiel uns beziehend urtheilen wir: Kein Stein ist eine
Pflanze. Das allgemein verneinende Urtheil steht in Rede. Aber
das besondere Urtheil ist davon nicht zu trennen. Denn das in
sich getheilte Eine bethätigt sich selbst nur als ein Theil seines
Anderen: Einiges von dem, was nicht Pflanze ist, ist Stein, und
anderes davon ist nicht Stein. Jenes allgemeine, auf das Einzelne
eingegangene Urtheil schliesst aus, dass irgend ein Stein Pflanze
ist; die beiden besonderen oder particulären Urtheile schliessen
aus, dass alles, was nicht Pflanze ist, Stein sey, und dass alles,
was nicht Pflanze ist, nicht Stein sey. Aber sowohl dem allgemeinen, auf das Einzelne eingegangenen Urtheil als auch den particulären Urtheilen liegt zu Grunde das auf die Theile und auf das
Einzelne erst eingehende und umgekehrt sich daraus herstellende
summarisch allgemeine Urtheil: Alles, was Stein ist, ist nicht
Pflanze — ein Urtheil, welches ausschliesst, dass nur einiges, was
Stein ist, nicht Pflanze sey. Wir haben somit eine regressive
Reihe exclusiver und zwar quantitativer Bestimmungen des Urtheils:
Kein Stein ist eine Pflanze; einiges von dem, was nicht Pflanze
ist, ist Stein, und anderes davon ist nicht Stein; alles überhaupt,
was Stein ist, ist nicht Pflanze. Das quantitativ bestimmte Urtheil
war enthalten in dem vorigen contraponirten und hat in sich den
contrapositorischen Act aufgehoben und trägt in sich zugleich
qualitative Bestimmheit. Es ist ein Mittelding von contraponirtem
und rein qualitativ bestimmtem Urtheil. In dieser zweiten Form
der Exclusion lebt der zweite logische Grundsatz, die Relation des
Anderen zu seinem Einen. Das logische Denken bezieht sich nicht
blos auf den einen oder vorwiegend auf den anderen Theil der Vorstellung, sondern auf die ganze Vorstellung. Ein Urtheil wohl
des Wissens vom Nichtandersseynkönnen ist jedes quantitativ bestimmte Urtheil, aber durchaus mit dessen Entwicklungsstadium
verwachsen.

Das quantitativ bestimmte Urtheil ist ausschliessend hinsichtlich des Umfanges des Subjects und dabei in ererbter Spannung
gegen das fremde Prädicat. Aber wie die quantitative Bestimmung
des Einen nur hervortritt innerhalb seines Anderen oder im Um-

fang seines Anderen, so verhält es sich auch nur kraft seines
Anderen ausschliessend gegen das fremde Andere. Das eine
Andere ist es in der That, welches das andere Andere ausschliesst.
Diese Ausschliessung ist jedoch nicht zu fassen, es sey denn so,
dass das eine Andere als der eine Theil innerhalb eines zusammen-
haltenden höheren Anderen und dadurch als Gegentheil des zweiten
Anderen sich setze: das eine Andere als der eine Theil
eines höheren Anderen ist das Gegentheil zum anderen Anderen als dem anderen Theile. So ist z. B.
innerhalb dessen, was als Gebilde der Erdnatur betrachtet wird,
Mineral das Gegentheil zu Pflanze, ἐναντίον ἐν τῷ αὐτῷ γένει.
Wir urtheilen demnach: Mineral ist nicht Pflanze, und Pflanze ist
nicht Mineral. Es ist der conträre Gegensatz (Mineral — Pflanze),
der sich hiemit darbietet. Im betreffenden Urtheil stehen Subject und Prädicat auf gleicher Linie und schliessen sich gleichmässig aus. Der Gegensatz ist die reinste Gestalt der Exclusion.
Die Vorstellung ist völlig dem logischen Denken einverleibt und
zum Begriff verwandelt. Das Urtheil des Gegensatzes ist eine vom
Wissen des Nichtandersseynkönnens und Soseynmüssens getroffene
Entscheidung.

Durch den Gegensatz stellt sich gar heraus, was im contraponirten Urtheil involvirt war und im quantitativ bestimmten wie
im gegensätzlichen Urtheil selber mitgeholfen hat. Denn indem
der eine Gegensatz den anderen ausschliesst, wird solche ausschliessende Thätigkeit auch auf die im Umfang des Gegensatzes
liegende Vorstellung übertragen. Das logische Denken spricht:
Das Eine, welches das Andere ist, schliesst das gegentheilige Andere aus. Wir urtheilen z. B. demnach: Der
Stein ist nicht Pflanze. Es ist das qualitativ bestimmte und zunächst negative Urtheil, was sich uns zu erkennen gibt. Seine
contraponirte Form lautet: Was Pflanze ist, ist nicht Stein; das
quantitativ bestimmte Urtheil erklärt: Kein Stein ist Pflanze; der
Gegensatz behauptet: Mineral ist nicht Pflanze; das negative Urtheil verkündet: Der Stein, der ja Mineral ist, ist nicht Pflanze.
Mit letzterer exclusiven Form hat das contraponirte Urtheil, sein
Inneres herauswendend, sich erschöpft. Was sich im negativen
und überhaupt im qualitativ bestimmten Urtheil ausschliessend
verhält, ist das Eine in seiner conclusiven Einheit mit dem Anderen. In der Richtung aber vom Subject auf sein Prädicat oder
vom Einen auf das Andere nimmt das logische Denken Bezug auf
die in der Vorstellung enthaltenen Idee.

§. 94.

Die Urtheilsformen der Exclusion mit affirmativem Streben.

Mit der contrapositorischen Form beginnend sind wir durch das quantitativ bestimmte Urtheil und den conträren Gegensatz zum qualitativ bestimmten und vorerst negativen Urtheil gelangt. Umgekehrt können wir mit dem negativen Urtheil anfangen als der einfachsten unter diesen exclusiven Gestalten, so dass das quantitativ bestimmte Urtheil als die Entwicklung von jenem erscheint, und diese Entwicklung ihre Akme im conträren Gegensatze findet und in der Contraposition die gereifte Frucht zur Schau trägt. Aber mit alledem ist noch nicht die Potenz, welche in den aufgezeigten Formen wirkt und am Deutlichsten im conträren Gegensatz sich kundgegeben hat, zu ihrem Recht gekommen, die Potenz, von welcher der Grundsatz der Exclusion lehrt, dass gerade sie als das Andere die ausschliessende Gränze ist. Die regressiven Formen der Exclusion, welche wir betrachtet haben, sind nur die Hülle der im Progressus hervortretenden Fülle.

Das Eine nämlich, welches vorhin vermittelst seines Anderen das gegentheilige Andere ausschloss, wird gedacht als sein eigenes Anderes. Der Stein z. B. ist nicht Pflanze, sondern er ist Mineral, und weil er Mineral ist, ist er nicht Pflanze. Das logische Denken spricht: Das Eine ist sein Anderes (dasjenige Andere, welches den Gegensatz ausschliessend das Eine in sich schliesst). Es ist das affirmative Urtheil, das sich zu erkennen gibt. Ohne das Vermögen der Affirmation wäre alle Negation eitel; dagegen sänke ohne negative Kraft die angebliche Affirmation zur blosen Vorstellung herab. Negation und Affirmation, jede ist die Macht der anderen, jene im Regressus des Denkens die frühere, πρότερον καθ' ἡμᾶς, diese die frühere im Progressus, πρότερον ἁπλῶς.

Das affirmative Urtheil trägt seine ausschliessende Kraft im Prädicate, in demselben Prädicate, vermöge dessen das negative Urtheil sich des gegentheiligen Prädicats erwehrt; hinwieder ist vom ausschliessenden Prädicate eingeschlossen das Subject, also dass des Prädicates Function dem letzteren nicht nur zu Gute kommt, sondern auch auf dasselbe sich fortpflanzt: das Subject wirkt daher ebenfalls ausschliessend. Ist aber das Subject unterschieden vom Prädicat, so kann die ihm eignende Exclusivität nicht zusammenfallen mit jener des Prädicats; vielmehr muss sie gemäss der Stellung des Subjects innerhalb des Prädicats und vom Subject aus sich vollführen. Hieraus erfolgt die quantitative Bestimmtheit des Urtheils. Das logische Denken erklärt: Alles Eine ist sein Anderes, und obschon nur Einiges vom Anderen dieses Eine und Einiges nicht dieses Eine ist, so ist doch ein Jedes vom Einen betheiligt am gemeinsamen Anderen. So wird z. B. geurtheilt: Alle Steine sind Mineralien — einige Mineralien sind Steine — einige Mineralien sind nicht Steine — jeder Stein ist Mineral. Ohne solche innerliche Brechung des Ganzen wäre von einer exclusiven Bethätigung des Subjects nicht zu reden; dabei wird von jenem allgemein bejahenden Urtheil ausgeschlossen: Nur einige Steine sind Mineralien; vom besonders bejahenden wird ausgeschlossen: Alle Mineralien sind Steine; vom besonders verneinenden wird ausgeschlossen: Alle Mineralien sind nicht Steine; von dem in das Einzelne eingegangenen allgemein bejahenden Urtheil wird ausgeschlossen: Irgend ein Stein ist nicht Mineral. In der Form der Quantität entfaltet sich zunächst was im qualitativ bestimmten Urtheil gelegen ist, während umgekehrt, wie sich oben ergab, auch aus der Contraposition die Quantität hervorbricht. Die Quantität bewegt sich von der Qualität zur Contraposition und von dieser zu jener, beide vermittelnd und der Opposition den Weg bereitend.

Die Qualität wird im quantitativ bestimmten Urtheil bewahrt. Ohne Qualität, mag sie vorausgenommen oder hereingenommen seyn, ist überhaupt ein quantitativ bestimmtes Urtheil nicht zu denken. So hat auch die Affirmation, in deren Gestalt bei gegenwärtigem Progressus die Qualität sich ausgesprochen hat, in das quantitativ bestimmte Urtheil sich fortgesetzt. Aber zu Folge der quantitativen Unterscheidung vermag nunmehr das Prädicat für seinen ganzen Umfang ausschliessend sich zu verhalten, so dass es als der eine Theil eines höheren Anderen dem anderen Theil desselben sich entgegenstellt. Das logische Denken spricht: Das Andere als der eine Theil eines höheren Anderen ist nicht sein Gegentheil. Wir urtheilen hiernach: Mineral ist nicht nicht Mineral, und was nicht nicht Mineral ist, ist Mineral. Das Andere, welches für seinen ganzen Umfang sich ausschliessend verhält, ist gegeben mit: Mineral; als der eine Theil eines höheren Ganzen ist es entgegengesetzt allem Gegentheil: nicht Mineral; das ausschliessende Verhalten ist bedeutet von der Par-

tikel Nicht; durch doppelte Negation ist somit jenes Andere
(Mineral) vereint mit sich und allem, was es umfängt. Es ist der
sogenannte contradictorische Gegensatz (Mineral — nicht Mineral),
welcher im angegebenen Urtheil seine Stätte hat. Das betreffende
Urtheil ist das progressive Urtheil des Gegensatzes und hat seine
regressive Ergänzung am Urtheil des conträren Gegensatzes: das
Mineral ist nicht Pflanze.

Der Gegensatz schliesst für seinen ganzen Umfang den anderen Gegensatz aus; aber er wird auch seinerseits ausgeschlossen und zwar sammt dem, was in ihm liegt. Dies hat sich noch
hervorzuthun. Nicht handelt es sich wie beim quantitativ bestimmten Urtheil nur darum, dass das umfangene Eine an der
Actualität seines Anderen auf besondere Weise participire, sondern es muss sich auch gefallen lassen, was seinem Anderen widerfährt. Wird nun solch Anderes ausgeschlossen, so wird ausgeschlossen auch das Eine, welches in dessen Umfang sich befindet. Das logische Denken sagt daher: Das ausgeschlossene
Gegentheil schliesst seinerseits wie das gegentheilige Andere so auch das Eine dieses Anderen aus. Wir
urtheilen hiernach: Was nicht Mineral ist, ist nicht Stein. Dergleichen Act ist eine Contraposition des affirmativen Urtheils:
Der Stein ist Mineral. Hienit aber hat seinerseits das affirmative Urtheil an Exclusivität Alles geleistet, was es ohne Beein-
trächtigung der Sphäre des negativen Urtheils vermocht hat. Wie
dem affirmativen Urtheil (der Stein ist Mineral) das negative (der
Stein ist nicht Pflanze) und dieses jenem, und wie das allgemein
bejahende Urtheil mit seinen Unterschieden und das allgemein
verneinende mit seinen Unterschieden, und wie das contradictorische und das conträre einander assistiren, so haben auch die
Contraposition des affirmativen Urtheils (Was nicht Mineral ist,
ist nicht Stein) und die Contraposition des negativen Urtheils
(Was Pflanze ist, ist nicht Stein) an einander ihr Complement.

Oben hatten wir zu bemerken, dass zwischen dem negativen
Urtheil und seiner contraponirten Form vermittelst der Quantität
und kraft der Opposition das Denken progressiv und regressiv hin
und her webt. Dasselbe gilt für das affirmative Urtheil und seine
Contraposition. Aber zugleich verhält sich die ganze Laufbahn
des affirmativen Urtheils zu den Stadien des negativen Urtheils
wie Progressus zu Regressus. In einander greifend bilden beide
ein geschlossenes Ganzes.

Zu leichterer Uebersicht des Bisherigen verzeichnen wir die Formen der Exclusion in nachfolgenden Tropen:

I.
Regressus.
(Negative Wendung).

Regressive Folge.	Progressive Folge.
1. Das Andere, welches von sich ausschliesst das Andere des Einen, schliesst auch dieses Eine aus.	1. Das Eine, welches das Andere ist, schliesst das gegentheilige Andere aus.

2. Dieses Eine des Anderen schliesst von jedem seiner Theile das fremde Andere aus.

3. Das eine Andere als der eine Theil eines höheren Anderen ist das Gegentheil zum anderen Anderen als dem anderen Theile.

4. Das Eine, welches das Andere ist, schliesst das gegentheilige Andere aus.	4. Das andere Gegentheil schliesst seinerseits auch das Eine des ersteren Gegentheils von sich aus.

II.
Progressus.
(Affirmative Wendung).

Progressive Folge.	Regressive Folge.
1. Das Eine ist sein Anderes.	1. Das ausgeschlossene Gegentheil schliesst seinerseits wie das gegentheilige Andere so auch das Eine dieses Anderen aus.

2. Alles Eine ist sein Anderes.

3. Das eine Andere als der eine Theil des höheren Anderen ist nicht sein Gegentheil.

4. Das ausgeschlossene Gegentheil schliesst seinerseits wie das gegentheilige Andere so auch das Eine dieses Anderen aus.	4. Das Eine ist sein Anderes.

An einem Beispiele würden sich die exclusiven Formen also darstellen:

I.

Regressive Folge.	Progressive Folge.
1. Was Pflanze ist, ist nicht Stein.	1. Der Stein ist nicht Pflanze.
2. a. Kein Stein ist Pflanze.	2. a. Alles, was Stein ist, ist nicht Pflanze.

b. Einiges von dem, was nicht Pflanze ist, ist Stein.

c. Einiges von dem, was nicht Pflanze ist, ist nicht Stein.

d. Alles, was Stein ist, ist nicht Pflanze.	d. Kein Stein ist Pflanze.

3. Mineral ist nicht Pflanze, und Pflanze ist nicht Mineral.

4. Der Stein ist nicht Pflanze.	4. Was Pflanze ist, ist nicht Stein.

II.

Progressive Folge.	Regressive Folge.

1. Der Stein ist Mineral.

1. Was nicht Mineral ist, ist nicht Stein.

2. a. Alles, was Stein ist, ist Mineral.

    b. Einige Mineralien sind Steine.

    c. Einige Mineralien sind nicht Steine.

    d. Jeder Stein ist Mineral.

2. a. Jeder Stein ist Mineral.

    d. Alles, was Stein ist, ist Mineral.

3. Mineral ist nicht nicht Mineral, und was nicht nicht Mineral ist, ist Mineral.

4. Was nicht Mineral ist, ist nicht Stein.

4. Der Stein ist Mineral.

§. 95.

Die einzelnen Urtheile der Exclusion.

Die aufgezeigten Formen der Exclusion sind von der Schule vorgesehen unter dem Titel der Qualität, der Quantität, der Opposition, der Contraposition. Dass deren Unterschied von einander und ihre Beziehung auf einander einer näheren Bestimmung bedarf, ergab sich uns schon aus der critischen Betrachtung, welcher wir die übliche Lehre unterworfen haben. Ermöglicht nun ist die nähere Bestimmung durch die im vorigen Paragraph in das Werk gesetzte Deduction der einzelnen Formen.

Der Ausdruck Qualität wird gebraucht für die affirmative und negative Wendung des Urtheils. Das qualitativ bestimmte Urtheil, sey es affirmativ oder negativ, ist exclusiven Geschlechts, während der Unterschied seiner affirmativen und negativen Gestalt erzeugt wird durch die progressive und regressive Richtung, welche innerhalb der in den Organismus des ganzen Denkens verwebten Exclusion sich bethätigt. Aber dasselbe darf nicht verwechselt werden mit einem der übrigen exclusiven Urtheile die ihrerseits die Qualität in sich haben: seine Eigenthümlichkeit ruht darin, dass das im Umfang des ausschliessenden Prädicats liegende Subject kraft dieses seines eigenen Prädicats das fremde Prädicat von sich ausschliesst. Uebrigens kann ein qualitativ bestimmtes Urtheil der Anfang oder das Resultat der anderen exclusiven Urtheile sein.

Die Quantität des Urtheils erstreckt sich auf die Allgemeinheit und Besonderheit. Ein allgemeines oder universales Urtheil

z. B. ist: Alle Steine sind Mineralien. Besondere, particuläre Urtheile sind: Einige Mineralien sind Steine, einige Mineralien sind nicht Steine. Ausserdem könnten nicht mit Unrecht Einzelurtheile oder singuläre Urtheile genannt werden z. B. die Urtheile: Ein jeder Stein ist Mineral, oder: Kein Stein ist Pflanze. Jedoch betrachtet man gewöhnlich dergleichen Urtheile für universale oder wenigstens nicht als singuläre. Exclusiv aber ist das quantitativ bestimmte Urtheil so sehr, dass es seit Alters mit dem gegensätzlichen Urtheil zusammengeworfen wurde. Von dem Urtheil: Alle Steine sind Mineralien, wird ausgeschlossen, dass nur einige Steine Mineralien sind; von den Urtheilen: Nur einige Mineralien sind Steine und andere Mineralien sind nicht Steine, wird ausgeschlossen, dass alle Mineralien Steine und dass alle Mineralien nicht Steine sind; von dem Urtheil: Jeder Stein ist Mineral, wird ausgeschlossen, dass irgend ein Stein nicht Mineral ist. Hiebei ist die Exclusivität im Subject des Urtheils zusammengezogen; das Prädicat selbst, will es in die quantitative Bestimmung eingehen, muss zum Subjecte werden. Alle andere Exclusivität, die im quantitativ bestimmten Urtheil sich sonst noch findet, ist ihm geliehen. Es liegt der Quantität daran, dass das Subject von seinem ganzen Umfange das ausschliesse, was von seinem Prädicate ausgeschlossen wird.

In solches Streben ist die Conversion verflochten. Es ist aber die Conversion nicht für Umkehrung überhaupt zu nehmen; denn Umkehrung im weiteren Sinne findet überall statt, wo ein Progressus und Regressus waltet. Die Conversion fällt in den Bereich des exclusiven und zwar quantitativ bestimmten Urtheils; sie erscheint als die Umkehrung des universalen oder auch des vorhin von uns so bezeichneten singulären Urtheils zum particulären und weiterhin als die Umkehrung des particulären Urtheils zu jenem singulären oder zu dem universalen: Alle Steine sind Mineralien — einige Mineralien sind Steine, einige Mineralien sind nicht Steine — jeder Stein ist Mineral. Die Conversion ist immer, um mit dem Terminus der Schule zu reden, per accidens; sie ist Veränderung der Quantität. Hiebei ist die Qualität gleichgültig, d. h. die Conversion vollzieht sich innerhalb des Urtheils mit affirmativer Qualität und innerhalb des Urtheils mit negativer Qualität auf gleiche Weise.

Der Gegensatz ist entweder contradictorisch oder conträr, als jener von progressiver, als dieser von regressiver Tendenz. So ist z. B. Mineral — nicht Mineral einander contradictorisch

entgegengesetzt, conträr aber Mineral — Pflanze. Als Urtheil
ausgesprochen erscheint der contradictorische Gegensatz oder der
Widerspruch (ἀντίφασις) in der Form der doppelten Negation:
Mineral ist nicht nicht Mineral, der conträre Gegensatz in der
Form der einfachen Negation: Mineral ist nicht Pflanze. Doch
ist weder die doppelte noch die einfache Negation das specifische
Merkmal des gegensätzlichen Urtheils. Denn die eine und die
andere kann auch z. B. im qualitativ bestimmten Urtheil stattfinden. Sondern bei der Opposition handelt es sich um die ἐναντία
ἐν τῷ αὐτῷ γένει, um die coordinirten Glieder eines Ganzen
oder, wie die deutsche Sprache bündig sagt, um Gegentheile.
Hierin liegt die Differenz des opponirten oder gegensätzlichen
Urtheils von den anderen exclusiven Urtheilen, wobei man noch
den Unterschied von Gegentheilen (Fisch ist nicht Vogel) und von
nur mittelbaren Gegensätzen (Hecht ist nicht Falke) beachten
wird. Selbst die Umkehrung des gegensätzlichen Urtheils: Mineral ist nicht Pflanze — Pflanze ist nicht Mineral, ist, ganz abzusehen von der Conversion, nicht mit der Contraposition zu
identificiren; in der Contraposition wird nicht eigentlich das Gegentheil vom Gegentheil, sondern es wird das im Umfang des
ausgeschlossenen Prädicats befindliche Subject ausgeschlossen.
Trotz solcherlei Differenz ist ersichtlich das gegensätzliche Urtheil
mit der Quantität und hiedurch mit der Qualität und der Contraposition innigst verbündet.

Die Contraposition hat zwei Formen, entsprechend dem
affirmativen und negativen Urtheil. Die eine Form, Contraposition des affirmativen Urtheils, ist: Was nicht Mineral ist, ist
nicht Stein. Die andere Form, Contraposition des negativen Urtheils, lautet: Was Pflanze ist, ist nicht Stein. Andere Fälle
gibt es nicht. Wird Umkehrung im weiteren Sinne genommen
und demnach nicht als Conversion, so kann gesagt werden, dass
das contraponirte Urtheil das umgekehrte qualitativ bestimmte
Urtheil ist, und dass das qualitativ bestimmte Urtheil aus der
Umkehrung von jenem sich ergibt. Das Eigenthümliche der Contraposition ist aber dieses, dass das ausgeschlossene, auf dem
Standpunct der Opposition als Gegentheil bezeichnete Prädicat
zum Subject eingeführt nicht nur sein Gegentheil, sondern gerade
das im Umfang solchen Gegentheils gelegene Subject ausschliesst.
Zwischen dem so contraponirten und dem qualitativ bestimmten
Urtheil bethätigen sich dann vermittelnd und entscheidend die
Quantität und die Opposition.

Der gewöhnliche Gebrauch des Wortes Aequipollenz leitet uns an, deren Stätte bei den exclusiven Urtheilen zu suchen. Nachdem die Formen der Exclusion entwickelt sind, können und müssen wir die Aequipollenz beziehen auf die sich wechselseitig ergänzende affirmative und negative Gestalt des Urtheils, ferner auf die Unterschiede des quantitativ bestimmten Urtheils, weiterhin auf den contradictorischen und conträren Ausdruck des Gegensatzes, endlich-auf die doppelte Weise des contraponirten Urtheils. Aber nicht minder entspricht es der üblichen Verwendung jenes Terminus, wenn wir ihn ausdehnen auf die wesentliche Einheit des zu contraponirenden, qualitativ bestimmten und des contraponirten Urtheils, und somit auf die wesentliche Einheit der beiden äussersten Formen der Exclusion. Sonach werden wir über die Lehre von der Aequipollenz sagen dürfen, dass sie und die Sammlung der sog. unmittelbaren Schlüsse, ähnlich wie sich die consequentiae modales mit der Einheit der Modalitätsformen beschäftigen, ihrerseits sowohl die Einheit der unterschiedlichen Seiten eines jeden einzelnen exclusiven Urtheils als auch die Einheit der unterschiedlichen exclusiven Urtheile mit einander zu denken und hervorzuheben sucht.

Wir definiren aber die exclusiven Urtheile folgendermassen: Die Exclusion überhaupt ist diejenige Form des logischen Denkens, worin dasselbe, sich anschliessend an die vorausgegangene Relation, im Unterschiede von allem übrigen Denken und mit Bezug darauf gemäss dem logischen Begriffe von der Vorstellung ausschliesst, was nicht zu ihrem Inhalt und Umfang gehört. Das qualitativ bestimmte Urtheil insbesondere aber ist dasjenige exclusive Urtheil, welches mit Bezug auf die in der Vorstellung enthaltene Idee und auf den Grundsatz der Conclusion den Inhalt der Vorstellung bejahend oder verneinend denkt. Das quantitativ bestimmte Urtheil ferner ist dasjenige exclusive Urtheil, welches, sich anschliessend einerseits an die Qualität andrerseits an die Contraposition, mit Bezug auf die ganze Vorstellung und auf den Grundsatz der Relation den Inhalt als gemeinsam einem jeden Theile seines Umfangs denkt. Das opponirte oder gegensätzliche Urtheil drittens ist dasjenige exclusive Urtheil, welches, eingeleitet zunächst vom quantitativ bestimmten Urtheil, mit Bezug auf den Grundsatz der Exclusion selber die eine Vorstellung als Gegentheil zu der anderen denkt. Das contraponirte Urtheil endlich ist dasjenige exclusive Urtheil, welches mit Bezug auf die in der Vorstellung enthaltene Wahrnehmung und auf den Grundsatz

der Modalität den Umfang der gegentheiligen Vorstellung gleichfalls als gegentheilig denkt.

Den Zusammenhang der exclusiven Urtheile aber unter sich und
mit dem anderen Denken wollen wir noch im nächsten Paragraph
vergegenwärtigen.

§. 96.

Der Organismus der exclusiven Urtheile im Organismus`
des Denkens.

Die exclusiven Urtheile sind das qualitativ bestimmte, das
quantitativ bestimmte, das opponirte oder gegensätzliche und das
contraponirte Urtheil.

Durch die Analyse eines contraponirten Urtheils gewinnen
wir als die einfachste exclusive Form das qualitativ bestimmte
Urtheil. So ergibt sich aus dem contraponirten Urtheil: Was sich
nicht um die Sonne bewegt, ist nicht Planet, das qualitativ bestimmte Urtheil: Die Planeten bewegen sich um die Sonne. Ohne
Qualität keine Contraposition. Die Contraposition ist die vollkommene Umkehrung der zu Grunde liegenden Qualität, ist der
zur Peripherie evolvirte Mittelpunct. Aber in der Contraposition
liegt noch mehr von exclusiven Formen. Um auf das eben angegebene Beispiel zurückzublicken, ist in jenem contraponirten
Urtheil sowohl das quantitativ bestimmte Urtheil enthalten: Alle
Planeten bewegen sich um die Sonne, als auch der Gegensatz
dessen, was sich nicht um die Sonne bewegt, und dessen, was
sich um die Sonne bewegt. Ohne Vermittlung und Mitwirkung
von Quantität und Opposition ist weder eine Entwicklung der
Qualität zur Contraposition noch eine Auflösung der Contraposition
in die Qualität denkbar; ebensowenig kann aber die Opposition
für ihr Bestehen und Entstehen die Quantität entbehren, während
das quantitativ bestimmte Urtheil mit seinen Unterschieden (alles,
was Planet ist, bewegt sich um die Sonne; einiges von dem, was
sich um die Sonne bewegt, ist Planet, und einiges davon ist nicht
Planet; jeder Planet bewegt sich um die Sonne) deutlich genug
seine vermittelnde Rolle bekundet zwischen Qualität und Contraposition, die es beide auf seine Weise in sich hat. Qualität und
Contraposition sind von einander unterschieden durch Quantität
und Opposition und durch diese ihre Unterschiede mit einander eins.

Als der gemeinsame Begriff der exclusiven Formen hat zu gelten, dass das Andere des Einen ausschliessende Gränze ist. Am Reinsten tritt solches hervor in der Opposition. Durch die ausschliessende Gränze, welche das Andere des Einen ist, unterscheiden sie sich auch von allen anderen logischen Formen: es ist der Unterschied des Grundsatzes der Exclusion von den übrigen Grundsätzen logischen Denkens.

Die exclusiven Formen sind die Unterschiede des Grundsatzes der Exclusion vom anderen Denken. Sie entwickeln sich durch die Beziehung des logischen Denkens auf sich selbst im Unterschiede von der Vorstellung, welche überhaupt Gegenstand des logischen Denkens ist und Inhalt desselben wird, und weiterhin im Unterschiede von der Relation, welche sich zur Exclusion verhält wie die Vorstellung zum ganzen logischen Denken. Von den Hauptmomenten des Einen und ganzen Denkens — Wahrnehmen, Vorstellen, Urtheilen, Begreifen — ist ihre Existenz prädestinirt und von der fortgesetzten Unterscheidung des logischen Denkens verwirklicht. Die Qualität ist die Grundform der Exclusion, die Contraposition ist die Totalform, die Quantität ist die Uebergangsform von Qualität zur Contraposition und umgekehrt, die Opposition aber ist das Organon der Exclusion, welches zunächst von der Quantität den Inhalt überkommt, um ihn mit höchster Bestimmtheit zurückzugeben: ist aber die Exclusion Organon im logischen Denken und das logische Denken Organon im Organismus des ganzen Denkens, so ist die Opposition das innerste Organon des ganzen Denkens.

Jede Form der Exclusion bezieht sich auf je einen der logischen Grundsätze. Es wohnt dem contraponirten Urtheil inne der Grundsatz der Modalität; die Gränze, welche laut dieses Grundsatzes da ist, hebt sich im contraponirten Urtheil als Subject in den Vordergrund, das ganze übrige Urtheil durchwirkend. Das quantitativ bestimmte Urtheil mit seinem immanenten Processe der Conversion hat den Grundsatz der Relation für sich. Aber den Grundsatz der Exclusion selbst nimmt vor den anderen exclusiven Formen der Gegensatz für sich in Anspruch. Das qualitativ bestimmte Urtheil endlich lebt vom Grundsatz der Conclusion; das Eine ist ausschliessende Gränze weil es Eins ist mit dem Anderen.

Die einzelnen exclusiven Urtheile stehen kraft des innewohnenden Grundsatzes mit den sämmtlichen Formen des betreffenden

Grundsatzes in Verwandtschaft, während seinerseits der Grundsatz der Exclusion in je einem Moment eines jeden der anderen Grundsätze sich bethätigt, im apodictischen Urtheil, im disjunctiven Urtheil, in der Definition.

Darüber hinaus aber ist je eine exclusive Form, da die Unterschiede sämmtlicher Grundsätze sich zu einander verhalten wie die Grundsätze selbst, mit je einem modalen, relativen und conclusiven Moment zu einem Entwicklungsganzen organisch verbunden. Sonst müssten die exclusiven Urtheile den Character nicht haben, welcher doch dem Grundsatz der Exclusion gegenüber den anderen Grundsätzen zukommt: so aber bewahren sie alle in ihrer Gemeinschaft mit den Formen der anderen Grundsätze jene Würde des richterlichen Organons, welche der Exclusion für die anderen Grundsätze des logischen Denkens eigen ist.

Das logische Denken erbringt seine Formen mit Hülfe des übrigen Denkens. Es wiederholen sich diese Beziehungen in allen einzelnen Grundsätzen; daher auch im Grundsatze der Exclusion. Das contraponirte Urtheil ruht auf der in der Vorstellung enthaltenen Wahrnehmung, auf dem im Anderen enthaltenen Einen. Das quantitativ bestimmte Urtheil haftet an der nach Umfang und Inhalt unterschiedenen ganzen Vorstellung. Mit dem gegensätzlichen Urtheil offenbart das logische Denken den eigenen Schwerpunct seiner Lebendigkeit. Das qualitativ bestimmte Urtheil ist auf die Einheit der Idee gerichtet. Nur im Unterschiede vom übrigen Denken eröffnet das logische Denken die Unterschiede seiner selbst. Dafür entwickeln sich die immanenten Unterschiede des anderen Denkens im Wechselleben auch mit dem sich in sich unterscheidenden logischen Denken.

Des Denkens Unterschiede stehen in Zusammenhang mit dem Wissen und dem Geiste selber. Der Grundsatz der Exclusion dient vor Allem dem Wissen des Nichtandersseynkönnens und Soseynmüssens, aber darum sind seine mittelbaren Beziehungen zu den anderen Momenten des Wissens nicht vernichtet. Das contraponirte Urtheil entspricht der im Wissen vom Nichtandersseynkönnen aufgehobenen oder auch vorbereiteten persönlichen Ueberzeugung, das quantitativ bestimmte Urtheil dem Entwicklungsstadium jenes Wissens, der Gegensatz ganz und gar der Entschiedenheit des Wissens vom Nichtandersseynkönnen selber, das qualitativ bestimmte Urtheil dem im Wissen vom Nichtandersseynkönnen enthaltenen principiellen Wissen. Die exclusiven Urtheile lassen sich nicht ohne entgeistet zu werden losreissen vom Geiste, dessen alles Denken ist.

Bleibt der Geist im logischen Denken sich selber treu, so geschieht es zumeist in dessen exclusiver Richtung. Es ist polemische Natur, welche den betreffenden Urtheilen vorzugsweise eignet. Die Sophistik, die sich darein wirft, erhält ihre anmassendste Form. Das exclusive Urtheil ist die eigenste That des im Selbstbewusstseyn wirksamen Ich.

Die conclusiven Urtheile.

§. 97.

Die üblichen Lehren; Syllogistik.

Der Stolz der Logik ist seit Alters der Syllogismus, *συλλο-γισμός, λόγος*, collectio, conclusio, ratiocinatio, argumentatio, Schluss. Derselbe soll aus Urtheilen bestehen, nämlich aus den beiden Vordersätzen oder Prämissen, *προτάσεις, τεθέντα, κείμενα, λήμματα*, sumtiones, acceptiones, praemissae, und aus dem Schluss-satz oder der Conclusion, *συμπέρασμα, ἐπιφορά*, illatio, illativum rogamentum, conclusio im engeren Sinne. Die beiden Prämissen wieder werden unterschieden in Obersatz, *πρότασις, λῆμμα, τροπι-κόν*, propositio major oder blos propositio, und in Untersatz, *πρόςληψις*, assumtio, propositio minor. Subject und Prädicat des Schlusssatzes aber, sich wiederholend in und aus den Prämissen, erscheinen einmal als Unterbegriff, *το ἔλαττον* (sc. *ἄκρον*), *τὸ ἔσχατον*, terminus minor, und zweitens als Oberbegriff, *τὸ μεῖζον* (sc. *ἄκρον*), terminus major, beide zusammen auch als *ἄκρα*, ex-trema, extremitates; dazu kommt der nicht im Schlusssatze sondern nur in den Prämissen und zwar in jeder von beiden Prämissen be-findliche Mittelbegriff, *τὸ μέσον, μέσος ὅρος*, terminus medius.

So ist z. B. ein Syllogismus: Die Geschöpfe sind dem Schöpfer verbunden; der Mensch ist ein Geschöpf; der Mensch ist dem Schöpfer verbunden. Der Obersatz ist: Die Geschöpfe sind dem Schöpfer verbunden. Der Untersatz ist: Der Mensch ist ein Geschöpf. Dieser Untersatz bildet mit jenem Obersatz die Prä-missen des Syllogismus. Das Urtheil aber: Der Mensch ist dem Schöpfer verbunden, ist der Schlusssatz oder die Conclusion. Dabei ist »Geschöpf« der Mittelbegriff; »Mensch« ist der Unterbegriff; das »Verbunden dem Schöpfer« ist der Oberbegriff. Man sieht, dass Oberbegriff, Mittelbegriff und Unterbegriff jeder zweimal im Syllogismus vorkommt.

An der Stellung des Mittelbegriffes sind die sogenannten Schlussfiguren zu erkennen, $\sigma\chi\acute{\eta}\mu\alpha\tau\alpha$, figurae, formulae. Ihre äusserste Zahl ist vier, nämlich:

1.	2.	3.	4.
M P	P M	M P	P M
S M	S M	M S	M S
S P	S P	S P	S P

M bedeutet den Mittelbegriff, S aber das Subject und P das Prädicat. Die erste Figur gilt für den eigentlichen Repräsentanten des Syllogismus; die vierte, auch die galenische genannt in Folge einer auf Galenus hinweisenden Notiz bei Averroes, ist spät erst in Aufnahme gekommen und hat noch heute nicht nur diejenigen zu Gegnern, welche von Schlussfiguren überhaupt nichts wissen wollen, sondern auch Manche von denen, welche die drei vorhergehenden, schon von Aristoteles aufg stellten Figuren gelten lassen: sie erinnert an die Schlussweisen, die einst Theophrast an die von seinem Lehrer Aristoteles überkommene erste Figur reihte, an die $\sigma\upsilon\lambda\lambda o\gamma\iota\sigma\mu o\grave{\iota}\ \varkappa\alpha\tau'\ \grave{\alpha}\nu\acute{\alpha}\varkappa\lambda\alpha\sigma\iota\nu$, syllogismi indirecti, imperfecti, per conversionem refractionemque.

Mit Rücksicht auf Qualität und Quantität der Prämissen oder der Vordersätze und der hiemit in Verbindung stehenden Qualität und Quantität der Conclusion oder des Schlusssatzes wurden von den Logikern für jede einzelne Figur die Schlussweisen hervorgehoben, modi, moduli. Bei der ersten Figur zählt man gewöhnlich vier, bei der zweiten ebenfalls vier, bei der dritten sechs, bei der vierten fünf, demnach in Summa neunzehn Modi. Die Schule hat dieselben aufbewahrt in verschiedenen Memorialwörtern und Versen. So finden sich z. B. bei Psellus zu den drei aristotelischen Figuren folgende je einen Satz bildenden und je die Modi einer Figur bedeutenden Wörter, zur ersten Figur: $\Gamma\varrho\acute{\alpha}\mu\mu\alpha\tau\alpha\ \H{\epsilon}\gamma\varrho\alpha\psi\epsilon\ \gamma\varrho\alpha\varphi\acute{\iota}\delta\iota$ $\tau\epsilon\chi\nu\iota\varkappa\acute{o}\varsigma$, und dabei zu den theophrastischen Modi: $\Gamma\varrho\acute{\alpha}\mu\mu\alpha\sigma\iota\nu$ $\H{\epsilon}\tau\alpha\xi\epsilon\ X\acute{\alpha}\varrho\iota\sigma\iota\ \pi\acute{\alpha}\varrho\vartheta\epsilon\nu o\varsigma\ \H{\iota}\epsilon\varrho\acute{o}\nu$, zur zweiten Figur: $\H{E}\gamma\varrho\alpha\psi\epsilon\cdot\ \varkappa\acute{\alpha}\tau\epsilon\chi\epsilon$ $\mu\acute{\epsilon}\tau\varrho\iota o\nu\ \acute{\alpha}\chi o\lambda o\nu$, zur dritten Figur: $\H{A}\pi\alpha\sigma\iota\ \sigma\vartheta\epsilon\nu\alpha\varrho\grave{o}\varsigma\ \H{\iota}\sigma\acute{\alpha}\varkappa\iota\varsigma\ \acute{\alpha}\sigma\pi\acute{\iota}\delta\iota$ $\acute{o}\mu\alpha\lambda\grave{o}\varsigma\ \varphi\acute{\epsilon}\varrho\iota\sigma\tau o\varsigma$. Bei den Lateinern kamen dafür die Verse in Gang:

1) a. Barbara, Celarent, Darii, Ferio. b. Baralipton,
   Celantes, Dabitis, Fapesmo, Frisesomorum.
2) Cesare, Camestres, Festino, Baroco. 3) Darapti,
   Felapton, Disamis, Datisi, Brocardo, Ferison.

Oder mit Wegnahme der theophrastischen Modi und mit Angabe der Modi der vierten Figur:

Barbara, Celarent, p r i m a e, Darii Ferioque.

Cesare, Camestres, Festino, Baroco s e c u n d a e.

T e r t i a grande sonans recitat: Darapti, Felapton,

Disamis et Datisi nec non Bocardo, Ferison.

Qu a rt' Bamalip, Calemes, Dimatis, Fesapo, Fresison.

Die einzelnen Sylben dieser Wörter entsprechen nach der Reihenfolge dem Obersatze, dem Untersatze und dem Schlusssatze, während die Vocale a, e, i, o (*a, e, i, o*) das allgemein bejahende, das allgemein verneinende, das besonders bejahende und das besonders verneinende Urtheil bezeichnen. Auch enthalten die angegebenen lateinischen Wörter für die Modi der zweiten, dritten und vierten Figur die Zeichen für deren Reduction auf einen Modus der ersten Figur in den Anfangsbuchstaben B, C, D, F: so ist Cesare in der zweiten Figur gemäss des C zu reduciren auf Celarent in der ersten Figur, oder Baroco gemäss des B auf Barbara u. s. w. Hinwieder belehrt der da und dort am Ende der Sylben stehende Buchstabe c oder m oder p oder s, in welcher Art die Reduction auf den vom Anfangsbuchstaben des Wortes angezeigten Modus der ersten Figur bewerkstelligt wird: ob durch conversio simplex (s) oder durch conversio per accidens (p) oder durch transmutatio (m, so dass der Untersatz an die Stelle des Obersatzes kommt) oder durch reductio indirecta s. deductio ad absurdum (c, so dass das Gegentheil des Schlusssatzes zum Untersatze im betreffenden Modus der ersten Figur genommen wird, aber hiedurch ein widersinniger Schlusssatz sich ergibt, die Gültigkeit des vorher vorhandenen Schlussatzes erhärtend).

Als wichtige Regeln für das syllogistische Verfahren werden meist folgende eingeschärft: 1) Der Syllogismus hat nicht mehr und nicht weniger als drei Termini. 2) Der Mittelbegriff hat seine Stelle in den Prämissen, nicht aber in der Conclusion. 3) Die Conclusion soll mit Nothwendigkeit aus den Prämissen folgen. 4) Aus wahren Prämissen wird nichts Falsches geschlossen, wohl aber ist es möglich, dass aus falschen Prämissen Wahres sich ergibt. 5) Aus rein particulären sowie aus rein negativen Prämissen kann nicht geschlossen werden. 6) Bei verschiedener Qualität oder Quantität oder Modalität der Prämissen richtet sich der Schlusssatz nach der pars debilior; hiebei gilt hinsichtlich der Qualität die propositio negativa und hinsichtlich der Quantität die prop. particularis für debilior; bezüglich der Modalität aber wird das problematische Urtheil für geringer als das assertorische und dieses für geringer als das apodictische angesehen, 7) Dictum de omni et de nullo: der Inhalt (das Prädicat) des Subjects gilt von allen den anderen Subjecten, welche in dessen Umfang liegen; was aber nicht Inhalt (Prädicat) des Subjects ist, gilt ebenfalls nicht von den Subjecten seines Umfangs.

Zu den einzelnen Schlussfiguren sind die üblichen Regeln folgende. Erste Figur: Der Obersatz soll allgemein, der Untersatz soll bejahend seyn. Zweite Figur: Der Obersatz soll allgemein, die eine von beiden Prämissen soll negativ seyn. Dritte Figur: Der Untersatz soll bejahend, der Schlusssatz soll particulär seyn. Vierte Figur: Der Schlusssatz soll particulär seyn, der Untersatz bejahend; hievon macht nur der Modus Calemes (Cadere, Cadente) eine Ausnahme.

Die Sphäre des Syllogismus, wohin allerdings vieles, was nicht Syllogismus ist, gerechnet wurde, theilt man mehrfach ein. Man spricht von syllogismus necessarius ($\grave{\alpha}\pi\acuteο\delta\epsilon\iota\xi\iota\varsigma$, demonstratio), syll. probabilis (dialecticus s. topicus), syll. sophisticus. Oder man gliedert den Syllogismus in affirmativus et negativus, je nachdem der Schlusssatz bejahend oder verneinend ist. Oder man spricht von syll. universalis mit Bezug auf die entsprechende quant. Bestimmung der Prämissen und der Conclusion, und von syll. particularis hinsichtlich der Particularität der einen Prämisse und demnach auch der Conclusion, und von syll. proprius (expositorius) sofern jede der Prämissen sammt der Conclusion eine propositio singularis ist. Oder man sondert syll. simplex (categorischer Schluss) und syll. compositus (hypothetischer und disjunctiver Schluss). Oder man spricht von consequentia immediata, von unmittelbarem Schlusse, gegenüber dem mittelbaren Schlusse d. h. dem im ausdrücklichen Mittelbegriff · centrirten Syllogismus. Oder man lehrt von syll. manifestus et crypticus, wobei zum syll. crypticus, qui dispositionem habet occultam et involutam, gezählt wird die unsererseits in der Lehre von der Vorstellung behandelte Induction und Analogie, ferner das von uns bei den relativen Urtheilen erklärte Enthymema, weiterhin der ebendort schon beiläufig erwähnte indirecte oder apagogische Beweis sofern er in syllogistische Form gekleidet wird, desgleichen eine $\grave{\alpha}\pi\alpha\gamma\omega\gamma\acute\eta$ s. abductio, welche, nicht zu verwechseln mit dem apagogischen Beweis, ein Syllogismus mit einem gesicherten Obersatze seyn soll, aber mit einem Untersatze, der nur auf Wahrscheinlichkeit Anspruch machen kann; auch zieht man unter die Rubrik des syll. crypticus den syllogismus ex obliquis (sc. casibus, ex. gr. Omne vitium est malum, at quaedam cupiditas est vitii, ergo quaedam cupiditas est mali), nicht minder das oben bei der Besprechung des hypothetischen und disjunctiven Schlusses von uns erwähnte Dilemma, dazu die syllogismi modales, dann das Epichirema und den Sorites, sowie gewisse Operationen, die auf Stellentausch der im Syllogismus enthaltenen Urtheile sich beziehen, syllogismi inversi s. ex partium inversione s. trajecti s. transpositi.

Von den zuletzt genannten Formen aber dürfte schon wegen häufigen Vorkommens das Epichirema und der Sorites noch besonders zu beachten seyn.

Das Epichirema, *ἐπιχείρημα*, in der römischen Rhetorik auch aggressio, argumentum probationis, ratio, ratiocinatio, erscheint in mancherlei Bedeutung. Bald wird es ausgegeben für einen nur dialectischen Syllogismus, circa credibilia v. probabilia, bald für einen Syllogismus schlechtweg, bald und zwar heutzutage gewöhnlich für einen Doppelschluss, wovon der eine vollständig ausgedrückt, der andere enthymematisch mit einer der Prämissen verflochten ist. Ein Beispiel für das Epichirema im eben angegebenen Sinne wäre folgendes: Die Weisen sind dem Irrthum unterworfen, denn sie sind Menschen; nun ist Socrates ein Weiser; also ist er dem Irrthum unterworfen. Hier besteht der Obersatz aus einem Enthymema, der mit dem Untersatz das Epichirema zu Wege bringt. Es kann aber auch der Untersatz enthymematisch auftreten und so das Epichirema bewirken.

Der Sorites, soriticus syllogismus, syll. acervalis, Kettenschluss, nicht zu vermischen mit dem weiter unten zu erwähnenden Sophisma *σωρείτης*, wird für eine abgekürzte Form der Schlusskette gehalten.

Die Schlusskette nämlich, syll. concatenatus, polysyllogismus, ist eine Reihe von einzelnen vollständigen Syllogismen, welche dadurch unter einander verbunden sind, dass die Conclusion des einen Syllogismus zur Prämisse für den nächstfolgenden wird. Hiebei heisst Prosyllogismus eben jener, dessen Conclusion Prämisse des anderen Syllogismus, dagegen Episyllogismus derjenige, dessen Prämisse Schlusssatz des vorigen 'ist. Auch unterscheidet man zwischen regressiver und progressiver Schlusskette, indem jene vom Subjecte mit geringstem Umfang durch die einander übergeordneten Glieder des Inhalts zum allgemeinsten Prädicate zurückgeht, diese vom allgemeinsten Prädicate durch die einander untergeordneten Glieder des Umfangs zum Subject vom geringsten Umfang fortschreitet. So zeigt folgendes Schema eine Schlusskette im Regressus und Progressus:

Regressus:	Progressus:
A B	D E
B C	C D
———	———
A C	C E
A C	C E
C D	B C
———	———
A D	B E
A D	B E
D E	A B
———	———
A E	A E

Durch Weglassung der Conclusion aus dem Prosyllogismus und des Obersatzes aus dem Episyllogismus der regressiven und progressiven Schlusskette macht sich die angeblich abgekürzte Form der Schlusskette darstellig, der Kettenschluss oder Sorites:

Regressiver Sorites:	Progressiver Sorites:
A B	D E
B C	C D
C D	B C
D E	A B
———	———
A E	A E

Der regressive Sorites heisst ausserdem noch der aristotelische, gemeine, ordentliche, während der progressive Sorites der goclenische oder goclenianische genannt wird nach Rudolph Goclenius, der in seiner Isagoge, 1621, zuerst darauf hingewiesen hat. Uebrigens wird es Niemand verwundern, dass die Logiker, nachdem sie einmal von hypothetischen und dergleichen Syllogismen reden, auch meinen, es könne die Schlusskette sowohl als der Kettenschluss oder Sorites durchweg in der Form conditionaler und causaler Urtheile erscheinen ohne darum aufzuhören, Schlusskette oder Kettenschluss zu seyn.

Nicht als ein Urtheil wird gewöhnlich der Syllogismus betrachtet, sondern als eine, wenngleich aus Urtheilen zusammengesetzte, doch dem Urtheil coordinirte und vom Urtheil specifisch verschiedene logische Form. Seinen Begriff hat Aristoteles so bestimmt: Der Syllogismus ist eine Rede, in welcher, wenn Etwas gesetzt wird, etwas von diesem Gesetzten Verschiedenes nothwendig dadurch folgt, dass dieses ist.

§. 98.

Lehre vom Beweis und von der Definition.

Vom Syllogismus wird der Beweis unterschieden, $\dot{\alpha}\pi\dot{o}\delta\epsilon\iota\xi\iota\varsigma$, demonstratio. Jeder Beweis, sagt man, ist zwar ein Syllogismus, aber nicht jeder Syllogismus ist ein Beweis. Denn letzterer soll nicht nur formell ein Urtheil aus einem anderen ableiten, sondern die Wahrheit eines Urtheils aus einem anderen oder mehreren darthun. Das nun, was zu beweisen ist oder bewiesen wird, wurde allmählich von den Logikern wie von den Rhetorikern thesis genannt; das Urtheil aber, womit oder von dem aus bewiesen wird, heisst argumentum, Beweisgrund. Unmittelbar gewisse und evidente oder allgemein gültige Beweisgründe bewirken einen Beweis $\varkappa\alpha\tau'$ $\dot{\alpha}\lambda\dot{\eta}\vartheta\epsilon\iota\alpha\nu$, ad veritatem, einen wissenschaftlichen Beweis; durch Argumente aber, die nur auf Wahrscheinlichkeit Anspruch machen können und dem jeweiligen Standpunct einer Person oder mehrerer Personen, zu deren Belehrung und Ueberzeugung Etwas bewiesen werden soll, angemessen sind, wird der Beweis zu einem dialectischen Beweise oder zu einem Beweise $\varkappa\alpha\tau'$ $\dot{\alpha}\nu\vartheta\rho\omega\pi o\nu$, ad hominem, zu einem populären Beweise. Wird jedoch zu Gunsten einer diesseitigen Behauptung die gegentheilige Behauptung als haltlos in ihren Voraussetzungen oder in den Folgerungen aufgezeigt, so erscheint dieses Verfahren als indirecter oder apagogischer Beweis (vergl. oben §. 83). Hiegegen ist derjenige Beweis ein directer oder ostensiver, $\dot{\eta}$ $\delta\epsilon\iota\varkappa\tau\iota\varkappa\dot{\eta}$ $\dot{\alpha}\pi\dot{o}\delta\epsilon\iota\xi\iota\varsigma$, $\dot{\eta}$ $\dot{\epsilon}\pi'$ $'\epsilon\upsilon\vartheta\epsilon\dot{\iota}\alpha\varsigma$ $\dot{\alpha}\pi\dot{o}\delta\epsilon\iota\xi\iota\varsigma$, welcher die Wahrheit der Thesis aus deren eigenen Argumenten darthut; ihn haben die älteren Logiker mit Bezug auf die Herkunft der Argumente in eine demonstratio $\tau o\tilde{\upsilon}$ $\delta\iota\dot{o}\tau\iota$ s. propter quid s. a priori s. potissima und in eine demonstratio $\tau o\tilde{\upsilon}$ $\ddot{o}\tau\iota$, demonstratio quia s. a posteriori s. secundaria unterschieden.

Als Fehler in einer Beweisführung werden meistens gerügt: 1) petitio principii mit ihren Unterarten petitio quaesiti, Cirkel und $\ddot{\upsilon}\sigma\tau\epsilon\rho o\nu$ $\pi\rho\dot{o}\tau\epsilon\rho o\nu$, indem da immer von Argumenten ausgegangen wird, welche keine bessere Gewissheit haben als das zu Beweisende selber; 2) heterozetesis, indem nicht die in Rede stehende oder erzielte Thesis, sondern irgend etwas Anderes bewiesen wird; dahin kann auch die ignoratio elenchi sowie der Fall gezogen werden, dass zu viel oder zu wenig bewiesen wird; 3) die Fehler, welche auch bezüglich des Syllogismus, dessen Form ja der Beweis

sich aneignet, begangen werden. Auf derlei falsche und unrichtige
Beweisführung und ihre Exempel werden wir weiter_unten zurück-
kommen, wenn wir der Sophismen gedenken.

Das Beweisverfahren hängt nach Seite der Argumente hin
von unmittelbar gewissen, nicht erst noch zu beweisenden Urtheilen
oder von sogenannten Grundsätzen ab. Es bemerkt Aristoteles:
Ἀνάγκη καὶ τὴν ἀποδεικτικὴν ἐπιστήμην ἐξ ἀληθῶν τ' εἶναι καὶ
πρώτων καὶ ἀμέσων καὶ γνωριμωτέρων καὶ προτέρων καὶ αἰτίων
τοῦ συμπεράσματος. Als solch ein unmittelbarer Ausgangspunct,
ἀρχή, wird von ihm bezeichnet 1) ἀξίωμα, welches als ein unbe-
weisbares Erforderniss Jeder zum Behufe eines abgeleiteten Wissens
schon mitbringen muss, 2) θέσις, eine Behauptung, welche (nicht
zu verwechseln mit dem oben angegebenen andern Gebrauch dieses
Wortes, wonach es nicht ein Argument, sondern das zu beweisende
Urtheil bedeutet) als unbeweisbar an die Spitze gestellt wird und
vom Lernenden nicht bereits mitgebracht werden muss; dieselbe
ist a) ὑπόθεσις, Annahme dass Etwas sey oder nicht sey, b) ὁρισμός, Definition, welche das τί hervorhebt. Während aber ἀξίωμα
bei Anderen die Bedeutung von Satz oder von Urtheil überhaupt
bekam, erhielten später und tragen heutzutage den Namen Axiom,
zu Deutsch Grundsatz, die unmittelbar gewissen, einer Begründung
weder fähigen noch bedürftigen, dafür ihrerseits zum Argument
dienenden Urtheile, ἀρχαί, principia, dignitates, per se notae propositiones et indemonstrabiles et maximae et principales. Gesondert werden davon die mittelbar gewissen, einer Begründung fähigen
und bedürftigen Urtheile als Lehrsätze, theoremata, und weiterhin
die Folgerungen aus schon bewiesenen Lehrsätzen als Zusätze, corollaria. Grundsätze dagegen, nach denen der Mensch seine
ethische Thätigkeit bestimmt, werden als Maximen bezeichnet.
(Ueber Postulat und Problem vergl. oben §. 87.)

Mit dem Beweis wird bei Aristoteles auf das Engste verknüpft
die Definition, ὁρισμός, ὅρος, definitio, finitio, finis. Schon in der
vorhin citirten Stelle wird sie neben ὑπόθεσις als eine Unterart
der θέσις betrachtet; an einem anderen Orte wird gelehrt: Ἐστὶν
ὁ ὁρισμὸς ἢ ἀρχὴ ἀποδείξεως ἢ ἀπόδειξις θέσει διαφέρουσα ἢ
συμπέρασμά τι ἀποδείξεως, d. h. die Definition ist der Ausgangspunct eines Beweises oder ein ganzer Beweis, der nur in der Form
der Aufstellung vom gewöhnlich so genannten Beweise sich unterscheidet, oder endlich der Schlusssatz eines Beweises. Es soll aber
die Definition, zu Deutsch Erklärung oder genauer noch Begriffsbestimmung, das Was von etwas Vorgestelltem im Unterschiede

von jedem coordinirten Anderen aussprechen. Sie besteht 1) aus dem, was definirt wird, aus dem definitum, res subjacens definitioni, 2) aus der Angabe des genus proximum sammt der differentia specifica; letztere Angabe wird als definitio im engeren Sinne bezeichnet, dem gewöhnlichen Gebrauche nach heisst man aber auch das Ganze, nämlich das definitum nebst seinem genus proximum und der differentia specifica, eine Definition.

Nehmen wir ein Beispiel aus dem Gebiete der Planimetrie: Parallelogramm ist dasjenige Viereck, in welchem jedes Paar der gegenüber liegenden Seiten unter sich parallel ist. Hier ist »Parallelogramm« das Definitum; »Viereck« ist das nächst höhere Genus, während das etwaige Genus »geometrische Figur« entfernter liegen würde; die specifische Differenz, wornach in diesem Viereck jedes Paar der gegenüber liegenden Seiten unter sich parallel ist, richtet sich gegen den Begriff des Trapez, welches zwar auch ein Viereck, jedoch ein solches ist, in welchem nur ein einziges Paar von parallelen Seiten vorhanden; die Bestimmung als Viereck, in welchem jedes Paar der gegenüber liegenden Seiten unter sich parallel ist, ist Definition von Parallelogramm als dem Definitum, aber man pflegt auch das Ganze »Parallelogramm ist dasjenige Viereck, in welchem jedes Paar der gegenüber liegenden Seiten unter sich parallel ist« als Definition zu bezeichnen.

Erfordernisse für eine schulgerechte Definiton sind hauptsächlich folgende: 1) Das Definitum und die im engeren Sinne so genannte Definition müssen sich adäquat seyn, so dass eine Verwechslung mit anderen Vorstellungen nicht stattfinden kann. 2) Die Definition soll das nächst höhere Genus und die specifische Differenz enthalten. 3) Die Definition soll nicht mittelst bildlicher, ungewöhnlicher, dunkler Ausdrücke geschehen noch das Definitum offen oder versteckt wiederholen.

Von den vielerlei in der Schule aufgekommenen Arten der Definition, welche zum Theil grammaticalischen und rhetorischen Rücksichten sich verdanken, haben besonders zwei sich erhalten, die Namenerklärung und Sacherklärung. Erstere, λόγος ὀνοματώδης, definitio nominis, def. nominalis, ist vorwiegend sprachlicher Natur; ein Beispiel wäre: Die Monarchie ist die Herrschaft eines Einzelnen, oder: Philosophie ist Liebe zur Weisheit. Unter der anderen, λόγος οὐσιώδης, definitio rei, def. realis, versteht man die eigentliche Definition und insbesondere diejenige, welche die Genesis des Definitum angibt. In letzterem Betrachte haben Manche die eben darum so genannte genetische Definition, def. genetica, als eine Nebenart unterschieden von der nichtgenetischen Realdefinition, während noch Andere Realdefinition und genetische Definition völlig identificirend die nichtgenetische Definition als Namenerklärung oder Nominaldefinition bezeichnen.

Eine genetische Definition ist z. B. folgende: Ein Kreis ist eine krumme Linie, welche von dem einen Endpunct einer Geraden beschrieben wird, während sich dieselbe um ihren anderen festen Endpunct in einer Ebene dreht. Weniger dagegen würde eine Genesis in die Augen fallen z. B. bei der Definition: Ein Centriwinkel ist derjenige Winkel, dessen Schenkel Halbmesser des Kreises sind.

Welcherlei Arten von Definition man indessen aufgeboten hat, so brachte man doch nach dem Vorgange des Aristoteles gerne die Lehre von der Definition überhaupt in Verbindung mit der Lehre vom Beweis oder vom wissenschaftlichen Verfahren; allerdings hat es auch genug Logiker gegeben, welche dieselbe irgendwo anderwärts einzuschieben für gut fanden.

§. 99.

Die Sophismen der Schule.

Der Lehre vom Syllogismus und der Lehre vom Beweise wird oft angefügt, wenn nicht sonst an einem Orte gelegentlich eingestreut, die Lehre von den falschen Schlüssen, σοφίσματα, συλλογισμοὶ ἐριστικοί, fallaciae, captiones, cavillationes, conclusiunculae etc. Für falsche Schlüsse, welche nicht in der Absicht zu täuschen gemacht werden, ist allmählich der griechische Name Paralogismen in Uebung gekommen. Im Unterschiede davon werden dann unter Sophismen die Trugschlüsse oder absichtlich falschen Schlüsse verstanden, ohne dass jedoch dieselben immer in syllogistischer Form auftreten.

Die hieher gehörigen Fälle sind früher *) gewöhnlich in zwei Hauptclassen geschieden worden, einmal in solche παρὰ τὴν λέξιν i. e. in dictione, und zweitens in solche ἔξω τῆς λέξεως i. e. extra dictionem.

Zur Classe παρὰ τὴν λέξιν zählt man:

1) Ὁμωνυμία, fallacia aequivocationis, welche darin besteht,

---

*) Vergl. für die neuere Zeit z. B. Aus A. Schopenhauer's handschriftl. Nachlass, Leipz. 1864, p. 14 ff. »Kunstgriffe.«

dass ein Wort in mehrfacher Bedeutung genommen wird. So zum
Beispiel: Der Hund ist ein Thier, ein gewisser Stern ist der Hund,
also ist ein gewisser Stern ein Thier. Oder: Wer aufgestanden
ist, steht; der Sitzende ist aufgestanden; also steht der Sitzende.

2) *Ἀμφιβολία*, fallacia amphiboliae, welche in die Mehrdeu-
tigkeit einer ganzen Sentenz verhüllt ist. So der Orakelspruch,
dass Crösus ein grosses Reich zerstören werde; oder der Obersatz
in folgendem Räsonnement: Quod quis videt, id videt; lapidem
quis videt; ergo lapis videt.

3) *Σύνθεσις* und 4) *Διαίρεσις*, fallacia compositionis et divisionis, indem das, was zusammengehört, getrennt und das, was
zu trennen ist, vermischt wird: Quidquid invite fit, id fit coacte;
vinum fit in vite; ergo fit coacte. Oder: 2 und 3 sind gerade und
ungerade; 5 ist 2 und 3, und ist daher gerade und ungerade.

5) *Προσῳδία*, fallacia accentus, welche auf falscher Betonung
der Sylbe eines Wortes beruht oder auf falscher Betonung eines
Satzes, so dass etwa ein Fragesatz als Behauptungssatz ausgesprochen wird, ferner auf falscher Interpunction u. dergl. Hieher
gehören aus der deutschen Sprache manche mit Praepositionen zusammengesetzte Verba, z. B. Uebersetzen, oder Wörter wie im
Lateinischen lepores, diffidit u. s. w.

6) *Σχῆμα λέξεως*, fallacia in figura dictionis, wenn verschiedene Wörter wegen der gleichen oder ähnlichen Endung fälschlich
unter den nämlichen grammaticalischen Gesichtspunct gebracht
werden. Solches findet z. B. statt in Folgendem: Planta ist generis feminini, also auch planeta; fons ist generis masculini, also
auch frons; flagellari bezeichnet ein Leiden, also auch conari,
u. s. f.

Zur Classe *ἔξω τῆς λέξεως* rechnet man:

1) *Παρὰ τὸ συμβεβηκός*, fallacia accidentis. Ein ausserwesentliches und zufälliges Merkmal wird behandelt wie ein wesentliches und nothwendiges: Animal est generis neutrius, homo est
animal, ergo generis neutrius. Oder: Der Mensch hat Empfindung,
das Thier hat Empfindung, der Mensch ist ein Thier.

2) *Τὸ ἁπλῶς ἢ μὴ ἁπλῶς ἀλλὰ πῇ ἢ ποῦ ἢ ποτὲ ἢ πρός τι
λέγεσθαι*, fallacia a dicto secundum quid ad dictum simpliciter et
a dicto simpliciter ad dictum secundum quid, sofern man das, was
nur mit Beziehung auf einen besonderen Fall oder Theil gesagt
wird, allgemein nimmt oder das, was allgemein ausgesagt wird,
auf einen besonderen Fall oder Theil beschränkt. Wenn z. B. gesagt wird, dass die Engel das Leben des Menschen bewahren, so

folgt daraus nicht, dass sie auch das Leben des Selbstmörders bewahren. Oder wenn die Poesie etwas Treffliches ist, so folgt nicht, dass ein schlechtes Gedicht trefflich ist.

3) Ἄγνοια τοῦ ἐλέγχου, ignoratio elenchi (ἑτεροζήτησις, sophisma alieni). Elenchus ist ein Syllogismus, dessen Conclusion der Conclusion eines anderen entgegengesetzt ist; ignoratio elenchi findet statt, wenn ein solcher Gegensatz vorgegeben wird, aber in Wirklichkeit nicht vorliegt. Es wäre daher eine ignoratio elenchi meinerseits, wenn Du behauptet hättest, die Luft sey im Sommer warm, und ich dagegen einwerfen würde, sie sey nicht warm im Winter.

4) Παρὰ τὸ ἐν ἀρχῇ λαμβάνειν, petitio principii, indem das erst zu Erschliessende und zu Beweisende in irgend einer Form vorausgesetzt wird. Solches ist z. B. vorgebildet in jeder unvollständigen Induction, die sich für vollständig ausgibt.

5) Παρὰ τὸ ἑπόμενον, fallacia consequentiae, falsche Folgerung. Eine dergleichen fallacia ist: Wenn es regnet, ist die Erde nass; also hat es geregnet, wenn die Erde nass ist. Oder: Wenn es geregnet hat, ist die Erde nass; also ist, wenn es nicht geregnet hat, die Erde nicht nass.

6) Τὸ μὴ αἴτιον ὡς αἴτιον, fallacia non causae ut causae, falsche Begründung. Es sagt z. B. in der Fabel und im täglichen Leben der Wolf zum Lamme, dass dieses das Wasser getrübt habe, weil es aus dem Bache getrunken.

7) Τὸ τὰ πλείω ἐρωτήματα ἓν ποιεῖν, πολυζήτησις, fallacia plurium interrogationum. Mehrerlei wird so zu einer Frage zusammengefasst, dass der, welcher auf solche Frage mit einem einfachen Ja oder Nein antworten wollte, gefangen würde. Eine derartige Frage wäre: War Lucas und Petrus Apostel und Evangelist? Würde man mit Ja antworten, so hätte der Fragesteller zu erklären, dass Lucas nicht Apostel und Petrus nicht Evangelist war; oder würde man Nein sagen, so wäre zu behaupten, dass Lucas Evangelist und Petrus Apostel war. Oder wenn der Sophist fragt, ob die Thiere und die Pflanzen Sinne haben, und es wollte Einer es bejahen, so würde jener folgern, dass die Pflanzen hören und sehen.

Von einzelnen, aus dem Alterthum überlieferten Exempeln führen wir noch folgende an:

Ψευδόμενος. Wenn Einer von sich sagt, dass er lügt, lügt er da oder lügt er nicht?

Ἐγκεκαλυμμένος, Διαλανθάνων. Kennst Du den Verhüllten

da? Nein. Er ist aber Dein Vater; also kennst Du Deinen Vater nicht. Aehnlich ist das Sophisma *'Ηλέκτρα*. Electra, die Schwester des Orestes, wusste das Nämliche zugleich und auch nicht; denn als Orestes vor ihr stand, wusste sie, dass Orestes ihr Bruder sey, aber sie wusste nicht, dass der, welcher vor ihr stand, ihr Bruder wäre.

Κερατίνης. Was Du nicht verloren hast, das hast Du; nun hast Du Hörner nicht verloren, also hast Du Hörner.

Σωρείτης, acervus tritici. Wie viel Getreidekörner machen einen Haufen? Ebenso *Φαλακρός*. Wie viel Haare müssen vom Haupte ausgerissen werden, um einen Kahlkopf zu bewirken?

Ούτις. Wenn Einer in Athen ist, ist er nicht in Megara; in Athen ist Einer, also ist Keiner in Megara.

Άπορος, Κροκοδειλίτης. Räuber hatten sich eines Kindes bemächtigt und dem Vater versprochen, das Kind zurückzugeben, wenn er errathe, ob er das Kind erhalte oder nicht. Sagt nun der Vater, er werde das Kind nicht bekommen, so können die Räuber gemäss dem Versprechen das Kind auch nicht herausgeben, weil dann jener falsch gerathen haben würde. Sagt er aber, er werde das Kind wieder bekommen, so können die Räuber, das Kind behaltend, ihm wiederum entgegnen, dass er nicht das Rechte getroffen habe und daher auf das Kind keinen weiteren Anspruch machen dürfe. — Nach anderer Erzählung figurirt anstatt der Räuber ein Crocodil, daher der Name *Κροκοδειλίτης*.

Αντιστρέφων, Δίλημμα αντίστροφον. Euathlus hatte bei Protagoras rhetorisch-juristischen Unterricht genommen. Die eine Hälfte des Honorars zahlte er gleich beim Eintritt, die andere Hälfte versprach er zu zahlen, wenn er den ersten Process gewonnen hätte. Der Cursus war längst beendet, aber Euathlus machte keine Anstalten, um einen Process zu übernehmen. Es klagt Protagoras vor Gericht. Du musst mir das Honorar jedenfalls geben, sagt er; denn siege ich, so erhalte ich die Bezahlung in Folge des Richterspruches; siegst aber Du, so erhalte ich das Geld gemäss dem Vertrage. Euathlus entgegnet: In keinem Falle werde ich zahlen; denn entscheiden die Richter zu meinen Gunsten, so brauche ich ja Dir Nichts zu geben, und entscheiden sie gegen mich, so berufe ich mich auf den Vertrag, wornach Du das Geld nicht erhältst, wenn ich nicht einen Process gewonnen habe.

§. 100.

Untersuchungen.

In den Modi der ersten syllogistischen Figur wird folgendermassen geschlossen.

Barbara: Jede Pflanze ist Gefässsystem, jeder Baum ist eine Pflanze, jeder Baum ist Gefässsystem.

Celarent: Keine Pflanze hat Empfindung, alle Berberitzen sind Pflanzen, alle Berberitzen haben nicht Empfindung.

Darii: Jede Pflanze ist Gefässsystem, ein Theil der irdischen Natur ist Pflanze, ein Theil der irdischen Natur ist Gefässsystem.

Ferio: Kein Mineral ist Gefässsystem, ein Theil der irdischen Natur ist Mineral, ein Theil der irdischen Natur ist nicht Gefässsystem.

Nehmen wir die Modi der ersten Figur zum Muster, so müssen die Modi der anderen Figuren mehr oder weniger precär erscheinen. Achten wir einmal auf die Modi der zweiten Figur.

Nach Cesare soll geschlossen werden: Kein Mineral ist Gefässsystem, jede Pflanze ist Gefässsystem, keine Pflanze ist Mineral. Aber während bei allen Modi der ersten Figur das ganze Gewicht unverkennbar im einheitlichen Mittelbegriffe liegt, hat der eben genannte Modus der zweiten Figur gar keinen Mittelbegriff: »Gefässsystem« und »nicht Gefässsystem« ist sich vielmehr entgegengesetzt. Kann ohne Mittelbegriff überhaupt kein Syllogismus bestehen, so wird das vorliegende Congregat von Urtheilen nicht für einen Syllogismus zu gelten haben. Wenn das Urtheil: Keine Pflanze ist Mineral, ein Schlusssatz seyn und den Mittelbegriff »Gefässsystem« zu eigen haben soll, dann müsste der Syllogismus lauten: Kein Gefässsystem ist Mineral, jede Pflanze ist Gefässsystem, keine Pflanze ist Mineral — ein Syllogismus, welcher dem Modus Celarent der ersten Figur entspricht.

Ebenso ist ohne Mittelbegriff der Modus Camestres: Jedes Metall ist Mineral, keine Pflanze ist Mineral, keine Pflanze ist Metall. Erst durch Contraposition des Obersatzes kommt zum Behufe dieses Schlusssatzes der Syllogismus zu Stande: Was nicht Mineral ist, ist nicht Metall; keine Pflanze ist Mineral, keine Pflanze ist Metall.

In gleicher Weise fordern die anderen Modi der zweiten Figur eine Herstellung des Mittelbegriffs. Der Modus Festino: K Fixstern bewegt sich um die Sonne, gewisse Sterne bewegen sich die Sonne, gewisse Sterne sind nicht Fixsterne — ist umzuwand den Syllogismus: Was sich um die Sonne bewegt, ist nicht Fix-stern; gewisse Sterne bewegen sich um die Sonne, gewisse Sterne sind nicht Fixsterne.

Und der Modus Baroco: Alle Planeten bewegen sich um die Sonne, viele Gestirne bewegen sich nicht um die Sonne, viele Gestirne sind nicht Planeten — ist aufzulösen in den Syllogismus: Was sich nicht um die Sonne bewegt, ist kein Planet; viele Gestirne bewegen sich nicht um die Sonne und sind daher keine Planeten.

In der dritten Figur soll nach dem Modus Darapti geschlossen werden: Alle Metalle sind Mineralien, alle Metalle sind finstere Erdgebilde, einige finstere Erdgebilde sind Mineralien. Aber der Mittelbegriff kommt erst hervor in Folge der Conversion des Untersatzes, so dass der Syllogismus sich ergibt: Alle Metalle sind Mineralien, einige finstere Erdgebilde sind die Metalle, einige finstere Erdgebilde sind Mineralien.

Der Modus Felapton erklärt: Keine Pflanze ist animalisch, jede Pflanze ist ein Zellengebilde, manche Zellengebilde sind nicht animalisch. Auch hier ist durch Conversion des Untersatzes der Mittelbegriff in seine Function einzusetzen: keine Pflanze ist animalisch, eine Art der Zellengebilde ist Pflanze, eine Art der Zellengebilde ist nicht animalisch.

Nach dem Modus Disamis ferner soll geschlossen werden: Manche Thiere sind Infusorien; alle Thiere haben Bewegung; einiges, was Bewegung hat, ist Infusorium. Allein der Schlusssatz vermag seine Berechtigung nicht aufzuzeigen, es sey denn, dass sowohl 1) der Untersatz sich der Conversion unterziehe, als auch 2) die Einheit des Mittelbegriffs sicher wäre: Manche Thiere sind Infusorien; manche Geschöpfe, welche Bewegung haben, sind (eben diese manchen und keine anderen) Thiere; manche Geschöpfe, welche Bewegung haben, sind Infusorien.

Gemäss dem Modus Datisi wird geurtheilt: Alle animalischen Körper haben Bewegung; manche animalischen Körper sind vegetativen Ursprungs; manches von dem, was vegetativen Ursprungs ist, hat Bewegung. Aber offenbar verhält der scheinbare Mittelbegriff »alle animalischen Körper« und »manche animalischen Körper« sich ausschliessend gegen sich selber. Der Schlusssatz: Manches von dem, was vegetativen Ursprungs ist, hat Bewegung, erheischt vielmehr, wenn »animalische Körper« als Mittelbegriff bewahrt werden soll, die Prämissen: Alle animalischen Körper haben Bewegung, und manches von dem, was vegetativen Ursprungs ist, ist ein animalischer Körper.

Der Modus Bocardo will folgern: Gewisse Metalle sind nicht

Gold, alle Metalle sind Mineralien, gewisse Mineralien sind nicht Gold. Von ihm aber gilt dasselbe, was vorhin zum Modus Disamis gesagt wurde.

Der Modus Ferison lautet: Kein Holz ist Stein; manches Holz ist steinhart; manches, was steinhart ist, ist nicht Stein. Für ihn ist auf den Syllogismus zu verweisen: Kein Holz ist Stein, manches Steinharte ist Holz, manches Steinharte ist nicht Stein.

Die vierte Figur spricht im Modus Calemes: Alle Schnecken sind Mollusken, kein Mollusk ist ein Insect, kein Insect ist eine Schnecke. Dieser Schlusssatz aber setzt voraus die Prämissen: Was nicht Mollusk ist, ist nicht Schnecke; kein Insect ist Mollusk.

In Bamalip wird geurtheilt: Alles Eisen ist Metall, alles Metall ist Mineral, manches Mineral ist Eisen. Jedoch würde dieser Schlusssatz bei dem Mittelbegriffe »Metall« aus den Prämissen fliessen: Manches Metall ist Eisen, manches Mineral ist eben dieses Metall, manches Mineral ist Eisen. Freilich könnte auch jener Untersatz in Bamalip zum Obersatz und jener Obersatz zum Untersatz gemacht und aus dem sich ergebenden Schlusssatze durch dessen Conversion das Urtheil gewonnen werden: Manches Mineral ist Eisen.

Ein Beispiel ferner für den Modus Dimatis ist: Einige Sterne sind Planeten; alle Planeten bewegen sich um die Sonne; einiges, was sich um die Sonne bewegt, ist Stern. Aber erst durch Conversion der beiden Prämissen kommt ein Syllogismus zu Stande: Alle Planeten sind Sterne; einiges, was sich um die Sonne bewegt, sind die Planeten; einiges, was sich um die Sonne bewegt, ist Stern.

Hinwieder soll ein Syllogismus im Modus Fesapo seyn: Keine Arterie ist Vene, alle Venen sind Blutgefässe, einige Blutgefässe sind nicht Arterien. Aber um des Schlusssatzes willen ist der Obersatz und der Untersatz jeder dahin umzustellen: Was Vene ist, ist nicht Arterie; einige Blutgefässe sind Venen.

Der Ordnung des Modus Fresison endlich folgt der Gedanke: Kein Muskel ist Nerv; einige Nerven breiten sich in die Hand aus; einiges, was sich in die Hand ausbreitet, ist nicht Muskel. Ihm liegt der Syllogismus zu Grunde: Was Nerv ist, ist nicht Muskel; einiges, was sich in die Hand ausbreitet, ist Nerv und ist insofern nicht Muskel.

Dass die seynsollenden Syllogismen der zweiten, dritten und vierten Figur ungenügend sind, war den Alten nicht entgangen; davon zeugen schon ihre Bemühungen, auf die Modi der ersten Figur die Modi der anderen Figuren zurückzuführen. Wurde aber hiedurch die erste Figur in ihrem Vorrange anerkannt, so hat es im Grunde nur der Mittelbegriff seyn können, welcher, Subject und

Prädicat des Schlusssatzes in sich vereinend, jene Dignität der ersten
Figur bewirkt hat, während eine äusserliche Rücksichtnahme auf
den Ort des Mittelbegriffs sowie eine starre Hervorhebung von Qualität und Quantität der einzelnen Sätze es war, wodurch die Figura-
tionen mit ihren Modi hervorgerufen und gepflegt wurden.

Auch die Regeln, welche gewöhnlich für das syllogistische
Verfahren gegeben werden, suchen den Mittelbegriff in seinem
Rechte zu erhalten. Dahin geht die Forderung, dass der Syllogismus nicht mehr und nicht weniger als drei Termini haben soll,
dass der Mittelbegriff seine Stelle in den Prämissen und nicht in
der Conclusion einzunehmen hat und dergleichen. So verhält es
sich auch mit der Angabe, dass aus rein negativen Prämissen nicht
geschlossen werden könne. Denn es ist zwar gegen die Allgemeinheit solcher Regel zu bemerken, dass recht wohl beide Prämissen, wenn man ihre Qualität einzeln in Betracht zieht, für negativ gelten können: Alles, was nicht viereckig ist, ist nicht Quadrat;
einige geometrische Figuren sind nicht viereckig und sind daher
nicht Quadrate. Allein es ist auch nicht zu verkennen, dass die
Forderung dictirt ist von der Absicht, die Einheit des Mittelbegriffs
vor Entzweiung zu wahren. Aehnlich ist es, wenn verlangt wird,
dass nicht beide Prämissen particulär seyn sollen. Aber anstatt die
Einheit des Mittelbegriffs hervorzuheben, hat man in der Lehre vom
Syllogismus wie der Qualität so auch der Quantität über Gebühr
eine Rolle zugetheilt. Fast scheint es bei einem Blick auf die syllogistischen Modi, als ob ohne die ausdrückliche quantitative Bestimmung ein Syllogismus gar nicht Platz greifen könnte. Und
doch ist ohne Zweifel ein Syllogismus: Die Menschen sind sterblich, Cajus ist ein Mensch, Cajus ist sterblich, oder: Die Vierecke
sind geometrische Figuren, die Parallelogramme sind Vierecke, die
Parallelogramme sind geometrische Figuren. In diesen Beispielen
ist eine quantitative Bestimmung nicht vorhanden. Wäre letztere
ein unabweisliches Erforderniss, so müssten jene Syllogismen keine
Syllogismen seyn. Freilich kann man sagen, dass die quantitative
Bestimmung nur verhüllt ist. Aber es ist einzuwenden, dass die
Schule hinsichtlich des Syllogismus nur von expliciter Quantität zu
handeln liebt und, wie die Gruppen der Modi sattsam darthun, den
Syllogismus mit impliciter Quantität dahinten lässt. Die Syllogismen,
deren Prämissen sammt der Conclusion in quantitativer Bestimmung
sich vorführen, sind Syllogismen nicht durch die Gunst der Quantität.

Es ist der Mittelbegriff, ohne welchen ein Syllogismus nicht
statthat. Derselbe ist für das Subject des Schlusssatzes Prädicat und
für das Prädicat des Schlusssatzes Subject, Stellvertreter des einen

und des anderen, beide in sich vereinend und den Grund des Urtheils offenbarend; seiner Function entspricht äusserlich jene Stelle,
welche ihm in der ersten Figur bereitet ist.

Wenn einmal mit Rücksicht auf den Ort des Mittelbegriffs
eine Figur herausgehoben ist, so wird man nicht umhin können,
die Berechtigung auch der übrigen Figuren einzuräumen. Anders
gestaltet sich die Sache, wenn als das Wesen eines jeden Syllogismus der einende Mittelbegriff anerkannt ist. Dann wird man
nicht mehr in Aufzählung und Verzeichnung der Figuren und
ihrer Modi sich gefallen, sondern wird den Einen Syllogismus im
Auge haben müssen, welcher immerhin des übrigen logischen Denkens Mannigfaltigkeit an sich tragen mag, je nachdem er mehr
oder weniger durch dasselbe hindurchgegangen.

Die Logiker betrachten gewöhnlich den Syllogismus nicht
als ein Urtheil; sie behandeln ihn als ein vom Urtheil und auch
von dem, was sie Begriff heissen, verschiedenes Gebilde. Es kann
aber derlei Anschauung sich nicht halten. Das Prädicat im Obersatze ist Prädicat im Schlusssatze, das Subject im Untersatze ist
Subject im Schlusssatze: Subject und Prädicat, bereits von der
Vorstellung in Bahn gebracht, sind demnach wie in jedem Urtheil
so auch hier die äussersten Glieder; der Mittelbegriff aber ist die
zum Daseyn gekommene Einheit von Subject und Prädicat, die
manifest gewordene Einheit des Urtheils, welche in anderer Weise
den modalen Urtheilen innewohnt, wieder in anderer den relativen,
in noch anderer den exclusiven Urtheilen. Die Zertrennung des
Syllogismus in mehrerlei Sätze ist kein hinreichender Grund, den
Syllogismus für etwas Anderes als für ein Urtheil hinzustellen;
ähnlich könnte auch z. B. das hypothetische Urtheil in Sätze zer-
trennt werden, um die etwaige Behauptung zu stützen, das hypothetische Urtheil sey kein Urtheil. Ist das logische Denken Urtheilen und ist die in die Form des Syllogismus sich werfende
Thätigkeit logisches Denken, so wird sie ebenfalls ein Urtheilen
und der Syllogismus ein Urtheil seyn. Der Syllogismus zeigt sich
als ein Urtheil, in welchem der im logischen Denken sich actualisirende Begriff als Einheit von Subject und Prädicat sein Daseyn
hat.

Häufig ist der Schlusssatz im Syllogismus von einem Also
oder von einer ähnlichen Partikel bevorwortet. In Verbindung
hiemit steht die Lehre, dass des Syllogismus Aufgabe sey, ein Urtheil aus einem anderen oder aus mehreren Urtheilen zu folgern.
Demnach liest man zum Beispiel: Die Menschen sind sterblich,
Cajus ist ein Mensch, also ist er sterblich. Nun kann jedoch das

Wort Also nicht das Eigenthümliche des Syllogismus ausmachen, noch ist es mit demselben unzertrennlich verbunden; vor Allem erfreut ja das causale Urtheil sich der in Rede stehenden Partikel, hinwieder hört ein Syllogismus, wenn dieselbe ihm versagt wird, nicht auf ein Syllogismus zu seyn. Vielmehr wird das Also, Daher˙ Insofern u. dergl. nicht verstanden werden können, wenn nicht als Ausdruck einer hinzutretenden Function, die über den Zusammenhang des als Schlusssatz erscheinenden Urtheils mit dem in den Prämissen enthaltenen Mittelbegriff urtheilt.

Wie man von einem regressiven und progressiven Sorites lehrt, so könnte man auch von einem regressiven und progressiven Syllogismus sprechen. Nach dieser Analogie wäre ein regressiver Syllogismus: Cajus ist ein Mensch, die Menschen sind sterblich, Cajus ist sterblich; ein progressiver Syllogismus würde aber seyn: Die Menschen sind sterblich, Cajus ist ein Mensch, Cajus ist sterblich. In der That führen manche der älteren Logiker die Exempel, welche sie für das syllogistische Verfahren beibringen, in jener ersteren, von uns eben als regressiv bezeichneten Form vor, während die Meisten der angegebenen progressiven Form nachgehen. Es handelt sich hiebei lediglich um die Reihenfolge der Prämissen. In noch anderer Weise könnte für regressiv ein Syllogismus gelten, der nicht mit dem Untersatz sondern mit dem Schlusssatz beginnt und durch den Untersatz zum Obersatze aufsteigt: Cajus ist sterblich, denn er ist ein Mensch, und die Menschen sind sterblich; dem gegenüber wäre wieder progressiv der mit dem Schlusssatze endende Syllogismus: Die Menschen sind sterblich, Cajus ist ein Mensch und daher sterblich.

Wichtiger jedoch als derartige äusserliche Rücksichten ist der innere Unterschied von Syllogismus und Beweis, ἀπόδειξις, demonstratio. Der Beweis, und zwar zunächst der sogenannte directe oder ostensive Beweis, gilt für einen Syllogismus und zugleich für noch etwas Besonderes. Einzelne Logiker wollen in Characteristik des Beweises dies betonen, dass er ein zusammengesetzter Syllogismus, ein Polysyllogismus, eine Schlusskette und dergleichen wäre. Aber nach der vorwiegenden Ansicht Anderer hat der Beweis gegenüber dem Syllogismus seine Eigenthümlichkeit an der grundsätzlich feststehenden Wahrheit der Prämissen: der Grundsatz demnach und an seiner Statt auch zuweilen eine Definition (ὁρισμὸς ἀρχὴ ἀποδείξεως) ist es, was den Syllogismus durchdringend zum Beweise machen soll. Es hat nämlich der Grundsatz eine Existenz ohne Zweifel auch an und für sich. Ferner gehört der Grundsatz in den Bereich des logischen Denkens: er ist das erste Urtheil, das

πρότερον ἁπλῶς. Nicht minder aber gehört der Grundsatz innerhalb des logischen Denkens zu einer engeren Sphäre, in welche der
Syllogismus gleichfalls fällt, zur Sphäre der Conclusion: im Syllogismus kommt die Einheit des Einen mit dem Anderen, des Subjects mit dem Prädicat, concret als Mittelbegriff zum Vorschein, im
Grundsatz wird das Eine mit dem Anderen unmittelbar als Eins
gedacht. Endlich zeigt sich im Beweis, sofern er ein Syllogismus
ist, der Grundsatz als der tragende Grund dieses Syllogismus, der
von daher die Würde des Beweises erhält, während umgekehrt im
Syllogismus, der kein Beweis ist, sondern des Beweises bedarf,
das grundsätzliche Moment verhüllt liegt und gleichsam als Wurzel
erst noch auszuziehen ist. Hieraus wird sich erklären, wie der Beweis zwar ein Syllogismus, aber nicht jeder Syllogismus ein Beweis
ist: der Beweis ist der im Progressus des conclusiven Denkens vom
grundsätzlichen Moment getragene und erfüllte Syllogismus.

Der Syllogismus wird auch dem indirecten Beweise von den
Logikern als Modell vorgerückt. Man lehrt in diesem Sinne gewöhnlich folgendermassen. Wenn Einer behauptet, dass A von B
gilt, und wenn wir dagegen darthun wollen, dass solches nicht der
Fall sey, so werden wir versuchsweise annehmen, dass A von B
gelte; nun soll ferner feststehen, dass B von C gilt; aus solchen
Prämissen aber: B ist A, C ist B, ergibt sich der Schlusssatz: C ist
A, ein Urtheil, von welchem bekannt oder zugegeben ist, dass es
falsch ist. Gilt nun aber dieses Urtheil nicht, so wird damit auch
abgewiesen jene zum Obersatz genommene Behauptung, dass A von
B auszusagen ist.

Ein Beispiel mag die Sache verdeutlichen. Gesetzt, es habe
Jemand die Behauptung aufgestellt, dass alle Wörter auf a in der
ersten lateinischen Declination feminini generis sind; darauf eingehend werden wir den Untersatz beibringen, dass planeta ein Wort
auf a ist, und folgern, dass es generis feminini sey. Aber bekanntermassen ist planeta nicht generis feminini, also ist falsch die Behauptung, dass alle Wörter auf a in der ersten Declination generis
feminini seyen.

Indessen ist keineswegs nöthig, dass eine zu widerlegende Behauptung gerade zum Obersatz eines Syllogismus aufgerichtet
werde. Denn gesetzt, es erkläre Einer, C sey B, und wir wollen
diese Meinung zurückweisen, so können wir etwa darauf uns berufen, dass A von B gelte, und gemäss diesen Prämissen: B ist A,
C ist B, weiter folgern: C ist A, ein Urtheil, von dem bekannt seyn
soll, dass es unzulässig ist. Es fällt somit der Untersatz dahin.

Angenommen z. B., es sagt Einer, dass die Pflanzen empfin-

den, so greifen wir zum Behufe der Widerlegung auf das Urtheil
zurück: Was empfindet, hat Sinne, und nehmen zum Untersatze: Die Pflanzen empfinden. Hierdurch tritt der seinem Inhalte nach unzulässige und gegen den Untersatz zeugende Schlusssatz hervor: Die Pflanzen haben Sinne. Oder es würde, um ein
anderes Beispiel zu wählen, die zum Untersatz gemachte Meinung,
dass der Mensch aus sich selbst gar Nichts von Gott wissen könne,
folgenden Syllogismus mit dem absurden Schlusssatze erbringen:
Ein Geist, der aus sich selbst gar Nichts von Gott wissen kann,
ist auch nicht fähig, die Offenbarung zu verstehen; nun ist der
Mensch ein Geist, welcher aus sich selbst gar Nichts von Gott
wissen kann; also ist der Mensch auch nicht fähig, die Offenbarung zu verstehen. In solchen Fällen ist die zu widerlegende Behauptung zum Untersatz gemacht.

Allein es ist nicht zu übersehen, dass derartige Syllogismen,
auf welche der indirecte Beweis hingeleitet zu werden pflegt, letzteren nur theilweise enthalten und sich an anderen, die gegnerische
Behauptung effectiv zurückwerfenden Syllogismen ergänzen müssen.
Dadurch z. B., dass vermittelst der gegnerischen Behauptung: Die
Pflanzen empfinden, und vermittelst des herzugenommenen Obersatzes: Was empfindet, hat Sinne, der Schlusssatz gewonnen
wird: Die Pflanzen haben Sinne, ist der indirecte Beweis eigentlich noch nicht erledigt; vielmehr muss gerade dies, dass die Pflanzen keine Sinne haben, zum Mittel werden, um jene Meinung, dass
die Pflanzen empfinden, zu entkräften, also dass in Gestalt des
Syllogismus geurtheilt wird: Was keine Sinne hat, empfindet
nicht; die Pflanzen haben keine Sinne und empfinden daher nicht.
Oder die oben angegebene Folgerung, dass der Mensch nicht fähig
sey, die Offenbarung zu verstehen, lässt die Annahme, dass der
Mensch aus sich gar Nichts von Gott wissen könne, doch nur
darum als haltlos erscheinen, weil feststeht, dass ein Geist, der
fähig ist, die Offenbarung zu verstehen, auch aus sich selbst Etwas und wäre es noch so wenig von Gott wissen kann, der Mensch
also, welcher die Offenbarung zu verstehen fähig ist, auch aus
sich selbst Etwas von Gott wissen kann. Durch derartige Syllogismen erst, welche meist von den Logikern nicht besonders hervorgehoben werden, vervollständigt sich der indirecte Beweis. Zugleich wird ersichtlich wie derselbe gerade in letzterem Betrachte
theilhaftig wird der Natur des directen Beweises, ja in ihn übergeht, bald weniger bald mehr auf das grundsätzliche Moment sich
stützend oder es in sich tragend.

Es gibt Grundsätze für die verschiedenen Gebiete, auf welche

sich das menschliche Denken und Erkennen erstreckt; sind aber
die Gebiete einander gleichgeordnet, oder sind sie einander untergeordnet und von einander umfasst wie concentrische Kreise, so
werden es auch die betreffenden Grundsätze der einzelnen Gebiete
seyn. Ferner liegt es in dem Gange der Entwicklung menschlichen
Wissens, dass Manches, was eine Zeit lang und vielleicht lange
Zeit als oberster Grundsatz für irgend ein Gebiet gegolten hat, in
Folge gründlicherer Erkenntniss von einem neuen Grundsatz über-
boten wird. Auch ist keineswegs unmöglich, sondern ist vielmehr
eine Thatsache, dass zuweilen ein Grundsatz, welcher als unum-
stösslich die Geister beherrscht hat, darnach geradezu als falsch
sich erwiesen. Endlich ist bei der Zersplitterung und mangelhaften Ausbildung des menschlichen Wissens kaum von einem absolut
obersten Grundsatze zu reden. Jedoch muss eingeräumt werden,
dass ohne irgend ein grundsätzliches Moment das logische Denken
selbst sich nicht zu actualisiren vermag: der Grundsatz ist dem
logischen Wesen nach das erste Urtheil, das πρότερον ἁπλῶς aller
anderen Urtheile. Hinwieder ergibt sich aus der Zugehörigkeit
des Grundsatzes zum Gebiet des logischen Denkens, dass das Denken eines Grundsatzes nicht das höchste Denken ist: nicht das logische, sondern das genetische Denken ist die höchste Stufe des
Denkens überhaupt, zum ganzen übrigen Denken sich verhaltend
wie der Grundsatz zum übrigen logischen Denken; in Hinsicht aber
auf die einzelnen Hauptunterschiede des Denkens ist der Grundsatz
nicht mit der vereinzelten Wahrnehmung, auch nicht mit der un-
entschiedenen Vorstellung, sondern als logischer Gedanke der Einheit des die Vorstellung ausmachenden Einen und Anderen am In-
nigsten verwandt mit dem genetischen Denken oder mit der Idee,
welche die Einheit in den Unterschieden und die Unterschiede in
der Einheit begreift.

Auf die Beziehung des Grundsatzes und überhaupt des conclusiven Denkens zu dem genetischen Denken geht eine Lehre, welche,
vertreten von Aristoteles und nach ihm von den bedeutendsten Logikern, im Mittelbegriffe des Syllogismus den Träger eines Grundes, eines Zweckes und dergleichen, kurz den Träger der Idee erblickt.
Aber man muss, um die Verwechslung des logischen Denkens mit
dem genetischen Denken zu vermeiden, genau unterscheiden einmal die Beziehung der logischen, conclusiven Function als solcher
zum genetischen Denken, und zweitens den aus dem Reiche des
genetischen Denkens herkommenden und durch die Vorstellung
übermittelten Inhalt. Nicht der letztere ist es, welcher die conclusive Function auszeichnet vor anderen logischen Formen; denn

er kann in jedes andere Urtheil eingehen. Jene Beziehung dagegen, in der sich die Einheit der Idee und die conlusive Einheit
berühren, jene Beziehung ist es, welche der Sphäre conclusiven
Denkens eignet vor den anderen Sphären logischen Denkens, so
wie dagegen die modalen Urtheile die Beziehung zu der in der Vorstellung enthaltenen Wahrnehmung oder die relativen Urtheile die
Beziehung zur ganzen Vorstellung oder die relativen Urtheile die
Beziehung des logischen Denkens zu sich selbst in besonderen
Anspruch für sich nehmen.

§. 101.

Fortsetzung.

Als eine Art und als die wichtigste Art von Definition wird
die genetische Definition angegeben. Eine genetische Definition
würde z. B. folgende seyn: Ein Kreis ist eine krumme Linie,
welche von dem einen Endpuncte einer Geraden beschrieben wird,
während sich dieselbe um ihren anderen festen Endpunct in einer
Ebene dreht. Oder: Die Uhr ist ein Mechanismus, welcher hervorgerufen von dem Bedürfnisse eines stets gegenwärtigen Zeit-
masses und entsprechend den planetarischen Verhältnissen der Erde
den Lauf der Zeit schrittweise anzeigen soll. In dergleichen Definitionen ist unstreitig eine That des genetischen Denkens aufbewahrt und wiedergegeben. Und erwägt man, dass die Definition
eine Form des logischen Denkens ist, für das logische Denken
aber immer die Vorstellung zum Inhalt wird und die Vorstellung
genetisches und wahrnehmendes Denken vermittelnd beides in sich
birgt, so wird es nicht Wunder nehmen, dass auch in einer Definition die That des genetischen Denkens enthalten ist. Allein in
solcherlei Betracht hat die Definition Nichts vor den anderen Formen des logischen Denkens voraus. Die Unterscheidung von genetischer Definition und von Realdefinition, sofern sie etwa hervorgeht
aus der Berücksichtigung einerseits der in der Vorstellung liegenden und in die Definition mithereingenommenen Idee andererseits
der in der Vorstellung liegenden und in die Definition mithereingenommenen Wahrnehmung — diese Unterscheidung lässt sich entsprechendermassen auch auf die anderen Urtheilsformen wegen
ihres von der Vorstellung empfangenen Inhalts übertragen. Ferner
gehört die Definition, welche wennschon mit exclusivem Streben
das Eine (das sog. definitum) in seiner Einheit mit dem Anderen
denkt, zu den conclusiven Formen des logischen Denkens, und

letztere sind allerdings das logische Gegenstück zur genetischen Einheit. Sofern aber alle conclusiven Formen zur Partei der Idee halten, ist von daher die Definition noch nicht genetischer als die anderen conclusiven Formen. Vielmehr bethätigt sich, da die conclusiven Formen trotz ihres gemeinsamen Characters ähnlich wie die einzelnen Formen der Modalität, der Relation und der Exclusion jede noch besonders einer von den Stufen des ganzen Denkens zugewendet seyn müssen, in der Definition unleugbar gerade die Beziehung des logischen Denkens auf sich selbst oder auf den Begriff. Endlich ist zu beachten, dass auch eine genetische Definition erst dadurch Definition ist, dass sie das genus proximum und die differentia specifica vorzeigt. Aus alledem erhellt, dass mit dem Beiwort »genetisch« nicht, wie man oft will, die Definition in ihres eigenen Wesens Tiefe getroffen ist.

Die Definition ist nach Aristoteles ἢ ἀρχὴ ἀποδείξεως ἢ ἀπόδειξις θέσει διαφέρουσα ἢ συμπέρασμά τι ἀποδείξεως. Somit kann 1) eine Definition die Stelle eines Grundsatzes im Beweisverfahren einnehmen und den Syllogismus zum Beweise machen. Es wird 2) gelehrt, eine Definition sey gewissermassen selbst ein Beweis: die Definition wird als eine Form gesetzt, in welche der Beweis zusammengezogen und eingehüllt ist. Es wird 3) die Definition als συμπέρασμά τι ἀποδείξεως bezeichnet. Nicht aber kann mit Letzterem gemeint seyn, dass manche Definition ein Schlusssatz wäre. Denn weder ist ein genügender Grund vorhanden, warum so die Definition zwar als Schlusssatz und etwa auch, da sie ἀρχὴ ἀποδείξεως ist, als Obersatz hervorgehoben wird, nicht aber als Untersatz, an dessen Stelle manche Definition ohne Zweifel sich einrücken lässt, noch ist bei dem ausschliesslichem Gebaren der Definition einzusehen, wie dieselbe je ein Schlusssatz zu seyn vermöge. Wir werden die Sache eher dahin zu erklären haben, dass eine Definition nicht nur progressiv einem Beweis zu Grunde liegen kann und nicht nur selbst gewissermassen ein Beweis ist, sondern auch aus einem Beweise sich herausbilden lässt.

Immer aber enthält die aristotelische Stelle: Ὁρισμὸς ἢ ἀρχὴ ἀποδείξεως ἢ ἀπόδειξις θέσει διαφέρουσα ἢ συμπέρασμά τι ἀποδείξεως, den Gedanken, dass der Grundsatz, die Definition und der Syllogismus, obwohl jede dieser Formen eine beziehungsweise Selbstständigkeit hat, mit einander ein Ganzes von Entwicklungsmomenten ausmachen. Solches Ganzes ist eben das, was wir als Sphäre des Grundsatzes der Conclusion bezeichnen.

Es ist eine alte und immerfort gehegte Meinung, dass der Definition von der Division der Weg bereitet werde. Wer es zu

einer ordentlichen Definition bringen wolle, lehrt man, der müsse
vor Allem eine Division in das Werk zu setzen suchen; denn diese
biete das genus proximum und die differentia specifica dar.

Wir nun bemerken hiezu, dass, so sehr die Dienstleistung
der Division zu rühmen ist, von der Induction das Nämliche zu
sagen wäre; dass ferner nicht blos Division und Induction, sondern
die Vorstellung überhaupt die Bahn breche für die Definition, und
dass hinwieder von der Vorstellung nicht blos die Definition, sondern ausser dieser das gesammte logische Denken Gewinn nehme;
dass endlich die zum Reiche der Vorstellung zählende Division
sammt der Induction die nächste Voraussetzung für die Definition
schon darum nicht seyn könne, weil die Definition, als zum System des conclusiven Denkens gehörig und hier einerseits und zu
Oberst vom Grundsatze, andererseits und zu Unterst vom Syllogismus eingehegt, das eine oder andere dieser logischen Momente zu
noch näherer Voraussetzung haben würde.

Was jedoch das Letztere betrifft, so liesse sich die etwaige
Meinung nicht halten, als ob vom Grundsatze zur Definition oder
auch vom Syllogismus zur Definition ein unmittelbarer Uebergang
stattfinde. Denn der Syllogismus ist bei der Einzigkeit seines Mittelbegriffs nicht im Stande, das definitorische genus proximum darzubieten, welches vielmehr eine Scala von genera voraussetzt; noch
Wenigeres ist in dieser Rücksicht der allereinfachsten Form des
logischen Denkens, dem Grundsatze als solchen, zuzumuthen.

Wird eine Form des logischen Denkens gefordert, welche innerhalb der conclusiven Sphäre die nöthige Unterlage abgebe für
die Definition, den Uebergang vom Grundsatz her und vom Syllogismus aus vermittelnd, so ist keine andere zu entdecken als jene,
welche von den Logikern Sorites genannt wird und so wenig eine
abgekürzte Schlusskette ist, dass vielmehr die Schlusskette ein
künstlich in syllogistische Gestalt verwandelter Sorites ist. Vom
Syllogismus aus zu dem Grundsatze hinstrebend erscheint der Sorites als verinnerlichende, regressive Auflösung des Mittelbegriffs,
vom Grundsatz aus zum Syllogismus oder zum Beweise neigend erscheint er als entäussernde, progressive Entwicklung der im Grundsatz noch ohne Mittelglied gedachten Einheit; keine andere logische Form vermag wie er innerhalb der conclusiven Sphäre die
Definition in's Geschick zu bringen. So übersetzt sich in das Gebiet des logischen und speciell des conclusiven Denkens der Sinn
jener Lehre, dass die Definition auf die Division sich stütze.

Aus den bisherigen Untersuchungen tritt eine eigenthümliche
Gruppe von logischen Formen hervor. Sie ist dargestellt vom

Syllogismus, vom Sorites, von der Definition, vom Grundsatze
oder Axiom. Alle diese zeugen jedes nach seiner Weise von der
Einheit, welche der Grundsatz der Conclusion verkündet. Das
aber, wozu die Betrachtung der üblichen Lehre uns hingewiesen
hat, soll nunmehr aus seinem eigenen Samen keimen und treiben
und sich erklären.

§. 102.

Die conclusiven Urtheile, entwickelt aus dem Grundsatze der Conclusion und mit Beziehung auf den Organismus des Denkens überhaupt.

Der letzte der von uns hervorgehobenen logischen Grundsätze
gibt an, das Eine sey mit dem Anderen Eins. Wir haben ihn den
Grundsatz der Conclusion genannt. Zwar wird der Name Conclusion oft für Schlusssatz gebraucht; auch wird zuweilen der ganze
Syllogismus als Conclusion bezeichnet. Aber hier bedienen wir
uns desselben, bei Ermanglung eines anderen Terminus, in noch
weiterem Sinne und verstehen unter Conclusion diejenige Form
des logischen Denkens, welche mit Bezug auf das in der Vorstellung enthaltene genetische Moment das Eine als Eins mit dem
Anderen setzt, dabei die Stellung des logischen Denkens zu allem
anderen Denken in sich wiederholend. Die Einheit selber, im Unterschiede von dem Einen und Anderen, heisst Begriff; demgemäss werden wir den Begriff als die logische Einheit der Vorstellung zu erklären haben. Es liegt der Grundsatz der Conclusion
den anderen Grundsätzen des logischen Denkens zu Grunde und
entfaltet hinwieder mit deren Hülfe seine Formen. Nicht weniger
steht er mit dem anderen Denken im Bunde; während jedoch der
Grundsatz der Modalität auf die in der Vorstellung enthaltene
Wahrnehmung sieht, und der Grundsatz der Relation die Vorstellung nach ihren beiden Momenten umspannt, und der Grundsatz
der Exclusion die Beziehung des logischen Denkens auf sich selber ist, bleibt der Grundsatz der Conclusion, als Grund und Zweck
dem übrigen logischen Denken in gleicher Weise dienend wie das
genetische Denken allen anderen Stufen, durch die Einheit des
Einen mit dem Anderen der Einheit des genetischen Denkens zugewendet.

Nach dem Grundsatze der Conclusion ist das Eine mit dem
Anderen Eins. Solche Einheit ist in unserem Denken ausdrücklich
vorhanden; wir urtheilen: **Das Eine ist das Andere vermittelst der Einheit, welche das Eine des Anderen und**

das Andere des Einen ist. Bekannt ist in der Wissenschaft
diese Urtheilsform unter dem Namen Syllogismus.

Ein Syllogismus z. B. ist: Metall ist Mineral, Gold ist Me-
tall, Gold ist Mineral; oder: Was nicht Viereck ist, ist auch kein
Quadrat, ein Dreieck ist nicht Viereck, ein Dreieck ist kein
Quadrat.

Das Moment, worauf Alles ankommt, ist der Mittelbegriff,
die concrete Einheit des Subjects und des Prädicats; ohne den
Mittelbegriff gibt es keinen Syllogismus. Die künstlichen Schlussfiguren und deren Modi haben nur noch historischen Werth, sobald erkannt ist, was den Syllogismus zum Syllogismus macht.
Die begriffliche Dynamis hat sich in das Mittel gelegt und zur
Energie ausgewirkt.

Als ein conclusives Urtheil ist der Syllogismus weder ein
modales, noch ein relatives, noch ein exclusives; aber sein Inhalt
kann durch alle diese logischen Formen mehr oder weniger hindurchgegangen seyn. Regressiv lässt sich im Kreise der conclusiven Momente der Syllogismus verfolgen bis zum Grundsatze hin
und nicht weiter, progressiv in den Syllogismus eingehend macht
der Grundsatz diesen zu einem beweisenden, ἀποδεικτικός, oder
zu einem Beweise, ἀπόδειξις. Der Mittelbegriff aber, die zum
Daseyn gelangte Einheit des Einen mit dem Anderen, entspricht
dem Grundsatze der Modalität, welcher das Daseyn der Gränze
besagt. Zugleich ist das logische Denken um des terminus minor
willen an die in der Vorstellung enthaltene Wahrnehmung gebunden, eine dem Syllogismus innewohnende Richtung, die wohl am
Meisten die Auffassung des Syllogismus als eines Regressus vom
Allgemeinen zum Besonderen und Einzelnen veranlasst hat. Wir
werden hiernach den Syllogismus so definiren: Der Syllogismus
ist dasjenige conclusive Urtheil, welches mit Bezug auf die in der
Vorstellung enthaltene Wahrnehmung und auf den Grundsatz der
Modalität das Eine vermittelst seiner Einheit mit dem Anderen als
Anderes denkt. Steht übrigens der Grundsatz der Conclusion im
Dienste des allgemein gültigen Wissens, das im Geiste an der
Aussenwelt sich sättigend heranwächst, so wird auch der Syllogismus davon betroffen; doch ist es insbesondere die in das allgemein gültige Wissen aufgelöste und von ihm umfangene persön-
liche Ueberzeugung, welche im Syllogismus als in der persönlich-
sten von den conclusiven Formen ein Urtheil fällt.

Im Syllogismus ist das Eine mit dem Anderen vermittelt
durch die Einheit, welche sowohl das Eine des Anderen als auch

das Andere des Einen ist. Es fragt sich aber, ob nicht die syllogistische Einheit in sich selbst wieder unterschieden ist als Eines und Anderes und demnach mehrere Einheiten, als Eines und Anderes sich zu einander verhaltend, sich in die Aufgabe der Vermittlung theilen. Solche Frage wird angeregt nicht nur vom Denken überhaupt, welches nicht rastet in der Arbeit des Unterscheidens bis Nichts weiter mehr unterschieden werden kann, sondern sie wird hier veranlasst noch insbesondere von dem innersten Moment des conclusiven Denkens, nämlich von dem Grundsatze schlechthin, welcher das Eine unmittelbar als Eins denkt mit dem Anderen. Die Antwort auf die Frage aber ist enthalten in jener Form, welche bei den Logikern als Kettenschluss oder Sorites, als regressiver und progressiver Sorites bekannt ist. Wir urtheilen: **Das Eine ist das Andere vermittelst der in sich selbst als Eines und Anderes unterschiedenen Einheit.**

Ein Sorites in regressiver Richtung ist z. B. folgender: Das Quadrat ist ein Rechteck, das Rechteck ist ein Parallelogramm, das Parallelogramm ist ein Viereck, das Viereck ist eine geradlinige ebene Figur, das Quadrat ist demnach eine geradlinige ebene Figur. In umgekehrter, progressiver Wendung würde der Sorites lauten: Das Viereck ist eine geradlinige ebene Figur, das Parallelogramm ist ein Viereck, das Rechteck ist ein Parallelogramm, das Quadrat ist ein Rechteck, das Quadrat ist daher eine geradlinige ebene Figur.

Als eine Eigenthümlichkeit des Sorites fällt in die Augen die Mehrzahl der vermittelnden Einheiten. Trotzdem ist er nicht weniger als der Syllogismus ein Urtheil (A . . γ, δ, ϵ, . . B) und zwar ein conclusives Urtheil, eine Uebergangsform innerhalb des Kreises der Conclusion vom Syllogismus aus zur unmittelbaren Einheit des Grundsatzes hin und umgekehrt vom Grundsatze aus zum Syllogismus her: eben dieses Hin- und Herweben zwischen dem Syllogismus und dem Grundsatze, zusammenhängend mit dem Regressus und Progressus des Denkens überhaupt, ist die Bedeutung dessen, was gewöhnlich als regressiver und als progressiver Sorites neben einander gestellt wird. In solch conclusiver Form bethätigt sich der Grundsatz der Relation als Zurückbeziehung des Anderen auf das Eine. Es ist die ganze, von Induction und Division erbaute Vorstellungsreihe des Einen und Anderen, welche der Sorites von Unten nach Oben und von Oben nach Unten befasst. Wir definiren ihn als dasjenige conclusive Urtheil, welches mit Bezug auf die ganze Vorstellung und auf den Grundsatz der

Relation das Eine vermittelst der in sich selbst als Eines und Anderes unterschiedenen Einheit als Anderes denkt. Nach Seite des Wissens und zwar des allgemein gültigen Wissens eignet er dem Entwicklungsprocesse desselben.

Der Syllogismus erfreut sich seines Einen Mittelbegriffs, der Sorites bringt strebend nach Vollständigkeit mehr Mittelbegriffe auf die Bahn, welche sich wie das Eine und Andere zu einander verhalten. Allein das logische Denken hat hieran kein Genüge: es verlangt um seiner selbst willen, dass das Eine ausschliesslich Eins sey mit seinem Anderen, so dass es mit keinem anderen Einen verwechselt werden könne. Dem Verlangen entspricht das, was Definition genannt wird. Wir urtheilen: Das Eine ist ausschliesslich Eins mit seinem Anderen, oder: Das Eine ist dasjenige Andere, welches ausschliesslich Eins ist mit dem Einen.

So sind z. B. Definitionen: Das Quadrat ist diejenige Raute, in welcher ein Winkel und folglich alle vier = 90° sind, und: Das Quadrat ist dasjenige Rechteck, in welchem zwei einen Winkel einschliessende Seiten und folglich alle vier Seiten unter sich gleich sind. Das Eine ist das definiendum oder definitum, das Andere, welches auschliesslich Eins ist mit seinem Einen, ist enthalten in der definitio, nämlich im genus proximum und in der differentia specifica.

Dies, dass eine Definition Ergebnisse vorwiegend des genetischen Denkens oder dagegen vorwiegend des wahrnehmenden Denkens zum Inhalte hat und in ersterer Hinsicht den Namen einer genetischen trägt, gibt ihr nicht und raubt ihr nicht die logische Eigenthümlichkeit, welche ihr als einer Definition überhaupt zukommt. Eher ist hervorzuheben, dass die Definition ein Urtheil und zwar, die Einheit des Einen mit dem Anderen besagend, ein conclusives Urtheil ist; von den anderen conlusiven Urtheilen, aus deren Mitte sie für ihren eigenen Bestand zunächst den Sorites mit seinen einheitlichen Unterschieden schlechterdings voraussetzt, unterscheidet sie sich durch den ausschliesslichen Character der prädicirten Einheit. Wegen ihres Anschlusses an den regressiven und progressiven Sorites ist sie $\sigma\nu\mu\pi\acute{\epsilon}\varrho\alpha\sigma\mu\acute{\alpha}$ $\tau\iota$ $\mathring{\alpha}\pi o\delta\epsilon\acute{\iota}\xi\epsilon\omega\varsigma$. Uebergehend in den Syllogismus und ihm das definitum als Mittelbegriff eingebend wird sie zur $\mathring{\alpha}\varrho\chi\acute{\eta}$ $\mathring{\alpha}\pi o\delta\epsilon\acute{\iota}\xi\epsilon\omega\varsigma$. $\mathring{A}\pi\acute{o}\delta\epsilon\iota\xi\iota\varsigma$ $\vartheta\acute{\epsilon}\sigma\epsilon\iota$ $\delta\iota\alpha\varphi\acute{\epsilon}\varrho o\nu\sigma\alpha$ ist sie überhaupt als ein conclusives Urtheil, das mit dem Grundsatz, dem Sorites und dem Syllogismus ein Ganzes bildet. In ihr lebt der Grundsatz der Exclusion und die Beziehung des logischen Denkens auf sich selber gegenüber allem anderen Denken. Sie ist des Begriffes Selbstbestimmung oder dasjenige conclusive Urtheil, welches mit Bezug auf den Begriff das Eine als dasjenige Andere denkt das ausschliesslich Eins ist mit dem Einen. Die Definition ist das Urtheil des im allgemein gültigen Wissen enthaltenen Wissens vom Nichtandersseynkönnen und Soseynmüssen.

In der Definition wird bereits das Eine mit dem Anderen gleichgesetzt; man pflegt daher zu sagen, das Eine (definitum) decke sich mit dem Anderen (definitio). Aber das Gleichsetzen ist verhüllt in die ausschliessende Form der Definition; der gleichsetzende Act des logischen Denkens und das sich gleichgesetzte Eine und Andere ist aus der Definition erst noch an und für sich herauszuheben. Nun ist solcherlei Urtheil den Logikern längst bekannt unter dem Schema A = A. Nur darf dasselbe nicht zu der irrigen Annahme führen, als wäre das Andere absolut gleich mit dem Einen; bei absoluter Gleichheit wäre das Andere vom Einen gar nicht zu unterscheiden und daher nicht zu denken. Das Eine ist das Andere, aber es ist auch nicht das Andere: es wäre sonst nicht das Eine; das Andere ist das Eine, aber es ist auch nicht das Eine; sonst wäre es nicht das Andere. Das Eine ist das Andere seiner selbst.

Diese Urtheilsform, über welche das logische Denken nicht ohne sich selbst aufzugeben zurückgehen kann, macht das logische Wesen dessen aus, was als ein Grundsatz oder mit dem üblich gewordenen griechischen Worte als ein Axiom anerkannt wird; sie ist der Grundsatz schlechthin. So ist z. B. ein Grundsatz oder ein Axiom für die Wissenschaft von der Monarchie: Das Oberhaupt des Staates vereinigt in sich alle Staatsgewalt; so ist ferner ein Grundsatz oder ein Axiom für die Wissenschaft von den Raumgebilden: Der Raum hat drei Dimensionen.

In jedem Axiom wird das Eine gedacht als das Andere seiner selbst. Wohl pflegt man als Merkmale des Axioms anzugeben, dass es unmittelbar gewiss und evident, einer Begründung weder fähig noch bedürftig sey. Dergleichen ist jedoch vorerst nur eine negative und insofern precäre Umschreibung, als bei dem verschiedenen Bildungsstande der Menschen manchem allerdings ein und dasselbe vorgelegte Axiom ohne Weiteres gewiss und evident, manchem aber zunächst unfassbar oder bis auf Weiteres zweifelhaft ist. Das Axiom, dem logischen Denken angehörig, ist vor Allem ein Urtheil; sodann ist es, die Einheit des Einen mit dem

29 *

Anderen denkend, ein conclusives Urtheil; endlich ist es |weder Syllogismus noch Sorites noch Definition, sondern deren effectiver Grund. Progressiv ist es das erste, regressiv das letzte Urtheil, worin das logische Denken sich auf - und wieder abschliesst. An ihm hat der Grundsatz der Conclusion seinen reinsten Ausdruck. Die in sich unterschiedene Einheit der Idee hat am Axiom einen Spiegel, aus dem ihr helles Antlitz schaut. Wir definiren es als dasjenige conclusive Urtheil, welches mit Bezug auf die in der Vorstellung enthaltene Idee und auf den Grundsatz der Conclusion das Eine als das Andere seiner selbst denkt. Das Axiom ist das lautere Urtheil des allgemein gültigen Wissens.

Das sind die Formen des Grundsatzes der Conclusion: der Syllogismus, der Sorites, die Definition, das Axiom, verflochten zu einem lebendigen Ganzen unter sich und mit den übrigen Formen des logischen Denkens im Organismus des Denkens überhaupt. Das Verhältniss des Grundsatzes der Conclusion zu den anderen Grundsätzen des logischen Denkens bringt es mit sich, dass jene seine Gestalten, zusammen von Anfang an dem übrigen logischen Denken zu Grunde liegend und ihm einwohnend, später als die anderen logischen Formen und nur vermittelst einer auf den Grund gehenden Entwicklung in scharfen Umrissen hervortreten. Hieraus lässt es sich verstehen, dass der Gebrauch derselben weniger auf des gewöhnlichen Lebens Oberfläche als vielmehr in solchen Erwägungen eines Jeden, bei denen der Geist in angelegentlicher Dialectik mit sich rechtet, oder auch in wissenschaftlicher Untersuchung und Darstellung heimisch ist. Die Sophistik, welche sich auf conclusive Formen steifen wollte, hat nirgends mehr als hier zu befürchten, dass sie ihre eigene Schwäche verräth, es sey denn, dass sie vor unkundigen Ohren nur prunken wollte oder den Hörer schon anderweitig in ihr Netz gezogen hätte; ist es ihr aber gelungen, in ihre Axiome und Syllogismen Einen hineinzufragen, so wird sie ihren Sieg zum Voraus als entschieden betrachten dürfen. Ueberhaupt ist es nichts Geringeres als die innerste Tiefe des Selbstbewusstseyns, das Seyn im Selbstbewusstseyn, welches in den conlusiven Urtheilen ein logisches Nach- und Vorbild hat.

Der Organismus des logischen Denkens aber hat sich mit Aufzeigung der conclusiven Formen vollendet. Mit allen seinen Mitteln mag so das logische Denken in dem Amte, zu dem es verordnet ist, als Organon des ganzen Denkens sich bewähren, dem menschlichen Geiste dienend und seiner Welt und von ebendaher immer neues Leben gewinnend zu immer neuer That.

A.
Logische Literatur.

Erste Abtheilung.

Bis zum Bekanntwerden der byzantinischen und arabischen Logik im Abendlande.

Plato, 428 oder 427—347. Neuere Ausgabe seiner Werke sind die Zweibrückner, die Tauchnitzer, von Ast, von Stallbaum, von Bekker, von Schneider, von C. F. Hermann, endlich die Zürcher Ausgabe.

Ueber Plato's Dialectik vergl. die Arbeiten von Fr. Hoffmann, 1832; Kiesel, 1840, 1851, 1863; Danzel, 1841, 1845; Kühn, 1843; Heyder, 1845; Alberti, 1856; Eichhoff, 1857; P. Janet, 1860; a. auch Mehring in Fichte's Zeitschr. 45. Bd. 1864.

In Bezug auf den Platoniker **Speusippus,** um 347 v. Chr., cf. Diog. L. 4, 4 ff. Simplicius, f. 9 ⊿. ed. Basil. Sext. Emp. adv. Math. 7, 145. Ueber **Xenocrates,** 397—315, cf. Diog. L. 4, 11--14. Sext. Emp. adv. Math. 7, 16 und 147. Simplic. f. 15 E. Ueber **Polemo,** gest. 270, cf. Diog. L. 4, 18.

Aristoteles, 384—322, Opera, I und II, Graece ex rec. Im. Bekker, Berol. 1831; III, latine interpretibus variis, Berol. 1831; IV, Scholia in Arist. ed. Brandis, Berol. 1836. Opera omnia graece et latine, Paris, 1848 ff. Organon, ed. Theod. Waitz, 2 vol. Lips. 1844—46.

Zur Logik des Aristoteles vergl. C. Weinholtz, De finibus atque pretio logicae Arist. Rost. 1825; Ad. Trendelenburg, Elementa log. Arist. Berol. 1836 u. ö., dazu die Erläuterungen, 1842, 1861; Fr. Biese, Die Philosophie des Arist. I, Berl. 1835; Barthélemy Saint-Hilaire, Logique d'Aristote, Paris, 1839 ff.; H. Rassow, Aristotelis de notionis definitione doctrina, Berol. 1843; H. Hettner, De logices Aristotelicae speculativo principio, Hal. 1843; C. Kühn, De notionis definitione qualem Ar. constituerit, Hal. 1844; A. Vera, Platonis, Aristotelis et Hegelii de medio termino doctrina, Par. 1845; C. Prantl, Ueber d. Entwicklung der Arist. Logik aus der Plat. Philosophie, Abh. d. Bayr. Acad. d. W., phil. hist. Classe, VII, 1, p. 129 ff. München, 1853; E. Esser, Die Definition nach Aristoteles, Starg. 1864; Ch. Turot, Etudes sur Arist. Par. 1860.

Quellen für Kenntniss des Betriebs der Logik von Seite der älteren Peripatetiker sind hauptsächlich Ammonius, Alexander Aphrod., Simplicius, Philopones, Boethius. — Vergl. auch Brandis, Schol. — Ebendens. Ueber die griech. Ausleger des Arist. Org. in Abh. der Berl. Acad. 1833, S. 277 ff. — Waitz, Org. — Bekker, Anecd. — In Bezug auf **Theophrastus**, 372'—287, cf. Ammon. ad Categ. f. 9 b. David, proleg. ad Porphyr. bei Brandis, Schol. p. 18 a. 34. Diogenes Laert. 5, 2, 42 ff. Ueber **Eudemus** cf. Ammon. ad Categ. f. 9 b. David bei Brandis, Schol. p. 18 a. 34. Alex. ad Top. p. 70; ad Metaph. p. 63, 15 (ed. Bonitz); ad Top. p. 38; ad Anal. Pr. f. 7 b. Brandis, Schol. p. 146 a. 25. Galenus de Propr. L. XIX, p. 42. **Strato**, Nachfolger des Theophrast bis um 270, cf. Simplicius, f. 106 A. 107 A. ed. Basil. Alex. ad Top. p. 173. Diog. L. 5, 3. **Phanias** aus Eresus, cf. Ammon. ad Categ. f. 9 b. **Clearchus**, um 286 v. Chr., cf. Athenaeus, 7, p. 275 B, und 10, p. 448 C.

Andere Peripatetiker s. weiter unten.

Hinsichtlich der **Epicureer** cf. Diog. Laert. Ferner Seneca, Ep. 89. Cicero de Fin. 1, 7, 22; de Nat. 1, 25. Sextus Empir. adv. Math. 8. 9; 8, 13; 8, 258; 8, 336.

In Betreff der **Stoiker** s. Diogenes L., Plutarch, Cicero, Sextus Empir., Galenus, Commentatoren des Arist., auch Lucian, Gellius, Appulejus, Stobaeus. Vergl. auch Tiedemann, D. System der st. Ph. 3 Bde. Lpzg. 1776; Leferrière, F. L'influence du Stoicisme sur la doctrine des jurisconsultes Romains, Par. 1860. — Zu **Zeno** aus Cittium, ungefähr 350—263, cf. Diog. L. 7, 4, 39 ff. und 134. **Philo**, cf. Diog. L. 7, 191 und 194. Sext. Empir. Pyrrh. Hyp. 2, 110; adv. Math. 8, 113. **Aristo**, cf. Diog. L. 7, 160. Sext. Emp. adv. Math. 7, 11. Seneca, Ep. 84. **Cleanthes**, um 262 v. Chr., cf. Diog. L. 7, 175. Athen. 11, p. 467 und 471. **Chrysippus**, 280—207, cf. Diog. L. 7, 180 ff. S. auch Nicolai, De log. Chrys. libris. Quedl. 1859. **Diogenes** von Seleucia, um 155 v. Chr., cf. Diog. L. 7, 55 ff. **Antipater** von Tarsus, cf. ibid. 7, 57 ff. und 150. Appul. de Interpr. p. 272. Sext. Emp. Pyrrh. Hyp. 2, 167; adv. Math. 8, 443. Alex. ad. Top. p. 6; ad Anal. Pr. f. 8a. 9b. Varro, Sat. Men. 54, 1. **Archedemus**, cf. Diog. L. 7, 55, 134 und 139. **Posidonius** von Rhodus, Diog. L. 7, 60 und 154.

Noch andere Stoiker s. unter den Folgenden.

Auf Seite der **griechischen** Literatur sind zu nennen:

Andronicus, einer der spaeteren Peripatetiker, Commentator, um 70 v. Chr. cf. Simplic. f. 6 E. f. 13 E. f. 34 B. f. 36 *A*. f. 40 Z. f. 51 B. 51 *Γ*. f. 67 *Γ*. f. 95 Z. Boeth. ad Praed. p. 191; de Interpr. ed. sec. p. 292; de Div. p. 638. David ad Cat. bei Brandis 25 b. 37.

Boethus, Schüler des Andronicus, 30 v. Chr., erwähnt bei Simplic. f. 1 A. f. 42 A. f. 20 B. f. 25 A u. ö. Cf. Porphyr. 'Εξηγ. f. 4 b. Dexipp. bei Brandis 50 b. 15.

Eudorus, Academiker, um 25 v. Chr., erwähnt bei Simplic. f. 47 E. f. 53 E. f. 63 *Γ* u. ö.

Athenodorus, Freund von Cato Uticensis, und **Cornutus**, 20—68 n. Chr., beide Stoiker, cf. Simplic. f. 5 A. f. 15 *A*. f. 32 E. f. 91 A. Porphyr. 'Εξηγ. f. 4 b. f. 21 a.

Alexander Aegaeus, 30 n. Chr., Peripat., Comment., cf. Simplic. f. 3 A.

Aspasius, 110 n. Chr., Peripat., Comment., cf. Galen. de Propr. Libr. XIX, p. 42. Boeth. ad Ar. de Interpr. ed. sec. p. 291. 302. 303. 333.

Adrastus, 130 n. Chr., Perip., Comment., cf. Simplic. f. 4 Γ. Anonym. Proleg. ad Cat. bei Brandis 32 b. 31. Galenus, de Propr. L. XIX, p. 42.

Plutarch, 49 — 130,· Opera omnia, gr. et lat. Paris 1572. Frcfrt. 1599. Par. 1624. Lips. 1774 ff. Tubing. 1791 ff.

Lucian, geb. um 120 n. Chr. Opera, graec. ed. Venet. 1503; graec. et lat. Basil. 1563, u. a. alte Ausg. Graece rec. Schmieder, Hal. 1800; graece rec. Jacobitz. Lips. 1836 ff.; graece et lat. ed. Lehmann, Lips. 1822 ff.

Galenus, 131 — 200, Opera omnia, ed C. G. Kühn, tom. 1—20, Leipz. 1821—33. Insbesondere: De Sophism. 14. Bd. De Propr. Libris 19. Bd. De Methodo medendi 10. Bd. De simplicium medicamentorum Temperamentis ac Facultatibus 11, Bd. — Dem Galenus fälschlich beigelegt: Εἰςαγωγὴ διαλεκτική, ed. M. Mynas, Par. 1844.

Herminus, Commentator, cf. Simplic. f. 1 A. f. 15 Γ. f. 14 A. Δ. Porphyr. Ἐξηγ. f. 33 a. Alexander ad An. Pr. f. 28 b. Boeth. p. 298. 347. 356. 387. 388. 394 u. ö.

Aristo, Commentator, cf. Simplic. f. 48 A. f. 51 B. Γ. Appulej. de Interpr. p. 280 (Flor.).

Alcinous, um 150 n. Chr., eclectischer Platoniker. Εἰσαγωγὴ τῶν δογμάτων Πλάτωνος, c. Appulejo, Venet. 1521. Ex recens. Heinsii in edit. Max. Tyr., u. ö.

Achaicus und **Sotion,** Commentatoren, öfter erwähnt bei Simplic. ad Categ. Ebenda **Lucius, Nicostratus, Atticus.**

Sosigenes, Peripatetiker, Lehrer von Alex. Aphrod., cf. Philopon. ad An. Pr. f. 33 b.

Alexander von Aphrodisiae, um 200 n. Chr. Comment. in libr. prim. Analyt. Prior. Arist., Venet. 1489, 1520. Florent. 1521. Ferner Comment. in VIII libr. Topicorum, Venet. 1514. 1526. Ein Commentar zu den Elenchen (Venet. 1520. Flor. 1521) wurde ihm früher mit Unrecht zugeschrieben. Andere log. Schriften von ihm sind verloren.

Sextus Empiricus, um 200 n. Chr. Opera, ex rec. Imm. Bekkeri, Berol. 1842. Henr. Stephano interprete, Aurel. 1621. Gr. et lat. ed. J. A. Fabricius, Lips. 1718. S. auch Kayser, L. Ueber Sext. Emp. Schrift πρὸς λογικούς im Rhein. Mus. f. Ph. N. F. VII. 1850, p. 161 ff.

Athenaeus, um 220 n. Chr. Deipnosophistarum libri, Lugd. 1597. 1600. 1612. rec. Dindorf, Lips. 1827.

Diogenes Laertius, um 230 n. Chr. De clarorum philosophorum vitis libri X, rec. C. Gabr. Cobet. Accedunt vitae Platonis etc., ed. Westermanno et Boissonadio, gr. et lat. Paris 1850. Eine andere neuere Ausgabe ist die von H. G. Hübner, Lips. 1828 ff., Commentar dazu 1830 und 33.

Archytas, Καθόλου λόγοι, cf. Boeth. ad Praed. p. 114. Simplic. f. 10 E. 15 B. 16 Z. f. 20 A u. ö. Nicht zu verwechseln mit einem späteren Archytas, von welchem Δίκα λόγοι καθολικοὶ περὶ τοῦ παντὸς φύσιος, ed. Camerarius, Lips. 1564 u. ö.

Plotinus, der Neuplatoniker, 205 — 270. Opera, gr. et lat. Oxon. Paris 1855. Lips. 1856. Vergl. z. B. Enn. 1, 3, 4.

Porphyrius, 233 — 304. Εἰσαγωγὴ εἰς τὰς Ἀριστοτίλους κατηγ. (περὶ τῶν πίντε φωνῶν), in den Ausgaben der aristotel. Gesammt. oder des Organon. S. auch Scholia in Aristotelem, coll. Chr. Aug. Br.

Berol. 1836. Ausserdem noch: 'Ἐξήγησις εἰς τὰς 'Ἀριστ. κατηγορίας κατὰ πεῦσιν καὶ ἀπόκρισιν, Paris 1543. Anderes verloren; cf. Boeth. de Interpr. p. 290. 294; de Div. p. 638; de Syll. Categ. p. 594. Simplic. ad Categ. f. 1. **Jamblichus**, um 330. Cf. Simplic. ad Cat. f. 1. Ammon. de Interpr. f. 109. Philop. ad Anal. Pr. f. 8 b. Commentare zu den Categorien. zum Buche de Interpretatione, zur Analytik sind verloren.

Maximus, Schüler des Jamblichus. Ci. Brandis, Schol. Auch Simplic. f. 1 A.

Dexippus, Schüler des Jamblichus. Cf. Brandis, Schol. Eine Schrift von ihm, betr. die Categorien, ist gedruckt Paris 1549, auch mit der lat. Uebersetzung der porphyr. 'Ἐξήγησις Venet. 1546.

Themistius, um 330 — 390, Schüler des Jamblichus. Παράφρασις τῶν τοῦ 'Ἀριστ. ὑστέρων 'Ἀναλυτικῶν, lat. ex interpr. Hermolai Barb. Venet. 1480 und 1499. Graece cum Themist. orat. et Alexandri Aphr. libr. de fato et de anima, Venet. 1534. Vergl. unten **Augustinus** bez. der Schrift Categoriae decem, sowie Boet. de Diff. Top. p. 865 ff.

Gregor von Nazianz, 4. Jahrh., soll ein Compendium der Logik gefertigt haben. Cf. Prantl, Geschichte etc. 1, p. 657.

Syrianus Philoxenus, 390 — 450. Seine Commentare zu den Categorien und zur Lehre vom Urtheil sind verloren, erwähnt aber bei Simplicius, Ammonius, Boethius.

Hermias, Vater des Ammonius. Cf. Brandis, Schol.

Ammonius, Sohn des Hermias, um 476, Schüler des Proclus. Comment. in Praedicamenta Arist. et Porphyr. Isagogen, Venet. 1500. 1503. 1545. 1565. **Proclus**, 411 — 485. In Bezug auf seinen Commentar zum Buche de Interpr. cf. Ammon. d. Interpr. f. 2.

David der Armenier, um 500. Cf. Brandis, Schol.

Simplicius, um 529, Schüler des Ammonius. Comment. in Categorias, Venet. 1499. 1541. Basil. 1551.

J. Stobaeus, 5. od. 6. Jahrh. Eclogarum Physic. et Ethicarum libri duo, ed. Aug. Meineke, Lips. 1860 ff. Und and. Ausg.

Johannes Grammaticus Philoponus, lebt noch ᶜ40. Comment. in Anal. Pr. Venet. 1536. 1541. Comment. in Anal. Post. Venet. 1534. 42 u 6. Paris 1543. Vergl. auch Brandis, Schol.

Joannes Damascenus, 8. Jahrh. Opera, Par. 1712. Dialectica in vol. I. Andere Ausgaben Bas. 1559. Paris 1577. 1603.

Gregorius Aneponymus (Georgius Monachus? Diaconus?). Vergl. Compendium in universam tractationem logicam Gregorii cujusdam, ex codicibus Graecis mss. jam modo erutum, latine versum, scholiis illustr. a J. Wegelin, Aug. 1602, und Compendiosum philosophiae syntagma etc. a J. Wegelin, Aug. 1601.

Eustratius, 1. Hälfte des 12. Jahrh, Metropolit von Nicaea. Ein Commentar zum 2. Buch der 2. Analytik bei der Ausgabe von Philopon. ad An. Post. Venet. 1534.

Michael Psellus, geb. 1020. Σύνοψις εἰς τὴν 'Ἀριστοτέλους λογικὴν ἐπιστήμην, graec. et lat. ed. Ehinger, Aug. V. 1597. Ferner Synopsis quinque vocum Porphyrii et Aristotelis Praedicamentorum, und Introductio in sex philosophiae modos, Par. 1541, Venet. 1532, graece e. v. lat. J. Foacareni. Endlich noch Paraphrasis libri Arist. de Interpr. c. Ammonii et Magentini comment. Venet. 1503.

Joannes Italus und **Michael Ephesius**, Schüler von Psellus, S. Brandis, Schol.

Theodorus Ptochoprodromus, Mitte des 12. Jahrh. S. Brandis, Schol.

Nicephorus Blemmides, Mitte des 13. Jahrh. Ἐπιτομὴ λογικῆς, Aug. 1605, et ex graec. in lat. a J. Wegelino, Aug. 1607. Auch De quinque vocibus libellus, graec. c. vers. lat. J. Foscareni, Venet. 1532, Paris 1541.

Georgius Pachymeres, Anfang des 14. Jahrh. Ἐπιτομὴ τῆς Ἀριστοτίλλους λογικῆς, in univers. Arist. disserendi artem epitome, interpr. J. Bapt. Rassario. Par. 1547. Auch De sex philos. c. vers. lat. J. Foscareni, Venet. 1532. Par. 1541.

Leo Magentinus, Mitte des 14. Jahrh. Ein Commentar de Interpr. bei den Commentaren des Ammonius und Psellus, Venet. 1503. Ein Comment. zur ersten Analytik bei Philopon. ad An. Pr. Venet. 1536.

Περὶ συλλογισμῶν, **Anonymus,** bei Philopon. ad An. Pr. Venet. 1536, und ein Excerpt aus der ersten Analytik bei Brandis, Scholia.

Bei den Römern und im lateinischen Abendlande:

M. Terentius Varro, 116 — 27 v. Chr., bearbeitete die Dialectik. Cf. Cicero, Acad. 1, 2, 8; 1, 3, 9. S. auch Martianus Capella, Dial., sowie Cassiodorus und Isidorus.

Cicero, 106 — 44. Opera, ed. J. C. Orelli, Turici 1826 ff. 8 vol. 2. Ausg. 1865 ff. Andere Ausgabe von Ch. G. Schütz, Lips. 1814 ff.

Seneca, 3 — 65 n. Chr., Stoiker. Opera omnia, ed. C. R. Fickert, vol. 3. Lips. 1812 ff. Die Epistolae in vol. 1.

Quintilianus, 42 bis nach 118. Institutionis oratoriae libri XII, rec. C. Th. Zumptius, Lipsiae 1831.

Gellius, gest. um 145 n. Chr. Noctes Atticae, libr. XX, rec. M. Hertz, 2 vol. Lips. 1853.

Appulejus, um 160 n. Chr. Opera omnia. 3 tom. Lugd. Batav. Der 2. Band dieser Ausgabe, 1823, enthält die Schrift de Philosophia Rationali (περὶ ἑρμηνείας, de Interpretatione).

Marius Victorinus, Mitte des 4. Jahrh., Rhetor und Grammatiker. Uebersetzte die porphyr. Εἰςαγωγή. Bruchstücke davon bei Boethius. Sein Commentar zu Cicero's Schrift de Inventione noch vorhanden. Ueber seine Lehre von der Definition cf. Isidor, Opera. Rom. 1798, tom. 3, lib. 2. Ueber seine Syllogistik vergl. ebenfalls Isidor und ferner noch Cassiodor, de Artibus etc. Ueber seinen Commentar zu Cicero's Topik cf. Boethius. ad Cic. Top. p. 757 ff.

Vegetius (Vettius? gest. 378) Praetextatus übersetzte die Paraphrase des Themistius zu der arist. Analytik in das Lateinische, cf. Boethius, de Interpr. ed. sec. p. 289.

Hieronymus von Stridon, 331 — 420, übersetzte log. Commentare des Alexander Aphrod. Vergl. Opera, ed. Vallarsi, Veron. 1734 ff. tom. 1, p. 234.

Augustinus, 354 — 430. Opera, per Theologos Lovanienses. In tom. 1, Par. 1586, p. 110 ff. finden sich die Principia dialecticae. Andere Ausgaben Basil. 1506. 1528 ff. 1569. Antw. 1577. 1700 ff. Paris. 1679 ff. 1835 ff. Ihm wurde auch die vielleicht auf **Themistius** zurückzuführende Schrift »Categoriae decem ex Arist. decerptae« zugeschrieben.

Martianus Capella, um 470. De Nuptiis philologiae et Mercurii et de Septem artibus liberalibus libri novem, ed. Kopp, Francof. 1836. Eine and. Ausg. Norimb. 1794.

Boethius, 470—524. Opera omnia, Bas. 1570. And. Ausg. Venet. 1492. Bas. 1546.

Cassiodorus, geb. um 468, gest. nicht vor 562. Opera omnia, tom. 2, Rotomagi 1679. Im 2. Bande De Artibus ac Disciplinis liberalium literarum. And. Ausg. Venet. 1729. Der Schluss der Schrift De Artibus etc. von A. Mai, Rom. 1831.

Isidorus Hispalensis Episc., gest. 636. Opera. rec. Faustino Arevalo, auctoritate et impens. Francisci Lorenzanae. In tom. 3, lib. 2, De Rhetorica et Dialectica. Rom. 1798. And. Ausg. Par. 1580. 1601. Colon. 1617.

Beda Venerabilis, geb. 673. Axiomata philosophica, ed. Kroeselius, Ingolst. 1583. Opera, Colon. 1688, tom. prim. Auch Paris. 1521. 1544. Col. 1612. Lond. 1843—44, ed. J. A. Giles.

Alcuinus, 735—804. Opera, ed. Frobenius, Ratisbonae 1777, 2 tom. Die Dialectik im 2. Bde., p. 334 ff. Auch Par. 1617.

Hrabanus Maurus, gest. 856. Opera, ed. Colvener, Colon. 1627, 6 Bde. S. auch Cousin, Ouvr. inéd. d'Abélard, Paris 1836, p. 611, und Hist. Ord. Bened. tom 2, Aug. V. et Herbip. 1754, p. 263.

Joannes Scotus Erigena, geb. zwischen 800 u. 815, gest. zwischen 872 u. 875. Opera omnia, ed. et rec. H. J. Floss, in dem Patrologiae cursus completus, 1854. Vergl. Huber's Werk, München 1861. Von Hauréau herausgg. Commentaire de Jean Scot Erigène sur Martianus Capella, in den Notices et Extraits des Manuscrits XX., 2, 1865.

Remigius Autissiodorensis (von Auxerre), um 880, schrieb einen Commentarius in librum de dialectica d. h. des Martianus Capella. S. Hauréau, De la philos. scol. 1, p. 144 ff. u. Notic. et Extr. XX.

Notker Labeo, 9. Jahrh. Von ihm hinterlassen eine Bearbeitung des Buches κατηγορίαι und περὶ ἑρμηνείας, herausgg. von Graff, Berl. 1837, und von Hattemer, Denkm. d. Mittelalt. 3, p. 377 ff. und p. 465 ff.

Glossarium Salomonis, 9. Jahrh. Vergl. Graff, Diutiska 3, p. 411 ff und R. v. Raumer, Die Einwirkung d. Christenth. p. 128.

De partibus loicae. S. Haupt u. Hoffmann, Altdeutsche Blätter 2, p. 133 ff. Hattemer, Denkm. d. Mittelalt. 3, p. 537 ff.

De syllogismis. S. Hattemer, l. c. p. 541 ff.

Adalbero, 977—1030, Bischof in Laon, Schüler Gerbert's. De modo recte argumentandi et praedicandi dialogus, bei Pez, Thes. Anecd. I, 1, p. 23.

Walther von Speier, um 983. Vita S. Christophori in 6 Büchern, deren erstes »Scholasticus« s. bei Pez, Thes. Anecd. II, 3, p. 27 ff.

Gerbert, gest. 1003, als Papst Sylvester II. De rationali et ratione uti, bei Pez, Thes. Anecd. I, 2, p. 149 ff.

Anselmus von Canterbury, 1033—1109. Opera, Venet. 1744. 1, p. 162 ff. Dialogus de veritate. I, p. 211 ff. Dialogus de grammatico. Andere Ausgaben Norimb. 1491. 1494. Paris 1544. 1549. 1675. 1721. 1852. Col. 1573. 1612. Ven. 1744.

Anselmus Peripateticus, um 1050. Rhetorimachia, und Epistola ad Droconem etc. S. Hauréau, Singularités, p. 178 ff.

Honorius von Autun, um 1100. De animae exilio et patria, bei Pez, Thes. Anecd. II, 1, p. 229.

Adelard von Bath, um 1115, De eodem et diverso. cf. Jourdain, Rech. crit., in der deutsch. Uebersetzung Stahr's p. 249 ff. und Anhang nr. 45.

Petrus Abaelardus, 1079—1142. Opera, ed. Cousin. Tom. post.

Paris 1859. Ouvrages inédits. pour servir à l'histoire de la philosophie \
scolastique en France, Par. 1836.

De generibus et speciebus. Cf. Cousin. Ouvr. inéd. d'Abél. p. 507 ff.

De intellectibus. Cf. Cousin, Opera Abaelardi, 2, p. 733 ff.

Gilbertus Porretanus v. Pictaviensis (von Poitiers), gest. 1154. De
Sex Principiis. Siehe die lat. Uebersetzungen des Organon. Separat herausgg.
von A. Wöstefeld, Lips. 1507. S. auch Antonius Andreae, Quaestiones super
Sex Principiis Gilberti, Venet. s. a., und andere unten citirte Commentare.

Wilhelm von Conches, gest. 1160. Dragmaticon Philosophiae. Dialogus de substantiis physicis confectus a Wilhelmo Aneponymo philosopho,
ed. Gratarolus, Argent. 1567. Cf. Cousin, Ouvr. inéd. d'Abél. p. 669 ff. und
Hauréau, Sing. hist. et litter. p. 231 ff. 241. 246. 264.

Adam von Petit-Pont, um 1132. Ars disserendi, cf. Cousin, Fragm.
philos. p. 417 ff.

Joannes Saresberiensis (von Salesbury), gest. 1180. Opera, ed. J. A.
Giles, Oxon. 1858. 5 Bde. Policraticus, Brux. um 1476. Lugd. 1513. 1677.
Metalogicus, Par. 1610 u. 5. Vergl. das Werk von C. Schaarschmidt über
Joh. v. Salesbury, Leipz. 1862.

Alanus ab Insulis (von Lille), um 1200. Anti-Claudianus, cf. Opera,
ed. Car. de Visch, Antw. 1653.

Araber und Juden:

Alfarabius (El Farabi), gest. 950. Alfarabii, vetustissimi Aristotelis
interpretis, Opera omnia quae latina lingua conscripta reperiri potuerunt.
Par. 1638.

Avicenna (Jbn Sina), 980—1037. Avicennae, perhypatetici philosophi
ac medicorum facile primi, Opera in lucem redacta ac nuper quantum ars
niti potuit per canonicos emendata, Venet. 1508. La logique du fils de
Sina, communément appellé Avicenne etc., nouvellement traduite d'Arabe
en Français par P. Vattier, Par. 1658. — Vergl. auch Haneberg, Zur Erkenntnisslehre von Jbn Sina und Albertus Magnus, München 1866, Abhdlgn.
d. k. bayr. Acad. d. W. — Schmölders, Docum. phil. Ar. p. 26 ff.

Algazeli (El Gazali), 1058—1111. Algazelis Arabis Logica et Philosophia. Venet. 1506.

Averroes (Jbn Roschd), gest. 1198. S. dessen Commentare in den
älteren lat. Uebersetzungen der arist. Werke, z. B. in der Venetianischen
von 1552.

Moses Maimonides, gest. 1204. Vocabularium logicae, Venet. 1550.
Frcf. 1846.

Levi Ben Gerson v. Gersonides, 14. Jahrh. S. die lat. Uebersetzungen
des Org. mit den Commentaren des Averroes.

Zweite Abtheilung.

Von dem Bekanntwerden der byzant. und arab. Logik bis in das 16. Jahrhundert.

Guilielmus Shirovodus v. Shyreswood (de Dunelmo, de Montibus,
Leycester), gest. 1249. Bearbeiter des Compendiums von Psellus. S. Cod.

Sorbonn. nr. 1797. Vergl. Hauréau, De la phil. sc. 1, p. 466 u. Prantl, Geschichte der Logik, 2. u. 3. Bd.

Lambertus de Autissiodoro (von Auxerre), Mitte des 13. Jahrh., ebenfalls Bearbeiter des Compendiums von Psellus. Von ihm eine Summa logicalis, die Summa Lamberti. Manuscr. in der Paris. Bibl. 7392 fonds du roi, u. 1797 fonds de la Sorb. Cf. Hauréau, De la phil. sc. 2, p. 240.

Moneta Cremomensis, gest. 1250, schrieb ein Compendium logicae propter minus eruditos.

Robertus Linconiensis (Capito, Grosseteste), gest. 1253. Comment. in libros Posteriorum Aristotelis. Venet. 1497.

Georgius de Cascano, gest. 1262. Verfasser von Commentaria in universam Arist. philosophiam.

Vincentius Bellovacensis (von Beauvais), gest. 1264. Speculum doctrinale. Part. I, lib. 4: De Logica et Rhetorica et Poetica. S. l. et a. Auch Argent. 1473. Nürnb. 1486 u. spätere Ausgaben.

Petrus Hispanus (ob der nachmalige Papst Johann XXI. resp. XX, gest. 1277?), Bearbeiter des Compendiums von Psellus. Summulae sive Jsagoge in Aristotelicos dialecticae libros, Basileae per Mich. Furter 1511. Coloniae p. Henr. Quentel 1499. 1504. 1513. Argent. 1511. 1514. Summulae Petri Hisp. cum comment. Dorpii et Ocham, Par. 1510. Viele andere Ausgaben; vergl. die unten angeführten Commentare der Summulae, und s. ausserdem ein Verzeichniss von Ausgaben bei Prantl, Geschichte etc., Bd. 3. Manche unterscheiden 1) Petrus Juliani v. Joannis, eben den Papst Johann; 2) den Verfasser der Summulae, aus dem Dominicanerorden, 3) den Petrus Hispanus junior v. recentior, gleichfalls Logiker. Vergl. Scriptor. Ord. Praed. I, p. 485 ff. Biblioth. Hisp. vetus II, p. 73 ff.

Albertus Magnus, 1193—1280. Opera, Lugd. 1651. S. tom. prim. de Praedicabilibus, de Praedicamentis, de Sex principiis Gilb. Porr., super duos libros Perihermenias, super libr. Prior. et Post. Anal., super libr. octo Topicorum, super duos libros Elench. Vergl. unten z. B. Arnoldus de Tungris und die anderen Cölner Compendien. S. auch v. Bianco, die alte Universität Cöln, 1855, sowie die neueren Schriften in Bezug auf Albert, von Sighart. Regensb. 1857, von Joël, Breslau 1863, von Haneberg, Münch. 1866.

Thomas Aquinas, 1225 od. 27—1274. Opera omnia, Parisiis 1660, XXIII. vol. S. bez. der Logik vol. I. Oder Venet. 1593, XVII. vol.; vergl. vol. I. und hinsichtlich der Opuscula vol. XVII. Ausserdem die Opuscula, Paris 1634. Andere Gesammtausg. Rom. 1570. Antv. 1612. Venet. 1787. Parm. 1852 ff. Vergl. die weiter unten angef. log. Arbeiten seiner Schüler und späteren Nachfolger. S. auch die auf den h. Thomas und seine Lehre bez. neueren Schriften von Hörtel, Augsb. 1846, von Montet, Par. 1847 (Mém. de l'Acad. roy. des sciences mor. et polit. II., p. 525 ff.), von Plassmann, Soest 1858, von Jourdain, Par. 1858, von Cacheux, Par. 1858, von Werner, Regensb. 1858, von Kleutgen (Philosophie der Vorzeit), Münst. 1860, von Liberatore, (Uebersetzung von E. Franz) Mainz 1861.

Bartholomaeus de Brigantiis, gest. 1270. Von ihm eine Ars nova et vetus.

Andreas de Modoetia, um 1270. Comment. in logicam.

Bonaventura (Johann von Fidanza), 1221—1274. Opuscula, Argent. 1495. Opera, Venet. 1751 ff. Besançon 1865. Ungedruckte Commentare zum Organon; cf. Fabric. I., p. 697.

Robertus Kilwardbius (Kylwardcby, Valleverby), gest. 1279, Verfasser von Comment. in Org. Arist., in libr. Sex Principiorum Gilb., in libr. Divisionum Boethii.

Roger Bacon, 1214—1292 od. 94. Opus majus, Lond. 1733. Opera quaedam hactenus inedita (J. S. Brewer), Lond. 1859. Sa vie, ses ouvrages. ses doctrines, p. Emile Charles, Par. 1861.

Oliverius Brito, gest. 1296. Super omnes libros Elenchorum.

Petrus de Alvernia (Auvergne), um 1300. Super totam logicam veterem.

Thomas de Sutton, Anglus, 1300. Super Praedicamenta, Sex Principia, librum Priorum, de Relatione.

Abrahamus Waldensis, 1300. Super libros Aristotelis de logica etc.

Albertus de Janua, 1300. Super libros Priorum, Praedicamentorum et Sex Principiorum.

Joannes Duns Scotus, 1274—1308. Opera, Lugd. 1639. Vol. I. Logicalia. — Quaestiones super Universalibus Porphyrii ac libris Praedicamentorum et Perihermenias Aristotelis quibus sui discipuli **Antonii Andreae** quaestiones super Sex Principiis **Guilberti** connectuntur, Venet. s. a. In univ. Arist. logicam exactissimae quaestiones; adjectae sunt objectiones una cum responsionibus, autore **Constantio Sarnano,** Venet. 1601. Vergl. die unten angef. log. Arbeiten der Scotisten.

Thomas de Jorz, gest. 1310. Comment. super totam logicam Aristotelis.

Philippus de Ferraria (Philippinus), um 1310. Quaestiones super dialecticam **Petri Hispani.**

Raymundus Lullus, 1234—1315. Opera quae ad inventam ab ipso artem univ. pertinent, Arg. 1609, edit. post. 1651. Ars magna, generalis et ultima, quarumvis aliarum artium et scientiarum ejusdem Lull. enucleativa, Lugd. 1517. Opera omnia, Mogunt. 1721 ff. VI. tom.

Aegidius de Columna, Romanus, 1248—1316. Expositio super libr. Prior. Venet. 1516. 1499. Expos. super libr. Posterior. Venet. 1500. Expos. super libr. Elenchorum, Venet. 1500. Expos. in artem veterem, Venet. 1507. Bergomi 1591.

Albertus de Saxonia, um 1316. Comment. in Posteriora Arist. Mediol. 1497. Vergl. unten Occam.

Antonius Andreas, gest. 1320, der Scotist. Quaestiones super Sex Principiis **Guilberti** (mit den Quaestiones Joannis Scoti), Venet. s. a. Scripta super artem veterem et super Boetium de Divisionibus, Venet. 1492 u. 5.

Petrus de Abano (Apono), gest. 1320. Conciliator controversiarum etc. Venet. 1565.

Herveus Natalis (von Nedellec, Brito), gest. 1322. Tractatus de secundis intentionibus, Par. 1489. Ihm werden auch zugeschrieben de decem Praedicamentis, super libr. Perihermenias, super librum Divisionum Boetii, tractatus super Communitates Porphyrii, tract. de cognitione primi principii.

Andreutius de Camerino, um 1324. Textus Aristotelis universus in formam syllogisticam reductus.

Franciscus Mayron, gest. 1325. Super Universalia et Praedicamenta, Venet. 1517.

Joannes Anglicus, um 1330. Super quaestionibus de Universalibus doctoris subtilis **Joannis Scoti,** Venet. 1483.

Nicolaus de Asculo (Esculo, Nicolucius), um 1330. Compendium logicae. Comment. super totam artem veterem Aristot.

Durandus de S. Porciano (von Pourçain), gest. 1332. Comment. super veterem logicam.

Armandus de Bellovisu (Beauvoir) gest. 1384. De declaratione difficilium terminorum tam theologiae quam philosophiae ac logicae. Basil.
1491. Col. 1502. Elucidatio dictionum etc. Venet. 1584.

Joannes Christophori, gest. 1335. In Elenchos Aristot.

Gualterus Burlaeus (Walter Burleigh), 1257 – 1337. Expositio super
artem veterem Porphyr. et Arist. Venet. 1485. Scriptum super libros Posterior. Venet. 1497.

Thomas Walleis (Vallensis), gest. 1340. Tractatus logicales. De
Quatuor Praedicabilibus.

Joannes Gratiadei Aesculanus (v. Ascoli), gest. 1341. Comment. in
totam artem veterem Arist. nec non in Praedicab. Porphyr. ac Sex Princip.
Gilberti, correctioni tradita per **Theophilum Cremonensem,** Venet. 1493.

Petrus Aureolus Verberius (von Verberia), um 1345. Comment. in
libr. Sententiarum. Romae 1596 u. 1605.

Guilelmus Occam, gest. 1347. Quodlibets, Argent. 1491. Summa
totius logicae, Par. 1488. Venet. 1508. 1522. 1591. Oxon. 1675. Expositio
aurea et admodum utilis super artem veterem, cum quaest. **Alberti Parvi
de Saxonia,** Bonon. 1496.

Joannes Buridan, lebt noch 1358. Summa de Dialectica, Par. 1487.
Perutile compendium totius logice, cum praeclarissima solertiss. viri **Jo. Dorp**
expositione, (Venet.) 1490. 1499. Sophismata. Par. 1493.

Maximus Planudes, blüht zwischen 1320 u. 1350. Ihm wird von
Manchen auch die Uebersetzung der Summulae des **Petrus Hisp.** in das
Griechische zugeschrieben; cf. Script. Ord. Praed. 1, p. 485.

Christophorus Molhusensis, um 1350. In Elenchos Aristotelis.

Martinus de Bitonto (Bitunto), um 1353. Coment. in logicam.

Arnaldus de Prato, 1366. Tractatus de Universalibus. Quaestiones
logicae.

Franciscus de Prato, 1366. Tractatus novus de voce univoca. Regulae Consequentiarum. De Universalibus. Quaestiones logicae. De Redu-
plicatione. De Suppositione.

Stephanus de Reate, 1366. Tract. de Universalibus. Comment.
super veterem artem.

Rudolphus Strodus, gest. 1370. Consequentiarum formulae. Venet.
1517. Ihm werden auch zugeschrieben Summulae logicales und Sophismatum strophae. Vergl. unten **Antonius de Fracanzano.**

Guilelmus Sudre, gest. 1373. De subtilitatibus logicae.

Guilelmus Hentisberus (Hentisbury), um 1380. Sophismata, Par.
1481 u. ö. Expositio regularum solvendi sophismata, Papiae 1483. Venet.
1483. Probationes profundissimae conclusionum in regulis positarum, Venet.
1483. Regulae videlicet de Sensu composito et diviso, de Insolubilibus, de
Scire et Dubitare, de Relativis, de Incipit et Desinit, de Maximo et Mi-
nimo, Venet. 1491 u. ö.

Nicolus de Troja (de Aquilone), um 1391. In dialecticam **Petri
Hispani.**

Marsilius ab Ingen (Inghen), gest. 1392. Vergl. unten **J. Parreut,**
Comment. in tractatus Parvorum Logicalium Marsilii, Hagenaw 1493, 94.
1503.

Henricus de Oyta (Otha, Euta, Huncta), gest. 1392. Sein Commentar zu Aristoteles noch ungedruckt, in der Münch. Staatsbibliothek.

Nicolaus Eymericus, 1320—1399. Tractatus de logica.

Antonius Demochares, Rossoncus, 14. Jahrh. Hypomnema in Arist. libr. Topicorum. Par. 1534.

Boverus Bernensis, 14. Jahrh. Comment. in libros Arist. logicales omnes.

Bombologninus de Gaviano, 14. J. In Quinque Praedicabilia, Decem Praedicamenta, Sex Principia Gilberti.

Jacobus Firmiano, 14. J. Tract. de Antepraedicamentis.

Jacobus Januensis, 14. J. Lib. de modo sciendi.

Jannius (Rannius) de Pistorio, 14. J. Super Sex Principia.

Vercellinus de Vercellis, 14. J. Tetralogus (Summa logica). Anti-Ocham.

Bartholomaeus Bononiensis, um 1400. Comment. super veterem logicam et Sex Principia.

Jacobus Magnus, Toletanus, um 1400. Sophilogium, Paris s. a. (ungef. 1472); auch spätere Ausgaben. Lib. 1, tract. 2, c. 2. De logica et ejus auctoribus seu inventoribus.

Petrus de Alllyaco (Alliaco, von Ailly), 1350—1425. Tractatus Exponibilium, Par. 1505.

Paulus Nicolettus, Venetus, gest. 1429. Comment. in libros Posterior. Venet. 1481 u. ō. Auch andere logische Schriften werden ihm zugetheilt. Vergl. unten **Paulus von Pergola.**

Heinrich von Elmbeck, gest. 1430, schrieb auch über Logik, nach Trithemius, Catalog. illustr. vir. Germ. Opp. Hist. p. 155.

Paulus von Pergola, Venetus, gest. 1451. Logica, cum annotationibus etc. Venet. 1565, u. a. frühere Ausgaben. Expositio de Sensu composito et diviso, Venet. 1500, und früher; s. unten **Ant. de Fracauzano.**

Menghus Blanchellus (Mengho Bianchelli), gest. 1441. Comment. super logicam **Pauli Veneti,** Venet. 1483 u. ō.

Nicolaus Augusta, um 1446. Comment. in libros logicos Arist.

Georgius Valla, Placentinus, Mitte des 15. Jahrh. De expedita ratione argumentandi libellus, cum **Petri Mosellani** Protegensis in ejusdem Categoremata ac Categorias scholiis. Lugd. 1559. Opera, Venet. 1501.

Nicolaus Dorbellus v. de Orbellis, um 1455. Summulae philosophiae rationalis seu logica, secundum doctrinam doctoris subtilis **Scoti.** Bas. 1494. Logica magistri Nicol. de Orbellis, una cum textu **Petri Hispani,** Venet. 1516.

Nicolaus Cusanus, 1401—1464. Opera, excudenda curav. Rolandus March. Pallavicinus. 1502.

Laurentius Valla, 1415—1465. De dialectica libri tres. Venet. 1499.

Theophilus de Ferrariis Cremonensis, blüht um 1471. Propositiones ex omnibus Arist. libris, Venet. 1493. S. auch oben **Joannes Gratiadei Aesculanus.**

Baptista de Fabriano, um 1472. Quaestiones logicae.

Franciscus Philelphus, 1389—1480. Conviviorum libri II. Venet. 1477. Spirae 1508. Col. 1537. Par. 1532.

Joannes Versor, um 1480. Dicta super VII tractus **Petri Hispani** s. l. et a. Fernor 1487. 14ᵒ8. Col. 1489. 1497. 1622. Numb. 1495. S. auch die Venetianer Ausgaben der Summulae von 1488. 1508. 1550. 1572,

Ausserdem Quaestiones librorum Praedicabilium et Praedicamentorum et Posteriorum s. l. et a. Quaestiones super totam veterem artem Arist. Colon. 1497. Super omnes libros novae logicae, Venet. 1497 u. sonst. Super veterem et novam logicam Arist. Colon. 1486.

Lambertus de Monte, Copulata omnium tractatuum Petri Hispani, secundum doctrinam divi Thomae Aqu. juxta processum magistrorum Coloniae in Bursa montis regentium, Colon. 1480. 1489 u. ö.

Magister Johannes de Magistris (Major, Mayr). Ende des 15. Jahrh. Quaestiones subtiles super totum cursum logices, secundum mentem doctoris subtilis Scoti, Parmae 1481. Quaestiones veteris artis perutiles et Quaestiones admodum utiles novae logicae, secund. mentem doctoris subtilis, Heidelb. 1488. Dicta circa Summulas Petri Hispani (glossulae exactissimae), Venet. 1490; auch eine Heidelberger Ausg. von demselben Jahre.

Joannes Preslawitz, um 1482. Super veteri arte et super nova logica libri duo.

Magister Martinus, Expositio perutilis et necessaria super libro Praedicabilium Porphyrii copiosissime edita, s. l. et a. Tractatus Consequentiarum in vera divinaque Nominalium via, Par. 1494 u. ö.

Georgius Trapezuntius, gest. um 1481. De re dialectica liber, scholiis Joannis Neomagi et Barthol. Latomi illustratus, Lugd. 1559. Andere Ausg. Argent. 1509.

Summulae logicales Modernorum ex Arist., Boeth. etc. enucleatae a Magistris regentibus Collegii Moguntini, Mog. 1484. 1490.

Albertus Fantinus, Destructio Universalium realium contra Reales. s. l. et a.

Cometius. Quaestiones de cujuscunque scientiae .... subjecto, s. l. et a.

Andreas Cataneus. Opus de intellectu etc., s. l. (Florent.) et a.

Antonius Sirectus. Formalitates moderniores de mente Scoti, s. l. et a. (Paris. 1484).

Thesaurus Sophismatum, s. l. et a. Zum Collegium Bursae montis Coloniense.

Tractatus libris Posteriorum correspondens, s. l. (Lips.) et a.

Petrus von Mantua. Logica. Papiae 1483. Venet. 1492.

Andreas Limos Valentinensis. Dubia in Insolubilibus, s. l. et a.

Jacobus Ricci. Annotata in logicam Pauli Veneti. Flor. s. a. Venet. 1488.

Rudolphus Agricola (Huesmann. Hausmann, Rudolphus a Zilohn), 1443—1485. De inventione dialectica libri omnes integri et recogniti juxta autographi nuper D. Alardi Amstelredami opera in lucem educti fidem atque doctissimis scholiis illustrati (Joannis Phrisenii, Alardi Amstelredami, Reinardi Hadamarii). Col. Agripp. 1563. And. Ausg. Lovan. 1515. Argent. 1521. 1524. Col. 1527. 1535. 1539. 1542. Par. 1510 u. o.

Nicolaus Tinctor, aus Gunzenhausen, Rector der Univ. Paris. Dicta super Summulas Petri Hispani, Tubing. 1486.

Joannes Dorp. 15. Jahrh. S. oben Joannes Buridan.

Philippus Mucagata Castellati, um 1488. Opera logica s. Comment. super isagogen Porphyrii. Venet. 1494.

Petrus de Gui, 15. Jahrh. Tract. de differentiis, Giennae 1500. In artem magnam Lulli, Barc. 1489. Metaphysica s. de formalitatibus, Hispali 1491 u. ö.

Hermann Mesdorpius, gest. 1489. Flores Aristotelici.

Joannes de Monte. Summularum **Parisiensium** logicae **Petri Hispani** secundum viam Scoti expositio. Venet. 1490. 1500.

Heymericus de Campo. Promptuarium argumentorum disputatorum inter Lilium **Albertistam** et Spineum **Thomistam**, Col. 1492.

Antonius Trombetta. Opus doctrinae Scoticae. Venet. 1493.

Benedictus Soncinas, um 1493. Propositiones ex omnibus Aristotelis operibus collectae. Venet. 1493.

Joannes Parreut, gest. 1495. Textus veteris artis, item Exercitata circa hoc secundum doctrinam **Modernorum**, Hagenaw 1510 (andere Ausg. Norimb. 1494). Commentarium secundum **Modernorum** doctrinam in tractatus logices **Petri Hispani** primum et quartum, item Comment. in tractatus parvorum logicalium **Marsilii**, itemque de Descensu, Positione etc. Hagenaw 1503 (von diesem Commentar sind frühere Ausgaben, aber ohne die zuletzt genannten Tractate de Descensu etc., Hag. 1493. 1495).

Thomas Bricot. Cursus optimarum quaestionum super totam logicam, cum interpretatione textus, secundum viam **Modernorum** ac secundum cursum Magistri **Georgii.** Ferner: Logicales quaestiones subtiles ac ingeniose super duobus libris Posteriorum Aristotelis, Paris. 1494. Abbreviati textus totius logices, Par. 1489. Insolubilia, Par. 1492. Textus suppositionum logicae **Petri Hisp.** et quaestiones etc. Cf. Georg Bruxell.

Georgius Bruxellensis. Expositio in logicam Aristotelis, una cum Magistri **Thomae Bricoti** textu. Lugd. 1494. 1514. Interpretatio in Summulas **Petri Hisp.** una cum **Thomae Bricot** quaestionibus etc. Lugd. 1489. 1515. Par. 1496. 1497.

Copulata pulcherrima diversis ex autoribus logicae in unum corrogata in veterem artem Arist. cum textu ejusdem secundum viam divi doctoris **Thomae de Aquino**, Col. 1494. **Copulata** pulcherrima in novam logicam Arist., textum simul impressum luce clarius exponentia secundum viam praecl. philos. ac fundatissimi logici Sancti **Thomae Aquinatis**, Col. 1493.

Antonius de Fracanzano, von Vicenza, 15. Jahrh. Quaestiones de Sensu composito et diviso **Pauli Pergolensis** et in Consequentiis **Rud. Strodi**, Venet. 1494.

Paulus Barbus, cogn. **Soncinas**, gest. 1494. Expositio in artem veterem Arist. cum quaest. Venet. 1499. Quaestiones super divina sapientia Aristotelis, Lugd. 1579. Venet. 1580. Ursell. 1622.

Magister Johannes de Lapide (Lapidanus), um 1494. De propositionibus exponibilibus, cum tractatu de arte solvendi importunas argumentationes, s. l. et a.

Stephanus de Flandria. Logica, ab Ant. Arena Lucensi emend. Bonon. 1495.

Samuel Cassinus de Cassinis. Liber isagogicus ad doctrinam **Scoti** et ad Arist. logicalia. Mediol. 1494. 1495.

Tiberius de Bazaleriis, Ende des 15. Jahrh. Quaestio de praedicatione reali ad mentem Aristotelis et Averrois. Bonon. 1496.

Promptuarium argumentorum dialogice ordinatorum etc. utile et necessarium omnibus qui volunt rectum impetrare argumentandi et solvendi modum. In supplementum illorum collectum qui dum disputant argumenta excogitare non possunt. Col. 1496.

Autoritates philosophi primi amatoris sapientiae. Spirae 1496.

Stephanus de Monte. Ars insolubilis de omni scibili diligenter disputare, Papiae 1590. Campus sophistarum, Lips. 1496.

Sylvester de Prierio. Compendium dialecticae, Venet. 1496. Apologia in dialecticam suam, Bonon. 1499.

Michael. Argumenta communia ad inferendum sophistice unamquamque propositionem esse veram et falsam, Lugd. 1497.

Gregor Reisch, Beichtvater von Maxim. I., gest. 1525. Margarita Philosophica, Heidelb. 1496. Friburg. 1503. Argent. 1508. 1512 u. a. Edit. Das zweite Buch De principiis logices.

    Apollinaris Cremonensis (Offredus), um 1500. Comment. absolutissimi in Analyt. Post. Venet. 1497. Crem. 1551.

—   **Hieronymus Savonarola,** 1452—1498. Compendium logicae, Venet. 1542. Colon. 1511. Totius philosophiae epitome, Witeb. 1596.

Alexander Hegius, Lehrer des Desid. Erasmus, gest. 1498. Docti dialogi, Deventer 1501. 1503.

Erasmus Frisner, um 1498. In veterem artem volumen unum. In novam logicam volumen unum.

Nicolaus Statilius. Paradoxa, Venet. 1500.

Raphael Raymundus. Comment. in logicam Aristotelis, Paris. 1500.

Bernhardinus Petri de Lauduciis. Tract. de Sensu composito et diviso, Venet. 1500.

Dominicus de Flandria, gest. 1500. Quaestiones XLIX in libr. prim. Posteriorum et XX in secundum, XXIII in Elenchos sive in opusculum S. Thomae de Fallaciis, Venet. 1496. 1565. Quaestiones quodlibetales, Venet. 1500. Von ihm auch Summulae super **Petrum Hispanum.**

Hieronymus Pardus (Pardo). Medulla dialectices. Paris. 1500.

Stephanus de Gareslo, um 1500. Catena argentea in univ. logicam.

Carolus Bovillus Samarobrinus, um 1500. Ars oppositorum s. daedalogia. Paris. 1509.

Angelus Politianus, um 1500. Praelect. in Prior. Arist. — Opera, Paris. 1519. Lugd. 1550.

    Gerhard de Roedt (Harderwyk, Herdevicensis), gest. 1503. Commentarii in omnes parvos tractatus parvorum logicalium **Petri Hispani** junctis nonnullis **Modernorum** in universitate **Colon.** continentes. Colon. 1493. Copulata **Petri Hispani** etc. Col. 1488. 1504. Comment. in Summulas **Petri Hispani,** Col. 1488. 1492. Commentum libri primi Hermeneias similiter et aliorum librorum veteris artis studiose ex diversis doctorum dictis, maxime ex scriptis venerab. domini **Alberti,** Col. 1486. Comment. supra veterem artem Aristotelis secundum viam **Albertistarum,** Col. 1486.

    Laurentius Majolus, gest. 1501. Epiphillydes in dialecticis. Venet. 1497.

Joannes Faber, bis zu Anfang des 16. Jahrh. Exercitationes parvorum logicalium secundum viam **Modernorum.** Tubing. 1487.

Henricus Greve, bis zu Anf. d. 16. Jahrh. Parva logicalia, s. l. et a.

Antoritates Aristotelis et aliorum philosophorum, per modum alphabeti, Liptzk. 1503. **Autoritates** Aristotelis, Senecae, Boethii, Platonis, Appuleji Africani, Porphyrii, Averrois, Gilberti Porretani, aliorum. Col. 1504. Liptzk. 1503.

Petrus de Cruce, lebt noch Anf. d. 16. Jahrh. Quaestio de ratione subjecti primi scientiae; Venet. 1500. De entibus rationis ad mentem **Scoti,** Venet. 1501.

Nicolaus Javenis Parisiensis. Oppositiones, quae totam Obliquorum, Copulatorum, Disjunctorum, Conditionatorum materiam secundum seutentiam **Nominallum** odisserunt, Par. 1505.

Joannes Glogoviensis, gest. 1507. Exercitium novae logicae, Cracov. 1499.

Angelus Estanyol, um 1507. Opera logicalia secundum viam S. Thomae, Barc. 1504.

Augustinus Perez de Olivano. In Poster. Arist. Paris. 1506.

Thomas de Vio Cajetanus, gest. 1508. Comment. in opusculum S. Thomae de ente et essentia. Lugd. I541. 1578. Comment. in Posteriorum Analyticorum libros duos, Lugd. 1578. In Praedicabilia Porphyr. et Praedicamenta Aristotelis, Lugd. 1578.

Arnoldus de Tungris (Tongern), gest. nach 1510. Epitomata sive Reparationes logicae veteris et novae Aristotelis juxta vim et expositionem venerabilis domini **Alberti** doctoris Magni acerrimique philosophi, ad utilitatem etc. Colon. 1496.

Martinus Molenfelt (Malenfelt), cf. den folgenden Autor.

Petrus Tataretus, Parisiensis, Joannis **Duns Scoti** sectator fidelissimus. Expositio in Summulas **Petri Hispani** cum textu una cum additionibus in locis propriis (7 tract.). 1506. Hiebei auch Expositio Magistri Petri Tatareti super textu logices Aristotelis. Eine andere Ausg. dieser beiden Schriften ist die von **Martinus Molenfelt** ex Livonia, Friburg. 1494. Ferner: Opera, Venet. 1592; hiebei der Commenter zu Petr. Hisp. (13 tract.), sowie 2 weitere Tractate von Tataret und 1 Tractat von Molenfelt.

Antonius Coronel, Segobiensis, um 1510. Rosarium logices, Par. 1512. Auch Quaestiones logicae secundum viam **Realium** et **Nominalium,** Par. 1509. Complut. 1540. Tractatus Exponibiliom, Par. 1511. Tract. Syllogismorum, Par. 1517. In Posteriora Arist. comment. Lugd. 1529.

Theodoricus Gresemund, 1472—1512. De septem artibus liber, Mogunt. 1476. 1494. Daventr. 1499. Lips. 1504.

Alexander Achillini, gest. 1512. Opera, Venet. 1508. De Universalibus, Bonon. 1516.

Joannes Raulinus, gest. 1514. Comment. in logicam Arist., castig. per Mag. **Joannem de Rupe,** Par. 1500.

Hieronymus de Hangest, gest. 1538. Problemata logicalia, Paris. 1507. Problemata Exponibilium, Par. 1507.

Joannes Dullardus, um 1512. In librum Aristotelis περὶ ἑρμηνείας comment. Par. 1509. In libr. Praedicab. Porphyr. Par. 1520.

Thomas Murner, Argentinus, 1475—1536. Logica memorativa, chartiludium logicae sive totius dialecticae memoria, et novus Petri Hispani textus emendatus. Cum jucundo pictasmatis exercitio. Argent. 1509.

Gaspar Lax. Termini et Exponibilia, Par. 1511. Insolubilia, ib. 1512. De Oppositionibus propositionum categoricarum et de earum Aequipoll. ib. 1511. Obligat. ib. 1512. Impositiones, ib. 1512. De arte inveniendi Medium, ib. 1514. Summulae, Caesaraug. 1521.

Joannes Dolz, Schüler des Vorigen. Syllogismi et disceptationes de Summulis, Par. 1511. Disceptationes super primum tractatum Summularum etc. ib. 1512. Cunabula omnium fere scientiarum etc. Montalbini 1518.

Ludovicus Nunez Coronel, Anf. des 16. Jahrh. Tractatus de formatione Syllogismorum, Par. 1507.

Petrus Crockart de Bruxellis, gest. 1514. Summularium artis dialectioae, utilis admodum interpretatio super textum Magistri **Petri Hisp.** Par. 1508. Acutissimae quaestiones et quidem perutiles in singulos Aristotelis logicales libros, item in D. **Thomae** d. Aqu. opusculum de Ente et Essentia, Par. 1509. 1514.

Hieronymus Cingularius Chrysopolitanus. In omnes tractatulos **Petri Hispani,** Lips. 1513.

Sancius Carranza de Miranda, um 1512. Progymnasmata logicalia, Par. 1517.

Robertus Ranuccius, um 1514. In Aristotelis rhetoricam et dialecticam expositiones.

Franciscus Thomae, um 1514. In isagogen Porphyrii, In Arist. Praedicamenta et libros Posteriorum commentaria.

Georgius Mediolanensis, um 1515. Logica.

Magnus Hundt, 1449--1519. Compendium totius logicae, Liptzig 1493. 1498. Tratatus de Definitione secundum viam **Doct. Sancti,** s. l. et a.

J. Murmellus (Murmellius), gest. 1517. Isagoge in decem Arist. Praedicamenta. cf. unten J. **Caesarius.**

Jodocus Trutvetter, ein Lehrer Luther's, gest. 1519. Summulae totius logicae. Erf. 1501.

Michael Saravetius, um 1517. Quaestiones de analogia Entis contra Scotistas, quaestiones de Universalibus, tract. de primis et secundis intentionibus. Rom. 1515. Perus. 1516. Tract. de Universalibus, quaestiones de causalitate primi principii, de principio individuationis, de subjecto philosophiae. Rom. 1517.

Petrus Mosellanus Protegensis, um 1518. Schol. in Georgii Vallae dialecticam, cf. oben **Georgius Valla.**

Bartholomaeus de Usingen, gest. 1532. Parvulus logicae, Liptzk. 1499.

Joannes Lintholz, gest. 1535. Veritas trium difficilium Qaestionum a Porphyr. motarum de Universalis noticia etc. Liptzick 1500.

Joannes Eck, 1486—1543. In Summulas **Petri Hispani** etc. succosa explanatio, Aug. V. 1516.

Dritte Abtheilung.

Vom Aufkommen des Protestantismus bis 1600.

Franciscus Silvester, gest. 1525. Annotationes in libros Posteriorum Arist. et S. Thomae, Venet. 1517.

Alphonsus de Corduba, gest. 1542. Principia dialectices, in Terminos, Suppositiones, Consequentias, Parva exponibilia distinctae, Salmant. 1519.

Petrus Cirvelo, um 1547. Prima pars logicae ad veriores Arist. sensus etc. Complut. 1519. In Categor. paraphrasis. In Posterior. Analyt. commentar. Complut. 1529. In Summulas **Petri Hisp.** Salmant. 1537. Auch Paradoxae quaestiones.

J. Ludovicus Vives, Valentinus, 1492—1540. Opera, Basil. 1555. Valenc. 1782.

Philippus Melanchthon, 1497—1560. Compendiaria dialectices ratio, Lips. 1520. Bas. 1521 u. ö. Oder Dialectices libri quatuor (auch unter noch anderen Titeln), Hag. 1528. Wit. (1529?) 1531. Paris. 1532 u. ö. Erotemata dialectices, Viteb. 1547 u. oft. Cf. Corpus Reformatorum, ed. Bretschneider, t. XIII.

Ferdinandus de Encinas, um 1520. De compositione propositionis mentalis, Par. 1521. Tractatus Summularum et Syllogismorum, ib. 1526. Oppositiones, ib. 1527. Tract. de verbo mentis et Syncategorematicis, ib. 1528. Termini perutiles et principia dialectices communia, Tolet. 1534. Lugd. 1537.

Rodericus Sinetus, erste Hälfte des 16. Jahrh. Dialectica introductio, Cordub. 1523.

Timannus Camener, blüht 1500—1530. Compendium dialecticae; hiezu Einleitung von **Gymnicus** v. Aachen.

Henricus Cornelius Agrippa v. Nettesheim, 1486—1535. De incertitudine et vanitate scientiarum. Col. 1527, 1531 u. ö. Von ihm auch Comment. in artem brevem Lulli.

Bartholomaeus Latomus, gest. 1566. Summa totius rationis disserendi, Col. 1527. 1542. Epitome commentariorum dialecticae inventionis **Rudolphi Agricolae**, Col. 1533. 1538. 1589. Par. 1533. 1534. 1542. 1558. Bas. 1536. Scholia in dialecticam **Georgii Trapezuntii**, Col. 1544. Lugd. 1545. Vergl. oben Georg v. Trapezunt.

Franc. Dominicus de Soto (Sotus), Segoviensis, 1494—1560. Summulae, 1529. Salmant. 1539. 1568. 1575. Comment. in dialecticam Arist. Salmant. 1544. 1566. 1574. 1580. In Porphyr. isagog. et Arist. Categ. absolutissima commentaria, Venet. 1574; ib. eod. a. In libros Posteriorum.

Alphonsus de Prado. Quaestiones dialecticae super libr. Periherm. Complut. 1530.

Vincentius Baraterius (Placentius Senior), gest. 1530. Logica pro stomachis adulescentulorum delicatis, 1553.

Vitus Ulpius de Matera, gest. 1532. Super Praedicamenta Aristotelis.

Joannes Caesarius, 1460—1551. Dialectica, Colon. 1532 u. ö. Dialectica scholiis **Herm. Rayani** (Lugd. 1556) et adnotationibus **Henr. Loriti Glareani** illustr. Colon. 1577. Dialectica, access. **Joann. Murmelii** isagoge in decem Arist. Praedicamenta, Lugd. 1567.

Jacobus (Joannes) Naveros. Expositio super duos libros Perihermenias, Complut. 1533. 1543.

Augustinus de Sbarrola, gest. 1554. Expositio Summularum **Petri Hispani**, 1553. Dialecticae introductiones trium viarum placita **Thomistarum, Scotistarum et Nominalium** complect. tom. I. 1533. tom. II. 1535.

Gerardus Bucheldianus. De Amplificationibus et Inventionibus libr. III. Lugd. 1534.

Antonius de Espinosa. In Summulas commentaria.

Petrus de Espinosa, Salmanticensis, Mitte des 16. Jahrh. Summulae, Salm. 1534.

Gregorius Notalius, um 1535. Super Praedicabilia quaestiones.

Franciscus Titelmann, 1489—1537. Dialecticae considerationis libri sex, Lugd. 1554 (Col. 1543) u. ö. Auch unter dem Titel: Institutionum dialecticarum libri sex, Par. 4549. Cf. unten **Petrus Fermesellus.**

Martinus Perez de Ayala, 1504—1566. Comment. in Universalia Porphyr. Granat. 1537.

Chrysostomus Javellus Canapiclus, um 1538. Philosophiae compendium, tom. I. Lugd. 1568 u. ö.

Alardus Amstelodamus (Aluardus, Adelard), 1490—1541 od. 44. Institut. dialecticarum **Rodolphi** epitome. Colon. 1542. Cf. oben **Rudolph Agricola.**

Daniel Barbarus, 1529—1569. Comm. in Porphyrium. Venet. 1542.

Petrus Ramus (Pierre de la Ramée), 1515—1572. I. a) Dialecticae partitiones (institutiones), Paris. 1543. 1547. Lugd. 1547. Par. 1548. 1549. **Audomari Talaei** praelectionibus illustrati (libri tres), Paris. 1552. Lugd. 1553. Par. 1554. Später noch wurden in drei Büchern die Institutiones edirt cum quaest. **Fr. Beurhusii,** Tremon. 1581, **Talaei** praelectionibus illustr. per **J. Piscatorem,** Frcf. 1583, cum scholiis **Tempellii,** Frcfrt. 1591, e regione comparati **Philippi Melanchthonis** dialecticae libri quatuor per **Fr. Beurhusium,** Frcf. 1591. — b) Dialecticae libri duo, **Audom. Talaei** praelectionibus illustr. Par. 1556. 1560. 1566. Dialecticae, **Aud. Talaei** prael. illustr. Bas. 1572. Dialecticae libri duo, Lutet. 1572. Colon. 1572. 1577. per **Rol. Makilmenaeum** Scotum, Lond. 1574 u. ö. ex variis ipsius diputationibus et multis **Audomari Talaei** commentariis denuo breviter explic. a **Guilelmo Rodingo** Hasso, Frcfrt. 1576. Lugd. 1577. Und noch andere Ausgaben. in französ. Sprache Par. 1555. Avignon 1556. Par. 1576. — II. a) Aristotelicae animadversiones, Par. 1543. Lugd. 1545. Lutet. 1548. 1549 u. o. Vergl. die Scholae in lib. artes. — b) Scholae in liberales artes, Bas. 1569. 1578. 1582. Frcfrt. 1595. Scholae dialecticae, Frcf. 1581. Scholae in tres primas lib. artes. per **J. Piscatorem,** Frcf. 1581. — S. auch Defensio pro Aristotele adversus **Jac. Schecium** (Schegk), Laus. 1571. P. Rami et J. **Schecii** Epistolae in quibus de artis logicae institutione agitur, s. l. 1569. — Ueber Ramus vergl. z. B. die Monographie Ch. Waddington's, Par. 1855.

Audomarus Talaeus (Omer Talon), gest. 1562. **Rami** institutionum dial. libri tres praelectionibus illustrati, Par. 1552. Lugd. 1553. Par. 1554. Frcf. 1583. Ejusd. libri duo prael. illustr. Par. 1556. 1560. 1566, und sonst öfter.

Antonius Goveanus (Govea), gest. 1565. Responsio ad **P. Rami** calumnias pro Arist. Par. 1543.

Joannes Rivius, 1500—1553. De iis disciplinis quae de sermone agunt, Lips. 1543. Bas. 1551.

Rob. Wannucius. Artes sermocinales, Venet. 1545.

Joannes Clemens, Aragonus, Super Praedicamenta etc. in quo plurima aperiuntur super doctrina **Thomae, Scoti** et **Nominalium,** Complut. 1544..

Antonius Bernardus, Mirandulanus. Institutio in universam logicam, Bas. 1545.

Joachim Perionius, gest. 1559. De dialectica libri tres, Basil. 1545. Cf. unten **Caelius Sec.** Ferner: Orationes duae pro Aristotele, dialecticarum rerum cum primis refertae, in **P. Ramum,** Bas. 1549. S. auch Aristotelis de Interpretatione liber nunc recens scholiis explicatus autore **Ger. Matthisio,** postrema J. Perionii interpretis recognitione, Col. 1552. Porphyrii institutiones etc. et Aristotelis Categoriae, J. Perion. interpr. cum annot. Bas. 1542.

Melchior de Beleago (Baleago), um 1549. Oratio de disciplinarum omnium studiis etc. Conimbr. 1548. Dialectica, ib. 1549.

Stephanus Calvisius, um 1572. Epitome totius dialecticae cum ejusdem familiari dilucidatione, Mediol. 1548.

Caelius Secundus Curio, gest. 1569. In **Joach. Perionii** de dialectica libr. tres commentarii. Bas. 1549. Logices elementorum libri quatuor quibus ad Aristotelis Organum aditus aperitur. Bas. 1567.

Christoph. Cornerus, 1518 — 1594. Ratio inveniendi medium terminum in syllogismo categorico ab Arist. tradita, Basil. 1549.

Georg Cassander, 1515 — 1566. Dialectica, per tabulas, Col. 1545. 1559.

Corn. Valerius (Walthers), 1512 — 1578. Dialectices partis judicandi compendium per Winardum **Crucinum,** addit. pars Topicae, Col. 1591. Tabulae totius dialectices praecepta compl. Par. 1548. Lov. 1563, u. anderw. ö.

Marius Nizolius, 1498 — 1576. Antibarbarus philosophicus s. philosophia scholasticorum impugnata, Parmae 1553. Francof. 1670. 1674.

Petrus Joannes Nunnesius (Nuñez), 1521 — 1560. Anonymi compendium de Syllogismis, e Graeco versum etc. Valent. 1553. De constitutione artis dialecticae, ib. 1554. Cf. unten **Sebastian Fox.**

Petrus Aegidius, vulgo **Gil,** Valentinus. Institutiones dialecticae, Valent. 1554.

Hieronymus Monter (Menter). In logicam Arist. methodica introductio, Caesaraug. 1554.

Just. Welsens (Velsius), gest. 1578. De artium liberal. et philos. praecepta tradendi explicandique recta ratione ac via, Col. 1554.

Petrus Fermosellus. Tract. argumentationum et solutionum in totam Fr. **Titelmanni** dialecticam, Hispl. 1555.

Ortholph Fuchsperger. Ein gründlicher klarer Anfang der natürlichen und rechten Kunst der waaren Dialectica, aus dem Lateinischen in's Teutsche transferirt etc. Zürich 1556.

Sebastianus Foxius Morzillus (Fox Morzillo). De usu et exercitatione dialecticae lib. Bas. 1556. De Demonstratione ejusque necessitate ac vi lib. ib. 1556. De studii philosophici ratione (cum **Petri Joannis Nunnesii** De recte conficiendo curriculo philosophico), Lugd. Bat. 1621. In Topica Ciceronis, Antv. 1550.

Georgius de Arcis, De logica s. in Arist. Organum. Complut. 1556.

Caspar Cardillo de Villalpando, 1527 — 1581. Isagoge s. Introductio in Arist. dialecticam, Complut. 1557. Summa Summularum, ib. 1557. 1571. 1584. 1586. Breve compendium artis dialecticae, ib. 1599. Ausserdem Commentare zu den einzelnen Büchern des Organon ib. 1558, 59, 61, 66. 69.

Joannes Martinez Siliceus, gest. 1557. In Arist. Periermenias, Prior., Posterior., Top. et Elench. — Paris.

Ludovicus de Lemos. In libr. de Interpretatione. Salmant. 1558.

Hieron. Wildenbergius, 1465 — 1558. Totius philosophiae humanae descriptio. Bas. 1557 u. a. Ausg.

Jac. Acontius, gest. 1556. De Methodo s. recte investigandarum tradendarumque artium ac scientiarum ratione, Bas. 1558.

Gerardus Matthisius (Matthys), gest. 1574. Logicae Aristotel. tom. II. Colon. 1559 ff. Epitome log. Arist. ibid. 1569. Cf. oben **J. Perionius.**

Erasmus Sarcerius, 1501—1559. Exercitia dialecticae et rhetor. Marp. 1587.

Augustin. Huens, 1522—1577. Logices fundamentum, Lov. 1559. Antv. 1566. Dialectica ex Arist. Col. 1562. Antv. 1579 u. ö.

Barthol. Viotti, a Clivolo, Mitte des 16. Jahrh. De Demonstratione lib. V. Par. 1560.

Vincentius Caquetius, um 1560. Tract. de Suppositionibus.

Sextus Medices, um 1561. Tract. de primis et secundis intentionibus. In librum Porphyrii. Tract. de Sex Transscendentibus. Praelectiones in libr. Praedicamentorum.

Joannes Serrano. Dialecticae institutiones. 1562.

Jac. Carpentarius. Descriptio universae artis disserendi ex Arist. logico Organo collecta et in libros tres distincta, Par. 1562. Platonis cum Aristotele in univers. philos. comparatio, Par. 1573.

Flamin. Nobilius (Nobili, Nobilis), gest. 1590. Quaest. log. Lucae 1562.

Vincentius Montanes, gest. 1573. Epitome progymnasmatum dialecticae, Valent. 1563.

Constantinus Coecianus, gest. 1564. Commentaria in logicam Arist.

Matth. Galenus (Galien), gest. 1573. Dialectica ac Rhetorica paralipomena. 1564.

Jac. Schegkius, 1511—1587. De Demonstrat. libr. XV, Bas. 1564. Hyperaspistes responsio ad quatuor epist. P. Rami contra se editas, Tub. 1570. Ferner: Simoni Simonio meliorem mentem precatur, Prodromus Antisimonii, Tub. 1571. Anatome responsi Simonii ad Prodromum, ib. 1572. Antisimonius etc. ib. 1573.

Jac. Burlaeus. Elementa logica, Par. 1565.

Adrian. Hecquetius. Peripetasma argumentorum insignium, Lovan. 1565.

Just. Vultejus, 1529—1575. Quaestiones Dialecticae et Rhetoricae, Marp. 1565.

Thom. Erastus, 1523—1583. De discrimine logicae, dialecticae et scientiae demonstrativae, Bas. 1565. Ratio formandorum syllogismorum brevissima, Amberg. 1612.

Andr. Hyperius (v. Ypern.) 1511—1564. Dialectica et Rhetorica, Tigur. 1566.

Joannes Cantero. Commentaria in Porphyr. isag. et in Categ. Arist. Complut. 1566.

Petrus Joannes Monzon. Compositio totius artis dialect. Arist. Valent. 1566.

Juan de Huarte, 1520—1590. Examen de ingenios para las sciencias donde se ministra la diferencia de habilidades que hay en los hombres, 1566. Baeça 1575. 1594. Amber. 1593. Alcala 1640. Amst. 1662. u. sonst oft. Latein. Lips. 1622. Franz. Lyon 1580. Amst. 1672. Par. 1645. 1675. Ital. Venet. 1582 u. ö. Deutsch, Wittenb. 1782.

Jo. Placotomus (Bretschneider), gest. 1574. Methodi dialecticae libri tres. Frcf. 1567.

Simon Simonius. Quaestionum dialecticarum fragmentum, in quo examinatur tertia pars Anatomes Schegkianae, Bas. 1572. Antischegkianorum liber unus etc. ib. 1570. Varia in Arist. scripta, Genev. 1567.

Petrus de Fonseca, gest. 1619. Comment. in libros **Metaph.** Aristotelis Stagiritae. Lugd. 1591; in tom. I. die Institutiones dialecticae in 8 Büchern. Dialectica, libr. VIII, Colon. 1567. Venet. 1575. 1611. Lugd. 1625. Im **Collegium Conimbricense** sein Comment. zur porphyr. Isagoge.

Lovaniensis Academiae Commentaria in isagog. et in omnes libros Arist. Lovan. 1568.

Matthaeus Doniensis Ormazius. Libri VI. de instrumento instrumentorum, Venet. 1569. 1597.

Jeannes Baptista Monllor. Paraphrasis et Scholia in duos libr. Prior. Analyt. Val. 1569. Frcf. 1593.

Valentinus Erythraeus, 1521—1576. Corpus disserendi doctrinae s. Erotemata dialecticae. Quatuor libri de dialectica **Philippi Melanchth.** διεξοδικοί. Argent. 1574. Tabulae in IV. dialect. partit. Sturmii, Arg. 1561.

Aug. Hunnaeus, 1522—1577. Logices fundamentum s. prodidagmata de dialecticis vocum Affectionibus et Proprietatibus, Antv. 1568 u. ö. Dialectica s. generalia logices praecepta omnia, quaecunque ex toto Arist. Organo philosophiae tironibus etc. Antv. 1584. 1609.

Victorinus Strigellus, 1524—1569. In Erotemata dialecticae **Philippi Melanchth.** ὑπομνήματα excepta de ore ipsius, Lips. 1578. Neap. 1579.

Jo. Thom. Freigius, gest. 1583. Quaestiones ἰωθιναί καὶ δειλιναί s. logicae et ethicae etc. Bas. 1576. Trium artium logicarum etc. schematismi, ib. 1569. **Petri Rami** Septem artes liberales etc. in tabulas relatae, ib. 1576. Logica Jurecons. ib. 1582. Logicae Rameae triumphus, ib. 1583.

Nic. Cruchius. Arist. Logica, ad **Joach. Perionii** et suam interpretationem. Ejusdem in singulos libros argumenta cum disputatione de nomine dialectices et logices. Lugd. 1570.

Thomas de Mercado, gest. 1575. Comment. in textum **Petri Hisp.** seu Summulas, Hispali 1571. In dialecticam Arist. cum opusculo argumentorum, ib. 1571.

Bern. Petrella. Logicarum disputationum libri VII, Patav. 1571. Venet. 1591. Comment. in duos Arist. L. Posterior. Anal. Patav. 1595.

Andreas Caesalpinus, 1519—1603. Quaestiones peripateticae, lib. V, Venet. 1571.

Jo. Sturmius, 1507—1589. Partitionum dialecticarum libri IV· Argent. 1571; ibid. 1592 cum J. L. **Hauenrenteri** scholiis interlinearibus· Epitome per J. **Benzium,** ib. 1593. Tabulae per **Erythraeum,** ib. 1561. Disputationes logicae, Lub. 1608.

Vessodus, Rhetorica et Dialectica, Lausannae 1571.

Alex. Pomelius. Methodus syllogistica, Venet. 1572.

Petrus Simon Abril. Introduct. ad logicam Arist. libr. IV, Tudel. Navarr. 1572. Primera parte de la filosofia llamada la logica, o parte racional, Complut. 1587.

Vincentius Justinianus Antist, gest. 1599. Comment. in universam logicam, Valent. 1572. Venet. 1582. Colon. 1617.

F. Jo. Benedictus, gest. 1573. Introductiones dialecticae, Paris. 1577.

Hieronymus Gavaterius, um 1573. Comment. in isagogen Porphyrii, Brix. 1573.

Vincentius Patinas, gest. 1575. Comment. in universam Arist. logicam.

Franc. Hotomannus, 1524—1590. Dialecticae institutiones, libr. IV, Genev. 1573. 1593.

Paul ab Elxen, 1521 — 1598. Rudimenta artis dialecticae, Wit. 1574. Dialecticae praecepta illustriora et usitatiora, Erph. 1574.

Franciscus de Toledo (Toletus), 1532 — 1596. Introductio in dialecticam Arist. Colon. 1575 u. sonst. Comment. in univ. Arist. log. Rom. 1572. Lugd. 1579. Venet. 1574.

Guilielmus Xylander, 1532 — 1576. Institutiones aphoristicae log. Arist. Heidelb. 1577.

Wolfgang Bütner. Dialectica, Deutsch. Leipz. 1576.

Jo. Gascon. In logicam Arist. comment. Oscae 1576.

Jo. Hospinianus, gest. 1576. Quaestion. dialecticarum epitome, Bas. 1543. 1580.

Angelus de Senis, um 1576. Comment. in isagogen Porphyrii, in Praedicam. Periherm. Posterior.

Rich. Stanischurtus (Stanihurst), 1552 — 1618. Harmonia dialectica in Porphyrianas institutiones etc. Lond. 1577.

Henr. Schor. Speciales universitatis disciplinarum tabulae ex **Ramo,** Argent. 1578,

Marianus. Specimen logicum, 1578.

Jo. Hasler. Tabula aphorist. universam cum simplicium tum mixtorum syllogismorum γίνεσιν XXII capitibus ab Arist. pertractatam complectens, Aug. 1578.

Emeric. Crazer. Assertiones ex univ. logica, Ingolst. 1579.

Guil. Roding (Rhoding), 1549 — 1603. **Rami** dialecticae l. II. ex variis ipsius disputationibus et multis **Aud. Talaei** commentariis etc. Frcf. 1576. 1579. Lugd. 1577.

Rolandus Makilmenaeus. P. **Rami** dialecticae libri II, exemplis omnium artium et literarum illustr. Frcf. 1579. Lond. 1574.

Alphonsus de Veracruz, gest. 1580. Recognitio Summularum cum textu **Petri Hisp.** et Arist. Salmant. 1593. Resolutio dialectica Arist. ib. 1593.

Jo. Retorfortus. Commentariorum de arte disserendi libr. IV, Edinb. 1580.

Jo. Rigerius. Observationes in dialecticam **Rami,** ex Ramo ipso et **Melanchthone** desumptae, Frcf. 1580.

Jo. Casus, Ende des 16. Jahrh. Summa veterum interpretum in univ. dialecticam Aristotelis, quam vere falsove **Ramus** in Arist. invehatur, ostendens. Frcf. 1580. 1597.

Ad. Guil. Scribonius, Ende des 16. Jahrh. Triumphus logicae **Rameae,** Basil. 1583. Antipiscator logicus, ad logicas **J. Piscatoris** exercitationes respondens, ibid. 1588.

Andreas Planerus, 1546 — 1607, Quaestionum dialecticarum pars prima, continens doctrinam Praedicabilium et Praedicamentorum et libr. περὶ ἑρμηνείας Organi Arist. Tub. 1580 ff. Quaest. dial. partes II, Tub. 1584. Scientia demonstrandi ab Arist. duob. Posterior. Anal. libris in Organo conscripta, Tub. 1586.

Constantinus Sarnanus, gest. 1595. De conficiendis syllogism. Venet. 1576. Directiones in logicam etc. ad mentem Scoti, ib. 1580.

Jac. Zabarella, 1533 — 1589. Opera Logica (Lugd. 1586), edit. postr. Frcf. 1623.

Franc. Herculanus et Mart. de Fano, De probanda negativa, Colon. 1580.

Fortunat. Crellius, blüht erste Hälfte des 16. Jahrh. Introductio in logicam Arist. (communis et propria) Neustad. 1581 u. ö. cum notis Henning. Arnisaei, Frcf. ad Od. 1605.

Casp. Olevianus, 1536—1587. Fundamenta dialecticae, Frcf. 1581.

Jo. Jac. Wecker, gebor. 1528. Organum logicum per tabulas, Basil. 1581.

Franc. Sanchez, 1562—1632. Tract. de multum nobili et prima universa scientia, quod nihil scitur. Lugd. 1581. Frcf. 1618. Vergl. Dan. Hartnack, 1642—1708. Sanchez aliquid sciens, Stett. 1665.

Lucas Lossius, 1508—1582. Erotemata Dialecticae et Rhetoricae Philippi Melanchthonis et praeceptionum Erasmi Roterodami de utraque copia verborum et rerum, Franekerae 1591.

Andr. Kragius, gest. 1600. Schola Ramea v. Defensio P. Rami adversus G. Leibleri calumnias, Basil. 1582.

Joannes Piscator, 1547—1626. Animadversiones in P. Rami dialecticam etc. Ed. sec. Frcf. 1582. Exercitationum logicarum libri duo ad G. Ad. Scribonium nomine logicae Rameae triumphantem, Frcf. 1589. Rami institutiones dial. Talaei praelectionibus illustr. et emend. per Piscatorem, ib. 1583. Rami dialecticae libri II. cum scholiis Piscatoris, ib. 1581. 1586. 1587.

Claudius Alberius (Albericus, Auberi, Albertinus), Triuncurianus. Organon, Morgiis 1584 u. ö.

Gosw. Wasserfelder. Logica ad P. Rami dialecticam conformata, exemplis omnibus sacrarum literarum illustr. (eadem ab eodem Germanice reddita) Frcf. 1584 u. 1587.

Nicolaus Alexius, gest. 1585. In logicam et philos. Arist.

Antonius de Santolaria. Dialectica, 1585.

Jo. Dinkelius, gest. 1601. De usu dialectices, Mulh. 1585.

Owen Günther. Methodorum tractatus II, Helmst. 1586.

Jo. Paul Galucius. De formis Enthymematum, Venet. 1586.

Vincentius Herculanus. gest. 1586. Comment. in dialecticam Petri Hispani, Porphyrii Praedicabilia, Arist. libros Praedicam. Periherm. Posterior.

Fridericus Beurhusius, in schola Tremoniana, um 1580. Rami Institutiones dial. libr. III. cum quaestionibus etc. Tremon. 1581; cum addita e regione comparatione Philippi Mel. dialecticae libri quatuor, explicationum et collationum notis, Frcf. 1591. 1595. Rami dialecticae libri. II, et his e regione comparati Philippi Mel. dialecticae l. quatuor, cum explicationum etc. Frcf. 1588 (Erphord. 1586. 1587. Mulhus. 1586). Rami dial. l. II et Defensio ejusdem dialecticae, Lond. 1589. Ad Rami dialecticae praxin generalis introductio etc. Colon. 1596. Paedagogia logica, Col. 1583. Praelectiones et repetitiones in dialect. P. Rami, Col. 1588. De P. Rami dialecticae praecipuis capitibus disputationes scholasticae, Col. 1578. Defensio P. Rami dialecticae etc. Erphord. 1588. Frcf. 1589. Disputatio pro Ramea h. e. vere Socratica et Aristotelica philosophia, Col. 1610.

Ex. Mich. Neandri (1525—1595) praelectionibus collectum compendium dialect. et rhet. Philippi Mel. Islebii 1586.

Jacobus Carapressa, um 1587. Super libros Priorum.

Rudolf Snell, 1546—1613. Comment. in dialect. Rami, forma dialogi conscr. Herborn. 1587. De praxi logica, item regulae Rudolfi Goclenii de ratione disputandi, ib. 1592. 1597. Libri II de ratione discendi et exercendi logicam, ib. 1595.

Guil. Tempellus (Temple). Epistolae de dialectica P. Rami ad Jo. Piscatorem una cum Piscatoris responsione, Frcf. 1587. Rami Institutiones dial. libris III, scholiis G. Tempellii illustr. et emend. Ejusdem epistolae de P. Rami dialectica, contra J. Piscatoris responsionem defensio, ibid. 1591. Rami dialecticae libri II. scholiis G. Tempellii illustr. quibus access. eodem auctore de Porphyr. Praedicab. disputatio etc. ibid. 1591.

Mich. Sonleuter, Institutionis dialecticae libri duo, ex Melanchth. et P. Rami dialecticis praeceptionibus descripti, Norimb. 1587.

Vincentius Spargiatus, um 1588. Compendium omnium scientiarum.

Franc. Sanchez des Brosses, 1523—1600. Organum dialecticum et rhetor. Salmant. 1588. De nonnullis Porphyrii aliorumque in dialectica erroribus scholae dialecticae, ibid. 1588. 1597. Vergl. oben den anderen Franc. Sanchez.

Nath. Baxter. In P. Rami dialecticam quaestiones et responsiones, Frcfrt. 1588. 1593.

Just. Schricclus. De amplitudine, necessitate et utilitate usus logices etc. Erph. 1588.

Rup. Erytropolus, 1556—1626. Tabulae generales in dial. P. Rami, quibus opp. tabulae ex praescript. Philippi Mel. confectae, Lemgov. 1588.

Nicol. Raymarus Ursus (Nic. Reimers), blüht Ende des 16. Jahrh. Metamorphosis logicae in qua rationalis et liberrima ars ab omnibus supervacaneis et superfluis amputatur, Arg. 1589.

Dav. Schram, 1559—1615, (Christoph Agricola) Partitiones logicae et rhetoricae, Frcf. 1589.

Jo. Bilstenius. Syntagma Philippo-Ramaeum artium liberalium, Bas. 1589. 1596. Dialectica in qua P. Rami et Philippi Melanchthonis praecepta logica conjunguntur etc. Hanov. 1592.

Hier. Treutler, gest. 1607. Rudimenta dialecticae P. Rami, Herb. 1589.

Phil. Scherbius, gest. 1605. Endoxa paradoxa. De differentiis Analytices et Dialectices, Altorf. 1589 (vergl. Philosophia Altdorfina ed. Felwinger, Amberg 1603). Ferner: Dissertatio pro philos. Peripat. adversus Ramistas, Giessae 1610.

Jo. Sandersonus. Institutionum dialecticarum libri IV. Antw. 1589.

Nicod. Frischlin, 1547—1590. Dialogus logicus, contra P. Rami sophisticam pro Aristot. Addita ejusdem refutatione, script. a Conrad. Neubecker, Frcf. 1590.

Jac. Gretser, 1560—1625. De Demonstratione, Ingolst. 1589. De Locis s. de Topica, ib. 1590.

Georg. Salshuberus. Logica axiomatum Arist. etc. verum usum Peripateticorum et Ramosophistarum abusum complectens. Bas. 1590.

Chr. Cramerus, Ende des 16. Jahrh. Dialectica Ramea cum praeceptorum explicationibus etc. Frcf. Vergl. unten R. Goclenius.

Georg. Henischius, um 1600. Institutionum dialecticarum libri VII. et repetitionum libri II, Aug. 1590.

Amand. Polanus, 1561—1610. Syntagma logicum Aristotelico-Rameum. Bas. 1605. Logicae lib. II, Herborn. 1590. 1593.

Paul. Frisius, gest. 1611. Comparationum dialecticarum libri III, quibus **Philippi Mel.** et **P. Rami** praecepta dialectica breviter conferuntur. Frcf. 1590. 1596.

J. Lud. Hauenreuter, 1548 — 1618. Analysis lib. 1. Posterior. Arist. Analyt. ad disputat. prop. Argent. 1590. S. ausserdem oben **Jo. Sturm.**

Conr. Neander, 1566 — 1641. Tabulae in nobilem illam disserendi artem **P. Rami**, Frcf. 1591. S. dagegen oben **Mich. Neander.**

Jul. Gemellus. Quaestiones tres contra veteres et recentiores scholasticos, Venet. 1592.

Matthias Aquarius, um 1591. Epitome logices.

Didacus Masius, gest. 1608. Comment. in univ. Arist. dialecticam, Valent. 1592. Colon. 1618. Comment. in univ. Arist. philosophiam, Valent. 1599. Colon. 1610.

Jo. Benzius, 1547 — 1599. Epitome partitionum dialecticar. et oratoriar. M. T. Ciceronis et Jo. Sturmii, Argent. 1593.

Franc. Piccolomini, 1520 — 1604. Discursus ad universam logicam attinens, Marp. 1593. 1606.

Matth. Flacius, blüht Ende des 16. Jahrh. Opus logicum in org. Arist. 1593. Compendium logicae ex Arist. Rost. 1596.

Petrus de Oña, gest. 1626. Introductio ad Arist. dialecticam (Summulas), Complut. 1593. In magnam Arist. logicam comment. et quaest. Compl. 1593.

Car. Bumannus (Baumann), gest. 1610. Dialectica Socratica et Aristotelica, Frcf. 1593. Hypomnemata logica ex summis philosophis graecis et latinis deducta, Frcf. 1597. Disputatio log. de partibus dialecticae, inter **Nicod. Frischlinum** et Car. Bumannum olim instituta etc. Magdeb. 1605.

Georg Bersmann, 1538 — 1611. Erotemata dial. **Philippi Mel.** collectaneis novarum quaestionum illust. Servest. 1594.

Dan. Cramerus, 1568 — 1637. Schediasma apologeticum etc. contra arrosiones **Fr. Beurhusii**, Witteb. 1594. Viginti duae disputationes logicae, quibus organon Arist. breviter illustratur et praecipua **P. Rami** sophismata nervose solvuntur, ib. 1597.

Jo. Schroderus (Schröder), 1572—1664, Animadversiones in prim· disputat. **Dan. Crameri** etc. Frcf. 1595.

Andr. Libavius, gest. 1616. Collatio dialectices **Melanchthonis** et **Rami**, Norimb. 1593. Tetraemeron autoschediasticum de apodixi Aristotelea contra mentem **P. Rami**, adversus Jo. Bisterfeldii sophismata, Frcf. Dialecticae emendatae libri duo, et libri duo exercitiorum logicorum, ib. 1595. Dialogus logicus de fundamentis et usu dialectices, industria **P. Rami** emendatae et nunc vulgatis **Philippi Mel.** praeceptis adhibitae. Access. epistola ad logicum quendam **Philippeum** etc. Frf. 1595. De dialectica Aristotelica a **Philippo Mel.** et **P. Ramo** perspicue exposita dialogus I et II. Frcf. 1600. Dialectica **Philippo-Ramaea**, cum scholiis A. Libavii, Frcf. 1608.

Definitiones et Divisiones communiores ex Porphyrio et Aristotelis Organo desumptae, Colon. 1595.

Henn. Rennemann, gest. 1646. Enodatio totius philosophiae **Rameae** etc., dissertationibus **Ph. Scherbii** opposita, Frcf. Dissertatio pro philos. **Ramea**, ibid. 1595. 1599.

Petr. Schmflauer. Exercitationes logicae hinc inde collectae, Frcf. ad Od. 1597.

Heizo Buscher, Ende des 16. Jahrh. De ratione solvendi sophismata ex **P. Rami** logica deducta, Lemgov. 1593. Witeb. 1598. Harmoniae logicae **Philippo - Ramaeae** libri II, Lemgov. 1598. Frcf. 1599. Wit. 1599. Vergl. **M. Ant. Buscheri** Disputationes quindecim universam logicam methodo Ramaea concinnatam continentes, Lemgov. 1605. S. unten **R. Goclenius.**

Cornelius Martini, 1567 — 1621. Adversus **Ramistas** disputatio de subjecto et fine logicae; una cum aliis tribus ejusdem importunitati oppositis disputationibus a **Fr. Beurhusio** in schola Tremoniana, Conr. **Hoddaeo** in gymnasio Gottingensi, **Heiz. Buschero** in schola Hanoverana, Lemgov. 1597. Cf. De Rameae institutionis principiis et natura logicae ad primam disputationem M. Cornelii Martini adversus Ramistas propositam consideratio. ibid. 1597.

Cornel. Formicarus, Exercitationes logicae, Frcf. 1597.

Didacus de Zuniga. Philosophiae prima pars, qua perfecte et eleganter quatuor scientiae etc. Tolet. 1597. 1607.

Julius Pacius a Beriga, 1550 — 1635, In Porphyr. isag. et Aristotelis organum commentarius analyticus. Frcf. 1597. Institutiones logicae in usum scholae Sedanensis, Spir. 1596. Bern. 1600. Doctrinae peripat. l. III, Aurel. Allobr. 1606. Artis Lull. emend. l. IV, Valent. 1618.

Jo. Hammericus. Quaestiones dialecticae ex Erotem. **Melanchthonis,** Lips. 1598. Witeb. 1604.

Rud. Goclenius, 1547 — 1628. Problemata log. Marp. 1589. 1591. 1595. eorund. appendix apologetica, Frcf. 1596. Praxis logica, in qua doctrina genesis et analysis, declamationum etc. demonstrantur, Frcf. 1595. 1598. Libri II partitionum dialecticarum ex Platone, Aristotele, Cicerone, **Philippo Melant., Bernardo Coplo** et aliis sumtarum, Frcf. 1595. Isagoge in Organon Arist. ibid. 1598. Institutionum logicarum l. II et III. Marp. 1601. 1605. Appendix IV dialogistica de proprietatibus essentialibus etc. Collocutores sunt Goclenius et **Buscherus,** Marp. 1602. Problematum logicorum pars I — V, access. passim refutatio Appendicis exercitationum **Heiz. Buscheri,** ib. 1602. Controversiarum logicarum liber secundus, continens assertionem et demonstrationem praedicationum impropriarum logicarum etc. adv. Synopsin **G. Buscheri** et Disputat. **A. Lycaulae,** ibid. 1604. Controversiae logicae et philosophicae ad praxin directae, ib. 1609. S. auch **Christoph. Crameri** dialectica **Ramea** cum praeceptorum explicationibus, disquisitionibus et praxi, nec non collatione cum Peripateticis, a. M. Rodolpho Goclenio edita, Francof.

Ottho Casmann, gest. 1607. P. Rami dialecticae et **Melanchthonianae** collatio, instituta ac proposita lectionibus privatis, Helmst. 1599.

Vierte Abtheilung.

1600 — 1700.

Alph. Aluardus. Artium disserendi ac dicendi insolubili vinculo junctarum libri duo, Bas. 1600.

Henr. Decimator. Analysis in dialecticam **Philippi Mel.** Lips. 1600.

¯Ottho Gualpperius (Gualtperius). Comparatio logica utriusque familiae logicae, Rameae et Aristot. Rostoch. 1600.

Petr. Carpenterius. Introductio logica, Lugd. 1600.

Albert Voit, blüht 1590 — 1600. Objectiones et responsiones in dialect. P. Rami, Frcf. 1600. Disputationes dialecticae, ibid. 1601.

Petr. Frider, gest. 1606. Libri II partitionum logicarum, Frcf. 1600.

Herm. Nicephorus, gest. 1626. 'Αναλυτική logicae Philippo-Rameae ἑρμηνεία, Frcf. 1600. Examen logicum, Rostoch. 1603.

Jo. Brutscher. Comment. in universam logicam, Ingolst. 1601.

Dionysius Blasco, um 1600. Hortulum philosophicum, Caesaraug. — Cursus artium, ib. 1672. 1676.

Franciscus Suarez, Granatensis, 1548 — 1617, schrieb Commentaria in logicam.

Theod. Marcillus, gest. 1617. Proprii et accidentis ¡logici series nova, contra Porphyrium, Lutet. Par. 1601.

Nicol. Reusner, 1545 — 1602. Elementorum artis dialecticae libri IV, Argent. 1602.

Dominicus Banez, 1527 — 1604. Institutiones minores dialecticae s. Summulae, Colon. 1618.

Jo. Regius, gest. 1605. Selectissimarum disputationum et commentariorum logicorum etc. sectiones quinque, in quibus cumprimis P. Rami strophae et nugae profligantur, Frcf. — Exercitationum peripatet. lib. II adv. Petri Frideri partitiones logicas, Mulh. 1602.

Haloin Gothofred. Logicae Aristotelicae et Rameae synopsis, Herborn. 1602.

Andr. Widmarius, 1552 — 1621. Antiproblemata logica etc. Brem. 1602.

Alb. Cupplus. Artis logicae aphorismi, Magd. 1603.

Διαλίγεσθαι cum suis synonymis graecis latinisque etc. praecedente historia dialectica, Coburg. 1603.

Gothard Artus, gebor. 1570, (Arthus). Ramo-Philippus, Frcf. 1604.

Jacob Mayer. De divina, rationali et naturali philosophia, Dill. 1604.

Conrad Reihing. Comm. in logicam, Ingolst. 1604.

Paul Laymaun, 1575 — 1635. Disputatio logica ex Organo, Ingolst. 1604.

Nic. Willebrand, Compendium logicae ex Aristotele et opere logico Matthiae Flacii, 1604. S. letzeren im vorigen Abschnitte.

Joach. Nisaeus, 1574 — 1634. Disputatio logica de partibus dialectices, inter Nicol. Frischlinum et Car. Bumannum olim instituta et nunc publici juris facta, Magd. 1605. S. die Genannten im vor. Abschn.

Henning. Arnisaeus, gest. 1635. Vergl. im vor. Abschn. Fortunat. Crellius.

Georg Holzhai. De natura logica etc. Iugolst. 1607.

Gualter Mundbrot. Theses ex univ. logica. Ingolst. 1607.

Conimbricensis Collegii commentarii in univers. dialecticam, Colon. Arg. 1611 (erste ächte Ausgabe in Deutschland). Ein unächter Commentar erschien unter obigem Titel. Frcf. 1604.

Sebastianus Coutus (Couto), Verfasser der ächten conimbr. Logik. **Ignatius Carvalho.** Summarium cursus philos. Conimbricensis.

Franc. Murcia de la Llana, um 1610. Selecta circa Aristotelis dialecticam subtilioris doctrinae, quae in Complutensi academia versatur etc. (Madriti 1604) Ingolst. 1622. Hiebei Selecta pro dialecticae introductione (de ratione terminorum, de contradictoriis etc.) super Summulas Villalpandei. 8. im vor. Absch. Caspar Cardillo de Villalpando.

Henr. Nollius. Prodromi logici tractatus III, in quibus praeter alia tota Rami logica compendiose refutantur. 1604. Ars et per propriam indagationem et per revelationem aliquid discendi, Han. 1617. Via sapientiae trina, ib. 1620.

Antonius Rubio (Rubius, Ruvius, Rubeus) Rodensis, 1548—1615. Logica Mexicana sive Commentariorum in universam Aristotelis logicam pars prior, Colon. 1605, pars posterior, ibid. 1609. Comment. in compendium contracti, Val. 1607. Col. 1609. 1615, u. sonst.

Balth. Baumbach, gest. 1622. Incerti cujusdam brevis et perspicua tractatio de enunciatione et syllogismo, Neap. 1605.

Joach. Syritraeus. Disputationes logicae et rhetoricae, 1606.

Guil. Ursinus. Comment. in P. Rami dialecticam, tam theoreticam quam practicam, Frcf. 1606.

Horat. Cornacchinus. Indagatio verae et perfectae definitionis logicae, Venet. 1606.

Jo. Hesselbein, um 1606. Theoria logica h. e. fax illustris tenebrosas aliquot tum Aristotelicae tum Rameae philosophiae obscuritates illustrans, Frcf. 1606.

Wittich, Westovius, 1577—1643. Introductio ad dialectic. Philippi **Mel.** Lips. 1606.

Barthol. Keckermanns, 1571—1609. Systema logicae tribus libris adornatum etc. Hanov. 1600. Ed. tertia Lugd. 1607. Gymnasium logicum, de usu et exercitatione logicae artis libri tres, Hanov. 1605. Systema systematum, ib. 1613. 8. auch: Praecognitorum logicorum tractatus III, Hanov. 1598. 1604.

Jo. Neldelius, 1554—1612. Pratum logicum, Frcf. 1607. Helmst. 1666.

Jo. Hauberus, 1572—1620. Erotemata dialectices pro scholis in Ducatu Württembergensi. Tub. 1607. 1618.

Petr. Bertius, gest. 1629. Logicae peripat. libri VI, Magdeb. 1607.

Hyppol. Hubmeier. Disputationes logicae Aristotelico-Rameae, Jenae 1607. Oratio de Aristotele et Ramo, Frcf. 1609.

Phil. Pareus, 1576—1648. Artis logicae libri duo, Hanov. 1607.

Scip. Dupleix, 1569—1661. Cours de philosophie, Par. 1607.

Ammianus. Rudimenta artium dialecticae et rhetoricae, in minoribus scholis juventuti Tigurinae confecta, Tig. 1608.

Dav. Waslus. Rudimenta dialecticae, Schwinf. 1608.

Didacus a Jesu, gest. 1621. Comment. cum disputationibus et quaestionibus in univ. Arist. logicam, Matrit. 1608.

Casp. Bartholinus, 1585—1629. Enchiridion logicum ex Aristotele ejusque interpretibus concinnatum, Argent. 1608.

Greg. Horstius, 1578—1636. Institutionum logicarum libri duo, Witt. 1608.

Zach. Sluterus, 1571—1648. Anatome logicae Rameae, Frcf. 1608.

Georg Cleiner, Dissertationes ex universa philosophia, Dill. 1608.

Jacob Reihing, De duplici logica, Ingolst. 1609.

Jod. Jungmann. Praxis artium generalium, Grammaticae, Rhetoricae et Dialecticae, recogn. a **Rod. Goclenio,** Cassel. 1609.

Conr. Theodoricus. Institutiones dialecticae ex probatiss. Aristotelis et **Rami** interpretibus conscriptae etc. Giessae 1609.

Casp. Finckius, 1578—1631. Thesaurus logicus h. e. doctrina syllog. cum confutatione system. log. **Keckermanni,** Gissae 1609.

Petr. Molinaeus, 1568—1658. Elementa logica, Par. 1609.

Jo. Bisterfeldius. Rameae dialecticae libri duo, Herbornae 1610. Vergl. gegen Ende des vor. Abschnitts **Andr. Libavius.**

Hieronymus de Valera. Commentaria in logicam juxta doctrinam Scoti, Limae 1610.

Jo. Schollius. Praxis logica sive scholae et exercitationes dialecticae, Frcf. 1610.

Jo. Talasius. Epitome gymnasii logici, Herb. 1610. Vergl. oben Keckermann.

Jo. Donner. Themata decem contra systema logicum **Keckermanni,** Wit. 1610.

Georg Dounamus (Downham), Commentarii in P. **Rami** dialecticam, Frcf. 1610.

Andr. Grotheinius. Compendium dialecticae **Philippi-Rameae,** Lub. 1610.

Lamb. Langemacius, gest. 1614. Institutionum dial. libri duo, Lubec. 1610.

Joannes Sanchez Sedeño, gest. 1615. Quaestiones in univ. Arist. logicam, Salm. 1600. Venet. 1610.

Jacob Martini, 1570—1649. Logicae peripateticae per dichotomias in gratiam **Ramistarum** resolutae libri II, Viteb. 1603. Disputationes logicae domesticae sive privatae, ib. 1606. Institutionum logicarum libri VIII, ib. 1610 u. ö. Systema logicum **Keckermanni** praelection. illusr. ib. 1612 u. ö. Vergl. dagegen zu Ende des vor. Abschn. **Cornelius Martini.**

Dan. Stahl, 1589—1654. Tractatus περὶ ἑρμηνείας sive doctrina propositionum etc. Giessae 1610. Quaestiones logicae, Jenae 1652.

Josephus Blanch, gest. 1616. Summularum institutiones, Val. 1611.

Seraphinus Razzi, gest. 1613. Von ihm Praelectiones in Porphyr., Praedicam. Periherm. etc.

Thomas del Monacho, um 1613. Von ihm Comment. in univ. Arist. philos.

Laurent. Ferer. De Suppositione nominum. De Relatione logica. Ingolst. 1613.

J. H. Alstedius, (Sadiletus, Sedulitas), 1588—1638. Clavis artis Lullianae et verae logices, Arg. 1610. Panacea philosophica i. e. facilis, nova et accurata methodus docendi et discendi universam Encyclopediam, Herborn. 1610. Systema logicae harmonicum, ib. 1614. Logica P. **Rami** perpetuis tabulis M. **Samuelis Sabatecii** delineata et succincto commentario J. H. **Alstedii** illustrata, Frcf. 1617. Nucleus logicae, Herb. 1623. Vergl. Encyclopaedia, tom. I, lib. 8, Lugd. 1649.

Antonius Zara, 1574—1620. Anatomia ingeniorum et scientiarum sect. V, Venet. 1615.

Sophonias Hasenmüller. Dialectica, Norimb. 1615.

Caspar Lechner. De praedicatione logica, Ingolst. 1615.

Joachim Erndtlin. De quibusdam difficultatibus logicis, Ingolst. 1617.

Georg Stengel, 1585—1651. Tractatus de bonis artibus. Castigatio philosophica malarum artium. Dill. 1617 ff. Libellus de bono et malo syllogismo, Monach. 1618.

Ansonius Sala. Cursus artium, Barcel. 1618 ff.

Matth. Hoë, 1580—1645. Philosophiae speculatricis Aristotelis pars prima, continens compendiosam resolutionem logices, Colon. 1619.

Petr. Hurtadus (Hurtado) **de Mendoza** (Mentoza), gest. 1651. Disputationes in universam philosophiam a Summulis ad Metaphysicam, Mogunt. 1619 und sonst. Summulae, Salmant. 1621.

Samuel de Lublino, gest. 1635. In univers. Arist. logicam quaestiones scholast. secundum viam **Thomae,** Col. 1620. Tractatus Summularum omnibus tyrunculis veram philos. amantibus perutiles, jucundi, necessarii, in tres libr. digesti, Col. 1627.

Franz Baco von Verulam, 1561—1626. De dignitate et augmentis scientiarum (The two books on the proficience and advancement etc. Lond. 1605), Lond. 1623. Lugd. 1652. Argent. 1654 u. ö. Deutsch, Pesth 1753. Novum Organum scientiarum (Cogitata et visa, 1612), Lond. 1620 u. ö. Leipz. 1837 u. 39. Lond. by Brewer 1856. Deutsch, Berlin 1793. Leipz. 1830. Die Gesammtwerke oft herausgg., neuerdings von Ellis, Spedding und Heath, Lond. 1858 ff.

Hyacinthus Petronius, gest. 1647. Summulae dialecticae. Quaestiones in Arist. logicam. Rom. 1620. 1622.

Henr. Lamparter. De Syllogismo, Ingolst. 1621.

Caspar Hell. De recto usu terminorum logices, Ing. 1621.

Wolfgang Metzger. Breviarium philosoph. rationalis, Dill. 1621.

Georg Reeb. Distinctiones et Axiomata, quorum in omni disputatione frequentior est usus, Dill. 1621.

Matth. Weiss, 1600—1638. Pronuntiata logica, Salisb. 1621. 1623. Organum Arist. novis comm. in mentem Peripat. ib. 1627. Dialectica, ib. 1628.

Joach. Climent. Disputationes dialecticae, Valent. 1621.

Casp. Pfaffradius, gest. 1622. Commentatio de studiis Ramels etc. Francof.

Eglinus, 1559—1622. De ratione argumentandi, Tiguri.

Conr. Aslach, gest. 1624. De dicendi et disserendi ratione l. III, Herb. 1622.

Franciscus del Fresno. Comment. in Universalia Porph. et Praedicamenta Arist. 1622.

Franc. Suarez de Villegas. Universae dialectices epilogus. 1622.

Marcus de los Huertos. Quaestion. ad univ. dialecticam, Duaci 1622.

Collegium Complutense: Disputationes in Arist. dialecticam et philosoph. naturalem, juxta miram angelici doctoris D. **Thomae** doctrinam et ejus scholam, Complut. 1624. Lugd. 1637. 1651. Der Verfasser der Logik ist **Michael a Trinitate,** der Herausgeber des ganzen Artium Cursus ist **Antonius a Matre Dei.**

E. Herbert de Cherbury, 1581—1648. De veritate prout distinguitur a revelatione, a verisimili, a possibili et a falso, Paris 1624. Lond. 1633.

Franc. Burgersdicius, 1590—1635. Institutionum logicarum synopsis s. Rudimenta logica, Amstel. 1659. Institutionum logicarum libri duo, edit. noviss. ibid. 1660.

Barnabas Gallego de Vera, gest. 1661. Controversiae artium in defensionem doctrinae angelici doctoris D. Thomae. Matrit. 1623. Col. 1638.

Petrus a Jesu Maria (de la Serna). Comment. in logicam Arist. 1624.

Ludovicus Rodriguez, Gallaecus. Dialecticae Arist. compendium, Salmant. 1624.

Julianus de Castelvi et Ladron, gest. 1637. In Arist. dialecticam comment. Val. 1624. In Arist. logicam, ib. 1625.

Franc. Matthaeus Fernandez Bexarano. La noticia intuitiva de todas las artes y ciencias. 1625.

Nicolaus Mosticensis, gest. 1645. Rudimenta logices s. institutiones logicae libr. VII, Crac. et Col. 1625. Col. 1671.

Petr. Fernandez de Torrejon. Institut. dialecticarum libri III, in quibus Summulae G. C. **Villalpandaei** opportun. elucubr. elucidantur, Complut. 1626. Vergl. im vor. Abschn. **G. C. de Villalpando.**

Jo. Gonzalez Martinez. Fabrica syllogistica Arist. Complut. 1628.

Antonius Vareja, um 1629, schrieb Summulae in Arist. dialecticam.

Georg Gutke, 1589—1634. Logicae divinae libr. II, Col. 1629.

Hyacinthus de Sarasa Ximenez, um 1630. Quaestiones in Summulas, Complut. 1630. Quaest. in Logicam, ib. 1630.

Gaspar de la Fuente. Quaestiones dialecticae et physicae ad mentem doctor. Scoti, Lugd. 1631.

Joannes a Sancto Thoma, 1589—1644. Artis logicae prima pars, de dialecticis institutionibus s. Summulis, Complut. 1631. 34. Rom. 1636. Artis log. secunda pars, in Isagog. Porphyr., Arist. Categorias et Perihermenias ac Posteriorum libros, Complut. 1632. Rom. 1637. Matrit. 1640.

Rodericus de Arriaga, 1592—1667. Cursus philosophicus. Antv. 1632. Lugd. 1668.

Joannes Testefort, 1595—1644. Philosophiae Thomisticae versibus concinnatae pars prima, complectens dialecticam, logicam et physicam **metrice** elaboratas, Lugd. 1634.

Christoph. Scheiblerus, 1589—1653. Opus logicum, quatuor partibus universum hujus artis systema comprehendens. Edit. quart. Giessae 1654 (edit. prim. 1634).

Jo. Scharfius, 1595—1600. Manuale logicum, ex Aristotele et Philippo Mel. concinn. Edit. tert. Witt. 1639.

Didacus Ortiz, Hispalensis, gest. 1640. Summularum brevis explicatio, cum gravioribus quaestionibus a Summulistis disputari solitis, Hispal. 1635 u. ö.

Franc. Manca de Prado, um 1636. Aristotelis philosophiae selecta expositio **Thomistica,** quaestionibus ac dubiis illustr. Messan. 1636.

31 *

Gisbert van Isendoorn, 1601—1657. Collegii philos. Daventr. exerc. log. et ethicae, Daventr. 1636 ff. Comp. logicae peripatet. ibid. 1640. Logica peripatetica, ib. 1645. 1652.

Josephus Ferrer. Logicae et Physicae summulisticum praeludium, Valent. 1636.

Sebastianus de Soto. Accurata et brevis Summularum expositio, Matriti 1636.

Thomas Campanella, 1568—1639. Philosophiae rationalis partes quinque, in Operum tom. prim. Paris. 1638.

Joach. Jung, 1587—1657. Logica Hamburgensis, Hamb. 1638.

• Franciscus Alphonsus, 1600—1649. Disputationes in univ. Arist. logicam, Complut. 1639. 1641.

Franciscus de Oviedo. Cursus philosophicus. Lugd. 1640. 1651.

Charles Sorel de Souvigny, 1599—1674. La science universelle, Paris 1640.

Christ. Lupus, 1612—1681. Prodidagmata philos. Lov. 1640. Opera, Lov. 1682. Venet. 1724.

Cosmas de Lerma, gest. 1642. Compendium Summularum sap. M. F. Dominici de Soto, Burgis 1641. 1649. Commentaria in Aristotelis logicam ex doctrina s. M. F. Dominici, ib. 1642. Vergl. Dominicus de Soto (1494 bis 1560) im vor. Abschnitte.

Franz Kehlinger. Philosophia triplex, Ing. 1641.

Adam Burghaber. Philosophia peripatetica. Ing. 1641.

Balthasar Tellez, 1595—1675. Summa universae philos. Olisipone 1642. 1652. Paris. 1644.

Petri Gassendi, 1592—1655. Opera. VI. tom. Lugd. 1658. Die Logik ist im ersten Bande. S. auch dessen Exercitationes paradoxicae adv. Arist. Hag. 1649 ff. Vergl. gegen Gassendi z. B. Henr. Upfelmann, Oratio adversus exercitat. parad. Helmst. 1665. H. Asc. Engelke, Disputat. adv. exercit. quint. libri primi, Lips. 1699. J. Fr. Weise, Exercitationes VIII adv. parad. exerc. Witt. 1675.

Th. Hobbes, 1588—1679. Opera philos. Amstel. 1668. Lond. 1839 bis 45. Insbesondere: Element. philos. de Cive. Paris. 1642. Amst. 1647 u. ö. Leviathan, Lond. 1651; latein. Amst. 1668; deutsch Halle 1794.

René Descartes, 1596—1650. Opera philosophica, Frcf. 1692. Oeuvres philos. Paris 1835. 1839. Opera omnia, Amst. 1670 ff. 1692 ff. Oeuvres, Paris 1724—29. 1824—26. Oeuvres inédites par Le Cte Foucher de Careil, Par. 1859 u. 60. Insbesondere noch: Discours de la méthode etc. in den Essays philos. Leyd. 1637, u. lateinisch in den Specimina philosophica, Amst. 1644. Meditationes de prima philosophia etc. Paris 1641. Amst. 1642. Principia philosophiae, Amst. 1644. Vergl. unter Anderen J. Baumann, Doctrina Cartesiana de vero et falso explicata atque examinata. Berl. 1863. Kuno Fischer, Hauptschriften etc. in's Deutsche übertragen, Mannh. 1863.

Christian Dreier, gest. 1688. Sapientia s. philosophia prima, Königsb. 1643.

J. Paul Felwinger, 1606—1681. Philosophia Altdorfina h. e. Dispp. collect. Scherbii, Soneri, Piccarti. Nor. 1644.

Jo. Lalemandet, um 1644. Decisiones philosophicae, Mon. 1644 ff. Lugd. 1656.

Valerian Magni, De luce mentium et ejus imagine, Vind. 1645.

Casp. Ebelius, 1595—1664. Opera philosophica, ed. Kil. Rudrauffius, Frcf. 1677. Compendium log. Arist. Marp. 1645. Giess. 1651 u. ö.

Honoré Fabry, 1607—1688. Vergl. **Petr. Mosner,** Philosophiae tomus primus, qui complectitur scientiarum methodum et logicam analyticam, ex praelectionibus R. P. Hon. Fabry, soc. Jesu. Lugd. 1646.

Conr. Hornelus, 1590—1649. Compendium dialectices succinctum et perbreve. 1647 u. ö. zu Frcf. u. Norimb.

Jo. Stierius. 1589—1648. Praecepta logicae peripateticae, ex Arist. aliisque probatis autoribus collect. Ed. nona, Jen. 1662.

Antonius Deusinghius, 1612—1666. Synopsis philosophiae universalis, Groning. 1648.

Gerh. Jo. Vossius, 1577—1649. De logices natura et constitutione liber, Hagae Comit. 1658.

Jo. Martinez de Prado, gest. 1668. Dialecticae institutiones quas Summulas vocant, Complut. 1650. 1651. Quaestiones logicae, ibid. 1651. 1655.

Petrus de Oviedo, gest. 1651, schrieb Comment. in dialecticam Aristot.

Mauritius de Gregorio, gest. 1651. Encyclopaedia i. e. omnium scientiarum circulus (viridarium), Neap. 1652.

J. Salabertus. Philososphia **Nominalium** vindicata s. logica in Nominalium via, Par. 1651.

Franciscus Soarez, gest. 1659. Cursus philosophicus, Conimbr. 1651. Ebor. 1668. 69. 70.

Jo. Caramuel von Lobkowitz, 1606—1682. Severa argumentandi methodus, Duaci 1643. Lov. 1644. Frcf. 1651. Philosophia, Lov. 1648. Herculis logici labores tres, Frcf. 1651. Metalogica, ib. 1651. Apparatus philosophicus, Frcf. 1652. Colon. 1665. Theologia (lies: Philosophia) rationalis, Frcf. 1665.

Franciscus Bonae Spei. Comment. in universam Arist. philosophiam, Bruxell. 1652.

Amand. Pachler, gest. 1673. Trias operationum mentis, Salisb. 1652. Discursus inter Aristotelem et Heraclitum dubiosum, in quo pleraeque difficultates circa demonstrationem ab Arist. explicantur, ib. 1655.

Raimundus Mailhat, 1611—1693. Summa philosophiae etc. ad D. Thomae mentem. Tolos. 1652. Colon. 1706. Die Logik in tom. 1.

Alphonsus de Peñafiel. Cursus artium, Lugd. 1653 ff.

Jo. Clauberg, 1625—1665, Opera omnia philos. cura Schalbruchii, Amstel. 1691; p. 765 ff. logica vetus et nova; p. 911 ff. logica contracta. Vergl. unten Rhegenius.

Jo. Conr. Dannhauer, 1603—1666. Epitome dialecticae. Decas diatribar. logicar. ed. IV, Argent. 1653.

Hadrian Heerebord, gest. 1660. Philosophia rationalis etc. Lugd. 1654. Hermeneia logica s. Explic. synopsis logicae **Burgersdicianae,** Lugd. 1660. Vergl. oben Fr. Burgersdicius.

Jac. Fournenc. Universae philosophiae synopsis, tom. pr. Par. 1655.

Jo. de Echalaz, gest. 1657. Cursus philos. Lugd. 1655.

Joannes Martinez, gest. 1656 (verschieden von dem oben genannten J. Martinez de Prado), schrieb einen Artium cursus.

Jo. Phil. Ebelius. Hermes logicus **Dieterichianus** (tractatus in quo termini artis logicae proponuntur), Giessae 1655.

Paul Slevogt, 1589—1654. Disputationes, Jenae 1656. Diss. de Universali ante rem, ib. 1656.

Antonius Bernaldo de Quiros, gest. 1668. Opus philosophicum, Lugd. 1656.

Georg Heidelberger. Quaestiones selectae ex omni philos. Ingolst. 1657. De tribus mentis operationibus, Mon. 1661.

Melchior Cornaeus, 1598—1665. Curriculum philosophiae peripateticae, uti hoc tempore in scholis decurri solet, Herbipoli 1657.

Hyacinthus de Parra, 1619—1684. Artium cursus, 1657.

Casp. Manz, gest. 1677. Duodecim Praedicamenta ad usum forensem accommod. Aug. V. 1658.

Michael de Villaverde. Logica, Complut. 1658.

Erh. Weigelius, 1625—1699. Analysis Aristotelica ex Euclide restituta, Jen. 1658.

David Derodon, gest. 1664. Logica restituta, Genevae 1659.

Sebastianus Izquierdo, gest. 1680. Pharus scientiarum h. e. Dialectica, Lugd. 1659.

Stanislaus Mink v. Weinheum (Joh. Just. Winkelmann), gebor. 1620. Logica memorativa, Hall. 1659. Frcf. 1725.

Jo. Zeisold, gest. 1667, Colleg. logic. ed. And. Chr. Schubart, Jen. 1660.

Jo. Conr. Dürr, 1625—1677. Isagoge in lect. Arist. Altd. 1660. 1665.

J. Bapt. van Helmont, 1577—1664. Opera, Frcf. 1682. p. 19 Venatio scientiarum; p. 39 Logica inutilis.

B. Spinoza, 1632—1677. Opera omnia, ed. Paulus, Jenae 1802 ff. Opera philos. ed. Gfrörer, Stuttg. 1830. ed. Riedel, Lips. 1843. Opera quae supersunt omnia, ed. Bruder, Lips. 1843 ff. Tractatus de Deo et homine etc. ed. Böhmer, Halae 1852 u. Supplementum contin. tractatum de Deo et homine etc. cd. van Vloten, Amst. 1862.

Gull. Philippi, gest. 1665. Medulla logicae, Lov. 1661.

Daniel Voet, gest. 1667. Meletemata philosophica. Ultrajecti 1661.

G. Andr. Fabricius. Thesaurus philosophicus sive tabulae totius philosophiae, Brunsvigae 1661.

Arnold Geulincx, 1625—1669. Logica fundamentis suis a quibus hactenus collapsa fuerat restituta, Lugd. 1662. Amst. 1698. Metaphysica vera, Amst. 1695. S. auch Annotata praecurrentia, Dordr. 1690, Annotata majora in princip. ibid. 1691.

Jac. Honoldus, 1598—1663, schrieb Consideratio syllogistica und Explicatio canonum logicorum.

Jacobus Brunus a Scigliano, um 1670. Pars prima summae philosophicae disciplinae, quae dicitur logica, Messan. 1663.

Petr. Barbay, gest. 1664. Commentarius in Arist. logicam, Lugd. 1692.

Marcus a Baudino, Paradisus philosophicus unius et trium doctorum, Angelici, Seraphici, Subtilis horumque Conciliatoris, Massil. 1664.

Fr. Bonaventura Baro. J. **Duns Scotus** defensus, quaestionum novitate amplificatus, Colon. 1664.

Alb. Zennerus. Methodus impugnandi et propugnandi **Thomistarum** philosophiam non minus subtilis quam facilis et brevis, August. V. 1664.

La Logique ou L'art de penser (die Logik des Port-Royal), Paris 1664 u. ö. In Verbindung mit ihr werden gebracht die Namen **Anton Arnauld,** 1612—94, **Pierre Nicole,** 1625—95, **Sylvain Regis,** 1632 bis 1707. Vergl. Logica s. ars cogitandi, editio in Germania prima, mit Vorwort von Buddeus, Hal. Magd. 1714.

Jos. Glanvil, 1636—1680. Scepsis scientifica or confessed ignorance etc. Lond. 1665. De incrementis scientiarum inde ab Aristotele ductarum, Lond. 1670.

Frid. Bechmann, gest. 1703. Institutiones logicae, ex Aristot. et ejus optimis interpretibus concinnatae, ed. sec. Jen. 1667.

Eckh. Leichner, 1612—1690. Tirocinium analyt. seu verae logicae etc. Erf. 1666. Apodiktischer Prüfespiegel etc. sampt abbildung wahrer und irriger logicae etc. Erf. 1669. Basis analytica h. e. erotem. de verae analytices fine et constitutione etc. ibid. 1670. Clavis analyt. s. annot. in Tirocinium, ib. 1672. Pseudoanalysis proscripta, ib. 1687. Vera et enormis intelligentia etc. ib. 1682.

Dominicus Lynze, gest. 1697. Summa philos. specul. juxta mentem et doctrinam D. **Thomae** et Arist. Die Logik findet sich in tom. I, Par. 1666.

Stephanus de Melles. Novum totius philosophiae syntagma, pars logica. Par. 1669.

Lud. de la Forge. Tractatus de mente humana etc. Amst. 1669.

Barth. Mastrius de Meldula et Bonaventura Bellutus. Philosophiae ad mentem Scoti cursus. Tom. I. continens logicam, ed. noviss. Venet. 1708.

Athan. Kircher, 1602—1680. Ars magna sciendi s. combinatoria, Rom. 1669.

Franciscus Felix, um 1680. Totius doctrinae philosophicae compendiosa tractatio etc. juxta mentem doct. angel. D. **Thomae,** Gratianopoli 1669.

J. Amos Comenius, 1592—1671. Spicilegium didacticum artium discendi ac docendi etc. Amst. 1680.

Alexander Piny, gest. 1709. Cursus philos. **Thomisticus,** ubi conclusiones singulae e principiis tribus expositis deductae syllogistice et reductae, Lugd. 1670.

Thomas Llamazares. Cursus philosophicus ad mentem Scoti, Lugd. 1670.

Josephus de Vita, gest. 1677. De objecto logicae et secundis intentionibus, Rom. 1670.

Ignatius Franciscus Peinado. Disputat. in univ. Ar. logicam, Complut. 1671.

Antonius Goudin, gest. 1695. Philosophia juxta inconcussa tutissimaque D. **Thomae** dogmata. Lugd. 1671 u. ö. ed. decim. Par. 1692.

Seraphinus Piccinardi, 1634—1695. Philosophia dogmaticae peripat. Christianae libri IX, Patav. 1671.

Jo. Milton, 1608—1674. Artis logicae plenior institutio ad P. **Rami** methodum concinnata, Lond. 1672.

Isaac Cardoso. Philosophia libera, Venet. 1678.

Emanuel Maignan, Tolosatus, 1601—1676. Cursus philosophicus, Lugd. 1673.

Raimundus Orz, um 1673. Ariadna Thomistica, Theseum per labyrinthum philosophicum ducens et educens, Vienn. Austr. 1673.

Nic. Malebranche, 1638—1715. De la recherche de la verité etc. Par. 1674 ff. 4. ed. 1678. 6. ed., 1712. 1721. 1735. 1762. Lyon 1829. Deutsch Halle 1776 ff. Oeuvres complètes, Paris 1712. 1737. 1842.

Josephus Saenz de Aguirre. Philosophia rationalis novantiqua. Salm. 1675.

Corbin. Kamm, 1644—1730. Quaestiones disput. ex logica, cum figuris, Aug. V. 1675, Prolegomena logicae, ib. 1691 u. 92. Intellectus triumphans, ib. 1692. Compend. philos. univ. ib. 1697. Summulae logicae, ib. 1698.

Hieron. Hirnhaym, gest. 1679. De typho generis humani s. scientiae humanae inani ac ventoso tumore etc. Prag. 1676.

Amand Hermann. Sol triplex in eodem universo i. e. universae philosophiae cursus etc. Salisb. 1676.

Mich. Dögger et Hon. Nidermayr. Logica Aristotelico — Thomistica, Salisb. 1677.

Josephus Maria Bonetti, gest. 1712, Compendium universae philosophiae, Mediol. 1678.

Martin Wigand. Lilium inter spinas s. spinoso titulo famosa logica, Landshut 1680. Tripartita universa philosophia, Aug. 1683.

Melchior Zeidler, 1630—1686. Introductio in Aristotelem, Regiom. 1681.

Philosophia vetus et nova, ad usum scholae, in **Regia Burgundia** olim pertractata, tom. pr. Norimb. 1682.

Casp. Knittel, 1644—1702. Via regia ad omnes scientias, Prag. 1682. 1687. Aug. V. 1759. Aristoteles curiosus et utilis, Prag. 1682.

Franc. Albertus, comes in Oettingen etc. Philosophia legalis seu quaestiones dialecticae etc. Diling. 1682.

Ant. Arnauld, 1612—1694. Vergl. oben La Logique ou l'art de penser. Oeuvres complètes, Lausanne 1775 ff.

Gaspar la Feuille, um 1720. Institutiones dialecticae, Ambian. 1683.

Joann. Abrah. Cuffeler. Specimen artis ratiocinandi naturalis et artificialis, ad pantosophiae principia manuducens, Hamb. 1684.

Cajetanus Felix Veranus. Philosophia universa speculativa peripatetica. Tom. primus, in quo expenduntur singula ad logicam etc. Monach. 1684.

Renat. Rapinus, 1621—1687. Reflexions sur la logique, in den Reflex. sur l'éloquence, Amst. 1693.

Nicolaus Arau, 1629—1684. Dilucidum philosophiae syntagma univ. philos. juxta S. Thomae et Alberti Magni princ. Edit. sec. Patav. 1686.

Adam Tribbechovius, 1641—1687. De doctoribus scholasticis et corrupta per eos divinarum humanarumque rerum scientia. Ed. sec. Jenae 1791 (mit Vorrede von Chr. Aug. Heumann).

Udalr. Standigl, 1644—1720. Omnium scientiarum ac artium organum universale s. logica practica, Rom. 1686.

Ehrenfr. Walth. v. Tschirnhausen, 1650—1708. Medicina mentis — sive artis inveniendi praecepta generalia, Amst. 1687. Edit. nova. Lips. 1695.

Christ. Thomasius, 1655 — 1728. Introductio ad philosophiam aulicam, Lips. 1688. Ed. alt. Hal. Magdeb. 1702.

P. M. Rhegenius. J. Claubergii specimen logicae **Cartesianae** etc. 1688. Vergl. oben J. **Clauberg.**

Petr. Dan. Huetius, 1630—1721. Censura philosophiae Par. 1689 (vergl. Philosophiae Cartes. adv. Censuram vindicatio, ed. **Aug. Petter-mann,** Lips. 1690). Traité de la faiblesse de l'esprit humain, Amst. 1723; — deutsch Frankf. 1724.

Daniel. Voyage du monde de Descartes, Par. 1691; latein. Amst. 1694. Nouvelles difficultés proposées, par un Péripatéticien, Amst. 1694; — lat. Amst. 1694.

J. Locke, 1632—1704. An Essay concerning human understanding, Lond. 1690 u. oft; franzos. von Coste, Amst. 1700 u. ö.; lat. von Burridge, Lond. 1701 u. ö., von Thiele, Lips. 1731; holländ. Amst. 1736; deutsch von Poley, Altenburg 1757, von Tittel, Mannheim 1781, von Tennemann, Leipz. 1795 ff. Ferner: Thoughts on education, Lond. 1693 u. oft; franz. von Coste, Amst. 1705; deutsch von Rudolphi, Braunschw. 1788. Works, Lond. 1714 (ergänzt 1720), 1722 u. ö. Philos. Works w. not. by A. John, Lond. 1843.

Pierre Sylvain Regis, 1632—1707. Système de philosophie, con- — ten. la logique etc. Par. 1690. Reponse à Huetii Censura, Amst. 1691. **Reponse aux refl. de Mr. du Hamel,** ib. 1692. Trois repliques aux reponses de **Malebranche,** ib. 1694. Vergl. auch oben La Logique ou l'art de penser.

Christian. Weisius, 1642—1708. Doctrina logica, duabus partibus sic comprehensa ut prior terminorum simplicium, propositionum et syllogismorum notitiam, posterior ipsam praxin in definitione, divisione, demonstratione, methodo, interpretatione et disputatione necess. exhibeat, juxta exemplar Zittaviense recusa Lips. et Frcf. 1690. Nucleus logicae, Zitt. 1691. Edit. nova cur. J. Chr. **Langius,** Gissae 1712. Curieuse Fragen über die Logica, 1700.

Jo. Schotanus, 1643—1699, **Exetasis Censurae qua Huetius** philos. Cartes. vexavit, Franeck. 1691.

Mich. Angelo Fardella, 1670—1718. Universum philosophiae systema, Venet. 1691. Logica, ib. 1696. **Realis de Vienna** (Gabriel Wagner). Discursus et dubia in Christ. **Thomasii** Introduct. Ratisb. 1691.

J. Andr. Schmidt, 1652—1726. Variorum philosophicorum decas (hiebei auch von der logica brutorum) Jen. 1691.

Henry Aldrich, 1647—1710. Artis logicae compendium, Oxon. — 1691, u. oft bis in das 19. Jahrh. aufgelegt, z. B. ibid. 1846.

Pontianus Schüz, gest. 1713. Ars expedita quacunque in materia dialectice et rhetorice discurrendi. 1691.

Jo. **Clericus.** Logica sive ars ratiocinandi, Amstel. 1692 (dagegen **Sebast. Edzardi,** Examen logicae J. Clerici, Hamb. 1699). Opera philos. tom. prim. Nordhus. 1726.

Petr. Poiret, 1646—1719, De eruditione etc. Amst. 1692. 1706.

**

Antonius le Grand. Institutio philosophiae, secundum princip. Renati Descart.

Coelestinus Sfondrati, gest. 1696. Cursus philosophicus monasterii St. Galli, St. Gall. 1696.

Albertus Oswaldus, um 1697. Spicilegium philosoph. collect. in agro Thomist. Col. 1697.

Sam. Grosser. Pharus intellectus sive logica eclectiva etc. Lips. 1697 u. ö. Gründliche Anweisung zur logica vor Adlige oder andre junge Leute, die sich ihres Standes oder künftiger Profession wegen nicht in alle tiefsinnigen subtilitäten stecken können etc. Leipz. 1697.

B. J. Schiller, 1632—1705. Praxis artis analyticae in jurisprudentia. Verfasser auch von Disp. de syllogismis ex hypothesi.

Antonius Irribarreira, um 1699. Cursus philosophicus, Caesaraug. 1699.

Jo. Flenderus. Phosphoricus philosophus novissimus seu logica contracta Claubergiana illustrata, Amst. 1712.

Fünfte Abtheilung.

Circa 1700 bis in die Kant'sche Epoche.|

J. Franc. Buddeus, 1667—1729. Elementa philosophiae instrumentalis. Ed. quint. Hal. Sax. 1716.

Andr. Rüdiger, 1673—1731. De sensu veri et falsi libr. IV, Hal. 1709. Lips. 1722. Und andere frühere erkenntnisstheoret. Schriften.

Augustin. Magg. Organum Aristotelicum (logicae Aristotelico - Thomisticae quaestiones potiores), Salisb. 1701.

Jacob. Casimirus Guerinois, 1604—1703. Clypeus philosophiae Thomist. contra veteres et novos impugn. Burdigal. 1703 (tom. I. Logica).

Josephus Maria Palteniero, gest. 1702. Cursus philosophicus nostri Johannis a S. Thoma illustr. Tom. I et II: Elucidatio artis logicae. Ferrariae. Vergl. im vor. Abschn. Joannes a S. Thoma.

Thomas Luccioni de Bonifacio, gest. 1710. Veritatis moralis seu doctrinae probabilis investigatio, Mediol. 1702.

Gottl. Gerh. Titius. 1661—1714, Ars cogitandi, Lips. 1702. 1723.

Georg Paul Roetenbeccius, 1648—1710. Logica vetus et nova, Frcf. et Lips. 1703. De moderamine sensuum in inquirenda veritate, Altorf. 1715.

Jo. Fridem. Schneider, gebor. 1669. Philosophiae rational. fundamenta, 1703. 1708. Andere logische Schriften: De arte disputandi. De vero log. usu. De variis argumentandi methodis etc. De logica non otiosa, Hal. 1707.

Gottl. Sam. Treuer. De principiis et remediis praejudiciorum, Lips. 1705. De mente, sensu non errante, ib. 1707.

Joannes Du Hamel, gest. 1706. Philosophia universalis sive Comment. in universam Arist. philosophiam, tom. prim. Paris. 1705. Vergl. im vor. Abschnitt P. Sylvain Regis.

Lud. Babenstaber, 1660—1726. Philosophia Thomistica Salisburgensis, Aug. V. 1706.

J. H. Wiber. Principia philosophiae antiperipateticae, Ratisb. 1707.

Gotth. Vischl. Disquisitiones in universam philos. Aristotelico-Thomisticam, Salisb. 1707.

Jo. Georg. Jochlus, 1677—1731. De augmento rationalis philosophiae, Jenae 1707.

Ephraim Gerhard. 1682—1718. Delineatio philosophiae rationalis eclectice efformatae et usui seculi accommod. Jen..1709. 1717. Cogitationes subitaneae etc. ib. 1709. 1715.

G. W. v. Leibniz, 1646—1716. Opera philosophica, ed. Erdmann, Berol. 1839—40. Oeuvres p. Jacques, Par. 1842 u. andere Gesammtausgg. Neueste Ausgabe von Onno Klopp, Hannov. 1864 ff. S. auch L.'s Logik, nach den Quellen dargestellt von F. B. Kvet, Prag 1857.

George Berkeley, 1684—1753. Treatise on the principles of human knowledge, Lond. 1710. Three dialogues between Hylas and Philonous, ib. 1713; deutsch Leipz. 1781. Alciphron or the minute philosopher, ib. 1732. Works. ib. 1784; by G. N. Wright, ib. 1843.

Franc. ô Deulin. Philosophia Scoto-Aristotelica, Norimb. 1710.

Franciscus Lamy, gest. 1711, schrieb Essai de Logique.

Joannes de Ulloa, Madritanus. Dialectica s. logica minor, Rom. 1711. Logica major, ib. 1712.

Chr. v. Wolff (Wolf), 1679—1754. Cogitationes rationales de viribus intellectus humani earumque usu legitimo in veritatis cognitione etc. Edit. sec. Frcf. et Lips. 1735. Deutsch: Vernünftige Gedanken von den Kräften des menschl. Verstandes und ihrem richtigen Gebrauche in Erkenntniss der Wahrheit, Halle 1749 u. spätere Ausgg. Erste Auflage 1712. Sechste Aufl. 1730. Zwölfte Aufl. 1744. Vergl. hiezu Erläuterung der Wolffischen Vernünftigen Gedanken etc. ans Licht gestellet von J. Fr. Stiebritz, zweite Aufl. Halle 1742. Ferner: Philosophia rationalis sive Logica, methodo scientifica pertractata et ad usum scientiarum atque vitae aptata, (Lips. 1728) edit. tertia Frcf. et Lips. 1740.

J. P. de Crousaz, 1663—1748. La Logique, Amst. 1712. u. ö. Ein Abriss von der Logik in: Logicae systema, Genev. 1724. Ferner: Examen du Pyrrhonisme ancien et moderne, La Haye 1733. Reflexions sur l'ouvrage intitulé La Belle Wolffienne, Laus. 1743 (vergl. unten J. H. S. Formey), Observations critiques sur l'abrégé de la logique de M. Wolf, Gen. 1744.

Joh. Chr. Langius, 1660—1723. Nucleus logicae Weislanae. Variis additamentis novis cum interpolationum textualium et formularum Germanicarum tum annotationum et observationum selectarum sic auctus et illustratus, ut vera ac solida logicae peripatetico-scholasticae purioris fundamenta detegantur et ratione mathematica per varias schematicas praefigurationes huic usui inservientes ad ocularem evidentiam deducta proponantur, Gissae 1712. Ferner: Inventum novum quadrati logici universalis; accedit dissertatio apologetica pro logica Aristotelica genuina maxime logica, ib. 1714.

Placidus Erkens, gest. 1727. Speculum Angelico-Benedictino-Thomisticum. Colon. 1713.

Nicol. Hieron. Gundling, 1671—1729. Viae ad veritatem pars I, Hal. 1713. Vergl. dagegen Salebrae in via ad veritatem etc. inventae ac detectae a virtutis et veritatis amante. 1713.

Philagrius le Roy. Philosophia radicalis eclectica, inter peripateticos et antiperipateticos media (tract. 33 De logica), Antverp. 1713.

Claude Buffier, 1661—1737. Les principes du raisonnement etc. Par. 1714. Cours des sciences sur des principes nouveaux et simples etc. ib. 1732.

Anders Rydelius, 1671—1738. Grammatica philosophans, Lond. 1714.

Ars cogitandi erotematica in usum philosophiae tironum inclytae academiae **Basiliensis,** Bas. 1715.

Bened. Schmier, 1672—1740. Philosophiae quadripartitae tract. I et II: Dialectica regulata sive Institutiones Summulisticae et Dialectica controversa, Salisb. 1716.

Joh. Bapt. Hofer. Promtuarium philos. tripartitum, Ingolst. 1717.

Sebast. Dupasquier. Summa philosophiae Scholasticae et Scotisticae, Patav. 1718.

Jo. Jac. Syrbius, 1674—1738. Institutiones philosophiae rationalis, Jen. 1718. 1723.

Matth. Heimbach. Dialectica Aristotelico-rationalis s. manuductio ad logicam, Colon. Ub. 1719.

Jo. Syri Vuadanus, um 1720. Universa philos. Aristotelico-Thomistica veterum recentiumque etc. Venet. 1719.

Lud. Phil. Thümmigius, 1697—1723. Institutiones philosophiae Wolfianae. Tom. pr. Edit. nova Frcf. et Lips. 1746.

Jo. Jac. Lehmann, 1684—1740. Neueste und nützlichste Art, die Vernunftlehre, folglich die Verbesserung des Verstandes, gründlich zu erlernen und leicht auszuüben etc. Jen. 1723.

Gaspar Buhon, gest. 1726. Philosophia ad morem **Gymnasiorum.** Tom. pr. Venet. 1724.

Carolus de Gräffenberg. Philosophia rationalis sive logica Aristotelico-neutristica, Pragae 1724.

Ign. Schwarz, 1690—1763. Peripateticus nostri temporis, Frib. 1724. Ingolst. 1755.

Frid. Phil. Schlosser, 1701—1742. De cautione philos. circa definitiones, Witteb. 1725, u. andere log. Schriften.

Bernhard Zächer. Theses **Scotisticae** ex logica et psychologia, Straub. 1726.

Mich. Gottlieb Hansch, 1683—1752. Ars inveniendi s. Synopsis regularum praecipuarum artis inveniendi, Hal. 1727.

Sam. Chr. Hollmann, 1696—1787. Institutiones philosophicae, Viteb. 1727. Gott. 1734 ff.

Jac. Dedelley. Summulae logicae s. Dialectica minor, ex Organo principiisque Aristotelis Stag. Ed. quint. Ingolst. et Aug. V. 1751 (frühere Ausgg. 1728. 1730. 1733. 1744).

Georg. Bernh. Bülffinger, 1693—1750. Disput. de triplici rerum cognitione, historica, philosophica et mathematica, Tub. 1722. Praecepta logica, Jenae 1729. 1742.

Jo. Gottl. Heineccius, 1680—1741. Elementa philosophiae rationalis et moralis. Edit. nona, Frcf. cis Viadr. 1745.

Jac. Facciolati, 1682—1769. Acroases de sophismatis veterum logicis, Pad. 1726. Logicae disciplinae rudimenta, Venet. 1728. Pad. 1737. Institutiones logicae peripatet. Pad. 1729. 1737. Logica tria complectens, rudimenta, institutiones, acroases. Venet. 1750. Orationes et alia ad dicendi artem pertinentia, cum praefatione J. C. Nobil. a Newenstein, Lips. 1751.

Denys Diderot, 1713—1784. Oeuvres philos. Amst. 1772. Oeuvres complètes, Par. 1798.

J. G. Walch, 1693—1775. Einleitung in die Philosophie, Leipz. 1727. 2. Aufl. Leipz. 1730 (2. Buch: Vernunftlehre). Philos. Lexicon. 4. Aufl. Leipz. 1775. Parerga academica, Lips. 1721, p. 454 ff.

Edm. Purchotius. Institutiones philosophicae. Tom. prim. Venet. 1730.

Bern. Oberhauser, 1694—1739. Philosophus peripatetico-thomistice discurrens (prim. pars: logica) Aug. V. 1730.

Eusebius Amort, 1692—1775. Philosophia Pollingana ad normam Burgundicae, in qua Summulae, Logica etc. Aug. V. 1730.

Jos. Edm. Ign. de Souffrein. Epitome philosophica peripatetico-thomistica, Campid. 1731.

Eberh. Ruedorfer, 1701—1765. Philosophia peripatetico-thomistica. Edit. sec. Salisb. 1732.

Joh. Christ. Gottsched, 1700—1766. Erste Gründe der gesammten Weltweisheit, Leipz. 1733. 7. Ausg. 1777.

Jo. Nic. Frobesius, gest. 1756. Brevis ac dilucida systematis philosophiae Wolff. delineatio. Helmst. 1734.

Jo. Petr. Reusch, 1691—1757. Systema logicum, Jen. 1734.

Jo. Heinr. Winkler, 1703—1770. Institutiones philosophiae Wolfianae, Lips. 1735.

Isaak Watts, 1674—1748. Logic or the right use of reason in the enquiry etc. Lond. 1736. Deutsch Lpz. 1765. 1772. Supplement etc. Lond. 1741 u. ö.

G. J. S' Gravesande, 1688—1742. Introductio ad philosophiam, Leyde. 1736. 1756. Franz. 1737. Holländ. 1746.

Gottl. Frähamber. Sensus genuinus axiomatum philos. Ratisb. 1737.

Anselm Schnell. Cursus philosophiae Aristotelico-Thomisticae abbrev. Pars prim. Aug. V. 1737. 1744.

Barthold Vogl, 1706—1771. Philosophia scholastico-peripatetica thomistico expensa, Salisb. 1737.

Marquis d'Argens, 1704—1770. La philosophie du bon sens, à l'usage des cavaliers et du beau sexe, Lond. (Haye) 1737. Nouv. ed. tom. prem. à la Haye 1746 u. s. ö. Deutsch. Breslau 1756.

Dav. Hume, 1711—1776. Treatise on human nature, Lond. 1738 ff. Deutsch, Halle 1790 ff. Enquiry conc. human understanding, Lond. 1748. Deutsch, Hamb. u. Lpzg, 1755. Jena 1793.

Fr. Chr. Baumeister, 1709—1785. Philosophia definitiva (ex systemate Wolff), Vit. 1738. Ed. nova, Vit. 1767. Denkungswissenschaft, übersetzt und mit Anmerk. versehen von J. Chr. Messerschmid, Witt. u. Lübben 1765.

Joh. Aug. Ernesti, 1707—1781. Initia doctrinae solidioris, Lips. 1738. VI. ed. 1783. VIII. ed. 1796.

Alph. Wenzl. Phisosophia Angelico-Thomistica, Aug. V. 1739.

Marinus Panger et Kilianus Kazenberger. Philosophia Aristotelica universa, juxta mentem doct. subt. Joannis Duns Scoti, Ingolst. 1739.

Anton Mayr, 1673—1749. Philosophia peripatetica, Ingolst. 1739. Venet. 1750.

Joh. Heinr. Zopf. Logica enucleata oder Erleichterte Vernunftlehre, 4. Aufl. Halle 1748.

Placid. Renz, 1692—1748. Philosophia Aristotelico-Thomistica. Aug. et Lincii 1740.

J. Henri Sam. Formey, 1711—1797. Le triomphe de l'évidence, 2. ed. Berlin 1756. Deutsch, Gött. 1751. La Belle Wolfienne, tom. troisième contenant la logique, à la Haye 1743. Vergl. oben P. Crousaz.

Beda Seeauer. Philosophia antiquo-nova, Salisb. 1745.

P. Regnault, geb. 1683. L'art de trouver la verité ou la logique en forme d'entretiens. Amst. 1745.

Andr. Gordon, 1712—1751, Philosophia utilis et jucunda, tom. prim. Stadt am Hof. 1745.

Luc. Opfermann. Philosophia scholasticorum defensa (gegen den Benedictiner Gordon in Erfurt), 1748.

Paul Opfermann. Prima philosophia mentis, ad majorem Dei unius et trini gloriam, Fuldae 1758.

Etienne Bonnot de Condillac, 1715—1780. Traité des sensations, Lond. 1754. Essai sur l'origine des connaissances humaines, Amst. 1746. Logique, Par. 1780. Oeuvres, ib. 1798.

Joach. Georg Daries, 1714—1791. Introductio in artem inveniendi seu logicam theoretico-practicam (analyticam et dialecticam), edit. sec. Jenae 1747. Via ad veritatem, Jen. 1755, ed. sec. ib. 1764; deutsch. Frkf. 1776.

Christian Aug. Crusius, 1713—1774. Weg zur Gewissheit und Zuverlässigkeit der menschl. Erkenntniss, Leipz. 1747. De summis rationis principiis, Lips. 1752. Anleit. über natürl. Begebenheiten ordentlich und vorsichtig nachzudenken, Leipz. 1774.

Udalr. Weis. Liber de emendatione intellectus humani, Kaufb. 1747.

Fortunatus von Brescia. De qualitatibus corporum sensibilibus dissertatio, Bresl. 1749.

David Hartley, 1704—1775. Theory of human mind, Lond. 1775. Observat. on man, Lond. 1749. 1791. 1834; deutsch Rost. u. Lpzg. 1772.

Donatus a Transfiguratione. Introductio exegetica in logicam, Rastad. 1749. Introductio in universam philosophiam dialecticam seu scholasticam ad mentem potissimum Aristotelis et S. Thomae Aquin. concinnata, ib. 1750. Introductio in universam philosophiam, tom. prim. Campid. 1754.

Christ. Jo. Ant. Corvinus. Institutiones philosophiae rationalis, methodo scientifica conscr. Jen. 1750.

Vcremund. Gufl, 1705—1761. Philosophia scholastica universa, Ratisb. 1750.

J. Fr. Schenk de Stauffenberg. Institutiones logicae, Bamberg 1751.

George Friedr. Meier, 1718—1777. Vernunftlehre, Halle 1752.

Antonius Genuensis. Elementorum artis logocriticae libri V. Post tertiam Neapolitan. editio in Germ. prima, Colon. Agr. 1753.

Jean d'Alembert, 1717—1783. Melanges etc. Berlin 1753. Leyde 1783. Oeuvres, Par. 1811.

Franc. Jos. Welskirch. Philosophia rationalis eclectica ad palatum moderni eruditionis saeculi etc. subnexo ad calcem appendice logicae controversae, Wetzl. 1754.

Jos. Ant. Ferrari de Modoetia. Philosophia peripatetica, firmioribus propugnata rationibus Joann. Dunsii Scoti. Ed. sec. tom. prim. Venet. 1754.

G. Fr. Rothfischer, gest. 1755. Meditationes logicae etc. ad mentem Wolfii, Ratisb. 1774.

F. G. Gusmann. Dissertationes philosophicae, quibus philosophia rationalis etc. Graz 1755.

Jos. Mangold, geb. 1716. Philosophia rationalis et experimentalis, · tom. prim. Ingolst. et Monach. 1755.

Ant. Guénard, 1726—1806. Sur l'esprit philosophique, Par. 1755.

Nils Wallerius. Comp. logices, Stockh. 1755. 1777.

Charles de Bonnet, 1720—1793. Essai de psychologie, Londr. 1755; deutsch, Lemg. 1773. Essai analyt. sur les facultés de l'âme, Copenh. 1759 u. öfter; deutsch, Brem. 1770.

Gallus Cartier. Philosophia eclectica (mit einer ars cogitandi) Aug. V. et Wirceb. 1756.

H. S. Reimarus, 1694—1768. Die Vernunftlehre, als eine Anweisung — zum richtigen Gebrauche der Vernunft in dem Erkenntniss der Wahrheit, aus zwoen ganz natürl. Regeln der Einstimmung und des Widerspruchs hergeleitet, Hamb. 1756. 3. Aufl. ib. 1766. 5. Aufl. ib. 1790.

Polz, gest. 1782. Fasciculus commentat. Metaphys. Jen. 1757.

Claude Adrien Helvetius, 1715—1771. De l'esprit, Par. 1758; deutsch, Lign. u. Leipz. 1760. De l'homme, de ses facultés et de son éducation, Londr. 1772 u. 6. Deutsch, Bresl. 1774. Oeuvres, Amst. 1776. Deux-Ponts 1784. Lond. 1786. Par. 1795. 1828.

Andr. Boehmius. Logica in usum auditorii sui etc. Ed. sec. Frcf. 1762.

H. Wilh. Bernsau, 1717—1763. Onomasticum definitivum, exhibens notiones rerum distinctas, sive Definitiones in logica, metaphysica etc. Franequerae 1760—62.

Herm. Osterrieder, gest. 1783. Logica critica, Aug. V. 1760.

Gottfr. Ploucquet, 1716—1790. Untersuchung und Abänderung der — logical. Constructionen des Prof. Lambert, Tüb. 1765. Sammlung der Schriften, welche den logischen Calcul betreffen, ib. 1701. 1773. Institutiones philos. theor. Tub. 1772. Element. philos. contemplat. Stuttg. 1778.

Henry Home Lord Kames, 1696—1782. The introd. to the art of — thinking, Edinb. 1761. Elements of Criticism, Lond. 1762. Edinb. 1765; deutsch Leipz. 1772. 1799.

Florian Dalham, 1713—1795. De ratione recte cogitandi, loquendi et intelligendi libri III, Aug. V. 1762.

K. Scherffer, 1716—1783. Institutiones logicae et metaphysicae, Vienn. 1763.

Petr. van Musschembroek. Institutiones logicae, edit. noviss. Venet. 1763.

J. H. Lambert, 1728—1777. Neues Organon oder Gedanken über — die Erforschung und Bezeichnung des Wahren und dessen Unterscheidung vom Irrthum und Schein, Leipz. 1764. Anlage zur Architektonik oder Theorie des Einfachen und des Ersten in der philos. u. mathem. Erkenntniss, Riga 1771. Logische Abhandlungen, herausg. v. Bernoulli, Berl. 1782.

Amand Grastdorff. Institutiones philosophiae rationalis s. logicae, Styrae 1765.

James Oswald. Appeal to common sense, Edinb. 1766; deutsch, — Leipz. 1774.

Jo. Bapt. Horváth, 1732—1799. Institutiones logicae, Tyrnauiae 1767. Edit. noviss. Aug. V. 1772.

L. Euler, 1707—1783. Lettres à une princesse d'Allemagne, Petersb. 1768 ff. Mitau 1770 ff. Genève 1775. Paris 1812. Deutsch, Leipz. 1773. 1784.

J. G. Heinr. Feder, 1740—1821. Logik und Metaphysik, Gött. 1769. 4. Aufl. Han. u. Leipz. 1775. 6. Aufl. Gött. 1786, u. andere Ausgg. — Grundsätze der Logik u. Metaphysik, Gött. 1794. Institutiones logicae et metaphysicae, Gött. 1777; ed. tert. ib. 1787.

Bened. Stattler, 1728— 1797. Philosophia, pars prima: logica. Aug. V. 1769. De valore sensus communis naturae tamquam criterio veritatis, Mon. 1780.

Paul Mako de Kerek-Gede, 1723—1793. Compendiaria logicae in-stitutio. Ed. quart. Vindob. 1773.

Eduard Job. Anfangsgründe der gesammten Weltweisheit, Wien 1769.

Thomas Reid, 1709—1796. Inquiry into the human mind etc. Lond. 1769 u. oft. Essays on the intellectual powers etc. Edinb. 1785. Lond. 1843. Essays on the powers of the human mind, to which are added an essay of quantity and an analysis of Arist. logic. Lond. 1819.

Fr. Ant. Gutzeit. Exercitationes philos. tom. prim. Argent. 1770.

Alex. Gottl. Baumgarten, 1714—1792. Philosophia generalis, ed. Förster, Hal. 1770.

James Beattie, 1735—1803. Essay on the nature and immutabi-lity of truth in opposition to sophistry and skepticism, Edinb. 1770. Lond. 1774. Deutsch, Kopenh. u. Leipz. 1772.

Mart. Knutzen, 1731—1751. Elementa philosophiae rationalis, Regiom. 1771.

Nic. Burkhäuser, gebor. 1733. Institutiones logicae, Wiroeb. 1771.

Jos. Zallinger. Interpretatio naturae s. philosophia Newtoniana me-thodo exposita, tom. prim. Aug. V. 1773.

Jos. Priestley, 1733—1804. Three dissert. on the doctrine of ma-terialism and philosophical necessity, Lond. 1778. The doctrine of philos. necessity illustr. Lond. 1777. Examination of Reid's Inquiry etc., Beattie's Essay etc., Oswald's Appeal etc. Lond. 1774.

Sigism. von Storchenau, 1731—1798. Institutiones logicae, Venet. 1774. Grundsätze der Logik, Augsb. 1775.

Columban Rösser, 1736—1780. Institutiones logicae, Wiroeb. 1775. Adam Contzen. Praelectiones logicae, Colon. et Frcf. 1775.

Aloys Havichorst. Institutiones logicae, Monast. Westph. 1776.

Steph. Wiest, 1748—1797. Initia philosophiae purioris, Ratisb. 1776.

Mich. Hissmann, 1752—1784. Geschichte der Lehre von der As-sociation der Ideen, Gött. 1777.

Christoph. Mehler. Institutiones logicae heuristicae, criticae, epidic-ticae, methodicae, Wetzl. 1780.

Mauritius à Berons Praelectiones philosophicae. Tom. primus: lo-gica. Bas. 1780.

J. J. Engel, 1741—1802. Versuch einer Methode, die Vernunft-lehre aus Platonischen Dialogen zu entwickeln, Berl. 1780.

G. S. Steinbart, 1738—1809. Anleitung des menschl. Verstandes zur Erkenntniss. Züllichau 1780. 2. Auflage: Anleitung des Verstandes zum regelmässigen Selbstdenken, eb. 1787. 3. Aufl. Jen. 1793.

Institutiones philosophicae ad usum Seminariorum. Tom. prim. Tulli - Leucrorum 1781.

Dan. Wyttenbach, 1747—1820. Praecepta philosophiae logicae, Amst. 1781. Hal. 1794. 1820. 1821.

Joh. Werner Meiner, 1723—1789. Versuch einer an der menschl. — Sprache abgebildeten Vernunftlehre, Leipz. 1781.

Institutiones philosophiae, auctoritate Archiepiscopi Lugdunensis. Tom. I. Logica. Lugd. 1782.

Jo. Nepom. Zeiller Institutiones logicae, quas Augustae Vindel. in catholico literarum Athenaeo etc. Aug. V. 1783.

G. Aug. Tittel, gest. 1816. Erläuterungen der theoret. u. prakt. Philosophie nach Herrn F e d e r's Ordnung. Logik, Frkf. 1783. 1787. 1793. Trium principiorum, repugnantiae, exclusi medii et rationis, arctum vinculum, Carlsr. 1766.

Joh. A. H. Ulrich, 1746—1813. Institutiones logicae et metaphysicae, Jenae 1785. 1792.

P. Villaume. Praktische Logik für junge Leute, die nicht studiren wollen, Berl. 1787. Leipz. 1819.

Fr. Th. Mang. Institutiones logicae et metaphysicae, Paris et Tolos. 1789.

Dugald Stewart, 1753—1828. Elements of philosophy of the human mind, Lond. 1792. 1814. Edinb. 1802. 1816. Deutsch, Berl. 1794.

Philibert Gruber. Philosophie der Aeltesten etc. Nürnberg 1792 ff.

Sechste Abtheilung.

Seit der Kant'schen Epoche bis zur Gegenwart.

a. Deutschland.

Immanuel Kant, 1724—1804. Logik, herausgeg. von G. B. Jäsche, Königsb. 1800, WW. (Rosenkr.) III. Kritik der reinen Vernunft, Riga 1781. 2. Ausg. 1787. WW. II. S. auch Kleine Schriften. WW. I. Vergl. ferner die unten citirten Lehrbücher von Jacob, Kiesewetter, Krug, Hoffbauer, Maass, Schaumann, Metz, K. L. Reinhold, K. Ch. E. Schmid, Tieftrunk, Ch. W. u. F. W. Dn. Snell, Weiss, Jäsche u. vielen Anderen, dagegen Eberhard, Flatt, Bardili u. A.

J. A. Eberhard, 1739—1809. Allg. Theorie des Denkens und Empfindens, Berl. 1776. 1786.

Joh. G. Hamann, 1730—1788. Metakritik über den Purismum der reinen Vernunft, 1800. Vergl. die Ausgabe von H.'s Schriften durch Roth, Berl. 1821 ff.

Ernst Platner, 1744—1818. Philos. Aphorismen, Leipz. 1776 ff. Lehrbuch der Logik u. Metaphysik, ebend. 1795.

L. H. v. Jacob, 1759—1827. Grundriss der allgem. Logik, Halle

1788. 4. Aufl. 1800. Grundr. d. Erfahrungsseelenlehre, 2. Aufl. eb. 1795. 3. Aufl. 1800.

K. Leonh. Reinhold, 1758—1823. Versuch einer neuen Theorie des menschl. Vorstellungsvermögens, Prag u. Jena 1789. 1795. Ueber das Fundament des philos. Wissens, Jen. 1791. Das menschl. Erkenntnissvermögen etc. Kiel 1816.

Salomon Maimon, 1753—1800. Versuch über die Transscendentalphilosophie, Berl. 1790. Versuch einer neuen Logik oder Theorie des Denkens, Berl. 1794. 1798. Krit. Untersuch. über d. menschl. Geist, Leipz. 1797.

J. G. C. Kiesewetter, 1766—1819. Grundriss einer allgem. Logik nach Kantischen Grundsätzen, Berl. 1791 ff. 1. Theil, 4. Aufl. Leipz. 1824; 2. Theil, 2. Aufl. Leipz. 1806. Compendium einer allgem. Logik, für Vorlesungen, Leipz. 1796. Logik zum Gebrauch für Schulen, 3. Aufl. Leipz. 1824. Abriss der Erfahrungsseelenlehre, 2. Aufl. Berl. 1814.

J. H. Abicht, 1762—1816. Philosophie der Erkenntnisse, Bayreuth 1791. Encyklopädie der Philos. Frkf. 1804.

J. Chr. Hoffbauer, 1766—1823. Analytik der Urtheile und Schlüsse, Halle 1792. Anfangsgründe der Logik, eb. 1794. 1810. Ueber die Analysis in der Philosophie, eb. 1810.

J. G. E. Maass, 1766—1823. Grundriss der Logik, Halle 1793. 4. Aufl. 1823. 5. Aufl. 1836.

Adam Weishaupt, 1747—1830. Ueber die Gründe und Gewissheit der menschl. Erkenntniss, Nürnb. 1788. Ueber Selbsterkenntniss, Regensb. 1794.

J. G. Buhle, 1763—1821. Einleitung in die allgem. Logik und die Kritik der reinen Vernunft, Gött. 1795. Entwurf der Transscendentalphilosophie, eb. 1798.

J. C. G. Schaumann. Elemente der Logik nebst Abriss der Metaphysik, Giess. 1795.

Lazarus Ben David, 1764—1832. Vorlesungen über die Kritik der reinen Vernunft, Wien 1795. Berl. 1802. Ueber den Ursprung unserer Erkenntniss, Wien 1802.

J. M. v. Sailer, 1751—1832. Praktische Logik für den Widerleger etc. Münch. 1780. Vernunftlehre für Menschen wie sie sind d. i. Anleitung zur Erkenntniss und Liebe der Wahrheit, Münch. 1785. 2. Ausg. eb. 1795.

Andr. Metz, 1767—1839. Institutiones logicae praeviis nonnullis psychologiae empiricae capitibus subjectae, Bamb. et Wirceb. 1796. Handbuch der Logik, 2. Ausg. eb. 1816.

W. Traug. Krug, 1770—1842. Versuch einer system. Encyklopädie der Wissenschaften, Wittenb. u. Leipz. 1796 u. 97. Briefe über die Wissenschaftslehre, Jena 1800. Briefe über den neuesten Idealismus, Leipz. 1801. Entwurf eines neuen Organons der Philosophie, Meiss. u. Lüb. 1801. Ueber die verschiedenen Methoden des Philosophirens etc. Meiss. 1802. Fundamentalphilosophie, Züll. u. Freist. 1803. 1819. 1827. System der theoret. Philosophie, Königsb. 1806. 3. Aufl. 1825. S. auch Allgem. Handwörterbuch der philos. Wissenschaften, Leipz. 1827 ff. 2. Aufl. eb. 1832 ff. Und viele andere Schriften.

K. Ch. E. Schmid, 1761—1812. Grundriss der Logik, Jena 1797.

Matern. Reuss, 1750 — 1798. Vorlesungen, Würzb. 1797. Initia doctrinae philos. solidioris, Salisb. 1798 ff.

Friedr. Bouterwek, 1766 — 1828. Idee einer allgem. Apodiktik, Gött. 1799. Aphorismen, nach Kantischer Lehre, eb. 1793. Die Epochen der Vernunft, eb. 1802. Lehrbuch der philos. Vorkenntnisse, eb. 1810. 1820. Lehrbuch der philos. Wissenschaften, eb. 1813. 1820.

J. G. Fichte, 1762 — 1814. Nachgelassene Werke, herausgg. von J. H. Fichte; vergl. Bd. I, Bonn 1834. Sämmtl. Werke, Berl. 1845 ff. herausgg. von J. H. Fichte; vergl. insbesondere Bd. I und II der ersten Abth. Berl. 1845. S. ausserdem die unten verzeichneten Lehrbücher von **Schad, Mehmel, Fischhaber.**

Fr. W. Jos. v. Schelling, 1775 — 1854. Ueber die Möglichkeit einer Form der Philosophie überhaupt, 1794. WW. I. Vom Ich als Princip der Ph. 1795. 1809. WW. I. System des transsc. Idealismus, 1800. WW. III. Vorlesungen über die Methode des akad. Studiums, 1803. 1813. 1830. WW. V. System der gesammt. Philosophie und der Naturphil. insbesondere, WW. VI. S. ferner Philosophie der Mythologie, WW. 2. Abth. 1. Bd. p. 297 ff. p. 321 ff. Vergl. auch die Lehrbücher z. B. von **Thanner, Buchner, G. M. Klein** u. A.

C. G. Bardili, 1761 — 1808. Grundriss der ersten Logik, gereiniget von den Irrthümern etc. Stuttg. 1800. Philosophische Elementarlehre, Landsh. 1802. Beitrag zur Beurtheilung des gegenwärtigen Zustandes der Vernunftlehre etc. Landsh. 1803.

Ch. Weiss, 1774 — 1853. Lehrbuch der Logik, nebst einer Einleitung zur Philosophie. Leipz. 1801.

J. H. Tieftrunk, 1759 — 1837. Grundriss der Logik, Halle 1801. Denklehre, ebd. 1825.

J. B. Schad, 1758 — 1834. Neuer Grundriss der transscend. Logik nach den Principien der Wissenschaftslehre, Jena u. Leipz. 1801. Institutionis philosophiae universae tom. prim. Charc. et Hall. 1812.

Georg Nüsslein, 1766 — 1842. Versuch einer fasslichen Darstellung der allgem. Verstandeswissenschaft, Bamb. 1801. Die Logik von **Franz. Ant. Nüsslein** siehe weiter unten.

K. H. L. Pölitz, 1772 — 1838. Elementarlogik für pädagog. Zwecke, Dresd. u. Leipz. 1802.

G. Ernst Schulze, 1761 — 1833. Grundriss der philos. Wissensch. Witt. 1790. Aenesidemus, Helmst. 1792. Kritik der theoret. Philosophie, Hamb. 1801. Grundsätze der allgem. Logik, Helmst. 1802. 1810. 1817. Gött. 1822. 1831. Encyclopädie der philos. Wissensch. Gött. 1818.

K. Ch. Flatt, geb. 1772. Bemerkungen gegen den Kantischen und Kiesewetterschen Grundriss der reinen und allgem. Logik, Tüb. 1802.

J. A. Bergk. Kunst zu denken, Leipz. 1802.

G. E. A. Mehmel, 1761 — 1840. Versuch einer vollständigen analytischen Denklehre als Vorphilosopie und im Geiste der Philosophie, Erlang. 1803.

F. W. Dn. Snell, 1761 — 1827. Grundlinien der Logik, Giess. 1804.

Chr. W. Snell, 1755 — 1834, und (sein vorgenannter Bruder) F. W. Dn. Snell veröffentlichten: Logik und Metaphysik (Handb. der Philos. für Liebhab. 3. Th.) Giessen 1804. 1810.

K. Christ. Fr. Krause, 1781 — 1832. Grundriss der histor. Logik, Jena 1803. Entwurf des Systems der Philosophie, Jen. u. Leipz. 1804. Urbild der Menschheit, Dresd. 1811. Gött. 1851. Vorlesungen über das System der Philosophie, Gött. 1828. Abriss des Systems der Logik als philos. Wissenschaft, 2. Aufl. Gött. 1828. Vorlesungen über die analytische Logik, handschriftl. Nachlass, Gött. 1836. Vgl. unten **Lindemann, Ahrens, Schliephake, Tiberghien.**

Christoph Meiners, 1747—1810. Untersuch. über die Denkkräfte und Willenskraft des Menschen, nebst einer Prüf. der Gall'schen Schädellehre, Gött. 1806.

Chr. Fr. Callisen, 1777—1839. Kurzer Abriss der Logik und Metaphysik, Nürnb. und Sulzbach 1805. Propädeutik d. Philosophie, Schleswig 1846.

K. A. Schaller. Magazin zu Verstandesübungen, als Vorbereitung zu eigentlich wissenschaftl. Studien, zum Gebrauch öffentl. Lehranstalten und beim Privatunterricht, Hall. 1806.

J. Ch. Dolz. Kleine Denklehre als Vorbereitung zu schriftl. Aufsätzen, Leipz. 1807. 1824.

Fr. Ign. Thanner, gebor. 1770. Lehrbuch der Logik, Münch. 1807. Logische Aphorismen, Salzb. 1811. Lehr- und Handbuch der theoret. und prakt. Philosophie etc. ebd. 1811 — 12.

C. Fr. Schilling. Handbuch für Denker, 5 Thle., Carlsr. 1807 ff. Vergl. 5. Th. 1812.

Buchner. Die Vernunftlehre, Münch. 1808.

Joh. Friedr. Herbart, 1776—1841. Sämmtl. Werke, herausgg. von G. Hartenstein, Leipz. 1850 ff. S. insbesondere: Hauptpunkte der Logik, Gött. 1808, WW. III. Lehrbuch zur Einleitung in die Philosophie, Kgsbrg. 1813 u. ö. WW. I. Lehrbuch zur Psychologie, Kgsbrg. u. Leipz. 1816. 1834. WW. V. Psychologie als Wissenschaft, Kgsbrg. 1824—25, WW. V u. VI. Kurze Encyclopädie der Philosophie, Halle 1831. 1841. WW. II. De principio logico exclusi medii etc. Gött. 1833. WW. I. Psychologische Untersuchungen, Gött. 1839—40. WW. VII. Vergl. auch die log. Lehrbücher und Arbeiten von **Griepenkerl, Drobisch, Bobrik, Lott, Strümpell, Allihn, Drbal u. A.**

F. Köppen, 1775—1858. Leitfaden für Logik und Metaphysik, Landsh. 1809.

Thadd. Anselm. Rixner, 1766—1838. Aphorismen der ges. Philosophie, Sulzb. 1818 (Landsh. 1809).

Friedr. Schlegel, 1772—1829. Philosophische Vorlesungen, herausgg. von C. J. H. Windischmann. Bd. I, Bonn 1836, enthält Propädeutik und Logik.

G. M. Klein, 1776—1820. Verstandeslehre. Bamb. 1810. Später unter dem Titel: Anschauungs- und Denklehre, ein Handbuch zu Vorles. ebend. 1818. 1824.

F. v. P. Gruithuisen. Anthropologie oder von der Natur des menschl. Lebens und Denkens. Münch. 1810.

J. Fr. Fries, 1773—1843. System der Philosophie als evid. Wissenschaft, Leipz. 1804. System der Logik, Heidelb. 1811. 2. Aufl. 1819. 3. Aufl. 1837. Neue oder anthropologische Kritik der Vernunft, Heidelb. 1807. 2. Aufl. 1828 ff.

G. W. Fr. Hegel, 1770—1831. Sämmtliche Werke, Berlin 1832 ff. Vergl. insbesondere: Phänomenologie des Geistes, Bamb. 1807. WW. II. Wissenschaft der Logik, Nürnb. 1812—16. WW. III—V. Encyclopädie,

Heidelb. 1817. 1827. 1830. Rerl. 1845. WW. VI. Propädeutik, in WW. XVIII. S. ferner: **Hinrichs, Gabler, Mussmann, Erdmann, Chalybaeus, Rosenkranz, Kuno Fischer, Thaulow** u. A.

L. H. Krause. Versuch planmässiger und naturgemässer unmittelbarer Denkübungen für Elementarschulen, Halle 1813 ff. 3 Cursus in mehr. Aufl.

Arthur Schopenhauer, 1788 — 1860. Ueber die vierfache Wurzel des Satzes vom zureichenden Grunde, Rudolst. 1813. Frkfrt. 1847. S. auch: Aus A. Schopenhauer's Handschriftl. Nachlass, herausgg. v. J. Frauenstädt, Leipz. 1864, Artikel Eristik, p. 3 ff.

Th. A. Snabedissen, 1773 — 1835. Resultate der philos. Forschungen über die Natur der menschl. Erkenntniss, Marb. 1805. Die Betrachtung des Menschen, Cass. 1815 ff. Grundzüge der Lehre vom Menschen, Marb. 1827. Grundzüge der Metaphysik, herausgg. von Hupfeld, Marb. 1836.

G. B. Jäsche, 1762 — 1842. Architektonik der Wissenschaften, Dorpat 1816. Vergl. oben Kant's Logik.

Gottl. Wilh. Gerlach, geb. 1786. Grundriss der Logik, Halle 1817. 1822. Lehrbuch der philos. Wissenschaften, 1. Bd., Halle 1826.

H. Ch. W. Sigwart, gebor. 1789. Handbuch zu Vorlesungen über die Logik, Tüb. 1818. 3. Aufl. 1835.

G. Ch. Frdr. Fischhaber, 1779 — 1829. Lehrbuch der Logik, Stuttg. 1818.

Ernst Reinhold, 1793 — 1855. Versuch einer Begründung und neuen Darstellung der log. Formen, Leipz. 1819. Logik oder allgem. Denkformenlehre, Jen. 1827. Theorie des menschl. Erkenntnissvermögens etc. Gotha 1832 ff. Lehrbuch der philosophisch-propädeutischen Psychologie nebst Grundzügen der formalen Logik, Jena 1835. 1839.

Joh. Andr. Wendel. Skeptische Logik, Kob. u. Leipz. 1819.

Gräter. Logik für Gymnasien, 2. Aufl. Ulm 1820.

Sigismund Carlowszky. Logica, Cassoviae 1820.

G. J. Lechleitner, geb. 1794. Philosophia theoret. et practica, Oenip. 1820 ff.

J. S. Beck, 1761 — 1842. Lehrbuch der Logik, Rost. 1820.

Fr. Schleiermacher, 1768 — 1834. Sämmtl. Werke, Dritte Abtheilung, 4. Bd, 2. Theil: Dialectik, Berl. 1839. Vergl. unten Weissenborn.

Jos. Hillebrand, geb. 1788. Propädeutik der Philosophie, Heidelb. 1819. Grundriss der Logik, ebd. 1820. Die Anthropologie als Wissenschaft, Mainz 1822 — 23. Philosophie des Geistes oder Encyclopädie etc. Heidelb. 1835 — 36.

H. Steffens, 1773 — 1845. Anthropologie, Brsl. 1822.

G. C. Müller. Zwei Bücher vom Wahren und Gewissen, Leipz. 1822.

Fr. v. Calker. Denklehre oder Logik und Dialectik, Bonn 1822.

Sim. Jos. Schmitt. Allgemeine Logik, Heidelb. 1823.

Wilh. Esser. System der Logik, 2. Aufl. Münster 1830 (1. Aufl. 1823).

Christlieb Jul. Braniss, geb. 1792. Die Logik im Verhältniss zur Wissenschaft, Berl. 1823. Grundriss der Logik, Brsl. 1830. Die wissenschaftl. Aufgabe der Gegenwart, ebd. 1848.

H. Ritter, geb. 1791. Vorlesungen zur Einleitung in die Logik. Berl. 1823. Abriss der philos. Logik, Berl. 1824. 1829. System der Logik und Metaphysik, Gött. 1856. Encyklopädie der philos. Wissenschaften, Gött. 1862 ff.

G. Th. Fechner, geb. 1801. Katechismus der Logik oder Denklehre, Leipz. 1823.

J. Lichtenfels. Lehrbuch zur Einleitung in die Philosophie, 3. Aufl. Wien 1855. 5. Aufl. ebd. 1863.

Franz Ant. Nüsslein. 1776—1832. Grundlinien der Logik, Bamb. 1824. Vergl. oben Georg Nüsslein.

A. D. Ch. Twesten, geb. 1789. Die Logik, insbesondere die Analytik, Schlesw. 1825. Grundriss etc. Kiel 1834.

H. F. W. Hinrichs, 1794—1861. Grundlinien der Philosophie der Logik, Halle 1826. Die Genesis des Wissens, 1. Th. Heidelb. 1835.

Ch. L. Rösling. Die Lehren der reinen Logik, Ulm 1826. Kritische Bemerkungen über mancherlei Lehren der Logiker, eb. 1826.

J. Denzinger. Die Logik als Wissensch. der Denkkunst, Bamb. 1836.

Georg Andr. Gabler, 1786—1853. Lehrbuch der philos. Propädeutik, Erlang. 1827.

J. G. Mussmann. Grundlinien der Logik u. Dialectik, Berl. 1828. De logicae ac dialecticae notione historica, Berl. et Hall. 1828.

C. Fr. Bachmann, 1785—1855. System der Logik, Leipz. 1828.

J. P. V. Troxler, 1780—1866. Naturlehre des menschl. Erkennens oder Metaphysik, Aarau 1828. Logik, die Wissenschaft des Denkens und Kritik aller Erkenntniss, Stuttg. u. Tüb. 1829—30. Vergl. über ihn J. H. Fichte und insb. **Werber.**

Karl Fr. Göschel, 1781—1861. Aphorismen über Nichtwissen und absolutes Wissen etc. Berl. 1829. Der Monismus des Gedankens, Naumb. 1832.

H. Ahrens, geb. 1808. Cours de philosophie, Par. 1836 ff.

Franz v. Baader, 1765—1841. Sämmtliche Werke, Leipz. 1851 ff. Vergl. die Einleitungen von **Fr. Hoffmann** (auch unter dem Titel: Fr. v. Baader als Begründer der Philosophie der Zukunft, Leipz. 1856) und dessen andere Arbeiten; ingl. J. A. B. **Lutterbeck,** Ueber den philos. Standpunkt Baader's, Mainz 1854; J. **Hamberger,** Cardinalpunkte der Fr. Baader'schen Philosophie, Stuttg. 1855.

J. J. Wagner, 1775—1841. Organon der menschl. Erkenntniss, Erlang. 1830; hiezu: Nachgel. Schriften, herausgg. von Ph. L. Adam, Ulm 1852 ff. Vergl. auch System der Idealphilosophie, Leipz. 1804. Mathemat. Philosophie, Erl. 1811. System des Unterrichts, Aarau 1821.

F. K. Griepenkerl, gest. 1849. Lehrbuch der Logik in kurz. Umrissen, Neue Ausg. Helmst. 1831.

F. J. Zimmermann. Denklehre, Freib. 1832.

Fr. Ed. Beneke, 1798—1854. Erkenntnisslehre, nach dem Bewusstseyn der reinen Vernunft, Jena 1820. Lehrbuch der Logik als Kunstlehre des Denkens, Berl. Pos. u. Bromberg 1832. Syllogismorum analyticorum origines et ordo naturalis, Berol. 1839. S, auch dessen Schriften zur Psychologie. Vergl. **Eduard Schmidt, Dressler.**

Aug. E. Umbreit. System der Logik, Heidelb. 1833.

J. H. v. Fichte, geb. 1797. Grundzüge zum System der Philosophie, Erste Abth. Heidelb. 1833. De principiorum contradictionis, identitatis, exclusi tertii in logicis dignitate et ordine dissertatio, 1840. Anthropologie, Leipz. 1856. 1860. Psychologie, ebd. 1864.

H. H. E. Röer. Ueber Herbart's Methode der Beziehungen, Braunschw. 1833. Das speculat. Denken etc. Berl. 1837.

Karl Weinholtz. Die Erfahrungslogik, Rost. 1834. Die Wissenschaftswege. eb. 1840. Die specul. Methode, eb. 1843.

Eduard Schmidt. Ueber Begriff u. Möglichkeit der Philosophie: Andeutungen zu einer Kritik des Erkennens u. Denkens, Parchim 1835.

J. Püllenberg. Logik (im Handb. der Philosophie), Lemg. 1829. Kurze Darstellung des Hauptinhalts der Logik, für Gymnasialschulen, Cobl. 1835. 1854.

M. W. Drobisch, gest. 1802. Neue Darstellung der Logik, Leipz. 1836. 1851. 1863. S. auch: Empirische Psychologie. ebd. 1842. Ferner Fichte's Zeitschrift Bd. 31, 45, 52, 54, 55, 56, 57, 59, sowie die Zeitschr. für exacte Philosophie.

Bernh. Bolzano, 1781—1848. Wissenschaftslehre: Versuch einer ausführl. u. grösstentheils neuen Darstellung der Logik, herausgg. von seinen Freunden, mit Vorw. von J. Chr. A. Heinroth, Sulzb. 1837.

G. A. Lautler. Die Philosophie des absoluten Widerspruchs, Berl. 1837.

Ed. Bobrik. De ideis innatis sive puris pro principiis habitis, Regiom. 1829. Neues prakt. System der Logik, Erst. Th. Erst. Band, Zürich 1838.

Friedr. Fischer. Lehrbuch der Logik, Stuttg. 1838.

Jos. N. Jäger. Handbuch der Logik, Wien 1839.

G. H. Weisse, 1801—1866. Ueber die philos. Bedeutung des log. Grundsatzes der Identität, in Fichte's Zeitschrift, 4. Bd. 1. Heft 1839. Ueber den Begriff des unendlichen Urtheils, ebend. 24. Bd. 1854. Ueber die transscendentale Bedeutung der Urtheilsformen u. Schlussfiguren, ebd. 25. Bd. 1854. Ueber den letzten Grund der Gewissheit im Denken, ebd. 26. Bd. 1855. S. ferner: Ueber den gegenw. Standpunkt der philos. Wissenschaft, Leipz. 1829. Ueber das Verhältniss des Publicums zur Philosophie in dem Zeitpunkt von Hegel's Ableben, eb. 1832. Die Idee der Gottheit, Dresd. 1833. Grundzüge der Metaphysik, Hamb. 1835. Das philos. Problem der Gegenwart, Leipz. 1842. Vergl. endlich auch das umfassende Werk: Philos. Dogmatik, eb. 1855—62.

K. Ferd. Becker, geb. 1775. Organismus der Sprache, Frkf. 1827. 1841. Auch: Ausführl. deutsche Grammatik, 2. Aufl. ebd. 1842.

Ad. Trendelenburg, geb. 1802. Elementa logices Aristotelene, in scholar. usum etc. Berol. 1836. 5. ed. 1862. Erläuterungen zu den Elementen der arist. Logik, 1842, 2. Ausg. 1861. Logische Untersuchungen, Berl. 1840. 2. Ausg. Leipz. 1862. Die log. Frage in Hegel's System, Leipz. 1843. Hist. Beiträge zur Philos. 1. Th. 1846. 2. Th. 1855. 3. Th. 1867. S. auch Philos. Abth. der Berliner Acad. d. W. 1856. Auszug aus dem Monatsbericht d. Acad. 1860.

Chr. Fr. Gockel. Propädeutische Logik und Hodegetik. Carlsr. 1839. Encyclopädische Einleit. in die Philos. eb. 1855.

J. H. W. Waltz. Die Hauptlehren der Logik. Erf. 1840.

J. F. Reiff, geb. 1810. Der Anfang d. Philos. mit einer Gründl. der Encyclop. der philos. Wissenschaften, Stuttg. 1840. Das System der Willensbestimmungen oder die Grundwissenschaft der Philosophie, Tüb. 1842. Ueber einige wicht. Puakte in der Philos. Tüb. 1842.

J. E. Erdmann, geb. 1805. Vorlesungen über Glauben und Wissen, Berl. 1837. Leib u. Seele, Halle 1837. 1849. Grundriss der Psychologie, Leipz. 1840. 4. Aufl. 1862. Psychol. Briefe, ebd. 1851. 3. Aufl. 1864. Vorlesungen über akadem. Leben u. Studium, Leipz. 1858. Grundriss der Logik u. Meta-physik, Halle 1841, 3. Aufl. eb. 1848, 4. Aufl. 1864.

Emil Aug. v. Schaden, 1814—1852. Ueber das natürl. Princip der Sprache, Nürnb. 1838. System der positiven Logik, Erlang. 1841. Vorle-sungen über akadem. Leben u. Studium, Marb. 1845.

W. J. A. Werber. Die Lehre von der menschl. Erkenntniss, Karlsr. 1841. 8. oben **Troxler.**

K. Werder. Logik, als Commentar und Ergänzung zu Hegel's Wissensch. der Logik, Berl. 1841.

H. M. Chalybaeus, 1796—1862. Phänomenologische Blätter, Kiel 1841. Die moderne Sophistik, ebd. 1842. Entwurf eines Systems der Wissen-schaftslehre, ebd. 1846. Fundamentalphilosophie, ebd. 1861.

Leop. George, geb. 1811. Ueber Princip u. Methode der Philosophie etc. Berlin 1842. Syst. der Metaphysik, ebd. 1844. Lehrbuch der Psychologie, ebd. 1854.

Rud. Herm. Lotze, geb. 1817. Metaphysik, Leipz. 1841. Logik, ebd. 1843. Mikrokosmus, ebd. 1856—64.

Ign. Joh. Hanusch. Grundzüge der Metaphysik, Lemb. 1845. Hand-buch der wissenschaftl. Denklehre, Lemb. 1843. Prag. 1850.

Martin Deutinger, 1815—1866. Denklehre (3. Theil der Grund-linien einer positiv. Philosophie), Regensb. 1844.

Leopold Schmid. Ueber die menschl. Erkenntniss, Münster 1844. Grundzüge der Einleitung in die Philosophie, Giess. 1860.

Oppermann. Encyclop. der Philosophie, zum Gebrauch für obere Gymnasialklassen etc. Hannov. 1844.

J. Rieu. Gemeinfassl. Darstellung der Denklehre (nach L. H. Krause, s. oben), Reutl. 1844.

Friedr. Lott. Zur Logik, Götting. 1845.

Th. Wittstein. Neue Bearb. des mathemat. psychol. Problems von der Beweg. einfach. Vorstellungen, welche nach einander in die Seele treten, Hann. 1845.

Franz Biese. Philos. Propaedeutik, Berl. 1845.

S. A. Mayr. Untersuchungen über die wissenschaftl. Methode mit besonderer Anwendung auf die Mathematik, Würzb. 1845.

Ed. Ph. Peipers. Die positive Dialectik, Düsseld. 1845.

Karl Sederholm. Die ewigen Thatsachen, Leipz. 1845. 2. Aufl. 1. Heft. Die Noetik, ebd. 1859.

L. Strümpell. Entwurf der Logik, Mitau u. Leipz. 1846. De methodo philosophica, Regiom. 1833. Die Universität und das Universitätsstudium, Mitau 1848. Der Vortrag der Logik etc. Berl. 1858.

Th. Waitz. Grundlegung der Psychologie, Hamb. u. Goth. 1846. Lehr-buch der Psychologie, Braunschw. 1849. Siehe auch: Allgem. Pädagogik, ebd. 1852.

H. S. Lindemann, gest. 1855. Die Denkkunde oder die Logik, Solo-thurn 1846.

Ad. Helfferich. Die Metaphysik als Grundwissenschaft, Hamb. 1846. Der Organismus der Wissenschaft etc. Leipz. 1856.

Karl Rosenkranz, geb. 1808. Die Modificationen der Logik, abgeleitet aus dem Begriff des Denkens. Berl. 1839. Leipz. 1846 ff. (Studien 3. Th.). System der Wissenschaft, Königsb. 1850. Wissenschaft der logischen Idee (Metaphysik und Logik), Kgsb. 1858 — 59. Epilegomena zu meiner Wissenschaft der logischen Idee, ebd. 1862. Psychologie, ebd. 1863 (1. Aufl. ebd. 1837. 2. Aufl. 1843).

Georg Weissenborn, geb. 1816. Vorlesungen über Schleiermacher's Dialectik und Dogmatik, Leipz. 1847 — 49. Logik und Metaphysik, Halle 1850 — 51.

Franz Vorländer, geb. 1806. Grundlinien einer organ. Wissenschaft der menschl. Seele, Berl. 1841. Wissenschaft der Erkenntniss, Marb. u. Leipz. 1847.

J. F. Jmm. Tafel. Die Fundamentalphilosophie in genet. Entw. Tüb. 1847.

E. A. E. Calluich. Philosoph. Propädeutik für Gymnasien etc. Dresd. 1847.

F. J. Richter. Wissenschaftskunde, Wien 1847.

E. König. Die Wahrheitswissenschaft, 3. Aufl. Leipz. 1847.

Jos. Beck. Philosophische Propaedeutik, ein Leitfaden zu Vorträgen an höheren Lehranstalten. Th. I. Grundriss der empir. Psychologie u. Logik, 6. Aufl. Stuttg. 1860. Th. II. Encyclopaedie der theoret. Philosophie, 3. Aufl. Stuttg. 1866 (1. Aufl. 1844).

Fr. S. Exner, geb. 1802. Ueber die Lehre von der Einheit des Denkens und Seins, Prag 1848. Die Psychologie der Hegel'schen Schule, Leipz. 1842 — 44.

G. Hartenstein, geb. 1808. Probleme u. Grundlehren der allgem. Metaphysik, Leipz. 1836. De methodo philosophiae etc. Lips. 1835, S. auch: Locke's Lehre von der menschl. Erkenntniss in Vergleichung mit Leibnitz's Kritik derselben, Leipz. 1861.

Karl Phil. Fischer. Die Wissenschaft der Metaphysik im Grundrisse, Stuttg. 1834. Grundzüge des Systems der Philosophie oder Encyclopaedie der phil. Wissenschaften, cf. 1. Bd. Erlang. 1848.

J. Ant. B. Lutterbeck. Ueber die Natur, ihre Erkenntniss u. s. f. Münster 1849. S. auch L.'s Schriften zu Baader's Philosophie.

J. H. Löwe. Ueber den Begriff der Logik, Wien 1849.

C. Prantl. Ueber die Bedeutung der Logik für den jetzigen Standpunkt der Philosophie, 1849. S. hauptsächlich: Geschichte der Logik im Abendlande, 1. Bd. Leipz. 1855. 2. Bd. ebd. 1861. 3. Bd. ebd. 1867.

H. Ulrici, geb. 1806. Das Grundprincip der Philosophie, 2 Thle. Leipz. 1845 — 46. System der Logik, ebd. 1852. Glauben und Wissen etc. ebd. 1858. Compendium der Logik, ebd. 1860. Leib u. Seele, ebd. 1866. Siehe auch Fichte's Zeitschr. Bd. 21. 24. 25. 33. 35. 44. 45.

J. U. Wirth. Die speculative Idee Gottes u. die damit zusammenhängenden Probleme der Philosophie, Stuttg. u. Tüb. 1845. S. auch W.'s Zeitschrift »Philos. Studien« 1. Bd, Stuttg. 1851 — 52. Ferner Fichte's Zeitschr. Bd. 30. 31. 41. 43. 44.

Franz Hoffmann. Speculative Entwicklung der ew. Selbsterz. Gottes etc. Amb. 1835. Vorhalle etc. Aschaffb. 1836. Vergl. die Einleitungen zu einzelnen Bänden der Gesammtausgabe von Baader's Werken (auch unter dem Titel: Franz v. Baader als Begründer der Philos. der Zukunft, Leipz. 1856). Grundriss der allgem. reinen Logik, 2. Aufl. Würzb. 1855. S. die seit 1867 in Erlangen erscheinende Sammlung von H.'s Abhandlungen, Kritiken etc.

F. L. Füllleborn. Das Uebereinstimmende und Abweichende der Grund-

***

regeln der Chemie und Logik, aus der Einheitslehre als Grundwissenschaft entwickelt, Berl. 1850.

Cajus (F. H. Th. Alllhn). Antibarbarus logicus, 1850. 2. Ausg. 1. Th. Hall. 1853.

G. Schilling. Lehrbuch der Psychologie, Lpzg. 1851.

Fr. Harms. Prolegomena zur Philosophie, Braunschw. 1852. Vergl. auch Fichte's Zeitschr. Bd. 14 u. 15: Ueber die Möglichkeit und die Bedingungen einer für alle Wissenschaften gleichen Methode.

K. G. Carus, geb. 1789. Psyche, Pforzh. 1846. Organon der Erkenntniss der Natur und des Geistes, Leipz. 1856. Vergleichende Psychologie, Wien 1860. Natur u. Idee, ebd. 1861.

Kuno Fischer. Logik u. Metaphysik oder Wissenschaftslehre, Stuttg. 1852. 2. völlig umgearb. Aufl. Heidelb. 1865.

J. G. Dressler. Praktische Denklehre, Bautzen 1852. Vergl. oben **Beneke.**

S. L. Hecht. Grundlinien zum System der absol. Philosophie, Greifsw. 1852.

Osterlen. Medicinische Logik, Tüb. 1852.

K. D. Hassler. Paragraphen für den Unterricht in der Philosophie auf Gymnasien etc. 2. Aufl. Ulm 1852 (1. Aufl. 1832 ff.)

Thürmer. Logik für Schule, Haus und Leben, Wien 1853. 1857.

Th. Jacob. Allgemeiner Theil der Erkenntnisslehre, Berl. 1853.

E. Fr. Apelt, 1812—1859. Die Theorie der Induction, Leipz. 1854. Metaphysik. ebd. 1857.

L. Noack. Propaedeutik der Philosophie: Einleitung u. Encyclopaedie, Weim. 1854.

G. G. Gramm. Die Denklehre oder Logik, allgemein fasslich etc. Halle 1854.

W. Schlötel. Die Logik, neu bearbeitet. Gött. 1854.

C. Greith u. P. G. Ulber. Handb. der Philosophie für die Schule und das Leben, Freiburg 1853 ff.

v. Bucher. Abhandlung über das Denkgesetz des zureichenden Grundes, Ellwang. 1855.

H. Steinthal. Grammatik, Logik und Psychologie, ihre Principien und ihr Verhältniss zu einander, Berl. 1855. Geschichte der Sprachwiss. bei den Griech. u. Röm. mit besonderer Beziehung auf die Logik, Berl. 1863—64.

Jul. Schaller. Leib u. Seele etc. Weimar 1855 u. ö. Psychologie, 1. Bd. Das Seelenleben des Menschen, ebd. 1860. Vergl. auch Schaller's Philosophie unserer Zeit, Leipz. 1837.

K. Fortlage, geb. 1806. System der Psychologie etc. Leipz. 1855.

F. W. Th. Schliephake. Einleitung in das System der Philosophie, Wiesb. 1856.

A. Haake. Proben eines Lehrbuchs für den philos. Unterricht in Gymnasien, Nordh. 1855.

M. Lazarus. Das Leben der Seele, in Monogr. über seine Erscheinungen und Gesetze, Berl. 1856—57.

Frdr. Ueberweg. System der Logik u. Geschichte der logischen Lehren. Bonn 1857. 2. Aufl. 1865. S. auch Fichte's Zeitschr. Bd. 30. 37.

M. A. Drbal. Gibt es einen speculativen Syllogismus? Linz 1857. Lehrb. der propaed. Logik, Wien 1865.

Gustav Biedermann. Die Wissenschaftslehre. S. besonders den 2. Theil: Die Lehre des Geistes, Leipz. 1858.

J. Sengler, geb. 1799. Erkenntnisslehre. 1. Bd. Heidelb. 1858. S. Fichte's Zeitschr. Bd. 37. 38. 39. 40 ff.

Martin Katzenberger. Die Wissenschaft vom log. Denken, 1. Th. Leipz. 1858.

J. L. Sigismund. Kurzer Abriss der empir. Psychologie u. Elementarlehre der Logik, Leipz. 1859.

R. Zimmermann. Philosophische Propaedeutik, 2. Aufl. Wien 1860.

Ad. Zeising. Die Grundformen des Denkens in ihrem Verhältniss zu den Urformen des Seyns, Fichte's Zeitschr. 35. 36. 37.

Max. Drossbach. Die Genesis des Bewusstseyns nach atomistischen Principien, Leipz. 1860.

R. Grohmann. Genesis des Denkens oder über das Sichselbst im Menschen, Leipz. 1860.

E. Trummer. Lehrbuch der Logik, Wien 1861.

R. T. Schmidt. Das menschl. Erkennen, 2. vermehrt. Abdruck, Berl. 1861.

G. A. Lindner. Lehrbuch der formalen Logik, nach genet. Methode, Graz 1861.

G. Thaulow. Einleitung in die Philosophie und Encyclopaedie etc. Kiel 1862.

E. Zeller. Ueber die Bedeutung und Aufgabe der Erkenntnisstheorie. Acad. Vortrag, Heidelb. 1862.

F. X. Schmid aus Schwarzenberg, Grundlinien der Erkenntnisslehre, Wien 1863. Grundl. der Metaphysik, ebd. 1865.

Just. v. Liebig. Ueber Fr. Bacon v. Verulam und die Methode der Naturphilosophie, Mannh. 1863. Induction u. Deduction, Münch. 1865. S. dagegen H. Böhmer, Ueber Fr. Bacon von Verulam und die Verbindung der Philosophie mit der Naturwissenschaft, ein Wort der Kritik etc. Erlang. 1864. S. auch B.'s Schrift: Die Sinneswahrnehmung, ebd. 1863.

C. Hermann. Die Theorie des Denkvermögens, Dresd. 1863.

K. A. J. Hoffmann. Abriss der Logik für den Gymnasialunterricht, Clausth. 1863.

E. F. Friedrich. Beiträge zur Förderung der Logik, Noetik u. Wissenschaftslehre, 1. Bd. Leipz. 1864. Vergl. auch die Zeitschr. »Der Gedanke« 1864, 5. Bd. p. 223 ff.

V. A. v. Stägemann. Die Theorie des Bewusstseyns im Wesen, Berl. 1864.

J. v. Kirchmann. Die Philosophie des Wissens, Berl. 1864.

Eugen Dühring. Natürliche Dialectik, Berl. 1865.

J. Schiel. Die Methode der inductiven Forschung, hauptsächlich nach J. St. Mill. Braunschw. 1865.

K. Werner. Ueber Wesen und Begriff der Menschenseele, Brix. 1865.

G. Engel. Die dialectische Methode u. die mathemat. Naturanschauung, Berl. 1865.

Th. Rumpel. Philosophische Propaedeutik, Gütersloh 1866.

W. Rosenkrantz. Die Wissenschaft des Wissens etc. 1. Bd. München 1866.

Rud. Seydel. Logik oder Wissenschaft vom Wissen, Leipz. 1866.

b. Ausland.

Holland.

Paul v. Hemert, 1756—1825. Beginsels der Kantianische Wijsbegeerte, Amst. 1796.

J. F. v. d. Kemp, 1748—1811. Parmenides seu de stabiliendis scientiae cosmologicae fundamentis etc. Dordr. 1798.

J. Kinker, 1764—1845. Essai d'une exposition succincte de la critique de la raison pure de M. K. (ursprünglich holländisch verfasst) Amst. 1801. Auch: Briveen van Sophie an Feith over de Kantianische Wijsbegeerte, 1797.

J. Nieuwenhuiss, geb. 1777. Initia philosophiae theoreticae, Lugd. Bat. 1831 ff.

Ph. W. v. Heusde, 1778—1839. Initia philosophiae Platonicae, Ultraj. 1827 ff. Lugd. B. 1842. Proeven van wijsgeerige navorschingen etc. Utr. 1837. Brieven over het beoefenen etc. ib. 1837.

F. C. de Greuve. Wederlegging van Ph. W. v. Heusde etc. Gron. 1837. Brieven in antw. op de brieven van v. Heusde etc. Gron. 1838.

Alex. Bake. Lessen over de Redekunde etc. Leyd. 1828.

J. J. Le Roy. De Wijsbegeerte beschouwd etc. Gron. 1841.

J. F. L. Schröder. Beitrag zur Betrachtung der Wahrheit der menschl. Erkenntniss (in niederdeutscher Sprache). Vergl. Fichte's Zeitschr. 1843, p. 136 ff.

L. A. te Winkel. De logische analyse, Zutph. 1855.

C. W. Opzoomer. De weg der wetenschap. Leyd. 1851. Die Methode der Wissenschaft, aus dem Holländ. von G. Schwindt, Utr. 1852. De warheid en hare kennbronnen, 2. ed. Leyd. 1863.

H. M. Dupare. Encyclopädie der Wijsbegeerte etc. Amst. 1860.

Dänemark.

Nils Treschow, 1751—1833. Forelaesninger over den Kantiske Philosophie, Kjbh. 1798 ff. Almindelig Logik, eb. 1813.

J. L. Heiberg, geb. 1791. Der Zufall aus dem Gesichtspunct der Logik betrachtet, Kopenh. 1825.

Frd. Christ. Sibbern, geb. 1785. Logik, Kjbh. 1827. 2. A. 1835.

A. P. Adler. Den isolereden Subjectivitet etc. Kjbh. 1840. Popul. Foredrag over Hegel's obj. Logik, eb. 1842.

Rasmus Nielsen. Den spekulative Logik, Kjbh. 1842. Den propaedeutiske Logik. eb. 1845. Mathematik og Dialektik, eb. 1860. Grundideernes Logik, 1, Stockh. 1865.

Schweden.

Daniel Boethius, 1721—1810. De idea philosophiae, Ups. 1800. De praecipuis philosophiae epochis, Lund 1800.

C. H. B. Höljer, 1767—1812. Afhandlingar om den filosofiske Constructionen, Stockh. 1799. Dissertationes academicae, Ups. 1812. Samlade Skrifter, Stockh. 1825 ff.

N. F. Biberg, 1770—1827. Comment. Stoic. Ups. 1815 ff. Saml. Skrifter, ebd. 1828.

Nils v. Rosenstein, 1752—1824. Saml. Skrifter, Stokh. 1838.

G. C. af Leopold, 1756—1829. Saml. Skrifter, Stockh. 1800. 1814.

Thomas Thorild (Thorén), 1759—1808. Saml. Skrifter, Ups. 1829 ff.

Sam. Grubbe, geb. 1786. Filosofisk Rätts — och Samhällslaera, Ups. 1839.

Pen Dan. Amad. Atterboom, geb. 1790. Studier till Philos. Hist. och System, Ups. 1835.

F. G. Afzelius. Utkast till lärobok i Logiken. Ups. 1843.

P. S. W. Lundblad. Sammandrag i Logiken, Stockh. 1860.

P. J. H. Leander. Framställning och Granskning of Herbart's Filofiske Standpunkt, Lund 1865.

England.

In Bezug auf die vielgebrauchten Compendien von **Henry Aldrich** (1647—1710) und von **Isaak Watts** (1674—1748) s. die früheren Abschnitte; vergl. unten auch H. L. Mansel und die Logic for the Million.

Rich. Whately. Elements of Logic, Lond. 1825. 9. ed. Lond. 1848. Vergl. **Forsythe,** Questions on Whately's Elements of Logic, Lond. 1852. **B. H. Sharp,** A Letter to Dr. Whately on the effect which his work Elements of Logic has had in retarding the progress of Locke's phil. Lond. 1853.

James Mill. Analysis of phenomena of the human mind, Lond. 1829.

J. Herschel. A preliminary discourse on the study of natural philosophy, Lond. 1830.

J. P. Cory. A metaphysical inquiry into the methods, objects and results of ancient and modern philosophy, Lond. 1832.

John Young. Lectures on the intellectual philosophy, Glasgow 1835.

John Abercrombie. Inquiries concerning the intellectual powers and the investigation of truth, Edinb. 1837. 15. ed. Lond. 1857.

G. C. Haughton. Prodromus or an enquiry into the first principles of reasoning, Lond. 1839.

G. Field. Outlines of analogical philosophy, Lond. 1839.

James Douglas. On the philosophy of the mind, Edinb. 1839.

ohn Leechmann. Logic (introduction to the study etc.), 3. ed. Glasgow 1847. Lond. 1864.

J. Stuart Mill. System of Logic, rationative and inductive, Lond. 1843 u. öfter. Deutsche Uebersetzung von J. Schiel, Braunschweig 1849, 2. Ausg. nach der 5. des Originals 1862—63. Dissertations and Discussions etc. Lond. 1863. S. unten **Hamilton,** und **Stebbing.**

Henr. Longueville Mansel. Prolegomena logica, an inquiry into the psychological character of logical processes, Oxf. 1851 u. ö. Artis logicae rudimenta (from the text of **Aldrich**) etc. Lond. 1862 und frühere Ausgg. The limits of demonstrative sciences, Oxf. 1853. Lond. 1860.

William Whewell. The philosophy of the inductive sciences, Lond. 1847. 3. ed. 1857. Novum Organon renovatum, being the second part of the philosophy of the ind. sc. 3. ed. Lond. 1858. A Letter to the Author of Prolegomena logica, Oxf. 1852.

William Hamilton. Thoughts on the principles of truth and the causes and effects of error, Lond. 1859. Lectures on metaphysics and logic, ed. by the Rev. H. L. **Mansel** and **John Veitch**, Edinb. 1859, u. 5. Cf. J. St. **Mill**, An Examination of Sir W. Hamilton's Philosophy etc. Lond. 1865. Hinwieder: A thorough Discussion of each chapter in J. Mill's Examination of Hamilton's Logic and Philosophy, Lond. 1866. Ferner: Tomologus, Examination of the principles of the Scoto-Oxonian philosophy, Lond. 1861. S. unten auch **Stirling** u. **Bowen**.

Aug. de Morgan. Formal Logic, or the calculus of Inference, Necessary and Probable, Lond. 1847. Syllabus of a proposed system of Logic, Lond. 1860.

Wm. Thomson. An Outline of the necessary laws of thought, 3. ed. Lond. 1853. 5. ed. 1860. 7. ed. 1864.

— **W. H. Karislake.** Aid to the study of Logic, Oxf. 1851.

Logic for the Million, by a **Fellow of the Royal Society,** Lond. 1851 u. 5.

Th. S. Baynes. Translation of the **Port-Royal** Logic, with introduction etc. 2. ed. Lond. 1852. Vergl. oben in der IV. Abth. (1600 — 1700) La logique ou l'art de penser.

J. Th. Gray. Exercises in Logic, for the use of students, Lond. 1852.

O. T. Owen. The Organon, or logical treatises of Arist. with the introd. of Porphyr. Lond. 1853.

S. Neil. The art of reasoning, a popular exposition. With an introduction on the history of logic etc. Lond. 1853.

Murray. Logical science considered as an educational element, Lond. 1853.

George Boole. An Investigation of the laws of thought, Lond. 1854.

J Devey. Logic, or the science of inference, Lond. 1854.

J. F. Ferrier. Institutes of metaphysics: the theory of knowing and being. Lond. 1854.

B. H. Smart. Thought and language, Lond. 1855.

A. Bain. The senses and the intellect, Lond. 1855. 2. ed. 1864.

R. G. Latham. Logic in its application to language, Lond. 1856.

J. D. Morell. Handbook of Logic, 2. ed. Lond. 1857. An Introduction to mental philosophy, on the inductive method, Lond. 1862.

C. M. Ingleby. Certain phases of logic, contrasted and harmonized, Lond. 1857. Outlines of theoretical logic, Lond. 1856.

George Ramsay. Principles of Psychology, Lond. 1857.

W. M. Spalding. An Introduction to logical science, Lond. 1857.

A. C. Fraser. Rational philosophy in history and in system, an introduction etc. Edinb. 1857. Manual of Logic and Metaphysics, Lond. 1863.

G. Jennings. Logicae s. Philosophiae rationalis compendium, Lond. 1861. Dublin 1863.

W. G. Davies. The A B C of thought etc. Lond. 1862.

C., Bray, The Philosophy of necessity etc. 2. ed. Lond. 1863.

David Stuart. Outlines of mental and moral science etc. 2. ed. Lond. 1863.

W. Jevons. Pure Logic, or the logic of quality apart from quantity etc. Lond. 1864.

J. Veitch. Speculative Philosophy, an introductory lecture etc. Lond 1864. S. oben **Hamilton.**

T. Shedden. The elements of Logic, Lond. 1864.

F. Bowen. A Treatise on Logic, or the Laws of pure thought, comprising both the Arist. and Hamiltonian Analyses etc. Lond. 1864.

W. Stebbing. Analysis of Mr. Mill's System of Logic, Lond. 1864.

J. Buchanan. Analogy, considered as a guide to truth etc. Edinb. 1864.

C. L. Robertson. The Laws of thought, Lond. 1864.

J. H. Stirling. Sir W. Hamilton, being the philosopher of perception: an analysis, Lond. 1865. The secret of Hegel, Lond. 1865.

A. Campbell. Harmony of revelation and of the sciences etc. Edinb. 1864.

R. Brown. The Gospel of the common sense, or mental, moral and social science in harmony with scriptural christianity, Lond. 1865.

H. S. Boase. An Essay on human nature, showing the necessity of a divine revelation etc. Lond. 1866.

Vergl. auch **D. Masson,** Recent British Philosophy, Lond. 1865. **John Grote,** Exploratio philosophica, or Rough Notes on Modern Intellectual Science, Cambridge 1865. **H. Taine,** Le positivisme anglais, Paris 1864; L'idealisme anglais, ib. 1865.

Als Logiker sind für England ferner noch zu nennen: Barron, Blakey, Bosanquet, Brenan, Carvill, Jamieson, Kett, Moberly, Munro, Newman, Sanderson, Solly, Walker, Wesley, Woolley u. A.

America.

J. A. Rauch. Psychology and Anthropology, New-York 1846.

G. S. Weaver. Lectures on mental science, N. Y. 1852.

P. M' Gregor. A System of logic, N. Y. 1863.

H. Winslow. Intellectual philosophy, Boston 1864.

E. L. Frothingham. Philosophy as an absolute science, Boston 1864.

T. H. Jones. Know the truth: a Critique on the **Hamiltonian** doctrine of limitation, New-York 1865.

Frankreich. Belgien. Schweiz.

Ch. Fr. Dominique de Villers, 1765 — 1815. Philosophie de Kant, Metz 1800.

Thiebault. Gramm. philosophique, ou la metaphysique. la logique et la grammaire reunies en un seul corps de doctrine, Par. 1802.

Destutt de Tracy, 1754 — 1836. Eléments d'idéologie, Par. 1803 ff. Principes logiques, ib. 1817.

Pierre Paul Royer Collard, 1763 — 1845. Exposition de ses principes philosophiques, Par. 1813.

Pierre Laromiguère, 1745 — 1837. Paradoxes de Condillac, Par. 1825. Leçons sur la philosophie, Paris 1815 ff.

Jos. de Maistre, 1753 — 1821. Les soirées de St. Pétersbourg, Lyon 1821. 4. ed. 1842. Examen de la philosophie de Bacon, ib. 1836.

P. Hyac. Azaïs, 1766 — 1845. Cours de philosophie générale, Par. 1824.

H. Ahrens. S. oben bei Deutschland, vergl. unten **Tiberghien.**

Th. Sim. Jouffroy, 1756 — 1842. Mélanges philos. Par. 1833. 1838. Nouv. mélanges ph. 1842.

Vict. Cousin, 1792 — 1867. Cours de philosophie, Par. 1836.

Phil. Jos. Benj. Buchez, geb. 1796. Traité complet de philosophie, du point de vue du cathol. etc. Par. 1839.

Aug. Comte, geb. 1795. Cours de philosophie positive, Par. 1839 ff.

Jean Phil. Damiron, geb. 1794. Cours de philosophie, 2. ed. Par. 1842.

L. Pinel. Essai de philosophie positive, Par. 1845.

G. Tiberghien. Essai théorique et historique sur la génération des connaissances humaines etc. Paris et Leipz. 1844. La science de l'âme dans les limites de l'observation, Par. 1862. Logique, la science de la connaissance. 1. p. Paris 1865.

A. Javary, De la certitude, ouvrage couronné (vergl. **Ad. Franck,** De la certitude, rapport à l'acad.), Paris 1847.

Ch. Waddington. De l'utilité des études logiques, Paris 1850. De la methode deductive, ib. 1851. Essai de logique, ib. 1858.

J. B. Bouvier. Institutiones philosophicae ad usum Seminar. et Colleg. Paris 1854.

Marino de Boylesve. Cursus philosophiae, Paris 1855.

Ch. Secrétan. Recherches de la methode, Bâle et Leipz. 1857.

P. Janet. Etudes sur la dialectique dans Platon et dans Hegel, Par. 1860.

E. Vacherot. La metaphysique et la science, Par. 1860. 2. ed. 1863.

M. Lélut. Physiologie de la penseé, Par. 1862.

A. de Rémusat. Mem. sur les limites de la conscience, Paris 1863.

Brallas. Essai de philosophie théorique et pratique, Corfou (Paris) 1863.

J. Fabre. Cours de philosophie, t. pr. Par. 1863.

F. Huet. La science de l'esprit etc. Par. 1863.

M. Cournot. Essais sur les ideés fondamentales, Par. 1864.

M. Delorme. Importance et avantages de la méthode philosophique dans l'enseignement de la grammaire, Par. 1865.

A. Garnier. Traité des facultés de l'âme, Par. 1865.

J. Delboeuf. Essai de logique scientifique, Liège 1865.

J. M. C. Duhamel. Des méthodes dans les sciences de raisonnement, Par. 1865.

J. de Strada. Essai d'un ultimum Organon, ou constitution scientifique de la méthode, Par. 1865.

J. M. Girard. Des facultés humaines et de leur développement par l'éducation, Par. 1865.

Polen.

J. E. Jankowski. Krolki rys Logiki, w Krak. 1821.

Jos. Kremer. Wyklad systemat. filozofii skres'lil, w Krak. 1849 ff.

Spanien.

M. Munoz y Garnica. Manual de logica, edic. correg. Madrid 1852.

J. L. Balmes, 1810—1848. Curso de filosofia elemental, Madrid 1837. Par. 1854. Deutsch von F. Lorinser (Lehrbuch der Elemente der Philosophie, 1. Abtheilung, Logik) Regensb. 1852. Filosofia fundamental, Barcel. 1846. trad. par E. Manec, Liège 1852. El Criterio, Barcel. 1845, trad. en francais »l'Art d'arriver au vrai« 1851.

Italien.

Pasqu. Galuppi, gest. 1846. Elementi di filosofia, Mess. 1821. Fir. 1837. Mil. 1842. 1846. Lezioni di logica metafisica, Nap. 1841. Fir. 1842. Consideraz. filos. sul idealismo transcendentale, Nap. 1841. Mil. 1845. Saggio filos. sulla critica della conoscenza, Mil. 1846.

Giandomenico Romagnosi. Diss. sulla mente sana, Mil. 1827. Opuscoli sulla dottrina della ragione, Fir. 1837.

Vincenzo Gioberti. Introd. allo studio della filosofia, Brux. 1840.

Aloys Dmowsky. Institut. philosophicae in usum colleg. Romani, Rom. 1841. Lov. 1843.

F. Carlo Sola. Introduzione alla filosofia razionale, Mil. 1842.

Antonio Bussacca. Elementi di filosofia, Mess. 1842.

Salv. Mancino. Elementi di filosofia, Fir. 1843.

Alf. Testa. Della critica della ragione puri di Kant, Lugano 1843.

Baldassare Poli. Elementi di filosofia teoretica e morale, 2. ed. Pad. 1848.

Vinc. Buczynsky. Institutiones philosophicae, Viennae 1844.

Giuseppe Bianchini. Della scienza, Ven. 1846.

Luigi Longoni. Introduzione alla filosofia, Mil. 1846.

Ant. Rosmini-Serbati. Nuovo saggio sull' origine delle idea, 5. ed. Torino 1851.

G. Nocerino. Elementi di filosofia, Nap. 1858.

V. Garelli. Della logica o teorica della scienza libri tre, 2. ed. Tor. 1859.

G. Peyretti. Saggio di logica generale, Tor. 1859.

R. Bonghi. Sunto delle lezioni di logica, scritto per uso dei suoi scolari, Mil. 1860.

R. Lecce. Discorso s. illusioni ideolog. e s. metodo per avere verace scienza del pensiero, Nap. 1860.

C. Mamini. La logica elementare, Bologna 1862.

P. G. Ulber. Logica, ossia teoria del pensiero, Nap. 1863.

G. Prisco. Elementi di filosofia speculativa secondo le dottrine degli Scolastici, Nap. 1863.

N. Pescatore. La logica del diritto, di dottrina e di giurisprudenza. p. 1. Tor. 1864.

A. Vera. Introduction à la philosophie de Hegel, 2. ed. Par. 1865.

J. Tongiorgi (in Colleg. Romano). Institutiones philosophicae, 3. ed. Paris. 1865.

Siebente Abtheilung.

Hülfsmittel zum Studium der Geschichte der Logik.

Das bedeutendste Werk über die Geschichte der Logik ist das von **C. Prantl**, Geschichte der Logik im Abendlande, 1. Bd. Leipz. 1855. 2. Bd. 1861. 3. Bd. 1867.

Anläufe aber, die Geschichte der Logik eigens darzustellen, wurden schon früher genommen. **Barth. Keckermann**, Praecognitorum logicorum tractatus III, Hanov. 1598. 1604. — Jac. Frd. **Reimmann**, Kritisirender Geschichtskalender von der Logica, darin das Steigen und Fallen dieser hochvortrefflichen Disciplin von Anfang der Welt bis' auf das Jahr nach Christi Geburt 1600 entworffen etc. Frkf. am M. 1699 (vergl. auch dessen Versuch einer Einleitung in die historia literaria etc. Halle 1708 ff. Bd. 1, p. 58 ff. Bd. 3, p. 446 ff.). — J. G. **Walch**, Historia logica, in den Parerga academica, Lips. 1721, p. 454 ff. — Als 3. Theil seiner Logik hat auch **J. P. V. Troxler** eine Skizze der Literatur und Geschichte der Logik gegeben, Stuttg. u. Tüb. 1830.

Auf einzelne Abschnitte dagegen zielen z. B. Petr. **Aurivillius** (gest. 1677), Oratio de origine, antiquitate et priscis logicae cultoribus, cf. Scheffer, Suecia literat. p. 230. — J. G. **Buhle**, Comment. de philosophor. graecor. ante Aristotelem in arte logica invenienda et perficienda conaminibus, in Comment. soc. reg. Gotting. XI, 3, p. 234 ff. 1793. — Vgl. auch die oben in der ersten Abth. zu Plato's Dialectik und zur Logik des Aristoteles angeführte neuere Literatur.

Zur Characteristik einzelner Perioden des Betriebs der Logik werden ferner z. B. dienen: Joh. v. **Salesbury** (Saresberiensis), Opera, ed. J. A. Giles, Oxon. 1858; Polycraticus in Bd. 3 und 4, Metalogicus in Bd. 5. — **Ludovicus Vives**, Opera, 1555; cf. in tom. pr. De causis corrupt. artium, p. 373 ff. — **Mar. Nizolius**, Antibarbarus philosophicus s. philosophia scholasticorum impugnata, Frcf. 1674. — **Seb. Foxius Morzillus**, De usu et exercitatione dialecticae liber, Bas. 1556. — **Adam Tribbechovius**, De doctoribus scholasticis et corrupta per eos divinarum humanarumque rerum scientia, 2. ed. Jen. 1719. — **Du Boulay**, Historia universitatis Parisiensis, Par. 1665 ff., und **Joannes Launojus**, Opera, insbes. tom. IV, p. I, De varia Aristot. in academ. Paris. fortuna. Colon. 1732. — **Edzardi**, Dissert. quantum reformatio Lutheri logicae profuerit, Hamb. 1717. — S. auch oben die Literatur zu Melanchthon, Ramus u. A. — **Freiherr v. Eberstein**, Versuch einer Gesch. der Logik und Metaph. bei den Deutschen, von Leibnitz bis auf die gegenwärt. Zeit, Halle 1794. 1799.

Abrisse der Geschichte der Logik, von grösserem oder kleinerem Umfange, finden sich häufig bald als Einleitung bald als Anhang bei der Darstellung des Systems der log. Lehren. **Petrus Ramus**, Scholae in liberales artes, Bas. 1569; von den Scholae dialecticae enthält das erste Buch einen Blick auf die Geschichte der Logik bis zu' Galenus. — **Petr. Gassendi**, Opera, Lugd. 1658; im ersten Buch des ersten Bandes ist eine Gesch. d. Log. bis auf Cartesius. — **Chr. Thomasius**, Introductio ad philosophiam aulicam, Lips. 1688, 2. ed. Hal. 1702; cf. cap. 4. — **Cl. Buffier**, Les principes du raisonnement exposez en deux logiques nouvéles, avec des remarques sur les logiques qui ont eu le plus de reputation de notre temps, Par. 1714. — J. G. **Walch**, Einleitung in die Philosophie, Leipz. 1727. 1730. — **J. J. Syrbius**, Institutiones philos. rationalis eclecticae: in praefatione historia logicae succincte delineatur, ed. alt. Jen. 1723. — **Eusebius Amort,**

Philosophia Pollingana ad normam Burgundicae, Aug. V. 1730; p. 539 ff. notitia critica de logica Platonis, Raymundi Lulli et Neotericorum. — **Antonius Genuensis,** Elementorum artis logicocriticae libri V, ed. in Germania prima, Colon. 1753; vergl. die Prolegomena, wo eine Geschichte der Logik ist von Adam an bis auf Chr. Wolf: dubitari non potest, heisst es von ersterem, quin egregius fuerit Logicus, sed an regulas recte ratiocinandi et res naturae perquirendi in justam artem collectas filios et nepotes docuerit, id vero est quod ignoramus, — J. G. **Darjes,** Via ad veritatem, 2. ed. Jenae 1764; als Appendix: Meditationes in logicas veterum (bis auf Cartesius). — **Columb. Rösser,** Institutiones logicae, Wirceb. 1775; als Appendix: De artis logicae scriptoribus. — J. G. H. **Feder,** Logik u. Metaphysik, 4. Aufl. Hanau u. Leipz. 1775. 6. Aufl. Gött. 1786 (Institutiones logicae et metaphysicae, 3. ed. Gott. 1787); in beiderlei Bearbeitungen findet sich ein Abriss der Gesch. der Logik. — **Andr. Metz,** Institutiones logicae, Bamb. et Wirceb. 1796; als Appendix: Historia logices. — Fr. **Calker,** Denklehre oder Logik und Dialectik nebst einem Abriss der Geschichte und Literatur derselben, Bonn 1822. — C. Fr. **Bachmann,** System der Logik, Leipz. 1828; p. 569 ff. ein Abriss der Geschichte der Logik. — Fr. **Ueberweg,** System der Logik und Geschichte der logischen Lehren, Bonn 1857. 2. Aufl. 1865. — **Kuno Fischer,** Logik und Metaphysik oder Wissenschaftslehre, Stuttg. 1852. 2. Aufl. Heidelb. 1865.

Auf Geschichte der Logik, wenigstens auf einzelne Autoren und ihre logischen Systeme, wird namentlich Bezug genommen bei Beantwortung solcher Fragen (de natura logicae, de subjecto logicae, sitne logica theoretica an practica, ars an instrumentum, de partibus logicae etc.), welche man als eine Einleitung zur Darstellung des Systems der Denkformen betrachtet, sey es dass die Untersuchung jener Fragen eine selbstständige Arbeit für sich bildet oder sey es dass sie an die Spitze von Compendien und Commentaren gestellt und somit diesen einverleibt ist; in ersterer Beziehung vergl. z. B. Jac. **Zabarella,** De natura logicae, in Opera log. edit. postr. Frcf. 1623. — Oder s. den anonym. Tractat: Διαλλγεσθαι cum suis synonymis graecis latiniaque etc. praecedente historia dialectica, Coburg. 1603. — Ger. Joh. **Vossius,** De logices et rhetoricae natura et constitutione libri II, Hag. 1658. — Georg **Wegner,** Disquisitiuncula historicophilosophica de origine logices, Oels 1667. — Oder aus neuerer Zeit; J. G. **Mussmann,** De logicae ac dialecticae notione historica, Berl. 1828, u. A. m.

Aber auch für die übrigen Partien der Logik finden sich in den grösseren Werken allenthalben Winke und Notizen zur Geschichte dieser Wissenschaft, indem bald in polemischer Tendenz bald zur Bestätigung der eigenen Lehre die Ansichten Anderer vorgetragen werden, ganz abgesehen von jenen Schriften (Commentaren), deren Zweck nur Erklärung eines anderen Autors ist. So ist es bei den Schriften des Mittelalters, so auch darnach, als Ramisten und Peripatetiker sich in das Geschäft der Logik getheilt zu haben schienen, so bei der späteren Scholastik und bei deren im Unterschiede von der logica minor (log. parva, dialectica, etc.) sogenannten logica major (magna, disputata, etc.). In der neueren Zeit, wo die genetische Auffassung der Dinge überall Platz gegriffen hat, ist schon von daher auch für den Logiker die historische Rücksichtnahme bei Abhandlung der einzelnen Lehren unerlässlich geworden; vergl. z. B. die logischen Arbeiten von **Trendelenburg,** oder **Ueberweg's** Logik, oder H. **Ulrici,** System der Logik, Leipz. 1852, u. A.

Belehrende Führer bei dem Studium der Geschichte der Logik bleiben die Werke, welche eingehender die Geschichte der Philosophie behandeln.

Als Werke, die sich mit der gesammten Geschichte der Philosophie beschäftigen, sind zu nennen: J. J. **Brucker,** Historia critica philosophiae a

mundi incunabulis ad nostram usque aetatem deducta, 5 vol. Lips. 1742 ff.
2. Ausg. 1766 ff. — D. **Tiedemann**, Geist der specul. Philosophie, 7 Bde.
Marb. 1791 ff. — G. G. **Füllebern**, Beiträge zur Geschichte der Philosophie, Züllich. 1791 ff. — J. G. **Buhle**, Lehrbuch der Geschichte der Philosophie, 8 Bde, Gött. 1796 ff. Ebend. Geschichte der neueren Philosophie
seit der Epoche der Wiederherst. der Wissensch. 6 Bde, Gött. 1800 ff. —
W. G. **Tennemann**, Geschichte d. Philos. 11 Bde, Leipz. 1798 ff. — J. M.
Degerando, Histoire comparée des systèmes de la phil. 3 tom. Par. 1804. 2.
édit. 4. tom. Par. 1822 ff. — Th. A. **Rixner**, Handbuch der Geschichte der
Philosophie, 3 Bde, Sulzb. 1822 ff. 2. Aufl. 1829. Supplementbd. von V. Ph.
Gumposch, 1850. — E. **Reinhold**, Handbuch der allgem. Geschichte der Philos.
3 Bde, Gotha 1828 ff. Lehrbuch etc. Jena 1836 u 5. Geschichte der Philos.
nach den Hauptmomenten ihrer Entwicklung, 5. Aufl. 3 Bde, Jena 1858. — H.
→**Ritter**, Geschichte der Philosophie, 12 Bde, Hamb. 1829 ff. — G. W. F.
Hegel, Vorlesungen über die Gesch. d. Philos. in WW. Bd. 13—15, Berl.
1833 ff. 2. Aufl. 1840 ff. — V. **Cousin**, Oeuvres, t. I, Brux. 1840. Histoire
générale etc. Par. 1863. — Chr. W. **Sigwart**, Geschichte der Philosophie,
3 Bde, Stuttg. 1854. — Fr. **Ueberweg**, Grundriss der Gesch. der Philosophie, 3 Th. Berl. 1862 ff. 1. u. 2. Th. in 2. Aufl. Berl. 1865 ff. — J. E.
Erdmann, Grundriss der Gesch. der Philosophie, 2 Bde, Berl. 1866.

Zur Geschichte der Philosophie des Alterthums insbesondere: Chr. Aug.
Brandis, Handbuch der Gesch. der Griech.-Röm. Philos. Berl. 1835 ff.
Ebendessen Geschichte der Entwickl. der griech. Philos. und ihrer Nach-
wirkungen im röm. Reiche. Berl. 1862 ff. — Ed. **Zeller**, Die Philos. der
Griechen, Tüb. 1844 ff. 2. völlig umgearb. Aufl. Tüb. 1856 ff. — M. **Deutinger**, Gesch. der Philos. I. Bd. Regensb. 1852 ff. — Historia philosophiae
Graeco-Romanae et fontium locis contexta; locos collegerunt, disposuerunt,
notis auxerunt H. **Ritter** et L. **Preller**, Hamb. 1838. 2. ed. Goth. 1856. 3.
ed. 1864. — N. J. **Schwarz**, Manuel de l'histoire de la philosophie an-
cienne, Liège 1842. — J. **Braniss**, Gesch. der Philos. I. Bd. Bresl. 1852. —
L. **Strümpell**, Die Gesch. der griech. Philos. Leipz. 1854 ff. — A. **Schweg-
ler**, Gesch. der griech. Phil., hrsg. v. C. Köstlin, Tüb. 1859. — Ch. **Lévê-
que**, Étude de philosophie grecque et latine, Par. 1864.

Zur Geschichte der Philosophie des Mittelalters: **Rousselot**, Etudes
sur la philos. dans le moyen-âge, 2 vol. Par. 1840 ff. — B. **Hauréau**,
De la philosophie scolastique, 2 vol. Par. 1850. Singularités etc. Par.
1861. — H. **Ritter**, Die christl. Philosophie, 2 Bde, Gött. 1858 ff. — J.
N. **Huber**, Die Philos. der Kirchenväter, Münch. 1859. Vergl. auch dessen
J. Scotus Erigena, Münch. 1861. — A **Stöckl**, Gesch. der Philos. der pa-
tristischen Zeit, Würzb. 1859. Gesch. der Philos. des Mittelalters, 3 Bde,
Mainz 1864 ff. — Jos. **Kleutgen**, Die Philosophie der Vorzeit, 2 Bde,
Münster 1860 ff. — K. **Werner**, Franz Suarez und die Scholastiker der
letzten Jahrhunderte, Regensb. 1861. — Franz **Schaarschmidt**, Joannes Sares-
beriensis, Leipz. 1862. — W. **Kaulich**, Gesch. der scholast. Philosophie,
I. Th. Prag 1863. — C. S. **Barach**, Zur Gesch. des Nominalismus vor Ro-
scellin, Wien 1866.

Zur syrischen, arabischen, jüdischen Philosophie: J. P. **Ludovicus**,
Historia rationalis philosophiae apud Arabes et Turcas. — **Casiri**, Bibliotheca Arabico-hispana, Matrit. 1760. Vergl. auch Bibliotheca Hispana
vetus, tom. sec. Matrit. 1788. — A. **Schmölders**, Essai sur les écoles philosophiques chez les Arabes, Par. 1842; s. auch dessen Documenta philosophiae Arabum, Bonn. 1836. — A. **Jourdain**, Recherches crit. sur l'âge et
l'origine des Traduct. lat. d'Aristote et sur des commentaires etc. 2. édit.
Par. 1843. — **Flügel**, Dissert. de Arabicis scriptorum Graecorum interpretibus, Meiss. 1841. — **Wenrich**, De auctorum Graecorum versionibus sy-
riacis, arabicis, armenicis persicisque, Lips. 1842. — **Ravaisson**, Mém.
sur la philos. d'Aristote chez les Arabes (Compt. rend. de l'acad. tom. V),

Par. 1844; **v. Hammer-Purgstall,** Gesch. der arab. Literatur, 7 Bde, Wien 1850 ff. — E. **Rénan,** De philosophia peripatetica apud Syros, Par. 1852. — S. **Munk,** Mélanges de philosophie juive et arabes, renfermant des extraits etc., des notices sur les principaux philosophes arabes et leurs doctrines, et une esquisse historique de la philosophie ches les juifs, Par. 1859. — Jul. **Fürst,** Bibliotheca judaica, Leipz. 1849 ff. — F. **Dieterici,** Die Propaedeutik der Araber im zehnten Jahrhundert, Berl. 1865.

Zur Geschichte der neueren Philosophie noch: J. H. **Fichte,** Ueber Gegensatz, Wendepunkt und Ziel heutiger Philosophie, Heidelb. 1832. — J. E. **Erdmann,** Versuch einer wissensch. Darstellung der Geschichte der neueren Philosophie, Riga u. Dorp., dann Leipz. 1834 ff. — C. L. **Michelet,** Geschichte der letzten Systeme der Philos. in Deutschland von Kant bis Hegel, 2 Bde, Berl. 1837. — **Barchou de Penhoën,** Hist. de la philos. allemande dépuis Leibnitz jusqu' à nos jours, 2 vol. Par. 1836. — J. **Schaller,** Die Philosophie unserer Zeit, Leipz. 1837. — H. M. **Chalybaeus,** Histor. Entwicklung der spec. Phil. von Kant bis Hegel, 2. Aufl. Dresd. u. Leipz. 1839. — K. **Biedermann,** Die deutsche Philos. von Kant bis auf unsere Zeit, 2. Th. Leipz. 1842. — A. **Ott,** Hegel et la philosophie allemande etc. Paris 1843. — H. **Ulrici,** Das Grundprincip der Philosophie, erst. Theil: Gesch. u. Kritik der neueren Philos. Leipz. 1846. — **Willm,** Histoire de la philos. allemande dépuis Kant etc. 4 tom. Par. 1846 ff. — C. **Fortlage,** Genetische Gesch. der Philos. seit Kant, Leipz. 1852. — L. **Wocquier,** Essai sur le mouvement philosophique de l'Allemagne dépuis Kant jusqu' à nos jours, tom. prem. Gand 1852. — J. N. P. **Olschinger,** Speculat. Entwicklung der Hauptsysteme der neueren Philosophie von Descartes bis Hegel, 2 Bde. Schffh. 1853 ff. — Kuno **Fischer,** Gesch. der neueren Philosophie, 4. Bde, Mannh. 1854 ff. 2. Aufl. 1865 ff. — J. M. **Degerando,** Histoire de la philos. moderne, 4 tom. Par. 1858.

Einschlägige Monographien zur Geschichte der Philosophie und mittelbar hiedurch zur Geschichte der Logik wurden schon in den vorhergehenden Abtheilungen citirt.

Manchen gewünschten Nachweis über logische Termini, über die log. Literatur und ihre Autoren werden die philosophischen Wörterbücher darbieten. — Jonas **Höckerus,** Clavis philosophiae Aristotelicae continens dilucidas Graecorum terminorum explicationes etc. Tubing. 1616. — Martinus **Lipenius,** Bibliotheca realis philosophica, Frcf. 1682. — P. **Bayle,** Dictionnaire historique et critique, 2. édit. 3 tom. Rotterd. 1702; 5. édit. 4 tom. Basle 1738; nach der Ausg. v. 1740 übers. u. mit Anm. von J. Ch. Gottsched, 4 Bde, Lpz. 1741. — Steph. **Chauvin,** Lexicon philosophicum. Leovard. 1713. — H. W. **Bernsau,** Onomasticum definitivum exhibens notiones rerum distinctas etc. 2 tom. Franequ. 1760 ff. — J. G. **Walch,** Philos. Lexicon, 4. Aufl. in 2 Thl. Leipz. 1775. — **Encyclopédie Méthodique:** Logique et Metaphysique, publié par M. **Lacretelle,** 4 tom. Par. 1786—91. — W. Tr. **Krug,** Handwörterbuch der philos. Wissenschaften nebst ihrer Lit. u. Geschichte, 5 Bde, Leipz. 1832 ff. 2. Ausg. — **Dictionnaire** des Sciences philosophiques, 5 vol. Par. 1844 ff.

Auch die allgemeinen literärgeschichtl. u. biographischen Werke werden manche Anhaltspuncte geben. So z. B. in Bezug auf kirchliche Schriftsteller: J. A. **Fabricius,** Bibliotheca **ecclesiastica,** Hamb. 1718 (worin die Sammelwerke: Liber St. Hieronymi, anno 382 script., Liber Gennadii Presbyteri, circa 490, Lib. Isidori Hispalensis, Liber Ildefonsi Toletani, c. 660, Honorii Augustodunensis libri IV, c. 1200, Liber Sigeberti Gemblacensis, † 1112. Liber Henrici Gandavensis, 13 secl., Liber Anonymi Mellicensis, 12. sec, Liber Petri Diaconi, c. 1140, cum supplemento Placidi Diaconi. Lib. J. a. Trittenhem [Trithemius], † 1516, mit dem Auctuarium von Miraeus). — Phoenix revivescens, ordinis **Cisterciensis** scriptores, Bruxell. 1626, und Bibliotheca scriptorum s. ordinis **Cisterciensium,** p. Car. de Visch, Colon.

1656. — Scriptores ordinis **Praedicatorum**, inchoav. Quetif, absolv. Echard, 2 tom. Lutet. Par. 1719 — 21. — Bibliotheca **Carmelitana**, Aurel. 1752. — Historia rei literariae ordinis S. **Benedicti**, 4 part. ed. Ziegelbauer, rec. Oliverius Legipontius, Aug. V. et Herbipoli 1754 ff. Bibliothèque générale des écrivains de l'ordre de St. **Bénoit**, Buillon 1777 — 78, 4 vol. Histoire littéraire de la congrégation de St. **Maur**, Brux. et Par. 1770. — Spiritus literarius **Norbertinus** (Sylloge ex ord. **Praemonstr.**) ed. Georgius Abb. Aug. V. 1771. — Biblioth. des écriv. de la **compagnie de Jésus**, par Aug. et Al. Bracker, Liège 1853 ff. 7 tom. — Oder mit Bezug auf einzelne Länder und Völker, oder mit Bezug auf gewisse Zeitabschnitte. Schon oben wurde genannt die Gesch. der arab. Literat. von v. Hammer-Purgstall, die Biblioth. judaica von Jul. Fürst, und Anderes. S. ferner: J. Lelandus († 1552), De scriptoribus **Brittanicis**, ed. ab. Ant. Hall. Oxf. 1709. — Anton. Sander, De scriptoribus **Flandriae**, Antv. 1624. — Athenaeum **Ligusticum**, ed. August. Oldoinus, Perus. 1680. — M. J. J. **Ampère**, Histoire littéraire de la **France** avant le douz. siècle, 3 vol. 1839 ff. Du Boulay (Bulaeus), Histor. universitatis **Parisiensis**, 6 vol. Par. 1665. Histoire litt. de la France, par les religieux Bénédictins de la congrég. de S. Maur, Par. 1733 ff. continuée par des membres de l'Institut. B. Hauréau, histoire littér. du **Maine**, Par. 1852 ff. — J. Fr. Foppen, Biblioth. **Belgica**, Brux. 1739 ff. 2 tom. — Bibliotheca **Hispana nova**, ed. N. Antonius Hispal. Matrit. 1783 — 88, 2 tom. Biblioth. **Hispana vetus**, auct. N. Antonio Hispal., cur. Fr. Perez. Bayerio, 2 tom. Matrit. 1788. — Girol. Tirabosch, Storia della letteratura **italiana**, Firenze 1805 ff. — J. Fr. Reimmann, Versuch einer Einleitung in die Historia literaria etc. Halle 1708 ff. Vergl. 1, p. 58 ff. 3, p. 446 ff. Die ersten Linien von der Historia literaria derer **Deutschen**, nach der Grundlage des bishero aufgericht. Reimmannischen Gebäudes entworf. Halle 1713. vergl. p. 23. — J. Berington, A. literary history of the **middle ages**, Lond. 1814. — J. A. Fabricius, Biblioth. latina **mediae et inflmae aetatis**, 6 tom. Hamb. 1734 ff. Patav. 1754. — G. Draudius, Bibliotheca **classica** (singuli singularum facultatum ac professionum libri), Frcf. 1611. — V. Ph. Gumposch, Die philos. Literatur der **Deutschen** von 1400 bis auf unsere Tage. — — Werke, die sich auf allgemeine Literaturgeschichte oder auf Gelehrte überhaupt beziehen: Conr. **Gesner**, Biblioth. universalis, Tigur. 1545. Pandectarum sive Partitionum universalium libri XXI, Tig. 1548. Biblioth. instituta et collecta primum a Conr. Gesnero etc. ed. per **Simlerum**, Tigur. 1574. Biblioth. instituta etc. ed. per **Frisium**, Tig. 1583. — D. G. **Morhof**, Polyhistor, Lub. 1695. 1708, u. ö. — Chr. Gottl. **Jöcher**, Compendiös. Gelehrtenlexicon, 8. Aufl. Leipz. 1733. Ebend. Allgemeines Gelehrtenlexicon. Leipz. 1750 ff., Fortsetzung und Ergänzungen von **Adelung**, 1784 ff., von Rotermund, 1810 — 19. — Nic. **Hieron**. **Gundling**, Vollst. Historie der Gelahrtheit, 6 tom. Frcf. u. Leipz. 1734 ff. — Gottl. **Stolle**, Anleitung zur Hist. der Gelahrtheit. Jen. 1736; vergl. p. 443 ff. — J. A. **Fabricius**, Abriss einer allgem. Historie der Gelehrsamkeit, Leipz. 1752 ff. 3 Bde. — G. M. **König**, Bibliotheca vetus et nova, Altdorf. 1778. — J. N. **Eyring**, Synopsis historiae literar. qua Orientis, Graeca, Romana, item aliarum linguarum scriptis etc. Gotting. 1783. — C. J. **Bouquiné**, Handb. der allgem. Literargeschichte, Zürich 1789 ff. — J. G. **Eichhorn**, Gesch. der Literatur, Gött. 1805 ff. — J. G. Th. **Grässe**, Lehrbuch einer allgem. Literärgeschichte, Dresd. u. Leipz. 1837 — 59. — — Oder auch so umfassende, aber eingehende Werke wie **Biographie** universelle, par une société etc. Paris 1811 ff. **Nouvelle biographie** universelle. par Firmin Didot frères, sous la direction de Hoefer, Par. 1852 ff., und Aehnliches mehr.

Dass für die historische Forschung selbst Verzeichnisse von Nutzen seyn können wie etwa z. B. Catalogi librorum manuscriptorum Angliae et Hiberniae, Oxon. 1697, oder Ph. Labbeus Nov. biblioth. manuscr. Paris 1657, 2 tom. u. dergl. bedarf kaum einer Bemerkung.

B.

Alphabetisches Sachregister.

Die Zahlen bezeichnen die Seite.

A.

abdicativa propositio 139. 384.
absoluta prop. 184.
Abstraction 248. 250. 257. 267. 270. 279.
acceptiones, Praemissen, 140. 346. 422.
accidentis fallacia 432.
ἄγνοια τοῦ ἐλέγχου 433.
adaequat 264. 430.
ἀδιόριστος 124. 385.
adjunctum 137.
acquipolentes prop. 140. 151.
Aequipollenz 140. 146. 151. 155. 165. 184. 327. 390. 405. 417, der modal. Urtheile 305. 327. 331.
aequivocatio, Sophisma, 431.
Aesthetik 11. 19. 20.
affectiones v. passiones terminorum et propositionum 164.
affirmatio, affirmativa prop. 146. 155. S. Bejahung.
aggressio 137.
ajens 137. 384.
αἰτιῶδες 134. 345.
ἀκολουθία 130. 134. 345.
ἄκρα 126. 422.
allgemein gült. u. geltendes Wissen 115. 315. 343. 356. 358. 359. 361. 383. 421. 448. 451.
Alterthum 15.
alterutrae prop. 140.
ἔμεσα 125. 175. 429.
ἀμφιβολία 432.
ampliatio, supp. ampliativa 160. 184.

ἀναγκαῖον, ἀδύνατον, 124. 303. 313. 319.
ἀνάκλασις, reflexio, refractio, 129. 141. 147. 390. 423.
ἀναλογία 274. κατ' ἀναλογίαν συλλογισμοί 275. 346.
Analogie 50. 125. 138. 157. 175. 178. 208. 221. 234. 270. 283. 296. 425. als Probe der Induction u. Division 275. 277. 281. 283. von Realem und Idealem 110. 294: vergl. Exactheit, Inspiration, Congenialität, Speculation.
analogismus 275, Anm.
analytische Urtheile 190. 204. 211. 293. 351.
ἀναστρέφειν 138. 339.
animal, Thier, 7. 29.
ἀντανακλώμενοι συλλογισμοί 129. 141. 147. 157.
antecedens, praecedens, 144. 146. 176. 345.
antepraedicamenta 156.
Anthropologie 10. 18. 84. 97. 104. 106. 107.
ἀντιδιαίρεσις 132.
ἀντικείμενα 133. 137. 138.
ἀντιστρέφειν 126. 138. 389.
ἀντίστροφον δίλημμα 434.
ἀντίφασις 124.
ἀξίωμα 127. 133. 137. 139. 429. S. Grundsatz.
ἀόριστον ἀξίωμα 133. 384. 385. 393.
ἀπαγωγή, abductio, 125. 425.

ἀπαγωγὴ εἰς τὸ ἀδύνατον 127. S.
Beweis, indirecter.
ἀπέραντοι λόγοι 135.
ἁπλοῦν ἀξίωμα 133. 344.
ἀποδεικτικός 125. 127. 128. 135. 149.
448.
ἀπόδειξις 125. 127. 128. 135. 137.
323. 425. 428. 440. 448.
Apodictik (Analytik) 125. 129. 138.
149. 153. 175. 181. 184. 197.
apodictisch, im Untersch. von dialectisch u. sophistisch, 125. 128. 129.
153. 157. 166. 172. 181. 183. 184.
187. 197 und oft. Ferner 425. 428.
448.
apodictisches Urtheil 313. 319. 323.
324 u. ff.
ἄπορος 434.
ἀπόφανσις 124.
ἀπόφασις 124. 384.
ἀποφατικὸν ἀξίωμα 133. 137. 384.
appellatio 161.
argumentatio 137. 147. 153. 157. 171.
172. 184 u. sonst.
argumentum 137. 144. 147. 184. 428.
ἀρνητικὸν ἀξίωμα 133. 384.
ars vetus et nova 171.
Artunterschied 257. Vgl. Definition.
ἀρχαὶ λογικαί 138.
ἀρχή 127. 429.
assertorisches Urtheil 311. 322. 324.
u. ö.
assumtio 137. 147. 176. 346. 422.
Astronomie 8. 89.
ἀσύνακτοι λόγοι 135.
Autorität 69. 82.
αὐτοτελὲς ἀξίωμα 133.

B.

begreifen, genetisches Denken, 26. 36.
39. 44. 50. 62. 128. 143. 210. S.
genet. Denken.
Begriff 12. 34. 39. 41. 47. 57. ὅρος
126. σημαινόμενον 132. vox sig-
nif. 145. 150. 154. res 146. intellectus, notio. 150. 152. forma 150.
167. formatio 153. terminus sup-
ponens 155. signum 169. intentio
169. = Wesen 216. Subject, Object 218. = Vorstellung 226: vgl.
Idee, Categorie. Begriff als ur-
theilend 41. 204. 213. 219. 342.
366. 370. 382. 420. 450. S. Mittelbegriff, Grundsatz.
Bejahung 124. 126. 174. 176. 183.
190. 233. 384. 394. 395. 410. 425.

Beispiel 279. 283. S. auch 'παράδειγμα, exemplum, Analogie.
Beobachtung 30.
Bewegung 8. 29. 53. 90.
Beweis 125. 127. 135. 137. 141. 147.
153. 157. 175. 181. 184. 186. 187.
189. 208. 234. 251. 428. 440. 448.
indirecter Bew. 127. 141. 175. 235.
347. 425. 428. 441.
Bewunderung 72 ff. 93 u. ö.
Bild, bildende Thätigkeit 11. 19. 20.
21. 23. 34. 63. 85. 88. 211.

C.

captiones 138. 431.
categorica prop. 146. 155 u. ö. categorisches Urtheil 344. 349. 351. 364.
367. 384. 385. 392.
categoricus syllog. 147. categorischer
Schluss 425.
Categorie, Categorienlehre, 47. 52. 62.
90. 123. 127. 132. 138. 142. 145.
148. 149. 151. 156. 167. 171. 174.
177. 180. 183. 193. 205. 210. 211.
226. 239. 296.
causales (rationales) Urtheil 134. 345.
357. 361. 367. 372. 379 u. ö. 406.
440. Vergl. Enthymema.
Causalitätsgesetz 93. Vergl. 288. 357.
361.
cavillationes 138. 431.
Centrum 8. 9. 53. 90. 93.
Christenthum 16.
collectio 137. 140. 422.
Combination 270.
comparatives Urtheil 134. 184. 345.
complexio, Dilemma, 138. 348.
complexiones 147.
complexum (complexio) et incomplexum 153. 154. 156. 158. 176. 183.
184.
composita prop. 146.
concatenatus syll. 426.
conclusio = Schlusssatz 140. 147. 157.
422. 447.
conclusio = syllogismus 137. 140. 422.
447.
conclusio sequitur partem debiliorem
130. 307. 328. 329. 424.
Conclusion, conclusive Urtheile 291.
422—452.
conclusiunculae 138. 431.
conditionalis 139. 144. 146. u. ff. S.
hypothetisch.
condivisio 262.
Congerialität 101 ff.
congregativa prop. 176. 345.

connexa s. circumstantiae 174. 178.
connexio 146.
connexum 137. 176. 177.
consentiens v. conveniens (aequipollens) 146. 151.
consequens 137. 144. 146. 176. 345.
consequentiae 164. 184. 391. 425. 433.
    S. hypoth. u. causal. Urtheil. consequentiae modales 306. 328. 331.
contingens 146. 155. 176. 303.
contradictio, contradictorius, 146.
    151. 155. contradictorischer Gegensatz s. Widerspruch.
contrapositio, oppositio 146. 155.
    Ueber die Lehre von der Contraposition vergl. 138. 140. 144. 146.
    151. 155. 165. 184. 193. 194. 208.
    375. 389. 401. 404. 407. 412. 416.
    417. 418.
contrarium, contrar. prop. 137. 146.
    155. conträrer Gegensatz 124. 137.
    140. 144. 146. 155. 387. 398. 400.
    409. 416.
conversio 140. 144. 146 u. oft. Ferner 389. 398. 401. 405. 415. Vergl.
    Umkehrung.
coordinirt 261. 263.
copula 155. S. auch 384. 393.
copulatio 158.
copulativa prop. 155. 174. 176. 184.
cornutus 434.
corollaria 429.
Criterium der Wahrheit 65. 67. 207.
    212. 216. S. Wahrh. des Urtheils.
Criticismus 61.
cryptische Schlüsse 252. 257. 348.
    425.

D.

declarativa pars 139. 144.
dedicativa prop. 139. 384.
Deduction 268.
definitio, diffinitio 137. 149. 153 u.
    sonst. Ueber die Lehre von der
    Definition s. 43. 127. 132. 137.
    140. 141. 144. 146. 148. 149. 153.
    174. 176. 177. 181. 182. 183. 187.
    193. 209. 213. 223. 235. 378. 429.
    444. 450.
Demonstration 125. 127. 128. 135.
    138. 149. 153. 157. 166. 181. 183.
    184. 185. 187. 189. 194. 195. 197.
    199. 208. 234. 251. 425. 428. 440.
    448.
denken 5. 18. 23. 28. 57. 63. 71. 80.
    85. 89. 93. 116 u. s. f. 212 ff. =
    Rechnen 187. 188. 194 (vgl. 90).
Denknothwendigkeit 114. 120.

deutsche Logik 179. 199. 200.
διάζευξις 130. S. disjunct. Urtheile
    u. Schlüsse.
διαίρεσις 132. 149. S. Eintheilung,
    disjunct. Urtheil. Ferner bei den
    Sophismen 432.
διαλανθάνων 433.
Dialectik 27. 54. 62. 64. 223. 297. =
    Logik 131, 136. 143. 144. 145. 148.
    149. 154 u. oft.
dialectisch im Unterschiede v. apodictisch 125. 128. 129. 153. 157.
    172. 175. 181. 184. 187. 197. 322.
    425. 428.
διασαφοῦν τὸ μᾶλλον κτλ. 134. 345.
Dichotomie 261.
dictum de omni et de nullo 147. 156.
    157. 184. 187. 200. 208. 424.
dictum secundum quid et dictum
    simpliciter 432.
dictum im Untersch. v. modus 305.
    334. 336.
διεζευγμένον 134. 137.
dignitates 429.
δίλημματον, Dilemma, 138. 348. 425.
    434.
discreta prop. 176. 345. 392.
discreta quantitas 160.
discurrere, discursus 183. 192.
disjunctio, disjunctum, disjunctivum,
    137. Vergl. das Folgende.
disjunctiver Schluss 130. 134. 144.
    147. 148. 177. 178. 208. 221. 347.
    354. 372. 425.
disjunctives Urtheil 130. 133. 137.
    146. 155. 174. 176. 184. 207. 220.
    344.
disparatum 137. 146.
dispositio 175. 176.
distributio 162.
dividua pugna 140.
divisio 137 u. ö. S. Eintheilung.
divisives (distributives) Urtheil 345.
    352. 366.
Dogma, Dogmatik 9. 95.
Dominicaner 168.
doppelte Negation 416.
ductus directus et indirectus 175.

E.

effatum 137. 139.
ἐγκεκαλυμμένος 433.
εἰκότα 126.
einfache und zusammengesetzte Urtheile 133. 146. 155. 174. 176. 184.
    190. 207. 226. 344. 369. 392.

†

Eintheilung, Division, 43. 59. 132. 137. 141. 142. 144. 146. 149. 158. 176. 177. 181. 183. 193. 197. 203. 209. 213—223. 235. 257. 270. 280. 283. 296. 446.
Eintheilungsgrund 258.
Ἴλαττον, τό, 126. 422.
elenchus 433.
Ἠλέκτρα 434.
empfinden Z. 13. 29. 85. 88.
Empirismus 60.
ἐναντία 124.
ἐνδεχόμενον, δυνατόν, 124. 303.
ἔνδοξα 124. 125.
Entdeckung 29.
Entgegensetzung, Gegensatz 124. 133. 137. 140. 144. 146. 151. 155. 156. 165. 174. 178. 184. 208. 387. 398. 409. 411. 415. 417. 418. 419. der modalen Urtheile 305. 327. 332. der quantit. bestimmten Urtheile 387. 398. 399.
ἐνθύμημα, enthymema, 126. 137. 145. 147. 157. 164. 175. 176. 178. 184. 348. 425.
entitas propositionis 184.
enuntiatio, enuntiatum, 137. 139. 140. 151 und sonst.
ἐπαγωγή 125. 138. S. inductio.
ἐπιφορά 135. 346. 422.
episyllogismus 426.
ἐπιχείρημα, epichirema, 126. 137. 426.
Erfahrung 31.
Erinnerung 83.
erkennen 5. 12. 18. 65. 84. 118. 119. 246.
ἔσχατον, τό, 126. 422.
Ethik, Ethos, 10. 19.
exact. 91. 100.
exceptiva prop. 392.
Exclusion, exclusive Urtheile, 290. 384—421. exclusiva prop. 392.
Exemplification 280.
exemplum, Analogie, 157. 175. 178. 184.
Experiment 30.
exponibilia 163.
Exposition 175. 184. 209. 239. 248. 283.
expositorius syllogismus 178. 425.
extremitas 147. 157. 422.

F.

fallaciae 431.
Figur, räumliche, 53. 90.
figura dictionis 432.

figura des Schlusses 157. 422.
Finalsatz 368.
finis, finitio 137. 140. S. Definition.
Formalismus, Formalisten, 169. Vgl. dagegen 63.
formatio 153.
formula des Schlusses 140. 148. 149. 422.
Franciscaner 168.
Freiheit 10. 18. 84.
fundamentum divisionis 259.

G.

galenische Schlussfigur 138. 423.
Gedächtniss 83.
Gegensatz s. Entgegensetzung, contarium, contradictio.
Geist 6. 13. 14. 16. 20. 74. 76. 84. 89. 93. 97. 111. 117.
Gemüth 6. 13. 16. 20. 72. 86. 93.
genetische Definition 430. 431. 444. 450.
genetisches Denken, begreifen, 36. 39. 44. 50. 62. 106. 128. 143. 210. 285. 291. 342. 370. 382. 420.
Geschichte, Geschichtswissenschaft 4. 8. 15. 18.
Geschichte der Philosphie 15.
Gesetz des Denkens 289. 291. 295. Das Denken (Erkennen) als Gesetz 120. Gesetz der Natur 8. 29. 89. 90. Gesetz des Rechts 11.
Gewissen 6. 12. 15. 20. 72.
Glaube 72. 94.
goclenischer Sorites 427.
Gottesbild, Gottesbildlichkeit, 6. 12. 14. 17. 20. 86. 93. 110.
Grundsatz, Axiom, 127. 138. 147. 157. 175. 176. 181. 182. 184. 187. 189. 235. 429. 440. 443. 446. 451.
Grundsätze, logische, 138. 142. 147. 157. 184. 187. 188. 193. 195. 199. 207. 208. 210. 216. 229. 238. 283. 337. 379. 417. 419. 447.
Grundsätze, methodologische, 191. 210.

H.

(Spiritus asper).
ἁπλῶς ἢ μὴ ἁπλῶς 432.
heilige Schrift 96.
ἑπόμενον 130. 345.
ἑτεροζήτησις 428.
ἡγούμενον 130. 134. 345.
ὁμωνυμία, Sophisma, 431.
ὁρισμός 127. 429. 440. 445.

*ρος, Begriff, 126. 422. Definition, 132. 140. 429.
Humanisten 174. 185. 197.
ὑγιές 135.
ὑπάρχον 124. 303. 311.
ὑπεραποφατικὸν ἀξίωμα 133. 384.
ὑπογραφή 132.
ὑποδιαίρεσις 132. 261.
Hypothese 30. 284. 366.
ὑπόθεσις 127. 130. 284. 429.
hypothetischer Schluss 129. 134. 144. 147. 148. 177. 178. 187. 208. 221. 275. 346. 354. 372. 425.
hypothetisches Urtheil 130. 133. 137. 139. 146. 155. 165. 174. 176. 184. 207. 220. 344.
ὕστερον πρότερον 428.
ὡρισμένον ἀξίωμα 132. 385.

I.

Idealismus 26. 83.
Idee = Categorie 12. 57. = Bild, Wahrnehmung, Vorstellung, Begriff, 187. 188. 192 u. sonst. Vgl. genetisches Denken.
Jenseits 6. 13. 20. 103.
ignoratio elenchi 428. 433.
illatio, illativum rogamentum, inferre, 140. 147. 346. 422.
imperfectus syllogismus 137. 147. 175. 176. 423.
impossibile 141. 146. 155. 303. 313.
incipit et desinit 163.
incongruae prop. 140.
indefinita pars 139. 384.
indefinita prop. 139. 146. 155. 385.
indicatio 184.
indicativa oratio 154. 183.
inductio 138 u. s. f. Ueber die Lehre von der Induction s. 59. 125. 138. 157. 175. 178. 182. 184. 185. 208. 221. 234. 249. 259. 269. 270. 280. 283. 296. 425.
inesse 146. 156. 304. 351.
infinita affirmatio et negatio 146. 384.
Inhalt u. Umfang der Vorstellung. 248. 250. 257. 259. 355. 370. 395. 414. 417. 425.
insolubilia 164.
Inspiration 95.
Instanzen 253.
intellectus v. notiones 150. 152.
intentio prima, secunda, 160. 172. 179.
interpretatio 164.
inventio, pars inventrix, inquisitio, 147. 172. 174. 176. 178. 182. 186. 187. 197.

inversi syllogismi 426.
ἰσοδυναμία 390.
judicium, pars judicatrix 176. 178. 186. 192. 197.

K.

(Vergl. den Buchst. C).

καθόλου 124. 125. 128. 176. 181. 385.
καταγορευτικὸν ἀξίωμα 133.
κατάφασις 124. 384.
κατηγορίαι 123 u. o.
κατηγορικὸν ἀξίωμα 133. 344. 384. Vergl. κατάφασις.
κείμενα, Praemissen, 130. 422.
κερατίνης 434.
Kettenschluss s. Sorites.
Kirche 9. 16. 17. 95. 96.
Kraft 8. 29.
Kreisfiguren 202.
κροκοδειλίτης 434.
Kunst 11. 15. 19.

L.

Lehrsatz 322. 429.
λεκτόν 132. 141. 157.
λῆγον 134. 345.
λῆμμα 135. 346. 422.
Limitation, limitatives Urtheil 205. 385.
Linie 90.
loci, sedes argumentorum, argumenta, 137. 147. 148. 157. 174. 176. 178. 184. 194.
Logik als Analytik, resolutoria, ars inveniendi, 123. 149. 191. 194. 197. 200. 201. Vergl. Apodictik.
Logik, Begriff derselben und Aufgabe, 12. 41. 131. 132. 136. 139. 145. 149. 153. 154. 171. 172. 174. 176. 177. 179. 183. 185. 187. 191. 192. 193. 194. 196. 200. 205. 207. 209. 211. 215. 217. 225. 227. 228. 235. 236. 238. 240. 294.
Logik als Canon 207.
logica communis, generalis, universalis, 196. Vergl. 205.
Logik, deutsche, 179. 199. 200.
logica opp. dialectica 198.
Logik als Dialectik s. Dialectik.
logica disputata 198.
logica docens et utens 173. 180. 198. Vergl. 205.
Logik, Eintheilung derselben, 133. 139. 144. 145. 149. 151. 153. 171. 174. 176. 178. 180. 183. 186. 187.

191. 193. 194. 196. 207. 213. 217.
218. 230. 239. 293.
logica elementaris et syllogistica 197.
S. 207.
logica formalis 172. 196. S. 205.
210. 217. 227. 297.
Logik und das Gedächtniss 186. 188.
191. 194.
Logik, gemeine, unphilosophische,
212. 214. 298.
Logik, Geschichte derselben, 123. 242.
Logik als Kunst, τέχνη, ars, ars liberalis etc. 136. 139. 143. 144. 151.
154. 171. 174. 176. 177. 186. 187.
191. 192. 193. 194. 199. 200. 300
als Kunst des Denkens, Vernunftlehre, 187. 190. 191. 192. 194. 199.
200. 206. 207. 227. als Kunst der
Rede 131. 136. 139. 144. 145. 149.
151. 154. 174. 176. 183. 186. 227.
logica magna v. major. 197.
Logik, memorative, 164. 173. 193. 202.
Logik, metaphysische, ontologische,
201. 204. 210. 216. 218. 224. 300.
logica (usus) Modernorum 164.
Logik, Name, 131. 136.
Logik, objective und subjective, 218.
Logik als Organon, instrumentum,
131. 172. 180. 191. 201. 288. 300.
logica parva v. minor 197.
Logik als philosophia (scientia) rationalis 139. 172. 183. 198.
Logik als Theil der Philosophie 131.
139. 183. 186. 295. 300.
Logik und Psychologie 295. 299.
logica propria v. materialis v. specialis 196.
logica realis 194.
Logik, reine und angewandte, 205.
Logik und Rhetorik 132. 136. 139.
144. 145. 172. 174. 176. 177. 181.
183. 186. 191. 199. 277. 295.
Logik, scholastische, 129. S. auch
151. 158. 170. 174. 197.
Logik, speculative, 212. 217. 227.
228. 238. 298.
Logik, systematische Behandlung
derselben, 133. 154. 164. 172. 180.
183. 186. 190. 195. 199. 207.
logica thematica et organica 197.
logica theoretico-practica 198.
Logik, transscendentale, 205. 212.
logica verbalis 194.
logica vetus et nova 171.
λογικῶς 131.
logisches Denken, urtheilen, 12. 38.
39. 41. 53. 61. 97. 128. 143. 204.
213. 226. 238. 245. 286.

λόγος = Schluss 134. 422. = Urtheil,
Satz, 124. 430.

M.

Magie 8.
maneries 150.
Materialismus 16. 90.
Mathematik 8. 9. 15. 90.
Maxime 429.
μεῖζον, τό, 126. 422.
Memorialbuchstaben, Memorialverse,
165. 305. 386. 390. 391. 423. 424.
μερισμός 132. 149.
μίσον, τό, 126. 422.
μίσον ἀξίωμα 123.
μετάληψις, μεταλαμβανόμενον, 130.
136. S. πρόσληψις, assumtio.
Metaphysik 55. 172. 179. 204. 300.
Methode 43. 177. 181. 182. 183. 187.
191. 192. 193. 194. 197. 207. 209.
223. 234. S. Argumentation, ordo,
u. dgl.
Mittelalter 16.
mittelbare u. unmittelbare Schlüsse
184. 200. 208. 391. 406. 417. 425.
Mittelbegriff 126 u. 5. Ferner noch
insbes. 422. 423. 424. 438. 443.
Mnemonik 164. 173. 202. S. Memorialbuchstaben.
modalis 151. 155. 303.
Modalitätsschlüsse s. consequentiae
modales.
Modalität im Schlusse (syllogismus
modalis) 126. 130. 147. 326. 328.
336. 425.
Modalität des Urtheils, modale Urtheile, 124. 130. 133. 146. 151. 155.
165. 170. 174. 176. 184. 205. 207.
220. 239. 289. 301 — 343.
modi, moduli, des Schlusses 141. 157.
Vergl. Schlussweisen.
modi disserendi 197.
modi opp. substantia 189.
Modification des Subjects, des Praedi-
cats, der Copula, 129. 184.
modus adverbialis et nominalis 170.
modus ponens aut tollens 177. 187.
346. 372.
modus ponendo tollens aut tollendo
ponens 347. 372.
modus, beim Urtheil, 146. 155. 165
u. sonst.
Möglichkeit 124. 130. 133. 146. 155.
176. 300. 314. 316.
μονολήμματος συλλογισμός 345. 348.
Moral, Moralität, 11. 19.
Mysticismus 105.

N.

Natur 3. 6. 8. 10. 13. 15. 19. 85. 88. 92.
Naturalismus 60. 90.
Naturbeschreibung 7.
Naturwissenschaft 7. 88. 97. 100. 104. 106. 107.
necessarium 146. 155. 175. 176. 303.
negans 137. 384.
negatio, negativ. prop. 144. 146. 155. S. Verneinung.
Neuzeit 16.
Nominaldefinition 430.
Nominaldivision 267.
Nominalismus, Nominalisten, 168.
Nothwendigkeit 114. 124. 125. 130. 133. 146. 155. 176. 181. 182. 208. 300. 319.

O.

obligatoria 164.
obliqui sc. casus, syllog. ex obliquis, 425.
Offenbarung 5. 6. 8. 13. 14. 16. 17. 18. 92.
Ontologie 55. 201. 204.
operationes intellectus v. mentis 172. 179. 183. 187. 193. 197.
oppositio (contrapositio) 146. Vgl. ausserdem Entgegensetzung.
oppositum 137.
orationis species 139. 151. 154.
ordo opp. methodus 182.
Organon des Aristoteles 123. 131. 148. 152. 166. 171. 174. 179. 185. 196.
Orthodoxismus 94.
ostensiver Beweis 428.

P. Φ. Ψ.

Pantheismus 56.
παράδειγμα 125. 138.
παρασυνημμένον 133. 134.
partitio 137. 144. Untersuchung derselben 266.
parva logicalia 158. 164. 173. 178. In anderer Bedeutung 197.
περαντικοὶ λόγοι 135.
perfecta v. integra pugna 140.
perfectus syllogismus 145. 147.
periermeniae, arum 149. 151.
Person, Persönlichkeit 10. 19.
persönliche Ueberzeugung 111. 116. 312. 343. 356. 358. 359. 361. 383. 421. 448.
petitio principii, quaesiti, 428. 433.

φαλακρός 434.
Philosophie 3. 6. 15. 107.
Physiologie 7. 88. 104. 106. 107.
φωναί 132. 142. S. auch quinque voces.
Pietismus 94.
pneumatischer Leib 82.
Poetik 144. 181. 183.
πολυζήτησις 433.
polysyllogismus 426. 440.
possibile 146. 155. 303.
postpraedicamenta 156.
Postulat 322.
praecedens (antecedens) 146. 176.
praedicabile, praedicabilia, 142. 150. 155. 183. 203. S. auch quinque voces, universalia, Topik.
praedicamenta 156. S. Categorien.
praedicativa prop. 139. 146. 174. 344.
praedicativus syllog. 144. 147.
praedicatum 146.
Praemissen, Benennung, 126. 136. 135. 137. 140. 144. 147. praemissae 153. 157. 422.
Principien, logische, s. Grundsätze.
principium = Begriff, Categorie, 151.
principium divisionis 259.
principium individuationis 167. 168. 169.
privans, privativ. prop. 137. 384.
probatio, approbatio 137. per impossibile 141.
Problem 321.
problemat. Urtheil 321. 324 u. o.
proloquium 137. 139. 144.
pronuntiatum, pronuntiabilis oratio, 137. 139.
Proportion 273.
propositio = Urtheil 139. 140. 146 u. s. f.
propositio = Obersatz des Schlusses 137. 147. 422.
propositio major et minor 157. 422.
proprietates terminorum 164.
proprius syllogismus 177. 178. 425.
πρόσληψις 130. 135. 346.
prosyllogismus 426.
προσῳδία, Sophisma, 432.
προτάσεις = Praemissen 126. 422.
πρότασις 124. 126 u. o.
protensio 139.
ψευδόμενος 433.
Psychologie 12. 55. 84. 97. 104. 107. 299.
pugna, μάχη, 140.
pura propositio 174. 304. 311.

Q.

quaestio 147. 174.

Qualität des Urtheils 124. 129. 133.
139. 144. 146. 151. 155. 165.
176. 183. 205. 207. 208. 219. 239.
384. 393. 410. 414. 417. 418. 438.
des condition. Urtheils 350. 375.
379. des disjunct. Urtheils 350. 358.
380. bei den modal. Urtheilen 306.
333.
qualitas 139. 384.
Quantität des Urtheils 124. 129. 133.
139. 144. 146. 151. 155. 165. 176.
184. 205. 207. 208. 219. 385. 396.
405. 408. 411. 414. 417. 418. 438.
des condit. Urtheils 350. 376. 379.
des Gegensatzes 387. 398. 399. 417.
418. bei den modal. Urth. 306. 334.
quantitas 139. 385.
quinque voces 137. 140. 141. 144.
145. 148. 149. 151. 155. 203 u. ö.

R.

ratio 137. 147. 357. 361. 367.
ratiocinatio 137. 140. 422.
Rationalismus 73. 94. 109.
Raum, Raumfigur, 8. 29. 53. 90.
Realdefinition 430. 444.
Realdivision 267.
Realismus, Realisten, 168.
Recht, Rechtsgesetz, 11. 16. 20.
reduplicativ. signum, redupl. prop.
163. 368.
reflexim 141.
Reflexion 248. 250. 257. 267. 270.
279. 290.
refractio 147.
Reich Gottes 6. 13. 18.
reines Denken 63.
Relation, relative Urtheile, 136. 160.
189. 205. 207. 208. 220. 239. 290.
344 — 383. S. einfache u. zusam-
menges. Urtheile.
Relativsatz 368.
relativum grammaticum 160. 176.
repugnans 137. 144.
restrictio, suppositio restrictiva 161.
184.
restrictiver Schluss 371.
restrictives Urtheil 356. 362. 379 u. ö.
rhetoricus (imperfectus) syllog. 126.
137. 145. 147. 157.
rhetorische Logik 131. 136. S. Logik und Rhetorik.
rogamentum 139. 140.

S.

Satz 45.
Scepticismus 61.

Schauen, inneres, 70. 88. 93.
Schemata, didactische, 139. 144. 146.
165. 202.
Schematismus, constructiver, 62.
Schluss, Syllogismus, 125. 126. 128.
129. 134. 137. 138. 140. 144. 147.
153. 157. 172. 175. 176. 178. 181.
183. 185. 187. 193. 194. 197. 208.
213. 220. 231. 234. 346. 354. 372.
422. 448.
Schluss der Urtheilskraft 208.
Schluss des Verstandes und der Vernunft 200. 208.
Schlussfiguren 126. 140. 148. 149. 157.
177. 183. 187. 193. 194. 208. 209.
214. 220. 234. 423. 425. 435.
Schlussfigur, vierte, 129. 138. 140.
181. 183. 193. 194. 208. 209. 234.
423. 437.
Schlusskette 426. 427.
Schlussweisen, modi, 126. 129. 137.
141. 144. 147. 148. 157. 177. 183.
214. 423. 435.
Schwerpunct, Schwere, 8. 29. 53. 90.
Seele 12. 20.
segregativa prop. 176. 345.
Selbstbewusstseyn 5. 6. 13. 15. 20. 75.
76. 84. 89. 93. 97. 111. 117. 294.
300. 312. 314. 343. 383. 421. 452.
sensus compositus et divisus = modus adverbialis et nominalis 170.
304. Dagegen, mit Bezug auf die
blose Stellung des Modus sey er
adverbial oder nominal, 304. 335.
336.
sententia de indifferentia 150.
sex principia 151. 156 u. o.
Seyn 6. 13. 76. 93. 117.
σημαινόμενα 132.
σημεῖα 126. 182.
signa distributiva 162.
significare, significatio, 158.
significationes quinque 140. S. quinque voces.
significativae voces 145. 154. 169. 187.
simplex prop. 146. 392. S. categor.
Urtheil.
singuläres Urtheil 385. 397. 415.
Sinne, Sinnensystem, 5. 7. 28. 67. 85.
88.
Sitte, Unsitte, 10. 16. 19.
Sittlichkeit, Moralität, 11. 19.
Sophistik, Sophismen, 64. 135. 138.
157. 160 u. ö. Ferner 343. 383.
421. 431. 452.
Sorites, Kettenschluss, 160. 208. 251.
264. 381. 426. 427. 446. 449.
Sorites als Sophisma 434.

Speculation 106.
Staat 10. 16. 19.
στερητικὸν ἀξίωμα 133. 137. 384.
Stetigkeit der Eintheilung 261.
subalternae propositiones, Subalternation, 146. 155. 305. 386. 397.
subcontraria prop. 146. 155.
subconträrer Gegensatz 124. 140. 144. 146. 155. 387. 398.
subdita pars 139.
subdivisio 261.
subjectiva pars 139. 144.
subjectum 146.
subordinirt 260.
substantia propositionis 155. 165.
substitutiva prop. 139.
Subsumtion 45.
summa proloquiorum 144.
summa totius artis 151.
summulae 154. 170. S. auch 197.
Summulistik 151. 153. 170. 173. 174. 177. 197.
sumtiones, sumta, Praemissen 137. 144. 147. 346. 422.
suppares prop. 140.
suppositio 158. 169. 184.
Syllogismus s. Schluss.
συμβεβηκός, παρὰ τό, 432.
συμπεπλεγμένον 133.
συμπέρασμα 126. 130. 346. 422.
συνακτικοὶ λόγοι 135.
συνδιαίρεσις 262.
συνίχεια 345.
συνημμένον 130. 133. 134. 137. 346.
σύνθεσις, Sophisma, 432.
synthetische Urtheile 190. 204. 211. 293. 351. 369.
σχῆμα λέξεως 432.
σχήματα 126. 423.

T.

τεθέντα, Praemissen, 422.
termini als Bestandtheile des Urtheils und des Schlusses 147. 157. 183. 422.
Terministen 168. 169.
terminus bei der Supposition 158. 169.
testimonia, argumenta testificatoria, 126. 176. 178. 182. 184. 190. 199.
Theologie 8. 92. 100. 104. 106. 107.
Theorem 322. 429.
Theoretik 12.
Theosophie 13. 103. 107.
θέσις, thesis, 127. 428. 429.
Topik 123. 127. 137. 141. 147. 148. 149. 157. 171. 174. 176. 178. 181. 193. 195. 196. 203.
τόποι s. Topik, loci.

Tradition 68. 96.
trajecti v. transpositi syllogismi 426.
τροπικόν 135. 346. 422.

U.

Ueberlieferung 68. 96.
Ueberzeuguug 111. 116. 312. 343. 356. 358. 359. 361. 383. 421. 448.
Umkehrung der Urtheile 126. 138. 144. 146. 151. 155. 165. 170. 177. 184. 193. 194. 208. 389. 398. 401. des conditional. Urth. 350. 374. der modal. Urtheile 306. 335.
unendliches Urtheil 205. 214. 219. 233. 384. 398. 438. S. infinita prop.
universalo, universalia, 142. 150. 155. 189. Vergl. praedicabilia, quinque voces, Topik.
universalia ante rem, in re, post rem, 153. 167.
Universalienstreit 150. 167.
Unmöglichkeit 114. 125. 133. 146. 155. 300. 313.
Urtheil, Arten desselben, 133. 139. 144. 146. 151. 155. 158. 174. 176. 183. 189. 205. 219. 233. 239. 293.
Urtheil, als Gegenstand der Logik, 41. 124. 132. 139. 151. 153. 154. 174. 176. 183. 194. 205. 213. 219. 226. 232. 238. 247. 294.
Urtheil, Name, 124. 133. 137. 139. 144. 146. 151. 154. 164. 174. 176. 183. 186. 248.
Urtheil und Satz 45. 124. 132. 139. 154. 183.
Urtheilen, logisch. Denken, 12. 38. 39. 41. 53. 61. 97. 128. 143. 204. 213. 226. 238. 245. 286.

V.

verificatio 153.
Verneinung 124. 127. 129. 133. 174. 176. 183. 233. 384. 393. 407. 409. 425.
Vernunftkunst 192 u. ö.
vorstellen, Vorstellung, 12. 26. 33. 41. 54. 59. 61. 92. 128. 143. 212. 225. 246. 291. 294. 296. 342. 370. 382. 420. 449.
vox, voces, 141. 144. 145. 150. 154. 158. 169.

W.

Wahrheit 49. 65. 81. 120. des Urtheils 48. 129. 134. 135. 136. 138. 140. 149. 153. 155. 175. 176. 181. 183. 187. 189. 200. 207. 216. 307.
Wahrscheinlichkeit 125. 131. 175. 187. 190. 239. 300. 312. 318.

Widerspruch 124. 133. 137. 140. 144.
146. 151. 155. 188. 200. 207. 208.
305. 317. 327. 387. 398. 412. 415.
Wirklichkeit 124. 130. 146. 156. 300.
311. 320. Vergl. ὑπάρχειν, inesse,
Wahrheit des Urtheils.
wahrnehmen, Wahrnehmung, 12. 26.
34. 54. 56. 57. 60. 88. 285. 291.
342. 370. 382. 420. 448.
Wissen 1—120. 343. 383. 420. 452.
vom Nichtandersseynkönnen 111.
114. 116. 314. 320. 343. 358. 362.
383. 421. 450.

Wissenschaft 6. 15. 20. 87. 107. 420.
Wissenschaften, einzelne, 7. 15. 88.
107.
Wissenstrieb 117.
Wunder 6. 8. 13. 14. 16. 18. 92.

Z.

Zahl 90.
Zeit, Zeitliches 8. 29. 53. 90.
Zusätze, corollaria, 429.
Zweckurtheil 368.
Zweifel 61. 113. 116. 313. 314. 343.
383. 421. 449.

Druckfehler.

Seite 19, Zeile 12 v. O. statt Schritt lies Schrift.
   ,,   25,   ,,   15 v. O. st. doch l. dort.
   ,,   34,   ,,   3 v. O. st. Thätigkeit l. Fähigkeit.
   ,,   46,   ,,   21 v. O. l. Denkact.
   ,,   52,   ,,   16 v. U. st. ihrer l. seiner.
   ,,   59,   ,,   20 v. O. st. Dort l. Doch.
   ,,   59,   ,,   21 v. O. l. gründlicher.
   ,,   77,   ,,   21 v. U. st. überwältigte l. Ueberwältigte.
   ,,   87,   ,,   10 v. O. st. diese l. dieses.
   ,,   102,   ,,   9 v. U. l. Eigenthümlichkeit.
   ,,   111,   ,,   13 v. U. l. gegenwärtigen.
   ,,   116,   ,,   15 v. O. l. Befreiung.
   ,,   130,   ,,   7 v. U. st. gibt l. gilt.
   ,,   134,   ,,   6 v. O. l. παρασυνημμίνον.
   ,,   135,   ,,   3 v. O. st. τρόπικον l. τροπικόν.
   ,,   146,   ,,   10 v. O. st. compositio l. propositio.
   ,,   149,   ,,   15 v. U. l. Manuscrits.
   ,,   169,   ,,   11 v. U. l. gefassten.
   ,,   173 im Columnentitel l. Bildliche Darstellung.
   ,,   177, Zeile 15 v. U. st. 1524 l. 1547.
   ,,   214,   ,,   18 v. U. l. gemeinen.
   ,,   222,   ,,   12 v. O. l. relativen.
   ,,   284,   ,,   10 v. O. das Komma zu streichen.
   ,,   285,   ,,   8 u. 13 v. U. st. das genetische Denken l. genetisches Denken.
   ,,   293,   ,,   4 v. U. l. Verwandtschaft.
   ,,   295,   ,,   1 v. U. st. entwickelt l. entäussert.
   ,,   303,   ,,   7 v. O. l. abbreviirtem.
   ,,   323,   ,,   15 v. U. st. demonstrativ l. demonstratio.
   ,,   325,   ,,   7—6 v. U. st. Wahrheit l. Wahrscheinlichkeit.
   ,,   330,   ,,   3 v. O. l. Verwickelter.
   ,,   368,   ,,   3 v. U. l. betrachten.
   ,,   368,   ,,   2 v. U. l. tamdiu.
   ,,   420,   ,,   12 v. O. st. Formeln l. Formen.